LE

LE
PROGRÈS DU TAILLEUR

ou

L'ART D'APPRENDRE A COUPER SEUL

PAR LE SYSTÈME DE MESURAGE

DE CH. CHEVALLIER

Il n'y a guère de tailleur aujourd'hui qui n'ait entendu parler de la Méthode de coupe de Ch. Chevallier, connue sous le nom de **Progrès du tailleur.** La plupart des ouvrages analogues publiés depuis sont plus ou moins copiés sur celui-là, lui empruntent ses principes, le défigurent plus ou moins, mais aucun n'atteint à beaucoup près sa précision.

Le Progrès du tailleur est, à proprement parler, une œuvre de génie, et les critiques superficielles qui en ont été faites tombent immédiatement devant une étude sérieuse de cette méthode à laquelle Ch. Chevallier a consacré sa vie. On a prétendu qu'elle était compliquée, après avoir jeté un regard rapide sur le nombre de pages qui la composent, et sur les figures qu'elle contient, et surtout avant d'avoir consulté ceux qui l'ont pratiquée. Cependant ces derniers savent qu'au besoin on peut faire son tracé avec aussi peu de mesures que l'on a, ou que l'on veut, et que, la connaissant, on peut être coupeur dans n'importe quelle maison.

Le Progrès du tailleur forme un livre dans lequel on peut apprendre le métier. Cette méthode n'est pas compliquée, elle est au contraire simple. En huit ou dix jours on peut apprendre à couper habit, pantalon et gilet. Seulement, l'ouvrage comprend *une deuxième classe* dans laquelle sont réunies toutes les difficultés que l'on rencontre dans l'état, dans laquelle sont indiquées **toutes les corrections à faire et la manière de les obtenir** quand il y a eu erreur dans le mesurage, en un mot, tous les *poignards*, pour employer le terme du métier, qui résultent d'une mesure mal prise; car il ne faut pas oublier que la Méthode repose uniquement sur le mesurage, qui donne le tracé entièrement, et qu'un vêtement coupé sur une mesure bien prise doit aller parfaitement.

Cette seconde classe a entraîné Ch. Chevallier à faire un grand nombre de figures afin que l'élève pût **comprendre seul**.

Tout métier, comme toute science ou tout art, demande un apprentissage sérieux et progressif, et l'on doit toujours partir des éléments simples pour arriver aux connaissances plus compliquées, plus difficiles à saisir. Quand on est arrivé à une certaine force, suivant le degré d'aptitude et d'habileté qu'on possède, on peut simplifier ou même supprimer ce qu'on ne croit pas nécessaire. Cela se voit, se devine dans la pratique. Mais pour être habile il faut avant tout savoir ce que l'on fait, et *l'on ne peut rien savoir sans étudier*. Les mesures prises par notre Méthode donnent la conformation exacte du corps, indiquent si les épaules sont hautes ou basses, si la tenue est plus ou moins droite, plus ou moins voûtée, et toujours avec la même quantité de mesures, ce qui n'a pas lieu avec les systèmes proportionnels. Dans ces systèmes, les mesures sont toujours prises d'une manière très-incorrecte; ceux qui s'en servent sont obligés, la plupart du temps, de juger à l'œil la conformation des personnes; ils se disent : « Cette personne est voûtée ou renversée, il faut lui donner de la hauteur de dos ou bien en ôter. » Mais combien donnerez-vous de surplus de hauteur, combien en enlèverez-vous? pourrait-on leur demander. — Cette personne est droite, dites-vous, en êtes-vous bien sûr? qu'est-ce qui vous le prouve? — Et de même pour les pantalons : le client a les jambes droites, arquées ou cagneuses, vous en êtes-vous inquiété, et savez-vous de combien elles le sont ?

Avec notre système de mesurage, toutes ces conformations se reproduisent au tracé telles qu'elles sont, et de plus, je l'ai déjà dit (si la pièce est bien montée, bien doublée, de manière à ce que ni le montage ni le doublage ne déforment le vêtement), il n'y a pas de *poignard* possible, quand la mesure est bien prise.

Si je parle avec cette assurance des avantages de la Méthode Chevallier, c'est qu'ayant depuis 1861 une nombreuse clientèle à servir, j'ai pu l'expérimenter chaque jour.

Depuis douze ans je coupe d'après cette méthode, et jusqu'à présent rien n'est venu combattre ou détruire le plus léger point des principes démontrés dans le livre du **Progrès du tailleur**, qui, pour moi et pour tous ceux qui l'ont appris, sont des principes immuables.

Je ne crains donc pas d'affirmer que le système de Chevallier est le meilleur système de coupe qui existe, sinon le seul.

Ceux qui enseignent les autres procédés sont des professeurs, qui vivent uniquement de l'enseignement ou de la rédaction de journaux de modes; mais il n'en est guère qui pratiquent par eux-mêmes l'état de tailleur. Ils ne peuvent par conséquent en connaître les imperfections comme ceux qui travaillent et se rendent compte par eux-mêmes de l'inanité de tous ces procédés, si simples, en apparence, qui vous laissent aussi ignorants après qu'on les a appris que devant.

On voit rarement le fils d'un maître tailleur continuer avec succès la maison de son père qui, souvent, était très-bon tailleur et en renom. Pourquoi? parce que le père s'était créé *une routine* à force de travail, d'expérience, de courage, tandis que le fils, qui redoute ces misères, se rebute vite et ne fait qu'un mauvais tailleur.

Je le répète, ce mesurage et ce tracé sont des plus simples; grâce à eux, on a l'avantage de couper avec la plus grande perfection tous les vêtements désirables, quelle que soit la tenue, quelle que soit **la mode qui puisse survenir**.

Étant un des plus anciens élèves de feu Ch. Chevallier, et l'ayant toujours suivi dans ses travaux depuis près de quinze ans jusqu'à sa mort, Madame veuve Chevallier et les amis de mon ancien maître m'ont vivement engagé à reprendre et à continuer la publication de son ouvrage.

Je viens donc, Monsieur et cher confrère, vous informer que je me suis rendu propriétaire du **Progrès du tailleur**, que je pourrai vous livrer aux conditions ci-dessous.

Veuillez agréer, Monsieur et cher confrère, les salutations cordiales de votre dévoué,

DERBECQ, tailleur.

Cet ouvrage forme un volume de 272 pages, avec 482 figures.

Il ne se vend que complet, au prix de **50 fr.** broché, **53 fr.** cartonné, le port en sus.

Envoyer un mandat-poste, ou une lettre chargée, à l'adresse de **M. Derbecq, tailleur, place Louvois, 2, Paris.**

Je me tiens les mardi, jeudi et samedi de chaque semaine, de 8 h. à 10 h. du soir, à la disposition des personnes qui désireraient avoir des répétitions. Le prix est de **20 fr.** pour 12 répétitions.

1896. — Imprimerie Charles Noblet, rue Soufflot, 18.

LE
PROGRÈS DU TAILLEUR

ou

L'ART D'APPRENDRE A COUPER SEUL

PAR LE SYSTÈME DU MESURAGE

DE C. CHEVALLIER

———————✴———————

Prix de la livraison : 1 franc.

———————✴———————

ABONNEMENTS :

3 mois. . . . 3 francs.	Pour les départements et l'etranger
6 mois. . . . 6 francs.	le port se paie en plus.

ON S'ABONNE :

A PARIS, CHEZ L'AUTEUR, RUE SAINTE-ANNE, 63,

Ci-devant rue de Richelieu, 84

En envoyant un mandat de poste (*affranchir*)

PARIS

DE L'IMPRIMERIE DE A. LACOUR

Rue Soufflot, 18.

—

1856

INTRODUCTION

L'art du tailleur ne consiste pas seulement à créer des modèles élégants, des coupes gracieuses, à remplacer la mode vieillic par une mode nouvelle, il consiste aussi à étudier les types variés de la structure humaine, à saisir les différences qu'ils présentent, à y conformer les vêtements.

Si tous les hommes naissaient avec des proportions régulières, la coupe des habillements ne présenterait aucun embarras.

Il s'en faut qu'il en soit ainsi, et c'est ce qui rend le métier du tailleur si difficile. On peut arriver par une longue pratique, par l'observation intelligente à réussir dans la plupart des cas, mais jusqu'à présent aucun système n'a démontré un guide infaillible, un principe certain. Il y a toujours eu du tâtonnement et de l'incertitude, provenant des tenues qui varient à l'infini : ce qui fait que la géométrie est impraticable pour la réussite des habillements.

Je viens donc, par mon système de mesurage, que j'ai créé et pratiqué assidûment pendant plus de *vingt* années, en servant et satisfaisant une nombreuse clientèle variée d'opulence et de simplicité, faire disparaître cet inconvénient en démontrant mes procédés par lesquels je donne le moyen sûr de prendre une mesure de vêtement avec toute la précision et toute la promptitude désirable, quelque vicieuse que soit la conformation des personnes, afin de leur couper des vêtements conformes à leurs structures.

Ce système de mesurage s'applique pour toutes les variations de nouveaux genres de coupe.

Je me suis attaché à mettre le plus de simplicité possible dans les diverses démonstrations de cet ouvrage, afin de le mettre à la portée de toutes les intelligences. Par ce moyen, le tailleur le moins versé dans son art pourra sans peine apprendre pour couper, un mesurage franc, par les diverses figures démontrées qui le conduiront et le guideront à mesurer et à tracer pour toutes les tenues qui se présenteront, et sans l'aide de personne ; ce qui n'a pas eu lieu jusqu'à aujourd'hui, et a par cela occasionné au plus grand nombre d'ouvriers de rester couseurs, sans jamais oser s'établir, n'étant pas sûrs d'eux-mêmes pour couper ; ce qui n'aura désormais plus lieu en suivant mon principe.

Pour cela, j'ai dû diviser le complet de mon ouvrage en deux classes : l'une simple, et l'autre compliquée ; j'ai nommé la première classe Modèles-École, c'est celle qui démontrera exclusivement à l'élève la prise des mesures ordinaires qui suffisent pour bien habiller les personnes non contournées, et le tracé qu'elles produisent avec toute la justesse désirable : mesures qui sont désignées séparément pour leurs détails, chacune à leur partie, dans la deuxième classe.

J'ai procédé ainsi, afin que l'élève ne s'égare pas dans le cours de son tracé simple par de trop longs détails, ce qui le retarderait d'apprendre, au lieu que leçon par leçon, il pourra sans peine s'approfondir et se rendre fort dans la coupe, ce qui a été mon intention en créant cet ouvrage ; et lorsqu'il saura parfaitement prendre et se servir des mesures désignées dans la première classe, il pourra facilement entrer dans la seconde, pour se servir et accorder d'autres mesures que j'ai nommées Mesures de Preuves.

Ces mesures de preuves sont d'un grand secours pour la réussite d'un vêtement, attendu que l'on peut se tromper en prenant les mesures ordinaires, ce qui ne vient que d'inattention ; car, mettant de l'attention, il n'est pas possible de faire un écart, et comme les mesures de preuves suivent un trajet opposé à celles ordinaires, elle viennent au tracé corriger les fautes que l'on aurait pu commettre en mesurant.

Ces mesures de preuves sont détaillées dans la deuxième classe, chacune à sa partie, par des explications et des figures très simples qui en facilitent tout à fait l'application.

L'élève choisira celles d'entre elles qu'il jugera avoir besoin.

Après les mesures de preuves il en existe d'autres dont on doit se servir pour des personnes contournées : mesures qui sont également désignées dans la deuxième classe chacune à leur partie, avec tous les détails et les figures qui leur conviennent pour obtenir leur tracé régulièrement.

Outre les mesures indiquées plus avant, la deuxième classe possède encore les modèles différents des principales structures ; celles enfin qui ont offert jusqu'à aujourd'hui les plus hautes difficultés.

Tous ces modèles sont accompagnés de leurs figures et de leurs mesures, ayant tous été exécutés avec succès par différents genres de vêtements faits jusqu'à ce jour, y compris l'uniforme et le corsage de dame.

Pour le classement des gilets, j'ai procédé de la même manière que pour les grandes pièces ; pour la facilité du tracé, j'ai joint et résolu à leur détail de la deuxième classe les plus hautes difficultés, pour gros comme pour minces, enfin pour toutes les conformations ; et quelque soit la mode qui puisse survenir, elle pourra facilement s'adapter à mes principes.

Pour les pantalons, les grands sacrifices ne m'ont rien coûté pour les avoir conduits au plus haut degré de perfection : l'aplomb que je leur ai joint est invariable pour toutes les jambes plus ou moins torses, le tracé en est facile à comprendre et à exécuter, pour tous les genres que l'on veut leur allouer, du plus collant au plus large, pour s'asseoir, pour se baisser et monter à cheval, pour gros comme pour minces.

Il leur est également joint à la deuxième classe des modèles à leurs mesures et leurs figures, ainsi que les détails des jambes torses.

L'espoir que j'ai eu que ce beau travail viendrait en aide à tous les tailleurs, afin que l'on puisse désormais retirer notre état des mains des personnes qui lui sont tout à fait étrangères, et qui par cet empiètement le conduisent tous les jours à sa perte, me met dans le devoir de prier messieurs les maîtres, ouvriers et apprentis tailleurs, de m'appuyer dans cette entreprise.

J'ai dû, pour l'écoulement de mon ouvrage, et afin de faciliter toutes les classes à pouvoir l'acheter, le faire distribuer par livraisons plutôt que par un livre au complet.

Pour les personnes qui se trouveraient dans le besoin d'avoir recours à quelques leçons, je m'engage à leur donner des répétitions dont le prix sera minime et se traitera de gré à gré.

PREMIÈRE CLASSE

ABRÉGÉ

ET

MANIÈRE D'APPRENDRE A COUPER SEUL

POUR

LES JEUNES APPRENTIS ET OUVRIERS TAILLEURS.

MODÈLES-ÉCOLES A SUIVRE

On n'a dû, jusqu'à ce jour, apprendre à couper que lorsque l'on savait coudre et apiécer un vêtement en entier. Il n'en sera désormais plus de même en démontrant à l'apprenti tailleur la manière de couper lorsqu'il apprend à coudre.

Apprendre à couper en apprenant à coudre, cela abrègera de beaucoup la durée de son apprentissage ; car coudre ce que l'on sait couper, fait éviter les fautes que l'on peut commettre en cousant.

Comme coudre sans savoir couper fait commettre à l'apprenti et à l'ouvrier des fautes dont ils ne peuvent se préserver, ne sachant ce que cela peut occasionner ; pour éviter chez les apprentis ces ennuis continuels qui se perpétuent chez les ouvriers, ils devront étudier la coupe ci-après désignée, selon le progrès que les apprentis feront dans la couture.

Pour cela, les élèves débuteront par les précautions suivantes, savoir :

Lorsqu'ils voudront mesurer une personne, ils devront le faire sur un gilet, et non sur un habit ou une redingote, ce qui occasionnerait à faire grandir les mesures pour couper un corsage ajusté au corps.

Car sur habit ou redingote, l'un ou l'autre peuvent être ouatés ou garnis, ou en étoffes épaisses ; en mesurant sur le gilet on évitera toutes ces irrégularités. (Les modèles ci-après représentent des vestes rondes en percale qui sont très commodes.)

L'élève devra suivre avec soin les détails des mesurages qui lui sont soumis.

1^{ment} Il devra ranger les vêtements de la personne sur lesquels il doit mesurer ; vêtements qui sont souvent en désordre, soit pantalon, gilet ou caleçon.

2^{ment} Il devra soutenir la largeur de taille avec la boucle du pantalon et celle du gilet, et cela sans trop les serrer, ce qui conduirait à des irrégularités (1).

3^{ment} Ces vêtements étant mis tous bien en place, on devra faire prendre à la personne une pose droite et non appuyée sur l'une des jambes, ce qui la rendrait de côté, et par cela conduirait à faire prendre des mesures irrégulières. On la priera aussi de donner sa pose naturelle.

4^{ment} La personne étant placée droite (voir fig. 1re), nous aurons à lui poser des points avec de la craie ou avec un crayon sur le blanc, que nous nommerons points d'appui ; ces points d'appui seront les guides des mesures à prendre, et sont au nombre de sept pour le Modèle-École (2).

Savoir :

Deux points d'appui pour longueur de bas de taille naturelle ;

Qui sont :

1^{ment} Point du creux de la hanche (ce point se placera du côté droit de la personne, vu que ce côté est plus à la portée de notre droite), ce qui nous facilite (3).   1

2^{ment} Point de longueur de taille naturelle derrière.   2

Deux points pour le milieu du corsage.

Qui sont :

1^{ment} Point de profondeur du bras (ce point se placera du côté droit de la personne).   3

2^{ment} Point de montant de dos.   4

Trois pour le haut du corsage.

Qui sont :

1^{ment} Point du gros os au-dessous de la nuque.   5

2^{ment} Point d'articulation du bras (ce point se placera du côté droit de la personne).   6

3^{ment} Point de largeur de carrure (ce point se placera également du côté droit de la personne). .   7

Ces points d'appui qui guident les mesures à prendre étant la leçon la plus difficile et la plus utile pour la réussite du vêtement, on devra y mettre toute son attention.

Et pour les obtenir on procèdera comme suit :

(1) Voir à la 2e classe, dans la 26e partie, l'article de la mesure de grosseur de taille prise trop serrée.

(2) Voir à la 2e classe, dans la 1re partie, deux points d'appui différents pour un mesurage plus compliqué.

(3) Voir à la 2e classe, dans la 11e et la 12e partie ; pourquoi ce côté est préféré à l'autre.

Savoir :

FIGURES 1 ET 2.

Le premier **point** que l'on place est celui du creux de la hanche, *v.* A, fig. 1re, il doit se fixer plutôt en avant qu'en **arrière** du bras (1).

Ce point d'appui **A** étant placé, on aura à fixer sur la même personne celui de la longueur de la taille naturelle derrière, *v.* B, fig. 2, qui s'obtient de la manière suivante :

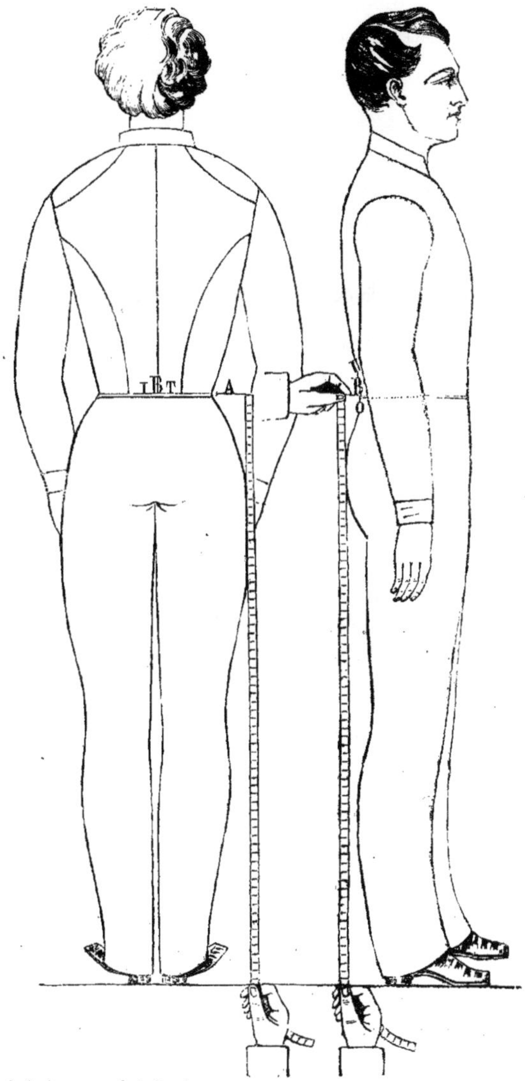

Pour cela,

On prendra avec la mesure la hauteur qu'il y a de la hanche A à terre, fig. 1re, pour reproduire cette même longueur derrière sur la fig. 2.

On place le chiffre obtenu de cette distance à terre, on fait monter la mesure, que l'on reproduit droite en face de l'épine dorsale, et où le bout aboutit dans le haut, on marque un point, *v.* B.

Ce qui reproduit B à la même hauteur que A de la fig. 1re.

On reproduit cette mesure droite, fig. 2 ; car de lui faire suivre le contour du derrière raccourcirait la mesure, surtout pour les derrières forts, ce qui fixerait le point de longueur de taille naturelle B trop bas, *v.* O, et par cela donnerait au tracé trop de montant de dos (2).

Comme on mettra aussi toute son attention pour ne pas faire suivre la rondeur des hanches à la mesure qui prend la distance de A à terre, fig. 1re. Le faisant ainsi rallongerait cette mesure pour les personnes minces de taille et fortes de hanches, et la portant ainsi derrière, *v.* fig. 2, occasionnerait à faire placer le point de taille B trop haut, *v.* U, ce qui donnerait au tracé un montant de dos trop court (3 et 4).

Les personnes fortes de grosseur de taille n'ont nullement besoin de ces précautions ; la mesure se reproduit droite à la hanche, *v.* A, fig. 1re, provenant de leur forte rotondité qui égalise droit le creux des hanches.

Et dans le cas que l'on placerait ce point de taille naturelle derrière, v. B, fig. 1re, trop en avant, *v.* T, ou trop en arrière, *v.* I, cela ferait prendre à la mesure de jetée de taille, ci-après désignée, trop ou pas assez de longueur, ce qui produirait au corsage de plus ou moins serrer la taille (5).

Fig. 1.   Fig. 2.

(1) Voir à la 2e classe, dans la 5e partie, l'article du point mal placé au creux de la hanche.
(2) Voir à la 2e classe, dans la 2e partie, l'article du point de taille derrière placé trop bas.
(3) Voir à la 2e classe, dans la 2e partie, l'article du point de taille derrière placé trop haut.
(4) Voir à la 2e classe, dans la 1re partie, une manière d'obtenir ces points d'appui très justes sans **se baisser, mais moins commode.**
(5) Voir à la 2e classe, dans la 6e partie, l'article des mesures de profondeurs à la taille prise trop **longues ou trop courtes.**

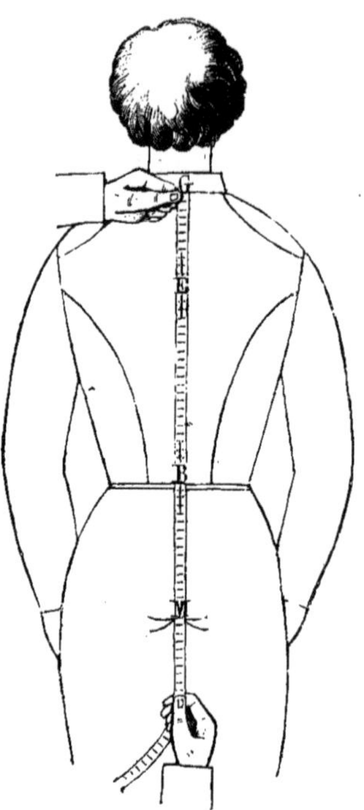

FIGURE 3.

Pour éviter ces irrégularités du milieu de taille, *v.* I, T, fig. 1, on devra s'assurer du milieu des reins, ce qui s'obtient comme suit :

On placera le bout de la mesure sous la nuque, *v.* G., la faisant descendre et passer dans la raie du derrière, *v.* M, et bien s'en assurer.

Cette mesure ainsi placée fixe la ligne directe du milieu des reins, ligne que l'on marque avec de la craie à deux places différentes, soit l'une au milieu du dos qui fixe le départ de la mesure de largeur de carrure, *v.* E, et l'autre au bas de la taille naturelle, ce qui détermine également le milieu, *v.* B (1).

Ces raies doivent se marquer sous la mesure, à la moitié de sa largeur, pour en obtenir la justesse.

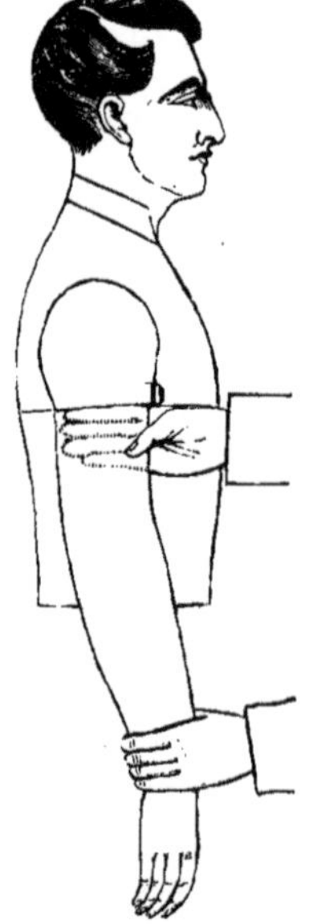

FIGURE 4.

Les points de hauteur de taille naturelle étant fixés, savoir : celui du creux de la hanche, *v.* A, fig. 1, et celui du bas de taille naturelle derrière, *v.* B, fig. 2, on devra procéder pour celui de profondeur du bras, *v.* D, qui s'obtient comme suit :

On se place devant la personne, et de la main gauche on lui prend le bras droit par le poignet, en le levant à une hauteur formant l'équerre, afin que l'on puisse facilement introduire le saillant de notre main droite sous le bras (excepté le pouce).

Pour cela on devra avancer le plus qu'il est possible la main sous le bras, afin que l'index puisse apercevoir le nerf qui se trouve plus en arrière que le creux du dessous du bras; la main gauche étant posée, on abandonne le poignet de la personne qui laissera retomber le bras; c'est là que l'index obtient très bien la profondeur que prend le dessous du bras.

La main fixant la profondeur, on marquera une raie en travers rapprochée du bras, à la hauteur qu'elle donne, *v.* D.

____

(1) Voir à la 2e classe, dans la 15e partie, l'article et les détails du milieu des reins.

FIGURES 5 ET 6.

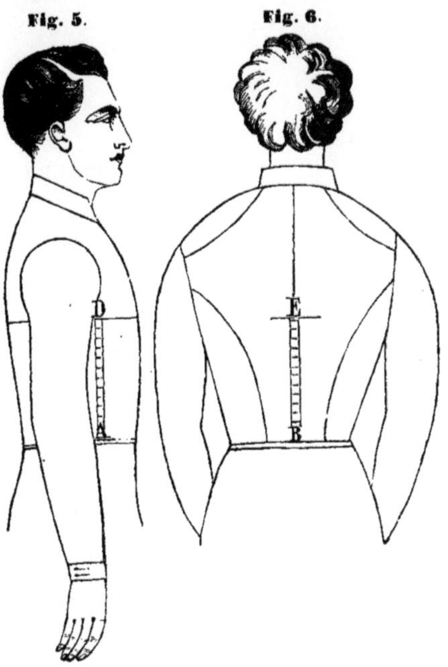

Le point de profondeur D étant obtenu, *v.* fig. 4, on devra procéder pour le point de montant du dos, *v.* E, fig. 6, qui s'obtient comme suit :

On prend la distance qu'il y a de D, point de profondeur, à A, point de hanche, fig. 5, pour la reproduire de même hauteur derrière ; l'on place le chiffre obtenu de cette distance sur B, longueur de taille naturelle, fig. 6, et où le bout de la mesure aboutit dans le haut du dos, sur la ligne de milieu des reins, l'on marque un point, *v.* E, ce qui détermine le point de montant de dos.

On devra, pour prendre cette distance de D à A, fig. 5, que l'on reproduit derrière, bien remarquer le numéro de hauteur, car dans le cas où l'on prendrait cette hauteur au hasard, sans regarder la précision du numéro, cela pourrait occasionner une irrégularité pour le point de montant de dos E, fig. 6, ce qui ferait prendre de fausses mesures au montant de dos (1).

FIGURE 7.

Le point de montant de dos étant fixé, *v.* E, fig. 6, on devra procéder pour le point du bas de la nuque, *v.* G, qui s'obtient comme suit :

Ce point doit se placer au-dessus du gros os, sous la nuque, *v.* G, et bien s'en assurer ; pour l'apercevoir on posera la main gauche sur l'épaule, en cherchant avec le pouce de cette main la place de cet os ; la main ainsi posée facilite pour l'obtenir.

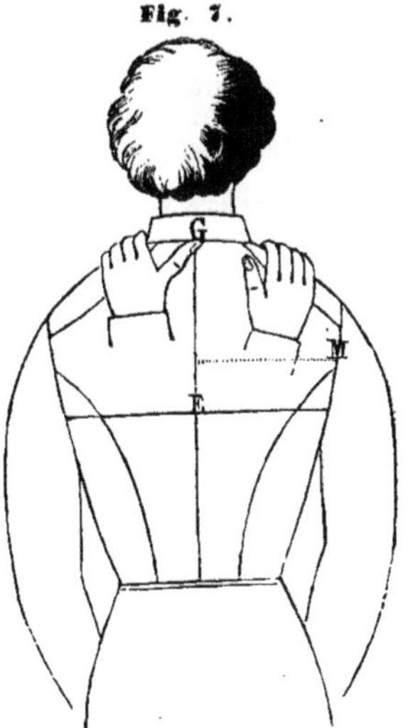

On devra aussi appuyer la main droite sur l'épaule droite ; ces précautions sont prises afin de faire résister le haut du corps de la personne, pour qu'elle ne se jette pas en avant lorsque l'on appuie le pouce sur cet os.

Il y a des personnes qui ont cet os plus ou moins fort. Les cous très hauts font paraître cet os bas, comme les cous courts et les épaules hautes le font paraître plus élevé ; les personnes conformées ainsi ont les os moins prononcés que celles qui ont le cou long ou voûté.

Le point de nuque G étant fixé, on aura à procéder pour celui de largeur de carrure, qui se place à bras abattus, *v.* M, afin d'obtenir sa largeur naturelle ; ce bras abattu fait produire un pli à la chair, ce qui s'aperçoit très bien sur la chemise, *v.* M ; c'est là que se trouve la place de la largeur de carrure naturelle.

On devra placer ce point M à 1/8me environ (de la demi-grosseur du haut) plus élevé que la raie fixée par le montant de dos E (2).

---

(1) Voir à la deuxième classe, dans la 3e partie, l'article des points de montants de dos, qui, au tracé, se reproduisent plus haut, ou plus bas que la ligne de profondeur.

(2) Voir à la deuxième classe, dans la 19e partie, l'article de la mesure de largeur de carrure.

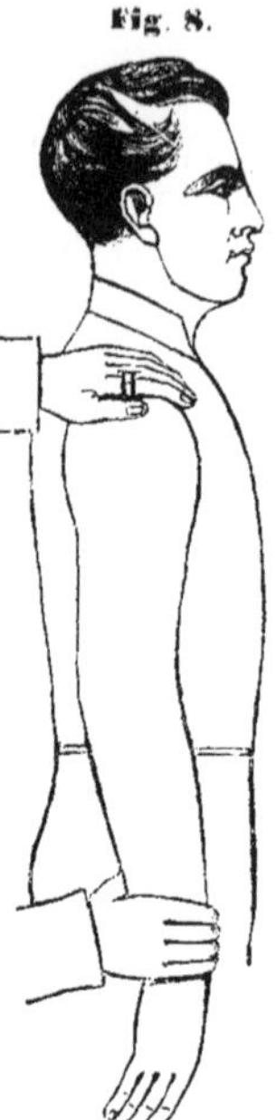

FIGURE 8.

Le point de largeur de carrure étant fixé, *v.* M, fig. 7, on devra procéder pour celui de l'articulation du bras sur l'épaule.

Pour l'obtenir, on place la main gauche à plat sur l'épaulette, *v.* H, et de la main droite, on prendra le poignet de la personne en levant et baissant le bras; la main gauche, qui est à plat sur l'épaulette, apercevra le mouvement de la naissance du bras, soit articulation ; c'est là que l'on fixe un point, *v.* H (1).

Ces points d'appui étant fixés, on priera la personne de ne pas se déranger avant d'avoir obtenu les mesures; ce dérangement pourrait déplacer les points d'appui, ce qui ferait prendre des mesures trop ou pas assez longues.

Il conviendrait, pour éviter ce déplacement, de fixer le bas des côtés du gilet sur le pantalon avec des épingles ou par un autre moyen, ce qui empêcherait, par un mouvement inaperçu de la personne, de faire remonter le gilet sur lequel on doit prendre les mesures, ce qui les rendraient inégales, irrégularité de mesurage qui ne s'aperçoit qu'au tracé.

Les élèves devront aussi souvent pratiquer le mesurage, afin de bien s'y habituer ; les apprentis auront à cet effet à s'adresser à leurs jeunes camarades pour l'obtenir.

(1) Voir à la deuxième classe dans la 21e partie, l'article de la mesure de largeur d'épaulette.

DU MESURAGE.

*Nombre des mesures qu'il convient de prendre pour tracer un corsage à pans
et leur rang d'ordre.*

Savoir :

10	Mesures pour le corsage.
2	Id. pour les pans.
4	Id. pour les manches.

Total. . . .   16   Mesures.

Il serait imprudent de prendre moins de mesures pour tracer un corsage, pans et manches, que celles ci-dessus désignées, si l'on ne veut avoir recours à des systèmes idéaux ou même géom étriques qui les abrége-raient, et par cela conduiraient à des fautes difficiles à corriger, ne sachant d'où viennent les défauts.

Comme :

Si l'on fait inscrire les numéros des mesures par autre que soi-même, on aura soin de les faire répéter, ce qui évitera de fausses reproductions de chiffres.

---

*Du mesurage que l'on obtient lorsque l'on a placé ses points d'appui comme ils sont indiqués
plus avant.*

Savoir :

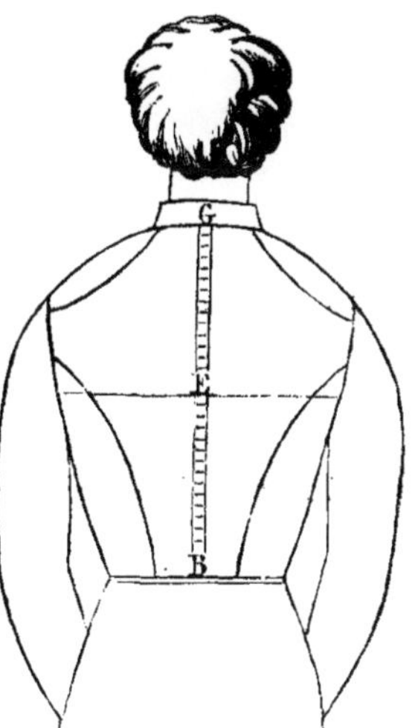

FIGURE 9.

PREMIÈRE MESURE.

Montant de dos.

On place le bout de la mesure sur G , os de la nuque, la fixant sur E ,
point de montant de dos.

Ce qui détermine sa hauteur, *v.* G, E (1).

DEUXIÈME MESURE.

Longueur de taille.

L'on fait ensuite continuer la mesure jusqu'au point de taille naturelle
B, en la maintenant toujours sur l'os de la nuque.

Ce qui détermine la longueur de taille naturelle, *v.* G, B (2).

---

(1) Voir à la 2ᵉ classe, dans la 3ᵉ partie, l'article et les détails de la mesure de montant de dos.
(2) Voir à la 2ᵉ classe, dans la 2ᵉ partie, l'article et les détails de la mesure de longueur de taille.

FIGURE 10.

Fig. 10.

TROISIÈME MESURE.

Profondeur du bras.

Pour prendre cette mesure, on se tient à côté de la personne.

On place le bout de la mesure sur le point de nuque G, en la faisant descendre le plus droit possible devant sur D.

Ce qui détermine la profondeur du bras, *v.* G, D (1).

QUATRIÈME MESURE.

Profondeur à la hanche.

On continue de faire suivre la mesure jusqu'à la hanche A, en la maintenant toujours sur le point de nuque G.

Ce qui détermine la profondeur à la hanche, *v.* G, D, A (2).

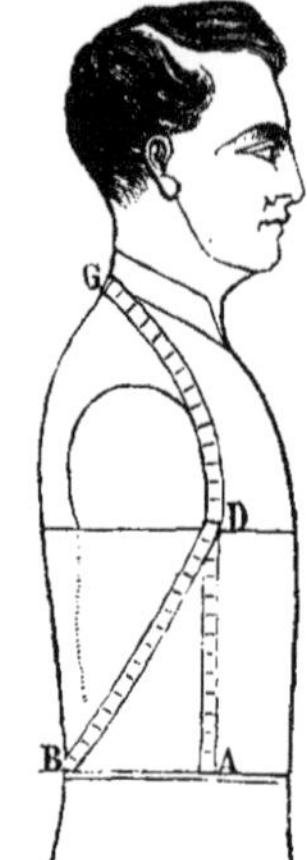

CINQUIÈME MESURE.

Profondeur à la taille.

On abandonne la mesure, après s'être assuré de la profondeur à la hanche, en la maintenant toujours sur la nuque G ; de là, on se porte derrière la personne, et on reprend de la main droite la mesure qui se trouve devant pour la faire passer sous bras, et la conduire derrière sur le point de longueur de taille naturelle B. On aura soin, en prenant cette mesure, de lui faire prendre le contour de l'avant-bras, sans trop la serrer ni la lâcher.

Ce qui détermine la profondeur à la taille, *v.* G, D, B (3).

Fig. 11.

FIGURE 11.

SIXIÈME MESURE.

Largeur d'épaules.

Pour prendre cette mesure on se tient à côté de la personne.

On place le bout de la mesure au milieu des reins sur E, point de montant de dos, on fait passer la mesure sur l'épaulette près de H, articulation du bras, la faisant aboutir sur D, point de profondeur du bras.

Ce qui détermine la largeur d'épaule, *v.* E, H, D (4).

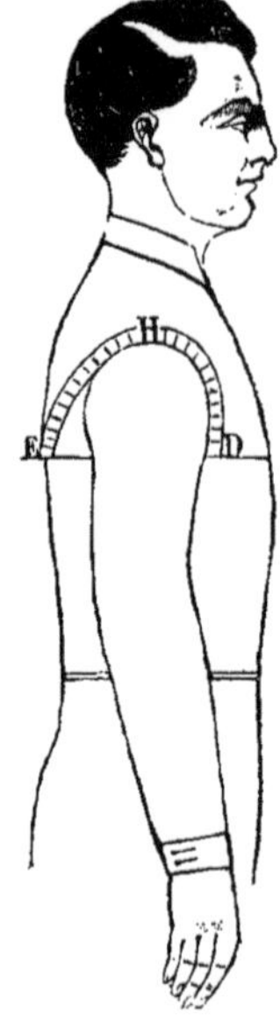

---

(1) Voir à la 2ᵉ classe, dans la 4ᵉ partie, l'article et les détails de la mesure de profondeur du bras.
(2) Voir à la 2ᵉ classe, dans la 5ᵉ partie, l'article et les détails de la mesure de profondeur à la hanche.
(3) Voir à la 2ᵉ classe, dans la 6ᵉ partie, l'article et les détails de la mesure de profondeur à la taille.
(4) Voir à la 2ᵉ classe, dans la 11ᵉ partie, l'article et les détails de la mesure de largeur d'épaule.

PARIS. — Typographie LACOUR, rue Soufflot, 18.

FIGURE 12.

SEPTIÈME MESURE.

Avancement du bras.

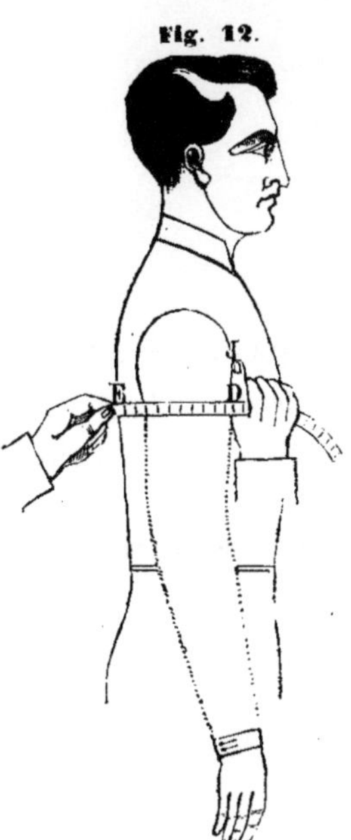

Pour prendre cette mesure, on se tient à côté de la personne.

On passe la mesure sous le bras, et de la main gauche on tient avec le pouce et l'index le bout de la mesure que l'on place au milieu des reins sur **E**, point de montant de dos, et pour s'assurer qu'elle est bien devant le fort de l'avant-bras **J**, on tient cette mesure avec les trois ou quatre derniers doigts de la main droite; ensuite, on passe le pouce sous la mesure qui s'assure en formant l'équerre à **J**, si c'est bien le devant de l'épaule, soit l'avant-bras; c'est là que l'on obtient le point de l'avancement, *v.* **D**, qui se trouve au bord du pouce, la main étant levée.

Ce qui détermine la mesure d'avancement du bras, *v.* **E, D** (1).

FIGURE 13.

HUITIÈME MESURE.

Tour de bras.

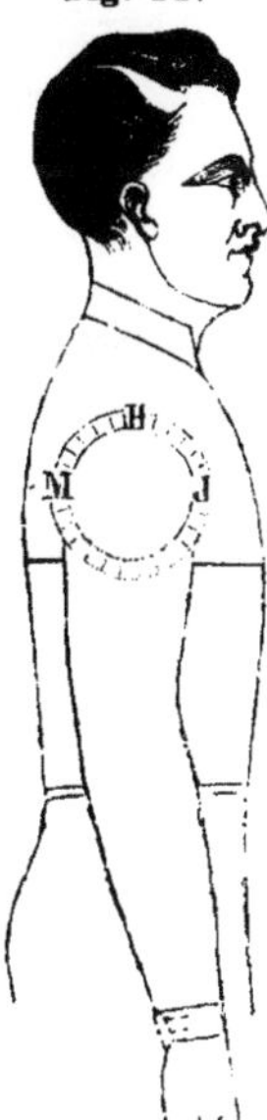

Cette mesure doit se prendre autour du bras, passant à sa naissance · dessus et dessous, sur le point de largeur de carrure **M**, sur l'épaulette à l'articulation du bras **H**, et devant le fort du bras **J**.

Ce qui détermine la largeur de tour de bras, *v.* **M, H, J** (2).

---

(1) Voir à la 2ᵉ classe, dans la 12ᵉ partie, l'article et les détails de la mesure de l'avancement du bras.

(2) Voir à la 2ᵉ classe, dans la 20ᵉ partie, l'article et les détails de la mesure de tour de bras.

FIGURE 14.

NEUVIÈME MESURE.

Largeur de carrure.

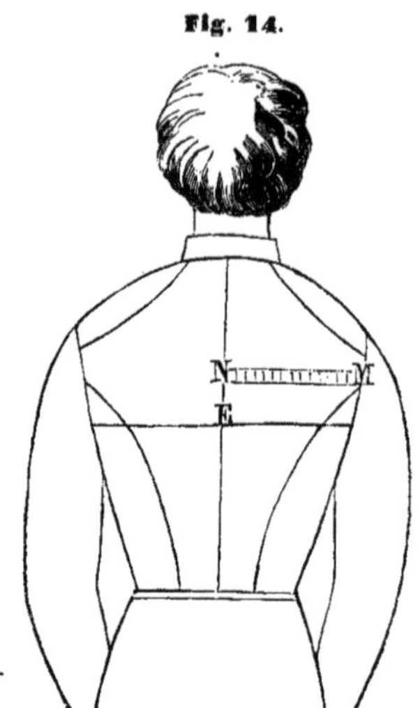

Cette mesure doit se prendre à bras abattus, afin d'éviter de l'obtenir trop large; elle se prendra à 1/8me environ (de la demi-grosseur du haut) plus élevé, *v.* N, que le point de montant de dos, *v.* E; on place le bout de la mesure sur N, ligne de milieu des reins, la faisant suivre sur M, point de largeur de carrure.

Ce qui détermine la largeur de carrure naturelle, *v.* N, M (1).

FIGURE 15.

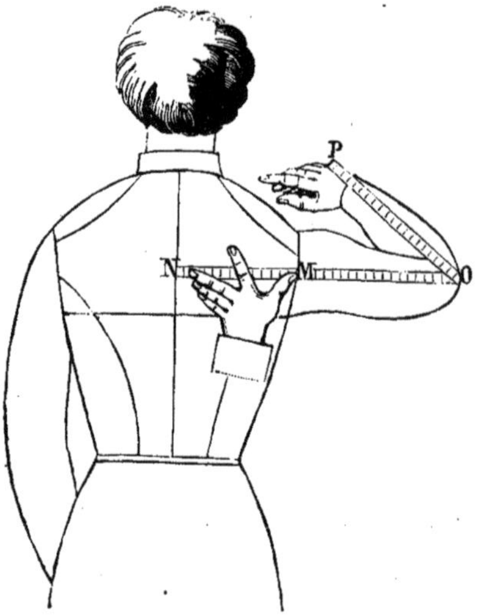

DIXIÈME ET ONZIÈME MESURES.

Longueurs de manche

La mesure étant fixée sur N, M, pour la demi-largeur de carrure, on tiendra la mesure sur ces deux points avec la main gauche, et de la main droite on lèvera le bras de la personne en lui faisant former l'équerre, pour obtenir ses longueurs de manches; de là, on fixera la longueur du coude, *v.* O (2); ensuite, la longueur totale, *v.* P.

Pour fixer les longueurs de manche, on devra arrêter la mesure à la naissance du petit doigt, *v.* P, c'est une bonne règle de longueur; on les raccourcit ensuite au tracé pour leur donner la longueur convenue.

---

(1) Voir à la 2ᵉ classe, dans la 19ᵉ partie, l'article et les détails de la mesure de largeur de carrure.
(2) Voir à la 2ᵉ classe, dans la 19ᵉ partie, l'article et les détails de la mesure de longueur de manche au coude.

FIGURE 16.

DOUZIÈME MESURE.

Grosseur du haut du buste.

Pour prendre cette mesure, on se tient devant la personne ; on fait passer la mesure sous les bras, sur les points marqués, au milieu du dos E, profondeur D, creux de poitrine F (1).

Ce qui détermine la mesure de grosseur du haut, *v.* E, D, F (2).

On ne devra pas prendre cette mesure plus bas que cette ligne, cela la reproduirait plus petite pour une personne mince de taille ; on priera aussi la personne de ne pas se gonfler en prenant cette mesure, ce qui la ragrandirait.

(Toutes les mesures de grosseur doivent se partager, afin de ne se servir que de la moitié pour tracer.)

TREIZIÈME MESURE.

Grosseur de taille.

Pour prendre cette mesure, on se tient devant la personne.

On devra la faire passer sur les points fixés à la taille, *v.* B, au creux de la hanche, *v.* A, et au nombril, *v.* C (3).

Ce qui détermine la mesure de grosseur de taille, *v.* B, A, C (4).

En prenant cette mesure plus haute ou plus basse, on la ragrandirait pour des personnes minces de taille. On devra aussi ne pas trop serrer cette mesure en la prenant, afin de l'obtenir naturelle (4).

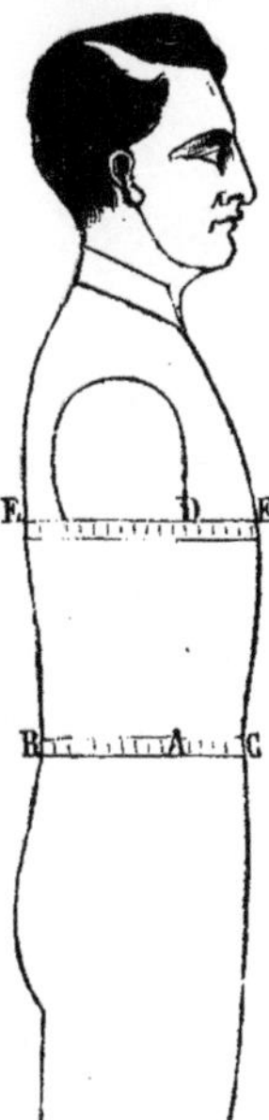

FIGURE 17.

QUATORZIÈME MESURE.

Grosseur de hanches.

Pour prendre cette mesure, on se tient devant la personne.

Elle devra se prendre au-dessous de la taille naturelle, *v.* T, U, haute ou basse, selon la longueur que l'on veut donner à la taille du vêtement (5).

On prend cette mesure afin de reproduire au bas des devants la largeur qu'il leur faut pour occuper cette place.

QUINZIÈME MESURE.

Grosseur de bassin.

Pour prendre cette mesure, on se tient devant la personne.

Elle se prend sur la partie la plus forte du derrière ; c'est afin de reproduire au tracé toute cette largeur (6). La mesure passe sur les points V, M, à même distance de hauteur des points de taille naturelle, *v.* B, A, C.

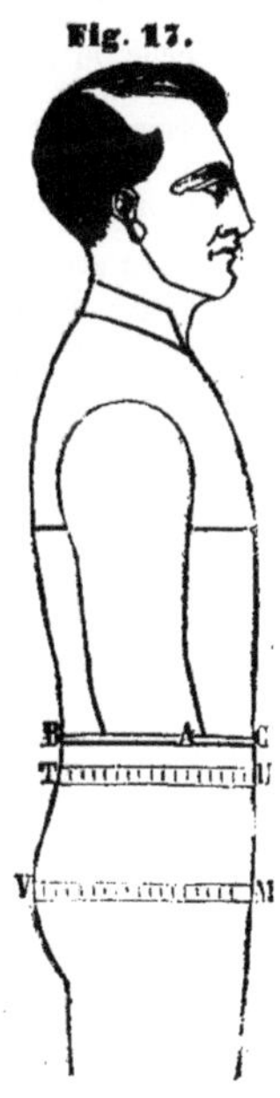

(1) Voir à la 2ᵉ classe, dans la 1ʳᵉ partie, l'article et les détails de la pose du point F.
(2) Voir à la 2ᵉ classe, dans la 24ᵉ partie, l'article et les détails de la mesure de grosseur du haut.
(3) Voir à la 2ᵉ classe, dans la 1ʳᵉ partie, l'article et les détails de la pose du point C.
(4) Voir à la 2ᵉ classe, dans la 26ᵉ partie, l'article et les détails de la mesure de grosseur de taille.
(5) Voir à la 2ᵉ classe, dans la 27ᵉ partie, l'article et les détails de la mesure de grosseur de hanches.
(6) Voir à la 2ᵉ classe, dans la 27ᵉ partie, l'article et les détails de la mesure de grosseur de bassin.

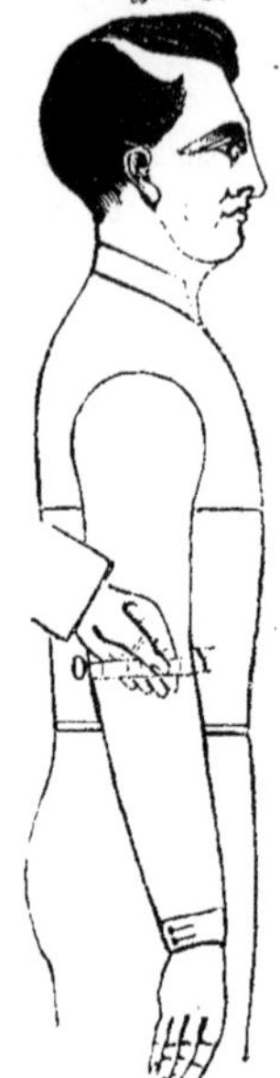

FIGURE 18.

SEIZIÈME MESURE.

Grosseur du bras au coude.

On devra, pour prendre cette mesure, *v.* O, Y, introduire trois ou quatre doigts sous la mesure, afin de ne pas s'exposer à la prendre trop étroite ; cette manière de mesurer convient pour donner aux manches une largeur suffisante (1).

Cette mesure doit se partager en mesurant, afin de ne se servir que de la moitié pour tracer.

Les mesures étant obtenues, on aura à convenir avec la personne la longueur que l'on devra donner au vêtement ; cette mesure ne doit se prendre qu'à la suite de toutes les autres, vu qu'elle n'offre, pour l'obtenir et l'employer, aucune difficulté.

———————

Les seize mesures étant obtenues, on devra les appliquer pour tracer. Ce qui se fait comme suit :

On aura, à cet effet, à se procurer chez les marchands merciers ou autres : une équerre et une toile cirée, sur laquelle on tracera les mesures que l'on aura obtenues.

La craie qui convient à cette toile cirée, est une craie naturelle blanche et non savonneuse.

Cette toile est plus commode pour tracer que toute autre chose, attendu que l'on peut effacer les lignes mal réussies avec un linge mouillé, ce qui redonne un nouveau mordant à la craie.

Pour les départements et l'étranger, les personnes qui désireraient que je leur fasse le choix de ces objets, auront à m'expédier le montant du prix de l'achat,

Qui est fixé ainsi qu'il suit :

Premier Choix.

Une équerre pliante, numérotée, en bois peint. . . . . , . . .   6 fr. » c.
Une toile cirée, vernie des deux côtés, de 75 cent. de large sur 1 m. 45 cent. de long. .   5   »

Deuxième Choix.

Une équerre pliante, en bois peint. . . . . , . , ...   5   »
Une toile cirée, vernie d'un côté, de 75 cent. de large sur 1 m. 45 cent. de long. . .   4   »
Boîte de craie de cent morceaux. . . . . ·.   2   50

Les équerres brutes, sans être pliantes, peuvent se faire dans chaque localité.

(1) Voir à la deuxième classe, dans la 23e partie, l'article et les détails de la mesure de grosseur du bras au coude.

LE PROGRÈS DU TAILLEUR.

Afin d'abréger l'explication de quelques petites distances indépendantes du mesurage, dont on se sert dans le parcours des tracés et que la mode fait varier, j'ai dû faire un tableau de réductions désigné ci-après, pour les personnes qui n'aiment pas à compter.

Ce tableau renferme les demi-grosseurs du haut du buste de 30 à 65 centim.

DEMI GROSSEUR du haut	$\frac{1}{4}$		$\frac{1}{8^{me}}$		$\frac{1}{16^{me}}$				$\frac{1}{3}$		$\frac{1}{6^{me}}$	
	centimètres.	mil.	centimètres.	mil.	centimètres.	mil.			centimètres.	mil.	centimètres.	mil.
30 . . .	. . 7	5	. . 3	8	. . 1	9	. . . .	.	10	»	. . 5	»
31 . . .	. . 7	8	. . 3	9	. . 2	»	. . . .	. .	10	4	. . 5	2
32 . . .	. . 8	»	. . 4	»	. . 2	»	. . . .	.	10	7	. . 5	4
33 . . .	. . 8	3	. . 4	2	. . 2	1	. . . .	.	11	»	. . 5	5
34 . . .	. . 8	5	. . 4	3	. . 2	2	. . . .	.	11	4	. . 5	7
35 . . .	. . 8	8	. . 4	4	. . 2	2	. . . .	.	11	7	. . 5	9
36 . . .	. . 9	»	. . 4	5	. . 2	3	. . . .	.	12	»	. . 6	»
37 . . .	. . 9	3	. . 4	7	. . 2	4	. . . .	.	12	4	. . 6	2
38 . . .	. . 9	5	. . 4	8	. . 2	4	. . . .	.	12	7	. . 6	4
39 . . .	. . 9	8	. . 4	9	. . 2	5	. . . .	.	13	»	. . 6	5
40 . . .	. . 10	»	. . 5	»	. . 2	5	. . . .	.	13	4	. . 6	7
41 . . .	. . 10	3	. . 5	2	. . 2	6	. . . .	.	13	7	. . 6	9
42 . . .	. . 10	5	. . 5	3	. . 2	7	. . . .	.	14	»	. . 7	»
43 . . .	. . 10	8	. . 5	4	. . 2	7	. . . .	.	14	4	. . 7	2
44 . . .	. . 11	»	. . 5	5	. . 2	8	. . . .	.	14	7	. . 7	4
45 . . .	. . 11	3	. . 5	7	. . 2	9	. . . .	.	15	»	. . 7	5
46 . . .	. . 11	5	. . 5	8	. . 2	9	. . . .	.	15	4	. . 7	7
47 . . .	. . 11	8	. . 5	9	. . 3	»	. . . .	.	15	7	. . 7	9
48 . . .	. . 12	»	. . 6	»	. . 3	»	. . . .	.	16	»	. . 8	»
49 . . .	. . 12	3	. . 6	2	. . 3	1	. . . .	.	16	4	. . 8	2
50 . . .	. . 12	5	. . 6	3	. . 3	2	. . . .	.	16	7	. . 8	4
51 . . .	. . 12	8	. . 6	4	. . 3	2	. . . .	.	17	»	. . 8	5
52 . . .	. . 13	»	. . 6	5	. . 3	3	. . . .	.	17	4	. . 8	7
53 . . .	. . 13	3	. . 6	7	. . 3	4	. . . .	.	17	7	. . 8	9
54 . . .	. . 13	5	. . 6	8	. . 3	4	. . . .	.	18	»	. . 9	»
55 . . .	. . 13	8	. . 6	9	. . 3	5	. . . .	.	18	4	. . 9	2
56 . . .	. . 14	»	. . 7	»	. . 3	5	. . . .	.	18	7	. . 9	4
57 . . .	. . 14	3	. . 7	2	. . 3	6	. . . .	.	19	»	. . 9	5
58 . . .	. . 14	5	. . 7	3	. . 3	7	. . . .	.	19	4	. . 9	7
59 . . .	. . 14	8	. . 7	4	. . 3	7	. . . .	.	19	7	. . 9	9
60 . . .	. . 15	»	. . 7	5	. . 3	8	. . . .	.	20	»	. . 10	»
61 . . .	. . 15	3	. . 7	7	. . 3	9	. . . .	.	20	4	. . 10	2
62 . . .	. . 15	5	. . 7	8	. . 3	9	. . . .	.	20	7	. . 10	4
63 . . .	. . 15	8	. . 7	9	. . 4	»	. . . .	.	21	»	. . 10	5
64 . . .	. . 16	»	. . 8	»	. . 4	»	. . . .	.	21	4	. . 10	7
65 . . .	. . 16	3	. . 8	2	. . 4	1	. . . .	.	21	7	. . 10	9

PARIS. — Typographie Lahure, rue Soufflot, 18.

DU TRACÉ DU CORSAGE ET RANG D'ORDRE QUE LES MESURES PRENNENT EN TRAÇANT.

MANIÈRE DE TRACER.

FIGURE 19.

On devra se servir d'une équerre que l'on place devant soi, v. A, pour en former deux lignes, une en travers et l'autre en long.

On aura soin, en se servant de l'équerre, d'appuyer fortement la main dessus, afin d'obtenir les lignes droites ; en ne le faisant pas on pourrait leur faire produire un écart, ce qui ne doit pas être.

On devra aussi s'assurer que les équerres soient franches, afin d'éviter des inégalités de lignes, ce qui, à la reproduction des mesures, les fait supposer mal prises.

FIGURE 20.

PREMIÈRE MESURE.

Demi-grosseur du haut du buste.

L'équerre étant formée, v. A, fig. 19,

On procèdera pour la mesure de demi-grosseur du haut, qui s'emploie comme suit :

On placera le chiffre obtenu de la demi-grosseur du haut sur A et où le bout de la mesure aboutira derrière sur la ligne supérieure, on marquera un point, v. B, et de ce point B, on formera une raie d'équerre dans le bas.

FIGURE 21.

DEUXIÈME MESURE.

Avancement du bras.

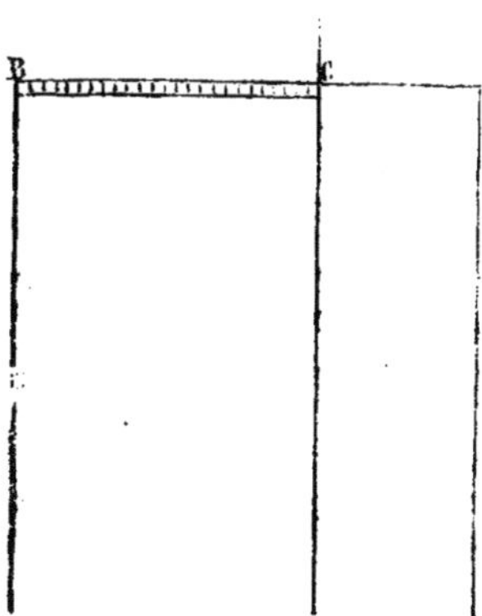

La demi-grosseur du haut étant fixée, v. B, fig. 20,

On devra procéder pour la mesure d'avancement du bras, qui s'emploie comme suit :

On placera le bout de la mesure sur B, et où le chiffre obtenu de la mesure d'avancement aboutira sur la ligne supérieure, on marquera un point, v. C, et de ce point C, on formera une raie d'équerre dans le bas.

On devra aussi prolonger cette même ligne à huit ou dix centimètres plus haut que C.

FIGURE 22.

TROISIÈME MESURE.

Profondeur du bras.

L'avancement du bras étant fixé, *v.* C, fig. 21,

On se servira de la mesure de profondeur du bras qui s'emploie comme suit :

On placera le bout de la mesure sur C, et où le chiffre obtenu de profondeur aboutira sur cette ligne, on marquera un point, *v.* D, et de ce point D, on formera une raie d'équerre en travers, qui dépassera la ligne du devant de huit à dix centimètres.

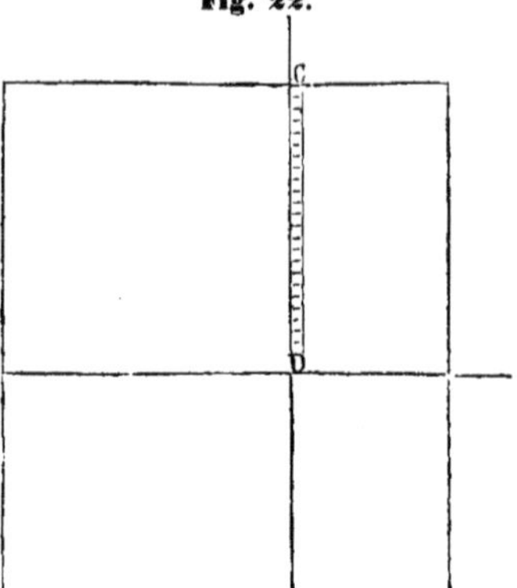

FIGURE 23.

QUATRIÈME MESURE.

Profondeur à la hanche.

Vient ensuite la profondeur à la hanche qui s'emploie comme suit :

La mesure de profondeur du bras étant fixée de C à D, fig. 22, on fait continuer la mesure de profondeur à la hanche sur cette même ligne marquée C, D, la tenant toujours sur C, et où le chiffre obtenu aboutit dans le bas, on marque un point, *v.* A, et de ce point A, on forme une raie d'équerre en travers, qui dépassera la ligne du devant de huit à dix centimètres, ce qui détermine le carré.

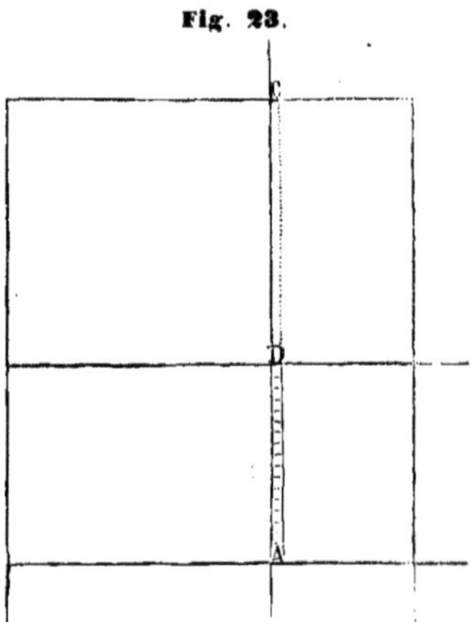

FIGURE 24.

La profondeur à la hanche, qui ferme le carré dans le bas, *v.* A, fig. 23, étant fixée,

On procèdera comme suit :

On formera une distance qui prendra le quart de la demi-grosseur du haut, à partir de C, on placera le bout de la mesure sur C, et où le quart aboutira sur cette ligne, on marquera un point, *v.* O, et de ce point O, on formera une raie d'équerre en travers.

Ce quart de la demi-grosseur du haut sert pour se rendre compte de la tenue plus ou moins droite de la personne que l'on a mesurée (1).

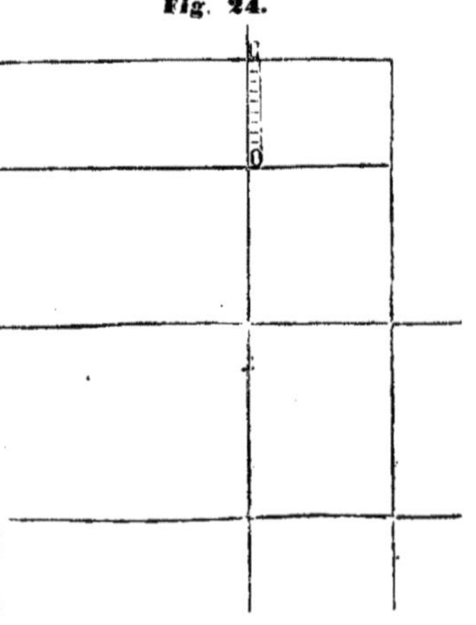

(1) Voir à la 2me classe, dans la 3me partie, les détails du quart de la demi-grosseur du haut.

FIGURE 25.

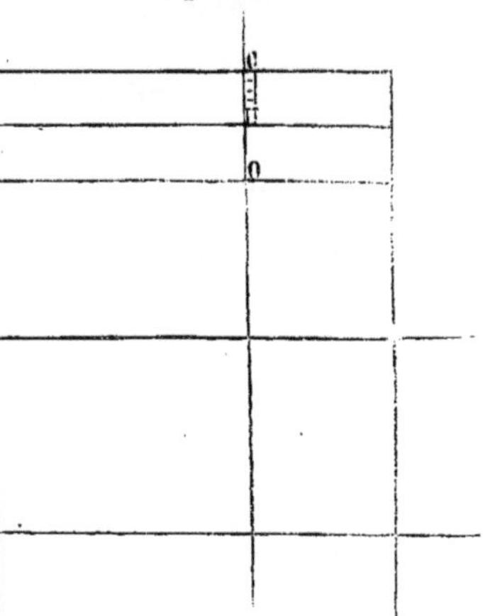

Fig. 25.

Le quart de la demi-grosseur du haut étant fixé, *v.* C, O, fig. 24,

On aura à partager cette distance de C à O, *v.* U, et de ce point U on formera une raie d'équerre en travers, ce qui formera 2/8es de la demi-grosseur du haut.

Celui du haut, *v.* C, U, sert pour la largeur que l'on veut donner au haut du dos de l'encolure (1), et celui du bas, *v.* U, O, sert à observer de combien la personne est voûtée ou renversée ().

FIGURE 26.

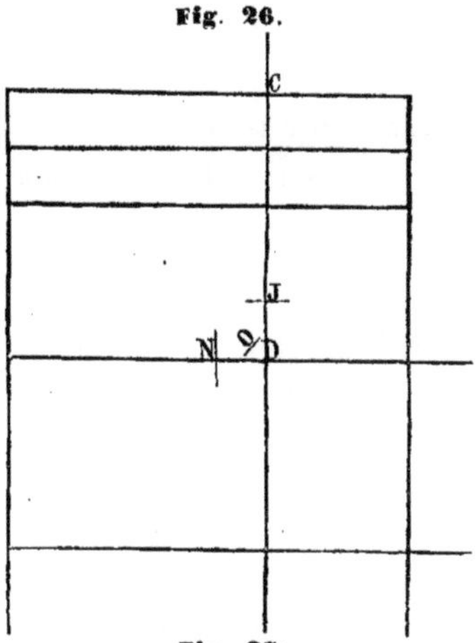

Le quart de la demi-grosseur du haut étant partagé, *v.* fig. 25, on procèdera comme suit :

On devra marquer 2/8es (de la demi-grosseur du haut), à distance de D, pour faciliter le contour d'emmanchure, l'un sur la ligne de l'avancement C, *v.* J, et l'autre sur la ligne de profondeur D, *v.* N. Ces huitièmes étant fixés, on devra former une autre distance à l'angle du contour d'emmanchure, *v.* O; ce point O se placera à deux ou trois centimètres de l'angle D.

Donc,

Trois centimètres serviront pour des grandes emmanchures et deux centimètres environ pour des plus petites.

FIGURE 27.

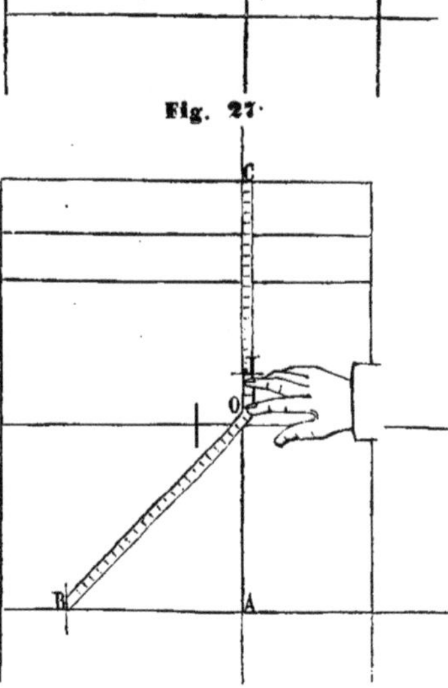

Fig. 26.

Fig. 27.

CINQUIÈME MESURE.

Profondeur à la taille.

Les huitièmes qui facilitent le contour d'emmanchure étant fixés, *v.* J, N, fig. 26,

On devra procéder pour la mesure de profondeur à la taille qui s'emploie comme suit :

On place le bout de la mesure sur C, ligne d'avancement, on la fait descendre sur J (huitième de la demi-grosseur du haut); c'est là que l'on retient la mesure devant et au bord de la ligne d'avancement, avec deux doigts, soit le majeur sur J, et l'index en face de O, pour lui faire former le contour d'emmanchure, et où le chiffre obtenu de mesure de profondeur à la taille aboutit derrière sur la ligne de profondeur à la hanche A, on marque un point, *v.* B, ce qui détermine la mesure de jetée de taille.

L'on retient la mesure sur J, et en face de O, afin qu'elle ne vienne pas en ligne droite, à partir de O, former son point de jetée de taille, ce qui rallongerait cette distance, vu que le bras de la personne a fait former le contour à la mesure.

(1) Voir à la 2e classe, dans la 3e partie, les détails du 1/4 de la demi-grosseur du haut.
(2) Voir à la 2e classe, dans la 3e partie, les détails des 1/8es de la demi-grosseur du haut.

FIGURE 28.

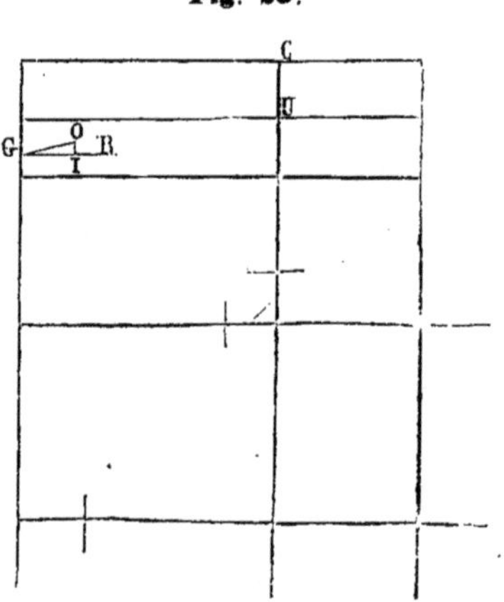

SIXIÈME ET SEPTIÈME MESURES.

Longueur de taille et montant de dos.

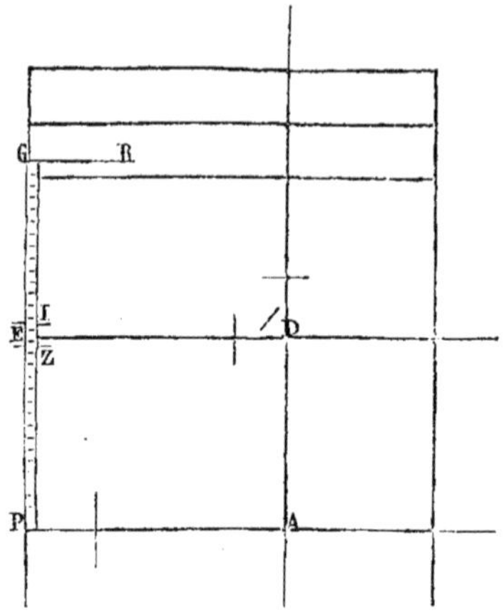

Le point de profondeur à la taille étant fixé, *v.* B, fig. 27,

On devra procéder pour la longueur de taille naturelle qui s'emploie comme suit :

On place le chiffre obtenu de la longueur de taille sur **P**, angle de la raie formée par A, et où le bout de la mesure aboutit dans le haut, on marque un point, *v.* G, et de ce point G on forme une raie d'équerre en travers de huit à dix centimètres de long, *v.* R.

Ce qui détermine la longueur de taille naturelle, *v.* G, P.

Et si la longueur de taille a été bien obtenue par les points d'appui qui l'on guidée, elle reproduira E, point de montant de dos sur la ligne de profondeur D; ce qui déterminera sa hauteur, *v.* G, E, et par cela dénotera la mesure bien prise.

Mais si E se reproduit plus haut, *v.* I, ou plus bas, *v.* Z, que la ligne de profondeur D, cela dénote une irrégularité à laquelle on ne devra pas s'arrêter (1).

FIGURE 29.

La longueur de taille étant fixée, *v.* G, P, fig. 28, on devra procéder pour la largeur que l'on doit donner au haut du dos à l'encolure, ce qui se fait comme suit :

On prendra la distance du huitième qu'il y a de C à U, pour la reproduire en largeur au haut du dos. Pour cela, on place le chiffre obtenu de ce huitième sur G, et où le bout de la mesure aboutit sur la raie R, on marque un point, *v.* I, ce qui détermine sa largeur.

Et pour fixer son creux d'encolure, on élèvera une raie d'équerre de un centimètre au-dessus de I, *v.* O (2); cela fait, on formera une seconde raie de G à O, ce qui détermine le creux d'encolure.

(1) Voir à la 2e classe, dans la 3e partie, l'article des points de montant de dos qui au tracé se reproduisent plus haut ou plus bas que la ligne de profondeur.

(2) Voir à la 2e classe, dans la 3e partie, l'article et les détails du creux d'encolure.

Paris. — Typographie Lacour, rue Soufflot, 18.

FIGURE 30.

Le creux du haut de dos à l'encolure étant achevé, *v.* G, O, fig. 29,

On procédera pour la hauteur que l'on doit donner à la carrure, ce qui s'obtient comme suit :

On partagera le montant de dos de G à E, ligne de profondeur, cela donne une hauteur de carrure convenable pour toutes les tenues voûtées ou renversées. *v.* N (1), et, de ce point N, on formera une raie d'équerre en travers.

Comme on le voit, c'est la profondeur D qui guide le partage du montant de dos pour fixer la hauteur de carrure.

On ne se servira de E, point de montant de dos, que lorsqu'il se rencontrera fixé sur la ligne de profondeur D.

Et lorsque le point de montant de dos E se reproduira plus haut, *v.* I, ou plus bas, *v.* Z, que la ligne de profondeur, on ne devra pas partager sur l'un de ces points pour obtenir sa hauteur de carrure ; ce ne sera que la ligne de profondeur D qui en sera le guide.

Ces points I, Z, ne serviront que pour fixer les mesures de largeur d'épaules.

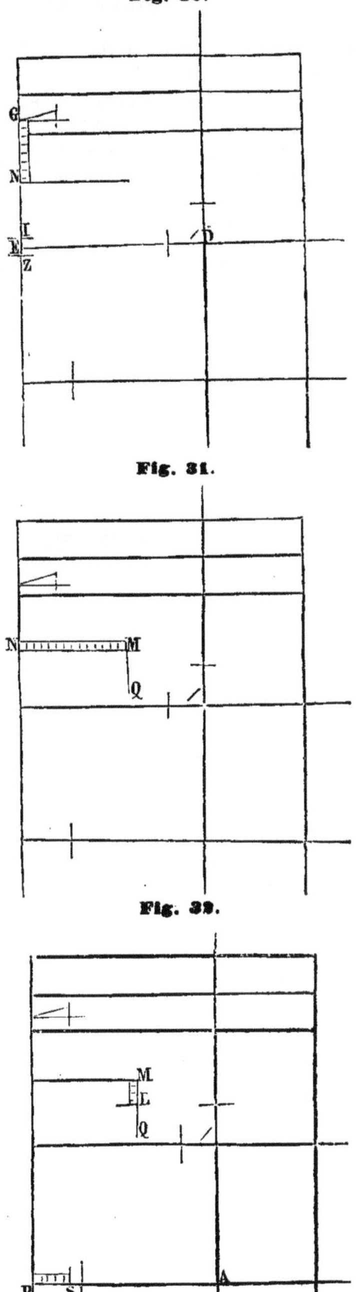

FIGURE 31.

HUITIÈME MESURE.

Largeur de carrure.

La raie de hauteur de carrure étant fixée, *v.* N, fig. 30,

On procédera pour la mesure de largeur de carrure qui s'emploie comme suit :

On placera le bout de la mesure sur N, et dès que le chiffre obtenu de largeur de carrure arrivera sur cette ligne, on marquera un point, *v.* M, et, de ce point M, on formera une raie d'équerre de 7 ou 8 centimètres de long dans le bas, *v.* Q.

FIGURE 32.

La largeur de carrure étant fixée, *v.* N, M, fig. 31,

On devra procéder pour la largeur que l'on doit donner à la petite carrure ; cela se fait selon le goût ou la mode, ou le genre du vêtement, tel que :

Pour habit habillé, elle prendra le seizième de la demi-grosseur du haut ; cette proportion convient pour grosse et mince personne (2).

On placera le bout de la mesure sur M, et où le seizième aboutira dans le bas sur la ligne Q, on marquera un point, *v.* L, ce qui détermine la largeur de petite carrure.

Cela fait,

On devra procéder pour la largeur que l'on doit donner au bas du dos ; cette largeur se fixe aussi à volonté, selon le goût ou la mode ; ce modèle prendra le huitième de la demi-grosseur du haut, on place le bout de la mesure sur P, et où le chiffre obtenu du huitième aboutit sur la ligne A, on marque un point, *v.* S, ce qui détermine la largeur du bas de dos.

---

(1) Voir à la 2e classe, dans la 3e partie, les détails sur la hauteur de carrure.
(2) Voir à la 2e classe dans la 3e partie, les détails de la largeur de petite carrure.

FIGURE 33.

Les largeurs de petite carrure, *v.* M, L, et de bas de dos, *v.* P, S, étant fixées, fig. 32,

On aura à procéder pour le ceintre de dos à l'épaulette et celui du côté, qui s'obtiennent comme suit :

Pour celui d'épaulette, on tient une partie de la mesure de la main gauche à une distance de 30 ou 40 centimètres des points O, M, *v.* R, et de la main droite on tient le bout de la mesure et un morceau de craie; on fixe la mesure tenant la craie sur O pour la porter sur M, faisant pivoter la craie de O à M; et si ce trait, *v.* O, M, ne s'obtient pas au premier essai, on devra changer de place la main gauche qui tient la mesure sur R, jusqu'à ce que partant de O on rencontre le point M; et de ce que le dos se creuse, on le rend en rondeur à l'épaulette (1).

Le ceintre du haut de dos étant formé, *v.* O, M, on devra procéder de la même manière pour celui du côté ; seulement, pour former le ceintre du côté, *v.* L, S, la mesure prendra plus de distance, *v.* A, que n'en a pris celui de l'épaulette, *v.* R.

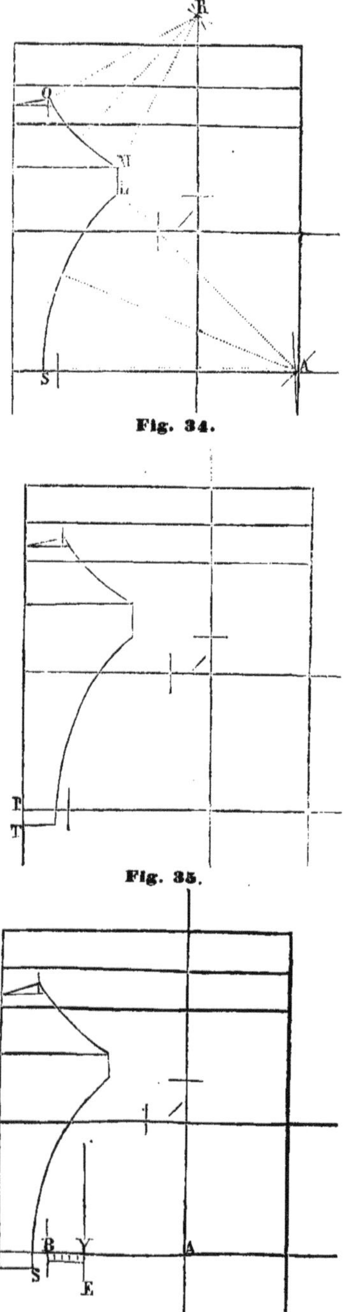

FIGURE 34.

Le cintre des côtés de dos étant achevé, *v.* L, S, fig. 33,

On devra rajouter un surplus de longueur de taille au bas du dos, ce qui se fera selon le goût ou la mode.

Le modèle ci-joint, tracé à la longueur de taille naturelle à la hanche, prendra 2 centimètres et demi de plus de longueur de P à T (2).

FIGURE 35.

Le rallongement de taille étant fixé, *v.* P, T, fig. 34, on devra procéder pour le bas des côtés.

Pour cela, on prendra la largeur que l'on a donnée au bas du dos de T à S ; cette largeur se déduira à partir du point de jetée de taille B. On place le chiffre de cette largeur obtenue sur B, et où le reste de la mesure aboutira sur la ligne formée par A, o marquer a un point, *v.* Y, et, de ce point Y, on formera une raie d'équerre dans le haut et dans le bas, *v.* E.

---

(1) Voir à la 2ᵉ classe, dans la 3ᵉ partie, les détails sur les rondeurs d'épaulettes.
(2) Voir à la 2ᵉ classe, dans la 27ᵉ partie, l'article et les détails des rallongements de taille, soit tailles demi-longues, et tailles très longues.

FIGURE . 36.

La largeur du bas de dos étant déduite du point de jetée de taille B, pour former son côté, *v.* Y, E, fig. 35,

On procédera pour la longueur que l'on doit lui donner dans le bas, ce qui s'obtient comme suit :

On place le bout de la mesure à la jonction du dos et du côté sur Q, même ligne que la profondeur du bras D, et tenant la mesure sur ce point Q, on prendra la longueur qu'il y a aux côtés de dos de Q à S, et sans déranger la mesure fixée sur Q, on reportera la longueur que le côté du dos aura donnée sur la ligne formée par Y, et où cette longueur aboutira sur cette ligne, on marque un point, *v.* Z, ce qui détermine la même longueur au bas des côtés, *v.* Z, que celle du bas du dos, *v.* S (1).

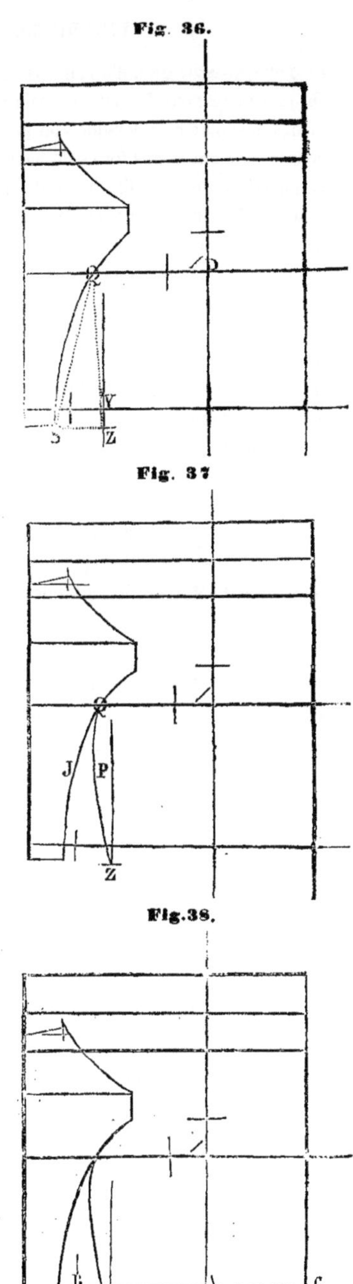

FIGURE 37.

La longueur du côté étant fixée, *v.* Z, fig. 36, on devra procéder pour la rondeur que l'on doit lui donner.

Ce rond partira de Q pour aboutir à Z, on aura soin de ne pas donner plus de rond aux côtés, *v.* P, que n'en aura pris le creux du dos, *v.* J.

FIGURE 38.

NEUVIÈME MESURE.

Demi-grosseur de taille.

Le rond du côté, *v.* P, et sa longueur, *v.* Z, étant achevés, fig. 37, "

On procédera pour la mesure de demi-grosseur de taille que l'on emploie comme suit :

C'est à partir du point de profondeur à la taille B que l'on opère; on place le bout de la mesure sur B, même ligne que la profondeur à la hanche A, et à quelque place que ce soit que le chiffre de la demi-grosseur aboutisse devant sur cette ligne, on marque un point, *v.* C, et, de ce point C, on en forme une raie d'équerre dans le bas de 8 à 10 centimètres de long, *v.* U, ce qui détermine la demi-grosseur de taille (2).

(1) Voir à la 2e classe, dans la 2e partie, les détails pour la longueur des bas de côtés.
(2) Voir à la deuxième classe, dans la 26e partie, l'article et les détails de la mesure de demi-grosseur de taille.

FIGURE 39.

La demi-grosseur de taille étant fixée, *v.* C, fig. 38,

On procédera pour former une raie qui sépare au besoin les côtés des devants; cela lorsque l'on pratique des tailles longues et pour les personnes très fortes de hanches (1).

Le modèle ci-joint, taille naturelle, n'a nullement besoin de cette séparation, qui s'opère comme suit :

C'est à partir de J, guide d'emmanchure sous bras (huitième de la demi-grosseur du haut), que l'on part pour former cette raie qui aboutit dans le bas des côtés à **3** ou **4** centimètres de distance de A, *v.* M, et sur la même ligne.

L'écart qu'il y a de A à M se détermine pour son éloignement selon les grosseurs de tailles plus ou moins fortes, ou les tenues plus ou moins cambrées (2).

Ce modèle prend 4 centimètres de distance de A à M.

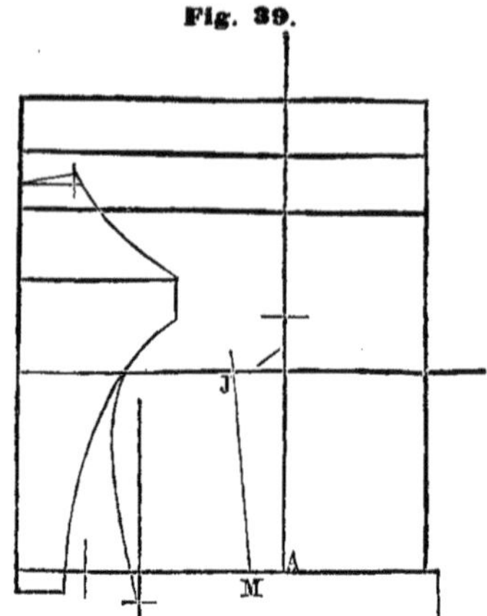

FIGURE 40.

Cette ligne J, M, qui sépare les devants des côtés étant fixée, fig. 39, on procédera pour la longueur du bas des devants, qui · s'obtient de la manière suivante :

On prendra la distance qu'il y a de **Y** à **Z**, bas des côtés, pour reproduire cette même longueur au bas des devants; on place le chiffre obtenu sur **C**, et où le bout de la mesure aboutit dans le bas, on marque un point, *v.* U, ce qui détermine la longueur du bas des devants, *v.* C, U, pareille à celle du bas des côtés, *v.* Y, Z (3).

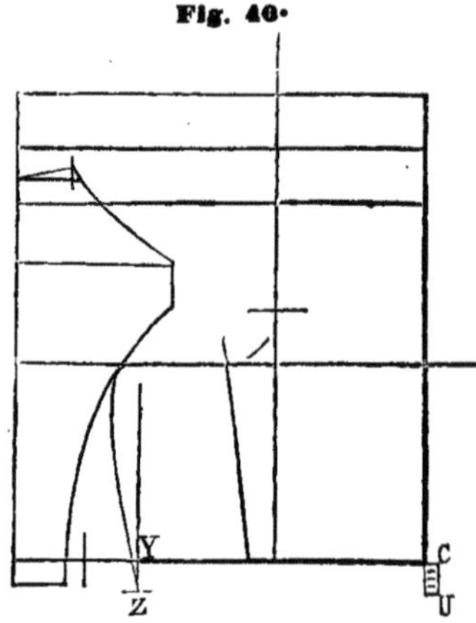

FIGURE 41.

La longueur du bas des devants étant fixée, *v.* C, U, fig. 40,

On aura à procéder pour l'achèvement du bas des devants à la hanche, qui s'obtient comme suit :

On formera une raie partant de Z, bas des côtés aboutissant à M, ligne de séparation; on procédera pareillement pour le bas du devant par une raie partant de M aboutissant à U, ce qui détermine les longueurs de taille naturelle derrière et devant, et par cela forme la cambrure du bas des côtés.

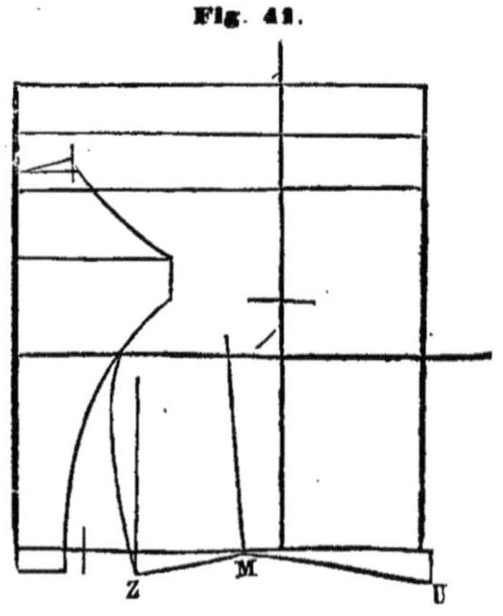

---

(1) Voir à la 2e classe, dans la 27e partie, les détails des tailles demi-longues et des tailles très longues.

(2) Voir à la 2e classe, dans la 2e partie, les détails de la raie qui sépare les côtés des devants.

(3) Voir à la 27e classe, dans la 27e partie, les détails sur les longueurs des bas de devants sur le ventre.

FIGURE 42.

La longueur de taille au bas des devants étant achevée, *v.* **Z**, **U**, ainsi que la cambrure, *v.* **M**, fig. 41,

Il convient lorsque l'on relèvera le modèle et pour conserver sa véritable longueur de taille naturelle, de laisser un demi-centimètre de surplus de longueur au bas des côtés et des devants, *v.* **Z, M, U**, afin de compenser la couture qui va se perdre autour de la taille, en montant les pans aux devants, ce qui, ne le faisant pas, raccourcirait la taille de cette valeur.

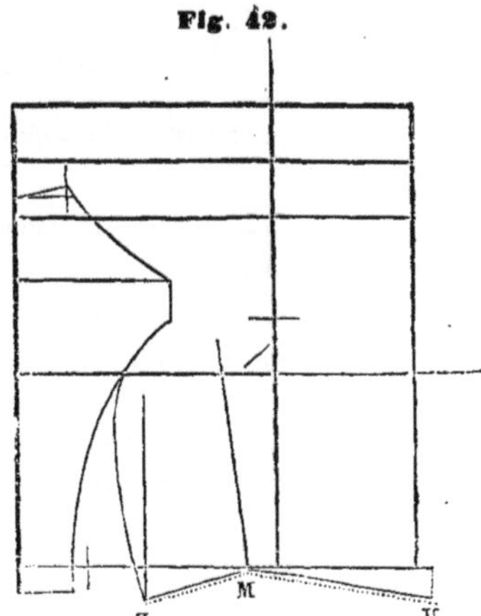

Fig. 42.

FIGURE 43.

Le bas des devants pour taille naturelle étant achevé, *v.* fig. 42,

On procédera pour la mesure de largeur d'épaules, qui s'emploie comme suit :

Pour cela on prendra la mesure qu'a donnée sur le corps le montant de dos de G à E, et à quelque place que ce soit qu'elle ait reproduit E, au-dessus, *v.* I, ou au-dessous, *v.* Z, de la ligne de profondeur D, fig. 28, on se servira toujours de la distance de longueur qui a été prise sur le corps, pour la reproduire dans le haut à partir de la ligne formée par l'avancement C.

Par exemple :

Si la mesure de montant de dos s'est reproduite au tracé de G à I, fig. 28, c'est cette mesure G, I que l'on reproduira pour fixer la largeur d'épaules.

Comme, si la mesure de montant de dos s'est reproduite au tracé de G, à Z, fig. 28, c'est de cette dernière que l'on se servira pour la fixer et pour l'employer on procédera comme suit :

On place le chiffre obtenu de mesure de montant de dos sur C, ligne supérieure et où le bout de la mesure aboutit sur cette ligne, on marque un point, *v.* O, et de ce point O on en forme une raie d'équerre de 8 à 10 centimètres de long, *v.* U.

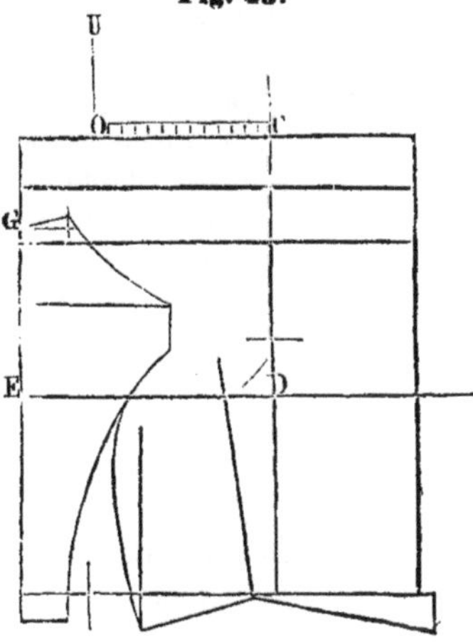

Fig. 43.

FIGURE 44.

DIXIÈME MESURE.

Largeur d'épaules.

La mesure de montant de dos étant reproduite dans le haut pour former son épaulette, *v.* C, O, fig. 43, ainsi que la ligne U, qui fixe à la mesure d'épaules la place où elle doit s'arrêter, on procédera pour l'employer comme suit :

On place le chiffre que la mesure d'épaules a obtenu sur D, profondeur du bras, en faisant remonter la mesure que l'on retient devant et au bord de la raie d'avancement avec deux doigts de la main gauche, soit le majeur sur D et l'index sur J, cela est pour faire prendre à la mesure le contour de l'avant-bras qu'elle a pris en mesurant. De là on reporte avec la main droite le bout de la mesure sur la ligne formée par U, et à quelque place que ce soit qu'elle arrive sur cette ligne, pour toutes les épaules plus ou moins fortes, hautes ou basses, on devra la fixer par un point, *v.* R, et de ce point R, on en formera une raie d'équerre en travers, *v.* T (1), aboutissant sur celle de l'avancement C.

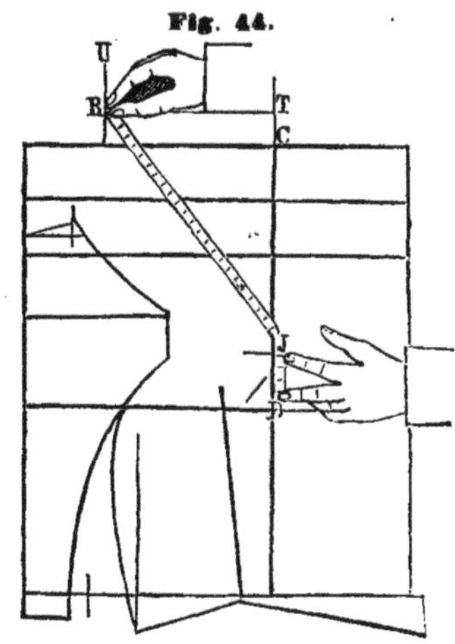

Fig. 44.

(1) Voir à la 2e classe, dans la 11e partie, l'article et les détails é la mesure de largeur d'épaules.

FIGURE 45.

La mesure de largeur d'épaules étant fixée par la ligne R, T, fig. 44,

On aura à reproduire sur cette ligne le haut du dos, ce qui s'obtient comme suit :

On prend la distance qu'il y a au haut de dos de G à N, pour la reproduire sur la ligne R, T. On place le chiffre obtenu de cette distance sur T, ligne d'avancement, et où le bout de la mesure aboutit sur la ligne, on marque un point, v. U, et de ce point U, on en forme une raie d'équerre de 20 à 22 centimètres de long, v. I.

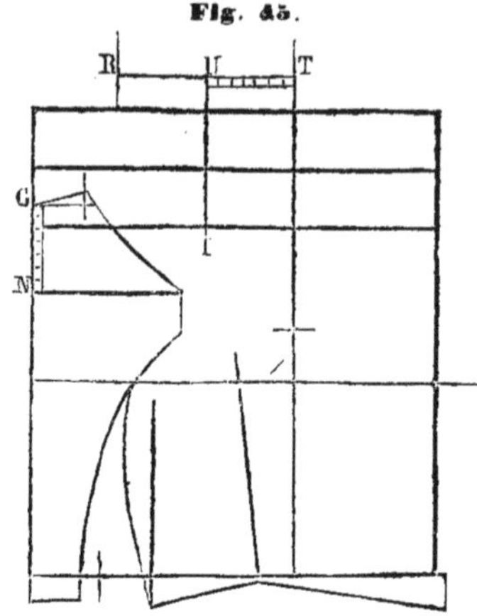

FIGURE 46.

La ligne de haut de dos étant formée, v. U, I, fig. 45,

On aura à procéder pour placer sa largeur de carrure, qui s'obtient comme suit :

On place le bout de la mesure sur U, et où le chiffre obtenu de largeur de carrure aboutit sur la ligne U, I, fig. 45, on marque un point, v. M, ce qui détermine sa largeur et aussi la pointe d'épaulette à l'emmanchure.

La largeur de carrure étant reproduite pour l'épaulette, v. U, M, on devra procéder pour sa largeur de haut de dos à l'encolure, qui s'obtient comme suit :

On prend la largeur qu'il y a au haut de dos de G à O, pour la reproduire sur T, ligne d'avancement C. On place le bout de la mesure sur T, et où le chiffre de la largeur obtenue aboutit dans le bas sur la ligne C, on marque un point, v. J, et de ce point J, on en forme une raie d'équerre en travers de 3 centimètres environ, v. X.

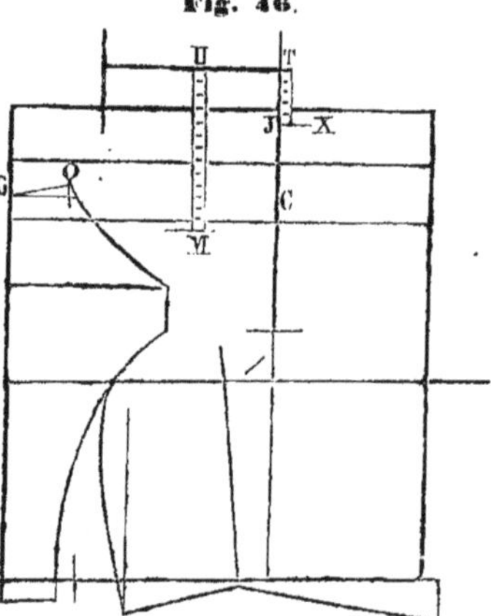

FIGURE 47.

La reproduction de largeur de haut de dos à l'encolure étant fixée, v. T, J, fig. 46,

On devra procéder pour la hauteur que l'on doit donner au haut de dos, pour former le contour d'encolure.

Cette hauteur sera de un centimètre plus élevé que J, v. K (1) ; cela fait on formera une raie de T à K, ce qui détermine cette hauteur formant le contour d'encolure.

La hauteur du creux d'encolure étant fixée, v. J, K, on devra procéder pour le cintre du haut de dos attenant à l'épaulette, v. K, M, qui se fait à distance, v. R, comme il est expliqué fig. 33.

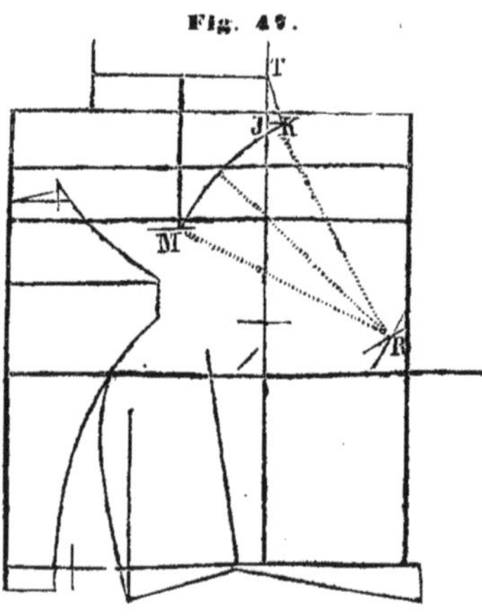

---

(1) Voir à la 2e classe, dans la 3e partie, les détails du haut de dos à l'encolure.

FIGURE 48.

Le cintre du haut de dos à l'épaulette étant achevé, *v.* K, M, fig. 47,

On procédera pour former un arc sur lequel se fixe la pointe d'épaulette à l'encolure.

Cet arc s'obtient comme suit :

C'est à partir de J, ligne d'avancement, largeur de haut de dos déduite de la profondeur C, que l'on opère (voir les détails du haut de dos, fig. 25).

Pour cela, on place une partie de la mesure sur D, point de profondeur que l'on tient sur ce point avec le pouce et l'index de la main gauche, on fait aboutir le bout de la mesure sur J, et de la main droite on prend avec le pouce et l'index le bout de la mesure et un morceau de craie que l'on place sur J, et partant de ce point l'on fait pivoter par devant la mesure et la craie à 15 ou 20 centimètres de distance, tenant toujours la mesure sur D.

Par ce trajet la craie forme l'arc J, F, G, où doit s'arrêter la pointe d'épaulette à l'encolure soit redressée ou renversée.

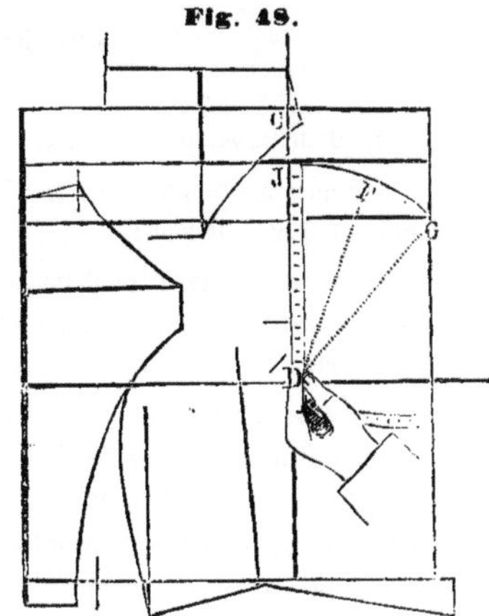

FIGURE 49.

L'arc qui guide la pointe d'épaulette à l'encolure étant formé, *v.* J, F, G, fig. 48,

On procédera pour le haut de l'épaulette à l'encolure, qui s'obtient comme suit :

Pour cela on devra reproduire la mesure d'épaule comme elle est indiquée fig. 44. On place le chiffre obtenu sur D, on retient la mesure sur J, et on la fait aboutir sur R, point de montant de dos reproduit, et où la mesure passe sur le dos à l'épaulette on marque un point, *v.* V; c'est à partir de ce point V que l'épaulette se joint au dos.

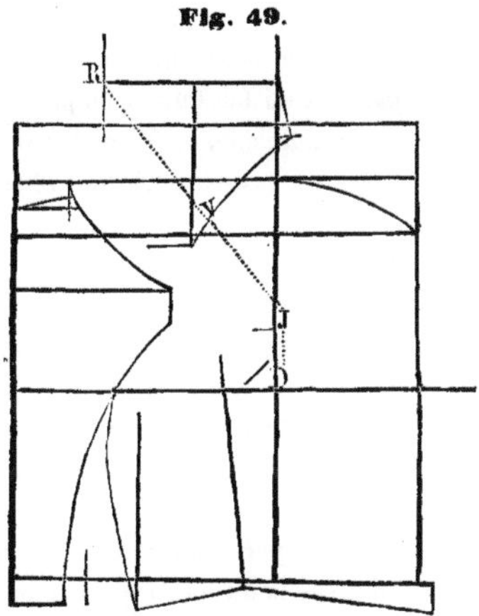

FIGURE 50.

Le point où a passé la mesure d'épaule, *v.* V, étant fixé, fig. 49,

On aura à procéder pour fixer la pointe d'épaulette naturelle à l'encolure ; ce qui s'obtient comme suit :

On prend la distance qu'il y a de V à K, que l'on reproduit sur l'arc du redressage d'épaulette.

Pour cela, on place une partie de la mesure sur V, que l'on tient sur ce point avec le pouce et l'index de la main gauche, l'on fait aboutir le bout de la mesure sur K, faisant pivoter la mesure de K sur l'arc, et où la mesure aboutit on marque un point, *v.* I.

Ce qui détermine la pointe d'épaulette naturelle à l'encolure (1).

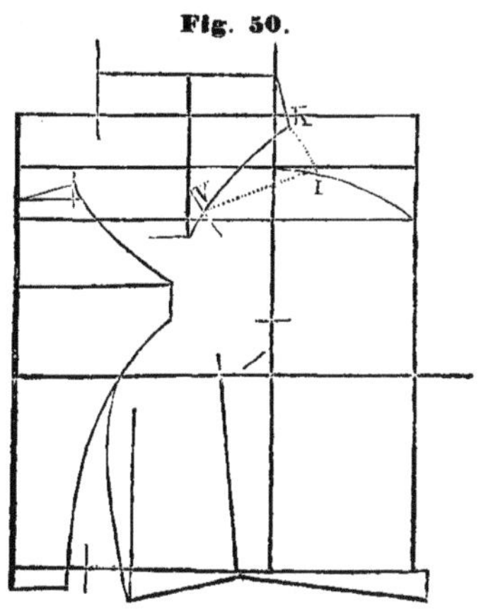

1) Voir à la 2e classe, dans la 7e partie, l'article et les détails de la pointe d'épaulette à l'encolure.

FIGURE 51.

Fig. 51.

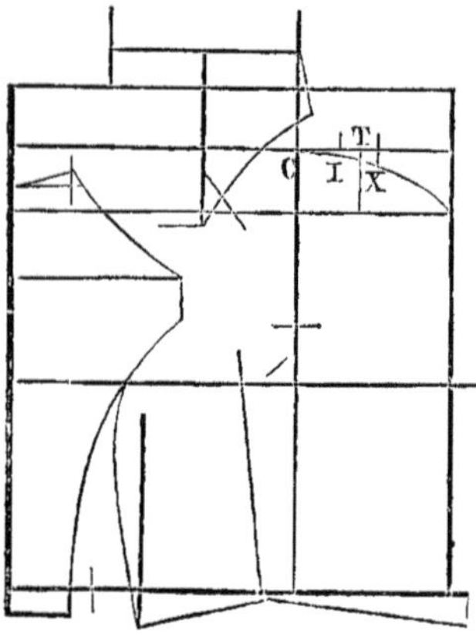

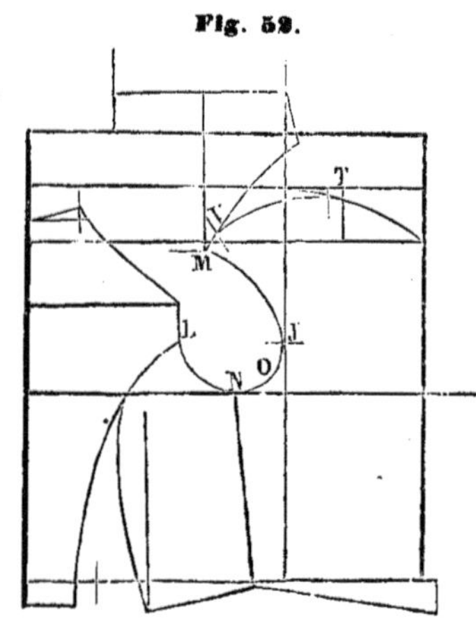

L'épaulette étant fixée, *v.* I, fig. 50,

On aura à procéder pour sa véritable place de redressage, ce qui se fait comme suit :

Pour cette tenue, l'épaulette naturelle a été arrêtée à I, fig. 50; ce redressage naturel, *v.* I, évite les plis devant les bras, mais il occasionne un ballottage aux devants sur la poitrine.

Donc, si la force des épaules ne produit pas I, point de redressage, à un huitème de la demi-grosseur du haut plus en avant que la raie d'avancement C, on devra le faire à un huitième d'écart à partir de C, ligne d'avancement, et de ce point on en forme une raie d'équerre, *v.* T, ce qui détermine le redressage (1).

Comme si la force de l'épaule faisait redresser l'épaulette en plus du huitième T, *v.* X, ce qui n'arrive que rarement, on devrait retourner au huitième fixé, *v.* T, vu que le redressage, *v.* X, porte trop l'emmanchure devant les bras, et par cela lui fait former un pli.

Ce huitième, *v.* T, détermine le redressage général de toutes les épaulettes soit pour épaules hautes, fortes ou basses, pour tout vêtement devant se boutonner aisément sur la poitrine (2).

FIGURE 52.

Fig. 52.

Le redressage d'épaulette étant terminé, *v.* T, fig. 51,

On aura à procéder pour son rond d'épaulette, qui s'obtient comme suit :

C'est à partir de T, point de redressage au huitième (de la demi-grosseur du haut) que l'on part pour former son rond d'épaulette qui se fera pareil au cintre du dos, cintre que l'on fait aboutir au point d'arrêt fixé par le passage de la mesure d'épaules, *v.* V

Le rond d'épaulette étant obtenu, *v.* V, T, on procédera pour former son contour d'emmanchure, et pour faciliter ce contour on partira de M, largeur de carrure de haut du dos reproduit, on passera sur les points marqués, *v.* J, O, N (détaillés fig. 26) pour aboutir à L, largeur du bas de carrure, ce qui détermine le contour d'emmanchure.

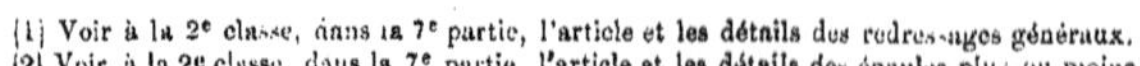

(1) Voir à la 2e classe, dans la 7e partie, l'article et les détails des redressages généraux.

(2) Voir à la 2e classe, dans la 7e partie, l'article et les détails des épaules plus ou moins hautes, ou plus ou moins basses qui, au tracé, redressent plus ou moins les épaulettes.

Paris. — Typographie Lacour, rue Soufflot, 18.

FIGURE 53.

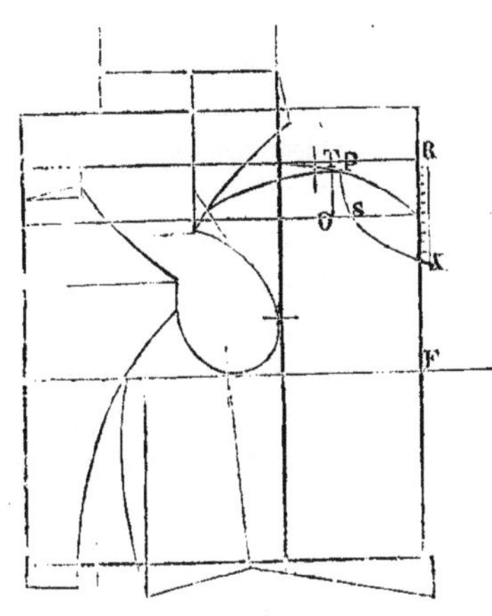

Le rond d'épaulette et le tour d'emmanchure étant obtenus, fig. 52,

On aura à procéder pour la hauteur d'encolure, qui s'obtient comme suit :

Pour cela, on prendra la hauteur qu'il y a de R à F, que l'on partagera, v. X. Ce point X forme avec beaucoup de justesse la hauteur d'encolure pour habit civil, pour toutes les tenues voûtées ou renversées, ce qui les rehausse ou les baisse selon leur mesure de profondeur obtenue.

Mais lorsque l'on voudra couper une épaulette plus renversée, v. 1, fig. 51, ce-qui ne convient pas, on devra rehausser l'encolure de la différence plus renversée.

La hauteur d'encolure étant fixée, v. X, on devra procéder pour le cintre d'encolure, qui s'obtient comme suit :

On partira de un centimètre plus avant que T, v. P, passant à 1 cent. et demi ou 2 cent. environ de l'angle du 8me O, v. S, pour aboutir à X ; cela est afin de produire un contour d'encolure doux pour suivre avec le dos, lorsqu'il est joint à l'épaulette.

Cette distance, v. O, S, se fait selon les grosseurs plus ou moins fortes, tel que : une grosse personne prendra plus de distance de O à S que n'en prendra un enfant ou une personne mince.

Car ne lui donnant à cette place, v. O, S, que la même distance de T à P, on creuserait trop cette partie, et cela occasionnerait à faire éloigner le collet du cou de la différence trop creusée.

FIGURE 54.

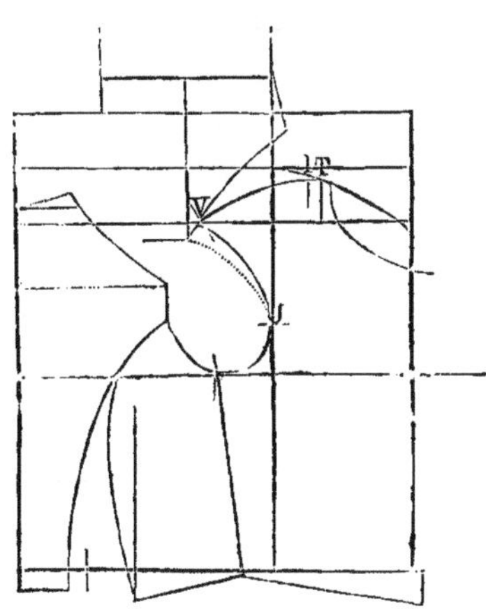

L'encolure étant déterminée pour son cintre et sa hauteur, v. P, S, X, fig. 53,

On devra procéder pour rétrécir l'épaulette à l'emmanchure du surplus de largeur que l'on a pris pour la former, ce qui s'est fait comme suit :

L'épaule n'ayant pas redressé l'épaulette au 8me de la demi-grosseur du haut, v. I. on a dû rélargir l'épaulette à l'encolure pour arriver au 8me, v. T, et ce surplus de largeur, ajouté à l'encolure, v. I, T, devra s'enlever à l'emmanchure de V à J, ce qui l'égalisera de largeur avec le haut du dos à l'épaulette. Vient ensuite 1 centimètre de surplus de largeur dépassant le 8me de redressage T, v. P, fig. 53. L'épaulette à l'emmanchure ne se rétrécira pas de cette valeur. Ce centimètre sert à compenser de la perte qu'éprouve l'angle de l'épaulette à l'encolure, en la montant au dos, et aussi par la couture que l'épaulette perd au montage du collet, ce qui réduit le redressage du 8mr à sa juste largeur.

FIGURE 55.

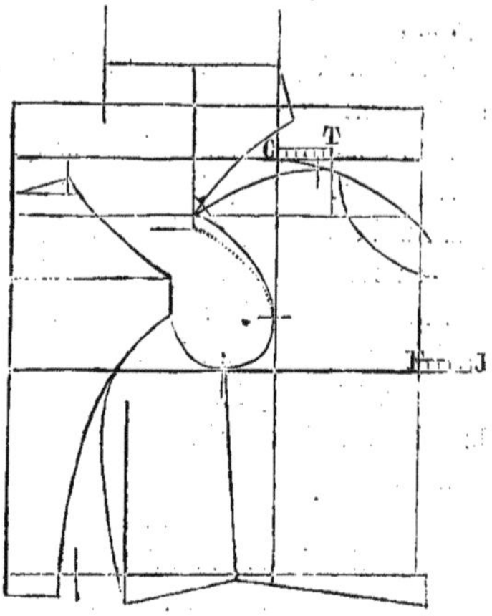

Le haut de l'épaulette étant achevé pour ses largeurs, *v.* **V**, **T**, fig. 54,

On procédera pour un surplus de largeur de poitrine, qui s'emploie comme suit :

A partir de la demi-grosseur du haut, *v.* **F**, on ajoutera un 8 ° en surplus de largeur à la poitrine, *v.* **J** (1).

Ce 8 °, rapporté devant, est de même largeur que le redressage d'épaulette, *v.* **T**, à partir de la ligne d'avancement **C**.

Le redressage du 8me, *v.* **T**, s'est fait à cet écart, afin qu'il entraîne sur le fort de la poitrine ce surplus de largeur ajouté au devant, *v.* **F**, **J**, pour qu'elle soit largement enveloppée.

Le travail que l'on fait à la poitrine dissémine cette largeur et même la rétrécit, soit par une couture faite aux revers, ou une garniture plus ou moins forte, que l'on emploie selon la force des poitrines. Il ne serait pas prudent d'employer moins de largeur à la poitrine, excepté pour des poitrines très creuses, qui n'aimeraient pas les garnitures (2).

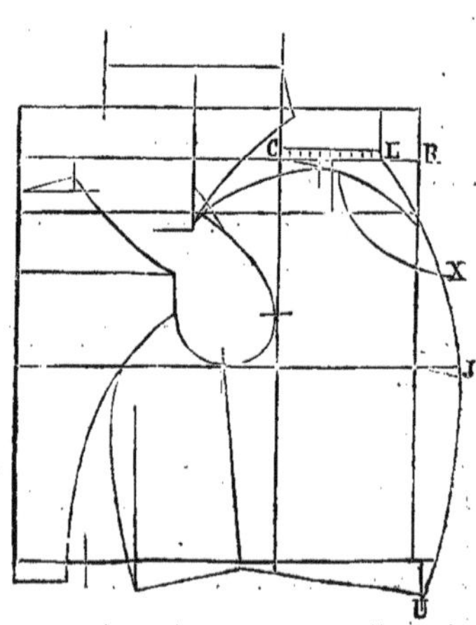

FIGURE 56.

Le surplus de largeur de poitrine étant fixé, *v.* **F**, **J**, fig. 55,

On aura à procéder pour la largeur d'encolure, et former son rond de poitrine, ce qui se fait comme suit :

On devra, à partir de la ligne d'avancement **C**, former une distance au quart de la demi-grosseur du haut sur la ligne de déduction de dos à l'encolure, *v.* **R**. Pour cela, on placera le bout de la mesure sur **C**, ligne d'avancement, et où le chiffre obtenu du quart aboutira sur la ligne **R**, on formera une raie d'équerre, *v.* **L**. C'est de ce point **L** que l'on partira pour former son rond de poitrine qui, en se formant, détermine dans son passage la largeur d'encolure pour vêtement civil, *v.* **X**. On continuera sur **J**, largeur de poitrine, aboutissant à **U**, bas du devant, demi-grosseur de taille, ce qui détermine le tracé du devant.

<hr>

(1) Voir à la 2e classe, dans la 7e partie, l'article contenant le surplus de largeur de poitrine.

(2) Voir à la 2e classe, dans la 9e partie, l'article des largeurs de poitrine pour personnes plus ou moins fortes de poitrine.

FIGURE 57.

La largeur d'encolure et le rond de poitrine étant achevés,
v. L, X, J, U, fig. 56, on aura à définir le point de départ L, qui
est placé au quart de la demi-grosseur du haut, plus avant que la
raie d'avancement C, ce qui détermine la grosseur du cou de la
personne.

La nuque G est le point de départ du derrière, comme L est
le point de départ du devant, et, selon les grosseurs de cou des
personnes, sauf difformités, le quart de la demi-grosseur du haut
dénote fort bien cette proportion.

Les poitrines se rencontrent plus ou moins rondes, selon les
tenues et la force de la grosseur de taille, ce qui efface la poitrine lorsque l'on a gros ventre. Et lorsque les poitrines, *v.* X, J, U,
prendront une forte rondeur, on aura à pratiquer 1 ou 2 pinçons
aux devants, selon leur force, ce qui refoulera cette rondeur sur
le fort de poitrine, *v.* S.

Le revers qui se joint à cette partie se tient court, ce qui peut
préserver un pinçon ; c'est afin de rendre cette partie du devant
droite, ou à peu près, sans pour cela trop serrer les devants,
ce qui ouvrirait l'emmanchure et occasionnerait de grandes
fautes (1).

Car, pour une personne forte de poitrine, si on ne pratiquait pas de pinces aux devants, on devrait tenir
le revers plus court de cette différence, ce qui produirait mauvais effet, en occasionnant plus de fronces aux
devants, ce que le carreau ne peut dominer.

Il faut donc à cela faire 1 ou 2 pinçons au besoin, selon la force et la rondeur des poitrines (2).

Le modèle ci-joint, grosseur de taille moyenne, *v.* U (3), en prendra un de 1 cent. fini, *v.* J.

On devra aussi creuser légèrement le bas des côtés, *v.* Z, E, afin d'adoucir la ligne droite qui les détermine, pour les joindre aux pans.

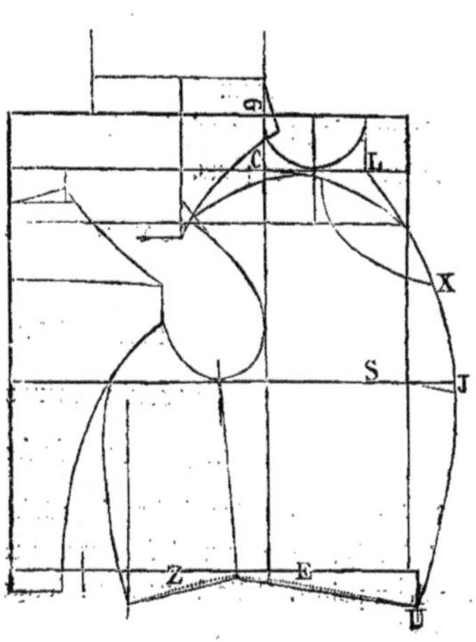

(1) Voir à la 2e classe, dans la 7e partie, l'article de la ligne droite pour le doublage, afin de prévenir un serrage de ravers trop fort.
(2) Voir à la 2e classe, dans la 9e partie, l'article des largeurs de poitrines plus ou moins rondes, et les pinçons que l'on doit leur pratiquer.
(3) Voir à la 2e classe, dans la 26e partie, l'article de la grosseur de taille, qui dénote les grosseurs plus ou moins fortes des personnes.

DU TRACÉ DE BASQUE.

Le tracé des devants étant achevé, *v*. fig. 57,

On devra procéder pour celui des basques, qui s'obtient comme suit :

Pour cela, on emploiera deux mesures.

Qui sont :

Mesure de grosseur de hanches. 1

Mesure de grosseur de bassin. 2

Et la longueur des pans.

DU TRACÉ.

FIGURE 58.

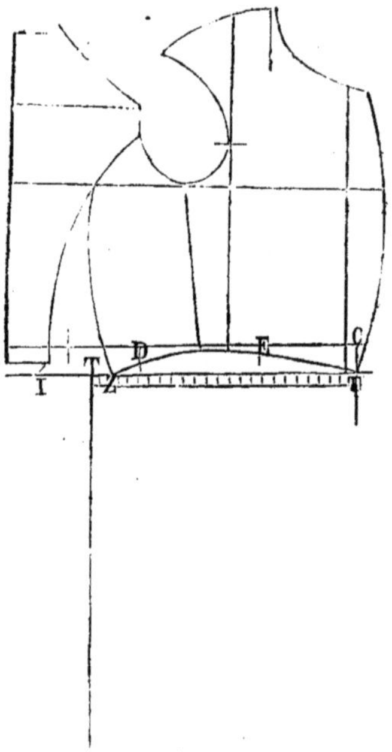

ONZIÈME MESURE.

Demi-grosseur de hanches.

Le bas des devants et le bas des côtés étant égaux de longueur, *v*. Z, U, fig. 40, on aura à former une raie d'équerre passant sur ces deux points. Cette ligne se prolongera de 10 à 12 cent. plus en arrière que Z, *v*. I.

Cette ligne étant formée, on aura à procéder pour la mesure de grosseur de hanches, que l'on emploie comme suit ,

Savoir :

La demi-grosseur de hanches, prise à 2 cent. plus bas que la taille naturelle (1), a donné, par exemple. . . . 38 c.
ce qui l'a rendue de 1 cent. et demi plus grande que
la grosseur de taille.

Et pour l'employer, on lui déduira la largeur que
l'on a donnée au bas du dos, qui est de. . . . 5 , 1/2

ce qui réduira la mesure de grosseur de hanches à. . 32 c. 1/2

On placera ce chiffre réduit de grosseur de hanches devant , sur la ligne de grosseur de taille C, *v*. U, et, où le bout de la mesure aboutira derrière, sur la ligne formée par Z, U, on marquera un point, *v*. T, et de ce point T on en formera une raie d'équerre dans le bas, ce qui déterminera la mesure de grosseur de hanches.

Ce sera donc du surplus que la grosseur de hanches aura pris de la grosseur de taille, qui se trouve être, pour ce modèle, de 1 cent. 1 2, *v*. T, Z, que l'on emploiera en embu dans la partie des hanches de D à E (2), afin d'envelopper cette partie qui se trouve plus forte que la grosseur de taille ; et cela, sans trop détendre le bas des devants pour taille naturelle de D à E (3), ce qui rendra la cambrure droite.

Fig. 59.

(1) Voir à la 2e classe, dans la 27e partie, l'article de la grosseur de hanches pour taille naturelle, demi-longue et très longue.

(2) Voir à la 2e classe, dans la 27e partie, les détails des basques pour tailles naturelles, demi-longues et longues.

(3) Voir à la 2e classe, dans la 27e partie, l'article des tendages pour tailles longues et tailles très longues.

FIGURE 59.

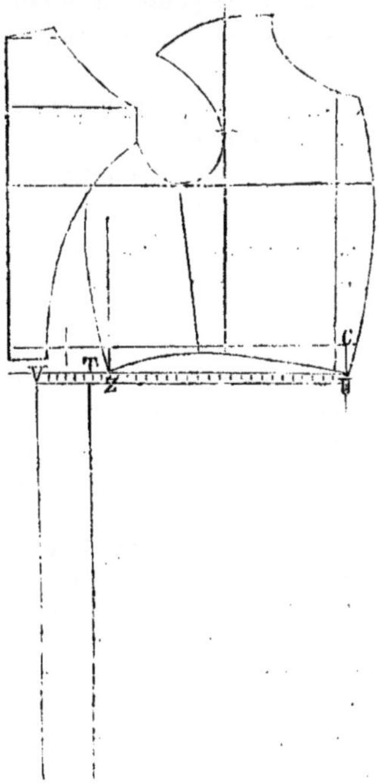

DOUZIÈME MESURE.

Demi-grosseur de bassin.

La mesure de grosseur de hanche étant fixée *v.* **T**, fig. 58, on devra procéder pour la mesure de grosseur de bassin, qui s'emploie comme suit :

Pour cela, on aura à déduire à la mesure de grosseur de bassin la largeur du bas de dos, comme cela a été fait à la mesure grosseur de hanches. fig. 58.

Savoir :

La mesure de demi-grosseur de bassin a donné

par exemple . . . . 46 c.

Et pour l'employer on lui déduira la largeur que l'on a donnée au bas du dos qui est de. . .   5 » 1/2

ce qui réduira cette mesure à . . . . . . 40 c. 1/2

On placera ce chiffre réduit de grosseur de bassin devant sur **U**, ligne de demi-grosseur de taille naturelle **C**, et où le bout de la mesure aboutira derrière sur la ligne formée par **Z**, **U**, on marquera un point, *v.* **V**, et de ce point **V** on en formera une raie d'équerre dans le bas, ce qui détermine la demi-grosseur de bassin.

C'est de ce surplus que la mesure de demi-grosseur de bassin prend en plus que celle de demi-grosseur de hanches, *v.* **T**, que l'on emploiera en pinçons sur les hanches (1).

FIGURE 60.

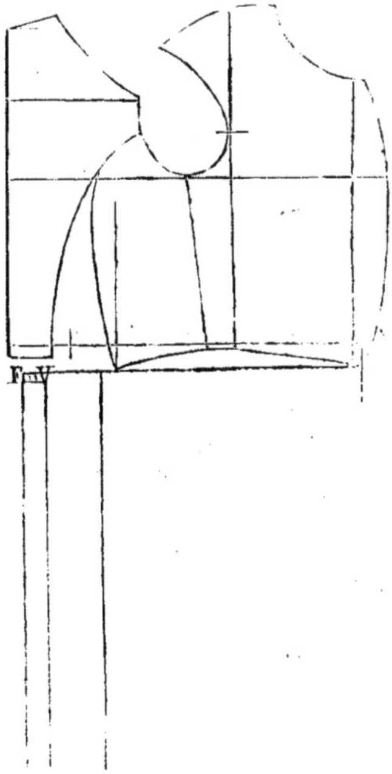

La mesure de grosseur de bassin étant fixée. *v.* **V**, fig. 59,

On devra procéder pour un surplus de largeur que l'on doit donner à la basque, ce qui se fait comme suit :

La mesure de grosseur de bassin n'ayant donné l'écart de la jetée de basque derrière, *v.* **V**, qu'à sa mesure prise juste, on devra à cela lui rajouter en plus une largeur de 2 à 4 cent. selon les grosseurs, *v.* **F**, pour bonnifier de largeur sur la rotondité, et afin de lui donner une largeur suffisante pour mouchoir ou autre, que l'on peut mettre dans les poches, pour que cela n'occasionne pas à faire ouvrir les basques, lorsque les poches seraient garnies.

L'enfant prendra 2 cent., comme le gros homme prendra 4 cent.; le modèle ci-joint taille moyenne en prendra 3, *v.* **F**.

(1) Voir à la 2e classe, dans la 27e partie, l'article et les détails de la mesure de grosseur de bassin.

FIGURE 61.

La mesure de grosseur de bassin étant fixée pour sa largeur, ainsi que le surplus de rélargissage de basque , *v.* F, V, fig. 60,

On devra procéder pour la rondeur de haut de basque que l'on doit leur donner.

Ce rond partira du devant *v.* E, en s'élevant au saillant de la hanche, *v.* O, et aboutissant sur la ligne de demi-grosseur de bassin, *v.* V, à 1 cent. ou 1 cent. 1/2 au-dessous de P, ligne formée par Z U, ce qui donne une forme arrondie au haut de la basque.

Le haut de la basque, *v.* O, formera un écart de hauteur avec le bas des côtés à la hanche, *v.* M, de 2 cent. à 2 cent. 1/2; pour gros comme pour minces.

O se trouve éloigné de M, point de bas des côtés à la hanche; mais V, largeur de bassin reportée à Z, bas des côtés, reproduira O sous M, ou à peu près (1).

V. demi-grosseur de bassin, s'éloigne de Z, demi-grosseur de taille, selon la force que prend la demi-grosseur de bassin.

Comme il est dit ci-dessus, l'abattage de basque derrière de P à V prend une distance de 1 cent. à 1 cent. et demi de la ligne Z U, pour toutes les grosseurs; l'abattage que l'on pratique dans cette partie de P à V, est occasionné pour maintenir le derrière des basques dans leur aplomb naturel, les poches étant chargées (2).

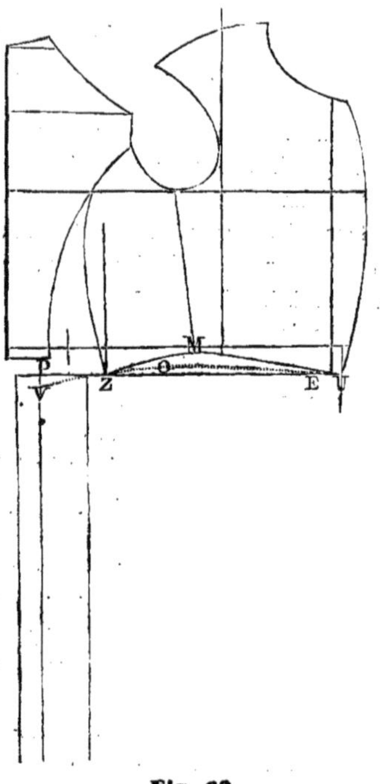

FIGURE 62.

Le rond de hauteur de basque, *v.* O, et son abattage , *v.* V, étant achevé, fig. 61,

On procédera par la pente que l'on doit donner au derrière de la basque, ce qui se fait comme suit :

Savoir :

On fixera une distance longeant la ligne du rajouté du derrière de la basque, *v.* F; cette distance partira de la raie de taille naturelle, *v.* P, et se fera de 28 à 33 cent. de long, selon la grandeur des personnes.

Ainsi, les personnes courtes prendront 28 cent., comme les plus grandes en prendront 33 ou plus; le modèle ci-joint, taille moyenne, en a pris 30.

Et pour fixer ce point, on procédera comme suit :

On prend le numéro de longueur que l'on a désigné, on place le bout de la mesure sur P, et où le chiffre obtenu aboutit sur la raie de rélargissage de basque F. on marque un point, *v.* D.

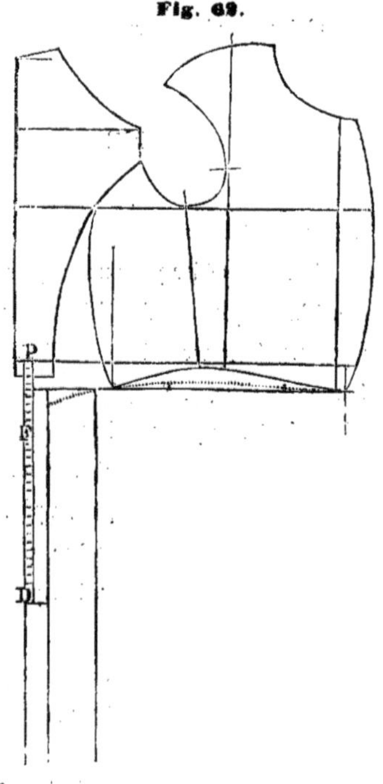

---

(1) Voir à la 2e classe, dans la 27e partie, les détails du rond de haut de basques.

(2) Voir à la 2e classe. dans la 27e partie, les détails de l'abattage du derrière de la basque.

FIGURE 63.

Le point qui détermine la longueur de pente de basque étant fixé, *v*. D, fig. 62,

On procédera pour la rondeur que l'on doit lui donner.

C'est à partir de V, demi-grosseur de bassin, que l'on part pour former son rond de basque aboutissant à D.

Cela fait, on reproduira la longueur que l'on doit donner à la basque.

Pour cela,

On prendra la longueur des pans que l'on a fixée au mesurage, on en déduira la longueur de taille que l'on a donnée en traçant le dos, *v*. G, R ; ce chiffre de longueur de taille obtenu se placera sur V, haut du derrière de basque, et où le chiffre de la longueur des pans aboutira sur la ligne D, on marquera un point, *v*. H, et de ce point H, on en formera une raie d'équerre, *v*. J, ce qui détermine la longueur des pans.

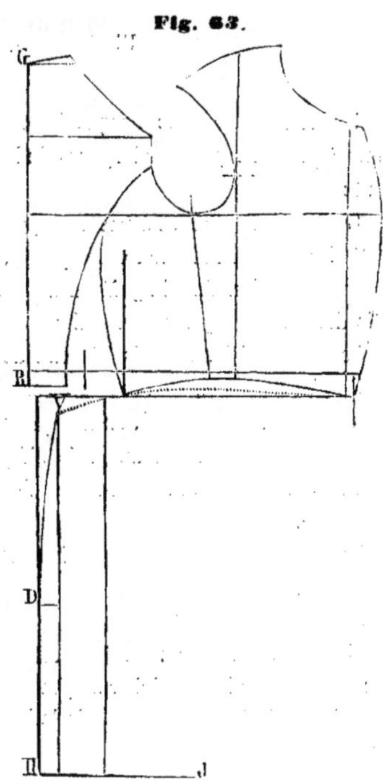

FIGURE 64.

Le bas de la basque étant fixé pour ses longueurs, *v*. H, J, fig. 63,

On devra procéder pour la forme que l'on doit lui donner dans le haut.

Ce qui se fait comme suit :

On placera sur la ligne de demi-grosseur de taille, à partir de U, bas du devant, une distance de 3 ou 4 cent. dans le bas, *v*. A, et de ce point A, on en formera une raie d'équerre au-dessous du haut de basque, de 16 à 20 cent. de long, *v*. T, ce qui fixe, dans le haut de la basque, un rallongement pour le bas des devants.

Cela se pratique ainsi, pour faciliter à placer boutonnières et boutons qui conviennent dans cette partie.

C'est sur cette ligne A, T que l'on fixe la largeur que l'on veut donner au haut de la basque, ce que l'on nomme cran ; ce qui se fait plus ou moins large, selon le goût ou la mode.

Le modèle ci-joint prendra 14 cent. à partir de A, *v*. P.

Pour cela, on place le chiffre voulu sur A, et où le bout de la mesure aboutit sur la ligne T, A, on marque un point, *v*. P.

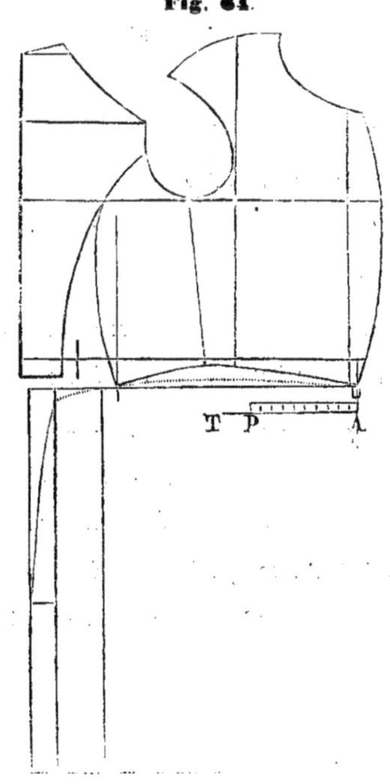

FIGURE 65.

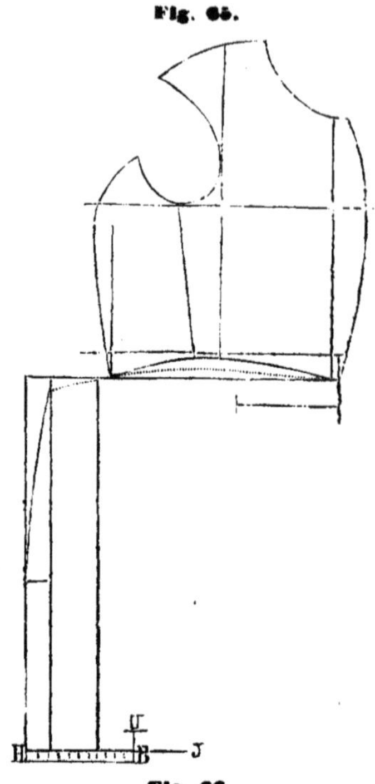

Le cran du haut de basque étant fixé, *v.* A, P, fig. 64, on aura à procéder pour ses largeurs du bas, ce qui se fait comme suit :

C'est à partir de H, longueur de pans, que l'on part pour fixer cette largeur sur la ligne formée par H, J, et comme cette largeur est du domaine du goût ou de la mode qui la détermine, elle devra s'employer comme suit :

Le modèle ci-joint a pris 15 cent. de large.

On placera le bout de la mesure sur H, et où le chiffre adopté aboutira sur la ligne H, J, on marquera un point, *v.* B, et de ce point B, on en formera une raie d'équerre de 2 à 4 cent. de hauteur, *v.* U, selon la largeur que l'on veut donner au bas de la basque.

Le modèle ci-joint, largeur de basque moyenne, a pris 3 cent. de B à U.

Cette hauteur de 2 à 4 cent. se pratiquera pour tous les bas de basques, larges ou étroits ; cela est afin de les dégager, comme aussi de les empêcher de pendre dans le bas, ce qui aurait lieu si on faisait aboutir le bas de la basque sur la ligne formée par H, J.

FIGURE 66.

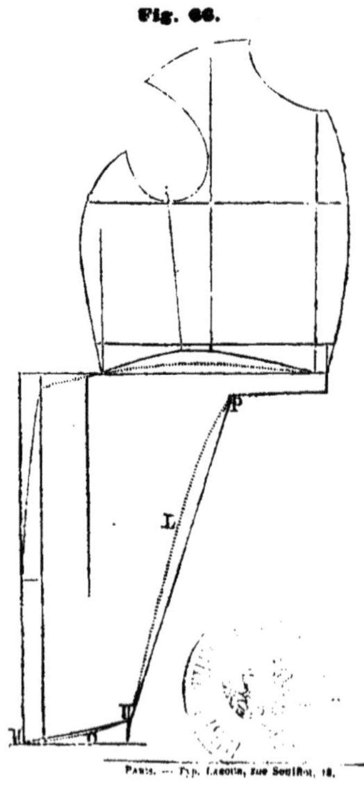

Le bas de cette basque étant fixé à 3 cent. pour son abattage dans le bas, *v.* U, fig. 65,

On aura à fermer la basque devant, ce qui se fait comme suit :

C'est à partir de P, largeur du cran aboutissant à U, largeur du bas de basque, que l'on forme une ligne droite, *v.* P, U ; cette ligne formée facilite pour donner au devant de la basque une forme contournée que le goût ou la mode réclame, *v.* L.

La ligne P, U étant fixée, on devra en former une seconde de U à H, ce qui ferme et détermine le bas ; on peut aussi adoucir en rondeur cette ligne, ce qui fait bien, *v.* O.

FIGURE 67.

La basque étant terminée pour la fermeture du devant, *v*. P,U, ainsi que du bas, *v*. H, U, fig. 66, on devra procéder pour les pinçons que fournit la demi-grosseur de bassin, *v*. V, en plus que la demi-grosseur de hanches, *v*. T.

Comme il est dit fig. 58, on emploiera en embu dans la partie des hanches de D à E le surplus de largeur qu'a pris la mesure de demi-grosseur de hanches de celle de demi-grosseur de taille.

Il reste donc au haut du tracé de basque derrière un surplus de largeur que la grosseur de bassin a fourni en plus que la grosseur de hanches, *v*. T, V.

C'est cette distance de T à V que l'on emploie pour envelopper la rotondité du derrière en pratiquant dans le haut de la basque des pinçons pour détruire ce surplus de largeur que prend la grosseur de bassin de celle de hanches.

Donc ce sera toujours la demi-grosseur de bassin, *v*. V, à partir de la demi-grosseur de hanches, *v*. T, qui fournira l'ampleur, *v*. 1, 2, 3, que l'on doit employer en pinçons sur les hanches, selon les grosseurs de bassin qui diffèrent des grosseurs de hanches plus ou moins fortes, ce qui réduit les pinçons.

Tel que :

Une personne mince de taille, forte de bassin, aura plus de largeur de T à V qu'une personne forte de grosseur de taille qui, prenant moins de distance de T à V, aura moins de pinçons (1).

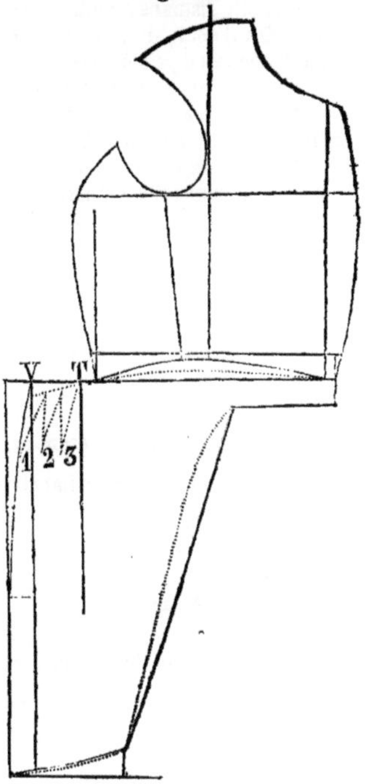

FIGURE 68.

L'écart de T à V, qui dénote la place qui produit les pinces que l'on doit pratiquer sur les hanches, étant fixé, fig. 67,

On aura à procéder pour la manière de les employer, ce qui se fait comme suit :

La distance de T à V a donné, par exemple, 5 cent.; on aura à pratiquer à la basque, dans l'espace qu'il y a de T à R, 3 pinçons de 1 cent. chacun, *v*. J, N, X ; le fort de la hanche, *v*. M, aura pour 3 pinçons toujours le sien, comme il sera le plus fort, *v*. N. Autant que possible, on les distancera pour qu'ils enveloppent entièrement la hanche.

Comme on le sait, l'écart de T à V a donné 5 cent. de surplus de largeur de bassin pour envelopper la rotondité du derrière ; les pinçons en ont pris 3 cent., il reste donc 2 cent. dont 1 c. 1/2 se trouvera employé par les coutures faites aux pinçons, chaque pince prenant un demi-cent. de couture : il restera donc un demi-cent. de largeur à la basque de T à V qui s'emploiera encore en embu de D à E.

Ce travail fini reportera V, demi-grosseur de bassin, sur T, demi-grosseur de hanches, et par cela égalisera dans cette partie la grosseur de bassin à celle de hanches.

Car si l'on pratiquait de plus fortes coutures aux pinçons, cela détruirait la largeur que la grosseur de hanches a donnée de T à Z, et il ne resterait plus assez d'étoffe pour employer en embu dans le bas des côtés de D à E, pour développer cette partie. Donc, que la mesure de bassin donne les pinçons forts ou faibles, on devra toujours laisser une réserve d'étoffe dans la partie de T à V, afin de parer à des coutures prises trop fortes aux pinçons, ce qui produirait un serrage au bas des côtés sur la hanche, et occasionnerait trop de largeur au bas des pinces de cette différence.

Pour la longueur que les pinçons doivent prendre sur la basque, que les tailles soient longues ou courtes, on pratiquera toujours

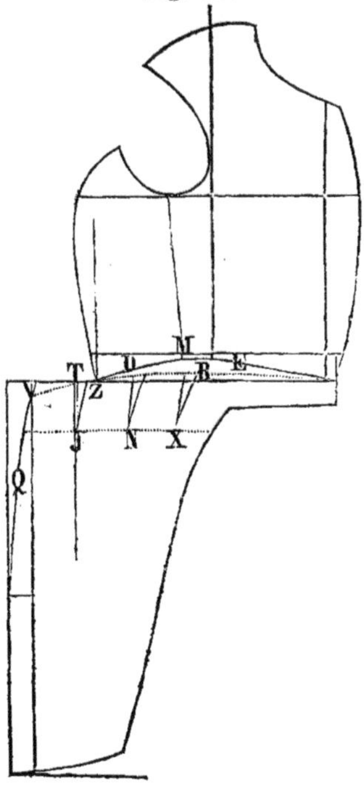

(1) Voir à la 2e classe, dans la 27e partie, l'article de la basque pour gros homme.

une distance de 8 à 12 cent., selon la grandeur des personnes, à partir de la raie de taille naturelle, *v.* Me et où cette distance aboutira à partir de **M** on tirera une ligne d'équerre, *v.* **J, N, X.** Donc, la personne court, prendra 8 cent. de **M** à **X**, comme la personne grande prendra 12 cent. Le modèle ci-joint, grandeur moyenne, en a pris 10 cent.

Ce qui fera que les pinçons pour tailles courtes seront plus longs que les pinçons tailles longues (1).

On ne devra pas les couper plus courts que cette ligne, *v.* **J, N, X**, car cela produirait une bosse dans cette partie ; il vaut mieux les allonger, cela produit une rondeur plus douce.

Comme on ne doit pas les conduire plus bas que ci-dessus indiqué, afin de ne pas rétrécir la largeur de bassin, ce qui occasionnerait à faire ouvrir les basques dans cette partie, *v.* **Q.**

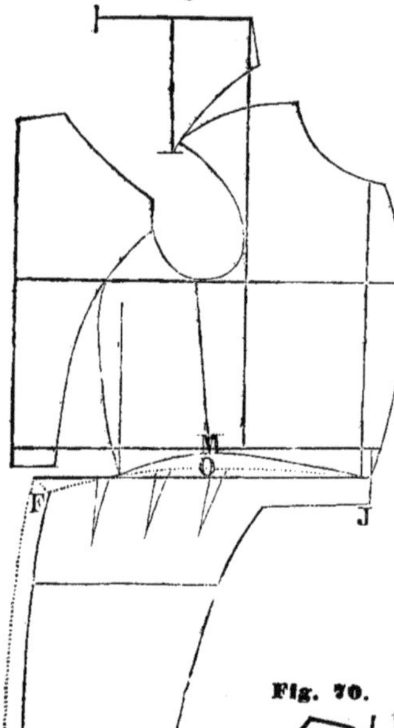

FIGURE 69.

Le tracé de la basque étant achevé, ainsi que la manière d'employer les pinçons sur les hanches, *v.* **J, N, X**, fig. 68,

On devra procéder pour un surplus de largeur au derrière de la basque pour lui former un pli. Ce pli prend une largeur de 2 à 3 cent., *v.* **F, H.**

Le bas du cran de basque, *v.* **J**, ne suit pas la pente du bas du devant selon les grosseurs ; mais la basque, *v.* **O**, jointe au bas des côtés, *v.* **M**, le fait égaliser ou à peu près, et s'il reste une inégalité, on devra lui faire suivre la pente du devant pour lui placer le revers.

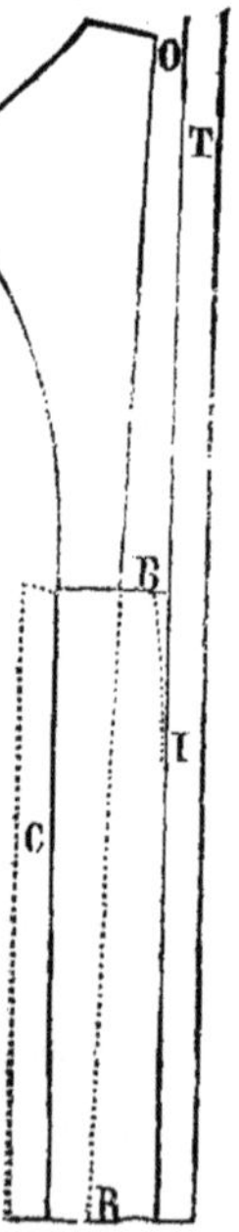

FIGURE 70.

Comme il est démontré fig. 69, le tracé de corsage et de basque se fait attenant, excepté les pans du dos qui ne peuvent se prendre dans le carré, provenant des largeurs de bassin plus ou moins fortes, et du repli que l'on pratique au derrière de la basque, *v.* **F, H**, fig. 69 (2), ainsi que celui que l'on fournit au pan de dos, *v.* **C**, fig. 70.

Ce qui oblige de lever le dos pour lui joindre ses pans, lorsque l'on veut couper l'étoffe, ce qui se fait comme suit :

On laissera au bord du drap un espace de 1 à 2 cent., *v.* **T, I**, pour le repli que l'on pratique le long des pans.

Cela fait, on placera le dos devant cette raie à 1 cent. 1/2 dans le haut, *v.* **O**, et 3 dans le bas, *v.* **B**. L'écart de 1 cent. 1/2 que le bas du dos prend en plus que dans le haut empêche d'ouvrir les pans du dos, *v.* **R**, lorsqu'ils sont joints aux basques.

Il convient de ne pas lui donner plus d'écart, ce qui occasionnerait à faire croiser les pans sur les basques (3).

On devra aussi arrondir un peu le haut des pans, *v.* **B, I** ; cela fait bien pour le fort du derrière.

(1) Voir à la 2ᵉ classe, dans la 27ᵉ partie, l'article des pinçons pour tailles demi-longues et pour tailles longues.
(2) Voir à la 2ᵉ classe, dans la 27ᵉ partie, l'article des pans de dos.
(3) Voir à la 2ᵉ classe, dans la 27ᵉ partie, l'article des pans de dos qui croisent et leur correction.

DU TRACÉ DE JUPE POUR LONGUEUR DE TAILLE NATURELLE.

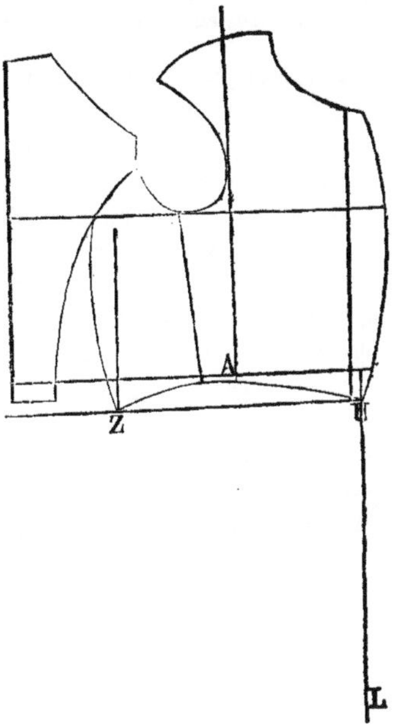

Le tracé des basques pour longueur de taille naturelle étant achevé, *v.* fig. 69 et 70, on aura à procéder pour celui de jupes, lesquelles font changer le nom du corsage, qui est le même que celui de l'habit. La basque fait prendre au haut du corsage le nom d'habit, comme la jupe lui fait prendre le nom de redingote.

On se servira, pour son tracé, de trois mesures, comme pour la basque d'habit.

Savoir :

Mesure de grosseur de hanches. 1
Mesure de grosseur de bassin. 2
Longueur de jupe. . . . .

DU TRACÉ.

FIGURE 71.

Comme il est dit à la basque, fig. 58, le bas du devant et le bas du côté étant égaux de longueur, *v.* Z, U. au-dessous de la taille naturelle, *v.* A, on devra, pour tracer la jupe, former deux raies formant l'équerre, l'une passant sur les points Z, U, et l'autre fixant le devant de la jupe à partir de la demi-grosseur de taille, *v.* U, L.

FIGURE 72.

L'équerre étant formée, *v.* Z, U, L, fig. 71, on devra procéder pour l'écart que l'on veut donner au devant de la jupe.

Cet écart se fait à volonté ; il est le guide de l'ampleur que l'on veut donner à la jupe. Tel que : pour donner beaucoup d'ampleur, cet écart se fera grand, comme vouloir peu lui en donner, l'écart se fera plus petit (1).

Le modèle ci-joint prendra 8 cent. d'écart à partir du bas du devant U, et où les 8 cent. aboutissent sur la ligne L, U, on marque un point, *v.* I, et de ce point I on en forme une raie d'équerre, *v.* N. Cet écart est proportionné pour donner à la jupe une moyenne ampleur. Comme, si l'on veut les couper plus amples, on emploiera pour cet écart de 10 à 12 cent. (2), comme, pour plus étroite que la première, on emploiera pour l'écart de 5 à 7 cent., ce que l'on pratique pour jupes lisses.

Cette ligne N étant fixée, on devra en former une seconde plus bas, ce qui se fait comme suit : on se servira du chiffre que prend le 1/3 de la demi-grosseur de bassin ; ce chiffre obtenu se placera sur U, bas du devant, et où le bout de la mesure aboutit sur la ligne L, U, on marque un point, *v.* H, et de ce point H on en forme une raie d'équerre, *v.* M, que l'on nomme ligne de jetée de jupe.

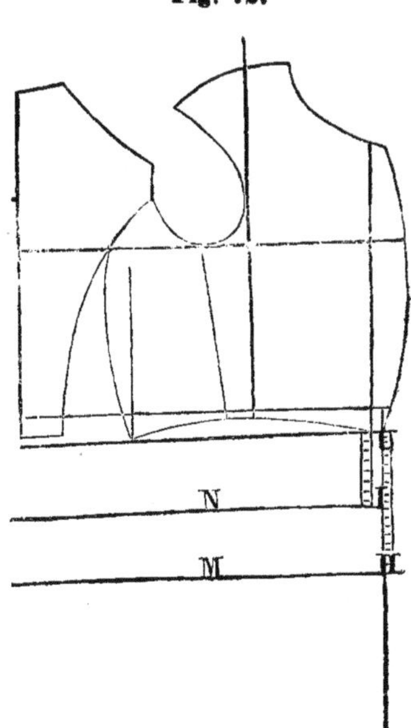

---

(1) Voir à la 2ᵉ classe, dans la 28ᵉ partie, l'article des jupes lisses et leurs détails.
(2) Voir à la 2ᵉ classe, dans la 28ᵉ partie, l'article des jupes plus ou moins amples et leur détails.

FIGURE 73.

ONZIÈME ET DOUZIÈME MESURE.

Demi-grosseur de hanches et demi-grosseur de bassin.

L'écart de jupe étant formé, *v.* I, N, ainsi que la ligne de jetée de jupe, *v.* H, M, fig. 72,

On aura à procéder pour ses grosseurs de hanches et de bassin, qui s'obtiennent comme suit :

On placera son chiffre obtenu de demi-grosseur de hanches sur I, et où le bout de la mesure aboutira derrière sur la ligne Z, U, la largeur du bas de dos déduite, on marquera un point, *v.* T. La mesure s'est fixée sur T, comme elle aurait pu se fixer plus avant ou plus en arrière; les grosseurs de hanches plus ou moins fortes guident ce point.

Ce point de grosseur de hanches T étant fixé, on procédera pour les grosseurs de bassin. On placera son chiffre de demi-grosseur de bassin sur I, et où le bout de la mesure aboutit derrière sur la ligne Z, U, la largeur du bas du dos déduite, on marque un point, *v.* V.

La mesure s'est également fixée sur V, comme elle aurait pu se fixer plus avant ou plus en arrière; les grosseurs de bassin plus ou moins fortes guident ce point.

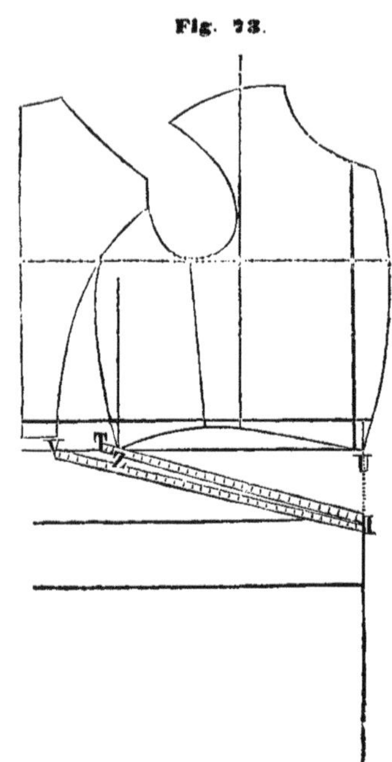

FIGURE 74.

Les largeurs de hanches, *v.* T, et de bassin, *v.* V, étant fixées, *v.* fig. 73,

On aura à procéder pour fixer l'ampleur du derrière de la jupe, ce qui se fait comme suit :

Pour cela on placera le coin de l'équerre sur V, point de grosseur de bassin, faisant suivre l'une des branches sur I (écart que l'on a voulu donner au devant de la jupe), et on tirera deux raies formant l'équerre partant de V, *v.* K, G.

Ces raies K, G étant formées, on aura à fournir l'ampleur du derrière de la jupe, ce qui se fait comme suit :

On prendra l'écart que l'on a fixé au haut du devant de la jupe, *v.* U, I, que l'on reproduit derrière.

Pour cela on placera le chiffre obtenu de cet écart sur X, ligne de jetée de jupe formée par H, M, et où le bout de la mesure aboutira derrière, on marquera un point, *v.* F, ce qui détermine la jetée de jupe derrière, *v.* F, X.

On devra procéder ainsi pour toutes les jupes plus ou moins amples, excepté pour celles de tunique et de cocher, qui prennent un tracé différent (1).

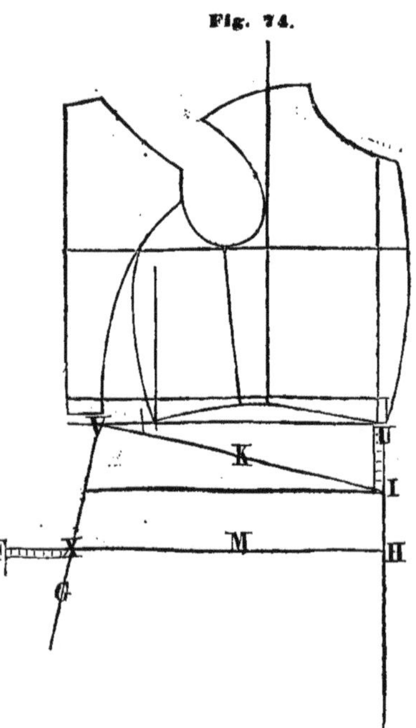

1) Voir à la 2e classe, dans la 28e partie, l'article des jupes de tunique et de cocher.

FIGURE 75.

La jetée de jupe derrière étant fixée, *v.* X, F, fig. 74 ,

On aura à procéder comme suit pour lui donner sa forme :

On tirera une ligne partant de **V**, demi-grosseur de bassin passant sur **F**, point de jetée de jupe; cette ligne se continue pour fixer ses longueurs du derrière, *v.* **D.**

Cette ligne **V, D** étant formée, on procédera pour sa rondeur de haut de jupe derrière. Cette rondeur partira de **T**, point de demi-grosseur, et aboutira à **F**, point de jetée de jupe. (*V.* la ligne pointée de **T** à **F**, qui détermine le derrière de la jupe.)

Cette ligne pointée, *v.* **T, F**, s'arrondit plus ou moins, selon la force qu'a prise la grosseur de bassin de celle de hanches.

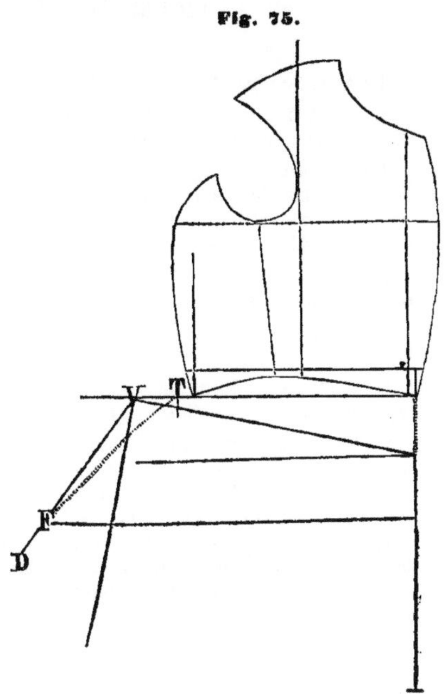

FIGURE 76.

Le derrière de la jupe étant fixé, *v.* **T. F, D**, fig. 75 ,

On aura à former son creusage de haut de jupe, qui s'obtient comme suit :

C'est par la totalité de mesure de demi-grosseur de hanches que l'on obtient le milieu de son cintre de haut de jupe, *v.* **B.**

On place le chiffre obtenu de demi-grosseur de hanches sur **I**, on laisse aboutir cette mesure de demi-grosseur, bas de dos compris derrière, *v.* **R**, et on partage cette mesure ; et à la moitié obtenue, on marquera un point. *v.* **O.** Ce point **O** étant fixé, on formera une raie de **O** à **N**, ligne d'écart du haut de jupe; cela fait, on partagera encore la distance qu'il y a de **O** à **N**, *v.* **B.** C'est ce point **B** qui détermine le creusage du haut de la jupe, ce qui le varie pour plus ou moins de creux, selon l'écart qu'on lui donne devant, *v.* **U, 1**, fig. 72.

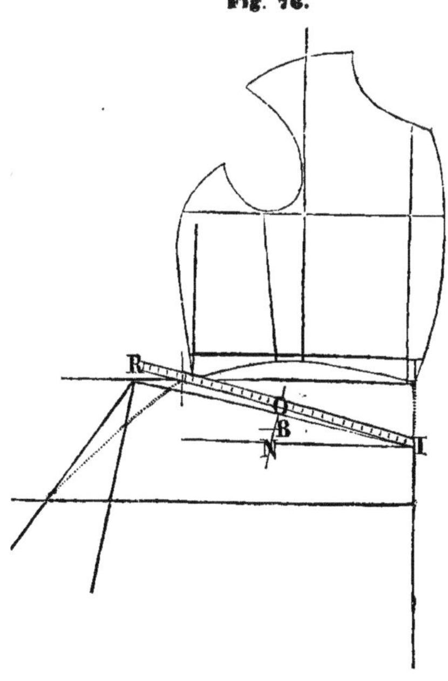

FIGURE 77.

Le haut de jupe étant fixé, *v*, B, fig. 76,

On aura à procéder pour le cintre qui convient dans cette partie, qui s'obtient comme suit :

C'est à partir de T, point de demi-grosseur de hanches, largeur de bas de dos déduite, que l'on part pour former ce cintre, passant sur le point B, aboutissant à I, ce qui le détermine. (*V.* la ligne de cintre pointée T , B, I.)

Le cintre du haut de jupe étant formé, on procédera pour la rondeur du bas.

Pour cela on fixe la longueur que l'on veut donner à la jupe de I à L.

Cette longueur étant obtenue, on se sert de cette distance pour former son cintre de bas de jupe.

On tient une partie de la mesure avec la main droite sur I, et le bout de la mesure sur L, et de la main gauche on prend ce bout de mesure et un morceau de craie. De là on fait suivre à la main droite le cintre du haut de jupe, *v.* I, B, T, et la main gauche suit dans le bas la marche de la main droite à partir de L, en pointant son passage avec la craie, ce qui lui forme son rond de jupe qui aboutit à G.

Comme le bas de la jupe, *v.* G, L, est plus large que le haut, *v.* T, I, la main gauche, en pointant le bas, prendra plus de distance que n'en prend la main droite.

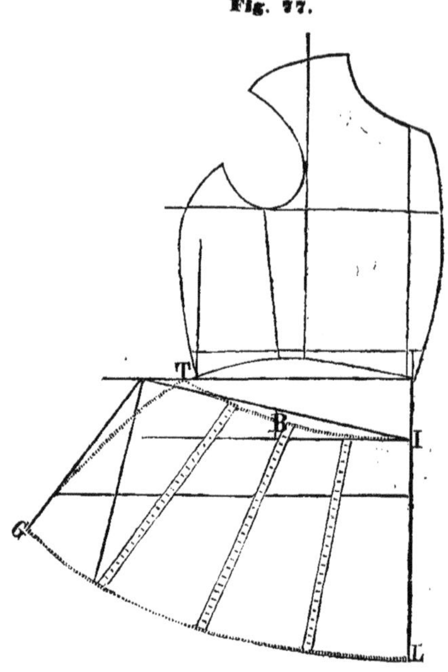

FIGURE 78.

La jupe étant formée pour son creusage du haut, *v.* T, B, I, et son cintre du bas, *v.* L, G, fig. 77,

On aura à lui laisser devant la croisure que le revers réclame, *v.* R, ainsi que pour le repli que l'on pratique derrière, *v.* F.

Les jupes varient de rondeur dans le haut et dans le bas, selon la grosseur de taille plus ou moins forte des personnes. Ainsi une personne mince de taille, forte de hanches, réclame plus de hauteur de B à U, provenant de la force des hanches, que n'en réclame la personne égale de grosseur de taille et de bassin : pour ces dernières, la jupe ne prend pas de surplus de longueur, *v.* N (1).

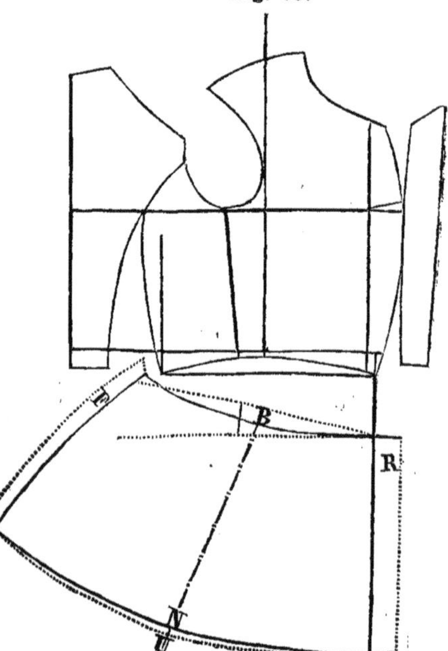

(1) Voir à la 2ᵉ classe, dans la 23ᵉ partie, l'article de la mesure de hauteur et rond de hanche pour jupes de redingote.

DU TRACÉ DES MANCHES.

Le tracé des jupes étant achevé, *v.* fig. 78,

On aura à procéder pour le tracé des manches, ce qui se fait comme suit :

Pour cela on emploiera quatre mesures,

   Qui sont :

Mesure de grosseur de tour de bras. 1

Mesure de longueur de manche au coude. 2

Mesure de longueur totale de manche. 3

Mesure de grosseur de bras au coude. 4

La mesure de grosseur de tour de bras bien prise doit se rencontrer de pareille largeur que l'emmanchure lorsque le tracé est achevé (1); c'est pour cela que l'on se sert des largeurs de tour de bras pour fixer les largeurs de hauts de manches.

   Exemple :

Une mesure de grosseur de tour de bras a donné 38 cent. de largeur en totalité.

On devra pour son tracé de hauts de manches ne se servir que de la moitié du chiffre obtenu, et pour l'employer on procédera comme suit :

FIGURE 79.

On marquera un point au-dessus de la profondeur à l'emmanchure de 2 cent. 1/2 à 3 cent., *v.* A; ce qui fixe la place de la couture de saignée du bras pour le montage de la manche (2). Ce point étant fixé, on en marquera un deuxième au haut du côté, sur la petite carrure du dos, à 1 cent. près la couture d'épaulette, *v.* L; c'est ce point qui fixe la hauteur du talon de manche et sa place pour le montage (3). Ensuite on en formera un troisième à la petite carrure du dos, reproduit et tenant à l'épaulette, *v* N, qui prend la même distance de la couture d'épaulette que celui marqué L.

C'est l'écart qui se trouve du point N à celui A, qui détermine la largeur que l'on doit donner au dessus de manche, comme la distance de L à A donne celle du dessous.

Ces deux distances de N à A et de L à A se rencontrent souvent égales de largeur, comme il arrive très souvent qu'elles ne le sont pas, soit que les uns prennent plus de largeur de dessus de manche que de dessous, comme le dessous prend quelquefois plus de largeur que le dessus. Cette irrégularité provient des conformations plus ou moins variées des personnes.

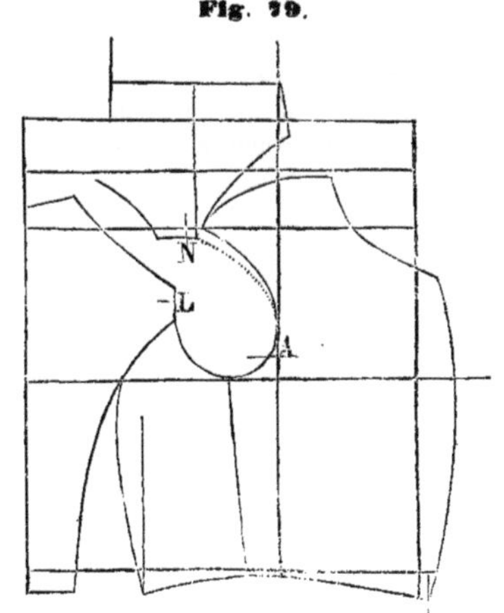

---

(1) Voir à la 2e classe, dans la 20e partie, l'article de la mesure de tour de bras.
(2) Voir à la 2e classe, dans la 23e partie, l'article contenant les détails du point de saignée.
(3) Voir à la 2e classe, dans la 23e partie, l'article contenant les détails du point de talon de manche.

Tel que :

Pour tenue renversée, le dessus de manche prend plus de largeur que le dessous (1), comme les personnes voûtées prennent plus de largeur de dessous que de dessus (2).

Les personnes d'une conformation droite ou proportionnée prennent autant de dessus que de dessous, ce qui fait que pour ces dernières on n'a pas à rentrer les dessous de manches (3).

Viennent ensuite les personnes de côté qui produisent par leur tracé un dessous de manche plus large que l'autre pour l'un des côtés, ce qui fait qu'à celui opposé le dessus sera plus grand que le dessous (4), et d'autres conformations (5).

Vient encore le haut de manche pour carrure très large (6), comme pour celle très étroite (7).

La carrure ci-jointe est naturelle, c'est pour cela que l'on doit démontrer son tracé qui est le guide des changements que l'on opère à toutes celles détaillées plus avant. Car de ne pas appareiller la manche à son emmanchure, cela fait occasionner de graves fautes au corsage, ne sachant souvent d'où cela peut provenir.

Les emmanchures grandes ou petites sont les guides des hauts de manches pour toutes les grosseurs.

Pour faciliter le tracé on aura à former une ligne d'équerre à distance du dos, v. Q, F, fig. 80; c'est sur cette ligne que l'on procédera pour le tracé de la manche, qui s'obtient comme suit. Comme on va le voir, la manche se trouvera formée en face son emmanchure ; c'est pour mieux la détailler qu'elle est placée ainsi, et lorsque l'on saura la tracer, on la placera où l'on voudra pour l'obtenir.

DU TRACÉ.

FIGURE 80.

La ligne Q, F étant formée, on aura à procéder comme suit :

On prendra la hauteur qu'il y a de D, ligne de profondeur, au point marqué de petite carrure, v. L, pour reporter cette distance sur la ligne Q, F. Pour cela on place le chiffre obtenu sur J, ligne de profondeur D, et où le bout de la mesure aboutira dans le haut sur la ligne formée par Q, F, on marquera un point, v. T, ce qui détermine la hauteur du talon de manche.

Ce point T étant fixé, on en élèvera un autre de 3 cent. au-dessus, v. M, et de ce point M, on en formera une raie d'équerre.

Cette distance de 3 cent. plus élevée convient pour une taille moyenne, comme on devra l'élever davantage pour une grosse personne, soit d'environ 4 cent., comme un enfant n'en prendra que 2 cent. à 2 cent. 1/2 (8).

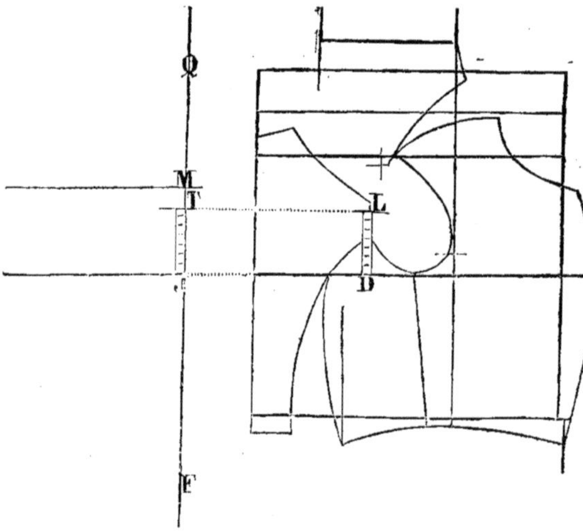

(1) Voir à la 2e classe, dans la 23e partie, l'article de la manche pour tenue renversée.
(2) Voir à la 2e classe, dans la 23e partie, l'article de la manche pour tenue voûtée,
(3) Voir à la 2e classe, dans la 23e partie, l'article de la manche pour tenue droite.
(4) Voir à la 2e classe, dans la 23e partie, l'article des manches pour les personnes qui ont une épaule plus haute l'une que l'autre.
(5) Voir à la 2e classe, dans la 23e partie, l'article des manches pour côtés rehaussés et côtés baissés.
(6) Voir à la 2e classe, dans la 23e partie, l'article de la manche pour carrure très large.
(7) Voir à la 2e classe, dans la 23e partie, l'article de la manche pour carrure très étroite.
(8) Voir à la 2e classe, dans la 22e partie, l'article de la mesure de hauteur d'épaulette qui fixe à sa juste hauteur le haut de la manche.

Paris. — Typ. Lagour, rue Soufflot, 18.

FIGURE 81.

TREIZIÈME MESURE.   **Fig. 81.**

Grosseur de tour de bras.

Les points de talon, *v.* T, et de hauteur de
manche, *v.* M, étant fixés, fig. 80,

On devra procéder pour placer la mesure
de demi-grosseur de tour de bras qui s'emploie comme suit :

On placera le chiffre obtenu de cette demi-
mesure sur T, hauteur de talon de manche,
en lui joignant un cent. de plus de largeur
pour ses coutures, et où le bout de la mesure
aboutira au-dessus de la ligne de profondeur
J, à égalité de hauteur du point de saignée
de bras A, on marquera un point, *v.* U.

Cela fait, on prendra la hauteur qu'il y a
de J à M, pour la reproduire en ligne droite
sur l'épaulette naturelle ; pour cela on placera
cette hauteur obtenue sur D, ligne de profondeur, et où cette hauteur aboutit sur le bord
du contour d'épaulette, à l'emmanchure on
marque un point, *v.* H.

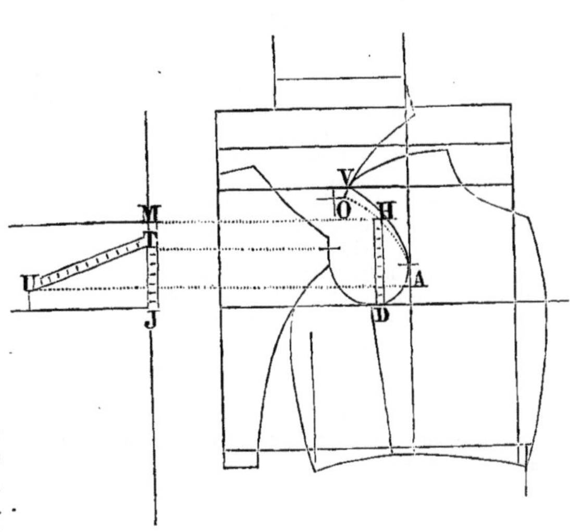

On se sert de l'épaulette naturelle pour tracer le haut de la manche, parce que le redressage que l'on a fait supporter à l'épaulette retourne joindre sa pose naturelle sur le corps, ce qui reconduit la pointe d'épaulette
redressée, *v.* V, à la pointe d'épaulette naturelle, *v.* O.

FIGURE 82.

Fig. 82.

La hauteur de manche étant fixée par la
hauteur d'épaulette naturelle, *v.* H, fig. 81,

On devra procéder pour le rond du talon
de manche, qui s'obtient comme suit :

On prendra la distance qu'il y a de H à N,
point de talon de manche du haut de dos
reproduit à l'épaulette.

Cette distance obtenue se reproduira sur
T, point de hauteur de talon de manche.
Pour cela on place le chiffre de cette longueur
obtenue sur T, et où le bout de la mesure
aboutit sur la ligne de hauteur de manche,
v. M, on marque un point, *v.* R, ce qui détermine le haut de la manche, *v.* R, qui
s'accorde de hauteur avec H, pour la place
qu'elle doit occuper sur l'épaulette.

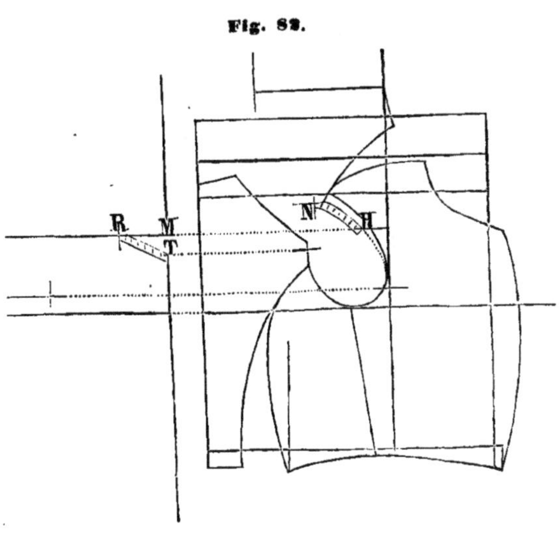

FIGURE 83.

Le point de haut de manche étant fixé, *v.* R, fig. 82,

On devra procéder pour ses rondeurs de dessus et de dessous qui s'obtiennent comme suit :

C'est à partir de T, passant sur R, aboutissant à U, que l'on détermine le rond du dessus de manche. Cela fait, on aura à former le tracé de son dessous ce que l'on nomme évidage, cet évidage suivra la pente du dessus partant de T, fixera son creux à un cent. plus élevé que la ligne de profondeur du bras, *v.* I (1) et aboutira à U, point de saignée de manche, ce qui détermine le dessous, pour une conformation qui rend le dessus et le dessous égaux de largeur (2).

Comme on le voit par le tracé du haut de la manche, la hauteur du talon, *v.* T, correspond avec la hauteur de petite carrure, *v.* L ; R, haut de manche, correspond avec le haut de son épaulette, *v.* H, et U, correspond avec son point de couture de saignée de bras A, ce qui rend la manche proportionnée de hauteur et de largeur, avec son emmanchure.

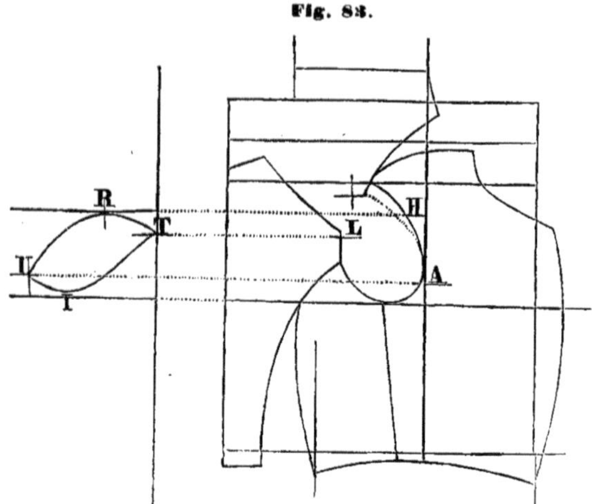

FIGURE 84.

QUATORZIÈME ET QUINZIÈME MESURES.

Longueur de manche au coude, et longueur totale de manche.

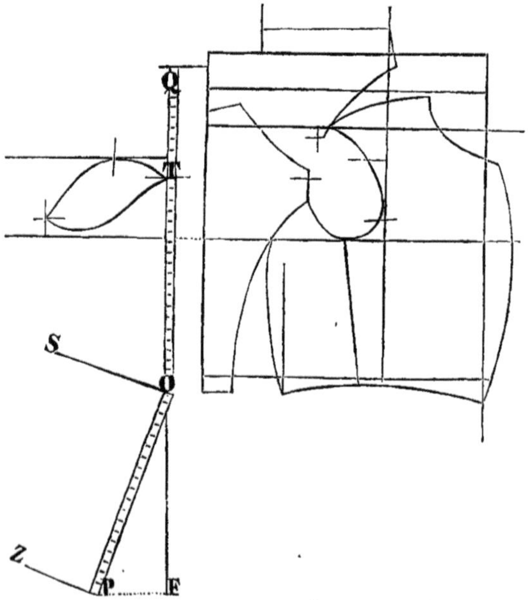

Le haut de la manche étant achevé, *v.* fig. 83, on procédera pour l'achèvement du bas; pour cela on aura à déterminer les longueurs de manches, qui s'emploient comme suit :

La largeur de carrure ayant donné 17 cent. (par exemple), on placera ce chiffre de carrure obtenu sur T, point de talon de manche, et où la longueur du coude aboutira sur la ligne F, Q, on marquera un point, *v.* O.

La mesure de coude étant fixée, *v.* O, on continuera pour ses longueurs totales de manche, en faisant prendre à la mesure un éloignement dans le bas de la ligne F Q, cet éloignement prendra la distance du 1/4 de la demi-grosseur du haut à partir de F, *v.* P. Cet écart au 1/4 de la demi-grosseur du haut, *v.* P F, facilite pour le ploiement des bras ; de lui en donner moins occasionnerait une gêne au talon, *v.* T.

Cet écart étant formé, *v.* P F, on placera le coin de l'équerre sur P, longueur de manche, faisant suivre l'une des branches sur O, longueur de manche au coude pour en former deux lignes, l'une du coude au bas, *v.* O P, et l'autre fixant la longueur de manche, *v.* P Z; cela fait on replacera le coin de l'équerre sur le coude O, faisant suivre l'une des branches sur P, pour en former une raie en travers dans le milieu, *v.* O, S.

(1) Voir à la 2ᵉ classe, dans la 23ᵉ partie, l'article des évidages de manches.
(2) Voir à la 2ᵉ classe, dans la 23ᵉ partie, l'article de la manche pour tenue droite.

FIGURE 85.

SEIZIÈME MESURE.

Grosseur du bras au coude.

Les mesures de longueurs de manches étant fixées, *v.* T, O, P, fig. 84,

On devra procéder pour les largeurs que l'on doit leur donner au bas et au coude, ce qui s'obtient comme suit :

La manche formée a donné trop de saillant au coude, *r.* O, on aura à adoucir ce coin en lui abattant un centimètre environ, *v.* Y.

Ensuite, on reproduira pour former sa largeur du bas de manche, *v.* P, V, le 1/4 de la demi-grosseur du haut, même largeur que son écart, *v.* P, F.

L'adoucissement du coude et la largeur du bas étant obtenus, on devra procéder pour la largeur du coude qui s'obtient comme suit :

La mesure de grosseur de coude ayant obtenu 14 ou 16 cent. de demi-largeur (par exemple), on placera ce chiffre sur Y, et où le bout de la mesure aboutira sur la ligne on marquera un point, *v.* C, en lui joignant en plus l'étoffe pour ses coutures, *v.* S.

Ces points fixés pour largeur de coude et de bas de manche, on partira d'U pour former le centre de la couture de saignée passant sur S, aboutissant à V.

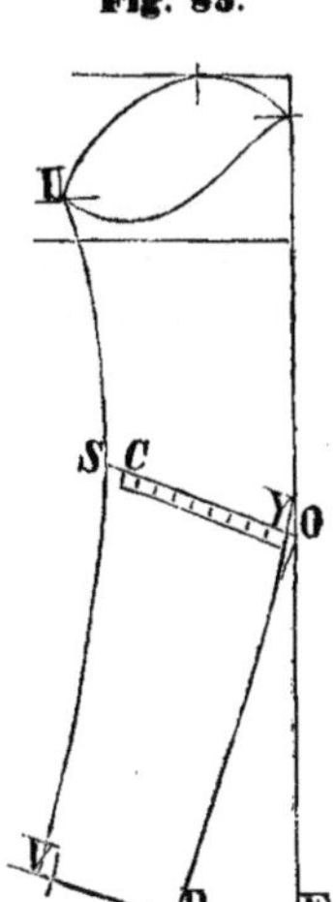

FIGURE 86.

Le 1/4 de la demi-grosseur du haut a donné au bas de la manche une largeur proportionnée, *v.* P, V, fig. 85, on devra, lorsque le goût ou la mode réclame des manches plus larges, fournir cette largeur par le coude, *v.* X (1), et non par la saignée du bras, *v.* V.

Comme la mode fait supporter parfois des parements au bas des manches, ce qui les rallonge, on devra pour cela raccourcir le bas de ce que le parement doit lui fournir, *v.* M.

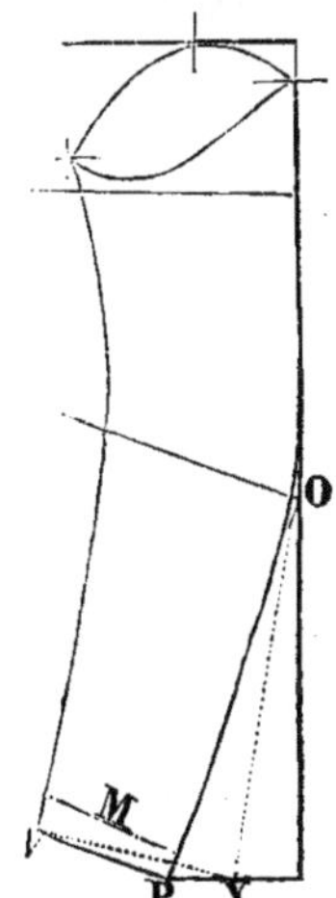

DE L'ÉCART DU BAS DE MANCHE POUR TRÈS GROSSE PERSONNE.

On ne doit pas, à partir de 55 à 70 cent. de demi-grosseur du haut, courber le bas des manches au 1/4 de la demi-grosseur du haut, cela les cambrerait trop; 12 à 13 cent. au plus leur suffisent pour cette distance (2).

(1) Voir à la 2e classe, dans la 23e partie, l'article de la manche large dans le bas.
(2) Voir à la 2e classe, dans la 23e partie, l'article de la manche pour grosse personne.

DES COUTURES AJOUTÉES AU CORSAGE POUR LUI MAINTENIR SES LARGEURS.

FIGURE 87.

Lorsque le modèle sera relevé pour couper sur étoffe, on devra ajouter au milieu du dos une demi-couture, *v.* A, surplus de largeur qui va se perdre au travail ; viennent ensuite les côtés qui vont en perdre le double par les coutures prises au dos et aux devants ; à cela on devra leur rajouter deux coutures, *v.* B, I, soit 1 cent. pour le drap et 1 cent. 1/2 ou plus pour étoffes qui s'éraillent (1). Le modèle ci-joint qui est en drap prendra 1 cent. (2). On aura soin de faire les coutures de la même valeur qu'on leur a laissée, car de les faire plus petites laisserait trop de largeur au corsage ; comme ne rajoutant pas pour les coutures rétrécirait de cette valeur la mesure d'avancement du bras, et l'emmanchure aussi que la demi-grosseur de taille, ce qui rendrait le haut de la basque trop large de cette valeur pour la monter au devant, vu qu'elle ne perd rien de ses largeurs.

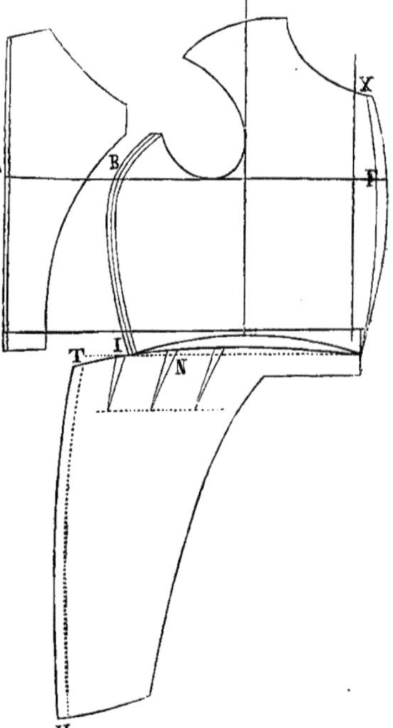

Et de vouloir monter la basque en prononçant les pinçons plus forts pour l'accorder avec le bas des devants auxquels on n'a pas ajouté les coutures, cela occasionnerait trop de largeur sur le fort de la hanche, *v.* N, de la valeur des coutures non ajoutées.

On devra, lorsque l'on n'aura pas fourni les coutures, enlever au derrière de la basque cette valeur, *v.* T, H, cela évitera au fort de la hanche le surplus de largeur désigné plus avant, ce qui n'empêchera pas d'exister le rétrécissage de la demi-grosseur de ceinture, ainsi que celui de l'avancement qui fait produire la gêne devant les bras.

Comme pour la jupe de redingote pour qui on ne pratique généralement pas de pinçons, cela occasionnerait aussi de rétrécir de cette valeur la demi-grosseur de ceinture ne fournissant pas pour les coutures.

Ces coutures ajoutées au dos et aux côtés, *v.* A, B, I, devront se déduire à la rondeur du haut du devant, soit la moitié à l'encolure, *v.* X, et l'entier au milieu, *v.* F, vu que l'on a donné dans cette partie une largeur pour coutures, doublage et respiration (3). En ne le faisant pas, cela rendrait le devant de la poitrine, *v.* F, X, trop large de la valeur des coutures rajoutées, *v.* A, B, I.

Comme on ne devra rien rétrécir à la poitrine si l'on n'a pas fourni les coutures aux côtés provenant du creusage d'emmanchure qui peut survenir, ce qui la rétrécira, ce creusage dénaturerait aussi les pointes d'épaulettes à l'encolure et à l'emmanchure, ainsi que le bas des côtés, *v.* I, ce que l'on évite en rajoutant pour les coutures (4).

On devrait aussi rajouter une couture pour rallonger l'épaulette, mais le tendage occasionné par l'embu de manche et par le surplus de longueur que l'on donne au collet, lui rende ses longueurs, cela fait que l'on doit s'en passer.

Les garnitures longues font bien dans cette partie (5).

(1) Voir à la 2e classe, dans la 8e partie, l'article des coutures pour étoffes qui s'éraillent
(2) Voir à la 2e classe, dans la 8e partie, la manière d'obtenir les coutures en les ajoutant au dos.
(3) Voir à la 2e classe, dans la 7e partie, l'article et les détails du surplus de largeur de poitrine.
(4) Voir à la 2e classe, dans la 8e partie, ce que produit de ne pas avoir ajouté pour les coutures de dos et de côté
(5) Voir à la 2e classe, dans la 8e partie, l'article d'une couture ajoutée à l'épaulette.

DES COUTURES RAJOUTÉES AU CORSAGE PAR L'AVANCEMENT.

Manière plus facile pour ne pas rétrécir le devant de la poitrine

FIGURE 88.

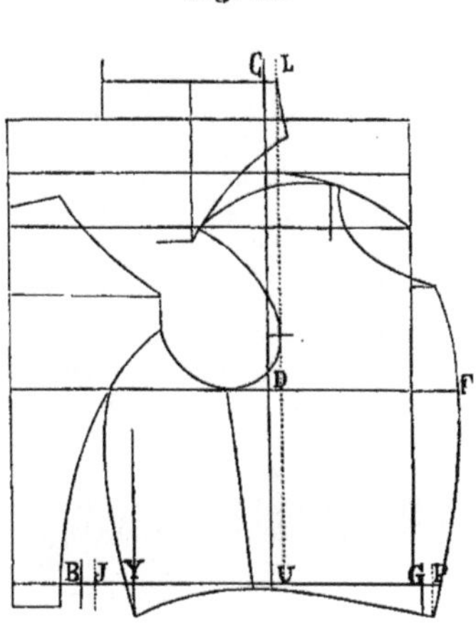

Fig. 88.

C'est lorsque l'on aura fixé la mesure de jetée de taille, *v.* B, à partir de l'avancement naturel (comme il est dit fig. 27) que l'on procédera pour fournir ce que les coutures de côté et de dos vont faire perdre, ce qui se fait par l'avancement.

Et comme il est dit, le drap prendra pour les coutures 1 cent., comme les étoffes qui s'éraillent en prendront 1 cent. 1/2, ou plus (1). Le modèle ci-joint qui est en drap prendra 1 cent.; c'est cette différence que l'on porte en avant, *v.* L, de la ligne d'avancement naturel, *v.* C.

Et de ce point L, on en formera une ligne d'équerre aboutissant dans le bas, *v.* U.

Cela fait,

On prendra la distance qu'il y a de C à L, rélargissage de coutures que l'on reproduira plus avant, *v.* J, que B, profondeur à la taille.

Ce sera toujours du point de profondeur à la taille B que l'on partira pour déduire sa largeur de bas de dos, *v.* Y (comme il est détaillé fig. 35), et non du point J, rélargissage de coutures; ce qui cambrerait trop.

Comme ce sera toujours du point J que l'on partira pour fixer sa demi-grosseur de taille, *v.* P, et non du point B, ce qui rétrécirait la demi-grosseur, *v.* G, de la différence de ce que les coutures vont faire perdre.

Cela fait, on achèvera le tracé du bas comme d'habitude.

Vient ensuite la reproduction de son haut de dos qui détermine l'épaulette à l'encolure et à l'emmanchure.

Ce tracé de haut de dos, et le redressage d'épaulette se reproduiront toujours à partir de la ligne de coutures ajoutées, *v.* L, D, et non de la raie d'avancement naturel C, et se feront comme d'habitude.

La mesure de largeur d'épaule (*v.* fig. 44) se reproduira également à partir de la ligne de coutures ajoutées, *v.* L, D, et non de la raie d'avancement naturel, *v.* C.

Comme on le voit par ce tracé, le rélargissage de poitrine, *v.* F, a fourni pour les coutures, ce qui la rétrécit, *v.* D; mais il lui reste toujours ses largeurs convenables pour doublage, couture de revers et respiration (2).

Pour fixer ses largeurs de basque et de jupe, on partira du point P, et non du point G.

Leur tracé se fera comme d'habitude (3).

(1) Voir à la 2e classe, dans la 8e partie, l'article et le détail des étoffes qui s'éraillent.
(2) Voir à la 2e classe, dans la 7e partie, l'article et les détails du surplus de largeur de poitrine.
(3) Voir à la 2e classe, dans la 8e partie, de plus amples détails sur les coutures ajoutées par l'avancement.

DES RALLONGEMENTS DE TAILLE.

FIGURE 89.

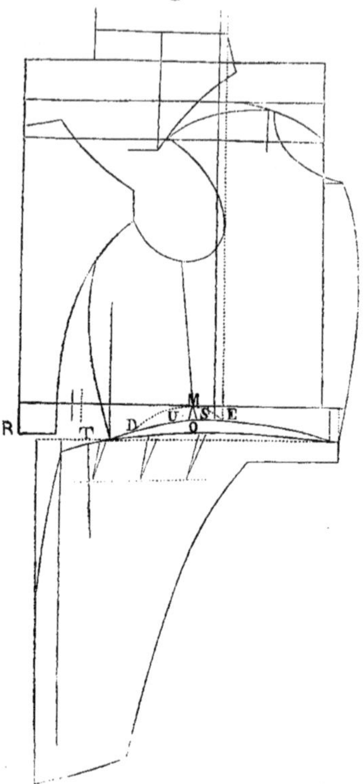

Les tracés pour longueur de taille naturelle étant achevés, v. fig. 87, on devra procéder pour des tailles plus longues, ce qui se fait comme suit :

Lorsque l'on voudra rallonger une taille, on devra prendre la mesure de grosseur de hanches, v. T, U, fig. 17, à un demi-cent. plus bas que le rallongement que l'on veut donner au bas de la taille, afin de fournir un surplus de largeur à la basque dans la partie des hanches, cela pour bien envelopper cette partie.

Lorsque l'on rallongera une taille de 4 cent., v. R, on baissera les côtés de 2 cent., v. O, comme si l'on rallonge de 6 cent. on baissera les côtés de 4 cent., comme 3 cent. baissera de 1 cent. Cela est afin de toujours conserver un écart de 2 à 2 cent. 1/2 au plus, du bas des côtés avec le haut de la basque, v. O; cet écart est toujours le même pour taille courte, comme pour taille longue, pour personne forte de grosseur de taille, comme pour celle mince de taille.

La mesure de grosseur de hanches prise à 4 ou 5 cent. plus bas que la longueur de taille naturelle, donne généralement plus de largeur que la mesure de grosseur de hanches, prise à 2 cent. plus bas que la taille naturelle, v. T, U, fig. 17. On devra donc rendre au bas des côtés toute cette largeur obtenue; soit par des petits côtés qu'on leur rajoute (1) ou par des tendages qu'on leur pratique, afin de développer le bas des côtés, v. O, pour leur donner la largeur que la mesure de grosseur de hanches réclame, ce qui les facilite à descendre pour envelopper cette partie.

Plus une personne est mince de taille et forte de hanches, plus elle réclame de tendage au bas des côtés; comme elle réclame aussi les pinces de basques plus fortes, ce qui donne une forme creusée au haut de la basque, les pinces étant jointes.

La force du tendage du bas des côtés, rend pour cette tenue la partie de D à E, ronde; provenant de la force des hanches, et ce tendage occasionné comble la partie creusée à la basque par la force des pinces, ce qui donne dans le bas des côtés une forme arrondie.

Il conviendrait lorsqu'une personne est mince de taille et forte de hanches, de donner plus de rond au haut de la basque, v. O, ce qui nous obligerait de creuser de ce surplus le bas des côtés, v. U, et par cela rendrait la couture de montage de basque droite au travail; cela si l'on ne veut pas faire exister de la rondeur au bas des côtés. Tel que : une personne moins forte de hanches, produit ses pinces moins fortes, et par cela occasionne moins de tendage au bas des côtés de D à E, ce qui rend aussi la couture du montage de basque droite au travail.

Car ne donnant pas dans la partie des hanches toute la largeur qu'elles réclament occasionnerait à faire remonter le bas des côtés, ce qui produirait un refoulement à la taille naturelle, v. M (2).

DU TENDAGE ET MANIÈRE DE L'OBTENIR.

La demi-grosseur de taille a donné (par exemple) 36 cent.; la demi-grosseur de hanche, v. T, prise (par exemple) à 5 cent. plus bas que la taille naturelle a donné 40 cent.; la hanche a par cela et pour ce modèle 4 cent. de plus de largeur que la grosseur de taille, comme elle peut se rencontrer plus large ou plus étroite. On aura donc à rendre par des tendages toute cette largeur au bas des devants, dans toute la dimension de la hanche de D à E, et si l'on présume en traçant que l'étoffe ne se prête pas facilement de toute cette largeur, on devra rapporter des petits côtés, pour leur rendre dans le bas, v. O, ce que l'on a présumé que le carreau ne pouvait obtenir, ne voulant pas trop fatiguer l'étoffe. Le surplus d'étoffe rapporté dans le bas du petit côté ne se tendra pas au fer, cela produirait trop d'étoffe dans cette partie, le reste du tendage que le bas des côtés réclame ne se fera que de chaque côté du rélargissage du bas des petits côtés, v. U S.

Il convient de donner dans cette partie, v D, E, un surplus de largeur, car les tendages que l'on pratique peuvent se retirer au travail; on devra pour éviter ce rétrécissage tendre environ 1 cent. de plus que la mesure obtenue.

Les tracés de basques et de jupes pour taille rallongée se font toujours pareils par les mesures obtenues que celles détaillées plus avant pour taille naturelle, que les tailles se fassent courtes ou longues. La ligne formée par Z, U, fig. 58 et 71, en est toujours le guide pour les former (3).

(1) Voir à la 2e classe, dans la 27e partie, l'article et les détails des petits côtés rajoutés
(2) Voir à la 2e classe, dans la 27e partie, ce que produit une mesure de grosseur de hanches trop étroite.
(3) Voir figure 68 les détails sur la longueur des pinçons de basques pour tailles courtes et tailles longues.

RÉSERVES D'ÉTOFFES POUR PARER A UNE CORRECTION.

FIGURE 90.

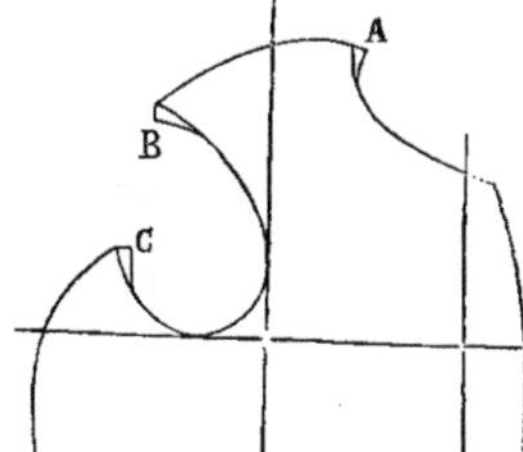

Comme l'on a pas employé jusqu'à présent les mesures de preuves et de conformations, et que l'on veuille couper avec le mesurage de ce jour, il conviendrait de laisser à l'encolure, *v.* A, à l'épaulette, *v.* B, au haut du côté, *v.* C, et au bas, *v,* D, des réserves d'étoffe qui facilitent pour la correction que l'on aura à faire pour des personnes contournées, car pour la personne non contournée le modèle sera conforme.

Mais pour savoir que la personne est correcte, on devra lui prendre les mesures de conformation que nous allons publier. Comme on devrait aussi prendre les mesures de preuves pour s'assurer que les mesures ordinaires sont bien prises, ce n'est que lorsque l'on connaît parfaitement les mesures et le tracé du modèle école, que l'on devra se servir des mesures de preuves et de conformation.

Car si l'on eût devancé ces dernières mesures, cela aurait rendu plus long l'apprentissage de la coupe du corsage.

DES PINÇONS DU BAS DES DEVANTS

Il convient de pratiquer un pinçon dans le bas des devants, *v.* J, pour toutes les personnes moyennes de grosseur de taille et qui aiment à se serrer.

Ce pinçon ne dépassera pas ou de peu la distance de la première côte, *v.* M ; cela est afin d'envelopper largement les premières côtes (1).

Cette étoffe qui va se perdre au pinçon, *v.* J, devra se reporter de pareille largeur devant, *v.* U, ce qui ôtera de la rondeur au devant pour les personnes fortes de poitrine aimant à se serrer la taille (2).

CONFRONTATION A FAIRE EN COUPANT LE PATRON.

FIGURE 91.

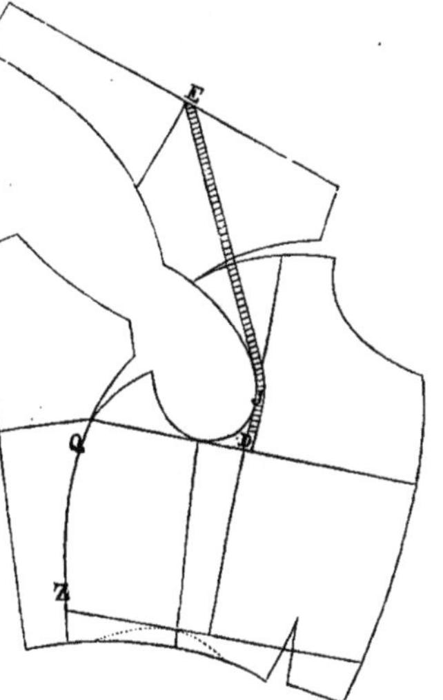

Le modèle étant achevé de tracer, on aura à reconfronter la mesure de largeur d'épaule, *v.* E, J, D, pour s'assurer de sa justesse.

On devra aussi confronter le dos avec le bas des côtés, *v.* Q, Z, afin de ne pas leur donner plus de rond que le dos ne sera creusé.

Un léger vide convient dans cette partie, *v.* Q, Z, pour toutes les personnes qui s'effacent.

DU TRACÉ DE REVERS RAPPORTÉ.

FIGURE 92.

On devra former 2 lignes droites à distance prenant l'écart que l'on veut donner dans le haut et dans le bas du revers, soit que la mode ou la fantaisie les réclament larges ou étroits. Il convient de ne pas le couper plus étroit que la longueur que l'on veut donner aux boutonnières que l'on doit placer dessus. Le modèle ci-joint est plus large du haut, *v.* B, que du bas, *v.* C.

Ces lignes étant formées pour sa longueur, on devra l'arrondir dans la partie du montage au devant, *v.* I ; cela est afin de repousser le devant sur la poitrine, ce qui facilite aussi pour rendre la couture de poitrine droite.

(1) Voir à la 2ᵉ classe, dans la 25ᵉ partie, l'article de la mesure de grosseur du bas des côtes.
(2) Voir à la 2ᵉ classe, dans la 9ᵉ partie, l'article des poitrines plus ou moins fortes et des pinçons que l'on doit leur pratiquer.

DU TRACÉ DE COLLET QU'IL CONVIENT DE JOINDRE A LA HAUTEUR QUE L'ON DONNE AU DEVANT DES ENCOLURES DÉSIGNÉES Fig. 53

FIGURE 93.

On aura pour tracer le collet à former un carré de la longueur et de la largeur que l'on veut lui donner.

Le collet ci-joint a pris 9 cent. de haut sur 25 cent. de long.

Cela fait,

On devra arrondir le pied à partir de 1, largeur de haut de dos reproduit au collet pour aboutir à 3 cent. ou 3 cent. 1/2 plus élevé, v. U, que la ligne F, sa longueur déterminée pour qu'il s'accorde avec la hauteur que nous fixons à nos encolures.

Comme on le voit, le haut de dos reproduit dépasse d'un demi-cent. au pied de collet, v. T, soit de la moitié de ce qu'on lui a fourni pour former son creux d'encolure.

Ce dos reproduit ainsi est pour former un abattage au haut du tombant du collet, v. J. Pour cela on suivra la ligne du dos P, en ligne droite, ce qui lui ôtera dans le haut environ 3/4 de cent., v. J.

Et pour lui former sa cassure on partagera la largeur du derrière, v. N, pour en former une ligne droite que l'on fait arriver dans le bout à la distance de ce que l'on a anticipé, le piquage du revers dans le devant ou à peu près, v. M.

Cette ligne droite formant la cassure devra s'adoucir en rondeur (voir les pointés).

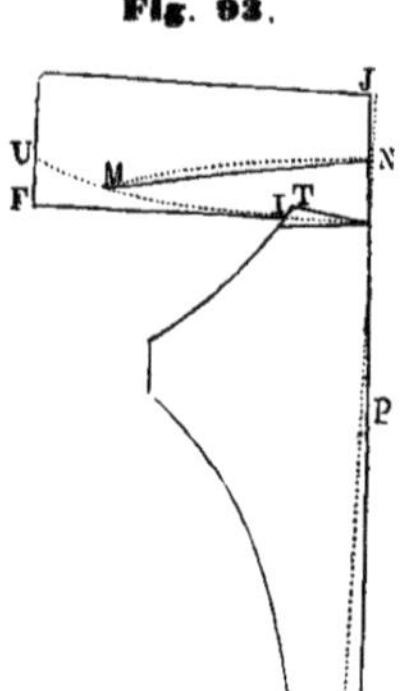

FIGURE 94.

Cette figure représente un collet de 2 cent. plus large que la figure 93. Ce collet prend 11 cent. de hauteur sur 26 ou 27 de longueur, son abattage et rondeur de collet, v. U, sont les mêmes que la figure 93, vu que son encolure est de la même hauteur; il ne diffère de la fig. 93 qu'en largeur derrière, et comme le revers est le même que pour la fig. 93, on devra abattre à partir du derrière J, au devant C, son surplus de largeur, afin d'égaliser le bout de son collet avec son revers si cela convient.

L'abattage du derrière de collet J est le même que la fig. 93.

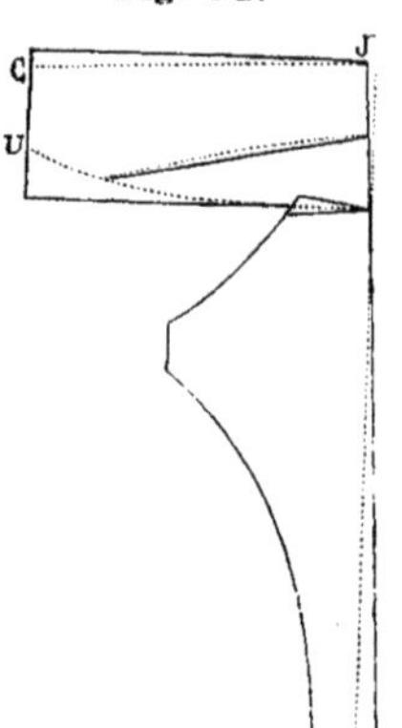

FIGURE 95.

Cette figure représente un collet pour une encolure de 1 cent. 1/2 plus basse que celle des collets ci-avant désignés.

Il prendra pour sa hauteur 11 cent. sur 26 de longueur, comme la fig. 94.

Il se trace pareil à cette figure, v. U, C, seulement que l'encolure étant plus basse de 1 cent. 1|2, on aura à le baisser de cette valeur dans le pied devant, v. N, et pour l'égaliser de largeur à son revers, on devra lui enlever devant, v. O, à partir de J cette étoffe fournie au pied.

L'abattage du derrière, v. J, se fera pareil aux fig. 93 et 94.

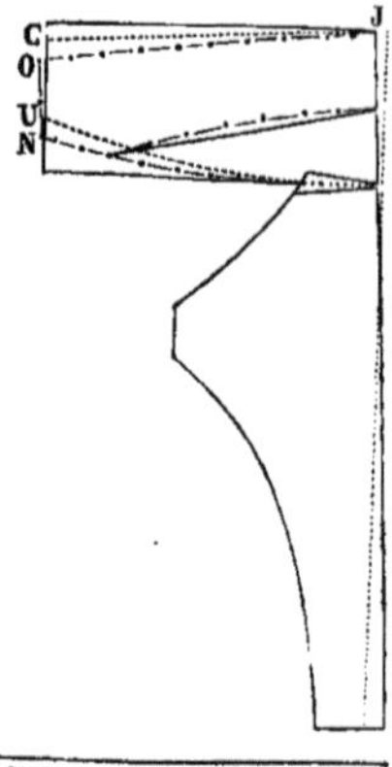

FIGURES 96 et 97.

Par la fig. 96, on ne peut former son modèle de collet, les devants étant achevés.

Pour cela on prend du papier sur lequel on forme un carré à la largeur que l'on veut donner au collet, v. J, P, qui se détermine pour sa longueur à celle de l'encolure.

On laisse ensuite dépasser de 3 cent. environ la pointe d'épaulette à l'encolure dans le carré, v, B, et c'est à partir de B que l'on forme son abattage de devant de collet qui s'égalise au contour d'encolure ; on aura aussi à déterminer le bout de son collet à la largeur que l'on veut lui donner.

On forme ensuite la cassure, v, H, I, et pour former son abattage de haut de collet, v, J, on placera le dos, v, P, comme il est détaillé fig. 93.

Il convient de faire prendre dans le bas du collet une forme arrondie, v, O, fig. 97, plutôt que droite, ou creuse.

On devra pratiquer un surplus de longueur au collet dans la partie de l'encolure de P à T, fig. 96 ; cela pour détendre cette partie, afin que le pied de collet n'appuie pas trop sur la cravate ; un cent. 1/2 est grandement long pour chaque côté, ce qui rend dans cette partie de P à T l'encolure droite, et par cet effet le pied de collet droit.

Comme un collet coupé droit dans le pied de P à T ne doit pas supporter un surplus de longueur, ce qui le ferait décolleter, et ne lui mettant pas de l'embu, occasionnerait à faire gêner la couture d'encolure sur la cravate pour ne pas l'avoir développée dans cette partie ; donc, il se trouverait bien pour colter dans le haut, et il gênerait dans le pied, provenant de ne pas avoir donné du développement à la couture d'encolure, ce qui lui occasionnerait à faire refouler le dos.

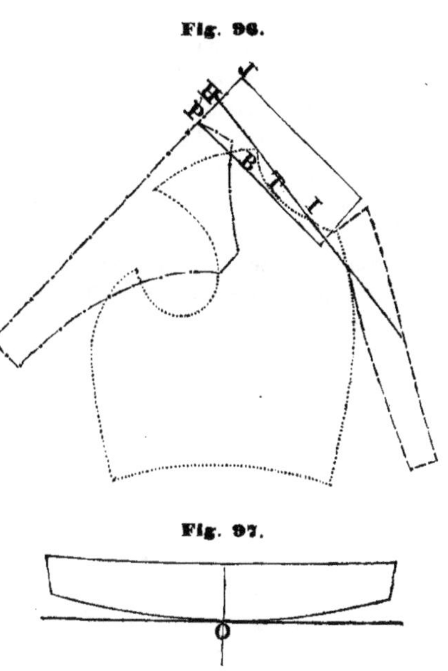

OBSERVATION.

Lorsque l'on saura tracer le modèle-école ci-avant détaillé, on devra souvent pratiquer pour la prise des mesures en s'adressant à des connaissances pour les obtenir, afin de bien s'y habituer : cela facilite beaucoup pour tracer vite et pour la réussite de la prise des mesures.

DU PATRON.

Lorsque l'on sera à la veille de couper, il convient de faire un modèle en papier, plutôt que de couper sur étoffe ; cela prend peu de temps ; dix minutes ou un quart d'heure au plus suffisent pour le tracer.

Cette manière offre beaucoup davantages, tel que de placer les modèles sur étoffe cela économise beaucoup ; en outre, celui de garder le modèle que l'on doit inscrire au nom du client, et lorsqu'il revient se recommander, on est plus prompt à le servir, si toutefois la personne n'a ni trop grossi ni trop grandi ; à cela on devra reconfronter un second mesurage.

7

DES MESURES DE PREUVES.

Le nombre des mesures désignées plus avant serait suffisant pour couper les corsages avec toute la réussite et la précision désirables, si tous les corps étaient conformés sans difformités ; et pour obtenir cette perfection, il faudrait ne pas commettre des fautes en prenant les mesures.

Tel que :

De trop ou pas assez serrer la mesure en la prenant, ou de prendre un numéro pour un autre,

Comme de ne pas s'apercevoir d'un déplacement de la personne en la mesurant, cela produirait à raccourcir ou allonger les mesures, ce qui occasionnerait des fautes pour ne pas avoir obtenu ces mesures avec précision.

C'est pour cela qu'il convient de prendre des mesures de preuves qui sont les guides pour reconnaître les fautes que l'on aurait pû commettre en mesurant.

Mais dans le cas que l'on se croie assuré de leur justesse, on peut se passer d'elles, il n'en serait pas de même si l'on doutait d'une ou plusieurs fautes commises. Et pour prévenir ces fautes qui peuvent survenir, il conviendrait de prendre ces 6 mesures de preuves désignées ci-après, vu qu'elles sont de toute utilité pour la réussite du vêtement, ou au moins quelques-unes d'entre elles pour ne pas charger le mesurage. Nous en joignons une au modèle-école, celle de la demi-largeur de poitrine, v, fig. 101, pour nous assurer d'une mesure d'avancement prise trop ou pas assez large, vu que cette dernière est le guide du redressage d'épaulette et de la profondeur à la taille, soit la cambrure, qui fixe la place des largeurs des bas des devants.

Par ce système de mesurage, la personne qui prend les mesures est seule responsable de la réussite du vêtement, attendu que le coupeur n'exécute que ses ordres, et par cela reste étranger aux fautes commises par la personne qui a mesuré.

Et lorsqu'une inégalité de mesures se rencontrera, ce qui sera demontré par les mesures de preuves qui ne s'égaliseraient pas à celles ordinaires, le coupeur n'aura qu'à laisser les emparts d'étoffe aux endroits où la faute doit avoir lieu.

Ces mesures de preuves sont :

Mesure de nuque sur la poitrine (1) 1
Id.   d'épaule à la hanche (2) 2
Id.   d'épaule à la taille (3). 3
Id.   de nuque au ventre par derrière les bras (4). 4
Id.   de hauteur de petits côtés (5) 5
Id.   de largeur de poitrine (6) 6

Viennent ensuite d'autres mesures de preuves désignées ci-après, dont on peut se passer quoiqu'étant également utiles,

Qui sont :

Mesure de nuque sur le ventre par dessus la poitrine (7). 1
Id.   d'épaule sur la poitrine (8). 2
Id.   de largeur d'épaulette (9). 3

(1) Voir à la 2ᵉ classe, dans la 7ᵉ partie, l'article de la mesure de nuque sur la poitrine, sa prise, son utilité et le détail des redressages généraux.
(2) Voir à la 2ᵉ classe, dans la 13ᵉ partie, l'article de la mesure d'épaule à la hanche, sa prise, son utilité, ses détails.
(3) Voir à la 2e classe, dans la 14ᵉ partie, l'article de la mesure d'épaule à la taille, sa prise, son utilité, ses détails.
(4) Voir à la 2ᵉ classe, dans la 15ᵉ partie, l'article de la mesure de nuque au ventre, sa prise, son utilité, ses détails.
(5) Voir à la 2ᵉ classe, dans la 16ᵉ partie, l'article de la mesure de hauteur de petits côtés, sa prise, son utilité, ses détails.
(6) Voir à la 2ᵉ classe, dans la 17ᵒ partie, l'article de la mesure de largeur de poitrine, sa prise, son utilité, ses détails.
(7) Voir à la 2ᵉ classe, dans la 10ᵉ partie, l'article de la mesure de la nuque sur le ventre par dessus la poitrine, sa prise, son utilité.
(8) Voir à la 2ᵉ classe, dans la 18ᵉ partie, l'article de la mesure d'épaule sur la poitrine, sa prise, son utilité.
(9) Voir à la 2ᵉ classe, dans la 21ᵉ partie, l'article de la mesure de largeur d'épaulette, sa prise, son utilité.

Mesure de hauteur de tour de bras (1).   4

    Id.   de hauteur et rond de hanche (2).   5

Il reste encore des mesures qui, n'offrant pas assez de régularité, obligent de les abandonner.

    Qui sont :

Mesure de la nuque à la hanche, par derrière les bras (preuve du montant du dos), (3).   1

   Id.   de la nuque à la nuque, faisant le tour du bras (4).   2

   Id.   de la nuque passant par-devant et sous-bras, aboutissant au milieu du dos (5). .   3

DES MESURES DE CONFORMATION.

Après les mesures de preuves désignées plus avant, viennent les mesures pour les personnes dont le haut du corps est difforme ou contourné.

    Tel que :

L'un pour avoir une épaule haute et forte, ce qui fait que l'autre est basse et faible (6).

Un second ayant une épaule haute et faible, ce qui fait que l'autre est basse et forte (7).

Un troisième ayant une épaule haute et une basse avec égalité de grosseur (8).

Un quatrième ayant une épaule plus forte d'un côté que de l'autre (9).

Un cinquième ayant une omoplate plus forte d'un côté que de l'autre, ce qui fait qu'un côté de poitrine est plus fort que l'autre (10).

Vient ensuite une tenue très voûtée étant aussi de côté, comme une très renversée également de côté.

Et toutes ces tenues en petit comme en grand, qui varient à l'infini, nous mettent dans le besoin d'avoir recours à d'autres mesures qui se prendront du côté opposé des mesures ordinaires, afin de couper un modèle pour chaque côté du corps, qui, par cela, prendront une forme différente l'un de l'autre (11).

Cela afin d'éviter à l'essayage ou à la finition du vêtement des corrections devenant très difficiles, qui ne réussissent que rarement, prenant beaucoup de temps pour les faire, et revenant fort chères.

C'est afin d'éviter tous ces ennuis que l'on devrait prendre les mesures de conformation suivantes, de côté opposé à celui que l'on a pris les mesures ordinaires, lorsque l'on apercevra la personne contournée.

    Savoir :

Mesure de profondeur du bras (12).   1

   Id.   de profondeur à la taille (13).   2

   Id.   d'avancement du bras (14).   3

   Id.   de l'argeur d'épaule (15).   4

   Id.   de largeur de carrure (16).   5

   Id.   de tour de bras (17).   6

(1) Voir à la 2e classe, dans la 22e partie, l'article de la mesure de hauteur de tour de bas, sa prise, son utilité.

(2) Voir à la 2e classe, dans la 28e partie, l'article de la mesure de hauteur et rond de hanches, sa prise, son utilité.

(3) Voir à la 2e classe, dans la 29e partie, l'article de la mesure de la nuque à la hanche par derrière les bras (preuve du montant de dos), sa prise, son utilité, ses défauts.

(4) Voir à la 2e classe, dans la 30e partie, l'article de la mesure de la nuque à la nuque faisant le tour du bas, sa prise, son utilité, ses défauts.

(5) Voir à la 2e classe, dans la 30e partie, l'article de la mesure de la nuque passant par devant et sous-bras, aboutissant au milieu du dos, sa prise, son utilité, ses défauts.

(6) Voir à la 2e classe, dans la 11e partie, l'article de l'épaule haute et forte avec celle basse et faible.

(7) Voir à la 2e classe, dans la 11e partie, l'article de l'épaule haute et faible avec celle basse et forte.

(8) Voir à la 2e classe, dans la 11e partie, l'article de l'épaule haute et basse avec égalité de grosseur.

(9) Voir à la 2e classe, dans la 11e partie, l'article de l'épaule plus forte d'un côté que de l'autre.

(10) Voir à la 2e classe, dans la 12e partie, l'article des omoplates plus fortes d'un côté que de l'autre.

(11) Voir à la 2e classe, dans les 11e et 12e parties, les articles qui indiquent de les égaliser.

(12) Voir à la 2e classe, dans la 11e partie, l'article de la mesure de profondeur du bras, prise du côté opposé.

(13) Voir à la 2e classe, dans la 12e partie, l'article de la mesure de profondeur à la taille prise du côté opposé.

(14) Voir à la 2e classe, dans la 12e partie, l'article de la mesure d'avancement du bras prise du côté opposé.

(15) Voir à la 2e classe, dans la 11e partie, l'article de la mesure d'épaule prise du côté opposé.

(16) Voir à la 2e classe, dans la 12e partie, l'article de mesure de largeur de carrure prise du côté opposé.

(17) Voir à la 2e classe, dans la 12e partie l'article de la mesure de tour de bras du côté opposé.

Ou au moins quelques-unes d'entre elles ; nous en joignons 3 au modèle-école. (Voir fig. 99 et 103.)

Qui sont :

Mesure de profondeur du bras.   1

Id.   d'épaule. . . . . , ...   2

Id.   d'avancement du bras.   3

Ces 3 mesures sont indispensables pour l'aplomb du vêtement.

Vient encore :

La mesure de grosseur du bas de côtes (1).

Cette dernière mesure ne s'emploie que pour les personnes qui aiment à se serrer fortement la taille.

OBSERVATION POUR L'EMPLOI DES MESURES DE PREUVE.

Lorsque l'on aura pris des mesures de preuves, on devra les confronter avec les mesures ordinaires à mesure que l'on tracera le modèle, car tracer le modèle avec les mesures ordinaires seules nous mettrait dans le cas de le refaire en entier, en confrontant les mesures de preuves qui ne s'égaliseraient pas à elles.

Il est à observer que l'on peut aussi commettre des fautes en prenant les mesures de preuves, l'on devra prêter toute l'attention pour les obtenir justes.

Car corriger les mesures ordinaires pour des mesures de preuves mal prises serait faute, et afin de l'éviter on devra visiter avec soin dans la 2ᵉ classe les articles où elles sont détaillées.

Après les personnes contournées d'un côté ou de l'autre, viennent celles de diverses conformations tenues droites et non contournées, détaillées à la 2ᵉ classe dans la 1ʳᵉ partie.

Telles que :

1. Tenue droite (2).
2. Tenue droite, forte de poitrine, mince taille (3).
3. Tenue portant le haut du corps en avant, très forte de poitrine, mince de taille, portant le ventre en arrière (4).
4. Tenue très cambrée, soit cassée à la taille, portant le ventre en avant (5).
5. Tenue voûtée, creux de poitrine (6).
6. Tenue droite, gros trapu (7).
7. Tenue courbée, gros trapu (8).
8. Tenue droite, gros ventru, bien fait (9).
9. Tenue cambrée, voûtée, creux de poitrine, gros ventru (10).
10. Tenue d'enfant, cambrée, cassé de taille (11).

Viennent encore :

11. Les tenues épaules très hautes et le cou court.
12. Comme les tenues épaules très basses et le cou long.

Et ces douze tenues détaillées ci-joint qui varient à l'infini en petit comme en grand, s'obtiennent avec les 16 mesures ordinaires détaillées au modèle-école. Le tracé se fera toujours pareil à celui ci-avant détaillé pour toutes les tenues ; ce ne sont que les mesures obtenues qui rendent le modèle exact de chaque conformation.

---

(1) Voir à la 2ᵉ classe, dans la 25ᵉ partie, l'article de la mesure de grosseur de bas des côtes, sa prise, son utilité, ses détails.
(2) Voir à la 2ᵉ classe, dans la 1ʳᵉ partie, le modèle tenue droite, nᵒ 1.
(3) Voir à la 2ᵉ classe, dans la 1ʳᵉ partie, le modèle tenue droite forte de poitrine, mince de taille, nᵒ 2.
(4) Voir à la 2ᵉ classe, dans la 1ʳᵉ partie, le modèle tenue portant le haut du corps en avant, très forte de poitrine, mince de taille, nᵒ 3.
(5) Voir à la 2ᵉ classe, dans la 1ʳᵉ partie, le modèle tenue très cambrée, soit cassée à la taille, portant le ventre en avant, nᵒ 4.
(6) Voir à la 2ᵉ classe, dans la 1ʳᵉ partie, le modèle tenue voûtée, creux de poitrine, nᵒ 5.
(7) Voir à la 2ᵉ classe, dans la 1ʳᵉ partie, le modèle tenue droite, gros trapu, nᵒ 6.
(8) Voir à la 2ᵉ classe, dans la 1ʳᵉ partie, le modèle tenue courbée, gros trapu, nᵒ 7.
(9) Voir à la 2ᵉ classe, dans la 1ʳᵉ partie, le modèle tenue droite, gros ventru, bien fait, nᵒ 8.
(10) Voir à la 2ᵉ classe, 1ʳᵉ partie, le modèle tenue cambrée, voûtée, creux de poitrine, gros ventru, nᵒ 9.
(11) Voir à la 2ᵉ classe, dans la 1ʳᵉ partie, le modèle tenue d'enfant, cambrée, cassée de taille, nᵒ 10.

DES ÉPAULES PLUS HAUTES L'UNE QUE L'AUTRE POUR LA MÊME PERSONNE.

FIGURE 98.

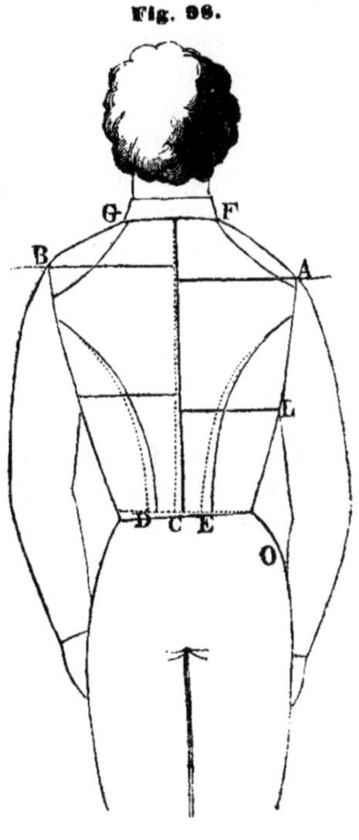

On a pour habitude de mesurer du côté droit, vu que ce côté nous offre plus de facilité (1); mais comme il peut arriver que ce côté se trouve plus bas, v. A, que le côté gauche, v. B, et coupant les deux côtés pareils, cela produirait, le vêtement étant achevé, que malgré les mesures prises du côté bas avec justesse, à faire tourner le vêtement sur la personne, provenant de l'épaule gauche, v. B, qui se trouve plus haute que la droite, v. A, ce qui occasionnerait au corsage, étant déboutonné, à faire paraître un bas de devant plus long que l'autre, quoique étant égaux de longueur (2).

D'avoir coupé les deux devants par la mesure prise du côté bas, occasionne à déplacer le milieu de la couture de derrière, v. C, provenant de l'épaule haute, v. B, qui emporte son côté, et par cela fait paraître la personne de travers, ce que l'on distingue très bien par le bas des pans qui se jettent derrière, plus sur une jambe que sur l'autre (3). L'épaule plus haute produit encore à faire supposer qu'un bouton de bas de taille est placé plus haut que l'autre, v. D, E.

Comme lorsque le vêtement est boutonné, cela produit un décolletage du côté bas, v. F, ce qui ferait croire qu'un côté de collet est monté plus long que l'autre (4).

L'épaule haute, v. B, en élevant son côté, produit à faire appuyer le côté bas sur la hanche, v. O, provenant que pour cette tenue le côté bas prend généralement plus de creux à la hanche que le côté haut (5), lui faisant aussi occasionner une gêne sous le bras du côté bas, v. L, de toute la différence de l'épaule plus élevée que l'autre.

Comme de couper le corsage par la mesure prise du côté haut, v. B, cela produirait au vêtement à décolleter des deux côtés, haut et bas, v. G, F, du côté bas, v. A, pour ne pas avoir assez de montant de dos et de profondeur, et du côté haut, v. B, pour être attiré par le côté bas de la différence de profondeur qui manque à ce dernier (6), et comme l'épaule haute ne produit pas au tracé son épaulette pareille à l'épaule basse, comme on le verra ci-après, cela fait occasionner au côté bas une gêne sous le bras, et des crochets à l'épaulette, de la différence que le côté haut a de plus élevé (7).

On devra donc, pour éviter ces ennuis continuels, s'assurer, avant de mesurer, si la personne est de côté, ce que la vue ne peut obtenir avec justesse (8).

C'est pour cela que je dois devancer quelques détails de la 2ᵉ classe sur le modèle-école, afin de prévenir des corrections qui peuvent survenir pour ce genre de conformation.

Nous procéderons donc pour la manière d'obtenir et de tracer pour un côté plus haut que l'autre.

Ce qui se fait comme suit :

(1) Voir à la 2ᵉ classe, dans les 11ᵉ et 12ᵉ parties, l'article et les détails sur le côté que l'on doit mesurer.
(2) Voir à la 2ᵉ classe, dans la 11ᵉ partie, l'article et les détails sur un côté de devant qui paraît plus long que l'autre.
(3) Voir à la 2ᵉ classe, dans la 11ᵉ partie, l'article et les détails des pans de dos qui se jettent plus sur une jambe que sur l'autre.
(4) Voir à la 2ᵉ classe, dans la 11ᵉ partie, l'article et les détails du collet qui paraît plus long d'un côté que de l'autre.
(5) Voir à la 2ᵉ classe, dans la 11ᵉ partie, l'article et les détails d'une hanche plus forte d'un côté que de l'autre.
(6) Voir à la 2ᵉ classe, dans la 11ᵉ partie, l'article et les détails d'un vêtement qui décollète des deux côtés haut et bas.
(7) Voir à la 2ᵉ classe, dans la 11ᵉ partie, de plus amples détails sur ce que produit d'avoir coupé du côté haut, pour servir des deux côtés haut et bas.
(8) Voir à la 2ᵉ classe, dans la 11ᵉ partie, plusieurs manières pour se rendre compte de combien une épaule est plus haute que l'autre.

DU TRACÉ DES ÉPAULES PLUS HAUTES L'UNE QUE L'AUTRE, POUR LA MÊME PERSONNE.
Manière de l'obtenir.

FIGURE 99.

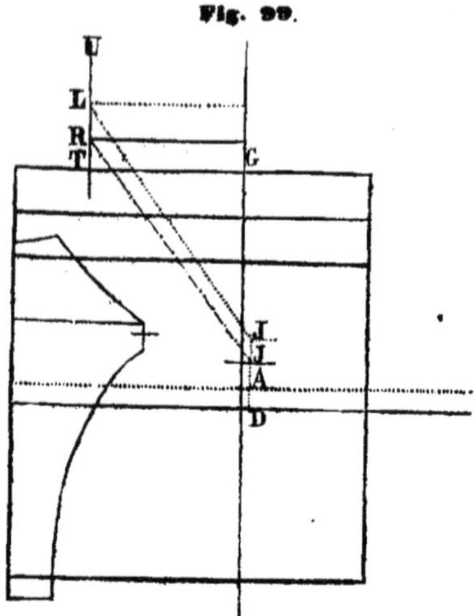

Pour se rendre compte de combien une épaule est plus haute l'une que l'autre, on aura à prendre mesure aux deux épaules, l'une à droite et l'autre à gauche, et, pour les obtenir à leur juste valeur, on aura aussi à prendre deux mesures de profondeur, l'une à droite et l'autre à gauche.

Ces mesures se prendront toujours à partir des points déjà fixés de nuque, v. G, fig. 10, et de montant de dos, v. E, fig. 11. L'on n'aura, à cet effet, qu'à placer un seul point, celui de la profondeur du bras, du côté opposé à celui que l'on a mesuré, qui se placera par les mêmes procédés que celui détaillé fig. 4.

Exemple :

La profondeur droite a produit 32 cent., de G à D,

Et la gauche, de G à A, en a produit 30.

Comme on le voit, la profondeur droite, v. D, est plus longue que la gauche, v. A, ce qui dénote l'épaule droite plus basse, comme la gauche aurait pu se trouver plus basse que la droite.

A cela, il est à observer que c'est plus souvent la droite que l'on rencontre plus basse que la gauche : cela provient que le bras droit, fatiguant plus que le gauche, occasionne à faire baisser l'épaule.

Ce qui fait que, pour cette personne, la profondeur droite a pris, par exemple, 2 cent. de plus de longueur que la gauche, ce qui donnera par cela deux emmanchures différentes de hauteur.

C'est donc de D, profondeur basse, et de A, profondeur haute, que l'on va procéder pour reproduire les largeurs d'épaules qui ont été prises chacune de leur côté. On aura soin de faire prendre le contour d'emmanchure aux mesures, à partir de leur 8e, J, comme d'habitude.

Pour cela, on placera le chiffre obtenu de la mesure d'épaule basse sur la profondeur basse, v. D, comme d'habitude, et où le bout de la mesure aboutira sur la ligne de montant de dos reproduit, v. U, on marque un point, v. R, ce qui détermine les largeurs d'épaules pour la profondeur basse.

Vient ensuite la mesure de l'épaule haute qui a donné la profondeur plus haute, v. A. On placera le chiffre obtenu de cette mesure d'épaule sur A, et où le bout de la mesure aboutira sur la ligne de montant de dos reproduit, v. U, on marquera un point, v. L.

Comme on le voit, la profondeur haute, v. A, reproduit son point d'épaule plus élevé, v. L, que celle de la profondeur basse, v. R, et, par cette conformation, la mesure de l'épaule haute produit de la pointe à l'épaulette. Cette distance de L à R varie sans cesse et peut occasionner plus ou moins de pointe à l'épaulette.

Cette mesure d'épaule peut rencontrer dans son passage plus ou moins de force, ce qui peut occasionner plus ou moins de pointe à l'épaulette, soit de distance de L à R.

Comme elle peut se rencontrer très faible, ce qui peut reproduire L sous R, v. T, ce qui dénoterait une épaule haute et faible. A cela, en ne devra pas s'y arrêter, la mesure est le guide : que la pointe d'épaulette soit forte, moyenne ou faible, on devra s'en rapporter aux mesures prises.

Les mesures de profondeur, v. D, A, et d'épaules, v. R, L, étant fixées, on aura à achever le tracé du haut pour chaque épaulette, ce qui se fait comme d'habitude.

Comme on le voit fig. 100, lorsque le tracé est achevé, l'épaule basse a pour ce modèle reproduit son épaulette plus basse, v. D, comme l'épaule haute l'a reproduite plus élevée, v. V, ce qui forme deux hauteurs d'emmanchures différentes, v. N, O, et par cela produit aux emmanchures deux points de couture de saignées de bras, variés de hauteur l'un de l'autre, ce qui reproduit celui de la profondeur basse plus bas, v. A, comme l'épaule haute reproduit le sien plus élevé, v. J ; on devra, à cet effet, pratiquer deux tracés de manches différents, afin qu'elles s'accordent chacune à leur emmanchure.

Ce qui se fait comme suit :

DU TRACÉ DE MANCHE POUR UNE ÉPAULE PLUS HAUTE L'UNE QUE L'AUTRE.

FIGURE 100.

Par cette tenue, le côté bas, v. O, donne plus de montant de dos de G à E, que le côté haut, v. N, n'en donne de G à S.

La personne quoique contournée donne toujours la même longueur de taille de G à B; le changement des tracés ne diffère pour cette conformation que par les hauteurs d'emmanchures, et dans les épaulettes à l'emmanchure.

Ces deux montants de] dos, v. S, E, vont nous donner 2 hauteurs de manches différentes, ce que l'on obtient comme suit :

On commencera par former le tracé de la manche, épaule basse, qui se fait comme d'habitude, v. I, P, et comme il est détaillé fig. 83.

De reproduire de cette manière les largeurs de manches, cela leur laisse toujours une largeur convenable, pour l'embu que l'on leur pratique au-dessus, comme aussi un surplus de largeur qui convient pour le dessous.

Comme on le voit par cette figure, le dessous de manches est égal de largeur avec le dessus, comme il peut se rencontrer que le dessous prendra plus de largeur que le dessus, comme le dessus peut prendre plus de largeur que le dessous, et pour s'en rendre compte on procédera comme suit : (Voir la manche ci-jointe épaule haute.)

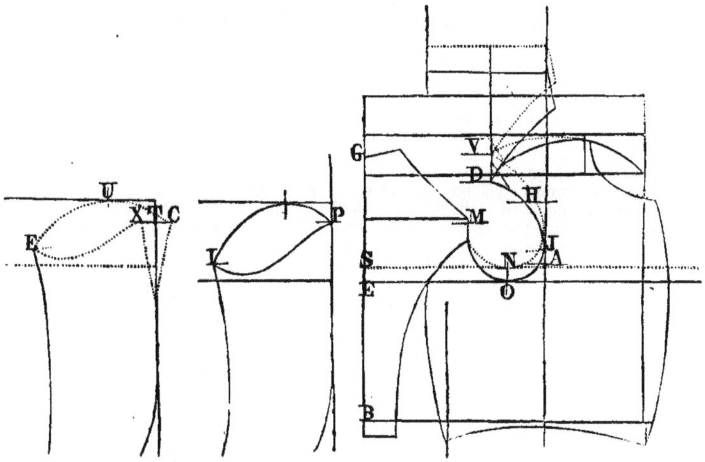

Comme il est dit fig. 81, on partagera toujours sa demi-grosseur de tour de bras pour fixer ses largeurs de haut de manches, on placera la moitié de cette largeur sur T, et où le bout de la mesure aboutira sur le point de la saignée de bras, on marquera un point, v. F, et comme l'emmanchure haute, v. N, a donné plus de hauteur d'épaulette v. V, on devra pour égaliser le dessus de manche à son emmanchure prendre la distance de V à J, point de couture de saignée (comme cela est indiqué fig. 79).

Fig. 100.

Cette distance de V à J se reproduira à la manche à partir de F, et où le bout de la mesure aboutira sur la raie de talon de manche, v. T, on marquera un point, v. C, ce qui fixe la largeur du dessus de manche hors de la ligne de sa moitié de tour de bras. La mesure s'est fixée sur C, comme elle aurait pu se fixer plus avant ou plus en arrière ; où que ce soit que cette largeur aboutisse sur la raie de talon de manche T, soit en dedans, soit en dehors du carré, on devra la fixer, la mesure étant toujours le guide, cela pour toutes les manches.

La largeur du dessus de manche étant fixée, on aura à prendre la distance qu'il y a de H à V; cette distance se reproduira à partir du point de dessus de manche, v. C, à quelle place que ce soit que C soit placé, et où le bout de la mesure aboutira sur la ligne de haut de manche, on marquera un point, v. U; ce point U étant fixé, on aura à former son rond de manche partant de C, passant sur U, aboutissant à F, point de saignée de bras.

Le dessus de manche étant fixé, v. F U C, on devra procéder pour le dessous. Pour cela on prendra la distance à l'emmanchure de M à J, passant sur N, pour la reproduire à la manche; cette largeur obtenue se fixera également sur le point F, couture de saignée, et où le bout de la mesure aboutira sur la ligne de talon de manche T, on marquera un point, v. X; ce point s'est fixé à X, comme il aurait pu se fixer plus avant ou plus en arrière ; où que ce soit que cette largeur aboutisse sur la raie de talon de manche T, soit en dedans soit en dehors du carré, on devra la fixer, la mesure étant toujours le guide, et cela pour toutes les manches.

Il est à remarquer que lorsque le dessus de manche sort du carré, v. C, le dessous rentre de cette valeur, v. X (1), comme si le dessus rentre dans le carré, le dessous ressort de la même valeur (2).

Comme on le voit, ce tracé de manche se fait par les mêmes procédés que celle tenue droite, v. fig. 83; son changement vient de ce qu'elle à moins de profondeur, ce qui lui donne plus de longueur d'épaulette, et par cela plus de largeur de dessus de manche.

Quoique pour la même personne les 2 manches prennent une forme différente l'une de l'autre, et par leur tracé elles s'égalisent toutes 2 à leur emmanchure distincte, c'est pour cela que le coupeur doit toujours fixer ses points de talon et de saignée de bras, avant de livrer le vêtement à l'ouvrier qui ignore tout à fait la place qu'elles doivent occuper cela afin de prévenir des fautes qui auraient lieu, si l'on ne suivait pas exactement la manière démontrée.

Pratiquant ainsi le haut; cela ne déplace nullement le bas; la manche se trouve toujours droite.

(1) Voir à la 2e classe, dans la 23e partie, l'article de la manche pour tenue renversée.
(2) Voir à la 2e classe, dans la 23e partie, l'article de la manche pour tenue voutée.

DE LA MESURE DE LARGEUR DE POITRINE. — MESURE DE PREUVE. — MANIÈRE DE L'OBTENIR.

FIGURE 101.

Comme l'on fixe avec le pouce la mesure d'avancement du bras sur l'os de l'avant-bras, v. J, fig. 12, cela fait élever la place où doit partir la mesure de largeur de poitrine qui se trouve plus élevée d'un 8e, v. J U, que les points de profondeur, v. D O ; ce sera donc de ces 2 points, v. J U, que s'obtiendra la mesure de largeur de poitrine.

Car en prenant cette mesure plus basse que J, on peut perdre de l'avancement en gagnant de la largeur de poitrine sous bras, excepté que l'on ne forme une raie d'équerre à partir de J à D, ce qui empêcherait de prendre la mesure de largeur de poitrine trop large.

Ce chiffre obtenu de largeur de poitrine devra se partager pour tracer.

FIGURE 102.

La mesure de largeur de poitrine étant obtenue, v. J U, fig. 101, on procédera pour l'employer, afin de s'assurer de la mesure d'avancement du bras, ce qui se fait comme suit :

La demi-grosseur du haut du buste, v. A B, renferme la mesure de l'avancement et la demi-largeur de poitrine ; elle est l'entier de ces 2 mesures ; c'est dans la dimension que la demi-grosseur du haut donne de A à B que doivent se rencontrer justes les mesures de l'avancement, v. E D, et la demi-largeur de poitrine, v. F D.

Lorsque la mesure de largeur de poitrine se rencontre juste à celle de l'avancement, v. D, cela dénote les 2 mesures bien prises, et la mesure de tour de bras, si elle est bien obtenue, doit se rencontrer égale à son emmanchure.

Comme lorsqu'elles se croisent, v. T R, et que l'emmanchure se trouve plus grande que la mesure de tour de bras, cela dénote que la mesure d'avancement a été prise trop large, ce qui nous indique de la refermer afin d'égaliser l'emmanchure a sa largeur de tour de bras.

Comme lorsqu'elles s'éloignent, v. P G, et que l'emmanchure se trouve plus étroite que la mesure de tour de bras, cela dénote que la mesure d'avancement a été prise trop étroite, ce qui nous indique de la ragrandir afin d'égaliser l'emmanchure à sa largeur de tour de bras.

Il est à observer que chaque fois que l'on rétrécira ou que l'on rélargira la mesure d'avancement du bras pour appareiller de largeur son emmanchure, on devra toujours reproduire la mesure de profondeur à la taille, à partir de l'avancement déterminé.

Une emmanchure peut aussi s'agrandir ou se rétrécir par la mesure de profondeur du bras, mais comme cette mesure est plus facile à prendre que celle de l'avancement, nous avons dû renvoyer pour plus tard les détails de la mesure de hauteur de petits côtés qui nous démontre fort bien si cette mesure est prise trop ou pas assez longue, ce qui indiquera de baisser ou de rehausser l'emmanchure. Et comme la mesure de profondeur dérange moins un corsage que celle de l'avancement du bras, c'est pour cela que nous la renvoyons pour ses détails à la 2e classe. On ferait faute de s'en rapporter à la mesure de hauteur de petits côtés, avant d'avoir pris connaissance des détails sur la manière de prendre cette mesure, vu qu'elle est l'une des plus difficiles à obtenir justes.

DES OMOPLATES PLUS FORTES D'UN COTÉ QUE DE L'AUTRE POUR LA MÊME PERSONNE.

On devra, lorsqu'une personne aura une omoplate plus forte que l'autre, lui prendre 2 mesures d'avancement l'une à droite l'autre à gauche, afin d'appareiller les devants pour chacun de leur côté (1).

Manière d'obtenir le tracé.

FIGURE 103.

On forme son modèle avancement fort le premier comme d'habitude ; ce modèle étant achevé, on placera le chiffre obtenu de la mesure d'avancement faible sur J, premier modèle tracé, et où le bout de la mesure aboutira sur le dos, on marquera un point, v. E, et de là on formera son second modèle (2).

Il est à observer que la mesure de profondeur à la taille se rencontre généralement plus longue pour le côté fort, v. B, que pour le côté faible, v. T, provenant de l'avant-bras, qui se porte plus en avant, ce qui occasionne à faire grandir plus ou moins le mesure (3) ; à cela, il conviendrait de prendre 2 mesures de profondeur à la taille, l'une du côté fort, l'autre du côté faible.

Comme on le voit pour cette tenue, le côté faible se trouve abattu de même valeur du haut que du bas, v. L P, de toute la différence de l'avancement plus faible que l'autre (4). On aura pour maintenir le corsage à sa largeur à rajouter devant au côté faible, v. I C, toute la différence enlevée au côté, v. L P, cela afin de ne pas rétrécir les grosseurs du haut et du bas, qui sont aussi larges d'un côté de corps que de l'autre (5).

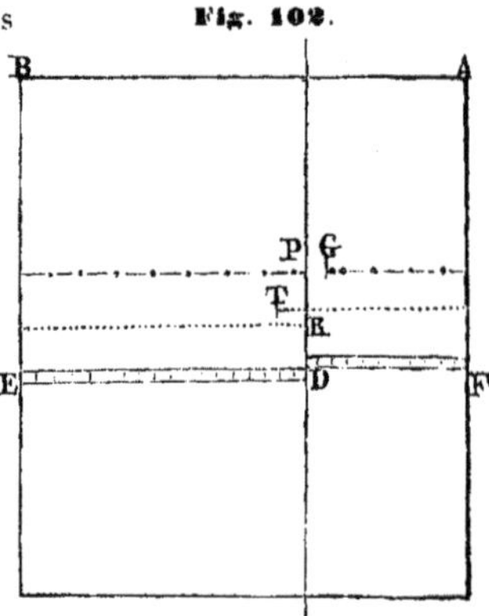

Fig. 101.

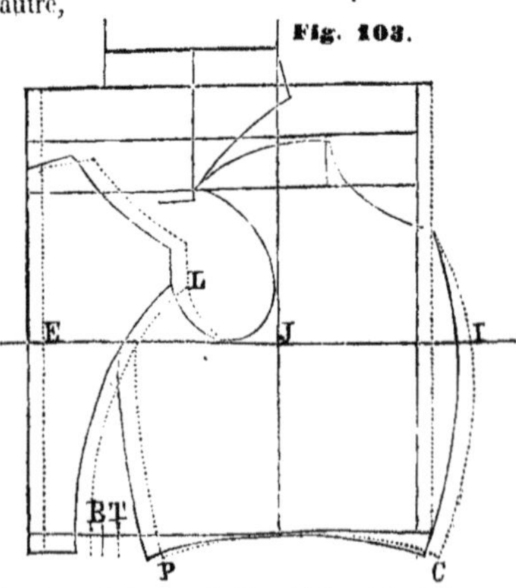

Fig. 102.

Fig. 103.

(1) Voir à la 2e classe, dans la 11e partie, de plus amples détails sur les omoplates plus fortes d'un côté que de l'autre, et l'article qui indique de les égaliser.
(2) Voir à la 2e classe, dans la 11e partie, plusieurs manières différentes pour obtenir le tracé des omoplates plus fortes d'un côté que de l'autre.
(3) Voir à la 2e classe, dans la 11e partie, l'article de la mesure de profondeur à la taille qui varie de longueur pour les côtés forts et faibles.
(4) Voir à la 2e classe, dans la 11e partie, l'article de la largeur de carrure qui varie de largeur par les omoplates plus fortes d'un côté que de l'autre.
(5) Voir à la 2e classe, dans la 11e partie, l'article de la largeur de poitrine qui varie de largeur pour les omoplates plus fortes d'un côté que de l'autre.

MODÈLES-ÉCOLES DU GILET.

On devra, pour le gilet, suivre les mêmes procédés pour les apprêts du mesurage que pour les grandes pièces; comme cela est détaillé au modèle-école de ces dernières.

Savoir :

Pose de la personne;

Points d'appui ;

Et mesurage.

MESURES QU'IL CONVIENT DE PRENDRE POUR OBTENIR LE TRACÉ DU GILET.

Les mesures du gilet se prendront de la même manière que celles détaillées au modèle-école des grandes pièces.

Lorsque l'on a les mesures pour une grande pièce, il n'est plus besoin de reprendre la mesure du gilet, on choisit celles d'entre elles qui conviennent pour son tracé.

Qui sont :

1. Montant de dos;
2. Longueur de taille naturelle ;
3. Profondeur du bras ;
4.   *Id.*   à la hanche;
5.   *Id.*   à la taille ;
6. Largeur d'épaules ;
7. Avancement du bras ;
8. 1/2 grosseur du haut;
9. 1/2 grosseur de taille (Pour cette mesure, si la personne est fortement serrée à la taille, soit avec la boucle du gilet ou celle du pantalon, ou enfin avec une ceinture de cuir, on la priera de se desserrer afin de l'obtenir naturelle, ce qui la rélargira, car, de prendre cette mesure serrée serait faute et conduirait à des corrections) (1);
10. 1/2 grosseur de hanches (Cette mesure se prendra à la hauteur de la longueur que l'on veut don ner a gilet sur les hanches).
11. Longueur totale du devant de gilet, qui s'obtient comme suit :

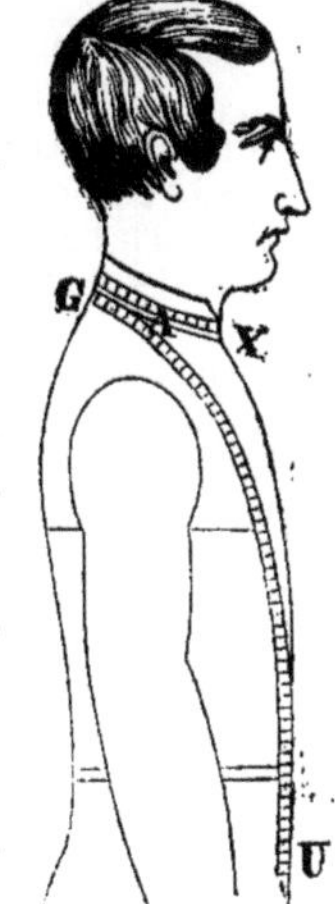

Fig. 1.

FIGURE PREMIÈRE.

Pour prendre cette mesure, on part de G, point de nuque, on fait passer la mesure par-dessus la poitrine, et on la fait aboutir à la longueur que l'on veut donner au bas du gilet, *v.* U.

Vient ensuite :

12. La mesure de largeur d'encolure pour gilet qui se boutonne haut, ce qui se fait pour uniforme et pour tout vêtement se boutonnant haut, qui s'obtient comme suit :

Cette mesure fait le tour du cou, passant sur les points G, A, X, en enveloppant dans son passage la cravate sur laquelle il doit se porter.

Donc :

Lorsque l'on n'aura qu'un gilet à mesurer, le nombre des mesures détaillées ci-avant est celui qu'il faut pour son tracé, pour personnes non contournées.

---

(1) Voir à la 2e classe, du gilet. dans la 1re partie, les détails de la mesure de grosseur de taille, pour personnes qui aiment à être plus ou moins serrées.

DU TRACÉ DE GILET ET RANG D'ORDRE QUE LES MESURES PRENNENT EN TRAÇANT.

Pour tracer le carré, on se servira des mêmes procédés que ceux détaillés au modèle-école des grandes pièces, fig. 19, 20, 21, 22, 23, 24, vu que les mesures se prennent pareilles ; c'est à partir de cette fig. 24, que s'opèrent les variations de tracés de gilet, comme il est démontré ci-après :

FIGURE 2.

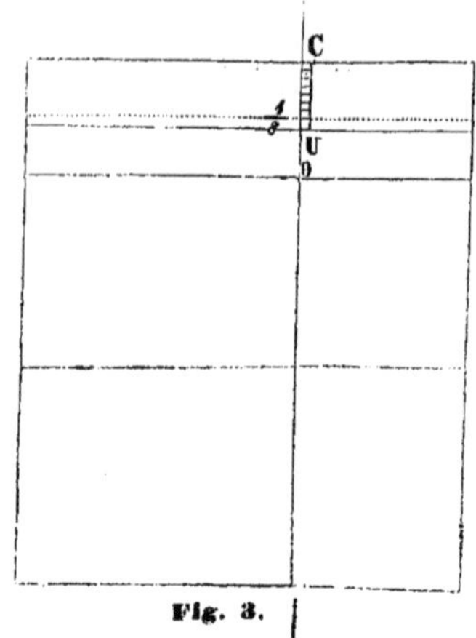

Fig. 2.

Le quart de la demi-grosseur du haut étant fixé, v. C, O, fig. 24, du modèle-école des grandes pièces, on procédera comme suit :

On fait prendre aux gilets plus d'un huitième de largeur au haut du dos à l'encolure ; cela est pour économiser l'étoffe des devants.

On ne devra donc pas partager le quart de la demi-grosseur du haut, de C à O, comme on le pratique pour les corsages d'habits ou de redingotes pour en former deux huitièmes (v. la ligne pointée fixée au huitième).

On fixera, à partir de C, la largeur que l'on veut donner au haut de dos, et, où la mesure aboutira dans le bas, on marquera un point, v. U, et, de ce point U, on en formera une raie d'équerre en travers, ce qui rélargira, en plus que le huitième, le haut de dos à l'encolure.

Cette largeur ajoutée, en plus du huitième, peut être de un centimètre et de un centimètre et demi au plus pour les personnes les plus fortes.

Donc la distance de C à U sert pour la largeur que l'on veut donner au haut de dos, à l'encolure, et celle du bas, v. O, sert à observer de combien la personne est voûtée ou renversée (1).

FIGURE 3.

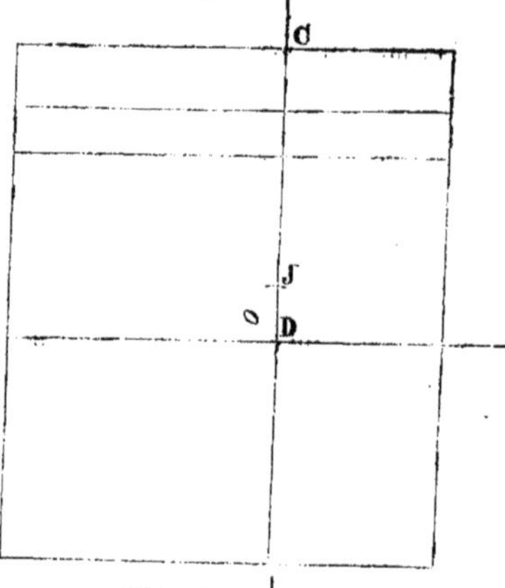

Fig. 3.

La largeur du haut de dos, à l'encolure, étant fixée, v. C, U, fig. 2, on devra marquer sur la ligne d'avancement C un huitième de la demi-grosseur du haut, plus élevé, v. J, que D, profondeur du bras.

Ce huitième étant fixé, on devra former une distance à deux centimètres de l'angle D, v. O.

Ces points, J et O, servent à faciliter le contour de la mesure de profondeur à la taille.

FIGURE 4.

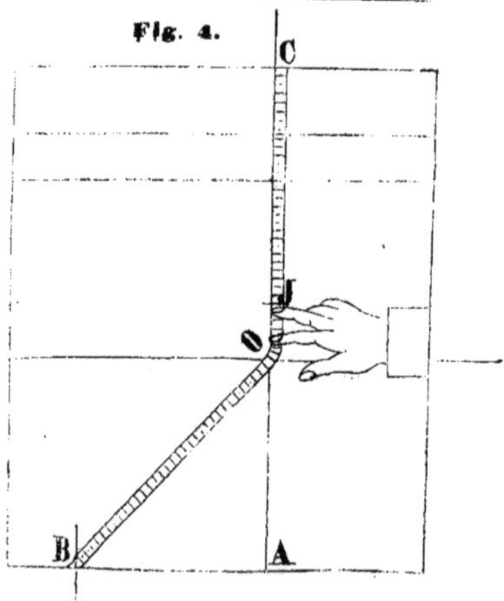

Fig. 4.

CINQUIÈME MESURE. — *Profondeur à la taille.*

Les points J et O étant fixés, fig. 3,

On devra procéder pour la mesure de profondeur à la taille qui s'emploie comme suit :

On place le bout de la mesure sur C, ligne d'avancement, on la fait descendre sur J (huitième de la demi-grosseur du haut), plus élevé que la ligne de profondeur, la continuant droite en face de O ; c'est là que l'on retient la mesure, devant et au bord de la ligne d'avancement, avec deux doigts, soit le majeur sur J et l'index en face de O, pour lui faire former le contour d'emmanchure et, où le chiffre obtenu de mesure de profondeur aboutit derrière, sur la ligne de profondeur à la hanche A, on marque un point, v. B, ce qui détermine la mesure de jetée de taille.

On retient la mesure sur J et en face de O, afin que la mesure, en prenant son contour, touche l'angle de la profondeur du bras et de l'avancement, pour qu'elle ne vienne pas en ligne droite, à partir de O, former son point de jetée de taille B, ce qui allongerait cette distance et, par cela, ôterait de la cambrure, vu que le bras de la personne a fait former le contour à la mesure.

Comme on le voit, on procède, pour placer cette mesure, de la même manière que celle détaillée au modèle-école des grandes pièces, fig. 27.

<hr>

(1) Voir à la 2e classe des grandes pièces, dans la 3e partie, les détails du quart de la demi-grosseur du haut.

FIGURE 5.

SIXIÈME ET SEPTIÈME MESURES.

Longueur de taille et montant de dos.

Le point de profondeur à la taille étant fixé, *v.* B, fig. 4,

On devra procéder pour la longueur de taille qui s'emploie comme suit :

On place le chiffre obtenu de la longueur de taille sur **P**, angle de la raie formée par A, et où le bout de la mesure aboutit dans le haut on marque un point, *v.* G, ce qui détermine la longueur de taille naturelle, *v.* G, P.

Et si la longueur de taille a été bien obtenue par les points d'appui qui l'ont guidé, elle reproduira E, point de montant de dos sur la ligne de profondeur D, ce qui déterminera sa hauteur, *v.* G, E, et par cela dénotera la mesure bien prise.

Mais si E se reproduit plus haut, *v.* I, ou plus bas, *v.* Z, que la ligne de profondeur D, cela dénote une irrégularité à laquelle on ne devra pas s'arrêter (1).

La longueur de taille étant fixée, *v.* G, P, on élèvera au-dessus de G, un centimètre et demi de plus de hauteur, *v.* Y, et de ce point Y, on en formera une ligne d'équerre de 10 à 12 centimètres de longueur, *v.* R.

Ce centimètre et demi plus élevé, *v.* Y, que la mesure de longueur de taille naturelle, *v.* G, ne se fait que pour les gilets ; cela est afin de parer pour les coutures, qui se font parfois très larges à l'encolure, et aussi pour prévenir à des omoplates très fortes qui occasionneraient à entraîner de longueur le haut de dos, ce qui produirait à faire décolleter le derrière du collet (2).

FIGURE 6.

Les mesures de montant de dos, *v.* G, E, et de longueur de taille naturelle, *v.* G, P, étant fixées, aussi que le surplus de hauteur de dos, *v.* Y, fig. 5,

On devra procéder pour la largeur que l'on doit donner au haut de dos à l'encolure, ce qui s'obtient comme suit :

On prendra la distance qu'il y a de C à U, pour la reproduire en largeur au haut de dos ; pour cela on place le chiffre obtenu de C. à U, sur Y, et où la mesure aboutit sur la raie R on marque un point, *v.* I, ce qui détermine sa largeur.

Et pour former son creux d'encolure, on rajoutera une raie d'équerre de 1 cent. au-dessus de I, *v.* O. Cela fait, on en formera une seconde de Y. à O, ce qui détermine le contour d'encolure.

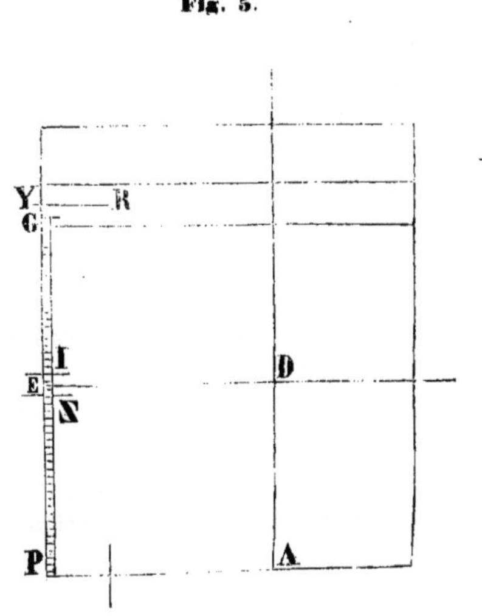

Fig. 5.

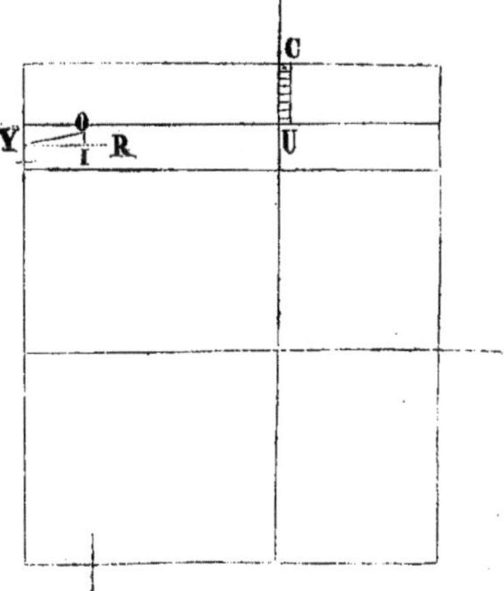

Fig. 6.

(1) Voir à la 2e classe des grandes pièces, dans la 3e partie l'article des points de montant de dos, qui au tracé se reproduisent plus haut ou plus bas que la ligne de profondeur.

(2) Voir à la 2e classe du gilet, dans la 4e partie, l'article du dos pour omoplates plus ou moins fortes.

FIGURE 7.

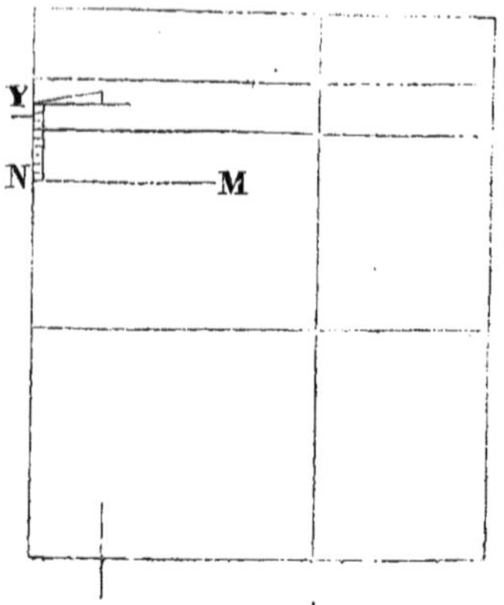

Le creux du haut de dos à l'encolure étant achevé, *v.* Y, O, fig. 6,

On procédera pour fixer la hauteur de haut de dos à l'épaulette, ce qui s'obtient comme suit :

Pour cela, on se servira du sixième de la **demi-grosseur du haut**, on placera le chiffre obtenu de ce sixième sur Y, et où le bout de la mesure arrive dans le bas, sur la ligne de dos, on marque un point, *v.* N, et de ce point N, on en formera une ligne d'équerre de 20 à 25 centimètres de long, *v.* M (1).

FIGURE 8.

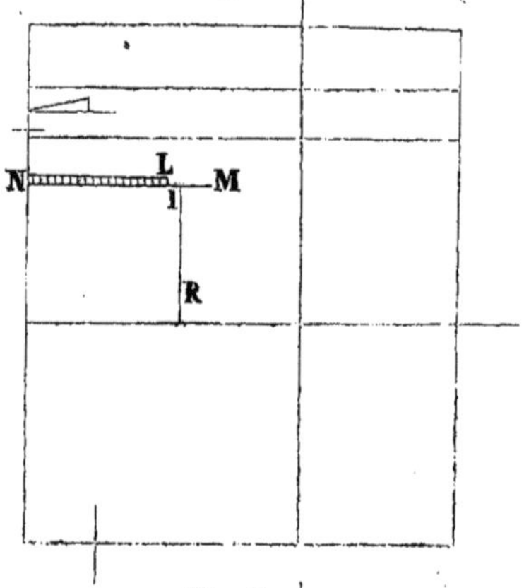

La ligne de haut de dos pour l'épaulette étant fixée, *v.* N, M, fig. 7.

On devra procéder pour la largeur que l'on doit donner à la carrure, ce qui se fait comme suit :

Le tiers de la demi-grosseur du haut est la largeur qui leur convient ; à cela on prendra le chiffre que le tiers aura fourni ; on place ce chiffre obtenu sur N, et où le bout de la mesure aboutit sur la ligne M, on marque un point, *v.* L, et si l'on préfère les épaulettes plus larges, il convient de rajouter en plus pour les replis, *v.* I, et de ce point I on en forme une ligne d'équerre dans le bas, *v.* R (2).

FIGURE 9.

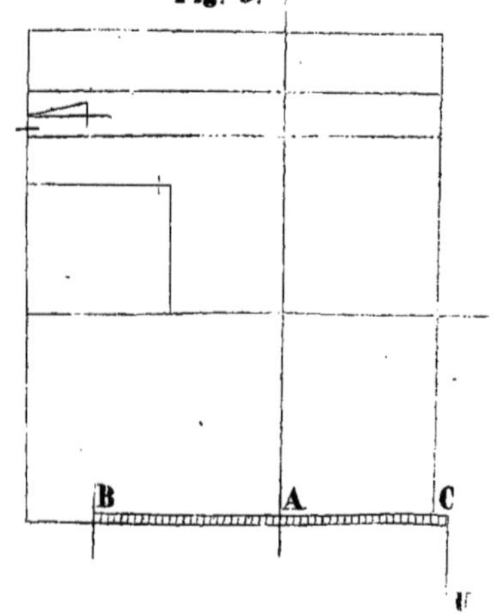

HUITIÈME MESURE.

Demi - grosseur de taille.

La largeur de carrure étant fixée, *v.* N, I, fig. 8,

On procédera pour employer la demi-grosseur de taille ; ce qui se fait comme suit :

C'est à partir du point de profondeur à la taille que l'on opère : on place le bout de la mesure sur B, fixé sur la même ligne que la profondeur à la hanche A, et à quelque place que ce soit que le chiffre obtenu de cette demi-grosseur de taille aboutisse sur le devant, soit en dedans ou en dehors du carré, on marque un point, *v.* C, et de ce point C on en forme une raie d'équerre dans le bas d'environ 15 cent. de long, *v.* U ; ce qui détermine la demi-grosseur de taille. Comme il est dit page 61, on ne devra pas prendre cette mesure serrée, cela ferait trop abattre le gilet dans le bas sur le ventre, *v.* C. Ces précautions n'ont nullement besoin d'être prises pour les gros hommes, qui n'aiment pas à se serrer la taille ; la mesure doit se prendre naturelle (3).

(1) Voir à la 2e classe du gilet, dans la 5e partie, l'article du sixième de la demi-grosseur du haut qui se disproportionne pour très grosse et très mince personne, et qui indique de rélargir et de rétrécir une épaulette.

(2) Voir à la 2e classe du gilet, dans la 5e partie, l'article du tiers de la demi-grosseur du haut qui se disproportionne pour très grosse et très mince personne, et qui indique de rélargir ou de rétrécir une épaulette.

(3) Voir au modèle-école des gilets, fig. 43, l'article et les détails de la demi-grosseur de taille.

FIGURE 10.

La demi-grosseur de taille étant fixée, *v.* B, C, fig. 9,

On devra procéder pour la cambrure qui s'enlève sous le bras pour les gilets.

Ce qui se fait comme suit :

On se sert de la demi-grosseur de taille que l'on partage.

EXEMPLE.

La demi-grosseur a donné.   .   .   .   38 cent.
Étant partagée, cela réduit à.   .   .   19 cent.

On place ce chiffre 19 sur P, et où le bout de la mesure arrive sur la ligne formée par A, on marque un point, *v.* S.

Ensuite, on emploiera l'autre partie qui est aussi de 19 cent. comme suit :

On place le chiffre 19 sur C, point déterminé de la demi-grosseur de taille, et où le bout de la mesure arrive sur la ligne formée par A, on marque un point, *v.* Z, et où que ce soit que ce point Z se fixe en avant ou en arrière de la ligne d'avancement D, on devra s'y arrêter (1).

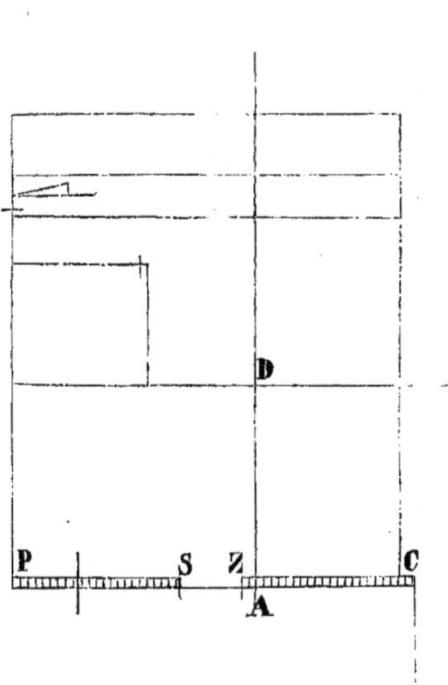

FIGURE 11.

La demi-grosseur de taille étant répartie pour le derrière et le devant, ainsi que les points qui fixent la cambrure, *v.* S, Z, fig. 10,

On devra procéder pour séparer le dos du devant, ce qui se fait comme suit :

On partagera la distance qu'il y a de S à Z, *v.* O, et de ce point O, on en formera une ligne d'équerre partant de O aboutissant à la ligne de profondeur D, *v.* Q.

Cela fait, on devra former 2 autres lignes l'une partant de S, aboutissant à Q, et l'autre partant de Z, aboutissant également à Q.

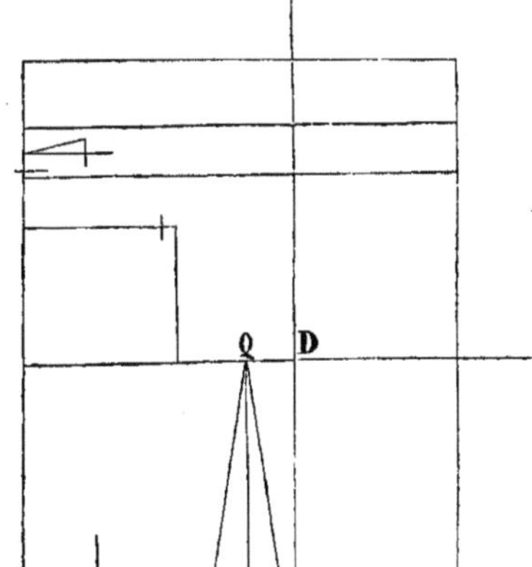

(1) Voir au modèle-école des gilets, fig. 45, l'article qui indique de rélargir le bas du dos dans certains cas.

FIGURE 12.

Le dos et le devant étant séparés, *v.* S, Z, fig. 11,

On devra procéder pour rallonger le gilet sur la hanche, à la longueur que la mode ou la fantaisie réclame.

Ce qui se fait comme suit :

On formera 2 lignes d'équerre de 8 à 10 cent. de long, l'une partant de S, *v.* T, et l'autre partant de Z, *v.* V.

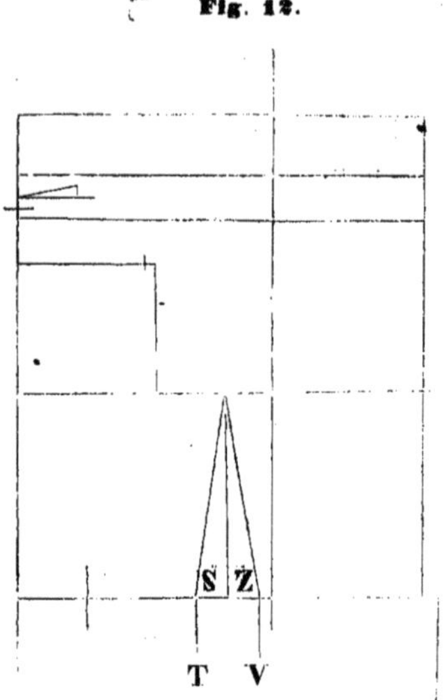

FIGURE 13.

Ces lignes T, V étant formées, *v.* fig. 12,

On devra procéder pour donner au bas de gilet la longueur qui lui convient sur les hanches.

Ce qui se fait comme suit :

Cette longueur se déterminera toujours à partir du saillant de la hanche A, et se fixera à la longueur que l'on a pris la mesure de grosseur de hanches.

EXEMPLE.

Si cette mesure de grosseur de hanche est prise haute, cela dénote un gilet court de hanches.

Comme si elle est prise basse, cela dénote un gilet long de hanches.

Le modèle ci-joint est rallongé de 6 centimètres de A à R.

Cette longueur étant fixée, *v.* R, on aura à tirer une raie d'équerre de M. à H.

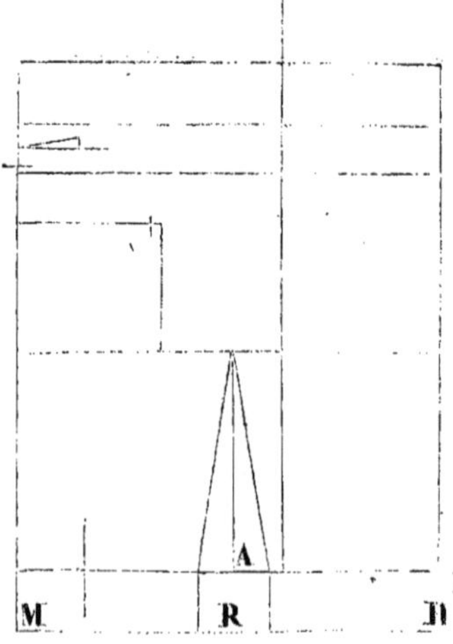

FIGURE 14.

Le rallongement de gilet sur les hanches étant achevé, *v.* M, R, H, fig. 13,

On devra procéder pour donner au dos sa forme d'emmanchure.

Ce qui se fait comme suit ;

Les emmanchures de gilet se portent généralement plus grandes que celles de corsages à manches.

On aura à cet effet à baisser l'emmanchure d'un 16me (de la demi-grosseur du haut), plus bas que la profondeur M, *v.* U, ce qui la rend assez basse, et de ce point U, on en formera une raie d'équerre en travers de 12 à 15 cent. de long.

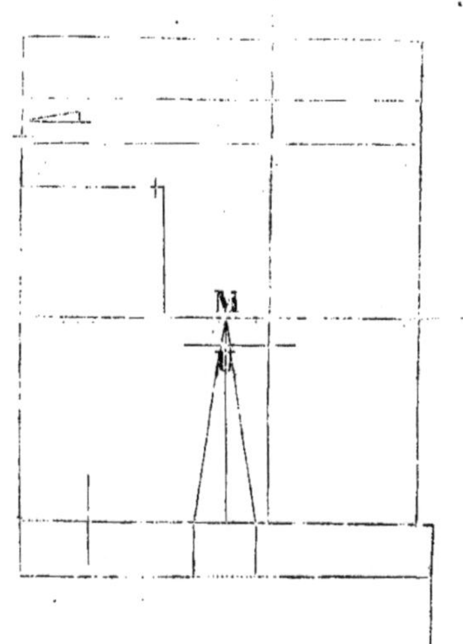

FIGURE 15.

Le seizième de ragrandissage d'emmanchure étant formé, *v.* M, U, fig. 14,

On devra procéder pour le cintre de dos à l'épaulette et pour celui d'emmanchure, ce qui se fait comme suit :

Pour celui d'épaulette on tirera une raie droite de O à I, ligne de largeur de carrure, que l'on cintrera légèrement, *v.* J, vu que les épaulettes de gilet étant plus étroites, n'exigent pas la rondeur que l'on donne à celles des corsages à manches.

Pour le cintre du dos à l'emmanchure, on partira de R, ligne de carrure, pour aboutir à U, seizième plus bas que la profondeur.

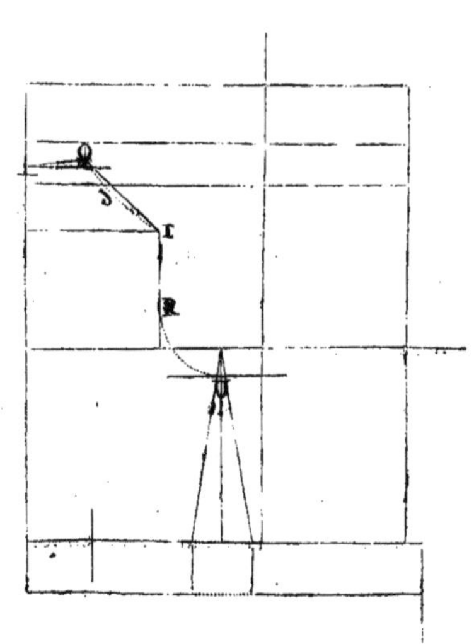

FIGURE 16.

Fig. 16.

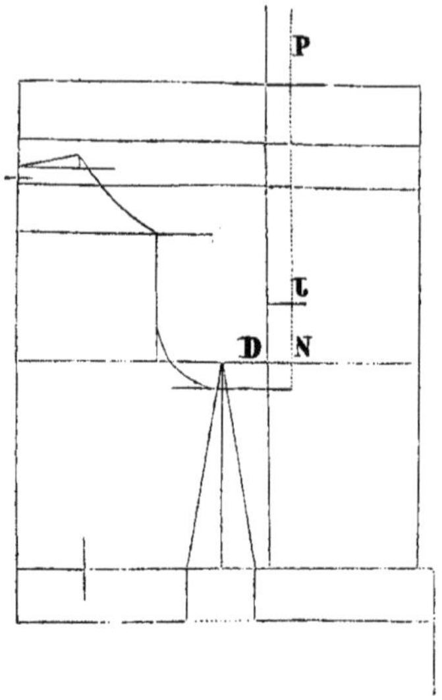

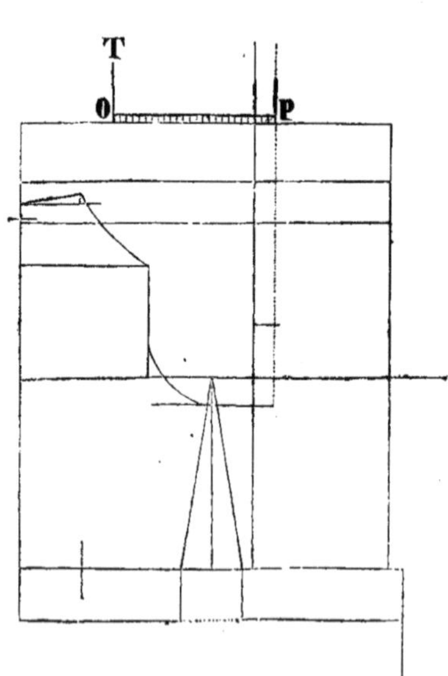

Les cintres d'emmanchures et d'épaulettes étant fixée au dos, *v.* J, R, U, fig. 15,

On devra procéder pour former le redressage d'épaulette, ce qui se fait comme suit :

On se sert du seizième (de la demi-grosseur du haut), que l'on porte plus avant, *v.* N, que la ligne d'avancement du bras, *v.* D, ce qui fixe le redressage du gilet et de ce point N, on en forme une ligne d'équerre aboutissant dans le haut, *v.* P.

Cette distance de D à N, est la même que le creusage d'emmanchure de M à U, fig. 14.

Cette ligne N, P étant formée, on élèvera un point à un huitième plus élevé que N, *v.* J. Ce point J est à la même hauteur que celui de la fig. 3, il se trouve porté plus avant que cette ligne, vu que l'emmanchure du gilet se creuse davantage que celle d'un corsage à manches.

Fig. 17.

FIGURE 17.

C'est à partir de ce seizième reproduit plus avant que la ligne d'avancement, *v.* N, P, fig. 16, que l'on reproduira la mesure de largeur d'épaule, ce qui se fait comme suit :

Le tracé se fera pareil à celui des corsages à manches.

Pour cela :

On se sert de la mesure de montant de dos, on place le chiffre obtenu de cette mesure sur P, et où le bout de la mesure aboutit sur cette ligne supérieure, on marque un point, *v.* O, et de ce point O, on en forme une ligne d'équerre dans le haut de 8 à 10 centimètres de long, *v.* T.

Paris. — Typ. Lapoulle, rue Soufflot, 18.

FIGURE 18.

Largeur d'épaule.

La mesure de montant de dos étant reproduite dans le haut pour former son épaulette, *v.* P, O, fig. 17, ainsi que la ligne T, qui fixe à la mesure d'épaule la place où elle doit s'arrêter,

On procédera pour l'employer comme suit :

On place le chiffre que la mesure d'épaule a obtenu sur N, ligne de redressage plus avant que la ligne d'avancement. On fait remonter la mesure, que l'on retient devant la raie de redressage avec deux doigts, soit le majeur sur N, et l'index sur J; cela est pour faire prendre à la mesure le contour de l'avant-bras, qu'elle a pris en mesurant.

De là on reporte le bout de la mesure sur la ligne formée par T, et à quelque place que ce soit qu'elle aboutisse sur cette ligne pour toutes les tenues, on devra la fixer par un point, *v.* R, et de ce point R on en formera une raie d'équerre en travers, *v.* S, aboutissant sur celle du redressage, *v.* P, N.

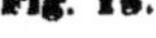

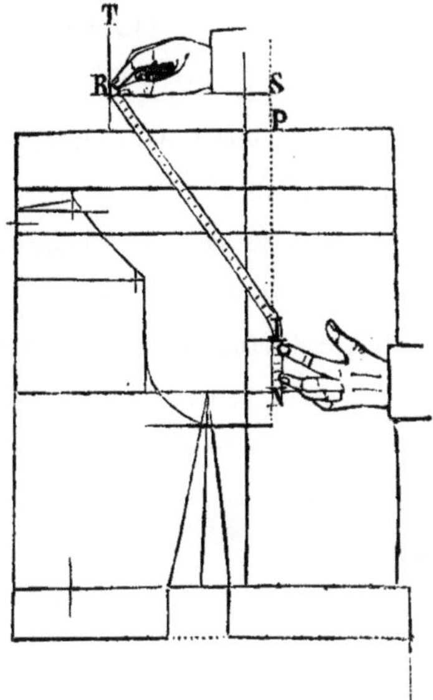

FIGURE 19.

La mesure de largeur d'épaule étant fixée, *v.* R, S, fig. 18,

On aura à reproduire sur cette ligne le haut de dos pour former l'épaulette.

Ce qui s'obtient comme suit :

On prend la distance qu'il y a au haut de dos de G à N, pour la reproduire sur la ligne R, S. On place le chiffre obtenu de la mesure sur S, et où le bout de la mesure aboutit sur la ligne, on marque un point, *v.* U, et de ce point U on en forme une raie d'équerre de 20 à 22 cent. de long, *v.* X.

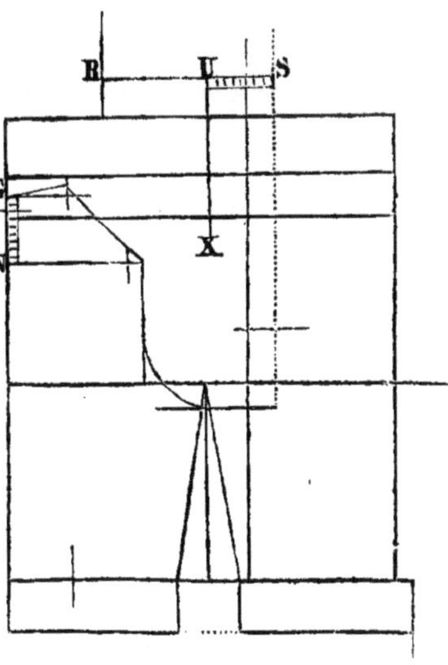

FIGURE 20.

La ligne de haut de dos étant reproduite pour l'épaulette,
v. U , X, fig. 19,

On aura à procéder pour reproduire sa largeur de carrure.
Ce qui s'obtient comme suit :

On prend la largeur qu'il y a de N à I, pour la reproduire
sur la ligne U, X, haut de dos reproduit.

On place le chiffre que cette largeur a obtenu sur U, et où
le bout de la mesure aboutit sur cette ligne, on marque un
point, *v.* E.

Ce qui détermine de nouveau la largeur de carrure et la
pointe d'épaulette à l'emmanchure.

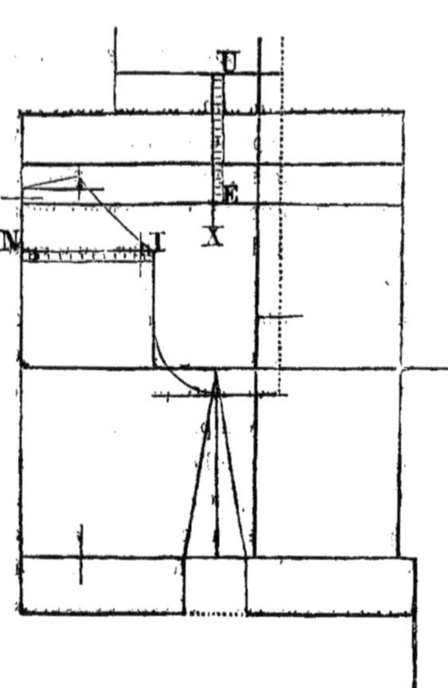

Fig. 20.

FIGURE 21.

La largeur de carrure étant reproduite pour l'épaulette,
v. U, E., fig. 20,

On devra procéder pour sa largeur de haut de dos à l'encolure, qui s'obtient comme suit :

On prend la largeur qu'il y a au haut de dos de G à O,
pour la reproduire sur S, ligne de redressage P; on place le
bout de la mesure sur S, et où le chiffre de cette largeur obtenue aboutit dans le bas sur la ligne P, on marque un point,
v. J, et de ce point J on en forme une raie d'équerre de
3 cent. environ, *v.* M.

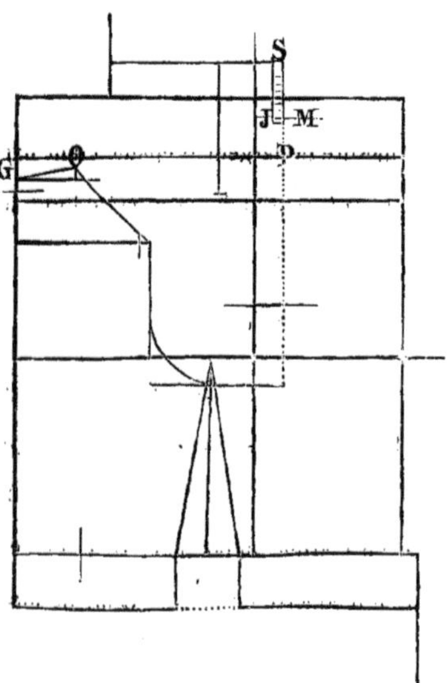

Fig. 21.

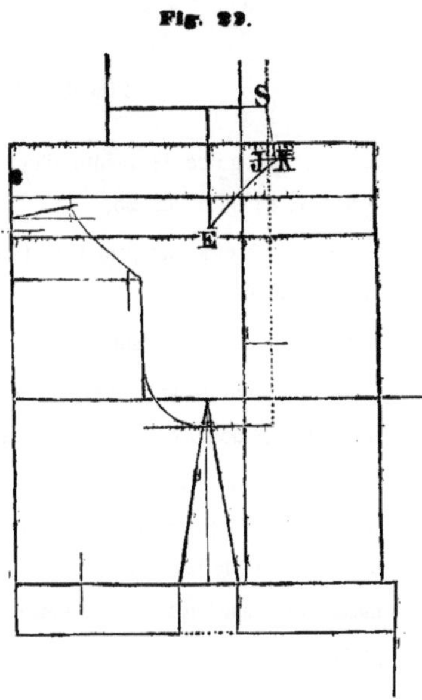

FIGURE 22.

La reproduction de largeur du haut de dos à l'encolure étant fixée, v. S, J, fig. 21,

On devra procéder pour la hauteur que l'on doit donner au haut de dos, pour former le contour d'encolure.

Cette hauteur sera de 1 cent. plus élevé que J, v. K (comme il est détaillé fig. 6); cela fait, on formera une raie de S à K, ce qui détermine le haut de dos à l'encolure.

La hauteur du creux d'encolure étant fixée,

On devra procéder pour le cintre de dos attenant à l'épaulette, qui se fera pareil à celui de O à I, fig. 15. C'est à partir de K, largeur de haut de dos à l'encolure, que l'on partira pour former ce cintre, le faisant aboutir sur E, largeur de carrure.

FIGURE 23.

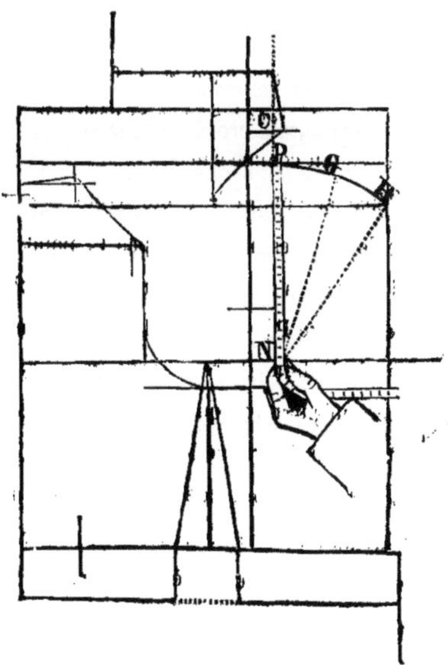

Le cintre du haut de dos à l'épaulette étant achevé, v. K, E, fig. 22,

On procédera pour former un arc, sur lequel se fixe la pointe d'épaulette à l'encolure.

Cet arc s'obtient comme suit :

C'est à partir de P, ligne de redressage, largeur de haut de dos déduite de la profondeur C, que l'on opère.

Pour cela, on place une partie de la mesure sur le point de profondeur N, ligne de redressage, que l'on tient sur ce point avec le pouce et l'index de la main gauche; on fait aboutir le bout de la mesure sur P, et de la main droite on prend, avec le pouce et l'index, le bout de la mesure et un morceau de craie que l'on place sur P, et, partant de ce point, on fait pivoter par devant la mesure et la craie à 15 ou 20 c. de distance de P, tenant toujours la mesure sur N.

Par ce trajet la craie forme l'arc P, G, H, où doit s'arrêter la pointe d'épaulette à l'encolure, soit redressée ou renversée.

FIGURE 24.

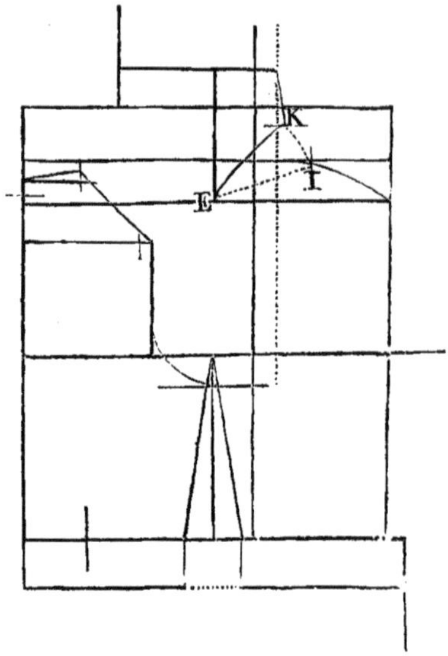

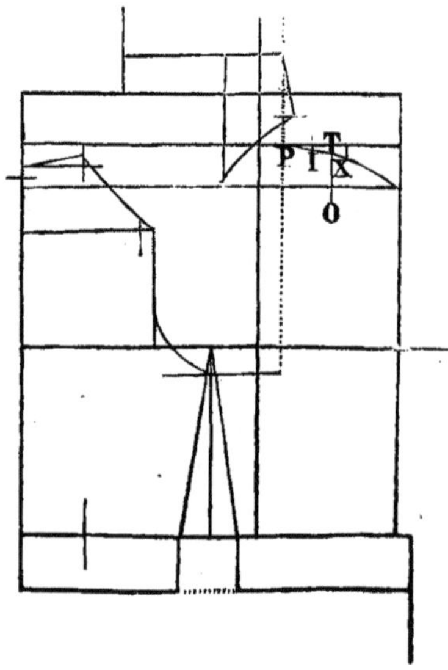

L'arc qui guide la pointe d'épaulette à l'encolure étant formé, *v.* P, G, H, fig. 23,

[On aura à procéder pour fixer la pointe d'épaulette naturelle à l'encolure,

Qui s'obtient comme suit :

On prend la distance qu'il y a de E à K, que l'on reproduit sur l'arc de redressage d'épaulette.

Pour cela, on place une partie de la mesure sur E, que l'on tient sur ce point avec le pouce et l'index de la main gauche ; on fait aboutir le bout de la mesure sur K, faisant pivoter la mesure de K sur l'arc, et où la mesure aboutit, on marque un point, *v.* I.

Ce qui détermine la pointe d'épaulette naturelle à l'encolure. .

FIGURE 25.

L'épaulette étant fixée, *v.* 1, fig. 24,

On aura à procéder pour sa véritable place de redressage, qui se fait comme suit :

L'épaulette naturelle a été arrêtée à I, fig. 24 ; mais si la force des épaules ne produit pas I, point de redressage à un huitième (de la demi-grosseur du haut) plus avant que la raie de redressage P, on devra le fixer à un huitième d'écart à partir de P, ligne de redressage, *v.* T, et de ce point T on en formera une ligne d'équerre de 6 à 8 cent. de long dans le bas, *v.* O, ce qui détermine le redressage.

Comme si la force de l'épaule faisait redresser l'épaulette en plus du huitième T, *v.* X, ce qui n'arrive que rarement, on devrait retourner au huitième fixé, *v.* T.

Ce huitième, *v.* T, détermine le redressage général de toutes les épaulettes, soit pour épaules hautes, fortes ou basses.

FIGURE 26.

Le huitième de redressage d'épaulette étant fixé, *v.* T, fig. 25,

On aura à procéder pour la hauteur que l'on doit donner à l'encolure.

Ce qui se fait comme suit :

C'est à partir de R, largeur du haut de dos à l'encolure déduite de la profondeur, que l'on opère.

On prend la distance qu'il y a de R à F, ligne de profondeur que l'on partage et à la distance que donne la moitié, on marque un point *v.* X, et de ce point X, on en forme une raie d'équerre de 5 à 6 cent. de long, *v.* J. C'est cette ligne qui sert à fixer la hauteur d'encolure pour gilet boutonnant haut.

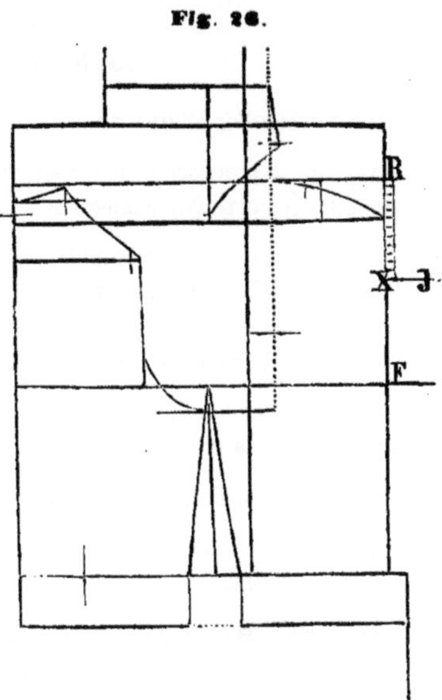

FIGURE 27.

La raie qui détermine la hauteur d'encolure étant fixée, *v.* X, J, fig. 26,

On aura à procéder pour le contour d'encolure, ce qui se fait comme suit :

On devra rajouter en plus du huitième de redressage T, la valeur de 1 cent. pour le drap, et de 1 cent. et demi pour étoffes qui s'éraillent, *v.* L; cela est pour compenser aux coutures prises à l'encolure, qui se font géneralement larges et selon les étoffes.

Ce rajouté qu'on leur fait supporter, *v.* L, est afin de maintenir le redressage du huitième à sa véritable largeur; car si l'on anticipait pour les coutures dans le huitième de redressage T, cela occasionnerait à faire flotter les devants sur la poitrine de la différence anticipée.

Cela fait,

On partira de L, pour former le cintre d'encolure, passant à 2 cent. ou 2 cent. et demi environ de l'angle du huitième O, *v.* S, pour aboutir aù-dessus de la ligne X, J ; cela est afin de produire un contour d'encolure doux, pour suivre avec le dos, lorsqu'il est joint à l'épaulette.

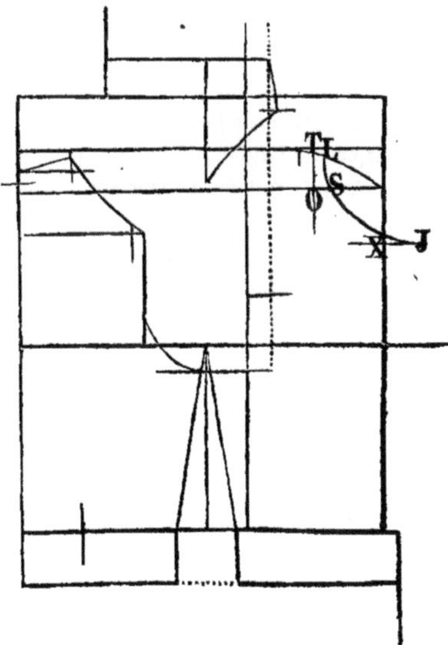

Cette distance. *v.* O, S, se fait selon les grosseurs plus ou moins fortes des personnes, tel que une grosse personne prendra plus de distance de O à S, que n'en prendra un enfant ou une personne mince.

Car, ne lui donnant à cette place, *v.* O, S, que la distance de T à L, creuserait trop cette partie, et cela occasionnerait à faire éloigner le collet du cou de la différence trop creusée.

Comme si l'on désire faire colleter le gilet plus haut que ci avant détaillé, on devra élever l'encolure de 1 cent. ou 1 cent. et demi au-dessus de la ligne X. J. à partir de S.

FIGURE 28.

Le contour d'encolure étant fixé, *v.* L, S, J, fig. 27,

On aura à procéder pour le rond que l'on doit donner à l'épaulette; ce qui se fait comme suit :

Comme l'on a ajouté un centimètre ou un cent. et demi pour les coutures plus avant que T, huitième de redressage, *v.* L, on partira de ce point L, pour former la rondeur d'épaulette que l'on fait aboutir à E, largeur de carrure.

On aura soin de donner à l'épaulette le même rond que le dos aura pris de cintre, *v.* M.

Le rond d'épaulette étant obtenu, *v.* L, E,

On procédera pour former son contour d'emmanchure, ce qui se fait comme suit :

On partira de E, largeur de carrure, pour former son cintre d'emmanchure, le faisant passer sur J, huitième plus élevé que N, pour aboutir sur U, seizième au-dessous de la ligne de profondeur.

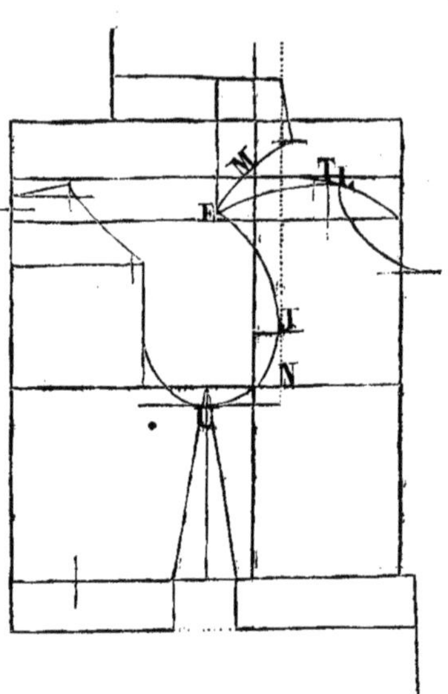

FIGURE 29.

Le contour d'emmanchure étant obtenu, *v.* E, J, U, fig. 28,
On procédera pour rétrécir l'épaulette à l'emmanchure du surplus de largeur, que l'on a pris pour la former.
Ce qui s'est fait comme suit ;
L'épaule n'ayant pas pour ce modèle redressé l'épaulette au huitième de la demi-grosseur du haut, *v.* I, on a dû rélargir l'épaulette à l'encolure, pour arriver au huitième, *v.* T, et ce surplus de largeur ajouté à l'encolure, *v.* I, T, devra s'enlever à l'emmanchure de V à J, ce qui l'égalisera de largeur avec le haut du dos à l'épaulette.

Vient ensuite un centimètre ou 1 cent. et demi de surplus de largeur, dépassant le huitième de redressage, T, *v.* L, l'épaulette à l'emmanchure ne se rétrécira pas de cette valeur; ce centimètre sert à compenser de la perte qu'éprouve l'angle de l'épaulette à l'encolure, en la montant au dos, et aussi par la couture que l'épaulette perd au montage du collet.

Et le surplus de largeur qui restera s'égalisera à l'emmanchure au montage de dos à l'épaulette, ce qui réduira le redressage du huitième à sa juste valeur ou à peu près.

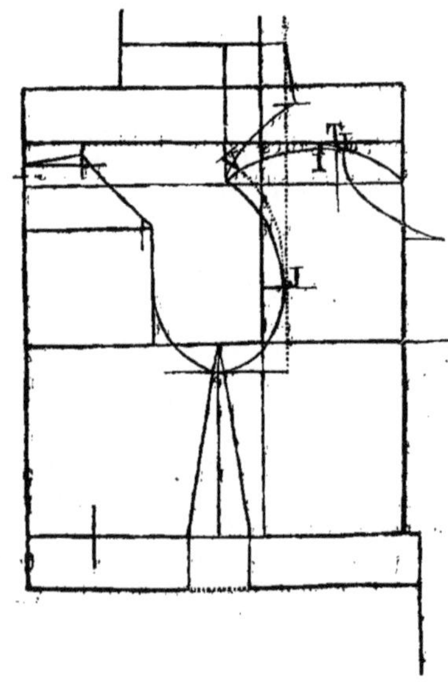

FIGURE 30.

Le haut de l'épaulette étant achevé pour ses largeurs, *v.* **V, L,** fig. 29,

On devra procéder pour le surplus de largeur que l'on doit donner à la poitrine.

Ce qui se fait comme suit :

On portera en avant de la demi-grosseur du haut, *v.* **F,** le seizième de la demi-grosseur du haut.

Pour cela, on place le bout de la mesure sur F, ligne de profondeur, et où le chiffre obtenu de ce seizième aboutit devant cette ligne, on marque un point, *v.* **A**.

Comme on le voit, le rélargissage de poitrine du gilet se fait moins fort que pour les corsages à manches pour lesquels on rélargit du huitième.

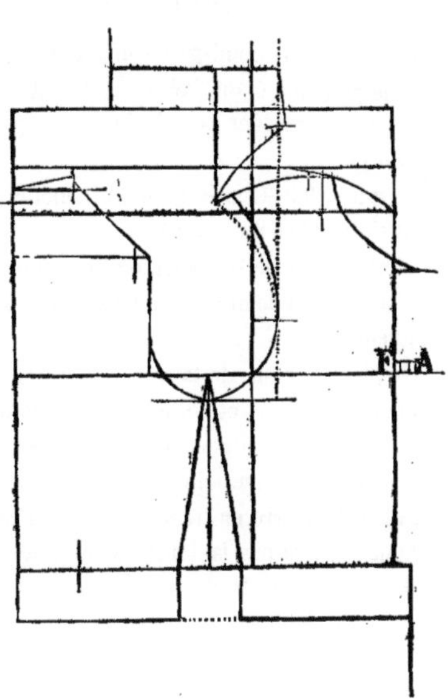

FIGURE 31.

Le surplus de largeur de poitrine étant fixé, *v.* **F, A,** fig. 30,

On devra porter en avant de la ligne de redressage **P.** le quart de la demi-grosseur du haut, pour faciliter le contour du rond de poitrine, ce qui se fait comme suit :

On place le bout de la mesure sur **P,** et où le chiffre obtenu du quart de la demi-grosseur du haut aboutit sur la ligne **P, R,** on marque un point, *v.* **D.**

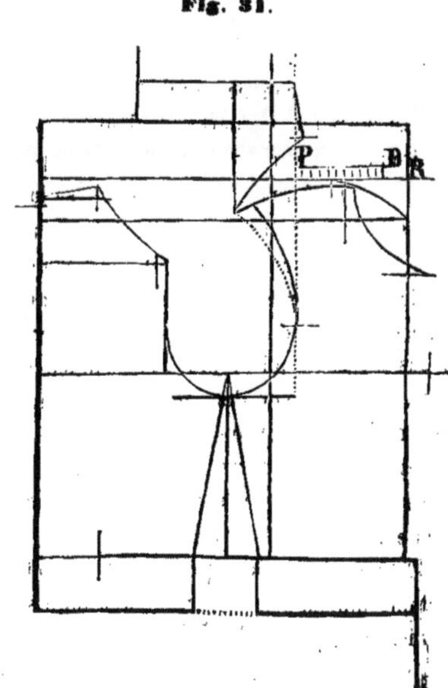

FIGURE 32.

DIXIÈME MESURE.

Longueur du bas du gilet.

Le quart de la demi-grosseur du haut, qui fixe le départ du rond de poitrine, étant fixé, *v.* P, D, fig. 31,

On devra procéder pour la longueur que l'on doit donner au bas du gilet.

Ce qui se fait selon le goût ou la mode,

Et s'obtient comme suit :

C'est à partir de O, place où se trouve le haut du milieu de dos lorsqu'il est joint à l'épaulette, que l'on part pour fixer ses longueurs.

On place le bout de la mesure sur O, lui faisant prendre le contour d'encolure, et où le chiffre de longueur obtenu aboutit dans le bas, sur la ligne fixée par la demi-grosseur de taille, *r.* C, on marque un point, *v.* N, et de ce point N, on en forme une ligne d'équerre en travers de 5 ou 6 cent. de long, *v.* U.

Et ne prenant pas la longueur du gilet, on s'habituera à un chiffre voulu pour la déterminer à partir de C, ligne de profondeur à la hanche.

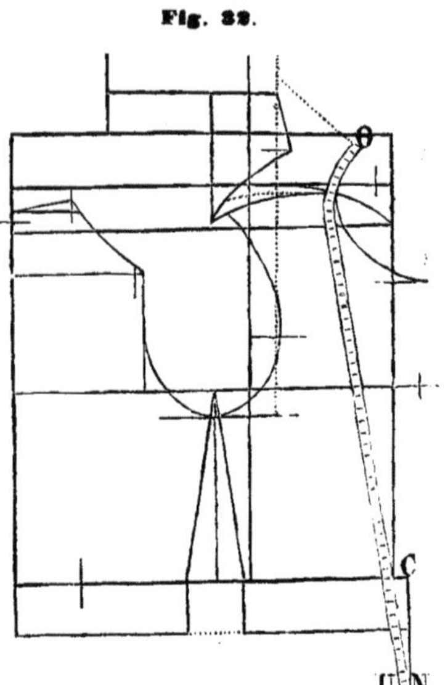

FIGURE 33.

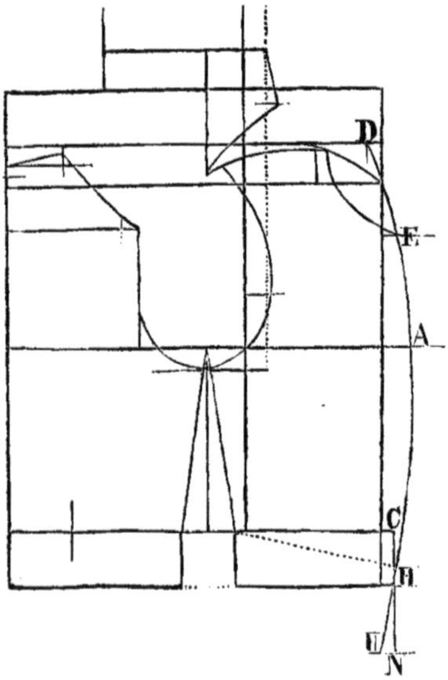

La longueur du gilet étant fixée, *v.* U, N, fig. 32,

On devra procéder pour former la ligne qui détermine la rondeur des devants.

Ce qui se fait comme suit :

C'est du point D, quart de la demi-grosseur du haut que l'on partira pour former son rond de poitrine, passant sur la ligne E, hauteur d'encolure (ce qui détermine sa largeur avec assez de justesse) pour arriver à A, seizième de rélargissage de poitrine : on continue ensuite jusqu'à H, fixé à un seizième au moins (de la demi-grosseur du haut) plus bas que C, et sur la même ligne, et à partir de ce point H, on formera un abattage dans le bas du gilet, qui prendra la distance de 1 cent. environ, *v.* U, de la ligne de demi-grosseur de taille, *v.* C, N, pour un gilet de longueur ordinaire (1).

Cet abattage de 1 cent. environ, *v.* U, se fait plus grand à partir de H, pour les gros ventrus que pour les personnes de grosseurs ordinaires (2).

Comme pour les personnes fortes de poitrine, très minces de la taille aimant à se serrer, cet abattage se traite d'une autre manière (3).

(1) Voir à la 2e classe du gilet, dans la 6e partie, l'article de l'abattage de bas de gilet pour grosseur ordinaire.

(2) Voir à la 2e classe du gilet, dans la 2e partie, l'article de l'abattage de bas de gilet pour personne forte de ventre.

(3) Voir à la 2e classe du gilet, dans la 1re partie, l'article de l'abattage de bas de gilet pour personne mince de taille, aimant à se serrer.

FIGURE 34.

La ligne qui détermine la rondeur des devants étant fixée, *v.* D,E,A,H,U, fig. 33,

On procédera comme suit :

Le gilet n'étant tracé que juste pour ses largeurs de devants, on devra procéder pour lui rajouter un surplus de largeur pour la croisure des boutons et des boutonnières, ce qui prendra 1 cent. et demi au moins lorsque l'on ne garnit pas la poitrine de ouate (1).

Ce surplus de 1 cent. et demi se rajoutera du haut en bas, *v.* A,B,C,D, cela pour gilet boutonnant droit.

La croisure du haut, *v.* A, J, servira pour le cran que l'on pratique habituellement pour un gilet boutonnant haut.

Comme on aura soin de confronter la mesure d'encolure si elle a été prise, avant de fixer la croisure dans le haut, *v.* J.

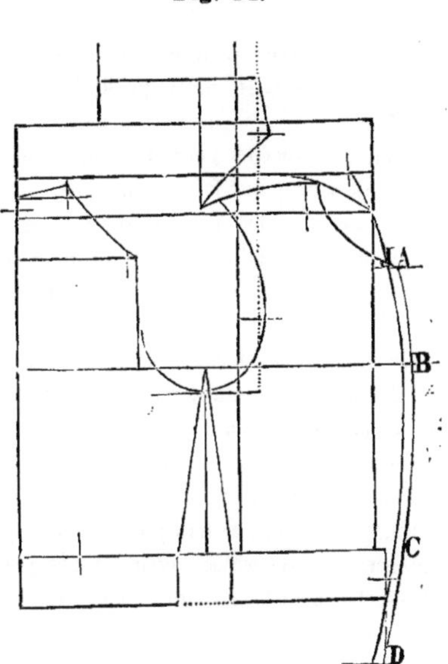

FIGURE 35.

Le surplus de largeur pour la croisure des boutons et boutonnières étant fixé, *v.* A,B,C,D, fig. 34,

On devra procéder pour une seconde largeur que l'on devra rajouter pour le repli que l'on pratique aux devants.

Cette largeur prendra 1 cent. environ et selon les étoffes, et se rajoutera également du haut en bas, *v.* E,F,G,H. Les étoffes qui ne se replient pas n'ont nullement besoin de ce surplus de largeur.

Cette largeur pour repli étant fixée, on devra déterminer le bas du gilet.

C'est à partir de H, bas du devant, que l'on opère; à cela on formera une ligne partant de H, aboutissant à P, bas des côtés; ce qui détermine ses longueurs.

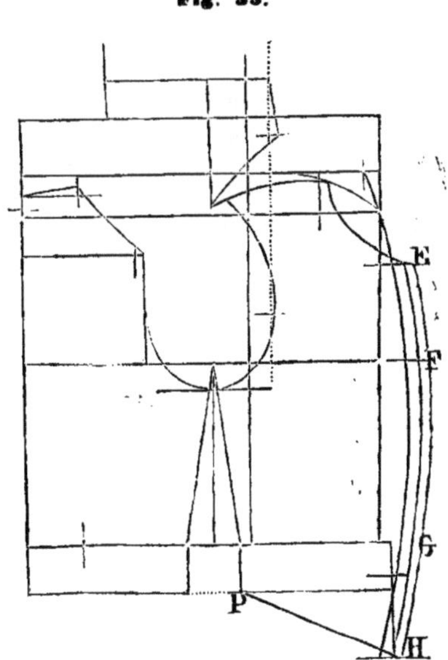

(1) Voir à la 2e classe du gilet, dans la 3e partie, l'article du gilet pour ouatage et poitrine creuse.

FIGURE 36.

Le rélargissage pour les replis des devants de gilet étant achevé, *v.* E,F,G,H, ainsi que les longueurs du bas, *v.* H,P, fig. 35,

On devra procéder pour un changement que l'on fait éprouver au dos, ce qui se fait comme suit :

De couper le dos à ses mesures prises naturelles, *v.* V,T, occasionnerait à faire produire un torse sous bras de O à Q, qui se produirait en serrant la boucle du gilet, ce que l'on doit éviter.

On aura à cela à former, selon les tenues, une cambrure de 1 à 3 cent. au bas du derrière de dos de E à B (1), ce qui enveloppe fort bien le dos.

On partira de E, montant de dos, pour enlever cette étoffe.

Donc, pour une personne ayant le dos rond et les omoplates fortes, cet abattage se fera plus grand et plus haut que pour une personne renversée ayant le dos plat et les omoplates faibles. Le modèle ci-joint, tenue ordinaire, prend 2 cent. d'écart de V à B.

Cette cambrure enlevée derrière de E à B devra se reproduire de cette même valeur sous bras de Q à A, ce qui laissera au bas de dos sa largeur égale.

C'est cette étoffe rapportée sous bras, *v.* Q,A, qui fait éviter l'amas d'étoffe qui se serait reproduit sous bras de Q à O provenant du serrage de boucle, ce qui aurait existé si l'on eût coupé le dos à V,T (2).

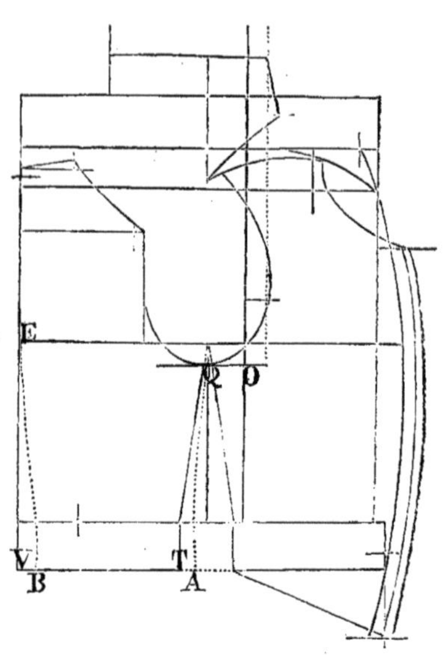

Fig. 36.

FIGURE 37.

La cambrure du derrière de bas de dos de E à B étant fixée et reproduite sous bras de Q à A, fig. 36,

On procédera comme suit :

Il convient aussi d'enlever l'angle formé dans le bas des côtés au devant, *v.* I, en fournissant cette même valeur au bas des côtés de dos, *v.* S ; cela produit à faire couler le bas des côtés sur les hanches.

Et comme le rajouté d'étoffe sous bras, *v.* Q,A, ainsi que l'abattage du bas des devants sur les hanches, *v.* I, font perdre de la longueur aux côtés de dos, *v.* A, on devra lui rajouter dans le bas un surplus d'étoffe, *v.* M, L, pour l'égaliser de longueur avec le bas des côtés des devants, *v.* I.

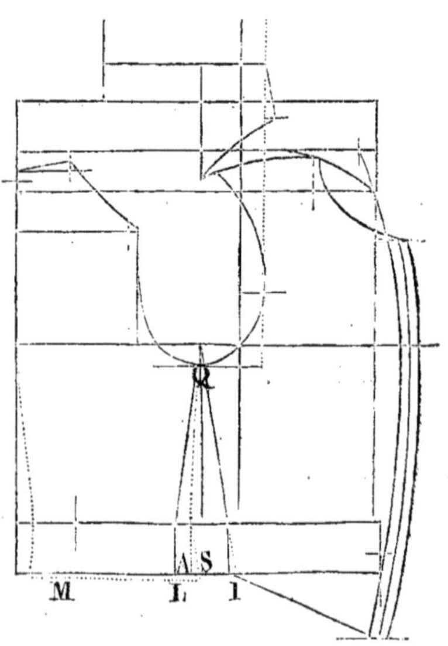

Fig. 37.

(1) Voir à la 2ᵉ classe du gilet, dans la 4ᵉ partie, l'article de l'abattage du bas de dos, pour personnes droites, voûtées ou renversées.

(2) Voir à la 2ᵉ classe du gilet, dans la 4ᵉ partie, l'article de l'abattage du bas de dos, pour le serrage de la boucle.

FIGURE 38.

ONZIÈME MESURE.

Demi-grosseur des hanches.

Les variations et changements de dos étant achevés, *v.* A, S, et L, M, fig. 37,
On devra procéder pour la mesure de grosseur de hanches,

Que l'on emploie comme suit :

La mesure de demi-grosseur de hanches est généralement plus grande que celle de la demi-grosseur de taille ; à cela on se rendra compte de combien elle est plus grande, et du surplus qu'elle aura, soit de 1 à 6 cent. ou plus, on devra l'employer en largeur au bas du dos et des devants.

Comme il est dit page 61, la mesure de grosseur de hanches se prend à la longueur que l'on veut donner au gilet sur les hanches, court ou long.

Pour ce modèle la mesure de demi-grosseur de hanches a
été prise à 6 cent. plus bas que la taille naturelle, elle a donné
à cette place 3 cent. de plus de largeur que la demi-grosseur
de taille. On aura donc pour employer ces 3 cent. de surplus
de largeur à pratiquer 2 ouvertures, l'une sur le dos, *v.* T., et
l'autre sur les devants, *v.* J.

L'ouverture du dos se fera de 3 à 4 cent. plus en arrière
que O, *v.* T, selon les grosseurs de hanches plus ou moins fortes, ce qui les fait rapprocher ou éloigner.

Comme celle des devants prendra de 2 à 3 cent. d'éloignement de V, *v.* J,

Il convient de placer ces ouvertures à bonne distance, afin
qu'elles enveloppent à leur place la force des hanches pour
chaque grosseur.

La hauteur des ouvertures se pratiquera comme suit :

Celle du dos aboutira à un cent. au-dessous de la ligne de
profondeur à la hanche, *v.* N, et celle des devants à 3 cent.,
v. M. Ces ouvertures faites, on devra introduire pour chacune
d'elles de l'étoffe ce que l'on nomme soufflet qui fournira pour
les largeurs qui manquent à la grosseur de hanches.

Les soufflets de dos prendront toujours plus de largeur que
ceux des devants ; le modèle ci-joint qui réclame 3 cent. en
prendra 2 cent. pour le dos, *v.* T, et un pour les devants, *v.* J.

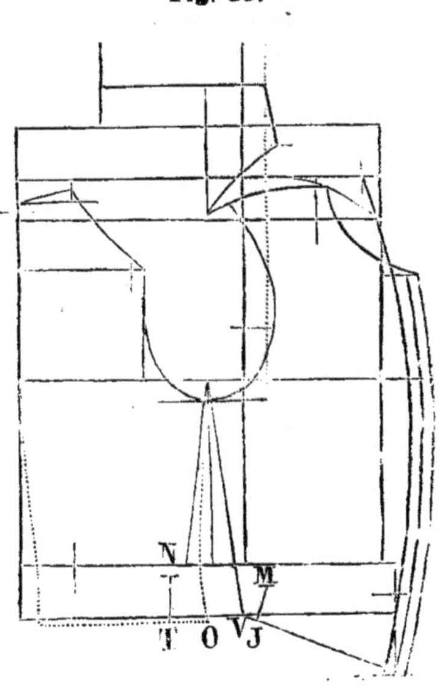

Donc les personnes minces de taille et fortes de hanches auront ce rajouté d'étoffe plus fort que les personnes de grosseur de ventre moyenne (1) ; comme l'homme fort de ventre n'en a nullement besoin au devant,
un au bas du dos lui convient pour prévenir un serrage de boucle, s'il aime à se serrer (2).

Comme il convient de mettre les soufflets plus larges que la grosseur des hanches réclame pour toutes
personnes aimant à se serrer fortement la taille, un surplus de 1 cent. à 1 cent. 1/2 leur convient ; le serrage
de la boucle l'égalise et par cela empêche le bas du gilet de refouler sur les hanches.

(1) Voir à la 2ᵉ classe du gilet, dans la 1ʳᵉ partie, l'article du gilet pour personne mince de taille.
(2) Voir à la 2ᵉ classe du gilet, dans la 2ᵉ partie, l'article du gilet pour personne forte de taille.

FIGURE 39.

La mesure de grosseur de hanches étant détaillée pour lui fournir ses largeurs qu'elle prend en plus que la grosseur de taille, *v.* **T, J,** fig. 38,

On devra procéder, pour les pinçons que l'on pratique parfois et plus ou moins forts aux devants à l'emmanchure des gilets.

Ce qui se fait comme suit :

On porte, en avant de la mesure d'avancement du bas, le seizième de la demi-grosseur du haut, *v.* **P.**

Cela est afin de redresser les épaulettes de gilet de cette valeur.

Ce redressage P occasionne moins de rondeur au devant du gilet, *v.* **A,** car, si l'on n'eût formé son redressage qu'à partir de l'avancement C, cela aurait renversé l'épaulette et donné plus de rondeur au haut du devant, *v.* **J,** ce qui l'aurait occasionné de flotter dans la partie du devant, *v.* **F.**

Ce redressage P reprend sa place à C, sur le corps faisant produire un torse à l'épaulette, qui entraîne et lisse les devants du surplus de rondeur qu'ils auraient eu, si l'on n'eût redressé qu'à partir de C, ligne d'avancement.

Ce torse, que l'on fait supporter par le redressage d'épaulette P, fait reproduire par son entraînement un amas d'étoffe devant les bras, ce qui nous oblige de pratiquer un pinçon à l'emmanchure, *v.* **T,** pour détruire ce surplus d'étoffe; ce qui fait que, plus une personne est ronde de poitrine, plus la bouffe est grande, et par cela nous oblige de faire la pince plus forte, provenant de la rondeur de poitrine qui repousse les devants (1).

Ce qui n'a pas lieu pour une personne qui a la poitrine creuse pour laquelle on peut se passer de pince (2), attendu que la bouffe emboîte l'avant-bras qui se trouve plus prononcé que pour une personne forte de poitrine qui s'efface davantage.

On aura à joindre à ce modèle poitrine de moyenne rondeur, une pince à l'emmanchure de 1 cent. 1/2, coutures comprises, *v.* **T.**

On aura aussi à soutenir le bord du devant de A à O de 1 cent. environ, afin de maintenir le bord dans la partie de F.

Ce seizième de redressage, *v.* **P,** qui facilite à agrandir l'emmanchure, sert aussi à prévenir un serrage de boucle qui peut attirer l'emmanchure près du devant du bras, ce qui l'occasionnerait à refouler dans cette partie, ce qui aurait eu lieu si l'on eût coupé l'emmanchure à l'avancement naturel C (3).

Cette pince, *v.* **T,** achève le tracé de gilet pour tenue ordinaire.

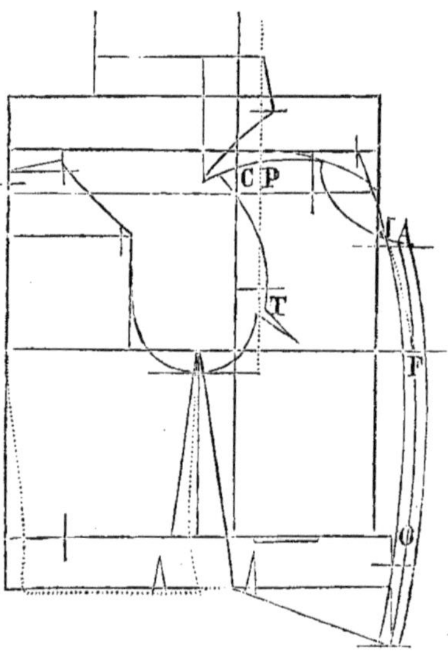

---

(1) Voir à la 2e classe du gilet, dans la 1re partie, l'article du gilet pour poitrines fortes.

(2) Voir à la 2e classe du gilet, dans la 3e partie, l'article du gilet pour poitrines creuses.

(3) Voir fig. 51, l'article des coutures non ajoutées au gilet.

FIGURE 40.

Le pinçon d'emmanchure étant achevé, *v.* T, fig. 39, ainsi que les lettres A, O, qui fixent la distance du maintien des devants,

On aura à procéder, pour placer sur le dos ce que l'on appelle des bouts, afin de serrer dans cette partie si le cas le veut.

Ces bouts se placeront à un centimètre plus bas, *v.* B, que la ligne de profondeur à la hanche A, cela se fait ainsi, provenant des coutures d'épaulettes qui raccourcissent le gilet au moins de cette valeur, et ne pratiquant pas ainsi, occasionnerait aux bouts à serrer trop haut (1).

La place des bouts étant fixée, *v.* B,

On devra procéder pour lui donner une forme de collet debout.

Ce qui se fait comme suit :

La forme de cette encolure ne montant pas au creux du cou, nous oblige de faire prendre au bout de collet une forme légèrement arrondie, et, pour le tracer, on procédera comme suit :

On place sous l'encolure du papier ou autre, sur lequel on dessine la forme du devant de l'encolure, *v.* G, H, ce qui lui donne à cette place une forme arrondie; cette rondeur prend la distance de six à huit centimètres à partir de H et à partir de G; on finira la ligne droite, *v.* N, qui anticipe de deux à trois centimètres dans l'épaulette à l'encolure, *v.* L, et à la longueur que l'on devra lui donner, on formera une ligne d'équerre, *v.* N, O.

Cela fait, on aura à lui donner la hauteur qui lui convient, on devra ensuite abattre le devant selon le goût ou la fantaisie, *v.* M.

Comme on devra aussi lui abattre un demi-centimètre dans le haut derrière, *v.* J, pour lui donner une forme légèrement arrondie dans le pied,

On devra, pour le montage du collet, lui donner toujours un surplus de longueur dans la partie de G à L, et même dans la largeur du haut de dos ; cela est afin de développer l'encoure dans cette partie, pour que le collet ne presse pas trop la cravate sur laquelle il doit se porter.

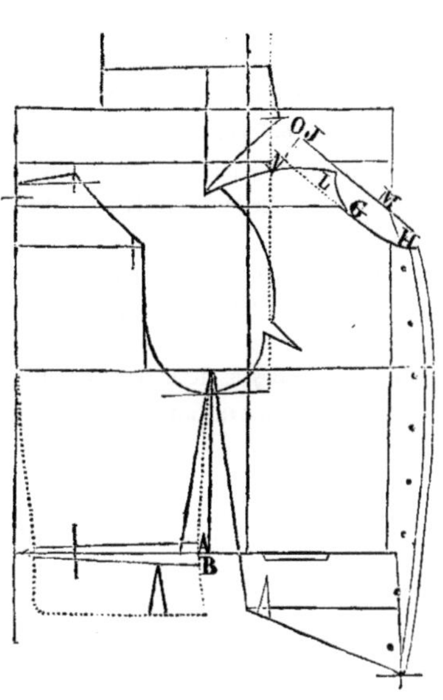

FIGURE 41.

AUTRE MANIÈRE D'OBTENIR LE COLLET.

On aura à former un carré à la hauteur, *v.* C, D, et à la longueur, *v.* C, E, que l'on doit donner au collet.

Un abattage de un centimètre lui sera fait dans le bout de I à U, et, pour obtenir cet abattage, on partira de six à huit centimètres plus en arrière que I, *v.* F.

On aura aussi à lui abattre un demi-cent. dans le haut derrière, *v.* P, afin de faire prendre dans le pied derrière une forme arrondie, on leur donnera ensuite un abattage, *v.* T, à partir de I, afin de dégager le menton.

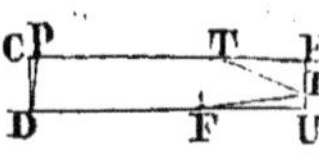

(1) Voir à la 2e classe du gilet, dans la 1re partie, l'article des pinçons pour personnes qui aiment à être largement enveloppées.

CONFRONTATION A FAIRE EN COUPANT LE PATRON.

FIGURE 42.

On devra , en coupant le modèle, reconfronter la mesure de largeur d'épaule, *v.* **N, J, D, pour** s'assurer de sa justesse.

Comme l'on a rehaussé le haut du dos de G à **Y** (*v.* fig. 5, du gilet), afin de donner un surplus **de** longueur pour prévenir à de fortes coutures que l'on pratique parfois à l'encolure, et aussi pour parer à des omoplates fortes, cela a rehaussé le haut du dos.

On aura donc, lorsque l'on confrontera ses largeurs d'épaules, à faire la différence de ce que le haut du dos a été rallongé, ce qui obligera d'arrêter la mesure au-dessus de la ligne de milieu de dos E, *v.* N, de la même distance qu'il y a au haut de dos de G à Y.

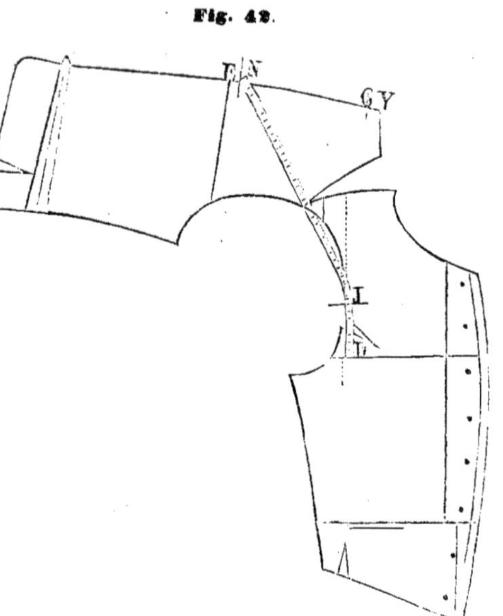

DU MESURAGE. — DE LA MESURE DE GROSSEUR DE TAILLE.

FIGURE 43.

Lorsque l'on prend la mesure de grosseur de taille pour une personne plus ou moins forte de ventre, à qui il n'est nullement besoin de faire de pinces au bas des devants (1) et qui, parfois, aime à se serrer plus ou moins la taille,

On devra, pour ces personnes, leur prendre deux mesures de grosseur de taille, l'une serrée, comme elles l'aiment parfois, *v.* C, et l'autre desserrée, *v.* O.

Ce qui fera que pour fixer la largeur du bas des devants, on se servira de la mesure desserrée, *v.* O.

Cela laissera donc dans la totalité du bas de gilet un surplus de largeur, pour se serrer ou se desserrer à volonté de toute la différence que les mesures ont prises l'une de l'autre de C à O.

Car, dans le cas que l'on eût fixé le devant avec la mesure serrée, *v.* C, et que la personne ne veuille pas être serrée, cela occasionnerait à le faire manquer de largeur sur le ventre, ce qui produirait à le faire remonter étant boutonné, en produisant un refoulement au bas de la poitrine, *v.* A, B, de la différence trop serrée, *v.* C, O.

Comme d'avoir fixé le bas du devant par sa mesure de grosseur la plus large, *v.* O, cela ne lui occasionnerait, étant desserré, qu'un faible flottage au bas des devants, *v.* R, ce qui s'effacera par le serrage de boucle, ce qui est préférable.

Comme on ne devra pas prendre la mesure de grosseur de taille trop large, cela donnerait trop de ventre, et, par cela, écraserait la poitrine qui se trouverait attirée à l'emmanchure par le serrage de boucle, ce qui lui occasionnerait de nouveau à former des plis en travers, *v.* D, E.

Pour l'abattage du bas des devants, il se fera coupant à O, comme il est détaillé, fig. 33. Il est à observer que les personnes qui ne portent pas de bretelles, se serrent davantage que celles qui en portent ; ce qui rétrécit la mesure de grosseur de ceinture, et par cela occasionne au tracé de l'abattage dans le bas des devants, ce qu'il faut éviter.

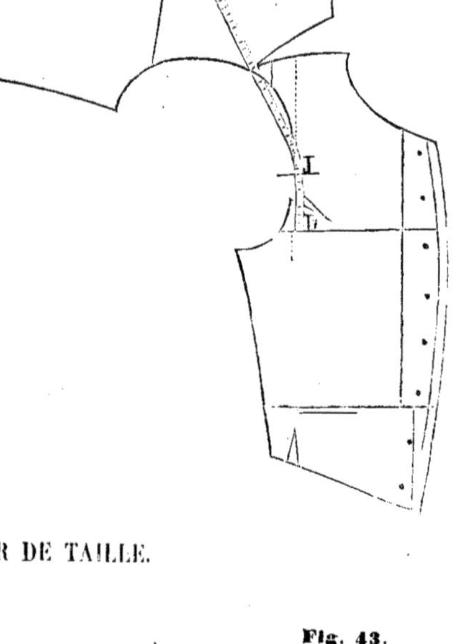

<hr>

(1) Voir à la 2e classe du gilet, dans la 1re partie, l'article des poitrines très fortes, qui aiment à se serrer la taille, et des pinçons qu'on leur pratique.

DES MESURES DE PREUVES ET DE CONFORMATION.

Le nombre des mesures de gilet désignées page 61 serait suffisant pour les couper avec perfection, si l'on était assuré de la justesse de ces mesures en les prenant, en admettant que les corps des personnes ne soient pas contournés, et dans le cas que l'on veuille se rendre compte de leur justesse, cela nous obligerait de prendre les mesures de preuves désignées ci-après, comme elles sont détaillées à la 2ᵉ classe des grandes pièces.

Savoir :

Mesure d'épaule à la hanche (1) 1
Mesure d'épaule à la taille   (2) 2
Mesure de nuque au ventre par derrière les bras (3) 3

Mesure de largeur de poitrine (4). (Cette dernière est détaillée au modèle-école des grandes pièces, fig. 101 et 102). 4

Et de ces mesures ci-dessus, on choisit celles d'entre elles dont on suppose avoir besoin.

Comme si la personne se trouve difforme ou contournée, on devra lui prendre les mesures de conformation désignées ci-après.

Savoir :

Mesure de profondeur du bras, du côté opposé à celui que l'on a mesuré 1
Mesure de profondeur à la taille   —   —   —   —   —   2
Mesure d'épaule   —   —   —   —   —   3
Mesure d'avancement du bras   —   —   —   —   —   4

Et comme l'ensemble du gilet ne réclame pas la précision du tracé aussi juste que l'exigent les corsages à manches, on pourra, si on le veut, se passer des mesures de preuves et de conformation ci-jointes.

Mais ne se servant pas des mesures de preuves, on ne pourra se rendre compte si les mesures ordinaires ont été bien ou mal prises, ou si l'on a commis des fautes en les prenant, fautes qui sont détaillées dans 2ᵉ la classe des grandes pièces.

Comme l'on réussira souvent mal en se passant des mesures de conformation, car, ne s'en servant pas, il n'est pas possible de réussir juste pour une personne qui a une épaule plus haute que l'autre, comme pour celle qui a un côté plus fort l'un que l'autre, c'est pour cela qu'elles sont détaillées à la suite du modèle-école des gilets, fig. 46, 47 et 48, afin de faire les changements pour ces tenues, lorsque le cas se présentera.

Vient ensuite :

La mesure qui fixe l'ouverture que l'on veut donner au devant du gilet sur la poitrine,

Qui s'obtient comme suit :

(1) Voir à la 2ᵉ classe des grandes pièces, dans la 13ᵉ partie, l'article de la mesure d'épaule à la hanche, sa prise, son utilité.
(2) Voir à la 2ᵉ classe des grandes pièces, dans la 14ᵉ partie, l'article de la mesure d'épaule à la taille, sa prise, son utilité.
(3) Voir à la 2ᵉ classe des grandes pièces, dans la 15ᵉ partie, l'article de la mesure de nuque au ventre, par derrière les bras, sa prise, son utilité.
(4) Voir à la 2ᵉ classe des grandes pièces, dans la 17ᵉ partie, l'article de la mesure de largeur de poitrine, sa prise, son utilité.

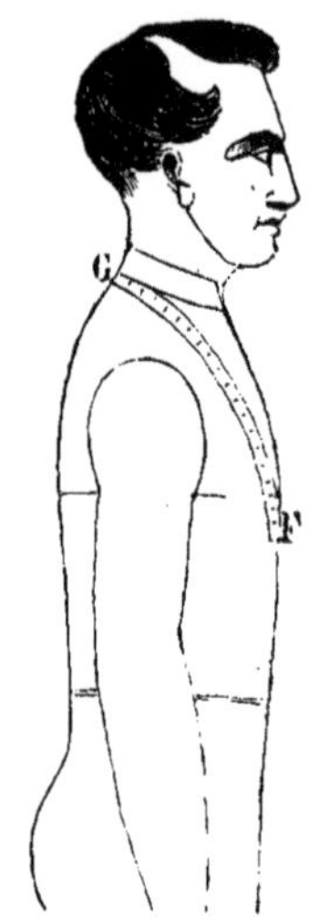

FIGURE 44.

On place le bout de la **mesure sur G**, point de nuque, la faisant aboutir sur la poitrine à la hauteur que la **personne désire** l'ouverture de son gilet, *v*. F.

Comme on le voit, les gilets prennent 2 mesures différentes de celles du corsage d'habit civil ou de redingote,
  Qui sont :

Premièrement, mesure de totalité de longueur de gilet (*v*. au modèle-école des gilets, fig. 1ʳᵉ ;

Deuxièmement mesure d'ouverture de gilet sur la poitrine (*v*. fig 44).

  Vient encore :

La mesure de grosseur de premières côtes pour personnes qui aiment à se serrer fortement la taille (1).

DES LARGEURS DE BAS DE DOS.

FIGURE 45.

Pour le tracé de dos, on **indique** au modèle-école, fig. 10, de lui donner la moitié de la demi-grosseur de taille, pour sa largeur de bas de dos, *v*. A, et l'autre moitiépour la largeur du devant, *v*. C.

Il convient, pour toutes **personnes** minces de taille, ou de grosseur de ventre moyenne, de rélargir le dos de 1 à 3 cent. en plus, *v*. B, que la moitié de la demi-grosseur de taille, *v*. A, et de ce que l'on aura rélargi le dos, *v*. B, on le diminuera de même valeur au côté des **devants**, *v*. D; le tracé se fera ensuite pareil comme il est détaillé **fig. 11**, seulement qu'au lieu de partager de A à C, on partagera de B à D, pour former la ligne O, U.

Par cet effet, le bas des **devants** se trouve moins large que le dos, ce qui économise l'étoffe, et laisse au bas du gilet une forme plus agréable.

Il n'en sera pas de même pour les gros ventrus, la moitié de la demi-grosseur de taille leur convient, *v*. A, afin d'éviter une trop grande largeur au dos, ce qui le ferait apercevoir devant, ce qu'il faut éviter.

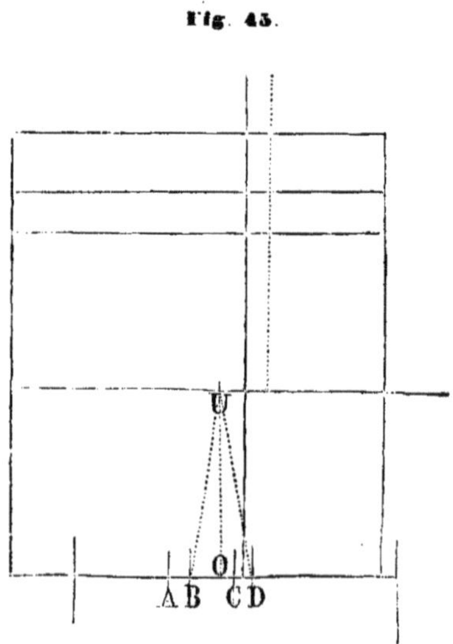

---

(1) Voir à la 2ᵉ classe du gilet, dans la 1ʳᵉ partie, l'article et les détails de la mesure de grosseur de premières côtes, sa prise, son utilité et la manière de s'en servir.

DU TRACÉ POUR UNE PERSONNE QUI A UNE ÉPAULE PLUS HAUTE QUE L'AUTRE.

FIGURE 46.

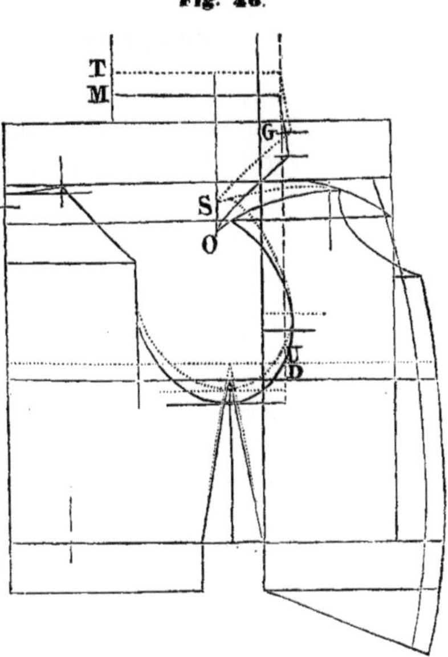

Fig. 46.

Pour ce genre de tenue, on doit prendre deux mesures de profondeur et deux mesures d'épaule (1).

Pour le tracé, on emploiera les deux mesures qui formeront chacune leur épaulette distincte.

On devra se servir de la mesure de profondeur la plus basse la première, v. D, ensuite de celle de profondeur la plus haute, v. U; ces deux mesures partent comme d'habitude de la ligne supérieure, v. G, et sur chacune de ces profondeurs, v. D, U, on emploiera les mesures d'épaule pour chaque côté.

Tel que :

La mesure d'épaule basse se placera sur D, et se reproduira à M, comme la mesure d'épaule haute se placera sur U, et aboutira à T, ce qui fera produire deux pointes d'épaulette différentes l'une de l'autre.

La mesure d'épaule prise du côté bas produira sa pointe d'épaulette basse, v. O, comme la mesure d'épaule prise du côté haut reproduira sa pointe d'épaulette haute, v. S, ce qui fera que plus une personne sera de côté plus elle produira de pointe à l'épaulette de S à O; à cela on s'en rapportera aux mesures prises qui détermineront les pointes d'épaulette, v. S, O, pour plus ou moins de hauteur (1).

Ce modèle prend la forme d'un ventru, vu qu'il est fortement cambré.

FIGURE 47.

Il arrive souvent, avant de mesurer, que l'on croit que les personnes sont droites et non contournées, et souvent il n'en est pas ainsi.

On ne peut s'apercevoir de leur égalité de hauteur d'épaule que par les mesures prises, et dans le cas que la personne ait une épaule plus haute que l'autre et que l'on n'ait mesuré que d'un seul côté, coupant ainsi, cela ferait produire sur le corps un devant de gilet plus bas que l'autre, v. A, B. C'est toujours l'épaule haute qui fait produire son devant court, v. B, pour ne pas lui avoir fourni de la pointe d'épaulette, v. S, fig. 46, qui l'aurait fait descendre, et lorsque le gilet est boutonné, cela fait produire un surplus de longueur au collet du côté bas, v. C, de toute la différence de l'épaule plus haute que l'autre.

On devra, si l'essayage a lieu, marquer de combien dépasse le bas, afin de corriger dans le haut pour remettre le gilet dans son état naturel, comme il est démontré par les mesures prises fig. 46 (2).

Et ne faisant pas la correction par le haut, on pourrait raccourcir le côté qui dépasse, v. A, et baisser l'encolure du côté relevé, v. J, ce qui empêcherait l'encolure de flotter plus d'un côté que de l'autre.

Corrigeant ainsi, cela fait occasionner un torse au bas des devants, laissant exister le surplus d'étoffe au haut de

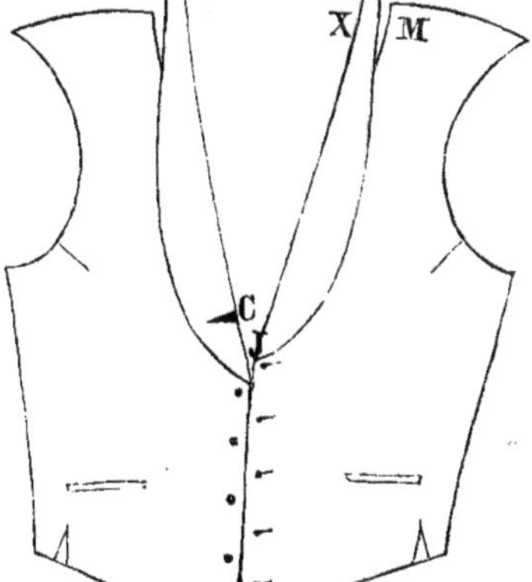

Fig. 47

l'épaulette à l'encolure, v. M, ce qui fait produire un décolletage au collet dans cette partie, v. X, vu que le devant n'a pu prendre son écoulement provenant de la pointe d'épaulette qui lui manque à l'emmanchure pour développer cette partie, v. S, fig. 46, ce qui aurait fait joindre le collet à l'encolure, et par cela l'égaliserait de longueur dans le bas.

A cela, la correction par l'épaulette est préférable (2).

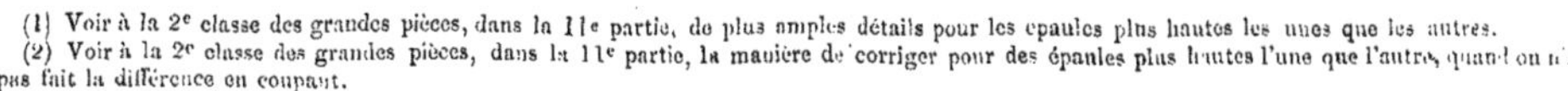

(1) Voir à la 2e classe des grandes pièces, dans la 11e partie, de plus amples détails pour les épaules plus hautes les unes que les autres.

(2) Voir à la 2e classe des grandes pièces, dans la 11e partie, la manière de corriger pour des épaules plus hautes l'une que l'autre, quand on n'a pas fait la différence en coupant.

DU TRACÉ POUR UNE PERSONNE QUI A UN COTÉ PLUS FORT QUE L'AUTRE.

FIGURE 48.

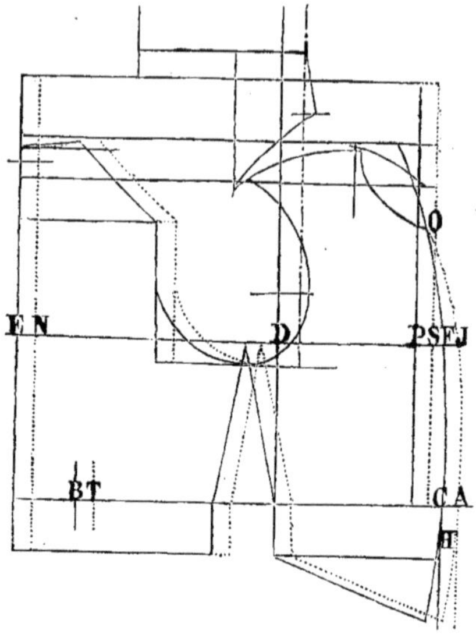

Pour ce genre de tenue, on devra leur prendre deux mesures d'avancement, l'une à droite et l'autre à gauche ; ces mesures obtenues, on devra les employer comme suit pour le tracé :

On se servira de la mesure de l'avancement fort la première, *v.* D, E ; on continue ensuite la mesure de demi-grosseur du haut que l'on fixe sur le devant, *v.* P ; achevant ainsi son modèle côté fort.

On procédera ensuite pour le côté faible, on placera sur la ligne de l'avancement fort, *v.* D, le chiffre obtenu de la mesure d'avancement faible, et laissant aboutir la mesure derrière ; on marquera un point à la longueur qu'elle donne, *v.* N, qui, comme on le voit, se rencontre plus étroite que l'avancement fort, *v.* E. Tenant toujours la mesure sur ce point N, on porte en avant la mesure de la demi-grosseur du haut, *v.* S, qui dépasse celle du côté fort, *v.* P.

Cela fait, on forme son tracé côté faible sans s'occuper du fort.

Et si l'on eût pris les deux mesures de profondeur à la taille, il est probable qu'elles auraient produit à la cambrure deux places différentes : celle prise du côté fort serait devenue plus longue provenant de ce que l'avant-bras est porté plus avant, ce qui aurait fixé son point à B, et celle du côté faible, où l'avant-bras est plus effacé, serait devenue courte et aurait abouti à T. Ces mesures de jetées de taille bien obtenues, *v.* B, T, produisent généralement le même écart que celui qui existe entre les deux avancements, *v.* E, N (1).

Ces deux jetées de taille différentes, *v.* B, T, produisent à déplacer devant les grosseurs de taille. La profondeur à la taille du côté fort, *v.* B, a produit sa mesure de demi-grosseur de taille à C, comme la mesure de profondeur à la taille du côté faible, *v.* T, a produit sa mesure de demi-grosseur de taille devant à A, ce qui fait que le devant du côté faible est plus avancé que le fort, mais rapprochant E de N, égalisera le haut et le bas de dos, ainsi que les jetées de taille, *v.* B, T, et conduira le devant C sur A.

Comme on le voit, le côté faible, *v.* J, a plus de poitrine que le côté fort, *v.* F, ce qui arrive toujours pour ces tenues.

On devra, pour égaliser les devants de longueur, serrer davantage le devant du côté faible, *v.* J, pour emboîter sa poitrine forte que celui du côté fort, qui a sa poitrine faible, *v.* F ; car ne faisant pas ce serrage, cela occasionnerait un flottage au bord du devant J, provenant de ce côté de poitrine forte qui repousserait l'étoffe.

AUTRE MANIÈRE POUR ÉGALISER LE SERRAGE DES DEVANTS.

Lorsqu'un avancement est plus large que l'autre, cela dénote un côté de poitrine plus fort que l'autre ; on devra, pour cela, ajouter de la rondeur de poitrine au devant du côté fort, *v.* F, à partir de O à H, et ouater le devant de la différence ajoutée pour l'égaliser avec celui du côté faible, qui ne doit pas avoir de ouate ; par ce moyen, les serrages des devants se feront pareils l'un et l'autre.

L'un pour envelopper la poitrine forte, et l'autre pour envelopper la ouate.

Le tracé des deux côtés étant achevé, on devra leur joindre leur croisure de boutons et boutonnières et replis s'il y a lieu, ce qui se fait comme d'habitude.

---

(1) Voir à la 2e classe des grandes pièces, dans la 12e partie, de plus amples détails sur les avancements plus forts les uns que les autres.

DES COUTURES NON AJOUTÉES A LA MESURE D'AVANCEMENT DU GILET.

FIGURE 49.

La mesure du gilet étant prise sur un gilet, et ne devant se porter que sur la chemise, cela lui rélargit ses mesures, et par cela nous oblige de ne pas leur ajouter les coutures, comme on le fait en avant de la jetée de taille pour les corsages à manches, *v.* **B**, fig. 88 (du modèle école des grandes pièces), attendu que pour ces dernières, les mesures se prennent pour le gilet sur lequel se porte le vêtement, c · qui nous oblige de leur ajouter les coutures.

On devrait aussi pour le gilet ne prendre la mesure de grosseur du haut que sur la chemise, afin de prévenir un ouatage qui peut exister au gilet sur lequel on mesure, ce qui grandirait la mesure de demi-grosseur de haut, *v.* **F**, et par cela occasionnerait au tracé trop de largeur de poitrine de cette différence, *v.* **F**, **J**, ce qui ferait paraître le gilet abattu dans le bas, *v.* **C**.

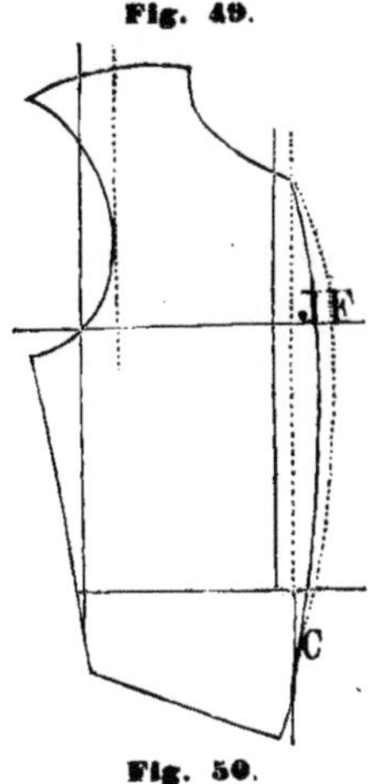

DES DIFFÉRENTS GENRES DE COLLETS.

FIGURE 50.

La mode faisant varier à l'infini les collets de gilet, soit pour plus ou moins de longueur ou de largeur, ou forme que l'on doit leur donner pour poitrines fortes, faibles et creuses, nous met dans l'obligation d'en décider la forme lorsque l'on coupe.

Voir les modèles de gilets de formes différentes désignés ci-après.

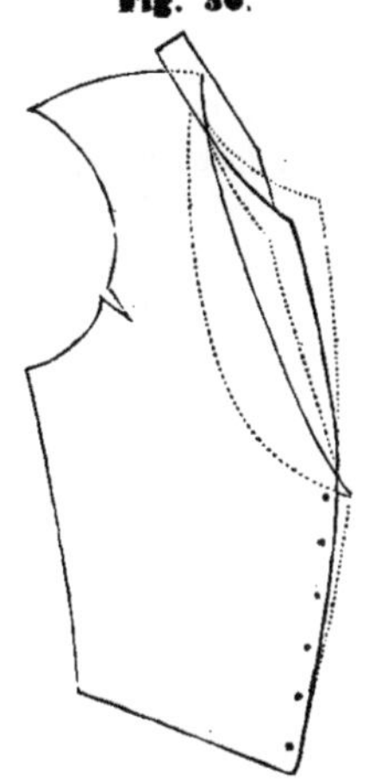

DU GILET CROISÉ A REVERS RAPPORTÉS.

FIGURE 51.

Le tracé du gilet croisé se fait comme le gilet boutonnant haut, excepté que l'on ne lui ajoute pas devant la croisure des boutons et boutonnières, ce qui lui est fourni par le revers qu'on lui rapporte.

On devra pour ce genre de gilet lui laisser au bord des devants la valeur des replis pour la couture qui se perd en montant le revers.

On ne pratique pas de pinces à l'encolure de ce gilet, provenant de la facilité que le revers nous donne pour resserrer le devant de **A** à **U**, excepté que ce ne soit pour des poitrines très fortes, ce qui nous obligerait d'en pratiquer une dans le bas (1).

On aura soin d'arrondir le revers joint au devant, *v.* **O**, **U**, d'environ 3/4 de centimètre, afin qu'il accompagne le creux que le serrage du bord va faire produire aux devants, comme on devra toujours lui donner plus de largeur dans le haut, *v.* **B**, que dans le bas, *v.* **C.**, cela se fait selon le goût ou la mode.

Le collet qu'on lui joindra sera tombant, il se trace par les mêmes procédés que le collet droit, *v.* fig. 41; on lui ajoutera pour le tombant la forme que la mode réclame.

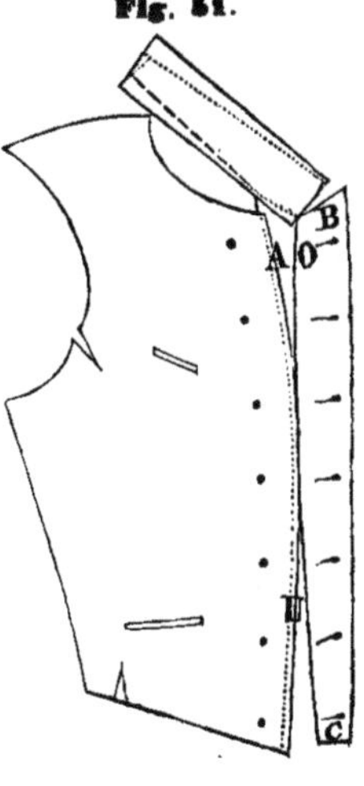

(1) Voir à la 2e classe du gilet, dans la 1re partie, l'article du pinçon de bas de devant pour personne très orte de poitrine.

DU OUATAGE DE GILET.

FIGURE 52.

On devra rélargir les devants de poitrine, *v.* **A**, chaque fois que l'on voudra les garnir de ouate ou autre, soit pour gilets droits, croisés ou à châle.

Ce qui fera que plus on voudra rélargir la poitrine, *v.* **A**, plus on devra garnir ou ouater.

Ce qui conduira à pratiquer des pinçons ou emmanchures, *v.* **O**, et aux devants. *v.* **M,J**, de la valeur garnie, afin d'éviter le flottage, *v.* **M,J**, qu'occasionnerait la garniture, flottage qui se produit sans mettre de ouate pour une poitrine forte et ronde.

DU GILET A CHALE DROIT.

FIGURE 53.

Pour ce gilet, la croisure des boutons et boutonnières est jointe aux devants, et comme on doit le border à cheval, on ne lui joindra pas pour les replis; seulement, qu'on lui ajoutera au bord du devant un surplus de largeur de 1 cent. environ, *v.* **T, D** : cela est afin de prévenir un ouatage plus ou moins fort, que l'on pratique aux poitrines creuses, ce qui met dans l'obligation de resserrer le bord de l'encolure, *v.* **A,B,C**, de cette valeur ; comme si l'on ouate pour une poitrine demi-forte; on devra faire pour le serrage d'encolure la part de ce que la poitrine doit repousser les devants, ce qui nous obligera de resserrer davantage dans la partie de l'encolure de **A,B,C**.

Exemple : la ouate a pris 1/2 cent., la poitrine demi – forte doit repousser de un, ce qui équivaudra à 1 cent. 1/2 environ de serrage d'encolure de A à C.

Il est joint à ce modèle son collet à châle, qui, comme on le voit, s'éloigne de T à U, d'environ 3 cent. ; mais lorsque le serrage ou les pinces seront faites à l'encolure, cela rapprochera T de U.

Comme lorsque l'on pratiquera peu de serrage à l'encolure de A à C, il ne sera pas nécessaire de donner autant d'écart au bout du collet de T à U, cela lui ferait produire ce que l'on nomme de la cassure.

Quand au tombant, il se fera selon le goût ou la mode.

DU GILET A CHALE, TRÈS OUVERT ET TRÈS ÉVASÉ.

FIGURE 54.

Pour ce collet, on ne lui pratiquera pas de pied sur le devant de A à D, vu que la cassure se forme au bord de l'encolure.

Comme on le voit, le devant du collet est plus creusé, *v.* **E**, que l'encolure, *v.* **I**, mais si l'on doit la resserrer de U à N, cela la rendra creuse, et, par cela, pareille au creusage de collet.

Comme :

Si l'on ne doit pas resserrer le bord de U à N, tel que pour une poitrine creuse, on devra creuser l'encolure pareille au collet; cela fait, on joint les 2 qui s'accordent.

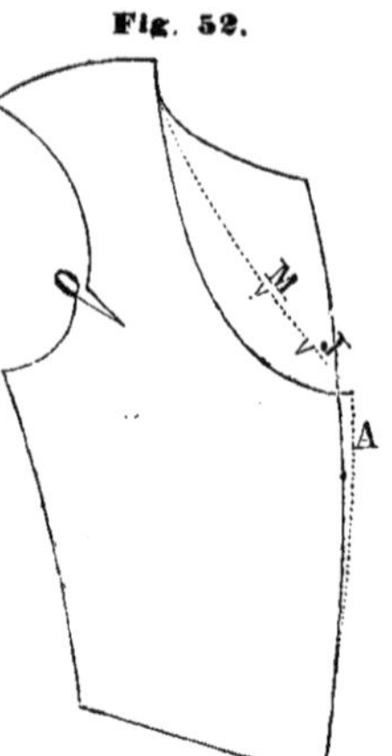

Fig. 52.

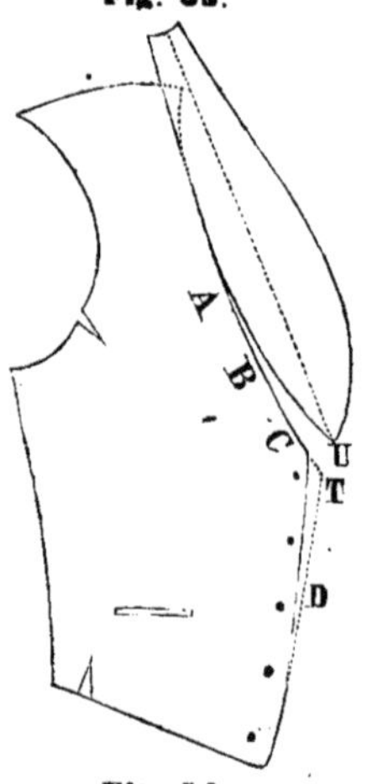

Fig. 53.

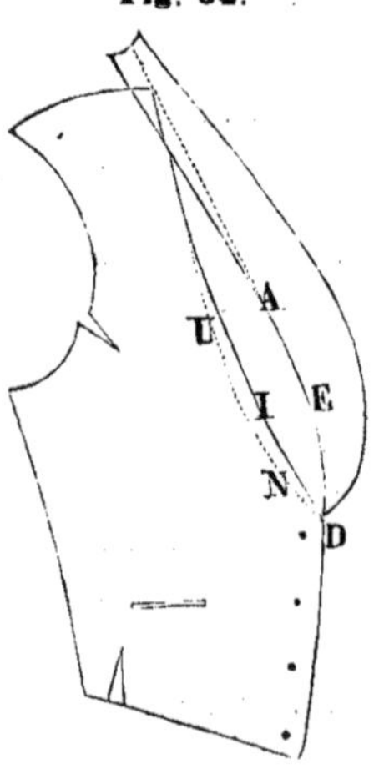

Fig. 54.

DU GILET A CHALE CROISÉ.

FIGURE 55

On devra pour ce genre de gilet resserrer davantage l'encolure que pour ceux à châles droits, soit par des pinces ou un serrage, *v.* A, B, C, cela provenant de la large croisure qu'on leur pratique, qui elle seule peut occa-ionner un surcroît de flottage à la cassure du collet.

Ce serrage se fera selon la force de poitrine de la personne, ou pour poitrine creuse, selon la ouate que l'on introduira pour garniture.

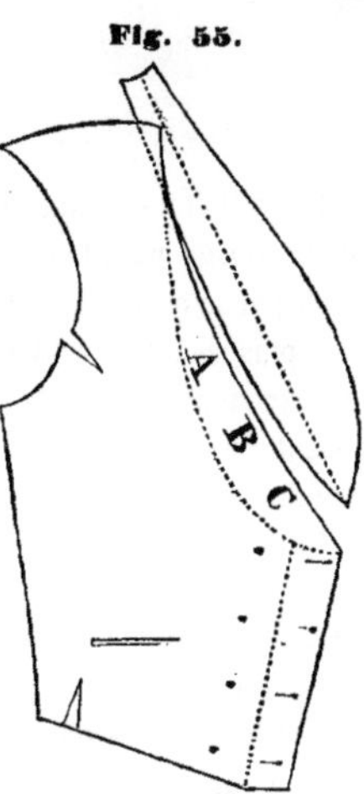

DU GILET A CHALE, POUR UNE PERSONNE PEU FORTE DE POITRINE, ASSEZ FORTE DE VENTRE, POUR QUI ON NE DOIT PAS OUATER.

FIGURE 56.

Pour ce genre de collet il s'abattra moins dans le bout, *v.* T, que pour ceux forts de poitrine, à qui on pratique des pinces ou un fort serrage à l'encolure.

Le modèle ci-joint se soutiendra dans cette partie de 1 cent. environ, *v.* A.

Ce qui donne moins de creux à l'encolure, *v.* A, et par cela moins d'abattage au bout du collet, *v.* T.

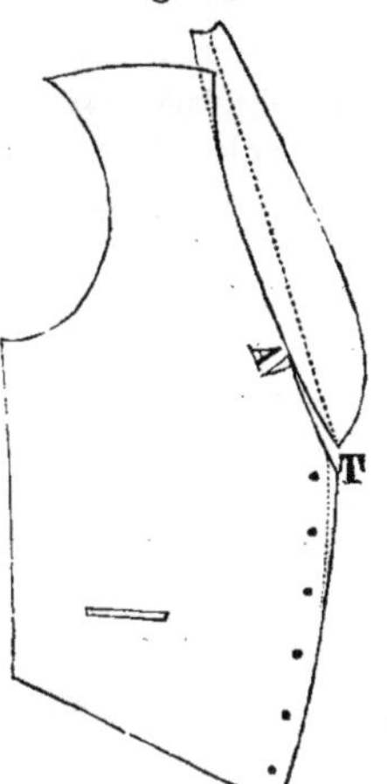

DU GILET A BASQUES.

FIGURE 57.

Ce genre de gilet varie souvent pour la forme du bas.

Le modèle ci-joint est pour une personne qui aime à se soutenir la taille.

C'est pour cela qu'on lui pratique une pince à la hauteur de la taille naturelle, *v.* A, et cette étoffe enlevée par le pinçon devra lui être rendue au côté, *v.* J.

Quant à la basque, elle est coupée d'une forme creuse, *v.* P, S; c'est afin qu'elle ne remonte pas sur le ventre lorsque le gilet est serré, ce qui nous met dans l'obligation de lui rapporter une pièce dans le haut de la basque de P à S, de la valeur que P anticipe dans le devant.

Il est joint à ce modèle un collet tombant, qui pour le pied, se coupera pareil à la figure 41.

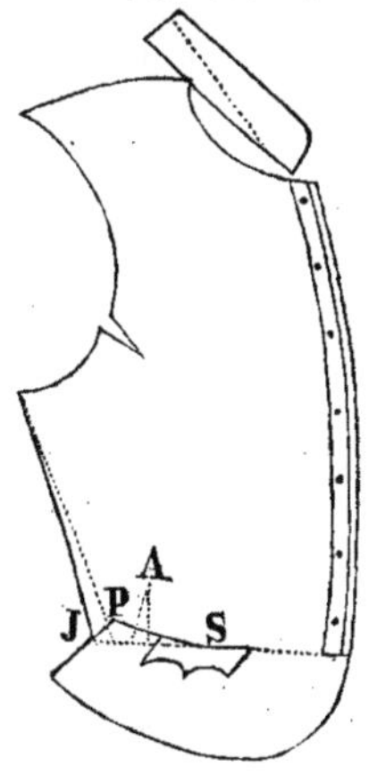

DU PANTALON.

Le pantalon est sans contredit un vêtement très difficile pour arriver à lui faire prendre une forme plus ou moins ajustée pour la taille et les jambes, afin qu'il soit commode au porter et agréable à la vue. Le haut étant guidé par le mesurage est plus facile à obtenir, il n'en est pas de même pour les jambes qui se rencontrent souvent plus ou moins contournées, et que l'on n'a pas soin d'observer en mesurant pour leur donner la forme qui leur convient en coupant, ce qui fait que le pantalon collant ayant offert jusqu'à ce jour tant de difficultés provenant de cette variété de jambes, on a dû l'abandonner parfois pour le pantalon large qui est plus facile à réussir.

Le pantalon est plus difficile à réussir que la culotte. Cette dernière s'arrêtant au jarret ne laisse ses défauts que dans le haut de la cuisse; il n'en est pas de même pour le pantalon collant, qui laisse dans le haut de la cuisse les défauts de la culotte et dans le bas les défauts de la jambe, ce que n'a pas la culotte.

Ces tordages qui se produisent souvent dans le haut des cuisses, en dedans, en dehors et dans le bas, ne sont occasionnés la plupart du temps que par des jambes plus ou moins contournées auxquelles on n'a pas joint distinctement leur conformation pour les couper, ce qui occasionne à leur faire produire ces torses ; on peut par le travail masquer les défauts d'une cuisse ou d'une jambe lorsqu'elles ne sont pas très difformes, mais il en est d'autres si contournées qu'elles exigent un tracé différent ; car de donner à une jambe mal faite la coupe d'une jambe bien faite serait grande faute ; ce qui fera que chaque conformation aura sa coupe particulière, afin d'adoucir les défauts qui peuvent se rencontrer.

Et afin d'éviter tant de peines pour arriver à la réussite, je vais tâcher d'adoucir tant de pourparlers en démontrant toutes les dispositions que j'ai pu recueillir par mes exercices sur les pantalons.

Savoir :

L'un pour avoir les jambes légèrement arquées du haut en bas, soit cuisses et jambes bien faites, v. fig. 1ᵉʳ.

Un 2ᵉ pour avoir les jambes très droites du haut des cuisses au bas des jambes, v. fig. 2.

Un 3ᵉ pour avoir les jambes droites, les genoux forts, arqué de cuisses et légèrement des jambes, v. fig. 3.

Un 4ᵉ pour avoir les cuisses droites, légèrement arquées, des genoux forts, et les jambes arquées, v. fig. 4.

Un 5ᵉ ayant les genoux très forts, produisant à faire arquer les cuisses et les jambes, v. fig. 5.

Un 6ᵉ ayant une jambe droite et à l'autre le genou très fort, ce qui produit à faire arquer la cuisse et la jambe, v. fig. 6.

Un 7ᵉ ayant les cuisses et une jambe droite et une jambe arquée, v. fig. 7.

Un 8ᵉ ayant les jambes et une cuisse droites et une cuisse arquée, v. fig. 8.

Un 9ᵉ ayant une cuisse droite et une arquée et une jambe droite et l'autre arquée, v. fig. 9.

Un 10ᵉ ayant les genoux très forts, les mollets qui se touchent en dedans, ce qui occasionne à faire arquer de cuisses et de jambes, et à faire éloigner les talons l'un de l'autre, v. fig. 10.

Un 11ᵉ ayant les cuisses et les genoux si fortement en dedans, que cela produit à faire éloigner les talons l'un de l'autre, v. fig. 11.

Un 12ᵉ ayant une jambe droite et l'autre si pliée en dedans, que cela occasionne à arquer la cuisse et à faire éloigner un talon de l'autre, v. fig. 12.

Un 13ᵉ étant très arqué des deux jambes, ce qui reproduit les mollets en dehors, v. fig. 13.

Un 14ᵉ ayant les deux jambes arquées et un genou fort à l'une des jambes. v. fig. 14.

Un 15ᵉ ayant une jambe droite et l'autre arquée, v. fig. 15.

Un 16ᵉ ayant une jambe arquée et l'autre cagneuse, v. fig. 16.

Viennent encore :

Des pieds très ouverts et des pieds très fermés, que nous détaillerons à la suite des tracés de pantalons, avec quelques autres formes très difformes que nous y joindrons ; tous tracés qui s'obtiennent avec facilité.

Toutes ces tenues sont prises sur une grosseur de taille moyenne, vu que nous ne démontrons dans ces tableaux que la variété des jambes.

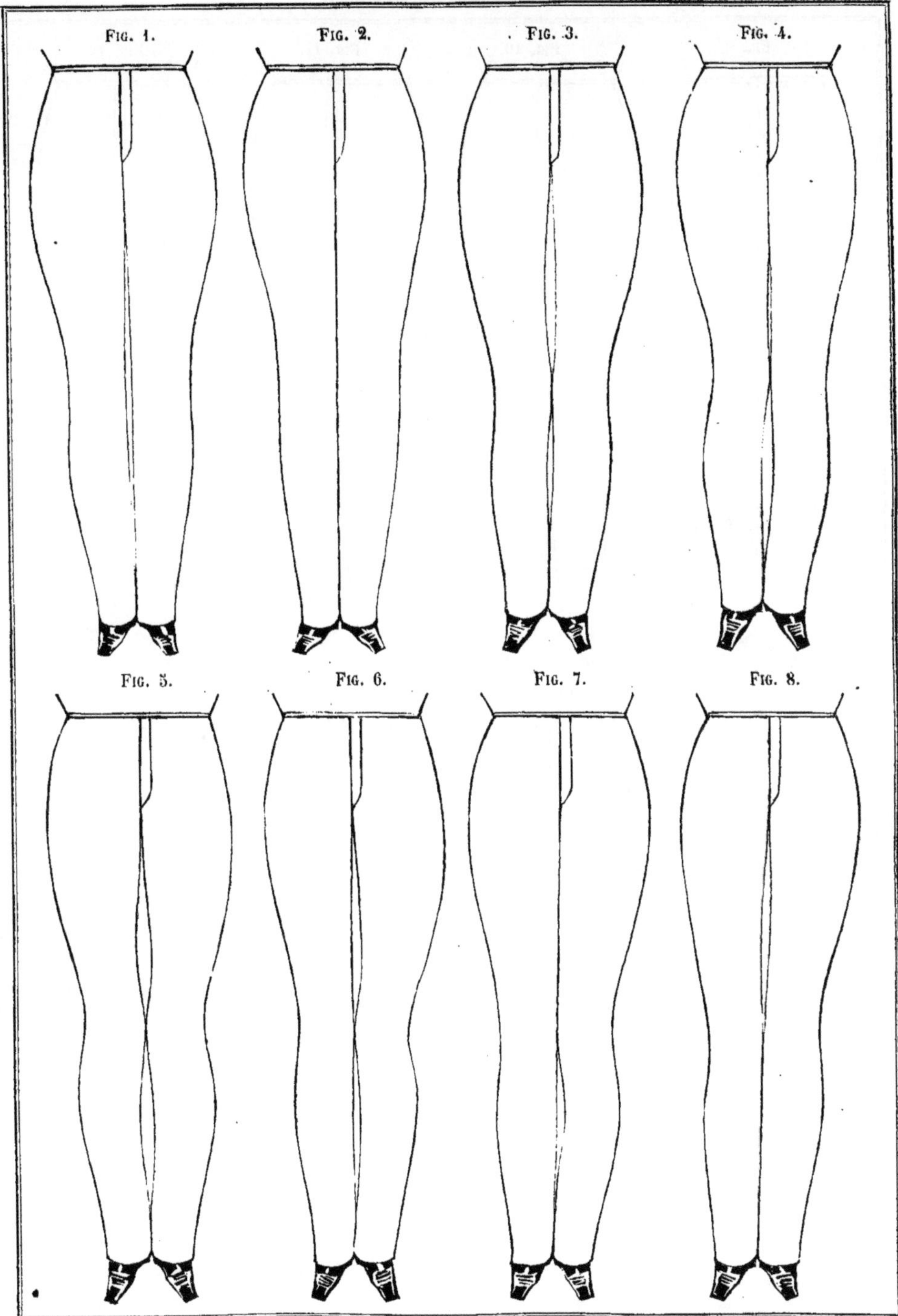

FIG. 1.
FIG. 2.
FIG. 3.
FIG. 4.
FIG. 5.
FIG. 6.
FIG. 7.
FIG. 8.

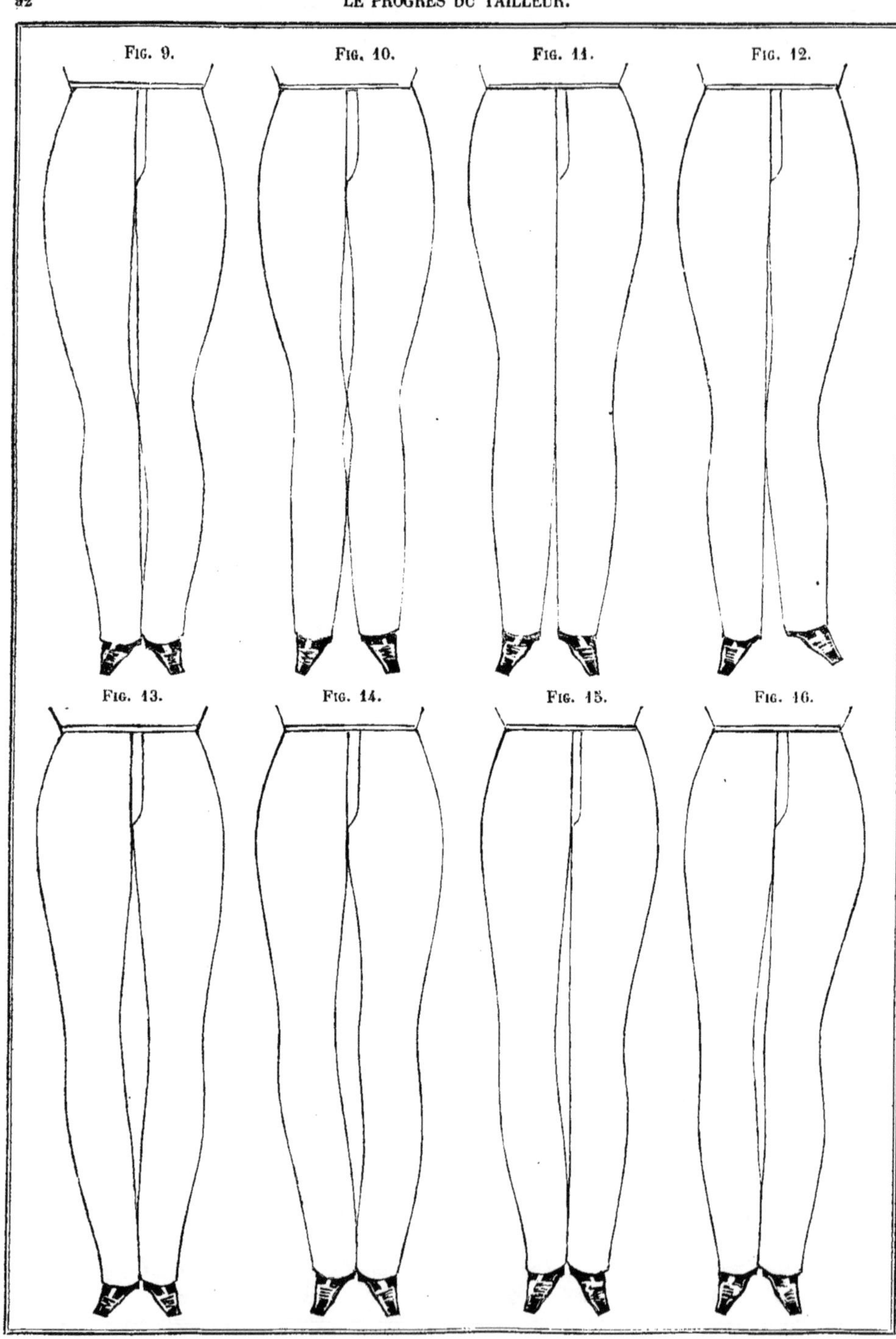

Paris. — Typ. Lacour, rue Soufflot, 18.

MODÈLE-ÉCOLE DU PANTALON

On devra, avant de mesurer ou après avoir mesuré, s'assurer de la conformation des jambes de la personne.

Pour cela on aura à la prier de rapprocher le dedans des jambes. et sitôt que l'une des parties intérieures se joindra à l'autre, c'est la pose qu'il convient de garder pour prendre la conformation qu'elles ont.

Il conviendrait, pour se rendre compte de ces tenues avec plus de justesse, lorsque la personne porte un pantalon large, de serrer les côtés avec épingles ou autres, ce qui faciliterait pour mieux l'apercevoir.

Les jambes se joignent intérieurement de plusieurs manières.

A savoir :

Des cuisses, — Des genoux, — Des mollets, — Et des talons.

Lorsqu'elles se touchent fortement des cuisses, v. fig. 11, cela occasionne à faire éloigner les talons l'un de l'autre.

Lorsqu'elles se touchent des genoux, v. fig. 5, cela occasionne à faire arquer de cuisses et de jambes, et quelquefois même à faire éloigner les talons l'un de l'autre.

Lorsqu'elles se touchent des mollets, v. fig. 10, cela occasionne à faire éloigner les talons l'un de l'autre.

Comme on le voit, cette fig. 10 est si difforme, que, malgré que les mollets se touchent, les genoux se touchent également, ce qui occasionne à faire produire un vide en dessus et en dessous des genoux.

Lorsqu'elles ne se touchent que des talons, v. fig. 1ʳᵉ, cela occasionne à faire arquer plus ou moins la personne.

Et pour obtenir l'écart des vides que produit chaque tenue, on aura à introduire le saillant de l'une de ses mains à l'endroit où ils se produisent, et si le saillant de la main ne suffit pas pour remplir le vide qui existe, on devra y introduire les doigts; soit 2, 3 ou 4 doigts, et dans le cas qu'il se rencontre des écarts plus grands on aura à faire la part du surplus qu'il y aura, afin de le reproduire au tracé.

Comme on le voit, la fig. 1ʳᵉ nous donne un léger vide du haut des cuisses aux talons, l'écart le plus grand que l'on ait obtenu est un léger travers de doigt aux genoux équivalant à un centimètre; c'est pour cela que nous démontrons ce pantalon le premier, vu qu'il peut être coupé pour pantalon collant pour trois tenues différentes, soit pour les fig. 1, 2 et 8, quoique la fig. 1ʳᵉ ait une différence de conformation avec ces deux derniers, ce que nous démontrerons plus tard.

Et quoique contournées, nous ne démontrerons ici que des jambes conformées l'une comme l'autre.

DES POINTS D'APPUI POUR LES MESURES A PRENDRE.

Lorsque l'on voudra mesurer le haut d'un pantalon on devra le faire en dessous du gilet, cela nous facilite pour fixer les points que l'on doit poser, qui sont les guides des mesures à prendre; on devra aussi ranger sur la personne, le pantalon, le caleçon ou la chemise, qui sont souvent en désordre sur les hanches et derrière lorsque l'on ne porte pas de bretelles.

Ces vêtements étant mis tous bien en place, on devra faire prendre à la personne une pose droite et non appuyée sur l'une des jambes, ce qui la rendrait de côté et par cela conduirait à faire prendre des mesures irrégulières.

La personne étant placée droite, v. fig. 17, nous aurons à lui poser des points avec de la craie ou avec un crayon sur le blanc, que nous nommerons points d'appui; ces points d'appui sont au nombre de 3 pour le pantalon, savoir :

1° Point du creux de hanche (ce point se placera du côté droit de la personne);

2° Point de hauteur de taille naturelle derrière ;

3° Point de hauteur de taille naturelle devant ;

Et pour les obtenir on procédera comme suit :

FIGURE 17.

Manière d'obtenir le creux de la hanche.

On devra, pour obtenir ce point, se placer derrière la personne, et poser ses deux mains à plat sur les hanches, l'une à droite et l'autre à gauche, cela est afin de retenir le corps pour qu'il ne se penche pas d'un seul côté, ce qui arriverait si l'on ne se servait que d'une main pour l'obtenir. Les deux mains étant placées, on devra rouler l'index de la main droite en l'appuyant un peu, ce qui nous indiquera fort bien le creux de la hanche, et à cette place on marquera un point en travers, v. A.

FIGURES 18 ET 19.

Le point du creux de la hanche étant fixé, *v.* A, fig. 17,

On devra procéder, pour ceux de taille naturelle derrière et devant, qui s'obtiennent comme suit :

Pour celui du derrière,

On prendra avec la mesure la hauteur qu'il y a de la hanche A à terre, fig. 18; cette longueur obtenue, on devra garder le chiffre qu'elle aura donné, pour le reproduire sur la fig. 19, derrière, *v.* B, et devant, *v.* C.

Par exemple :

La distance de A à terre, fig. 18, a donné 108 cent. ; on devra, pour placer le point B, placer le chiffre 108 à terre ; on fait monter la mesure que l'on reproduit droit en face de l'épine dorsale, et où le bout de la mesure aboutit dans le haut, on marque un point, *v.* B.

Comme on voit, cette mesure est reproduite droite, car de lui faire suivre le contour du derrière raccourcirait la mesure surtout pour des derrières forts, ce qui fixerait le point de longueur de taille naturelle B trop bas, *v* O, et par cela donnerait au tracé pas assez de hauteur de hausse.

Et pour éviter de placer ce point B trop bas, on tiendra la mesure droite, comme il est démontré ci-joint en appuyant la main sur le derrière, ce qui facilite pour la maintenir, de là on fixera un point à la hauteur qu'elle donne, *v.* B. Comme on mettra aussi toute son attention pour ne pas faire suivre la rondeur des hanches à la mesure qui prend la distance de A à terre, fig. 18, le faisant ainsi rallongerait cette mesure pour les personnes minces de

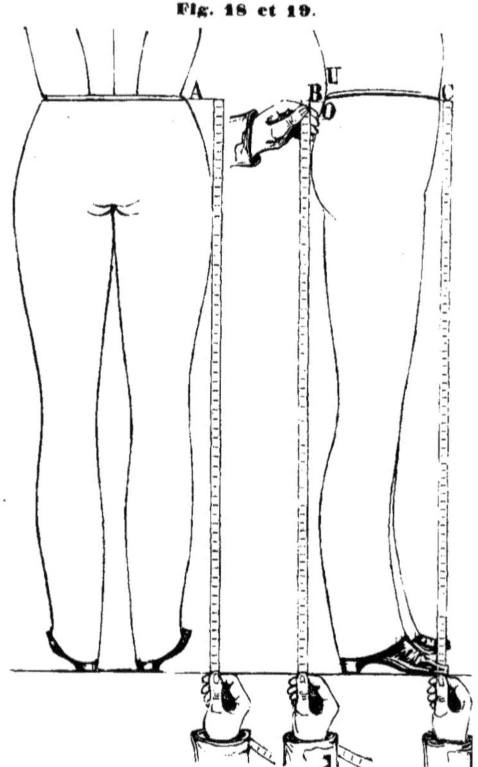

taille et fortes de hanches, et la portant ainsi derrière, *v.* fig. 19, occasionnerait à faire placer le point de taille B trop haut, *v.* U, ce qui donnerait au tracé trop de hauteur de hausse.

Les personnes fortes de grosseur de taille n'ont nullement besoin de ces précautions, la mesure se reproduit droite à la hanche.

Le point de longueur de taille naturelle derrière étant fixé, *v.* B, on devra procéder pour celui du devant, *v.* C, qui s'obtient de la même manière que le point B, savoir :

On place le chiffre 108 que l'on a obtenu sur la fig. 18 à terre, on fait monter la mesure que l'on reproduit droite sur le ventre, et où le bout aboutit dans le haut, on marque un point, *v.* C.

Ce qui détermine le niveau de la taille naturelle, *v.* A, B, C.

DES MESURES.

Nombre des mesures qu'il convient de prendre pour tracer un pantalon collant de ville, dans toutes ses règles.

Savoir : 7 mesures pour le haut qui sont :

    1° mesure de hauteur de hausse ;
    2°   —   de renversement de hanches ;
    3°   —   de guide des largeurs des hanches ;
    4°   —   de grosseur du haut de la cuisse ;
    5°   —   —   de ceinture ;
    6°   —   —   de hanches ;
    7°   —   —   de bassin ;

4 mesures pour les jambes, qui sont :

    1° mesure de grosseur du milieu de la cuisse ;
    2°   —   —   de genou ;
    3°   —   —   de mollet ;
    4°   —   —   coude-pied ;

3 mesures de longueur, qui sont :

    1° mesure de longueur de la hanche au jarret ;
    2°   —   —   totale de côté ;
    3°   —   —   d'entre-jambes ;

Total....14 mesures

DU MESURAGE ET MANIÈRE DE L'OBTENIR.

FIGURE 20.

PREMIÈRE ET DEUXIÈME MESURES.

Longueur de la hanche au jarret, et longueur totale de côté.

Pour prendre ces mesures, on tiendra le bout du centimètre avec la main gauche, que l'on placera sur le point de hanche A, on continuera la mesure jusqu'au genou et avec la main droite on la fixera sur un os formant un nœud qui se trouve en face le genou, et le chiffre obtenu détermine la mesure de longueur de hanche au jarret, *v.* A, K.

Il convient de mettre beaucoup de soins pour la prise de cette mesure, vu que c'est elle qui nous rend compte des jambes plus ou moins longues des personnes, ce qui nous est très utile pour le tracé.

La mesure étant fixée sur K,

On devra continuer pour les longueurs de côté, que l'on arrêtera à la semelle du soulier, *v.* L, et le chiffre obtenu détermine la longueur totale de côté, *v.* A, L.

On devra, lorsque la personne aura des pantoufles, faire continuer la mesure jusqu'à terre.

On devra aussi, en prenant la mesure de la hanche au jarret pour des personnes minces de taille et fortes de hanches, ne pas lui faire suivre le contour des hanches, ce qui donnerait trop de longueur à la mesure et par cela trop de montant au tracé, *v.* A, fig. 23, ce qui occasionnerait à faire redresser le pantalon.

FIGURES 21 ET 22.

TROISIÈME MESURE.

Longueur d'entre-jambes.

Pour prendre cette mesure on tiendra le bout du centimètre avec le pouce et l'index de la main gauche, que l'on placera par derrière au haut de la fourche, *v.* E; la prenant ainsi, elle est un guide certain pour le redressage ou le renversement d'un haut de pantalon.

De la prendre trop basse, cela donne trop de montant, et par cela occasionne à redresser le pantalon (1).

On devra donc y mettre toute son attention afin de la prendre à sa hauteur juste, et pour les personnes grosses et grasses de cuisses auxquelles on a peine à introduire la main, on devra les prier d'écarter les jambes, ce qui nous facilite de la prendre à sa longueur.

Comme cette mesure se prend souvent courte, provenant d'un pantalon ou d'un caleçon qui n'est pas assez monté, ou d'un amas de chemise et souvent d'un pantalon à sous-pieds qui le retiennent dans le bas; on devrait, pour bien s'en assurer, lorsque l'on voit le pantalon tendu par des sous-pieds, les faire déboutonner ou les lâcher, afin de donner toute la longueur que réclame cette mesure, vu qu'elle nous guide le tracé du haut.

Tenant ainsi la mesure par derrière avec la main gauche, on reprend la mesure par devant avec la main droite pour la conduire en dedans du pied à la semelle du soulier, *v.* H, fig. 22, et le chiffre obtenu détermine la longueur d'entre-jambes.

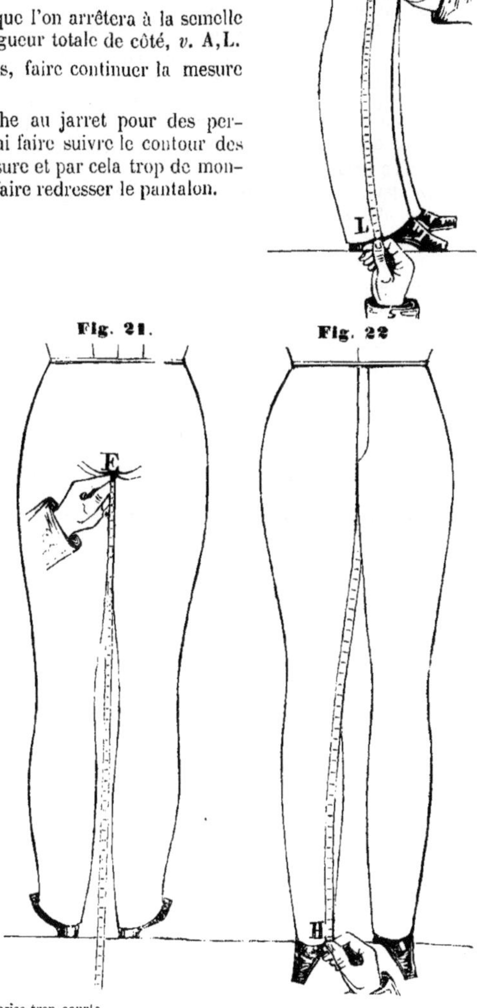

(1) Voir à la suite du tracé ce que produit une mesure d'entre-jambes prise trop courte.

FIGURES 23 ET 24.

QUATRIÈME MESURE. — *Hauteur de hausse.*

Cette mesure nous servira pour fixer juste à leur place les hauteurs de derrière de pantalon, cela afin de ne leur donner pour leur aplomb que la hauteur que les conformations de chacun réclament, car de donner trop de hausse à un pantalon, lorsqu'il est pour serrer à la taille naturelle lui occasionne à refouler dans le bas, comme de ne pas lui en donner assez, lui occasionne à tirer dans le derrière.

Et pour obtenir cette mesure on procédera comme suit :

On se tient à côté de la personne, soit du côté faible, ce qui nous facilite et par cela rend la mesure juste.

On passe ensuite la mesure sous la fourche, *v.* E, la faisant monter le plus haut possible, afin qu'elle ne soit pas retenue par un pantalon court d'entre-jambes, tenu par des sous-pieds et même par des refoulements de caleçon, de chemise ou autre qui la rendrait trop longue ; c'est pour cela que l'on doit soutenir cette mesure à la fourche, et bien s'en assurer.

On devra aussi prendre des précautions pour la placer, afin de ne pas blesser la personne.

Étant assuré que cette mesure touche au haut de la fourche, *v.* E, fig. 23, on devra porter le bout de mesure qui passe par derrière et que l'on tient avec la main gauche, sur le point de taille naturelle B.

La mesure étant fixée sur B, on portera la mesure que l'on tient devant avec la main droite sur

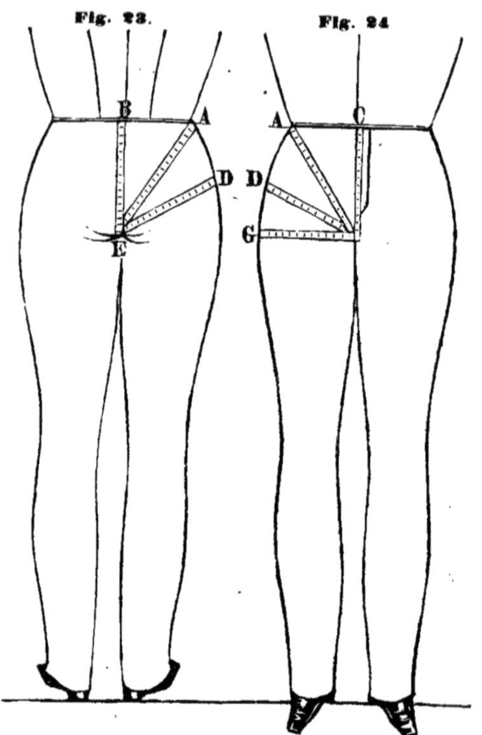

le point de ventre marqué C, fig. 24. Ce qui détermine la mesure de hauteur de hausse, qui varie de longueur selon les derrières forts ou faibles.

CINQUIÈME MESURE. — *Renversement de hanches.*

Pour prendre cette mesure on se tiendra également à côté de la personne, soit du côté faible.

On placera la mesure sous la fourche, *v.* E, fig. 23, le plus haut possible, comme à la mesure précédente, en suivant toutes les dispositions indiquées à cette première.

Et lorsque l'on est assuré que cette mesure touche au haut de la fourche, on devra porter le bout de la mesure qui passe derrière et que l'on tient avec la main gauche sur le point de hanche A, fig. 23 ; la mesure étant fixée sur A, on continue ensuite la mesure que l'on tient devant avec la main droite, que l'on fait joindre au bout de mesure déjà fixé sur A, fig. 24, ce qui détermine la mesure de renversement de hanches.

Et comme cette mesure ne se fixe facilement sur le point A que pour les personnes minces de taille et fortes de hanches qui facilitent à reposer la mesure, on devra, lorsque l'on mesurera une personne forte de ventre pour laquelle la mesure ne peut s'asseoir sur le point A, fixer à cette place une épingle ou autre qui la retiendra, ne le faisant pas, nous occasionnerait de la prendre trop haute ou trop basse, ce qui la rendrait trop longue ou trop courte, et par cela conduirait à trop ou pas assez de renversement. Comme on devra aussi soutenir cette mesure en la prenant afin de faire la part du pantalon sur lequel on a mesuré, ce qui la rallongerait si on ne la soutenait pas.

Cette mesure est indispensable pour le renversement ou le redressage des pantalons.

SIXIÈME MESURE. — *Mesure de guide des largeurs de hanches.*

Dont on ne peut nullement se passer pour fixer les largeurs de côté.

Pour prendre cette mesure on fixera un point au fort de la hanche, qui se trouve selon les grandeurs de 4 à 7 cent. plus bas que le point de taille naturelle A, *v.* D, fig. 23. Ce point étant fixé,

On se tiendra au côté de la personne, soit du côté faible ; on placera la mesure sous la fourche, le plus haut possible comme aux mesures précédentes, en suivant toutes les dispositions détaillées à la première.

Et lorsque l'on est assuré que cette mesure touche au haut de la fourche, on devra porter le bout de mesure qui passe derrière et que l'on tient avec la main gauche sur le point D, fig. 23. On continue ensuite la mesure que l'on tient devant avec la main droite que l'on fait joindre au bout de la mesure déjà fixée sur D, fig. 24.

Ce qui détermine la mesure de guide des largeurs de hanches.

SEPTIÈME MESURE. — *Grosseur du haut de la cuisse.*

Pour prendre cette mesure on se tiendra au côté de la personne, soit du côté faible; on placera la mesure sous la fourche le plus haut possible, comme aux mesures précédentes, en suivant toutes les dispositions détaillées à la première; et lorsque l'on est assuré que cette mesure touche au haut de la fourche, on fait former le contour à la mesure le plus droit possible, afin qu'elle enveloppe dans son passage une partie du bas du derrière, on la fait ensuite joindre sur le côté de la cuisse, v. G, fig. 24.

FIGURE 25.

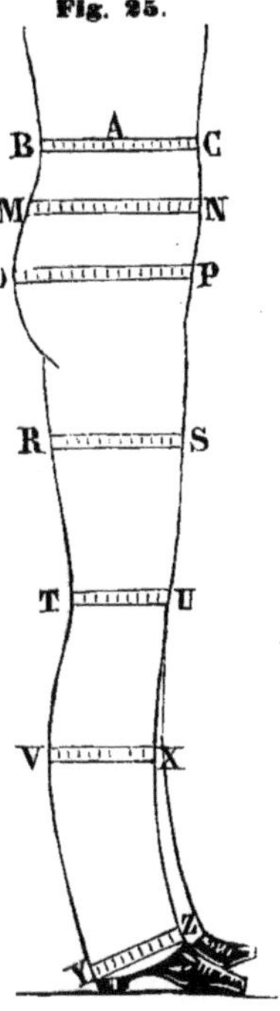

HUITIÈME MESURE. — *Grosseur de ceinture.*

Pour prendre cette mesure, on passera sur les points de taille naturelle, v. B, A, C, qui la déterminent. On aura soin, lorsque l'on prendra cette mesure pour une personne qui aime à se serrer fortement la taille, de la prendre de deux manières différentes; soit l'une comme elle aime à se serrer parfois et l'autre desserrée, c'est cette dernière qui nous servira à fixer les largeurs.

NEUVIÈME MESURE. — *Grosseur de hanches.*

Pour prendre cette mesure, on passera sur le point que l'on a fixé à la hanche, v. D, fig. 23 et 24, faisant prendre à la mesure la même hauteur derrière et devant, v. M, N, des points de taille naturelle, v. B, A, C, cela, afin d'obtenir la véritable grosseur de cette place.

C'est cette mesure qui nous sert à fixer le creusage des hauts de derrière de pantalon, ou à ajouter le surplus de largeur que l'on doit leur donner pour l'aisance et selon la fantaisie.

DIXIÈME MESURE. — *Grosseur de bassin.*

Pour prendre cette mesure on passera sur la partie la plus forte du derrière en ligne droite, v. O ,P, faisant prendre à la mesure la même distance derrière et devant des points de taille naturelle, v. B, A, C.

Comme cette mesure va nous servir pour fixer l'écart de l'entre-jambes des pantalons, on devra la soutenir en la prenant, afin de faire la part du pantalon sur lequel on mesure ce qui la ragrandirait si on ne la soutenait pas, comme on devra aussi faire la part d'un gros caleçon lorsque l'on voudra couper un pantalon qui doit se porter sans ou avec un caleçon plus léger, à cela elle devra se serrer davantage.

Il serait préférable pour chaque saison, soit printemps ou automne, de faire mettre à la personne que nous allons mesurer le caleçon sur lequel doit se porter le pantalon; cela sera plus régulier pour le mesurage et conduirait à moins de fautes.

ONZIÈME MESURE. — *Grosseur du milieu de la cuisse.*

On ne se sert de cette mesure que pour un pantalon collant, ou pour se rendre compte d'un placement de largeur de cuisse selon que la personne a les cuisses plus ou moins arquées et afin d'employer ses largeurs.

Cette mesure, v. R, S, devra se prendre dans la partie la plus arquée de la cuisse, entre la fourche et le genou; on aura à marquer la distance que l'on aura à partir de la fourche, afin de la reproduire de même hauteur au tracé.

DOUZIÈME MESURE. — *Grosseur de genou.*

Cette mesure devra se prendre sur le genou, v. T, U.

Cette mesure est indispensable pour tous les pantalons larges ou étroits, vu que c'est elle qui détermine la division de l'étoffe, pour les jambes plus ou moins arquées ou plus ou moins cagneuses.

TREIZIÈME MESURE. —*Grosseur de mollet.*

Cette mesure se prendra sur la partie la plus forte du mollet, v. V, X.

Cette mesure nous sert pour pantalon collant ou demi-large, elle nous rend compte de son plus ou moins de grosseur avec celle du genou. Il conviendrait même de prendre cette grosseur aux deux jambes, vu que l'on rencontre souvent un mollet plus fort que l'autre.

QUATORZIÈME MESURE. — *Grosseur du coude pied.*

Cette mesure varie souvent de grosseur pour la largeur du bas, selon le goût ou la mode; mais comme il arrive souvent que des personnes entrent leurs pantalons avec leurs chaussures, il convient, afin de donner la liberté de passage, de prendre la mesure sur la chaussure, du talon au coude-pied, v. Y, Z, afin de ne pas donner moins de largeur aux genoux, aux mollets et au bas du pantalon, pour permettre à la chaussure de passer librement. Ce qui ne se fait pas sur la chaussure pour un pantalon de bal ou de soirée, ajusté dans le bas, la mesure se prend sur le bas (1).

____

(1) Voir à la 2e classe du pantalon, l'article du pantalon ajusté dans le bas, pour bal ou soirée.

Toutes ces mesures ci-avant détaillées devront se soutenir en les prenant, vu qu'elles se prennent sur le pantalon et qu'elles doivent se porter sans, ce qui les ragrandit.

Comme on partagera toutes les mesures de grosseur en les prenant, attendu que l'on ne se sert que de la moitié pour le tracé.

Et des mesures ci-avant détaillées, il en est 9 dont on ne peut nullement se passer pour couper un pantalon ordinaire demi-large.

Ces mesures sont :

5 pour le haut, savoir :

1° mesure de renversement de hanches.
2° — grosseur du haut de la cuisse.
3° — — de ceinture.
4° — — de hanches.
5° — — de bassin.

1 pour les jambes, qui est : mesure de grosseur de genou.

3 mesures de longueur, qui sont :

1" mesure de longueur de la hanche au jarret.
2° — — totale de côté.
3" — — d'entre-jambes.

Total. . . . 9 mesures.

Il serait imprudent de prendre moins de mesures pour tracer un pantalon ordinaire que celles ci-dessus désignées, si l'on ne veut avoir recours à des systèmes idéaux, qui conduisent généralement à de grandes fautes.

DU TRACÉ DE PANTALON.

Pour faciliter aux changements de formes qui nous surviendront dans les tracés, nous nous voyons obligé de donner premièrement un tracé très ordinaire que nous formerons avec les 9 mesures ci-dessus détaillées, cela est pour nous habituer aux différentes variations de mode ou de fantaisie qui vont nous survenir.

DU TRACÉ ET RANG D'ORDRE QUE LES MESURES PRENNENT EN TRAÇANT.

FIGURE 26.

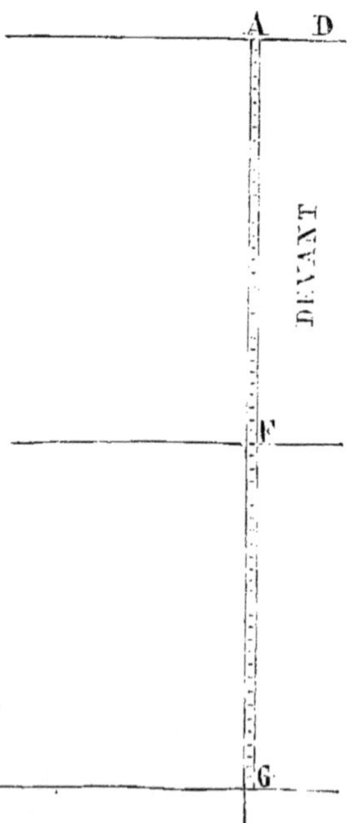

On devra se servir d'une équerre que l'on place devant soi, v. **A**, pour en tirer deux lignes, une en travers et l'autre en long.

Et ne traçant pas le modèle sur étoffe, on devra en plaçant l'équerre pour former la ligne du côté, lui faire prendre une distance d'environ 8 à 10 cent. du bord, v. **D**. Cela nous servira dans le haut, pour le renversement des hanches, et dans le bas pour la forme que l'on voudra donner au derrière.

On en laissera exister une seconde dans le haut de 10 à 14 cent., v. **B**; cela pour la hauteur que l'on doit donner à la hausse du pantalon.

L'équerre étant formée, v. **A**, on prolongera la ligne du côté, v. **X**, selon la longueur que l'on doit donner au pantalon.

PREMIÈRE MESURE. — *Longueur de la hanche au jarret.*

L'équerre et la ligne du côté étant formées, v. **A**, **X**.

On devra procéder pour la mesure de longueur de la hanche au jarret qui s'emploie comme suit :

On place le bout de la mesure sur **A**, et où le chiffre obtenu de cette mesure aboutit dans le bas, on marque un point, v. **F**, et de ce point **F**, on forme une raie d'équerre en travers, qui dépassera celle du côté de 8 à 10 cent. environ.

DEUXIÈME MESURE. — *Longueur totale du côté.*

La mesure de longueur de hanche au jarret étant fixée de **A** à **F**, on fait continuer la mesure de longueur totale de côté sur cette même ligne, la tenant toujours sur **A**, et où le chiffre obtenu aboutit dans le bas, on marque un point, v. **G**, et de ce point **G**, on en forme une raie d'équerre en travers, qui dépassera celle du côté de 8 à 10 cent. environ, ce qui détermine la longueur totale du côté de pantalon.

FIGURE 27.

TROISIÈME MESURE.

Longueur d'entre-jambes.

La mesure de longueur totale de côté étant fixée, *v.* A,G, fig. 26, on devra procéder pour la mesure de longueur d'entre-jambes, qui s'emploie comme suit :

On place le chiffre obtenu de la longueur d'entre-jambes dans le bas sur G, on fait monter la mesure, et où le bout aboutit dans le haut, on marque un point, *v.* H, et de ce point H, on en forme une raie d'équerre en travers qui dépassera celle du côté d'environ 8 à 10 centimètres.

Ce qui détermine la longueur d'entre-jambes.

La mesure de longueur d'entre-jambes étant fixée, *v.* G,H,

On aura à partager la distance qu'il y a de A à F, et à la moitié obtenue on marquera un point, *v.* I.

Ce point I se nommera point de guide des longueurs d'entre-jambes et nous servira pour nous rendre compte des jambes plus ou moins longues des personnes, ou nous fait apercevoir si cette mesure a été prise courte (1) et pour s'en assurer on procédera comme suit :

Chaque fois que la mesure de longueur d'entre-jambes, *v.* H, dépassera le point I de plus de 5 centimètres, cela dénotera les jambes de la personne longues.

Comme n'arrivant pas à 5 centimètres dénote des jambes courtes ou une mesure d'entre-jambes prise trop courte ; comme lorsque cette mesure arrive juste à 5 centimètres au-dessus de I, cela dénote des jambes bien proportionnées de longueur.

Un homme fort de ventre et un enfant au-dessous de quinze ans ont rarement 5 centimètres d'écart de H à I.

Comme l'on rencontre souvent des jambes si longues, qu'elles dépassent I de 7 à 8 centimètres et plus.

Le point de guide des longueurs d'entre-jambes I étant fixé,

On aura à en former un au-dessous de F, qui prendra la distance de 5 à 7 centimètres au-dessous de ce point, *v.* T, selon la longueur des jambes de la personne, et de ce point T, on en formera une raie d'équerre en travers, qui dépassera celle de côté d'environ 8 à 10 centimètres.

Donc, un enfant prendra 4 ou 5 centimètres de F à T, comme une personne qui a les jambes longues en prendra 7 à 8 centimètres ; c'est sur cette ligne T que se placeront les mesures de grosseur de genou, comme on le verra ci-après.

Ce point T étant fixé,

On élèvera dans le bas, au-dessus de G, une distance de 15 à 18 centimètres, *v.* M, pour fixer le tendage que l'on donne parfois dans le bas des pantalons, et de ce point M on en forme une raie d'équerre en travers qui dépassera celle du côté de 8 à 10 centimètres environ.

Donc, 18 centimètres de G à M servira pour un tendage forcé, qui facilite à faire couler le bas du pantalon, comme 15 ou 12 serviront pour un léger tendage.

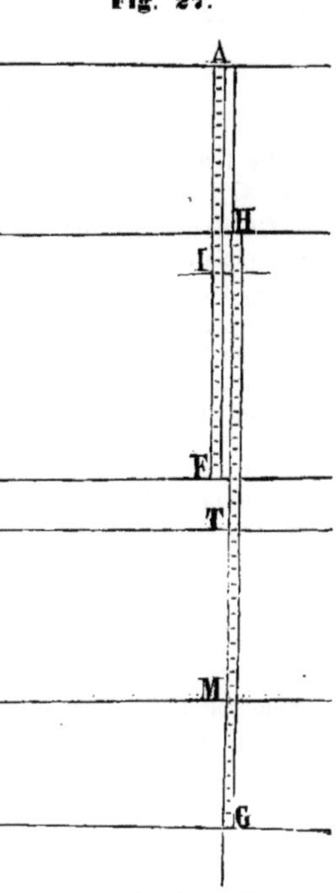

Fig. 27.

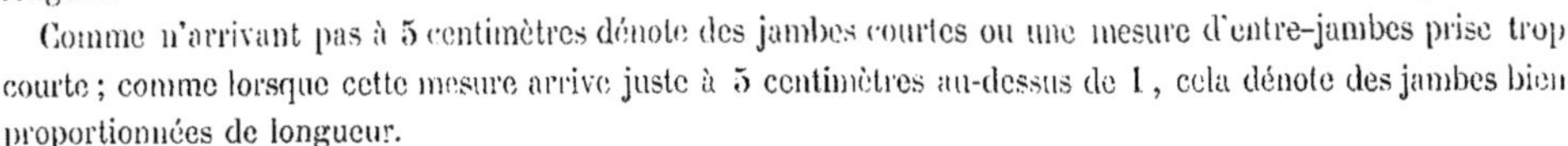

(1) Voir, à la suite du tracé, ce qu'occasionne une mesure d'entre-jambes prise trop courte

FIGURE 28.

QUATRIÈME MESURE. — *Demi-grosseur de bassin.*

La ligne qui fixe le tendage du bas des pantalons étant fixée, *v.* M, fig. 27,

On devra procéder pour placer la mesure de grosseur de bassin, qui s'emploie comme suit :

On devra partager la demi-grosseur de bassin; on placera le chiffre obtenu de cette moitié sur H, ligne de côté des devants et hauteur d'entre-jambes, et où le bout de la mesure aboutira sur cette ligne, on marquera un point, *v.* E, et de ce point E on en tirera une ligne d'équerre, aboutissant dans le haut et dans le bas à la longueur du pantalon.

Ce point E étant fixé, on devra prendre le 1/6ᵉ de la demi-grosseur de bassin, ou le 1/3 de la distance qu'il y a de H à E; on placera le chiffre obtenu de ce 1/6ᵉ sur E, et où le bout de la mesure aboutira sur la ligne, on marquera un point, *v.* J; ce qui détermine avec beaucoup de justesse l'écart de l'entre-jambes des pantalons, *v.* J,E.

L'écart J étant fixé, on prendra la distance de J à H, que l'on partagera, et à la moitié obtenue on marquera un point, *v.* O, et de ce point O on en tirera une ligne d'équerre aboutissant dans le haut et dans le bas à la longueur du pantalon; on aura soin de faire dépasser cette ligne, dans le haut, d'environ 10 à 14 centimètres, *v.* B.

C'est cette ligne O que nous nommerons ligne d'aplomb des derrières et des devants de pantalon.

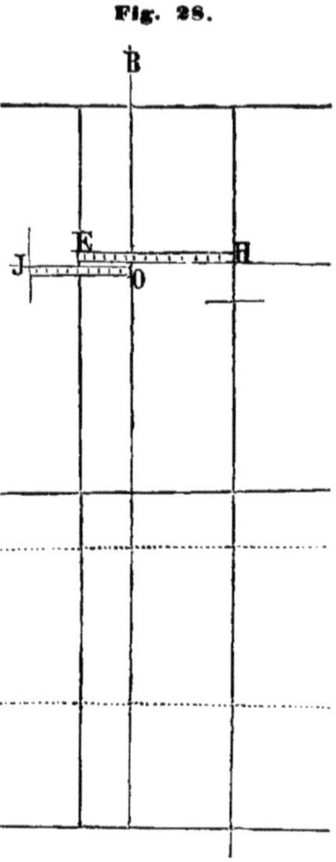

FIGURE 29.

CINQUIÈME MESURE. — *Grosseur de cuisse.*

La ligne d'aplomb des derrières et des devants de pantalon étant fixée, *v.* O, fig. 28,

On procédera pour la mesure de grosseur de cuisse que l'on emploie comme suit :

On se servira de la moitié de cette mesure; on placera le chiffre obtenu de cette moitié sur J, et où le bout de la mesure aboutira sur cette ligne, on marquera un point à la largeur qu'elle donne, *v.* H.

Cette mesure s'est fixée sur H, ligne du côté du devant, comme elle aurait pu se fixer plus avant ou plus en arrière.

Tel que : plus un homme est gros de ventre, moins cette mesure arrive à la ligne du côté.

Comme il se rencontre parfois des personnes qui ont les cuisses si fortes que cette mesure dépasse cette ligne, on ne devra pas s'y arrêter.

C'est pour cela que l'on doit abandonner la mesure de grosseur de cuisse pour fixer son écart de fourche, *v.* J, et lui préférer la grosseur de bassin.

SIXIÈME MESURE. — *Demi-grosseur de taille.*

La demi-grosseur de cuisse étant fixée, *v.* J, H, on devra procéder pour la mesure de demi-grosseur de taille qui s'emploie comme suit :

On devra partager la demi-grosseur de taille; on placera le chiffre obtenu de cette moitié sur C, ligne supérieure, et où le bout de la mesure aboutira sur cette ligne, on marquera un point, *v.* P.

Ce qui détermine, pour cette forme de pantalon, la moitié de la demi-grosseur de ceinture, *v.* C,P.

La moitié de la demi-grosseur de taille étant fixée, *v.* C, P,

On devra procéder pour former une rondeur à la hanche du devant, et pour cette forme de pantalon, on procédera comme suit :

On prendra la distance qu'il y a de A à H, et à la moitié obtenue on marquera un point, *v.* V. Ce point V étant fixé, on partira de P pour son rond, le faisant aboutir à V.

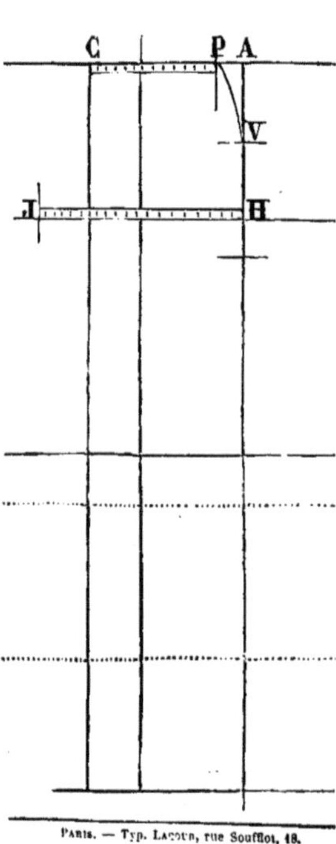

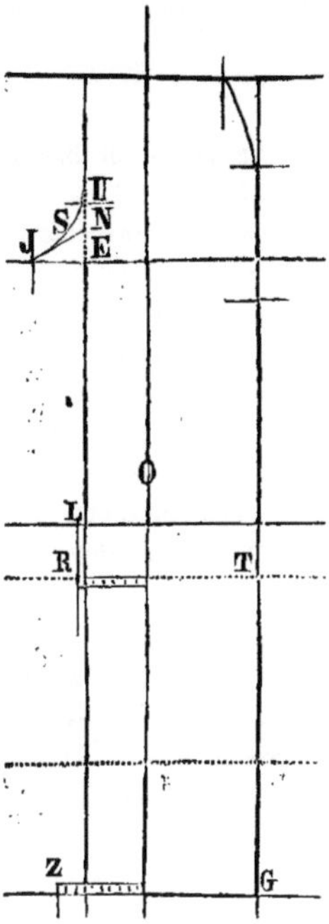

FIGURE 30.

L'abattage pour la rondeur de hanches étant fait au devant, *v.* P, V, fig. 29,

On devra procéder pour former le cintre de l'enfourchure du devant du côté fort qui varie de forme selon que la personne aime à être plus ou moins serrée dans cette partie et pour ce pantalon, on devra, pour donner de l'aisance à la fourche, pratiquer le cintre comme suit :

On prendra la distance qu'il y a de J à E, on placera le chiffre obtenu de cette distance sur l'angle E, on fera monter la mesure, et où le bout aboutira dans le haut on marquera un point, *v.* U.

Ce point U étant fixé, on partagera la distance qu'il y a de U à E, et à la moitié obtenue on marquera un point, *v.* N.

Ce point N étant fixé, on en formera une raie droite partant de N aboutissant à J.

Cette ligne N, J, étant achevée, on partira pour former son cintre de fourche à un cent. plus élevé que U, le faisant aboutir au milieu de la ligne J, N, *v.* S.

De pratiquer ainsi le creusage de la fourche, cela donne de l'aisance à l'entre-jambe du pantalon. Comme pour toutes les personnes qui aiment à être tenues dans cette partie, on redressera le cintre comme on le verra à la figure 40.

SEPTIÈME MESURE. — *Demi-grosseur du genou.*

Le cintre de l'enfourchure du devant du côté fort étant fixé, *v.* U, S, J,

On devra procéder pour la mesure de grosseur de genou et comme il est dit page 93, cette tenue de jambe étant faiblement arquée. On procédera comme suit :

On prendra la moitié de cette demi-mesure.

Par exemple :

Cette demi-grosseur de genou a donné 18 cent. On prendra la moitié de ce chiffre qui est de 9 cent.; on placera ce chiffre 9 au centre de la ligne d'aplomb O, et sur la ligne T, et où le bout de la mesure aboutira en dedans de la cuisse, on marquera un point, *v.* R, et de ce point R, on en formera une raie d'équerre aboutissant à celle du genou, *v.* L. On devra aussi la continuer dans le bas à 8 ou 12 cent. plus bas que R, ce qui nous servira plus tard pour nos largeurs de mollet.

La moitié de la demi-grosseur de genou étant fixée pour le dedans de la cuisse, *v.* R,

On devra procéder pour la largeur que l'on voudra donner dans le bas du pantalon, ce qui se fait comme suit :

On prendra toujours pour guide la ligne d'aplomb O, pour diviser les largeurs de chaque côté.

Par exemple :

On veut donner 44 cent. de largeur dans le bas d'un pantalon, chaque côté à partir de la ligne d'aplomb O prendra donc 22 cent.

Et comme le bas varie selon le goût ou la fantaisie pour donner de l'étoffe plus ou moins au devant ou au derrière.

Nous nous voyons obligé pour faciliter les explications des différentes formes qui surviendront dans les prochains tracés, de donner à ce pantalon autant de largeur au devant qu'au derrière ; et pour cela nous procéderons comme suit :

Nous donnerons donc pour cette forme de pantalon qui prend 22 cent. de largeur en dedans, 11 cent. pour le devant, ce qui suffira pour la largeur du derrière.

On placera le chiffre 11 sur la ligne d'aplomb O, et où le bout de la mesure aboutit en dedans de la jambe sur la ligne G, qui détermine les longueurs, on marque un point *v.*, Z.

Ce qui fixe la largeur du bas du devant et du bas du derrière sur le même point, *v.* Z.

FIGURE 31.

La largeur du bas de pantalon en dedans de la jambe étant fixé, *v.* **Z**, fig. 30,

On aura à procéder pour celle que l'on doit donner au bas du côté qui est de même largeur que celle du dedans, soit de 11 cent., et pour l'obtenir on procédera comme suit :

On placera le bout de la mesure sur la ligne d'aplomb **O**, et où le chiffre 11 aboutira de côté sur la ligne **G**, qui détermine les longueurs, on marquera un point, *v.* **Y**, ce qui fixe la largeur du bas des côtés des devants et du bas des côtés de derrière sur le même point, *v.* **Y**.

La largeur du bas de côté de pantalon étant fixée, *v.* **Y**,

On aura à former des lignes pour déterminer les devants, ce qui se fait comme suit :

Pour le dedans,

On tirera une ligne droite à partir de **R**, aboutissant à **J**, on en tirera une deuxième de **Z** à **R**, ce qui détermine l'entre-jambes du devant et du derrière pour cette forme de pantalon.

Comme on le voit, de pratiquer la ligne droite de **J** à **R**, cela laisse un surplus de largeur au genou, *v.* **L**, sur la ligne du genou **F**, place où la mesure a été prise sur le corps, et ce surplus de laxgeur convient dans cette partie pour prévenir à une mesure de grosseur de genou prise sans caleçon, ou à un bas ou caleçon refoulé à cette place, ou enfin à une mesure de genou prise plus bas que le fort du genou.

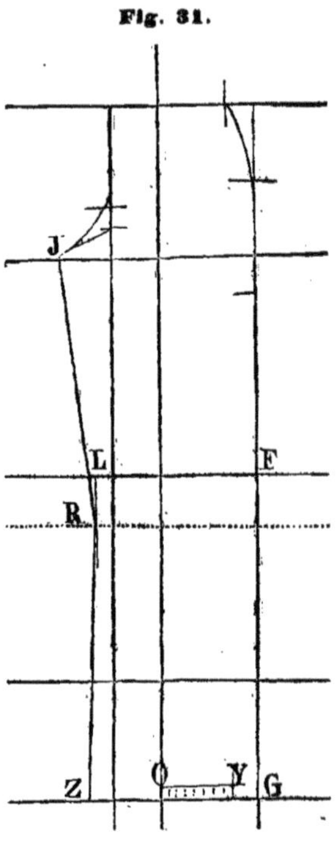

FIGURE 32.

Ces lignes étant formées droites, *v.* **J**, **R**, et **Z**, **R**, fig. 31,

On devra les adoucir par un cintre partant de **J**, aboutissant à **R**, pour le haut de la cuisse, sans anticiper dans la largeur du genou, *v.* **L**; on continuera ce cintre de **R**, jusqu'à **Z**, largeur du bas de dedans du pantalon, afin de donner dans cette partie une pente douce. Ce cintre prendra un centimètre environ de distance de la ligne droite pour le milieu de la cuisse, *v.* **A**, et environ 3/4 de cent. pour le milieu de la jambe, *v.* **B** (voir la ligne de cintre pointée).

Le cintre qui détermine l'entre-jambes du dedans de pantalon étant formée, *v.* **A**, **R**, **B**, **Z**,

On devra procéder pour la ligne qui détermine les côtés des devants.

Pour cela :

On tirera une ligne partant de **Y**, aboutissant à **H**, ligne de hauteur d'entre-jambes.

Comme on le voit, on ne se sert pas de mesures pour fixer le côté de cette forme de pantalon, vu que c'est un pantalon large qui doit tomber droit en masquant les formes des jarrets et des mollets.

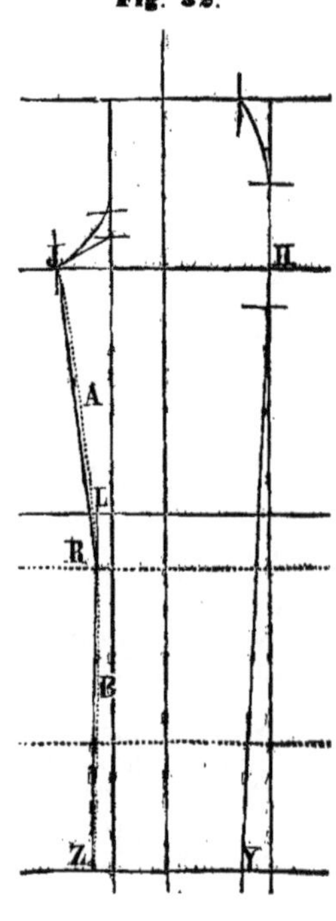

Fig. 33.

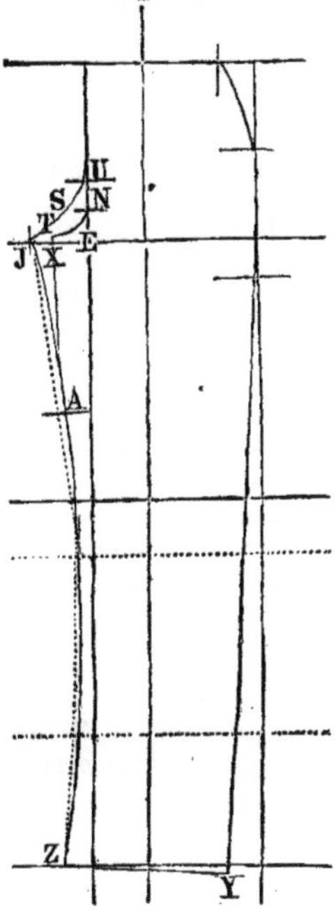

FIGURE 33.

La ligne qui détermine les largeurs de côté des devants de pantalon étant formée, *v.* II, Y, fig. 32,

On devra procéder pour enlever de l'étoffe du côté faible à la fourche du pantalon, et pour cela, on procédera comme suit :

On aura à rétrécir l'écart du côté faible de 1 à 3 cent., à partir de J, *v.* X. Cela se fait par degré, selon les âges ; 1 cent. ne s'emploie que pour les jeunes gens, et 3 cent. ou plus pour homme fait.

Le modèle ci-joint prendra 3 cent. de J. à X.

Ce point X étant fixé, on en formera une raie légèrement cintrée, aboutissant sur la ligne déjà formée à l'entre-jambes pour le côté fort ; on l'arrêtera selon les grandeurs des personnes à 8 ou 10 cent. plus élevé que le genou, *v.* A.

Cela fait,

On aura à prendre la distance qu'il y a de A à J, pour reproduire cette même longueur sur la ligne d'abattage, du côté faible de A à X, et où le bout de la mesure aboutira dans le haut, on marquera un point, *v.* T. Comme on le voit, la ligne T paraît se reproduire plus haute que celle du côté fort, *v.* J ; cela est fin de ne pas donner moins de hauteur au côté faible qu'au côté fort.

Ensuite,

On procédera pour former le cintre de l'enfourchure du côté faible, qui s'obtient comme suit :

On partira de N, pour former son cintre, ayant soin de ne pas anticiper au-delà de la ligne qui fixe le devant sur le ventre, *v.* E ; on passera à environ 2 cent. de l'angle E, le faisant aboutir à T.

Ce qui détermine le cintre d'enfourchure du côté faible.

Ce qu'on aura soin d'observer, c'est de donner moins de longueur au cintre du côté faible qu'à celui du côté fort, ce qui s'obtient en creusant plus ou moins cette partie, et pour s'en rendre compte, on aura à mesurer la fourche du côté fort à partir de U aboutissant à J, et reproduire cette même mesure au côté faible également à partir de U aboutissant à T.

Cette longueur de U à T doit avoir environ 3/4 de cent. de moins que celle de U à J, cela pour prévenir un léger tendage que l'on fait éprouver par un surplus de longueur que l'on donne au sous-pont en le montant dans cette partie, ce qui fait bien et par cela égalise de longueur le côté faible avec le côté fort.

Car, dans le cas où l'on cintrerait trop cette partie du côté faible de E à S, et que l'on enlèverait trop d'étoffe de J à T, pour mieux faire joindre dans cette partie, cela occasionnerait à faire tourner en dedans la couture d'entre-jambes de la valeur trop rétrécie (1).

Le cintre de la fourche du côté faible prend à peu près le même écart du côté fort de S à E, que l'abattage du côté faible, *v.* J, T (2), il est préférable de le creuser moins de S à E.

Le cintre de la fourche du côté faible étant achevé, *v.* N, E, T,

On devra procéder, pour fournir un surplus de longueur au bas du côté de pantalon, vu que dans cette partie le dessus du pied se trouve plus bas qu'en dedans, ou le coude-pied domine ; pour cela, on aura à ajouter la valeur de 1 cent. en plus de longueur de côté, *v.* Y ; de là, on formera une raie partant de Y aboutissant à Z.

Comme si la personne préfère l'avoir moins long, on pourrait faire l'inverse, soit de raccourcir en dedans de la couture d'entre-jambes sans rallonger de côté ; par ce procédé, le pantalon casserait moins sur le coude-pied et prendrait moins de longueur derrière.

(1) Voir à la 2ᵉ partie de la 2ᵉ classe du pantalon, l'article et les détails pour éviter le tournage de la couture d'entre-jambes.

(2) Voir à la 2ᵉ partie de la 2ᵉ classe du pantalon, ce que produit de trop ou pas assez creuser la fourche du côté faible.

FIGURE 34.

Le tracé du devant étant achevé, *v.* fig. 33, on devra lui joindre le derrière.

Pour cela, on aura à fixer la hauteur de ce dernier, ce que l'on nomme hausse, et pour obtenir cette hauteur, on devra former un arc qui s'obtient comme suit :

C'est à partir de P, moitié de la demi-grosseur de taille, que l'on opère ; que le haut des devants se fasse large ou étroit, la moitié de la demi-grosseur de taille sera toujours le guide.

Pour cela,

On place une partie de la mesure sur le point de l'écart de la fourche J, que l'on tient sur ce point avec le pouce et l'index de la main gauche, on fait aboutir le bout de la mesure sur P, moitié de la demi-grosseur de ceinture, et, de la main droite, on prend avec le pouce et l'index, le bout de la mesure et un morceau de craie que l'on place sur P, et, partant de ce point, on fait pivoter la mesure et la craie, que l'on fait aboutir à 2 ou 3 cent. plus en arrière que la ligne d'aplomb O, *v.* U.

Par ce trajet, la craie forme l'arc P, U, sur lequel se fixera la hauteur de hausse.

Comme on le verra par les tracés formés par la mesure de hauteur de hausse, cet arc P, U, n'est pas toujours régulier de hauteur, selon les conformations. Tel que, pour un gros homme et pour une personne mince de taille et forte de derrière (1).

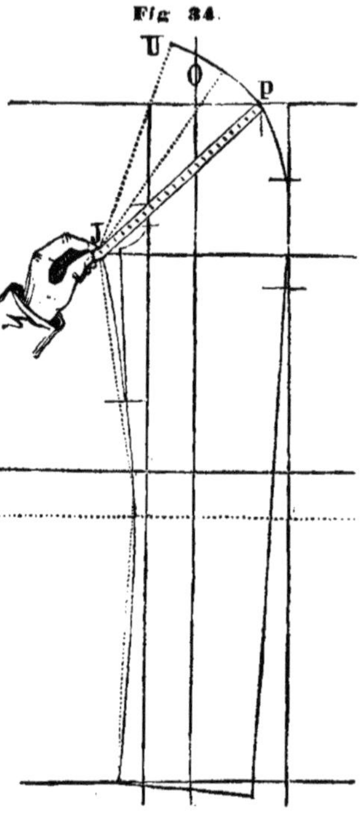

FIGURE 35.

HUITIÈME MESURE. -- *Renversement des hanches.*

L'arc qui détermine la hauteur de hausse étant fixé, *v.* P, U, fig. 34, on devra procéder pour la mesure de renversement de hanches, qui s'emploie comme suit :

Pour cela, on prendra avec la mesure la distance qu'il y a au devant de J à P, en ayant soin de maintenir la mesure à cette place, avec deux ou trois doigts, afin de lui faire former le contour de la fourche du côté fort.

On reportera le chiffre obtenu sur P de nouveau sur J, et où le chiffre de renversement de hanches aboutira sur la ligne supérieure, on marquera un point, *v.* D.

Exemple :

La mesure de renversement de hanches a donné 76 cent.; la distance de J à P en a pris 35 cent.; on reportera donc ce chiffre 35 sur J, et où le chiffre obtenu de la mesure de renversement de hanches, soit 76 cent., aboutira sur la ligne supérieure, on marquera un point, *v.* D.

Ce point D s'est fixé à cette place comme il aurait pu se fixer plus avant ou plus en arrière ; où que ce soit qu'il aboutisse sur cette ligne, on devra l'arrêter.

Deuxième emploi de la demi-grosseur de taille.

La mesure de renversement de hanches étant fixée, *v.* P, D,

On devra procéder, pour donner au derrière sa moitié de demi-grosseur de ceinture qui s'emploie comme suit :

Exemple : La demi-grosseur de ceinture a donné 36 cent., le devant de C. à P a pris 18 cent.; on aura donc à donner au derrière 18 cent., à partir de D.

Pour cela, on placera le chiffre 18 sur D, et où le bout de la mesure aboutira sur l'arc U, on marquera un point, *v.* B ; ce point B s'est fixé à cette place comme il aurait pu se fixer plus avant ou plus en arrière ; où que ce soit qu'il aboutisse sur cet arc, on devra l'arrêter. Ce point B étant fixé, on tirera une ligne partant de D, aboutissant sur B, ce qui détermine la demi-grosseur de ceinture.

Ne se servant pas pour ce tracé de la mesure de guide des largeurs de hanches détaillée fig 23 et 24, on aura à former une raie cintrée partant de D, aboutissant à V, pour se former un guide pour placer les largeurs de hanches.

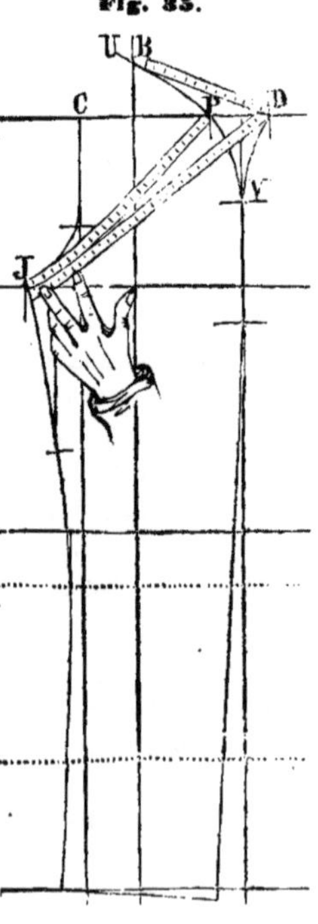

(1) Voir à la 3e partie de la 2e classe du pantalon, l'article et les détails de la mesure de hauteur de hausse.

FIGURE 36.

Le guide qui, à défaut de la mesure, détermine les largeurs des hanches étant fixé, v. D. V., fig. 35.

On aura à procéder pour la mesure de grosseur de hanches qui s'emploie comme suit :

Comme il est dit fig. 23 et 24, cette mesure doit se prendre de 4 à 7 centimètres plus bas que la taille naturelle A.

Pour le modèle ci-joint, la mesure a été prise à 4 centimètres plus bas que la taille naturelle.

On devra, pour l'employer au tracé, tirer deux lignes en travers, une sur le devant et l'autre sur le derrière.

Celle du devant, v. M, N, se placera en ligne directe au-dessous de C, P, à la même distance que la mesure a été prise sur le corps, à partir de la taille naturelle, et celle du derrière s'élèvera à 4 ou 5 centimètres plus haut que M, v. V, la faisant aboutir à la raie du devant, v. N.

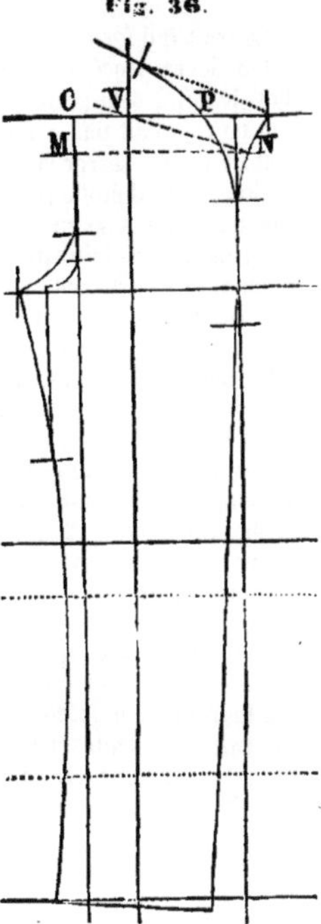

Fig. 36.

FIGURE 37.

NEUVIÈME MESURE. — *Grosseur de hanches.*

Ces lignes étant formées, v. M, N, et V, N, fig. 36,

On devra procéder pour employer ces grosseurs de hanches, ce qui se fait comme suit :

Pour cela on prendra la distance qu'il y a au devant de M à A, on portera le numéro obtenu de cette distance sur N, et où le chiffre de grosseur de hanches aboutira derrière sur la ligne N, V, on marquera un point, v. E.

Ce qui détermine par ce procédé la grosseur de hanches.

Cette division de largeur de hanches se fait avec plus de régularité pour toutes les tenues, en se servant de la mesure de guide des largeurs de hanches, détaillée à la page 96 (1).

Deuxième emploi de la demi-grosseur de bassin.

La mesure de grosseur de hanches étant fixée pour le devant, v. M, A, et pour le derrière, v. N, E, on devra procéder pour diviser les largeurs de bassin.

Ce qui se fait comme suit :

On aura pour cela à tirer une ligne directe en travers à un seizième (de la demi-grosseur de bassin) plus élevé, v. U, S, que la ligne de hauteur d'entrejambes, v. H.

Ce point U va nous servir pour fixer le creusage du derrière pour cette forme de pantalon.

On ne se sert pas pour ce modèle de la demi-grosseur du bassin, vu qu'elle se trouve employée par le derrière et le devant qui sont d'égale largeur à cette place, v. U, S.

Il n'en serait pas de même si le devant était plus étroit de côté que le derrière; cela exigerait une application de la mesure de demi-grosseur de bassin, comme on le verra au prochain tracé.

Le point qui fixe le creusage du derrière étant placé, v. U, on aura à procéder pour donner la forme totale du derrière.

Ce qui se fait comme suit :

On partira de B, haut de la hausse et demi-grosseur de ceinture; on passera sur E, demi-grosseur de hanches; on continuera sur U, demi-grosseur de bassin; de là on fera produire un cintre assez prononcé au bas du derrière, et on aboutira à J, écart de la fourche du pantalon. Ce qui détermine pour ce modèle la fourche du derrière de pantalon. (2)

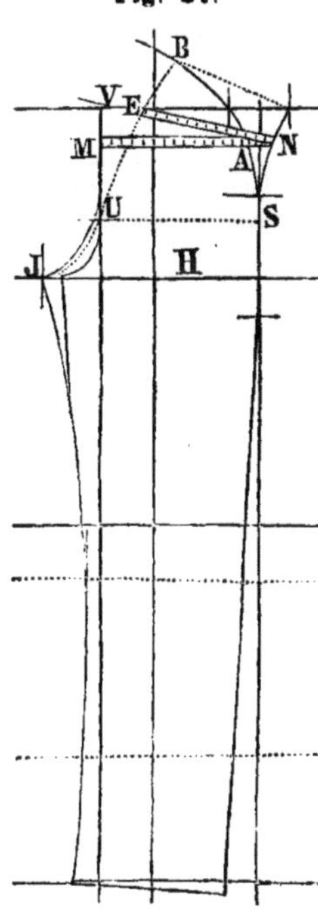

Fig. 37.

<hr>

(1) Voir à la 4e partie de la 2e classe du pantalon l'article et les détails de la mesure de guide des largeurs de hanches.

(2) Voir à la suite des tracés de la 1re classe un surplus de largeur que l'on joint dans cette partie, selon la fantaisie de quelques personnes.

FIGURE 38.

Le trait qui forme le creusage du derrière étant fixé, *v.* B, E, U, J, fig. 37,

On devra procéder pour fournir un surplus de largeur au côté du derrière dans le haut, cela pour prévenir à un serrage de boucle qui occasionnerait, si l'on ne rajoutait pas à faire trop serrer le pantalon sur les hanches, et lui produirait aussi à serrer sur le ventre, ce qu'il faut éviter.

Ce rajouté d'étoffe peut se faire de 3 à 5 cent., selon que les personnes aiment plus ou moins à se serrer la taille.

Le modèle ci-joint prend 4 centimètres de V à 1, comme un gros homme et un enfant qui n'aiment pas se serrer prendront moins de largeur de V à 1, et pour donner ces largeurs on partira de D, passant à 1, aboutissant sur la ligne du genou, *v.* F, en faisant prendre à ce rajouté une rondeur douce.

La mesure de grosseur de cuisse, prise du côté faible, se rencontre souvent d'égale largeur avec la moitié de la demi-grosseur de bassin et son sixième qu'on lui ajoute en plus pour son écart. Comme on l'a vu, fig. 29, la mesure de cuisse, prise du côté faible, se trouve pour ce tracé d'égale largeur avec ces proportions; mais comme on enlève de l'étoffe à la fourche du côté faible, *v.* J, T, fig. 33, pour dessiner ses formes, cela rétrécit la largeur de cuisse, qui se trouve compensée pour ses largeurs par le surplus que l'on rajoute au côté du derrière, de II à U (1).

Ce surplus de largeur, ajouté au côté de H à U, fournit aussi un surcroît d'étoffe pour le côté fort, ce qui fait bien à la fourche, en masquant la partie forte.

On voit que, par ce procédé, il est inutile de rajouter un surplus de largeur à la fourche pour le côté fort; il se trouve suffisamment large; l'étoffe que l'on pourrait lui fournir en plus ferait mal et détruirait l'aplomb dans cette partie, vu que cette place fixe totalement nos largeurs de côté et de hanches, et que l'on ne doit rien lui ajouter.

C'est pour cela que l'on ne doit jamais prendre une mesure de grosseur de bassin trop large, qui par ses proportions ragrandirait les fourches.

FIGURE 39.

Le rajouté des hanches étant fixé, *v.* D, I, U, F, fig. 38,

On devra procéder pour une ou deux pinces que l'on pratique parfois au haut du derrière de pantalon et selon la force des hanches. Ces pinces servent pour prévenir un serrage de boucle, qui détruirait la largeur des hanches si l'on ne pratiquait pas ainsi. Le modèle ci-joint n'en prendra qu'une; elle se placera à la distance de 4 ou 5 cent. de D, *v.* A; on la pratiquera de 1 ou 2 cent. de large, selon que la personne aime plus ou moins à se serrer la taille, sur 4 ou 5 cent. de long au plus, car de la descendre plus bas que la place où la mesure de grosseur de hanche a été prise, cela rétrécirait le fort de la hanche, ce qu'il faut éviter (2). On ne rendra nulle part cette étoffe enlevée par la pince, ni derrière, *v.* B, ni du côté, *v.* D.

Comme on le sait, pour fixer ses largeurs de ceinture, on se sert au tracé de la mesure de grosseur de taille prise desserrée, comme il est détaillé fig. 25; c'est pour cela que l'on peut pratiquer un pinçon, qui la rapprochera de la mesure serrée, car de lui rendre l'étoffe que le pinçon vient de faire perdre ne ferait que porter un amas d'étoffe, derrière *v.* B, par le serrage de la boucle, de cette valeur, et même plus si l'on se serre par trop; ce qui devient désagréable pour les personnes qui n'aiment pas avoir un amas d'étoffe derrière.

La pince étant pratiquée au haut des hausses, *v.* A, on devra procéder, pour ajouter un surplus d'étoffe pour les coutures, vu que le pantalon n'a été coupé que juste à ses largeurs; ce qui le rendrait trop étroit si l'on ne rajoutait pas un surplus d'étoffe.

Ce rajouté prendra la valeur des coutures qui doivent être faites selon les étoffes. Le modèle ci-joint prendra un centimètre de chaque côté, ce qui permettra de faire les coutures d'un demi-centimètre de large, sans rien détruire aux largeurs prises du pantalon.

Donc, un centimètre s'ajoutera au derrière à la couture d'entre-jambes, *v.* N, T, P, R, et un centimètre au derrière, à la couture de côté, *v.* D, K, L, M.

Les coutures ajoutées terminent le tracé de ce pantalon, et comme il est aussi

(1) Voir au prochain tracé l'emploi de la mesure de grosseur de cuisse qui fixe les largeurs de chaque côté.
(2) Voir à la suite du modèle-école les détails sur des pinces plus fortes.

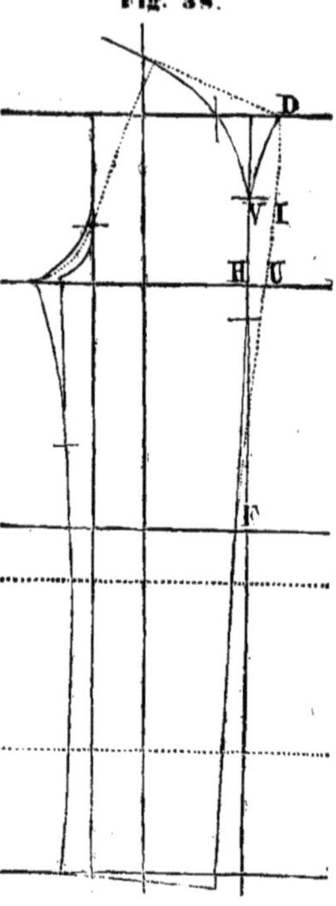

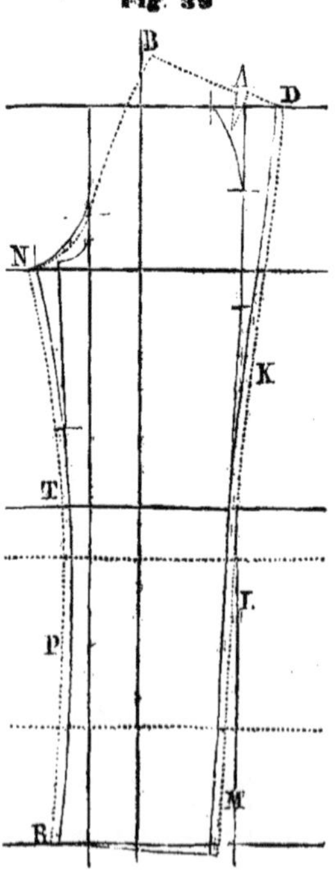

large du devant que du derrière dans le bas, on ne lui pratiquera aucun tendage; il se bâtira à plat; la ligne du genou sera le guide du montage pour le dedans et le côté de ce pantalon, afin de ne pas le tourner en le montant.

DEUXIÈME MANIÈRE DE TRACER LE PANTALON:

FIGURE 40.

Le tracé de pantalon dont le devant et le derrière sont d'égale largeur dans les jambes ainsi qu'à la fourche étant achevé, v. fig. 39,

On devra procéder pour une variation de forme. Tel que de donner de côté et en dedans un devant plus étroit que le derrière, comme on lui donnera aussi moins de largeur de fourche au devant pour lui rendre au derrière.

Ce tracé s'obtiendra par les mêmes mesures que celui ci-avant détaillé, il n'aura de différence que de rétrécir le devant pour rélargir le derrière.

Et pour l'obtenir on procédera comme suit :

On commencera son tracé comme l'indiquent les fig. 26, 27, et 28, sans aucunes variations.

Lorsque la fig. 28 sera tracée, on procédera pour le changement de fourche qui s'obtient comme suit ;

Comme on l'a vu fig. 28, on a donné le 1/6e de la demi-grosseur de bassin pour fixer l'écart de la fourche, v. J, E, mais comme l'on aime généralement à être tenu et à l'aise dans cette partie pour dessiner les formes, on doit pour cela rétrécir l'écart du devant, ce qui se fait de 1 ou de 2 cent. ou plus; le modèle ci-joint prend 1 cent. et demi de rétrécissage de J à S, différence que l'on doit rendre au derrière.

Ce rétrécissage de J à S étant achevé, on devra procéder pour former le cintre de l'écart de la fourche du côté fort, et pour l'obtenir on procédera comme suit:

On prendra la distance qu'il y a de J à E (comme il est détaillé fig. 30). On placera le chiffre obtenu de cette distance sur l'angle E, et où le bout de la mesure aboutira dans le haut, on marquera un point, v. U. Ce point U étant fixé, on devra procéder pour donner de l'aisance au côté fort, vu que l'on a pour habitude de ne porter que d'un seul côté, cela pour ne pas blesser les parties et afin d'obtenir cette aisance, on procédera comme suit :

Pour cela, on élèvera un point de 4 à 8 cent. au-dessus de U, v. M, et selon les âges, 4 cent. s'emploiera pour les jeunes gens, comme 8 cent. s'emploiera pour les hommes faits (1).

Le modèle ci-joint prend 6 cent. de plus élevé que U, v. M.

Ce point M étant fixé, on partagera la distance qu'il y a de M à E, et à la moitié obtenue, on marquera un point, v. N, et de ce point N, on en formera une raie droite partant de N, aboutissant à S, rétrécissage d'écart. Cette ligne, N, S étant formée, on devra procéder pour former son cintre, qui partira de M, le faisant aboutir au milieu de la ligne N, S, v. B.

Ce qui détermine le creusage de la fourche du côté fort, v. M, B, S.

FIGURE 41.

De procéder ainsi pour donner plus de largeur à la partie forte, cela a rétréci l'écart de J à S, fig. 40, ce qui occasionne à faire produire des fronces au derrière du pantalon au-dessous de la fourche, v. E, de la différence que le cintre du côté fort, v. M, B, S, fig. 40, est plus redressé que celui de la fig. 30; mais comme il est préférable de laisser de l'aisance à la partie forte, on supporte généralement ces fronces au derrière du pantalon; fronces qui, réellement forcent de toucher le devant de pantalon à la fourche de la personne, ce qui facilite pour enjamber ou faire des armes.

Et pour les éviter, il conviendrait de rendre de la pointe au derrière du pantalon de la différence que le cintre de la fourche, de M à U, fig. 40, se redresse en plus de celui détaillé, fig. 30, ce qui détruirait les fronces occasionnées au derrière.

De procéder ainsi, rend l'aisance à la fourche du pantalon en faisant produire un surplus de largeur désagréable à voir au devant qui ne se trouve plus retenu par une fourche plus courte, ce qui ne doit pas être.

(1) Voir à la 5e partie de la 2e classe du pantalon, l'article de la fourche pour les personnes qui portent des supports.

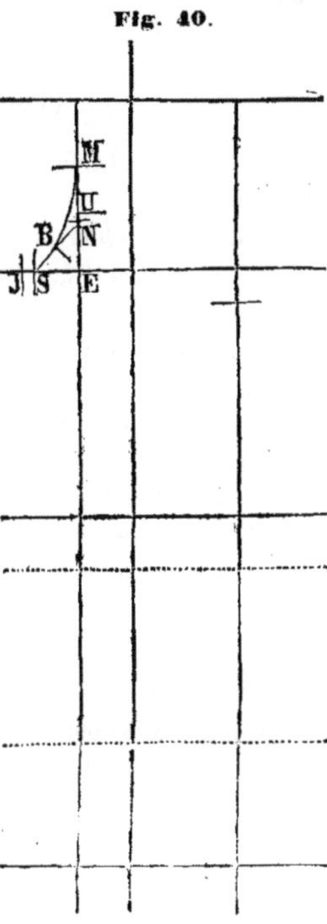

Fig. 40.

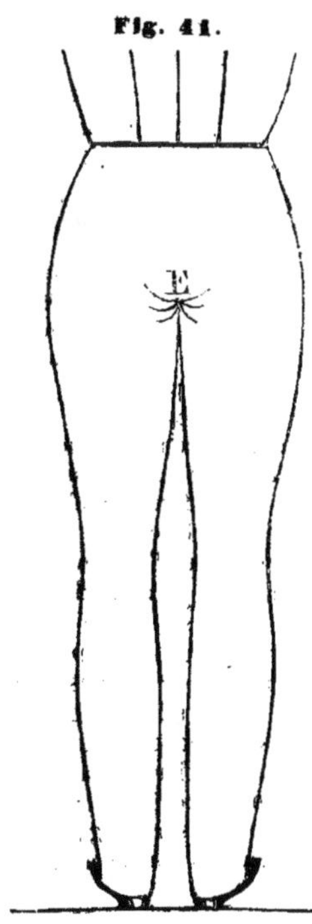

Fig. 41.

FIGURE 42.

MESURE DE GROSSEUR DE GENOU.

Le cintre de l'enfourchure du devant du côté fort étant fixé, *v.* M, B, S, fig. 40,

On devra procéder pour la mesure de grosseur de genou qui s'emploiera comme il est détaillé fig. 30.

Savoir :

On prendra la moitié de la demi-grosseur de genou, on placera le chiffre obtenu de cette moitié au centre de la ligne d'aplomb O, et sur la ligne T, et où le bout de la mesure aboutira en dedans de la cuisse, on marquera un point, *v.* R, et de ce point R, on en formera une raie d'équerre aboutissant à celle du genou, *v.* L; on devra aussi la continuer dans le bas à 8 ou 12 cent. plus bas que R, pour fixer nos largeurs de mollet.

La moitié de la demi-grosseur de genou étant fixée pour le dedans de la cuisse, *v.* R,

On devra procéder pour la largeur que l'on voudra donner dans le bas du pantalon, ce qui se fait comme suit :

On prendra toujours pour guide la ligne d'aplomb O, pour diviser les largeurs de chaque côté.

Exemple :

On veut donner 44 cent. de largeur dans le bas de ce pantalon.

Il prendra donc, comme l'indique la fig. 30, 22 cent. en dedans et 22 cent. de côté.

Mais voulant donner moins de largeur au devant qu'au derrière,

On procédera comme suit :

La demi-largeur prend 22 cent. On veut employer pour le devant 8 cent. ou plus ou moins, le modèle ci-joint prend 8 cent. On placera donc le chiffre 8 sur la ligne d'aplomb O, et où le bout de la mesure aboutira, en dedans sur la ligne G qui détermine les longueurs, on marquera un point, *v.* Z.

Ce qui fixe la largeur que l'on a voulu donner en dedans au bas du devant de pantalon.

MESURE DE DEMI-GROSSEUR DE CEINTURE.

La largeur du bas du devant de pantalon en dedans étant fixée, *v.* Z,

On devra procéder pour les largeurs de côté, et pour cela nous commencerons par fixer la demi-grosseur de ceinture, qui s'emploiera comme suit pour ce modèle :

On devra partager la demi-grosseur de ceinture; on placera le chiffre obtenu de cette moitié sur C, ligne supérieure, et où le bout de la mesure aboutira sur cette ligne, on marquera un point, *v.* P, et comme il est dit fig. 34, ce sera toujours de ce point P que l'on partira pour former son arc qui fixe la hauteur de hausse.

La moitié de la demi-grosseur de taille étant fixée, *v.* C, P, on procédera pour rétrécir le devant, soit de 1, de 2 ou de 3 cent., selon le goût ou la fantaisie.

Le modèle ci-joint prend 1 cent. 1/2 de rétrécissage de moitié de demi-grosseur de ceinture de P à A, différence que l'on devra rendre au derrière.

La demi-grosseur de ceinture étant rétrécie de P à A, on devra procéder pour le rétrécissage de la grosseur de cuisse, qui se fait également selon le goût ou la fantaisie, de 1, de 2 ou de 3 cent.

Le modèle ci-joint prend 1 cent 1/2 de rétrécissage de H à U, différence que l'on devra rendre au derrière.

La grosseur de cuisse étant rétrécie de H à U, on devra procéder pour les largeurs du bas des devants de côté, ce qui se fait selon le goût ou la mode, et selon que l'on veut plus ou moins faire avancer la couture de côté sur le coude-pied.

On emploiera, à partir de la ligne d'aplomb O, 6, 7 ou 8 cent. pour le bas du côté de pantalon. Le modèle ci-joint prend 6 cent.; on placera donc le bout de la mesure sur la ligne d'aplomb O, et où le chiffre 6 aboutira de côté sur la ligne G qui détermine les longueurs, on marquera un point, *v.* Y, ce qui fixe la largeur que l'on a voulu donner au bas du côté du devant de pantalon.

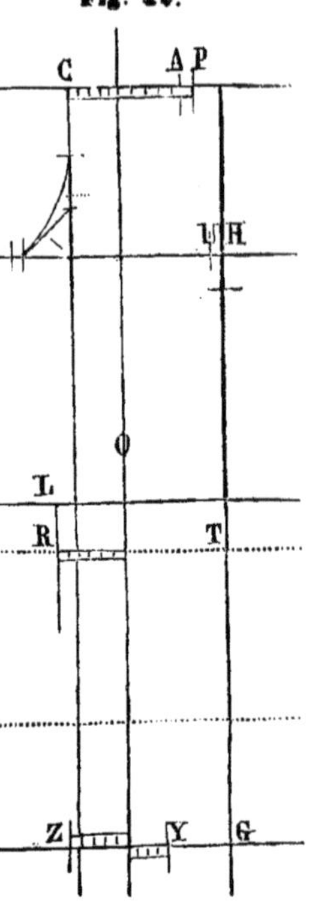

FIGURE 43.

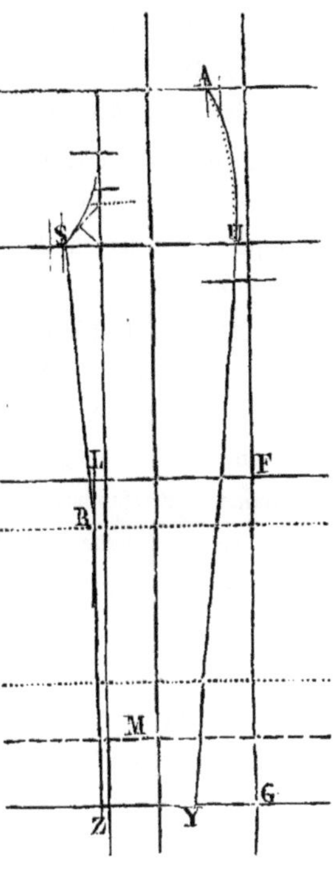

La largeur du côté du devant de pantalon dans le bas étant fixée, *v.* Y, fig. 42,

On aura à former les lignes pour déterminer les devants, ce qui se fait comme suit :

Pour le dedans,

On tirera une ligne droite à partir de R, aboutissant à S ; on en tirera une deuxième de Z à R ; ce qui détermine l'entre-jambes du devant de pantalon.

Comme on le voit, de pratiquer la ligne droite de R à S, et, quoique ayant rétréci la fourche, cela laisse encore un surplus de largeur au genou, *v.* L, sur la ligne du genou, *v.* F, place où la mesure a été prise sur le corps, et, comme il est dit fig. 31, ce surplus de largeur, *v.* L, convient dans cette partie pour prévenir à une grosseur de genou prise sans caleçon et devant se porter avec, ou à un bas ou un caleçon refoulé à cette place, ou enfin à une mesure de genou prise plus bas que le fort du genou.

Les lignes qui déterminent l'entre-jambes des devants de pantalon étant formées, *v.* R, S et Z, R,

On devra procéder pour la ligne qui détermine les côtés des devants.

Pour cela,

On tirera une ligne droite de Y, aboutissant à U, largeur que l'on a voulu donner au haut de la cuisse du devant de pantalon.

La ligne qui détermine les côtés des devants étant fixée, *v.* Y, U,

On devra procéder pour former le côté du haut des devants, qui s'obtient comme suit :

C'est à partir de A (rétrécissage de la moitié de demi-grosseur de ceinture) que l'on part pour former une ligne arrondie, que l'on fait aboutir sur U.

On aura soin de lui faire prendre une pente douce, afin qu'elle s'accorde avec la ligne qui détermine les côtés de Y à U (voir la ligne pointée de A à U).

La ligne qui détermine les côtés des devants étant fixée, *v.* A, U, Y,

On devra procéder pour former dans le bas une ligne en travers, *v.* M, qui prendra la distance de 9 à 12 c. plus élevé que la ligne G, qui détermine les longueurs.

Cette ligne nous servira pour fixer nos cambrures de bas de pantalon, comme on le verra fig. 44.

Donc,

Un enfant prendra 9 cent. de M à la ligne G, comme un gros pied prendra de 10 à 12 cent.

Le modèle ci-joint prend 10 cent.

Comme on le voit, cette distance de M à la ligne G varie de hauteur, selon que la personne aime avoir le pied plus ou moins couvert, ce qui facilite à obtenir plus ou moins de cambrure.

14

FIGURE 44.

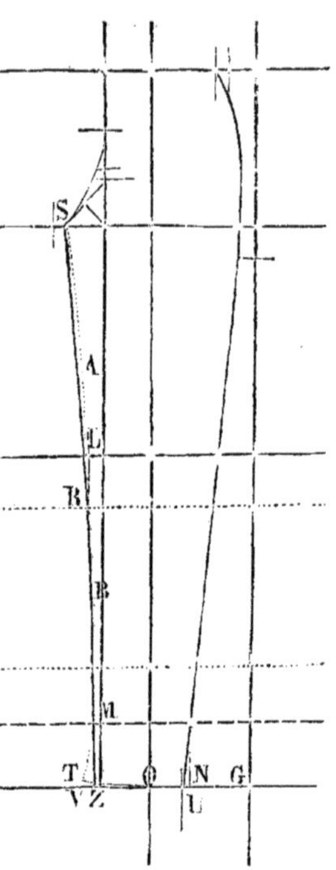

La ligne qui détermine dans le bas la hauteur de la cambrure étant fixée, *v*. M, fig. 43,

On devra procéder pour former un cintre à la couture d'entre-jambes, cela pour adoucir les lignes droites qui la déterminent, et, pour obtenir ce cintre, on partira de S, aboutissant à R, pour le haut de la cuisse, sans anticiper dans la largeur du genou, *v*. L ; on continuera ce cintre à partir de R jusqu'à la ligne M, et, de ce point M, on ressortira le cintre de 1 cent. 1/2 de la ligne Z, *v*. V.

Cette cambrure de Z à V sert pour les tendages que l'on pratique dans cette partie, pour faciliter à faire couler le pantalon sur le pied.

Comme l'indique la fig. 31, on devra, en formant la ligne cintrée qui détermine l'entre-jambes du pantalon, lui faire prendre environ 1 cent. de distance de la ligne droite pour le milieu de la cuisse, *v*. A, et environ 3/4 de cent. pour le milieu de la jambe, *v*. B (voir la ligne de cintre pointée).

Le cintre qui détermine l'entre-jambes du dedans du pantalon étant formé, *v*. A, R, B, M, V,

On devra procéder pour la cambrure que l'on doit donner au bas du côté, ce qui se fait comme suit :

On aura, à partir de la ligne M, à ajouter 1 cent. seulement pour le bas du côté, *v*. N.

Cela fait,

On devra abattre 1 cent. en dedans au-dessus de V, *v*. T, faisant aboutir cet abattage dans le bas à 2 ou 3 cent. plus avant que la ligne d'aplomb O, en lui donnant une forme légèrement arrondie.

On raccourcit le pantalon de T à V, provenant du coude-pied, qui se trouve plus élevé en dedans que de côté, ce qui permet de laisser plus de longueur au côté qu'en dedans, vu que le côté reste fixé sur la ligne G, qui détermine les longueurs.

Comme on le sait, on a donné 1/2 cent. de plus de largeur à la cambrure du devant de Z à V qu'à celle du côté, *v*. N ; cela est afin de conserver les largeurs du devant de O à T.

Car, si l'on n'eût donné en dedans qu'un cent. de cambrure, comme on l'a fait au côté, le raccourcissage que l'on fait éprouver au coude-pied de T à V lui aurait rétréci ses largeurs, ce qui ne doit pas être, et, quoique raccourci de T à V, il lui reste encore un surplus de largeur qui va se perdre par la cambrure du dedans, que l'on fait plus forte que celle du côté, vu que cette partie de T à O prend plus de largeur que celle du côté de O à N.

Donc,

Le tendage du dedans conduira T sur V, comme celui du côté fera baisser N jusqu'à U, fixé à 1 cent. plus bas, ce qui maintient toujours plus de longueur au côté qu'en dedans.

(Voir, à la fig. 57, l'explication de ce tendage.)

FIGURE 45. 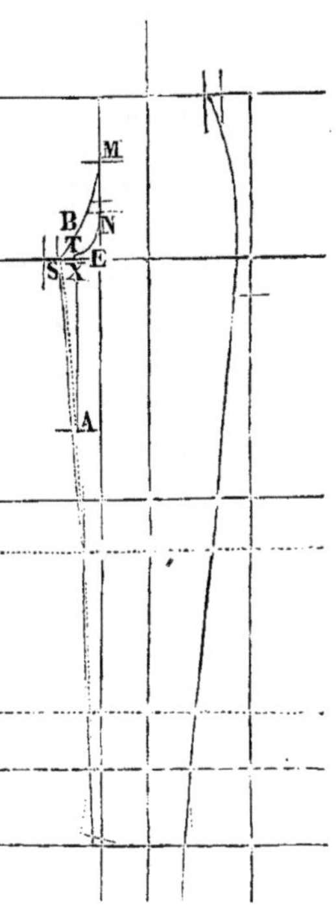

Le cintre pour la cambrure du côté étant achevé, *v.* N, fig. 44,

On devra procéder pour enlever de l'étoffe du côté faible à la fourche du pantalon, et pour cela, on procédera comme suit :

On aura à rétrécir l'écart du côté faible de 1 à 3 cent. à partir de S, *v.* X; cela se fait par degrés, selon les âges; 1 cent. ne s'emploie que pour les jeunes gens, et 3 cent. ou plus pour homme fait. Le modèle ci-joint prendra 3 cent. de S à X.

Ce point X étant fixé, on en formera une raie légèrement cintrée, aboutissant sur la ligne déjà formée à l'entre-jambes pour le côté fort; on l'arrêtera, selon les grandeurs des personnes, à 8 ou 10 cent. plus élevé que le genou, *v.* A.

Cela fait,

On aura à prendre la distance qu'il y a de A à S, pour reproduire cette même longueur sur la ligne d'abattage du côté faible de A à X, et où le bout de la mesure aboutira dans le haut, on marquera un point, *v.* T. Comme on le voit, la ligne T paraît se reproduire plus haute que celle du côté fort, *v.* S; cela est afin de ne pas donner moins de hauteur au côté faible qu'au côté fort.

Ensuite,

On procédera pour former le cintre de l'enfourchure du côté faible, qui s'obtient comme suit :

On partira de N, moitié de la distance qu'il y a de M à E, pour former son cintre, ayant soin de ne pas anticiper au-delà de la ligne qui fixe le devant sur le ventre, *v.* E; on passera à environ 2 cent. de l'angle E, le faisant aboutir à T, point de rétrécissage du côté faible.

Ce qui détermine le cintre d'enfourchure du côté faible.

Ce qu'on aura soin d'observer, c'est de donner moins de longueur au cintre du côté faible qu'à celui du côté fort, ce qui s'obtient en creusant plus ou moins cette partie; et, pour s'en rendre compte, on aura à mesurer la fourche du côté fort à partir de M, aboutissant à S, et reproduire cette même mesure au côté faible, également à partir de M, aboutissant à T.

Comme il est dit fig. 33, cette longueur de M à T doit avoir environ 3/4 de cent. de moins que celle de M à S, cela pour prévenir à un léger tendage que l'on fait éprouver par un surplus de longueur que l'on donne au sous-pont, en le montant dans cette partie, ce qui fait bien, et par cela égalise de longueur le côté faible avec le côté fort.

Car, dans le cas que l'on cintrerait trop cette partie du côté faible de B à E, et que l'on enlèverait trop d'étoffe de S à T, pour mieux faire joindre dans cette partie, cela occasionnerait à faire tourner en dedans la couture d'entre-jambes du côté faible de la valeur trop rétrécie (1).

Le cintre de la fourche du côté faible prend à peu près le même écart du côté fort de B à E que l'abattage du côté faible de S à T (2). Il est préférable de le creuser moins de B à E.

<hr>

(1) Voir, à la 2e partie de la 2e classe du pantalon, l'article et les détails pour éviter le tournage de la couture d'entre-jambes.

(2) Voir, à la 2e partie de la 2e classe du pantalon, ce que produit de trop ou pas assez creuser la fourche du côté faible.

FIGURE 46.

Le tracé du devant étant achevé par le cintre de la fourche du côté faible,
v. N, E, T, fig. 45,

On devra lui joindre le derrière.

Pour cela, on aura à fixer la hauteur de ce dernier, ce que l'on nomme
hausse, et pour obtenir cette hauteur on devra former un arc qui s'obtient
comme il est détaillé fig. 34, savoir :

On place une partie de la mesure sur le point de l'écart de la fourche J, que
l'on tient sur ce point avec le pouce et l'index de la main gauche et non sur le
point S, rétrécissage d'écart du côté fort, on fait aboutir le bout de la mesure
sur P, moitié de la demi-grosseur de ceinture prise desserrée, et non sur le point
A, rétrécissage du haut du devant, et de la main droite on prend avec le pouce
et l'index le bout de la mesure et un morceau de craie que l'on place sur P, et
partant de ce point on fait pivoter la mesure et la craie que l'on fait aboutir à
2 ou 3 cent. plus en arrière que la ligne d'aplomb O, v. U.

Par ce trajet la craie forme l'arc P, U, sur lequel se fixera la hauteur de
hausse.

Comme il est dit fig. 34, cet arc P,U n'est pas toujours régulier pour fixer les
hauteurs de hausse, selon les conformations. Tel que pour un gros homme et
une personne mince de taille et forte de hanches qui le font varier de hauteur.
à cela la mesure de hauteur de hausse détaillée pour sa prise, fig. 23 et 24, est
préférable (1).

FIGURE 47.

MESURE DE RENVERSEMENT DE HANCHES.

L'arc qui détermine la hauteur de hausse étant fixé, v. P,U. fig. 46,

On devra procéder pour la mesure de renversement de hanches qui s'emploie
comme suit :

Pour cela on prendra avec la mesure la distance qu'il y a de J à A, et non de
S, rétrécissage de fourche, en ayant soin de maintenir la mesure à cette place
avec 2 ou 3 doigts (comme il est détaillé fig. 35), afin de lui faire former le contour
de la fourche du côté fort.

On reportera le chiffre obtenu de J à A, de nouveau sur J, et où le chiffre de
renversement de hanches aboutira sur la ligne supérieure on marquera un point,
v. D. Ce point D s'est fixé à cette place, comme il aurait pu se fixer plus avant
ou plus en arrière; où que ce soit qu'il aboutisse sur cette ligne on devra
l'arrêter.

Ce point D étant fixé, on aura à en former un arc de 3 à 4 cent. dans le bas,
v. V, qui nous servira pour régulariser de hauteur le côté du derrière avec celui
du devant. Cela se fait ainsi lorsque l'on coupe le haut des devants plus étroits
que la moitié de la demi-grosseur de ceinture et aussi pour les derrières très
forts ; et pour obtenir cet arc, on procédera comme suit :

On place une partie de la mesure sur le point J, que l'on tient sur ce point
avec le pouce et l'index de la main gauche, on fait aboutir le bout de la mesure
sur D, point de renversement de hanches, et de la main droite on prend avec le
pouce et l'index le bout de la mesure et un morceau de craie que l'on fait aboutir dans le bas à 3 ou 4 cent. de D, v. V.

Comme on le voit, ce modèle paraît plus renversé de côté, v. D, que celui
détaillé fig. 35. Cela provient du rétrécissage que l'on a fait éprouver au devant
de A à P, que l'on est obligé de rendre au derrière, car le renversement est le
même.

DEUXIÈME EMPLOI DE LA DEMI-GROSSEUR DE CEINTURE.

La mesure de renversement de hanches étant fixée, v. A, D,

On devra procéder pour employer au derrière sa grosseur de ceinture prise
desserrée.

Pour cela, on prendra la distance qu'il y a au devant de C à A, rétrécissage
du devant, on placera le chiffre obtenu de cette distance sur D, et où le chiffre
obtenu de la mesure de demi-grosseur de taille prise desserrée aboutira sur
l'arc U, on marquera un point, v. B. Ce point B s'est fixé à cette place, comme
il aurait pu se fixer plus avant ou plus en arrière; où que ce soit qu'il aboutisse
sur cet arc on devra l'arrêter.

Ce point B étant fixé, on tirera une ligne droite partant de D, aboutissant sur
B, ce qui détermine la demi-grosseur de ceinture.

(1) Voir à la 3e partie de la 2e classe du pantalon, l'article et les détails de la mesure de hauteur
de hausse.

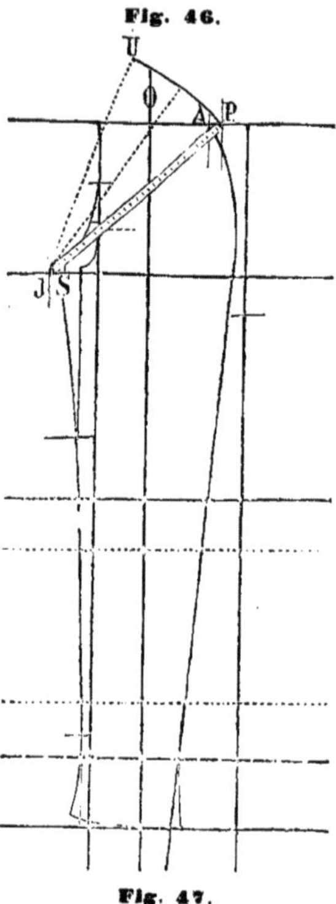

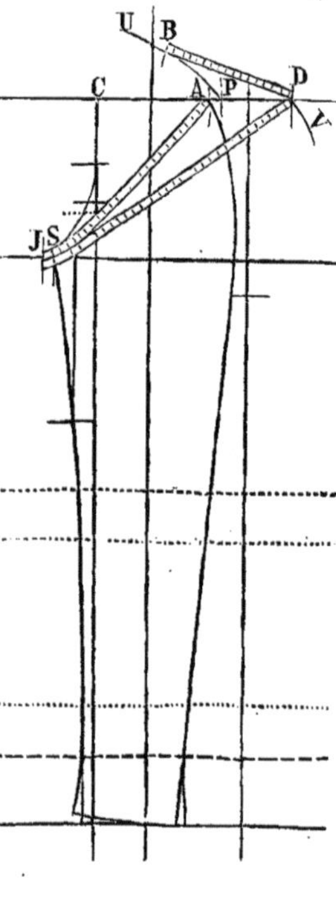

FIGURE 48.

La mesure de grosseur de ceinture prise desserrée étant fixée pour le derrière, *v.* **D, B,** fig. 47,

On devra procéder pour la mesure de guide des largeurs de hanches détaillée pour sa prise, fig. 23 et 24.

Et pour l'employer on procédera comme suit :−

Comme il est dit fig. 23 et 24, cette mesure doit se prendre de 4 à 7 cent. plus bas que la taille naturelle **A,** pour le modèle ci-joint la mesure a été prise à 4 cent. plus bas que la taille naturelle.

On devra, pour l'employer au tracé, tirer deux lignes en travers, une sur le devant et l'autre sur le derrière.

Celle du devant, *v.* **M, N,** se placera en ligne directe au-dessous de **C, P,** à la même distance que la mesure a été prise sur le corps à partir de la taille naturelle, et celle du derrière s'élèvera à environ 4 ou 5 cent. plus haut que **M,** *v.* **V,** la faisant aboutir à la raie du devant, *v.* **N.**

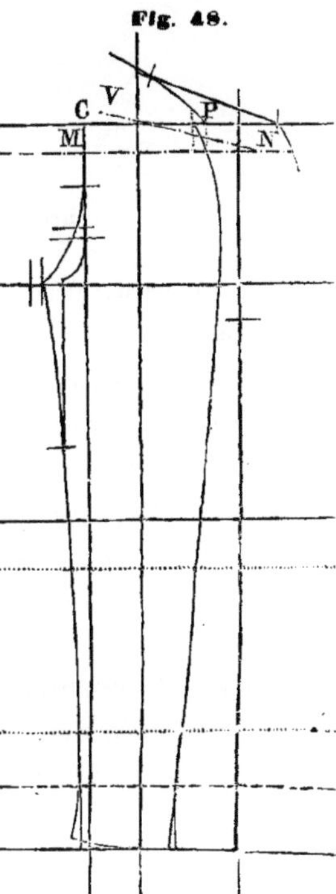

FIGURE 49.

Dixième mesure.

MESURE DE GUIDE DES LARGEURS DE HANCHES.

Ces lignes étant formées, *v.* **M, N,** et **V. N,** fig. 48,

On devra procéder pour employer la mesure de guide des largeurs de hanches, ce qui se fait comme suit :

Pour cela, on prendra avec la mesure la distance qu'il y a de **J** à **F,** largeur que l'on a voulu donner au devant, et non de **S,** rétrécissage de fourche, en ayant soin de maintenir la mesure à cette place avec 2 ou 3 doigts, afin de lui faire former le contour de la fourche du côté fort (comme il est détaillé pour la mesure de renversement de hanches, fig. 47); on reportera le chiffre obtenu de **J** à **F** de nouveau sur **J,** et, où le chiffre obtenu de la mesure de guide des largeurs de hanches aboutira sur la ligne **M, N,** on marquera un point, *v.* **T.**

Exemple : la mesure de guide des largeurs de hanches a donné 72 c.; la distance de **J** à **F** a pris 32 cent. 1/2 ; on reportera donc ce chiffre de 32 cent. 1/2 de nouveau sur **J,** et, où le chiffre obtenu de la mesure de guide des largeurs de hanches, soit 72 cent., aboutira sur la ligne **M, N,** on marquera un point, *v.* **T.**

Ce point **T** s'est fixé à cette place comme il aurait pu se fixer plus avant ou plus en arrière, selon la force des hanches de chacun qui le font varier de place ; où que ce soit qu'il aboutisse sur la ligne **M, N,** on devra l'arrêter.

Ce point **T** étant fixé, on aura à en former un arc de 2 à 3 cent. dans le bas, *v.* **L,**

Et, pour l'obtenir, on procédera comme il est détaillé à celui du renversement des hanches, fig. 47.

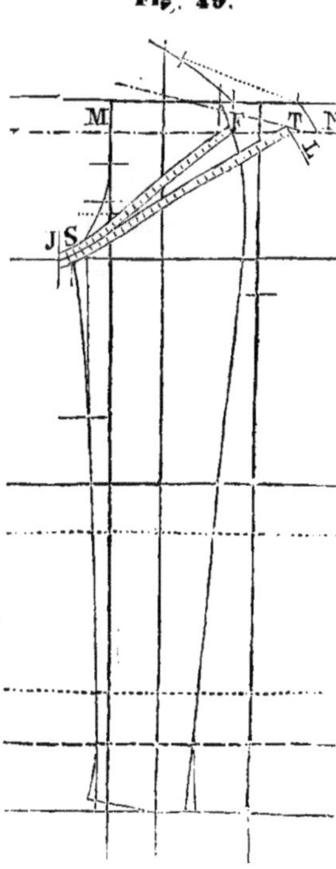

FIGURE 50.

Fig. 50.

MESURE DE GROSSEUR DE HANCHES.

La mesure de guide des largeurs de hanches étant fixée, *v.* F, T, fig. 49,

On devra procéder pour employer la grosseur des hanches.

Ce qui se fait comme suit :

Pour cela, on prendra la distance qu'il y a au devant de **M** à **A**, rétrécissage du devant; on portera le numéro obtenu de cette distance sur **T**, point fixé par la mesure de guide des largeurs de hanches, et, où le chiffre de grosseur de hanches aboutira derrière sur la ligne **N, V**, on marquera un point, *v.* **E**.

Ce point **E** s'est fixé à cette place comme il aurait pu se fixer plus avant ou plus en arrière; où que ce soit qu'il aboutisse sur cette ligne, on devra l'arrêter : c'est la force des hanches qui le guide.

Ce qui détermine la grosseur des hanches.

MESURE DE GROSSEUR DE BASSIN.

La mesure de grosseur de hanches étant fixée pour le devant, *v.* **M, A**, et pour le derrière, *v.* **T, E**,

On devra procéder pour diviser les largeurs de bassin, ce qui se fait comme suit :

On aura pour cela à tirer une ligne directe en travers à 1/6 (de la demi-grosseur de bassin) plus élevée, *v.* **U, S** que la ligne de hauteur d'entre-jambes, *v.* **H**, comme il est détaillé fig. 37.

Cette ligne étant formée, on prendra la distance qu'il y a de **U**, ligne qui fixe le devant sur le ventre, à **I**, largeur que l'on a voulu donner au devant.

On reportera le numéro obtenu de cette distance de nouveau sur **U**, et, où le chiffre obtenu de demi-grosseur de bassin aboutira sur la ligne **U, S**, on marquera un point, *v.* **G**.

Ce qui détermine la demi-grosseur de bassin.

MESURE DE GROSSEUR DE CUISSE.

La mesure de grosseur de bassin étant fixée pour le devant, *v.* **U, I**, et pour le derrière, *v.* **U, G**, on devra procéder pour employer les grosseurs de cuisse, ce qui se fait comme suit :

On prendra la distance qu'il y aura au devant de **J**, point d'écart, à **K**, rétrécissage de cuisse; on reportera ce chiffre obtenu de **J** à **K** de nouveau sur **J**, et, où le bout de la mesure aboutira sur la ligne de hauteur d'entre-jambes, on marquera un point, *v.* **L**.

Ce qui détermine la largeur de grosseur de cuisse.

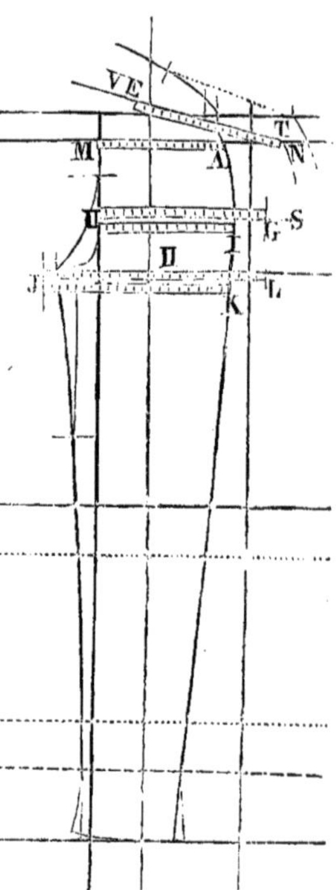

FIGURE 51.

La mesure de grosseur de cuisse étant fixée pour le devant, *v.* J, K, et pour le derrière, *v.* J, L, fig. 50,

On procédera comme suit :

On aura à former une ligne partant de D, renversement de hanches passant sur T, guide des largeurs de hanches suivant sur G, grosseur de bassin, aboutissant à L, largeur de cuisse.

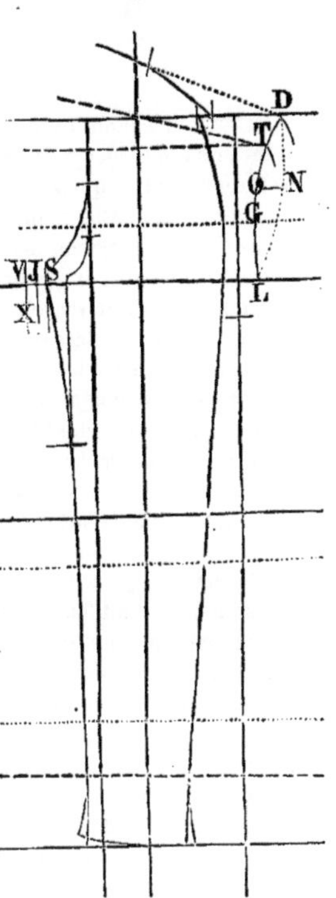

Comme on le voit pour ce modèle, ce trait D, T, G, L prend une forme cintrée, comme il aurait pu se redresser davantage, si l'on eût donné moins de rondeur au haut du côté du devant; à cela on ne devra pas s'y arrêter, comme que ce soit qu'il se présente on devra le former : les mesures en sont toujours le guide.

Cette raie cintrée, *v.* D, T, G, L, détermine le côté du derrière de pantalon à ses mesures prises justes.

Cette raie D, T, G, L étant formée,

On devra procéder pour fournir un surplus de largeur dans le haut du côté de derrière, afin de donner une aisance qui convient à cette place pour toutes les personnes qui aiment à se serrer plus ou moins la taille, ainsi qu'à celles pour qui l'on pratique des poches et qui aiment être à l'aise quand elles introduisent les mains dedans.

Ce rajouté convient aussi pour prévenir un serrage de boucle forcé, qui occasionnerait à faire trop serrer le pantalon sur les hanches et sur le ventre, si l'on ne rajoutait pas un surplus d'étoffe.

Et, pour obtenir ce rajouté, on procédera comme suit :

On aura à partager la distance qu'il y a de D à L, et, à la moitié obtenue, on marquera un point, *v.* O ; ce sera à partir de O que l'on ajoutera ce surplus d'étoffe, qui peut se faire de 1 à 4 cent. de large, selon que la personne aime à se serrer.

Donc, 1 ou 2 cent. serviront pour les personnes qui n'aiment pas ou peu se serrer la taille,

Comme 3 à 4 cent. pour celles qui aiment à se serrer fortement la taille.

Le modèle ci-joint, aimant à se serrer, prend 3 cent. de O à N.

Ce point N étant fixé, on devra en former une ligne partant de D, passant sur N, rélargissage de hanches, aboutissant à L, largeur de cuisse.

Le surplus de largeur que l'on a donné au côté de pantalon étant fixé de O à N, on devra procéder pour rendre à la fourche du derrière l'étoffe que l'on a fait perdre au devant de J à S, fig. 40.

Et, pour ajouter cette étoffe au derrière, on procédera comme suit :

On prendra la distance qu'il y a au rétrécissage de fourche de J à S; on placera le chiffre obtenu de cette distance sur J, et, où le bout de la mesure se fixera derrière sur la ligne de hauteur d'entre-jambes, on marquera un point, *v.* V, et, de ce point V, on en formera une raie d'équerre aboutissant dans le bas à 2 ou 3 c. au-dessous de V, *v.* X.

Cette raie V, X nous servira pour égaliser de hauteur la fourche du derrière à celle du devant, cela afin de ne pas perdre la largeur de la grosseur de cuisse.

FIGURE 52.

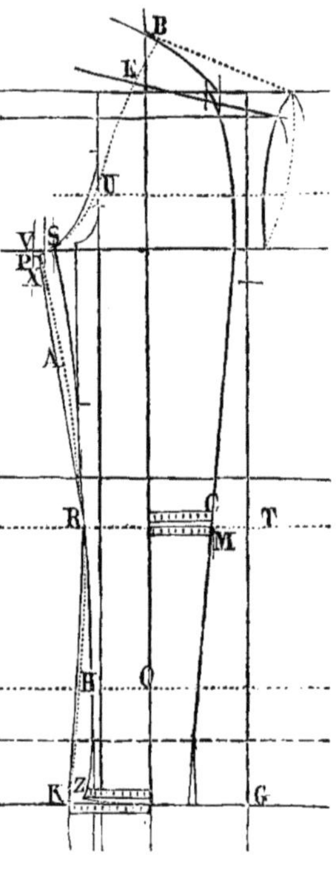

La ligne V, X étant fixée, *v.* fig. 51,

On aura à procéder pour fixer la hauteur du derrière à la fourche pareille à celle du devant, ce qui se fait comme suit :

On prendra la distance qu'il y a au devant du côté fort de **A** à **S**, pour reporter cette même longueur depuis A sur la ligne V, X, et, où cette hauteur aboutira sur cette ligne, on marquera un point, *v.* P.

Comme on le voit, d'avoir rétréci l'écart du côté fort, cela occasionne à faire baisser la pointe du derrière, *v.* P.

La hauteur du derrière étant fixée à **P**,

On en tirera une ligne droite de R à P.

Cette ligne droite étant formée, on devra l'adoucir par un cintre partant de P, passant à 1 cent. environ de la ligne droite au milieu de la cuisse, *v.* A, aboutissant à R (voir la ligne de cintre pointée).

Le cintre du haut de la cuisse du derrière de pantalon étant formé, *v.* P, A, R, on devra procéder pour donner les largeurs en dedans de la jambe dans le bas du derrière, ce qui se fait comme suit :

Comme il est dit fig. 42, on a donné 44 cent. dans le bas de ce pantalon, ce qui fait 22 cent. en dedans de la jambe et 22 cent. de côté.

La largeur du bas du devant a pris 9 cent., y compris le rajouté de la cambrure; on aura donc à prendre la distance que l'on a donnée de O, ligne d'aplomb, à Z; on replacera le chiffre obtenu de cette distance de nouveau sur O, et, où le chiffre désigné pour la largeur du bas, soit 22 cent., aboutira en dedans sur la ligne G, qui détermine les longueurs, on marquera un point, *v.* K, ce qui fixe la largeur du bas du derrière de pantalon en dedans.

Ce point K étant fixé, on aura à tirer une ligne partant de K, aboutissant à R.

Cette ligne droite étant formée, on devra l'adoucir par un cintre partant de R, passant à environ 1 cent. de la ligne droite, au milieu de la jambe, *v.* H, aboutissant à K (voir la ligne de cintre pointée).

L'entre-jambes du derrière de pantalon étant fixé, *v.* P, A, R, H, K, on devra procéder pour donner la forme du haut du derrière, ce qui se fait comme suit :

On partira de B, haut de la hausse et demi-grosseur de ceinture; on passera sur E, demi-grosseur de hanches; on continuera sur U, demi-grosseur de bassin; de là on fera produire un cintre assez prononcé au bas du derrière, et on aboutira à P, écart de la fourche du derrière de pantalon, ce qui détermine, pour ce modèle, la fourche du derrière de pantalon (1).

DEUXIÈME EMPLOI DE LA GROSSEUR DE GENOU.

La ligne qui détermine le derrière et la fourche du pantalon étant fixée, *v.* B, E, U, P,

On devra procéder pour employer les largeurs de côté de pantalon, et, afin de se rendre compte des largeurs qu'on lui donne en surplus de côté, on fera le simulacre d'un pantalon collant.

Et, comme ce modèle est un pantalon demi-large, ne dessinant ni les jarrets ni les mollets, on devra, pour lui laisser un surplus de largeur qui lui convient, procéder comme suit :

Savoir :

On devra employer ses largeurs de genou.

Comme on l'a vu fig. 42, on a employé la moitié de la grosseur de genou, soit 18 cent. pour le dedans de la jambe; on aura donc à employer l'autre moitié pour le côté, qui est également de 18 cent.

Pour cela, on prendra la distance que l'on a donnée au devant à partir de la ligne d'aplomb O à C, largeur du côté du devant; on reportera le chiffre obtenu de cette distance de nouveau sur la ligne d'aplomb O, et, où le chiffre obtenu de mesure de demi-grosseur de genou, soit 18 cent., aboutira sur la ligne T, on marquera un point, *v.* M, ce qui détermine le côté du derrière à sa mesure prise juste.

(1) Voir, à la suite des tracés de la 1re classe, un surplus de largeur que l'on joint dans cette partie selon la fantaisie de quelques personnes.

FIGURE 53.

La grosseur d u genou étant fixée pour le côté de derrière, *v.* M, fig. 52,

On procédera pour fixer ses largeurs de mollet, ce qui se fait comme suit :

A défaut de la mesure de hauteur du fort du mollet, on aura pour ce pantalon à partager la distance qu'il y a de T à M, *v.* K, pour se faire un guide, et de ce point K, on en tirera une ligne d'équerre en travers.

Cette ligne K étant formée,

On se servira pour ce pantalon de la mesure de grosseur de genou à défaut de la mesure de grosseur de mollet qui n'a pas été prise.

Comme il est dit fig. 52, cette mesure de demi-grosseur de genou a pris 18 cent. et pour l'employer,

On aura à procéder de la même manière qu'à la grosseur du genou, savoir :

On prendra la distance qu'il y a au devant à partir de la ligne d'aplomb O à N, on reportera le chiffre obtenu de cette distance de nouveau sur la ligne d'aplomb O, et où le chiffre obtenu de la mesure de demi-grosseur de genou, soit 18 cent., aboutira sur la ligne K, on marquera un point, *v.* I, ce qui déterminera la grosseur du mollet.

Les largeurs pour le mollet étant fixées, *v.* N, 1, on devra procéder pour fixer les largeurs du bas de côté de derrière.

Ce qui se fait comme suit.

Comme il est dit, fig. 52, on a donné 44 cent. dans le bas de ce pantalon, ce qui fait 22 cent. en dedans de la jambe, et 22 cent. de côté.

La largeur du bas du-devant de côté a pris 7 cent. y compris le rajouté de la cambrure, on aura donc à prendre la distance que l'on a donnée à partir de la ligne d'aplomb O à Y, on reportera le chiffre obtenu de cette distance de nouveau sur la ligne d'aplomb O, et où le chiffre désigné pour la largeur du bas, soit 22 cent., aboutira de côté sur la ligne G, qui détermine les longueurs, on marquera un point, *v.* A, ce qui fixe la largeur de côté du bas de derrière de pantalon.

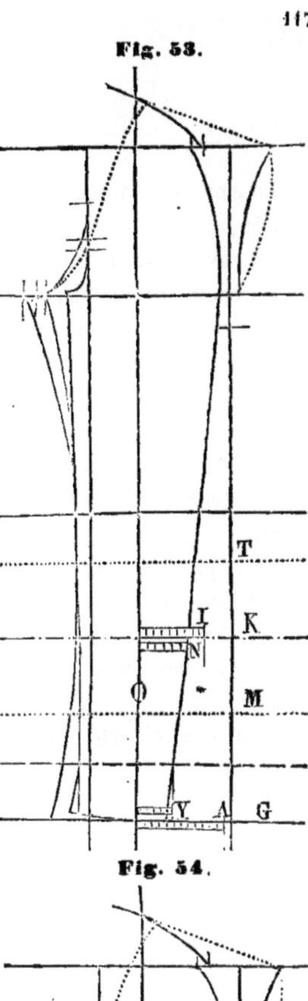

FIGURE 54.

La largeur du bas du côté de derrière de pantalon étant fixée, *v.* A, fig. 53,

On aura à former un trait qui dissimule le pantalon collant, cela est afin de se rendre compte des largeurs que l'on aura à lui ajouter en plus de côté comme pantalon large de cuisse ou pantalon demi-large.

Et pour former ce trait, on procédera comme suit :

On partira de L, largeur de cuisse, passant sur M, grosseur de genou, et à partir de ce point M on fera produire un léger cintre qui facilite à former la rondeur du mollet, ce cintre aboutira en rondeur jusqu'à I, grosseur de mollet, on suivra en suite ce trait de rondeur jusqu'à T, et de ce point T, on fera prendre un léger cintre pour aboutir à A, largeur que l'on a voulu donner dans le bas du côté de derrière.

Le cintre de T à A facilite à faire couler le bas du pantalon sur le coude-pied.

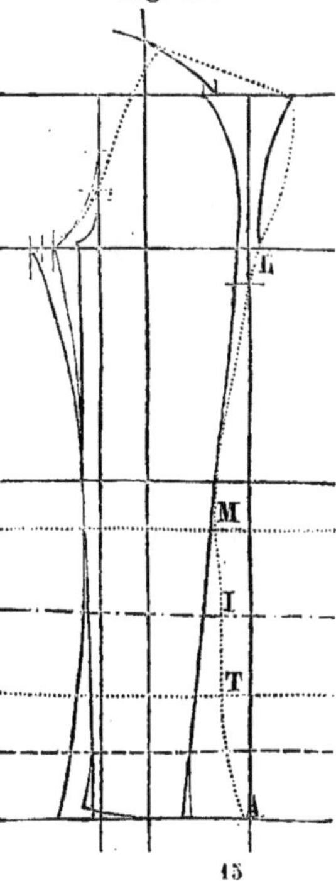

FIGURE 55.

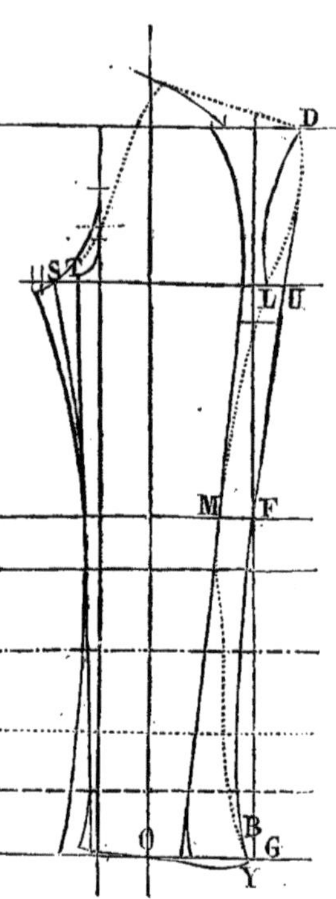

Le simulacre du côté de pantalon collant étant fixé, *v.* L, M, I, T, A, fig. 54,

On devra procéder pour rendre au côté les largeurs que l'on a détruites à la fourche du côté faible, ce qui s'est fait comme suit :

Comme on le sait, on a enlevé de l'étoffe à la fourche du côté faible pour dessiner ses formes, *v.* S, T; cela a donc rétréci la largeur de cuisse; on devra pour lui rendre ses largeurs ajouter au côté de L à U la différence enlevée à la fourche de S à T, (comme cela est détaillé fig. 38).

Ce surplus de largeur ajouté au côté de L à U, fournit aussi un surcroît d'étoffe pour le côté fort, ce qui fait bien à la fourche en masquant la partie forte.

Par ce procédé, il est inutile d'ajouter un surplus d'écart à la fourche pour le côté fort, il se trouve suffisamment large, l'étoffe que l'on pourrait lui fournir en plus ferait mal et détruirait l'aplomb dans cette partie; cette place fixant totalement nos largeurs de côté et de hanches , l'on ne doit rien lui ajouter.

C'est pour cela que l'on ne doit jamais prendre une mesure de grosseur de bassin trop large, qui, par ses proportions, ragrandirait les fourches.

L'étoffe qui compense les largeurs enlevées à la fourche étant ajoutée au côté, *v.* L, U, on procédera comme suit :

Comme nous ne démontrons par ce tracé qu'un pantalon large tombant droit en masquant les formes des jarrets et des mollets, on devra lui joindre dans le côté un surplus de largeur afin de prévenir à de forts mollets, se reproduisant en dehors de la jambe qui occasionnerait à lui faire produire des torses de côté, si on ne lui ajoutait pas un surplus de largeur qui parera à ces défauts.

Ce qui n'a pas lieu pour le pantalon collant auquel on reproduit de l'étoffe au fort du mollet par le travail du carreau, comme on le verra détaillé au prochain tracé, ce qui efface les torses.

Ces largeurs se fourniront au côté selon la force des mollets et la droiture des jambes et suivant la mode.

Tel que, pour une jambe arquée, mollets en dehors, on pourra lui donner de 4 à 6 cent. ou plus au jarret de M à F.

Comme pour une jambe maigre et droite ayant peu de mollet, on pourra lui donner de 2 à 3 cent. ou plus. Le modèle ci-joint faiblement arqué prend 4 cent. de M à F.

Ce point F étant fixé , on aura à déterminer le côté du derrière par une raie, partant de D, passant sur U, continuant à F, aboutissant en mourant à 4 ou 5 cent, *v.* B, au-dessus de la ligne G, qui détermine les longueurs.

La ligne qui détermine le côté du derrière de pantalon étant fixée, *v.* D, U, F, B ,

On devra procéder pour fournir un surplus de longueur au bas du côté du derrière de pantalon, vu que dans cette partie le dessus du pied se trouve plus bas qu'en dedans où le coude-pied domine, pour cela on aura à ajouter la valeur de un cent. en plus de longueur de côté, *v.* Y, à partir de la ligne G, qui détermine les longueurs, et de ce point Y, on en formera une raie légèrement arrondie, afin qu'elle s'accorde de rondeur avec le devant, lorsqu'il se joint au derrière, faisant aboutir cette raie à la ligne d'aplomb O, cette ligne Y, O, achève le tracé du bas du pantalon demi-large, couvrant un peu le pied.

Et ne voulant pas lui faire couvrir le pied, on aura à lui donner moins de cintre au côté du derrière, *v.* B, et moins de cambrure au dedans et au côté des devants, ce qui rendra le pantalon plus droit dans le bas.

Le coupant ainsi, il doit se faire plus court de jambes afin d'éviter qu'il ne refoule sur le coude-pied.

FIGURE 56.

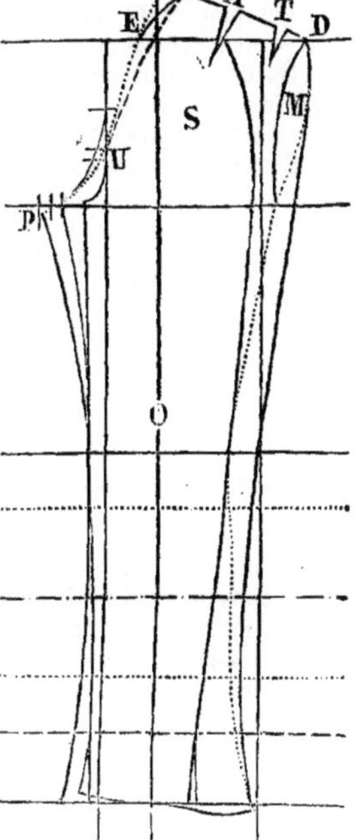

DES PINÇONS QUE L'ON DOIT PRATIQUER AU HAUT DES DERRIÈRES DE PANTALON.

Comme on l'a vu, fig. 52, le cintre du derrière partant de B, demi-grosseur de taille, mesure prise desserrée, passant sur E, grosseur de hanches, suivant sur U, largeur de bassin, aboutissant à P, largeur de fourche, prend généralement et selon la force de grosseur de hanches, une pente plus ou moins arrondie de B à U.

Il n'en serait pas de même si l'on s'était servi de la mesure de grosseur de taille prise serrée, ce qui aurait reproduit la demi-grosseur de ceinture à C, soit de 1 à 5 cent. plus avant que B, mesure prise desserrée.

Et se servant de cette mesure de grosseur prise serrée, cela aurait occasionné de renverser le pantalon de la valeur qu'il y a de C à B, mesure prise desserrée en donnant plus de rondeur au derrière de C à E, point de largeur de hanches.

Mais voulant couper le pantalon à sa mesure de ceinture prise serrée, v. C, cela nous obligerait d'abattre de C à U, cette rondeur de derrière qui se reproduit trop saillante de C à E, ce qui rétrécirait naturellement la mesure de grosseur de hanches, v. E, qui il est vrai se trouve compensée pour ses largeurs par le surplus d'étoffe fourni aux hanches, v. M ; et comme pour cette tenue on a pour habitude de pratiquer une pince dans le haut de la hanche, v. T, pour les envelopper cela rétrécirait les largeurs de ceinture de cette différence, et de tracer ainsi rendrait tout à la fois le pantalon trop serré à la taille et aux hanches et trop renversé, ce qu'il faut éviter.

On devra donc maintenir le derrière à la mesure desserrée, v. B, et ce sera la distance qu'il y a de B à C, qui va nous fournir l'étoffe pour prendre les pinçons des hanches.

Exemple :

Une personne n'aimant pas ou peu à se serrer la taille, donnera peu de distance de B à C, ce qui permettra de lui pratiquer un faible pinçon ou pas du tout.

Comme la personne aimant beaucoup à se serrer donnera plus de distance de B à C, que celle ci-dessus détaillée, et par cela, nous obligera à lui pratiquer un plus fort pinçon et même deux, selon l'écart qu'il y aura de B à C.

Cette personne aimant à se serrer a pris 3 cent. d'écart de B à C, ce qui nous oblige de lui pratiquer deux pinces, dont une se placera à 4 ou 5 cent., v. T, du côté, v. D, elle se fera d'un cent. de large seulement coutures comprises, vu que l'on a déjà donné un surplus de largeur à la hanche, v. M, cela pour le serrage de la boucle, qui entraîne en partie cette étoffe derrière.

Cette pince T se fera de 4 à 5 cent. de long au plus, afin de maintenir les largeurs de hanches à cette place.

Le deuxième pinçon se placera à 5 ou 6 cent. de distance, v. A, du premier, v. T, et se fera de 2 cent. de large, coutures comprises.

On aura soin de le prolonger à 2 ou 3 cent. plus bas que celui du côté, afin de porter de l'étoffe sur le fort du derrière, v. S, ce qui donne de l'aisance à cette place.

D'avoir détruit par les pinçons le surplus de largeur qu'il y a de B à C, cela conduira donc le haut de la hausse B sur C, ce qui peut occasionner à faire trop serrer la grosseur de taille à cette place ; vient ensuite le serrage de la boucle qui attirant la hanche donne généralement de l'étoffe derrière, ce qui dégagera B de C, en lui donnant un surplus de largeur, et par cela lissera en partie le surplus d'étoffe que l'on a donné aux hanches, v. M.

Donc :

Pour personnes aimant à se serrer, comme pour celles n'aimant pas à se serrer, B, mesure de grosseur de taille prise desserrée, sera toujours le guide du redressage du derrière.

Où que ce soit que ce point B se rencontre plus avant ou plus en arrière que la ligne d'aplomb O, on devra le fixer.

FIGURE 57.

Les pinçons de derrière pour les personnes aimant à se serrer fortement la taille étant achevés, *v.* **A**, **T**, fig. 56,

On devra procéder pour ajouter un surplus d'étoffe pour les coutures, vu que le pantalon n'a été coupé que juste à ses largeurs, ce qui le rendrait trop étroit si l'on ne rajoutait pas.

Ce rajouté prendra la valeur des coutures qui doivent être faites selon les étoffes (comme il est dit fig. 39).

Le modèle ci-joint prendra un cent. de chaque côté, ce qui permettra de faire les coutures d'un demi-cent. de large, sans rien détruire aux largeurs prises du pantalon.

Donc un cent. s'ajoutera au derrière à la couture d'entre-jambes, *v.* **N**, **T**, **P**, **R**, et un cent. au derrière à la couture de côté, *v.* **D**, **K**, **L**, **M**.

FIGURE 58.

Les coutures étant ajoutées au derrière de pantalon pour le dedans, *v.* **N**, **T**, **P**, **R**, et pour le côté, *v.* **D**, **K**, **L**, **M**, fig. 57,

On devra procéder pour mettre des marques qui serviront pour la droiture du montage de pantalon, ce qui se fait par des hoches sur le modèle, et par des points de faufil sur l'étoffe pour éviter une déchirure ; ces marques se placeront sur la ligne du genou, *v.* **T**, **F**, au devant et au derrière. On en pratiquera aussi dans le bas, à la hauteur de la ligne **M**, également sur le devant et sur le derrière pour guider la hauteur des tendages.

Comme le devant et le derrière se coupent l'un sur l'autre, et sur la même feuille de papier, on aura à distinguer le devant par des hoches, et le haut du derrière, *v.* **E**, cela afin de tracer sur étoffe (voir les pointés).

Et lorsque l'on coupera des pantalons avec des étoffes à raies, la ligne d'aplomb **O** est le guide de la droiture des raies pour le derrière et le devant de ces tenues de jambes (voir fig. 1", 2 et 8).

Cette forme de pantalon n'aura de tendage que dans le bas des devants en dedans et de côté, ils se tendront toujours à double, ce qui offre plus de facilité et de régularité, et comme la largeur du dedans de pied à partir de la ligne **O** à **Z** prend plus de distance que celle de côté à partir de la ligne **O** à **Y**, on devra lui donner plus de tendage que de côté, afin de redresser le creux pour le rendre plus rond de **B** à **Z**, que le creux du derrière de **P** à **R**, ce qui le rendra plus long, et le surplus qu'il y aura de plus de tendage de **B** à **Z** devra se mettre en embu dans la distance de **P** à **R**, cela afin de prévenir à un rentrage d'étoffe qui aurait lieu si l'on ne tendait que juste à ses longueurs, ce qui ferait froncer le derrière à cette place. On procédera de la même manière pour le côté ; la cassure du coude-pied pour ce pantalon se fera sur la ligne **O** (1).

Comme on le voit, la ligne d'aplomb **O** est le guide du milieu du devant et du derrière pour ce modèle, ce sera donc à partir de cette ligne que l'on divisera ses largeurs de talon pour placer les sous-pieds attenant s'ils ont lieu.

Exemple :

Le modèle ci-joint prend 16 cent. de largeur de talon, on aura à partager cette distance qui est de 8 cent. On placera ce chiffre 8 au milieu de la ligne d'aplomb **O**, et où le bout de la mesure aboutira de chaque côté en dedans, *v.* **A**, et en dehors, *v.* **C**, on marquera un point, ce qui fixe la place des sous-pieds.

On devra, pour placer les sous-pieds, prendre la mesure de largeur au plus fort du talon, et lui joindre, malgré cela, un cent. en plus, afin de lui laisser de la liberté.

(1) Voir, à la suite du tracé, l'article d'un changement de cassure du bas du devant au pantalon collant.

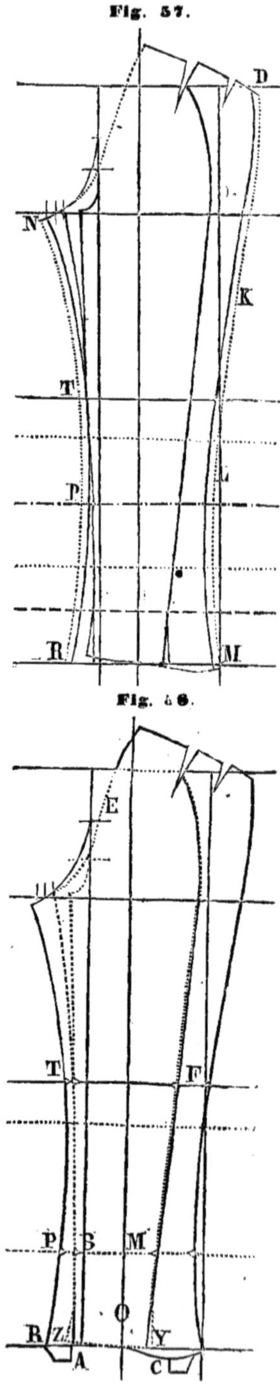

DU PANTALON COLLANT.

Troisième tracé.

FIGURE 59.

Le tracé de pantalon large étant achevé, v. fig. 58,
On devra procéder pour le pantalon collant.
Ce tracé s'obtiendra par les mêmes mesures que celui ci-avant détaillé, et pour l'obtenir on procédera comme suit :
On fera son tracé au même point que celui de la fig. 42, excepté l'emploi des largeurs de genou, v. R, et du bas du devant en dedans, v. Z, détaillé dans cette cette figure, auquel on donne si on le veut une application différente.
Savoir :
La mesure de grosseur de genou s'emploiera de la même manière que celle détaillée fig. 42, seulement que l'on aura à lui ajouter en traçant un demi-cent. pour ses coutures, v. I, afin de ne pas avoir à les fournir lorsque le modèle est achevé.
Les largeurs de genou étant fixées, ainsi que la couture ajoutée en plus, v. R, I, on aura à procéder, pour donner la forme du bas.
Et comme l'on donne généralement moins de largeur dans le bas d'un pantalon collant, cela nous oblige de raccourcir le devant ; on aura donc à élever une ligne droite à 1 cent. plus élevé, v. E, que la ligne G, qui détermine les longueurs.
Cette ligne étant fixée, on devra procéder pour la largeur du bas en dedans.
Pour cela on donnera la même largeur au devant qu'au derrière.
Par exemple :
On veut donner 44 cent. de largeur dans le bas de ce pantalon, chaque côté à partir de la ligne d'aplomb O prendra donc 22 cent.
Nous donnerons donc pour cette forme de pantalon qui prend 22 cent. de largeur en dedans 11 cent. pour le devant, ce qui suffira pour la largeur du derrière.
On placera le chiffre 11 sur la ligne d'aplomb O, et sur la ligne E, et où le bout de la mesure aboutit en dedans de la jambe sur cette ligne on marque un point, v. Z ; ce point Z étant fixé, on aura à lui ajouter un demi-cent. en plus, pour ses coutures, v. P, et de ce point P, on en tirera une ligne d'équerre de 2 à 3 cent. dans le haut ; cette ligne nous servira pour maintenir les largeurs du bas du devant à cette place.
Ce qui fixe la largeur du bas du devant et du bas du derrière sur le même point, v. P.
La largeur du bas du dedans de pantalon étant fixée, ainsi que le rajouté des coutures, v. P,
On devra procéder pour la largeur du bas du côté du devant de pantalon qui s'obtient par les mêmes procédés que ceux détaillés fig. 42 ; cela se fait selon la fantaisie, de 7 à 10 cent. de large ; il est préférable pour cette forme de pantalon de tenir le bas du côté du devant plutôt large qu'étroit, afin que la couture se trouve au côté du pied.
Le modèle ci-joint prend 7 cent. de O, ligne d'aplomb, à Y.

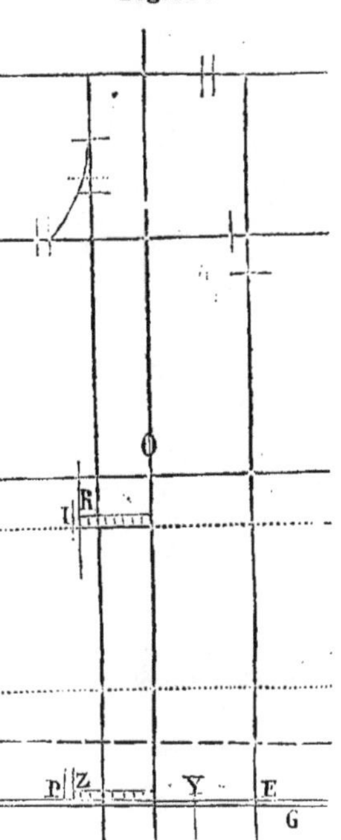

FIGURE 60.

La largeur du bas du côté du devant étant fixée, v. Y, fig. 59,
On aura à tirer des lignes pour déterminer les devants, ce qui se fait comme d'habitude. Savoir :
Pour le dedans,
On tirera une ligne droite à partir de I, rajouté de coutures aboutissant à S, on en tirera une deuxième de P, rajouté de coutures aboutissant à I.
Ce qui détermine l'entre-jambes du dedans de pantalon.
Les lignes qui déterminent l'entre-jambes de pantalon étant fixées, v. I, S, et P, I, on devra procéder pour la ligne qui détermine les côtés des devants, ce qui se fait aussi comme d'habitude, savoir :
On tirera une ligne droite de Y, aboutissant à U, largeur que l'on a voulu donner au haut de la cuisse du devant de pantalon.
La ligne qui détermine les côtés des devants étant fixée, v. Y, U,
On devra procéder pour former le côté du haut des devants, v. A, U, qui s'obtient comme il est détaillé, fig. 45.

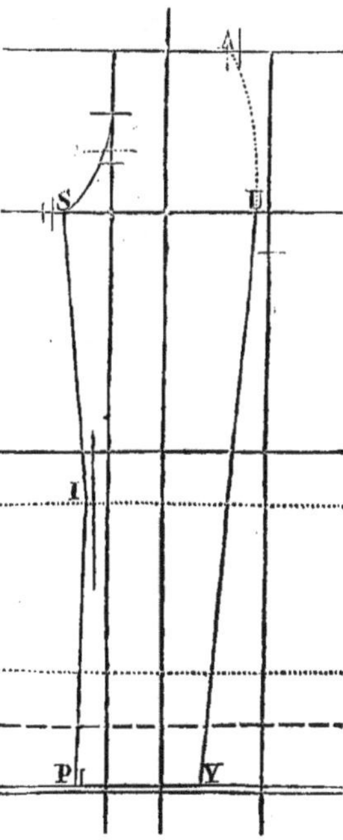

FIGURE 61.

La ligne pointée qui détermine les côtés du haut des devants étant fixée, *v.* A, U, fig. 60,

On devra, comme il est détaillé fig. 44, procéder pour former un cintre à la couture d'entre-jambes, cela pour adoucir les lignes droites qui la déterminent, et pour obtenir ce cintre on partira de S, aboutissant à I, rajouté de coutures pour le haut de la cuisse, sans anticiper dans la largeur du genou, *v.* L; on continuera ce cintre à partir de I, aboutissant à U, fixé pour cette forme de pantalon à 1 cent. plus élevé que la ligne E.

On devra, comme l'indique la fig. 44, lorsque l'on formera la ligne cintrée qui détermine l'entre-jambes du pantalon, lui faire prendre environ un cent. de distance de la ligne droite pour le milieu de la cuisse, *v.* A, et environ 3/4 de cent. pour le milieu de la jambe, *v.* B. (Voir la ligne de cintre pointée.)

Le cintre qui détermine l'entre-jambes du dedans de pantalon étant formé, *v.* S, A, I, B, U,

On devra procéder pour la cambrure que l'on doit donner au bas du côté, ce qui se fait comme à la fig. 44.

Pour cela on aura, à partir de la ligne M, à ajouter un cent. seulement pour le bas du côté, *v.* N.

Cela fait,

On devra abattre 1 cent. en dedans au-dessus de la ligne E, *v.* U, faisant aboutir cet abattage toujours sur la ligne E, à 2 ou 3 cent. plus avant que la ligne d'aplomb O, en lui donnant une forme légèrement arrondie.

Comme ce genre de pantalon réclame moins de cambrure que celui détaillé, fig. 58, on ne lui ajoutera pas un surplus de largeur en dedans du pied, *v.* U, il restera fixé à ses largeurs qui lui suffisent.

Il n'en serait pas de même si l'on voulait le faire couler davantage sur le pied, on devrait alors lui ajouter environ un demi cent. de plus de cambrure en dedans de la jambe, à partir de la ligne M.

FIGURE 62.

Le bas du devant étant achevé, *v.* U, fig. 61,

On devra procéder pour former la fourche du côté faible, qui s'obtient comme il est détaillé, fig. 45.

La fourche du côté faible étant fixée, on aura à former son haut et sa fourche de derrière de pantalon qui s'obtient par les mêmes procédés que ceux détaillés fig. 46, 47, 48, 49, 50, 51 et 52.

La fourche du derrière étant fixée juste à ses mesures, *v.* P, on devra procéder pour lui ajouter un surplus de largeur pour ses coutures.

Et comme l'on n'ajoute rien à la fourche du devant, ce qui n'a pas eu lieu pour le dedans de la jambe pour lequel on a ajouté un demi-cent. double, *v.* 1, P, fig. 59.

On devra joindre dans le haut de la cuisse à la fourche du derrière un cent. à partir de V à A, milieu de la cuisse, ce qui compense pour les coutures du derrière et du devant de la fourche (1).

On aura soin de faire prendre à ce rajouté une forme cintrée. (Voir la ligne de cintre pointée de V à A.)

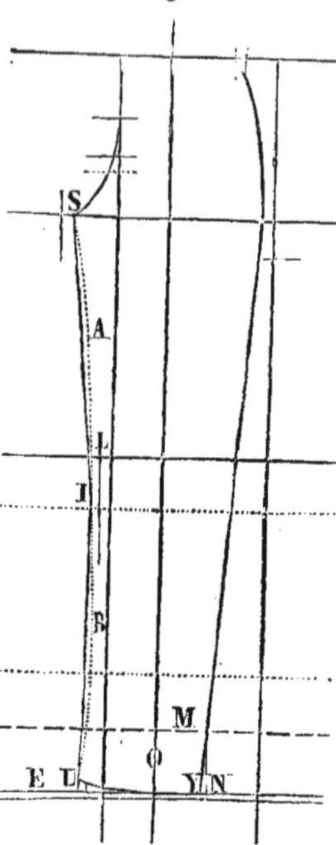

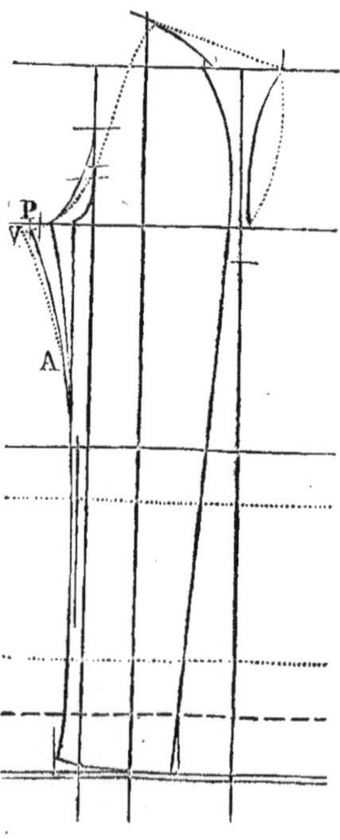

---

(1) Voir à la 6ᵉ partie de la 2ᵉ classe du pantalon, l'article de la couture non ajoutée au haut de la fourche du derrière de pantalon.

FIGURE 63.

Fig. 63.

MESURE DE GROSSEUR DE GENOU.

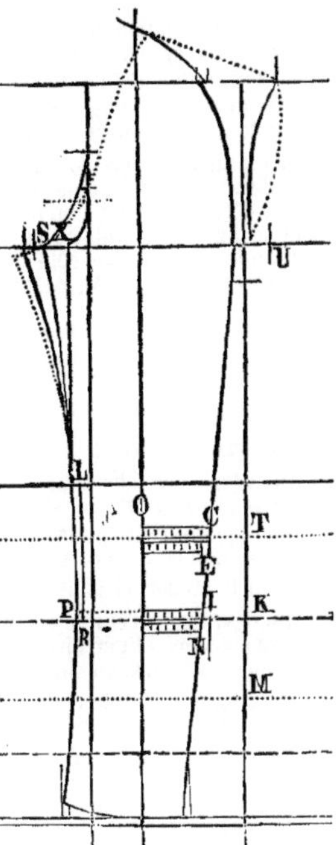

Le surplus de largeur pour les coutures du haut de la cuisse étant ajouté au derrière, *v.* V, A, fig. 62,

On devra procéder pour rendre au côté, *v.* U, les largeurs que l'on a détruites à la fourche du côté faible, *v.* S, X, ce qui se fait comme il est détaillé, fig. 55.

Cela fait,

On devra procéder pour fixer les largeurs de genou pour le côté, ce qui se fait comme suit :

Comme on l'a vu fig. 59, ou a employé la moitié de la grosseur de genou pour le dedans de la jambe, soit 18 cent. On aura donc à employer l'autre moitié pour le côté qui est également de 18 cent.

Pour cela on prendra la distance que l'on a donnée au devant, à partir de la ligne d'aplomb O à C; on reportera le chiffre obtenu de cette distance de nouveau sur la ligne d'aplomb O, et où le chiffre obtenu de mesure de demi-grosseur de genou, soit 18 cent., aboutira sur la ligne T, on marquera un point, *v.* E, ce qui déterminera le côté du derrière à sa mesure prise juste.

ONZIÈME MESURE.

Grosseur de mollet.

La grosseur du genou étant fixée pour le côté du derrière, *v.* E,

On procédera pour fixer les largeurs de mollet, ce qui se fait comme suit :

Comme il est dit fig. 53, on devra pour ce pantalon, à défaut de la mesure de hauteur du fort du mollet, partager la distance qu'il y a de T à M, *v.* K, pour se faire un guide, et de ce point K on tirera une raie d'équerre en travers.

Cette ligne K étant formée,

On se servira pour ce pantalon de la mesure de grosseur de mollet, qui a donné la même largeur que celle du genou, soit 36 cent.

Ce qui fait 18 cent. pour le dedans de la jambe et 18 cent. pour le côté; et pour diviser ces largeurs, on procédera de la même manière que pour celle du genou, savoir :

On prendra la distance que l'on a donnée au devant à partir de la ligne d'aplomb O à N, on reportera le chiffre obtenu de cette distance de nouveau sur la ligne d'aplomb O, et où le chiffre obtenu de la mesure de demi-grosseur de mollet, soit 18 cent., aboutira sur la ligne K, on marquera un point, *v.* I.

Ce point I s'est fixé à cette place, comme il aurait pu se fixer plus avant ou plus en arrière, selon la force des mollets et la largeur que l'on donne aux côtés des devants, qui le font varier de place.

Exemple : On rencontre souvent la grosseur de genou plus forte que celle du mollet,

Comme l'on rencontre souvent le mollet plus fort que le genou.

Et de vouloir couper un pantalon collant par un mollet plus petit que le genou, cela donnerait une forme disgracieuse à ce genre de pantalon au tracé et sur la personne.

Il convient, lorsqu'on rencontre cette difformité, soit que le mollet soit de 1 à 3 cent. plus petit, d'employer la même largeur au mollet que celle du genou, ce qui le rend plus agréable à la vue, tout en grossissant et masquant la partie faible de la personne.

Il n'en est pas de même lorsque le mollet se rencontre plus gros que le genou; pour ce tracé on laissera exister les mesures de grosseur de genou telles qu'elles sont, en coupant le mollet à ses largeurs prises, ce qui rend tout à la fois le pantalon plus agréable au tracé, et conforme aux jambes de la personne.

Les largeurs de mollet étant fixées pour le côté du derrière, *v.* I, on devra procéder pour employer les largeurs du mollet pour le dedans de la jambe.

On aura pour cela à confronter à cette place à partir de la ligne d'aplomb O à P, si les largeurs de genou en dedans fixées par la ligne L, R, ont donné les largeurs suffisantes au mollet, ce qui a lieu pour ce modèle, qui est de pareille grosseur au genou qu'au mollet.

Il n'en serait pas de même si le mollet était plus fort que le genou, ce qui exigerait de lui donner son surplus de largeur en dedans, surplus qui dépassera la ligne L, R, formée par la grosseur de genou.

Comme on le voit, ce modèle étant tracé pour la fig. 1re qui est faiblement arquée, on se sert de la ligne d'aplomb O, pour fixer ses largeurs de dedans et de côté.

On pourra au besoin pratiquer de la même manière pour les fig. 2 et 8, quoique ce tracé ne leur soit pas régulier. Il n'en est pas de même pour les jambes fortement cagneuses ou fortement arquées, qui exigent une application différente (1).

(1) Voir à la 7e partie, de la 2e classe du pantalon, l'article du pantalon pour personnes plus ou moins arquées ou plus ou moins cagneuses.

FIGURE 64.

La confrontation de la grosseur de mollet pour le dedans de la jambe étant faite, *v.* P, fig. 63, on devra procéder pour fixer les largeurs du bas de côté de derrière, ce qui se fait comme suit :

Comme il est dit fig. 59, on a donné, par exemple, 44 cent. dans le bas de ce pantalon, ce qui fait 22 cent. en dedans de la jambe, et 22 cent. de côté.

La largeur du bas de devant de côté a pris 8 cent., y compris le rajouté de la cambrure ; on aura donc à prendre la distance que l'on a donnée à partir de la ligne d'aplomb O à Y ; on reportera le chiffre obtenu de cette distance de nouveau sur la ligne d'aplomb O, et où le chiffre désigné pour la largeur du bas, soit 22 cent., aboutira de côté sur la ligne G, qui détermine les longueurs, on marquera un point, *v.* A, ce qui fixe la largeur de côté du bas du derrière de pantalon.

DOUZIÈME MESURE.

Grosseur du milieu de la cuisse.

La largeur du bas du côté de derrière étant fixée, *v.* A,

On devra procéder pour la mesure de grosseur du milieu de la cuisse détaillée pour sa prise fig. 25, qui s'emploie comme suit :

Comme il est dit fig. 25, on devra remarquer, en prenant cette mesure, quelle distance elle prend à partir de la fourche, ou à partir de la hanche.

Pour le modèle ci-joint, elle a été prise à 15 cent. plus bas que la fourche.

On devra pour l'employer au tracé tirer une ligne d'équerre en travers, *v.* B, D, qui se placera en ligne directe au-dessous de la ligne de hauteur d'entre-jambes H, à la même distance qu'elle a été prise sur le corps à partir de la fourche.

Cette ligne B, D, étant fixée, on aura à reproduire sur cette ligne cette mesure de grosseur de cuisse, ce qui se fait comme suit :

Cette mesure a donné 47 cent., par exemple, on prendra la distance qu'il y a au devant du côté faible de E à J, non compris les coutures ajoutées au dedans ; on reportera le chiffre obtenu de cette mesure sur le derrière, non compris les coutures, *v.* R, et où le chiffre obtenu de la mesure de grosseur de cuisse, soit 47 cent., aboutira de côté sur la ligne D, on marquera un point, *v.* S,

Ce qui détermine la mesure de grosseur du milieu de la cuisse à sa mesure prise juste.

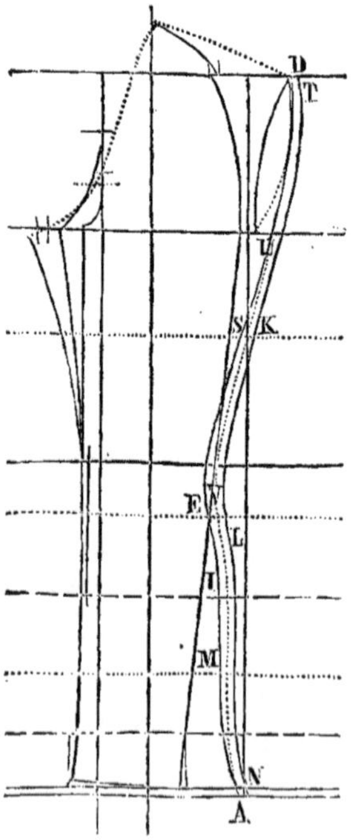

FIGURE 65.

La grosseur du milieu de la cuisse étant fixée pour le derrière, *v.* R, S, fig. 64, On devra procéder pour déterminer le côté du derrière ce qui se fait comme suit :

Pour cela on devra former un trait partant de D, renversement de hanches passant sur U, grosseur du haut de la cuisse suivant sur S, grosseur de cuisse, continuant à 1 ou 2 cent. plus élevé que E, grosseur de genou, et à partir de cette place, on fera produire un léger cintre qui facilite à former la rondeur du mollet ; ce cintre aboutira en rondeur jusqu'à I, grosseur de mollet ; on suivra ensuite ce trait de rondeur jusqu'à M, ligne qui fixe la hauteur du tendage, et de ce point M on fera produire un cintre pour aboutir à A, largeur que l'on a voulu donner dans le bas du côté du derrière.

Le trait qui détermine le côté du derrière étant formé, *v.* U, S, E, I, M, A, on devra procéder pour joindre au côté une valeur d'étoffe de la différence que la personne est arquée, ce qui s'obtient comme suit :

Comme on l'a dit, page 93, cette tenue de jambes légèrement arquée prend un travers de doigt d'arquage au genou équivalent à 1 cent., ce qui a rendu la jambe plus en dehors de côté de cette valeur ; on aura donc à égaliser ce déplacement en ajoutant au côté, *v.* V, la différence de l'arquage. Il est préférable de lui ajouter plus que moins, vu les tendages que l'on va lui faire éprouver dans cette partie, ce qui le rétrécira.

Ce surplus d'étoffe s'ajoutera au côté à partir de U, en ayant soin de mettre la plus forte largeur au jarret, *v.* V, et au mollet, la faisant aboutir à 1 ou 2 cent. au-dessus de A, longueur totale. (Voir la ligne pointée au côté U, V, A.)

Le surplus de largeur pour l'arquage étant fixé de U à A,

On devra procéder pour lui joindre les coutures de côté, et comme l'on n'a pas fourni les coutures au devant, on devra les ajouter en entier au derrière : ce surplus de largeur prendra 1 cent. et s'ajoutera du haut en bas de la couture de côté, *v.* T, K, L, N.

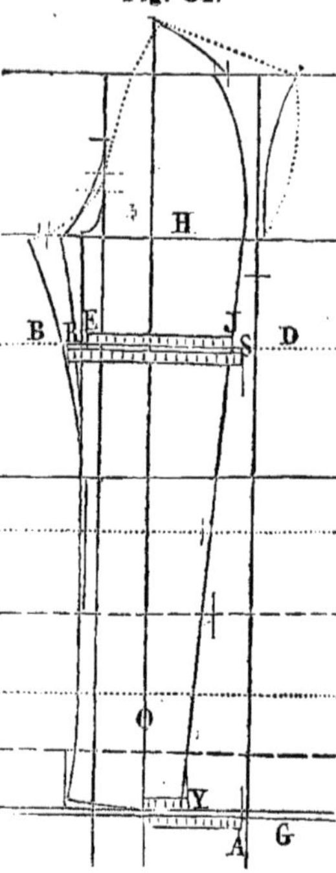

FIGURE 66.

Le rajouté des coutures étant fixé au côté du derrière de pantalon, v. T, K, L, N, fig. 65,

On devra procéder pour enlever au derrière, en dedans de la jambe, la différence de l'arquage que l'on a ajouté de côté, v. V, fig. 65, ce qui rélargit le pantalon de cette valeur, et pour le rendre à ses largeurs justes, on procédera comme suit :

Pour cela, on devra former un cintre au derrière qui partira de B, fixé à 5 ou 6 cent. plus bas que la fourche; on suivra ce cintre jusqu'au milieu du jarret, v. L, place où il se fera de la différence de l'arquage de la personne, et du point L on diminuera le cintre pour le faire passer à la jonction du devant sur la ligne T, pour ressortir ensuite de la ligne qui fixe le devant, lui faisant prendre une forme arrondie dans la partie du mollet, v. R, le faisant aboutir à la ligne de hauteur de cambrure, v. M.

Ce cintre étant formé, v. B, L, R, rend le pantalon proportionné à ses largeurs.

Cela fait,

On devra procéder pour achever le bas du derrière.

Pour cela, on aura à former une raie légèrement arrondie partant de A, largeur du côté du derrière fixé sur la ligne G, qui détermine les longueurs ; on fera aboutir cette raie arrondie à la ligne d'aplomb O, et toujours sur la ligne G, et à partir de ce point O, on élèvera un trait pour aboutir sur la ligne de raccourcissage que l'on a fait supporter au bas des devants, v. E, à la largeur que l'on a donnée au dedans du pantalon, v. I.

Il est indiqué, fig. 47, de former un arc à la mesure de renversement de hanches, v. D, V. Cet arc va nous servir à régulariser de hauteur le côté du derrière avec celui du devant, et pour cela on procédera comme suit :

On prendra la hauteur qu'il y a au devant de F à P, pour la reproduire au derrière de H, sur l'arc D, V; et où cette hauteur aboutira sur cet arc, on marquera un point, v. J.

Comme on le voit, d'avoir rétréci le haut du devant de la moitié de ses demi-grosseurs de ceinture, v. P, cela occasionne à faire baisser le derrière, v. J, et de ce point J, on aura à abattre le surplus de hauteur de derrière jusqu'au premier pinçon.

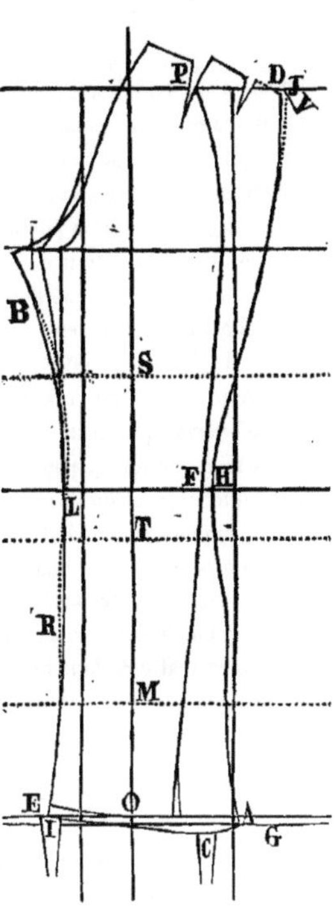

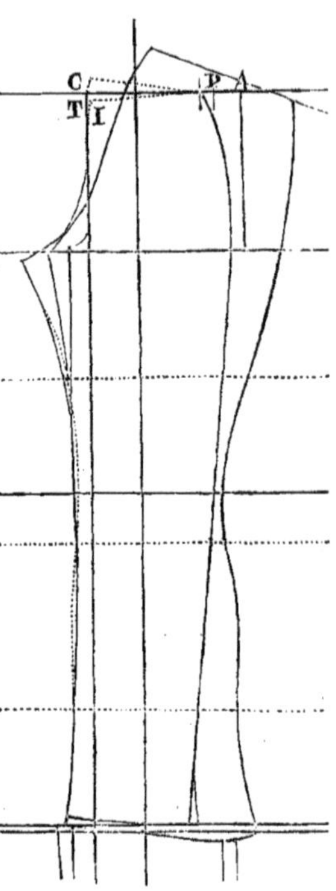

FIGURE 67.

Le tracé du pantalon collant étant achevé, *v.* fig. 66,

On devra procéder pour enlever de l'étoffe au haut du devant, cela pour personnes qui aiment à se serrer la taille.

Ce qui se fait comme suit :

On aura pour pantalon porté avec des bretelles à baisser d'environ un cent. le haut du devant à partir de C, *v.* T, afin d'éviter un refoulage d'étoffe à cette place, ce qui existe lorsque l'on est serré.

On lui abattra également environ un demi-cent. dans l'angle du haut du devant, *v.* I, faisant aboutir cet abattage à 4 ou 5 cent. plus bas que I, cela afin de prévenir un serrage qui occasionnerait à faire ouvrir le pantalon sur le ventre, si l'on n'enlevait pas cette valeur d'étoffe.

Cela ne se pratiquera pas ainsi pour les personnes aimant peu ou pas à se serrer la taille; le haut du devant, *v.* C, restera à sa hauteur naturelle, comme on ne lui pratiquera aucun abattage devant, *v.* I.

Comme pour les gros hommes dépassant 55 cent. de demi-grosseur de taille, on devra élever au devant, au-dessus de la ligne C, une distance de 1 à 6 cent. ou plus, selon la force de leur ventre.

Un léger abattage dans le haut du devant, à la place de C, convient pour cette tenue (1).

FIGURE 68.

DU PANTALON PORTÉ SANS BRETELLES.

Le haut du pantalon pour personne aimant à se serrer la taille et portant des bretelles étant achevé, *v.* fig. 67, on devra procéder pour celui porté sans bretelles.

Et comme les personnes ne portant pas de bretelles se serrent généralement plus la taille que celles qui en portent, on aura soin pour ces dernières de ne pas leur faire les montants trop hauts de X à H, ce qui occasionnerait à faire retomber le pantalon de la différence de ce que les bretelles peuvent attirer, et produirait un refoulement sur le ventre étant assis.

On aura à cela, en prenant la mesure, à ne pas placer trop haut le point de hanche détaillé fig. 17.

On devra aussi pour ce dernier baisser le haut du devant de C à T, d'un cent. en plus que le précédent.

Comme on pourra lui abattre un cent. au lieu d'un demi à l'angle du haut du devant, *v.* I, cela afin que le pantalon n'ouvre pas sur le ventre lorsque l'on est serré.

On donne généralement moins de hauteur de hausse derrière pour les pantalons portés sans bretelles que pour ceux portés avec des bretelles, on aura à cet effet à baisser derrière le haut de la hausse de 2 à 3 cent., *v.* B, soit de la différence de ce que les bretelles peuvent attirer; cet abattage étant fixé, on aura à tirer une ligne partant de B, aboutissant en mourant à D.

Cet abattage de hausse, *v.* B, occasionne à rélargir la grosseur de ceinture ; on aura donc à abattre au derrière, *v.* E, le surplus de largeur qu'il prend en plus que ses grosseurs.

Les bouts de boucle pour cette forme de haut de pantalon porté sans bretelles se placeront au bord de la couture de ceinture (désigné par les pointes).

Comme ceux pour pantalons portés avec des bretelles qui donneront la hausse plus haute, *v.* O, se placeront à la même place que ceux ci-dessus détaillés, ce qui fera produire un écart à partir de la couture de ceinture, *v.* O, avec les bouts, de la valeur que la hausse est généralement attirée par les bretelles.

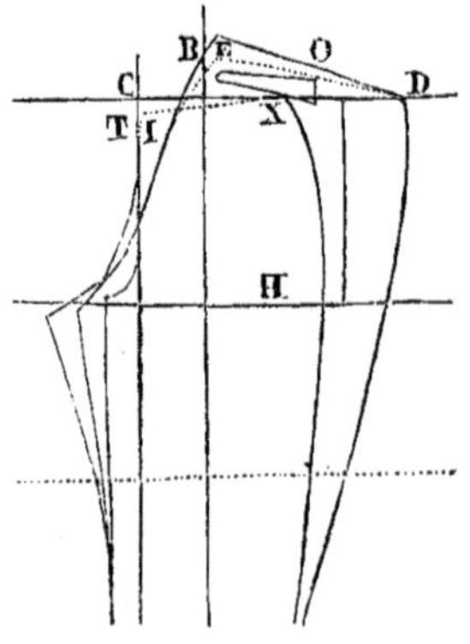

---

(1) Voir, à la 2e classe des pantalons, de plus amples détails sur le pantalon de gros hommes.

FIGURE 69.

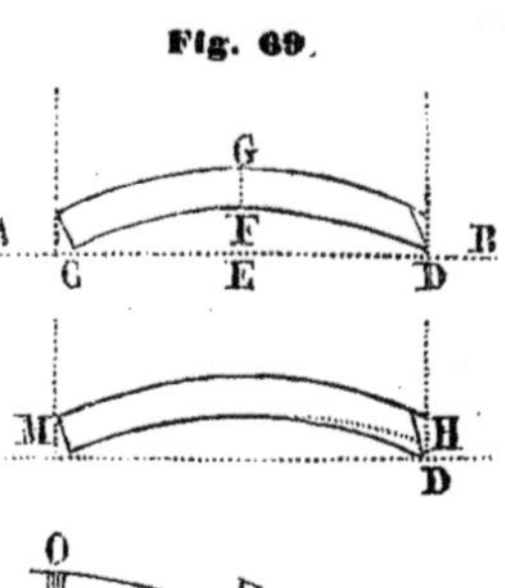

DE LA CEINTURE.

On devra, pour tracer la ceinture, tirer une ligne droite, v. A, B.

On placera la demi-grosseur de ceinture sur cette ligne , et on marquera des points à la longueur qu'elle donne, v. C, D , et de ces points C, D, on en formera 2 lignes d'équerre dans le haut.

On partagera ensuite la distance qu'il y a de C à D, v. E. Ce point E étant fixé ,

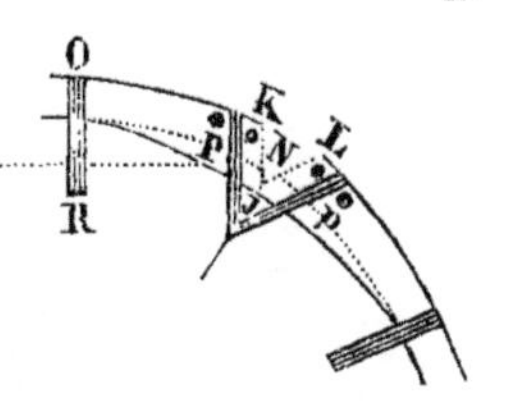

On devra procéder pour le creusage de la ceinture s'il y a lieu, ce qui se fait comme suit pour toutes les tenues :

Pour cela, on prendra la distance qu'il y a, à la fig. 67 , de P, moitié de demi-grosseur de ceinture prise desserrée, à la ligne du côté formée par la demi-grosseur de bassin, v. A.

Cette distance de P à A varie sans cesse ; elle peut prendre de 0 à 7 cent. de distance : comme un gros homme dont la moitié de la demi-grosseur de ceinture peut dépasser A, ce qui occasionnera d'arrondir le bas de la ceinture (1).

Le modèle ci-joint prend 4 cent. de P à A ; on aura donc à placer ce chiffre 4 sur le point E, et où le bout de la mesure aboutira dans le haut, on marquera un point, v. F, ce qui fixe le creusage de la ceinture pour cette tenue. De pratiquer ainsi le creusage de la ceinture , cela donne de l'aisance aux premières côtes, tout en dessinant parfaitement la taille pour les personnes qui aiment à se serrer.

Ce point F étant fixé, on aura à former une ligne cintrée partant de D, passant sur F, aboutissant à C.

Cela fait , on aura à donner la largeur à la ceinture, qui se fait aussi large du derrière que du devant, et prend pour sa largeur de 4 à 5 cent., v. G, selon la fantaisie.

Comme on devra toujours donner un surplus de longueur de 1 cent. 1/2 environ à la ceinture du côté du sous-pont qu'à celle de la brayette, vu que cette première anticipe de cette valeur dans le sous-pont pour son montage.

La largeur de ceinture étant fixée , on aura à régulariser le devant , v. C, avec celui du pantalon.

On aura également à égaliser le derrière, v. D, avec celui du pantalon pour l'ouverture que l'on pratique souvent dans le haut de ce dernier.

Comme lorsque l'on voudra faire le derrière de la ceinture plus étroit, v. H, que le devant, v. M, on devra rendre à la hausse du derrière ce surplus d'étoffe enlevé à la ceinture de D à H.

Comme ne voulant pas mettre de pièces dans le haut d'un pantalon, ce que l'on nomme hausse, on rélargira la ceinture derrière de N à J, de la valeur enlevée à la hausse.

De procéder ainsi est une bonne manière pour les pantalons ajustés derrière ; on pratique sur cette ceinture large l'ouverture du pantalon lorsqu'elle a lieu. (V. les pointés de J à K, et de J à L.)

Cette ouverture doit se faire pour les enfants de 6 à 7 cent. de large de K à L, comme pour un gros homme elle se fera de 10 à 12 cent. au plus.

On aura soin , lorsque l'on coupera les grosseurs de ceintures plus larges que la mesure de la personne, d'éloigner les boutons du haut, v. P, P, cela afin qu'il existe toujours un écart entre les boutons lorsqu'on serre la boucle ; ne le faisant pas , cela ferait rencontrer par le serrage de la boucle les 2 boutons attachés au bord trop rapprochés, ce qui ferait mal (2).

On aura soin, lorsque l'on coupera les ceintures larges, de placer les bouts de boucle sur la ceinture de la valeur qu'elle a anticipée dans la hausse.

De couper ainsi les ceintures creusées pour les personnes qui ne portent pas de bretelles, cela leur occasionne de retomber ; on devra pour l'éviter introduire une baleine de 8 à 10 cent. prenant dans la ceinture, v. O, et anticipant dans la couture de côté, v. R.

On pratiquera pareillement pour le derrière, soit par une baleine s'il n'y a pas d'ouverture , et par 2 s'il y en a une, ce qui maintient la ceinture debout.

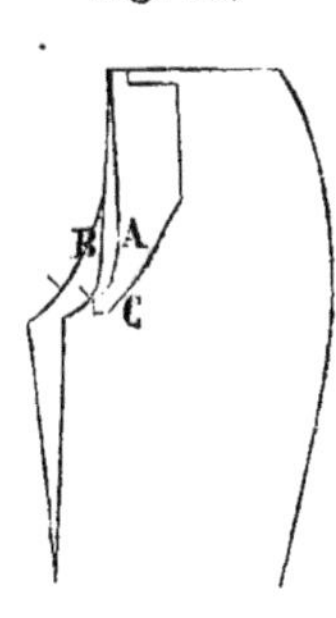

FIGURE 70.

DU SOUS-PONT.

Comme on le voit , il se trouve plus creusé, v. A, que le devant du pantalon, v. B ; cela est afin de lui donner du jeu dans le bas de la fourche.

On le fixera pour ses longueurs aux hoches que l'on placera pour l'ouverture que l'on veut lui donner. Il devra aussi se faire étroit dans le bas , v. C, pour faciliter le développement de la fourche.

Les droits fils et la doublure que l'on placera au bas du sous-pont et à la fourche du côté faible devront se mettre très en biais, cela pour faciliter le léger tendage que l'on doit faire en montant le sous-pont dans cette partie.

(1) Voir à la 2e classe du pantalon de plus amples détails sur les pantalons de gros hommes.

(2) Voir à la 2e classe du pantalon la place des boutons de bretelles pour une personne qui a une épaule plus haute que l'autre.

FIGURE 71.

DU SURPLUS D'ÉTOFFE QUE L'ON AJOUTE A LA FOURCHE, SELON LA FANTAISIE DE QUEL-
QUES PERSONNES

Comme il est indiqué par le 2ᵉ renvoi de la fig. 37, et par le 1ᵉʳ renvoi de la fig. 52.

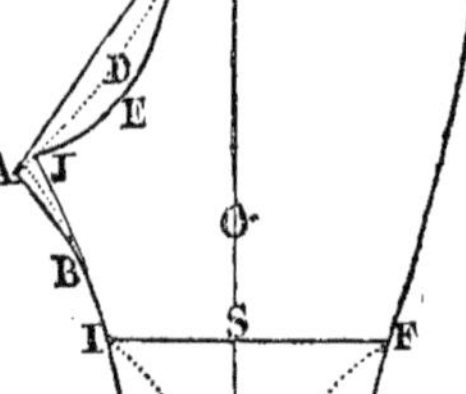

Ce rajouté d'étoffe devra se faire pour les personnes âgées, comme pour celles qui n'aiment pas à sentir leur pantalon lorsqu'elles se baissent.

Et pour obtenir ce rajouté, on procédera comme suit :

On ajoutera à la fourche du derrière un surplus d'étoffe de 1 à 2 cent, v. A.

Le modèle ci-joint prend 2 cent. de J à A ; on aura soin de ne pas faire descendre cette pointe trop bas, v. B, ce qui conduirait les largeurs dans le bas des cuisses.

Ce rajouté prendra de 8 à 10 cent. de long, v. B., à partir de la fourche A.

On devra donner à ce rajouté la même longueur de B à A qu'il y avait à la fourche primitive de B à J, ce qui occasionne à faire baisser sa fourche, v. A.

Cela fait, on partira du haut du creux du derrière, v. C, pour en former une raie droite aboutissant au rajouté de sa fourche, v. A.

Comme lorsqu'on ne fournira que 1 cent. de pointe, on devra creuser un peu le derrière, v. D : donc 2 cent. se couperont droits de C à A, comme 1 cent. se creusera légèrement, v. D.

On aura soin de ne pas donner plus de longueur au rajouté du derrière de C à A qu'on n'en a donné à la fourche primitive C, E, J ; car si on laissait le derrière creux comme il est tracé primitivement, v. E, lorsqu'on fournit de 1 à 2 cent. de pointe, v. A, cela rallongerait la fourche de toute la valeur de la pointe ajoutée, v. A, J, et par cela ferait occasionner un amas d'étoffe au devant de cette différence, ce qui empêche le pantalon de toucher à la fourche lorsqu'on se fend, ce qu'il faut éviter.

Cet amas d'étoffe ferait supposer de rétrécir et de recreuser la fourche du devant, qui est coupée naturelle, ou celle du derrière, ce qui lui rétrécirait la valeur fournie à la pointe du derrière, v. A, qu'on lui a donnée pour son aisance.

Il convient donc, lorsqu'on fournira de la pointe au derrière, de redresser la fourche du derrière de C à A, pour qu'elle ne prête rien au devant, ce qui maintient ce dernier dans son état naturel, tout en laissant de l'aisance pour le pliage du derrière.

Du tendage de derrière de pantalon.

Manière de l'obtenir.

On aura soin lorsque l'on devra tendre un pantalon de ne pas laisser la réserve d'étoffe trop large en dedans et en dehors du jarret, tel que pour pantalons de satin noir, lesquels offrent de la peine pour obtenir ce travail.

Comme il est dit fig. 66, on a dû placer des points de faufil de côté et en dedans sur les lignes en travers fixées par les points S, T, M ; on devra également en passer sur la ligne d'aplomb O jusqu'au bas, cela afin de fixer le pli du derrière.

Ces points étant placés, on devra procéder pour le tendage, qui s'obtient comme suit :

On aura à tendre de côté de F à G, et en dedans de I à K, de la valeur de 2 à 3 cent., selon le creux que la force des mollets nous aura occasionné (1), afin de le rendre plutôt rond que droit dans ces parties, vu qu'il se retire toujours un peu après le tendage, ce qui le rend droit. En pratiquant ce tendage, cela fait paraître la distance de S à T longue ; on devra rentrer cette place à mesure que l'on tendra, afin de lui faire former le creux.

Comme ce sera toujours dans la partie du jarret de côté, v. V, que le tendage se fera avec le plus de force, vu que cette partie est toujours plus creusée qu'en dedans, v. U, provenant de la force du mollet qui occasionne ce creux.

Ce creux V se trouve plus prononcé pour les personnes qui ont les genoux en dedans que pour celles arquées.

Ce tendage, fait en dehors de F à G, et en dedans de I à K, nous a donné de 2 à 3 cent. de plus de longueur que la ligne G, K, v. R, P ; on aura pour le faire disparaître à passer un fil double pour froncer ce surplus de longueur dans les parties de G à H et de K à L, que l'on aura soin de faire passer et rentrer au fer en le refoulant sur la ligne O, place du fort du mollet, ce qui lui fera produire une bosse.

On devra bien sécher ces tendages et ces rentrages, afin qu'ils ne reviennent pas.

Cela fait, on aura à plier le derrière sur la ligne d'aplomb O, pour lui fixer totalement sa forme, comme on le voit fig. 72.

____

(1) Voir à la 2ᵉ classe du pantalon les détails d'un surplus de longueur au mollet.

FIGURE 72.

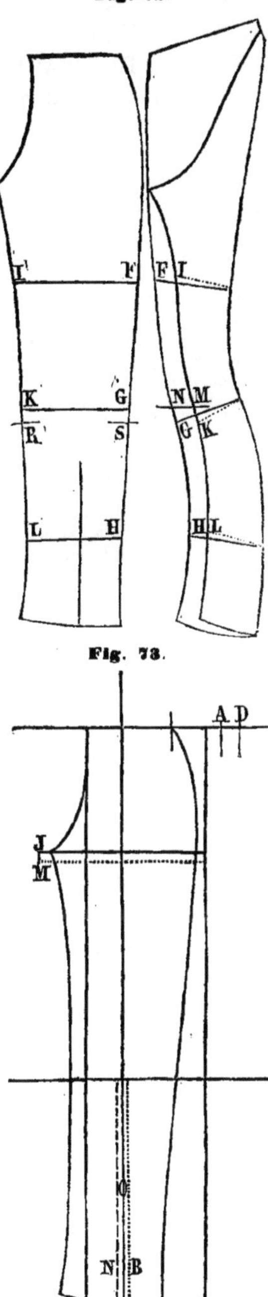

DE L'ASSEMBLAGE DU DEVANT ET DU DERRIÈRE.

Le pliage du derrière étant achevé, on aura pour le doublage à faire rencontrer juste le point F du devant, sur le point F du derrière. Comme I, entre-jambes du devant devra se rencontrer sur I, entre-jambes du derrière.

Et comme le tendage du jarret a rallongé les distances de G et K de 2 ou 3 cent., v. N, M, ce sera donc G, point du côté du devant, qui se joindra à N, côté du derrière, comme le point K, du dedans du devant, se joindra à M, dedans du derrière.

De cette manière, les points fixés au derrière, v. G, K, se trouveront plus bas, v. R, S, que ceux du devant, v. G, K, de la valeur tendue.

Vient ensuite le point H du côté du devant qui se rencontre égal au point H, du côté du derrière, il en sera de même du point L, du dedans du devant, qui se rencontrera sur L du dedans du derrière.

Ces points L, H, se rencontrent égaux dans le bas, provenant du rentrage que l'on a fait éprouver au côté du derrière de G à H, et au dedans de K à L.

Quant au bas, il se bâtira comme il est détaillé fig. 58.

Les coutures étant faites, on devra presser le devant et le derrière à plat, se guidant toujours, pour le pliage du pantalon, à la ligne d'aplomb du devant.

De procéder ainsi, cela n'occasionne aucun tordage ; il n'en serait pas de même si tous les points ne se rencontraient pas égaux, cela occasionnerait des torses.

Et comme les tendages rétrécissent les largeurs du pantalon au jarret, il conviendrait de ne pas rétrécir la différence de l'arquage en dedans, comme il est détaillé, v. L, fig. 66, vu que ce pantalon est faiblement arqué ; on aurait à cela à lui joindre un peu de rondeur au mollet en dedans, v. R, même fig.

Comme si l'on coupe un pantalon pour la fig. n° 2, on ne lui fera nul arquage en dedans, il restera à ses mesures prises en dedans et de côté.

Comme à la fig. 8, à laquelle les genoux sont un peu cagneux, on devra leur ajouter la valeur d'un demi-cent. au devant et au derrière de plus, en dedans au genou et non dans le bas (1) ; il n'est pas nécessaire d'enlever au côté ce surplus d'étoffe ajoutée en dedans, le tendage qu'on lui pratique dans cette partie le rétrécit de cette valeur.

FIGURE 73.

DE LA MESURE DE LONGUEUR D'ENTRE-JAMBES PRISE TROP COURTE.

Comme il est dit, fig. 21 et 22, la mesure de longueur d'entre-jambes prise trop courte occasionne à raccourcir les jambes, et donne trop de montant au haut du pantalon, v. M, de la différence prise trop courte, et par cela déplace les grosseurs de taille en les faisant produire trop hautes sur le corps, ce qui lui occasionne souvent à retomber en reproduisant ce surplus de longueur sur le ventre étant assis.

Elle occasionne aussi à redresser le pantalon, v. A, du double de la valeur prise trop courte, ce qui produit une gêne derrière.

Exemple : La mesure de renversement de hanches fixée par la mesure de longueur d'entre-jambes prise naturelle, v. J, donne son renversement à D, comme la mesure d'entre-jambes prise trop courte, v. M, fait aboutir le renversement à A, ce qui donne le double d'écart de D à A, que la mesure d'entre-jambes a été prise courte de J à M.

On devra donc mettre tous ses soins pour prendre la mesure de longueur d'entre-jambes, il est difficile de la prendre trop longue.

DU CHANGEMENT DE CASSURE DANS LE BAS DU DEVANT.

La cassure du devant fixée sur la ligne d'aplomb O tombe trop naturelle sur le coude-pied, il conviendrait, pour qu'elle fût plus agréable à la vue, de la fixer à 1 cent. plus de côté, v. B ; la faisant ainsi, nous obligera de porter de 1 cent. plus en dedans la cassure du derrière, v. N, sans pour cela faire occasionner aucun changement à la place des sous-pieds de la ligne d'aplomb O.

(1) Voir à la 7e partie de la 2e classe du pantalon, l'article du pantalon pour personnes plus ou moins arquées ou plus ou moins cagneuses.

DU TRACÉ DE TWINE,
FAISANT SUITE AU CORSAGE.

FIGURE 104.

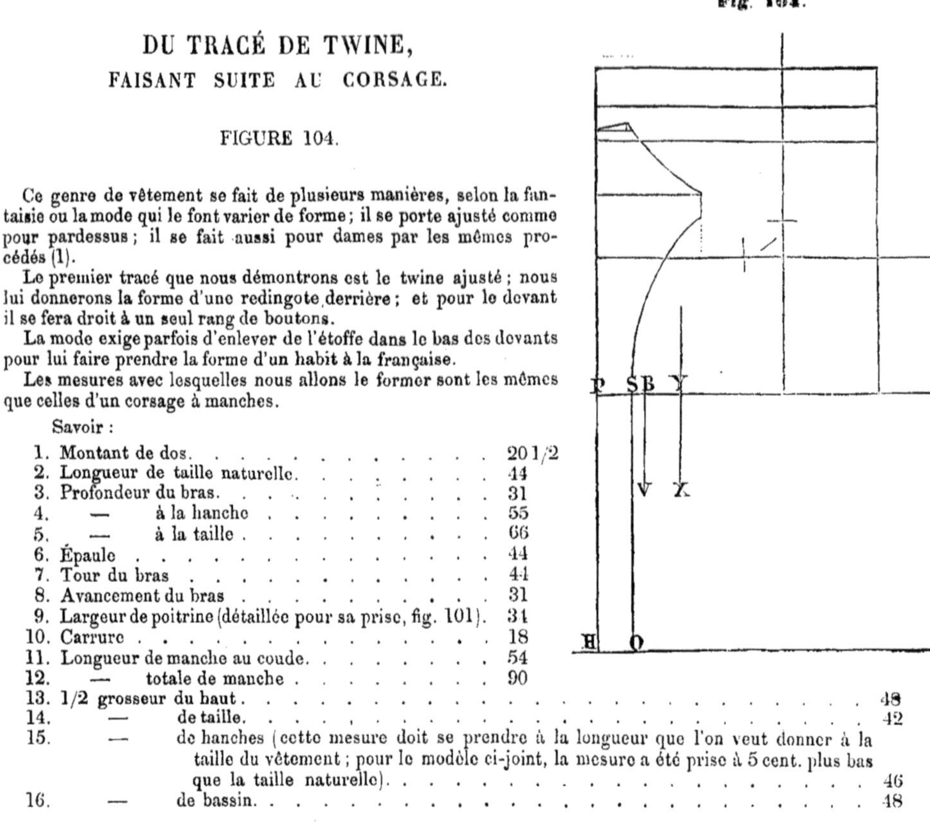

Ce genre de vêtement se fait de plusieurs manières, selon la fantaisie ou la mode qui le font varier de forme ; il se porte ajusté comme pour pardessus ; il se fait aussi pour dames par les mêmes procédés (1).

Le premier tracé que nous démontrons est le twine ajusté ; nous lui donnerons la forme d'une redingote derrière ; et pour le devant il se fera droit à un seul rang de boutons.

La mode exige parfois d'enlever de l'étoffe dans le bas des devants pour lui faire prendre la forme d'un habit à la française.

Les mesures avec lesquelles nous allons le former sont les mêmes que celles d'un corsage à manches.

Savoir :

1. Montant de dos 20 1/2
2. Longueur de taille naturelle 44
3. Profondeur du bras 31
4.   —   à la hanche 55
5.   —   à la taille 66
6. Épaule 44
7. Tour du bras 44
8. Avancement du bras 31
9. Largeur de poitrine (détaillée pour sa prise, fig. 101) . 31
10. Carrure 18
11. Longueur de manche au coude 54
12.   —   totale de manche 90
13. 1/2 grosseur du haut 48
14.   —   de taille 42
15.   —   de hanches (cette mesure doit se prendre à la longueur que l'on veut donner à la taille du vêtement ; pour le modèle ci-joint, la mesure a été prise à 5 cent. plus bas que la taille naturelle) 46
16.   —   de bassin 48

Du tracé.

On devra avancer son tracé par ses mesures prises, comme il est détaillé jusqu'à la fig. 32, du corsage à manches ; seulement que l'on aura, si on le juge convenable, à rélargir le bas du dos de P à S.

Le modèle ci-joint prend, comme à la fig. 32, le 1/8 de la demi-grosseur du haut de P à S.

La largeur du bas de dos étant fixée, v. P, S,

On devra rallonger la ligne du dos, P, à la longueur que l'on veut donner au vêtement, v. H, et de ce point H on en formera une raie d'équerre en travers, ce qui fermera le carré dans le bas ; on devra prolonger cette ligne derrière, de 8 à 10 cent.

Cela fait, on aura à achever son dos, comme il est détaillé fig. 33.

De rélargir la petite carrure du dos en plus du 16e, comme il est détaillé fig. 32, fait mieux pour ce genre de vêtement.

Le dos naturel étant achevé, on aura à allonger par une ligne d'équerre jusqu'au bas, v. O, sa largeur de bas de dos, v. S.

Il en sera de même du point fixé par la mesure de profondeur à la taille, v. B, que l'on devra allonger dans le bas par une ligne d'équerre de 15 à 20 cent. de long, v. V.

Comme on le voit, le point de profondeur à la taille B se trouve pour ce modèle plus avant que la largeur du bas de dos, v. S, comme il peut se rencontrer des tenues qui donneront plus d'écart de S à B, comme il s'en rencontrera où le point de jetée de taille, B, anticipera dans la largeur du bas de dos ; à cela, on ne devra pas s'y arrêter, où que ce soit que le point fixé par la mesure de jetée de taille B se rencontre, en dedans ou en dehors du bas de dos, ce sera toujours à partir de ce point que l'on devra déduire la largeur de bas de dos, large ou étroit, pour former son côté, v. Y, comme il est détaillé fig. 35, et de ce point Y on en formera une raie d'équerre aboutissant à 8 ou 10 cent. dans le haut, et dans le bas de 17 à 20 cent. de long, v. X.

____

(1) Voir, à la 2e classe, l'article et les détails du twine de dame.

FIGURE 105.

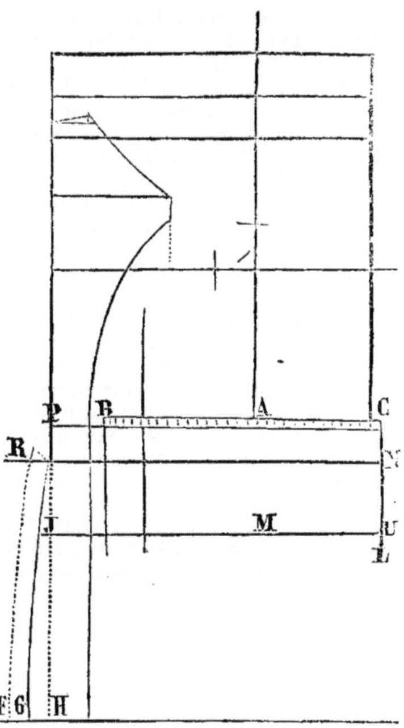

La ligne de déduction de dos étant fixée, v. X, Y, fig. 104,

On devra procéder pour employer la demi-grosseur de taille, ce qui se fait comme il est détaillé fig. 38,

Savoir :

C'est à partir du point de jetée à la taille que l'on opère.

On place le bout de la mesure sur B, même ligne que la profondeur à la hanche A, et à quelle place que ce soit que le chiffre de la demi-grosseur de taille aboutisse devant sur cette ligne , on marque un point, v. C, et de ce point C on en forme une raie d'équerre dans le bas, qui prendra de 17 à 20 cent. de longueur. v. L.

La demi-grosseur de taille étant fixée par la ligne C, L,

On devra procéder pour placer ces demi-grosseurs de hanches, et pour l'employer on pratiquera comme suit :

Comme il est dit page 130, cette mesure de grosseur de hanches doit se prendre à la longueur que l'on veut donner au bas de la taille du vêtement. Il est préférable, pour ce genre de vêtement, de prendre cette mesure plutôt basse que haute, cela grandit la mesure.

Pour le modèle ci-joint, la mesure a été prise à 5 cent. plus bas que la taille naturelle A.

On devra, pour l'employer au tracé, tirer une ligne en travers, qui se placera en ligne droite, v. R, N, au-dessous de B, C ; à la même distance que la mesure a été prise sur le corps à partir de la taille naturelle, on devra faire aboutir cette ligne devant, v. N, à celle fixée par la mesure de grosseur de taille, v. C, L, et derrière à 7 ou 8 cent. plus éloignée, v. R, que la ligne du milieu de dos. Cette ligne détermine en passant la longueur totale du bas de la taille, tout en fixant la hauteur du cran du dos.

La ligne qui détermine la hauteur des grosseurs de hanches étant fixée, v. N, R,

On devra procéder pour placer une raie sur laquelle se fixera les grosseurs de bassin.

Il conviendrait, pour placer cette raie, de prendre la mesure à partir de la hanche A, à la hauteur du fort du bassin, v. M ; prenant la mesure à cette distance, cela nous donnerait exactement les longueurs.

Mais voulant se passer de cette mesure, on devra se former un guide ; pour cela, on emploiera le tiers de la demi-grosseur de bassin à partir de A, et où le chiffre obtenu de ce tiers aboutira dans le bas , on marquera un point, v. M, et de ce point M on en formera une raie d'équerre en travers, que l'on fera aboutir devant, v. U, à celle fixée par la demi-grosseur de taille, v. C, L, et derrière à celle du milieu du dos, v. J.

De procéder de cette manière, cela n'est pas régulier, vu qu'une personne très grosse et courte donnerait cette distance de A à M trop basse, comme une personne grande et maigre la donnerait trop haute ; à cela la mesure prise de A à M serait préférable.

La ligne qui fixe la hauteur de bassin étant formée, v. J, M, U,

On devra procéder pour donner un surplus d'étoffe dans le bas du pan de dos.

Ce surplus donne du jeu pour le fort du derrière et pour les mollets, ce qui facilite la marche ; ne lui en donnant pas, occasionnerait à faire appuyer le vêtement sur ces deux places.

On fixera le départ de ce rajouté au surplus de longueur que l'on a voulu donner au bas de la taille, qui se fait de 4 à 7 cent. plus bas que la taille naturelle, v. P, selon la grandeur des personnes.

Car si l'on partait de la taille naturelle P, cela donnerait trop de largeur dans le bas du dos, vu qu'à cette distance le bas de la taille ne grossit pas.

Pour le modèle ci-joint, le rajouté part de 5 cent. plus bas que la taille naturelle P.

Ce rajouté se fera pour sa largeur du bas de 3 à 8 cent, v. G, selon la fantaisie ou l'ampleur que l'on veut donner dans le bas.

Le modèle ci-joint, étant ajusté, prend 3 cent. de G à H.

On aura donc, pour déterminer ce rajouté, à former une raie légèrement arrondie , partant du bas de dos, taille rallongée, aboutissant à G.

Cela fait, on aura à joindre un surplus d'étoffe pour la croisure du cran de dos, ce qui se fait de 3 à 5 cent., selon la fantaisie.

Le modèle ci-joint prend 3 cent. de largeur de R. à F.

FIGURE 106.

La largeur du cran de dos étant fixée, *v.* R, F, fig. 105,

On devra procéder pour employer ses grosseurs de hanches et de bassin, ce qui se fait comme suit :

Comme on l'a vu page 130, la demi-grosseur de hanche, prise à 5 cent. plus bas que la taille naturelle, a donné 46 cent.

On devra pour l'employer placer ce chiffre 46 cent. sur la ligne du devant C, L, *v.* N, et où le bout de la mesure aboutit derrière sur la ligne N, R, on marque un point, *v.* D.

Ce qui détermine à cette place la demi-grosseur de hanches.

La demi-grosseur de hanches étant fixée, *v.* N, D,

On devra procéder pour la demi-grosseur de bassin.

Comme on l'a vu p. 130, la mesure de demi-grosseur de bassin a pris 48 cent.

On devra, pour l'employer, placer ce chiffre 48 cent. sur la ligne du devant C, L, *v.* U, et où le bout de la mesure aboutit derrière sur la ligne U, J, on marque un point, *v.* E.

Ce qui détermine la demi-grosseur de bassin.

Cela fait, on aura à former une ligne sur les points que nous ont donnés derrière nos mesures de grosseur de hanches et de bassin.

Cette ligne partira de B, point fixé par la mesure de profondeur à la taille, passera sur D, demi-grosseur de hanches, et aboutira à E, demi-grosseur de bassin.

Comme on le voit, cette ligne B, D, E, prend pour ce modèle une forme arrondie, comme elle peut se redresser ou s'arrondir davantage, selon les grosseurs de hanches ou de bassin plus ou moins fortes qui la font varier de forme.

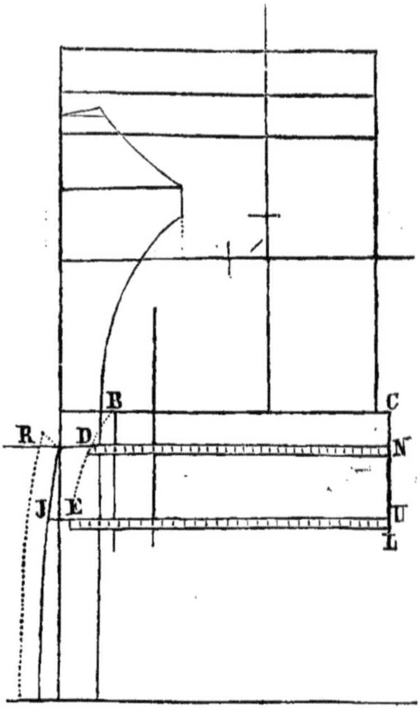

FIGURE 107.

La ligne B, D, E, étant fixée, *v.* fig. 106,

On aura à procéder pour former son côté de devant, ce qui se fait comme il est détaillé fig. 36 (du corsage à manches) pour taille naturelle, savoir : on placera le bout de la mesure à la jonction du dos et du côté sur Q, même ligne que la profondeur du bas D, et tenant la mesure sur ce point Q, on prendra la longueur qu'il y a au côté de dos de Q à S, rallongement de taille, et sans déranger la mesure fixée sur Q, on reportera la longueur que le côté du dos aura donnée sur la ligne de déduction de bas de dos, formée par Y, et où cette longueur aboutira sur cette ligne on marquera un point, *v.* Z, ce qui détermine la même longueur au bas des côtés, *v.* Z, que celle du bas de dos, *v.* S.

La longueur du côté étant fixée, *v.* Z, on devra procéder pour former le côté, ce qui se fait comme suit :

C'est à partir de Q que l'on formera la rondeur du côté ; faisant aboutir cette rondeur sur la ligne de taille naturelle à 1 cent. plus en arrière, *v.* O, que la ligne de déduction de bas de dos, *v.* Y, on continuera cette ligne en lui faisant produire un cintre, qui prendra 1 cent. 1/2 ou 2 cent. de distance, *v.* V, de la ligne de déduction de dos Y, et sur la ligne de hauteur de hanches Z; on continuera ensuite le trait en rondeur pour le faire passer à 3 ou 4 cent. de distance, *v.* T, toujours de la ligne de déduction de dos Y sur la ligne de hauteur de bassin, *v.* M. Le modèle ci-joint prend 4 cent. de T à la ligne Y. On continuera ensuite cette ligne en rondeur douce jusqu'au bas, *v.* K.

On fait prendre au côté, *v.* V, une distance de 1 cent. 1/2 à 2 cent. de la ligne de déduction du dos Y sur celle de hauteur de hanches Z, cela est afin d'adoucir la rondeur qui part de O, passant sur V, pour aboutir à T.

Car de ne pas donner de la rondeur à cette place, *v.* V, occasionnerait au vêtement à serrer dans cette partie, provenant d'un tendage que nous allons lui pratiquer.

De rélargir V, T, plus que O, à partir de la ligne Y, cela occasionnera un surplus de largeur à cette place, ce qui convient, afin de pouvoir introduire dans les poches, si elles ont lieu, un mouchoir ou autre (comme il est indiqué pour les pans d'habits, fig. 60)

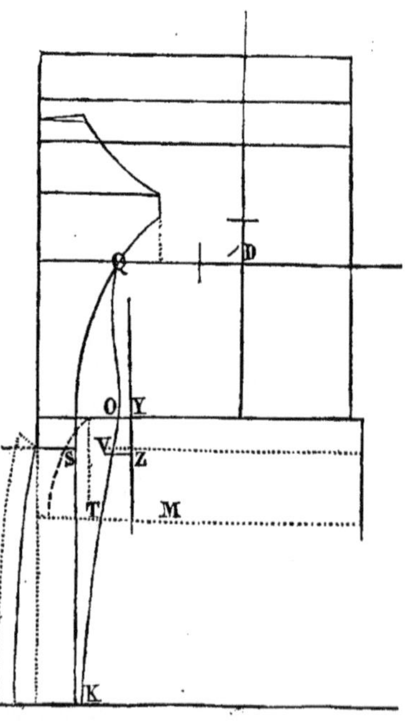

FIGURE 108.

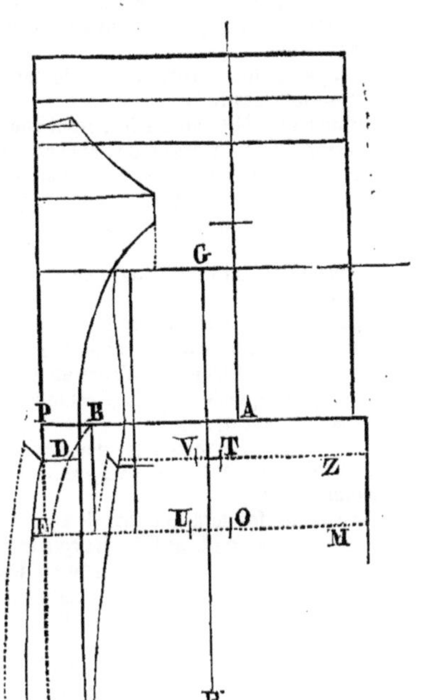

La ligne qui détermine le côté du devant étant fixée, v. O, V, T, K, fig. 107.

On devra procéder pour déterminer le petit côté sous-bras, ce qui se fait comme suit :

Pour cela on aura à tirer une ligne d'équerre à partir de l'emmanchure, v. G, aboutissant au bas, v. H, qui prendra la distance de 3 à 6 cent. de la ligne d'avancement du bras, v. A.

Cette distance de 3 à 6 cent. varie selon que la personne est plus ou moins cambrée de P à B.

Le modèle ci-joint ayant 7 cent. de cambrure de P à B, prend 5 cent. d'écart de la ligne d'avancement A à la ligne G, H.

Et prenant moins de cambrure de P à B, il prendra de 5 à 6 cent. ou plus.

Comme prenant plus de cambrure de P à B, il ne prendra que 3 ou 4 cent. ; cela est afin de régulariser droites les largeurs de hanches que l'on va fournir à cette place.

Ce qui se fait comme suit :

Comme on l'a vu, fig. 106, la mesure de demi-grosseur de hanches a reproduit son point derrière à D.

Comme la demi-grosseur de bassin a produit son point de grosseur derrière à E, et pour employer les largeurs de hanches, on procédera comme suit :

On prendra la distance qu'il y a de D, point de hanches, à la ligne fixée par la mesure de profondeur à la taille B.

Comme il est dit, fig. 106, cette largeur de D à la ligne B varie sans cesse, elle peut prendre de zéro à 7 ou 8 cent. ou plus (1) (2). Le modèle ci-joint a donné 4 cent. de D à la ligne de jetée de taille B.

On aura donc à employer ces 4 cent. sur la ligne G, H, et sur celle de hauteur de hanches, v. Z.

Pour cela, on donnera 2 cent. de chaque côté de la ligne G, H, v. V, T, ce qui forme les 4 cent. que la demi-grosseur de hanches prend en plus que la demi-grosseur de taille.

Cela fait, on aura à procéder pareillement pour la grosseur de bassin.

Pour cela, on aura à prendre la distance qu'il y a de E, point de grosseur de bassin, à la ligne fixée par la mesure de profondeur à la taille B.

Cette mesure, comme celle de la hanche, varie sans cesse ; elle peut nous donner plus ou moins de largeur : le modèle ci-joint a donné 6 cent. de E à la ligne de jetée de taille B. On aura donc à employer ces 6 cent. sur la ligne G, H, et sur celle de hauteur de bassin, v. M.

Pour cela, on donnera 3 cent. de chaque côté de la ligne G, H, v. U, O, ce qui forme les 6 cent. que la demi-grosseur de bassin prend en plus que la demi-grosseur de taille.

(1) Voir à la 2e classe du twing les détails d'une division d'étoffe pour les personnes très fortes de hanches et de bassin.

(2) Voir à la 2e classe du twing l'article d'un surplus de largeur que l'on joint dans la partie des hanches pour les personnes fortes du ventre.

FIGURE 109.

Les largeurs étant divisées sur les hanches, *v.* V, T, et sur le bassin, *v.* U, O, fig. 108, on devra procéder pour donner la rondeur des hanches, qui convient dans cette partie, ce qui se fait comme suit :

C'est à partir de A, hauteur de taille naturelle, que l'on partira pour former des raies.

Dont une qui déterminera le devant sous-bras, qui partira de A, passant sur V, grosseur de hanches, suivant sur U, grosseur de bassin, et de ce point U on continuera cette ligne en la rélargissant d'environ 1 ou 2 cent. jusqu'au bas, *v.* E.

La ligne qui détermine les devants sous-bras étant fixée, *v.* A, V, U, E,

On devra procéder pour déterminer le côté sous-bras, ce qui se fait comme suit :

On partira de A, passant sur T, grosseur de hanches, suivant sur O, grosseur de bassin, et de ce point O, on continuera cette ligne en la rélargissant d'environ 1 ou 2 cent. jusqu'au bas, *v.* R, pour qu'elle soit de pareille largeur et de pareille forme que celle du devant.

Les lignes qui déterminent les devants sous-bras étant formées, on devra procéder pour l'achèvement du haut, ce qui se fait comme suit :

Pour cela, on formera une raie de 1 cent. plus avant que la ligne d'avancement du bras C, *v.* L ; cela est afin de compenser les coutures qui se feront aux côtés et au dos qui rétréciraient l'avancement si l'on n'ajoutait pas cette valeur, et pour l'obtenir on pratiquera comme il est détaillé, fig. 88.

Pour le rélargissage des coutures des petits côtés sous-bras, on le fournira comme on le verra détaillé, fig. 112.

Les coutures étant ajoutées à l'avancement du bras C, *v.* L, on aura à reproduire cette distance de C à L plus avant, *v.* J, que B, profondeur à la taille.

Ce sera donc de ce point J que l'on partira pour reproduire de nouveau sa grosseur de taille, *v.* P, ce qui se fait par les mêmes procédés que ceux détaillés, fig. 88.

De pratiquer de cette manière fait que, lorsque les coutures seront prises aux côtés et au dos, J se reportera sur B ; comme P, ajouté de coutures, se reportera sur G, grosseur de taille naturelle ; comme L se reportera sur C, avancement naturel ; ce qui égalise de nouveau le corsage à sa mesure prise juste.

Il n'y a donc que la largeur de poitrine qui perd de sa largeur de la valeur des coutures; on ne devra rien lui ajouter, comme il est dit, fig. 88, le huitième que l'on reporte au devant de la poitrine compense pour coutures, doublage et respiration.

FIGURE 110.

La demi-grosseur de ceinture étant portée plus avant de la valeur des coutures, *v.* J, P, fig. 109, on aura à achever le haut de son devant, comme il est détaillé, fig. 88.

Il convient, pour tous les corsages à manches ajustées, de faire le tracé des deux emmanchures, soit de celle de l'avancement naturel, *v.* U, et celle des coutures ajoutées, *v.* J ; cela est afin de confronter ses mesures de tour de bras par l'emmanchure naturelle, *v.* U, pour s'assurer si l'emmanchure est trop ou pas assez grande.

On devra, en faisant cette confrontation, faire la part de ce que le dos reproduit est porté plus avant de la valeur des coutures, *v.* J.

Ce qui rétrécit l'emmanchure naturelle d'environ 1 cent.

Donc, cette confrontation de tour de bras ne devra pas se

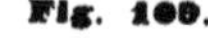

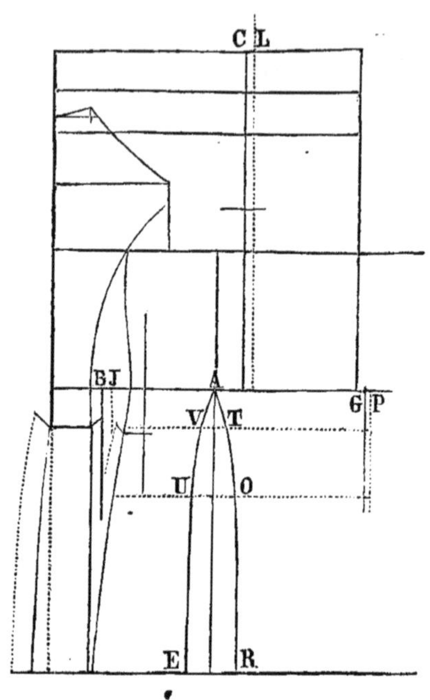

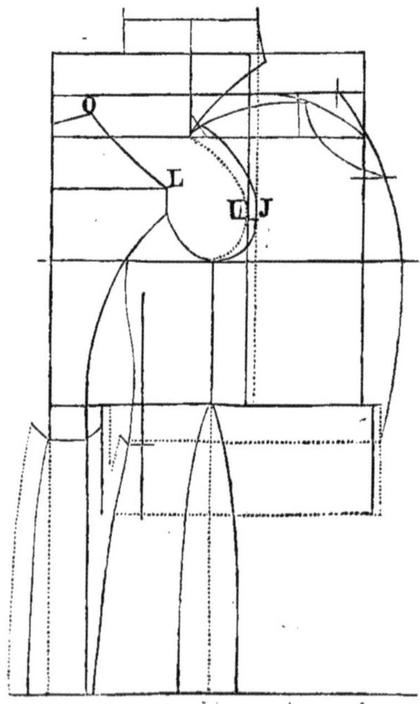

faire par l'emmanchure ragrandie par les coutures, *v.* J, qui ragrandira la mesure, ce qui ne doit pas être, vu qu'elle va se refermer par les coutures faites au dos et aux côtés, et devenir pareille à celle de l'avancement naturel U.

Comme on devra toujours, en coupant le modèle, reconfronter ses largeurs d'épaulettes avec la distance qu'il y a au dos de O à L ; ce qui se fera comme il est détaillé, fig. 54.

Il en sera de même pour les largeurs d'épaules que l'on reconfrontera comme il est démontré, fig. 91, sans faire produire de vide entre le dos et l'épaulette, à la place où a passé la mesure d'épaule.

FIGURE 111.

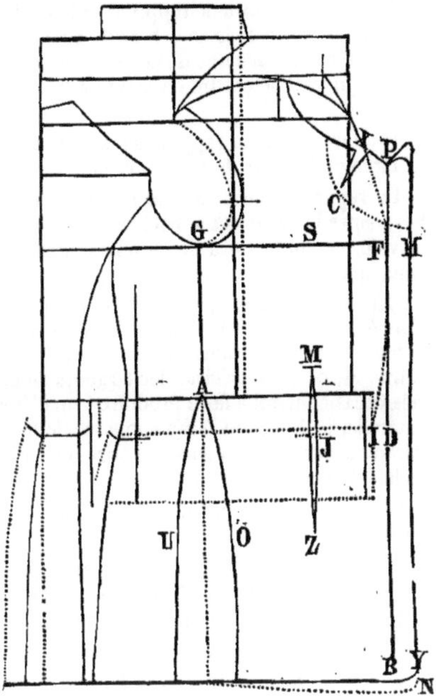

Fig. 111.

Le haut du corsage étant achevé ainsi que le tracé des deux emmanchures, *v.* U, J, fig. 110, on devra procéder pour ajouter au devant la croisure des boutons et boutonnières.

Ce qui se fait comme suit :

On aura, à partir du 1/8 de rélargissage de poitrine, *v.* F, à tirer une ligne droite du haut en bas, *v.* P, B, touchant au rélargissage de poitrine.

Cela fait, on aura à former une seconde distance à partir de cette ligne P, B, qui prendra, selon la mode et la fantaisie, de 5 à 10 cent. de large ; 10 cent. serviront pour donner à ce vêtement une forme croisée à deux rangs de boutons.

Le modèle ci-joint étant à un seul rang de boutons, prendra 5 cent. à partir de la largeur de poitrine, de F à H.

Pour le travail du devant, il se fera selon la fantaisie, soit à boutonnières, comme on le fait aux redingotes et aux habits, ou à sous-pattes.

Cela fait, on devra pratiquer une pince au bas de l'encolure, *v.* X, obliquant du côté de la poitrine, *v.* S.

Cette pince se fera de la même grandeur que la distance qu'il y a de X à P, coutures comprises ; il est préférable de lui faire prendre moins de largeur, afin d'éviter une bosse au bout de la pince, *v.* C.

Cette pince faite raccourcit l'encolure ; on devra, pour lui maintenir ses longueurs, rallonger l'encolure à P, ligne qui détermine la croisure.

Cette pince prendra pour sa longueur de 8 à 10 cent., *v.* C, selon la grandeur des personnes.

Il convient de la faire rencontrer dans la piqûre du revers, ce qui, au pressage, égalise la bosse.

D'avoir pratiqué le pinçon ainsi, cela peut faire occasionner une bosse au bord du revers dans la distance de F ; on devra la refouler sur la poitrine, *v.* S, pour que le revers se maintienne droit.

Vient ensuite la rondeur du bas du devant, *v.* I, qui prend un écart avec la ligne D.

Cet écart se trouve plus grand pour une personne forte de poitrine et mince de taille que pour une personne forte de ventre, qui ne donne aucun écart de I à D (1).

Il convient, pour les personnes fortes de poitrine qui occasionnent cet écart, de leur pratiquer une pince au bas des devants, pour détruire en partie cette largeur, cela pour twine ajusté.

Cette pince ne se fera que de la moitié de la distance qu'il y a de I à D, et non de la totalité, ce qui pincerait trop et produirait mauvais effet dans cette partie.

Donc, pour un écart de 4 cent. de I à D, on pratiquera une pince de 2 cent., coutures comprises, *v.* J.

Le modèle ci-joint prenant 3 cent. de distance de I à D, prend 1 cent. 1/2 de pince, *v.* J.

Elle ne se prolongera pas à plus de 4 à 5 cent. plus haut, *v.* M, que la ligne de taille naturelle, *v.* A, cela afin d'éviter un rétrécissage de largeur sur les premières côtes.

La place où elle se fera la plus forte, se trouvera, selon la grandeur des personnes, de 5, 6 ou 7 cent. plus bas que la taille naturelle, *v.* J, la prolongeant en mourant dans le bas, *v.* Z, afin d'éviter une bosse.

Il convient, pour toutes les personnes plus ou moins fortes de poitrine, de rallonger le bas des devants, *v.* N, de 1 à 3 cent., selon que leur poitrine est forte.

Comme il est inutile de rallonger cette partie pour une personne creuse de poitrine, le bas restera à sa longueur naturelle, *v.* Y.

Le twine étant tracé, on devra, pour couper le modèle, séparer le côté sous-bras avec les devants.

Pour cela, on aura à séparer son côté, *v.* G, A, O, jusqu'au bas.

Ensuite, on devra ajouter du papier au bas des côtés des devants de la largeur de U, O, cela est pour donner la même forme aux côtés des devants, *v.* G, A, U, de ce qui a été enlevé en les séparant.

____

(1) Voir à la 2ᵉ classe du twine, l'article du twine pour gros ventre.

FIGURE 112.

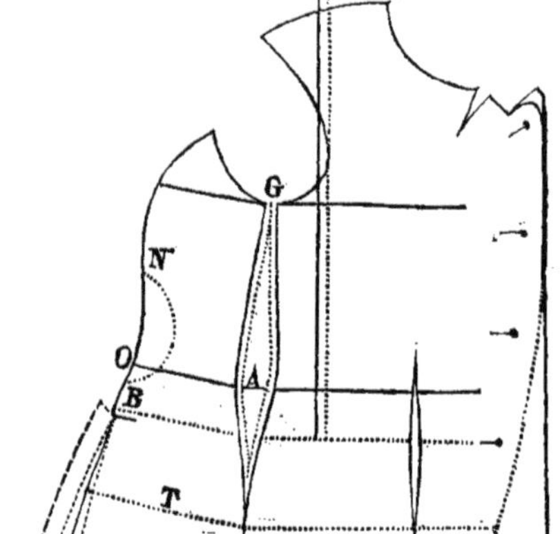

Le modèle étant coupé, on devra procéder pour faire joindre le côté au devant, ce qui se fait comme suit :

Pour cela, on aura à rapprocher le côté sous-bras, à l'emmanchure, avec le sous-bras du devant, *v*. G, laissant exister à cet e place une distance de deux coutures, pour celles qui vont se perdre en montant le côté (*v.* les pointés).

On aura ensuite à rapprocher le côté avec le devant à la ligne de hauteur de bassin, *v.* M.

Ce rapprochement fait occasionner un vide dans le bas, entre le devant et le côté, *v.* R ; on aura à combler ce vide, ce qui laissera de l'ampleur dans le bas du devant, qui fait bien.

Car ne fournissant pas de l'étoffe pour le vide occasionné dans le bas, *v.* R, cela nous obligerait de faire croiser le côté sur le devant, sur la ligne de hauteur de bassin, *v.* M, ce qui rétrécirait les largeurs de bassin, et par cela occasionnerait à faire produire trop d'étoffe à la taille naturelle, *v*, A, ce qui ferait supposer de la recreuser, le faisant ainsi produirait encore à faire ouvrir le bas, *v.* K, de la différence qu'il manquerait à la largeur de bassin.

Comme on le voit par ce modèle, on a fourni les coutures par les pointés sous-bras.

Il est préférable de les ajouter ainsi plutôt que par l'avancement, ce qui dénaturerait les devants.

Le pinçon pratiqué sous bras a fourni de l'étoffe pour les hanches et le bassin, *v.* M.

Comme le rajouté du bas, *v.* R, fournit un surplus de largeur à cette place.

Il convient aussi de porter un surplus d'ampleur dans le bas du petit côté, dans la distance de K à R, *v.* P, ce qui s'obtient comme suit :

Comme il est dit, fig. 107, on a fourni un cent. de plus de jetée de taille à partir de la ligne de déduction de dos Y, *v.* O, on a fourni également 2 cent. sur la ligne de hauteur de hanches Z, de V à la ligne Y, et 4 cent. sur la ligne de hauteur de bassin M, de T à la ligne Y.

Et pour diviser ce surplus de largeur qui se jetterait de 3 à 4 cent. plus en arrière dans le bas de S à K, en lissant trop la partie de K à R, on aura à pratiquer un tendage de 1 cent. 1/2 environ, dans la distance de N à B, cela afin de rendre cette partie creusée, droite et même ronde, ce qui nettoie le bas des côtés.

Ce tendage fait, efface en totalité la valeur qui se jette trop en arrière de S à K, en la reproduisant dans le bas du côté de cette valeur et plus, dans la distance de K à R, *v.* P, ce qui remet le bas dans son état naturel.

Ce tendage amène aussi un surplus de largeur dans la partie du bassin, *v.* T, ce qui convient pour l'envelopper.

Comme voulant donner plus d'ampleur dans la partie de K à R, *v.* P, on devra tendre davantage le côté dans la distance de N à B, ce qui nous obligera à ressortir dans le bas, *v.* F, une valeur d'étoffe de 2 à 3 cent. à partir de O.

Les tendages se feront toujours à double; on aura soin de bien les sécher avant de les joindre au dos, qui se montera juste dans cette partie tendue, et si les côtés se sont retirés en les montant au dos, on devra les retendre de nouveau avec le dos, afin de lisser cette partie.

L'on ne doit pratiquer des tendages aux côtés que lorsque l'on fait desserrer la taille, cela est afin de reproduire des largeurs sur les hanches, car sitôt que la taille touche, on ne doit pas pratiquer de tendages qui occasionneraient à la faire serrer davantage et produiraient mal à cette place, sans rien fournir aux hanches.

Comme on le voit, on a donné à ce modèle la forme d'un habit à la française, *v.* H ; son abattage part au-dessous de la deuxième boutonnière du haut, afin de pouvoir boutonner cette dernière ; pour celles du bas, elles ne doivent pas se boutonner, vu que l'on a rétréci cette partie.

DU TRACÉ DE TWINE, COTÉS DE DOS LARGES.

FIGURE 113.

Comme on le voit par ce modèle, le dos prend plus de largeur, *v.* S, que celui détaillé plus avant, *v.* J, ce qui a rétréci la largeur du petit côté de cette différence.

Pour le tracé, il se fait par les mêmes procédés que celui-ci avant détaillé; ce que le dos prend de plus de largeur de côté, *v.* S, se trouve enlevé par le tracé au côté du devant.

On varie selon la fantaisie ou la mode, l'ouverture du derrière du dos, qui se fait par un cran plus ou moins haut, *v.* O, ou par une sous-patte à boutonnières, *v.* U, lorsque l'on ne pratique pas de cran.

Ou, enfin, par une petite ouverture dans le bas, *v.* E.

Le travail des côtés se fera pareil au précédent.

DU PALETOT-SAC POUR PARDESSUS.

Ce genre de vêtement se fait aussi de plusieurs manières, selon la fantaisie ou la mode qui le font varier de forme, il se porte lisse dos large à deux coutures de côté, il se porte également à une seule couture derrière sans coutures sous bras; ce genre se fait à drap ouvert.

On donne parfois à ce vêtement et selon la mode assez d'ampleur dans le dos.

D'autres fois on lui fait prendre la forme d'une pelisse en lui joignant beaucoup d'ampleur derrière.

Les manches pour ce genre de vêtement varient quelquefois de forme dans le haut.

Pour le modèle ci-joint, nous lui donnerons la forme d'une manche ordinaire (1).

Le premier tracé que nous démontrons est un paletot-sac dessinant légèrement les formes.

Les mesures avec lesquelles nous allons le former sont les mêmes que celles d'un corsage ajusté.

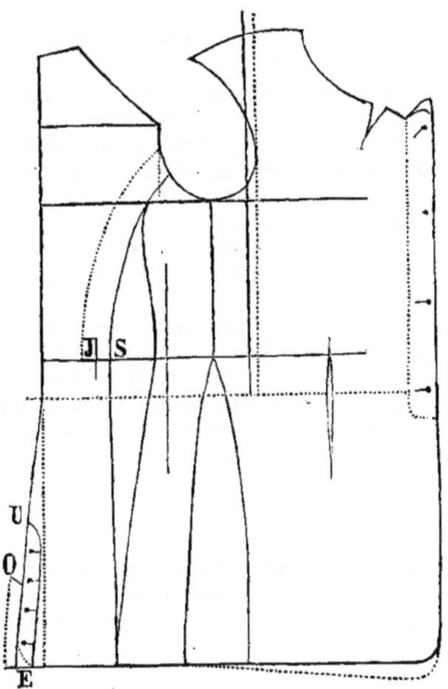

Savoir :

1. Montant de dos	23
2. Longueur de taille naturelle	43
3. Profondeur du bras	32
4. *Id.* à la hanche	52
5. *id.* à la taille	62
6. Épaule	45 1/2
7. Tour du bras (dont on peut se passer quoiqu'étant utile pour confrontation du tour d'emmanchure). Cette mesure ne doit se confronter que par l'emmanchure naturelle et non par celle que nous allons former, qui sera plus large et plus longue	44 3/4
8. Avancement du bras	29 1/2
9. Largeur de poitrine (détaillée pour sa prise, fig. 101, dont on peut se passer quoiqu'étant utile pour confrontation d'avancement du bras).	38
10. Carrure (on devra rélargir la carrure pour ce genre de vêtement, comme on le verra, fig. 116). La mesure prise naturelle a donné	17 1/2
11. Longueur de manche au coude	54
12. *Id.* totale de manche	86 1/2
13. 1/2 grosseur du haut	48 1/2
14. *Id. Id.* de taille	43 1/2
15. *Id. Id.* de hanches, prise à 4. cent. plus bas que la taille naturelle (dont on peut se passer, quoiqu'étant utile pour confrontation de ses largeurs)	45 3/4
16. *Id. Id.* de bassin (dont on peut se passer, quoiqu'étant utile pour confrontation de ses largeurs)	49

(1) Voir à la 2e classe, l'article de la manche de pelisse, à laquelle on joint dans le haut une partie de l'épaulette, qui font aboutir les coutures de manches à l'encolure.

DU TRACÉ DE PALETOT-SAC.

FIGURE 114.

On devra former son tracé par ses mesures prises , comme il est détaillé jusqu'à la fig. 24, du corsage à manches, c'est à partir de cette fig. 24 que s'opèrent les variations de tracés pour ce genre de vêtement , comme il est démontré ci-après.

Le 1/4 de la demi-grosseur du haut étant fixé, *v*. C, O, on procédera comme suit :

Il convient de faire prendre aux pardessus plus de 1/8ᵐᵉ de largeur au haut du dos à l'encolure, cela fait bien pour ce genre de vêtement.

Le modèle ci-joint prend 1 cent. de plus, *v*. U, que le 1/8ᵐᵉ fixé par la ligne pointée, ce sera donc de cette ligne U que l'on partira pour former son arc de redressage d'épaulette.

La largeur du haut de dos à l'encolure étant fixée, *v*. C, U, on continuera son tracé , comme il est détaillé jusqu'à la fig. 29 du corsage à manches.

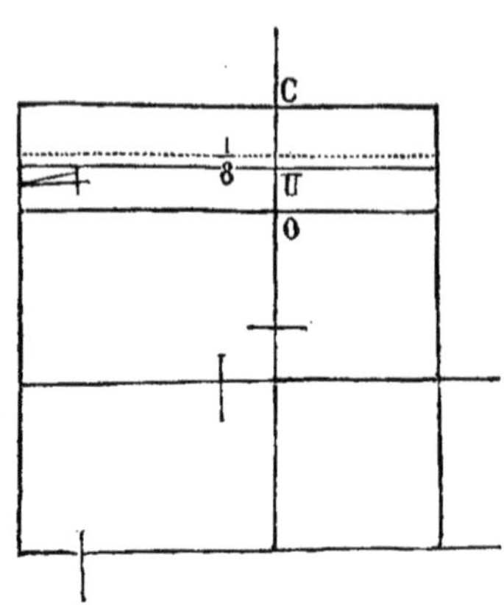

FIGURE 115.

Le modèle étant achevé jusqu'à la fig. 29 du corsage à manches,

On devra procéder pour ajouter à l'avancement , *v*. L, et à la jetée de taille, *v*. J, la valeur de 1 cent. pour les coutures qui vont se perdre derrière, ce qui se fait comme il est détaillé, fig. 88, du corsage à manches et fig. 109, du twine.

Les coutures étant ajoutées, *v*. L, J,

On devra procéder pour fournir à l'avancement du bras et à la profondeur un surplus de largeur qui convient pour pardessus, cela afin de ragrandir les emmanchures.

Et pour l'obtenir on procédera comme suit :

Il est prudent lorsque l'on reçoit la commande d'un pardessus de convenir, avec le client, du genre de vêtement qu'il doit porter dessous , ces précautions sont afin de ne pas couper le pardessus trop large, ni trop étroit, comme on le verra ci-après.

Exemple : lorsque l'on coupe un pardessus pour porter sur un habit ou redingote légèrement garnis, on devra baisser par une deuxième raie la profondeur du bras de 1 cent. et demi, *v*. V, en plus que la mesure de profondeur prise naturelle, *v*. D; on devra aussi rélargir l'avancement de cette même valeur, soit de 1 cent. et demi plus avant, *v*. P, que les coutures ajoutées devant le bras, *v*. I, ce qui formera trois raies à l'avancement.

Comme, lorsqu'un client ne voudra pas être fixé à porter son pardessus avec tel ou tel vêtement, on devra baisser la profondeur de 2 cent. ou plus, *v*. V, toujours à partir de la profondeur prise naturelle, *v*. D, cela pour parer à un vêtement de dessous, de grosse étoffe ou fortement garni.

L'avancement du bras se portera plus avant de cette même valeur, *v*. P, à partir des coutures ajoutées à l'avancement naturel, I.

On devra fixer toutes les raies afin que le modèle rappelle de combien on a rélargi.

Les paletots-sacs larges n'ont aucunes limites pour être portés sur un ou deux vêtements; on devra, dans ce dernier cas, baisser la profondeur de 3 cent., et rélargir l'avancement du bras de cette valeur, toujours à partir des coutures ajoutées à l'avancement, *v*. I.

Comme pour la plisse que l'on fait d'une largeur extrême , on devra baisser la profondeur de 3 ou 4 cent., et rélargir l'avancement du bras de cette même valeur, toujours à partir des coutures ajoutées, *v*. I (1).

Le modèle ci-joint devant se porter avec habit ou redingote de moyennes garnitures prend 2 cent. de plus de profondeur de D à V, et 2 cent. de plus d'avancement de I à P.

De procéder ainsi, proportionne uniformément les largeurs d'un

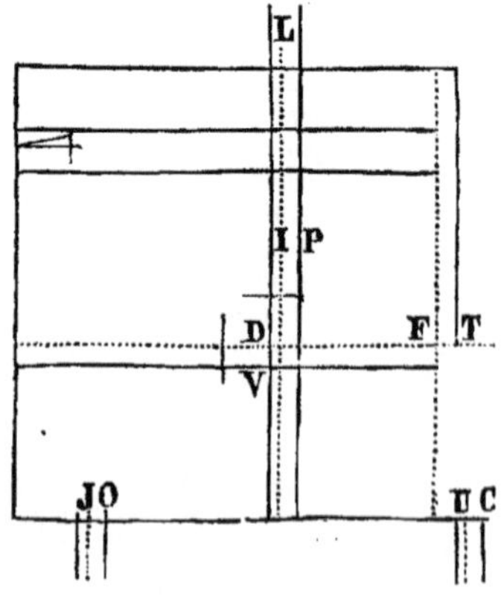

---

(1) Voir à la 2ᵉ classe l'article des pardessus redingotes, auxquels on rallonge les tailles.

pardessus pour toutes les tailles , et leur donne suffisamment de montants de dos, il est inutile de leur joindre un surplus de hauteur.

Comme on le voit, de rélargir la profondeur et l'avancement, cela est préférable aux mesures prises larges sur un vêtement, vu qu'elles ne se prennent qu'irrégulièrement, provenant des garnitures plus ou moins fortes, ou des étoffes plus ou moins épaisses, qui les font obtenir trop ou pas assez larges.

D'avoir rélargi l'avancement du bas de I à P, cela a donc rétréci la largeur de poitrine de cette différence, on devra lui fournir cette même valeur devant v. T, à partir de la demi-grosseur du haut, v. F, afin de lui conserver toujours ses mêmes largeurs; il est préférable de lui donner plus de largeur, attendu que le vêtement du dessous a un croisé de revers qui grossit.

Le modèle ci-joint prend la même distance de F à T qu'il y a de I à P.

La largeur fournie à l'avancement du bras, v. I, P, étant rendue au devant, v. F, T,

On devra procéder pour porter en avant de J, coutures ajoutées à la taille, la même valeur fournie à l'avancement de I à P, v. O.

Ce sera donc de ce point O que l'on partira pour fixer devant sa grosseur de taille, v. C, et non du point J, rajouté de coutures, ce qui occasionnerait à rétrécir la grosseur de ceinture devant, v. U, de toute la valeur qui se trouve reportée en arrière par le surplus de largeur fourni à l'avancement, v. P.

FIGURE 116.

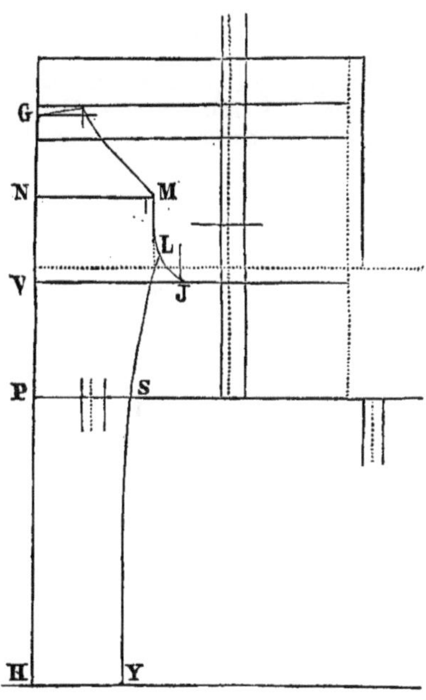

La demi-grosseur de taille étant fixée, v. O, C, fig. 115,

On devra procéder pour tracer son dos qui varie selon la forme que l'on veut donner au vêtement.

Le modèle ci-joint prend une moyenne largeur, cela est pour que les coutures se voient facilement derrière.

On aura, pour former son dos, à rallonger la ligne du milieu, v. P, à la longueur que l'on veut donner au vêtement, v. H, et de ce point H, on en tirera une raie d'équerre en travers, ce qui fermera le carré dans le bas; on devra prolonger cette ligne derrière, de 8 à 10 cent.

Cela fait, on aura à fixer la hauteur que l'on doit donner à la carrure, ce qui se fait comme suit :

Pour cela, on partagera la distance qu'il y a de G à V, profondeur rallongée, v. N, ce qui proportionne la hauteur des côtés.

La raie de hauteur de carrure étant fixée, v. N, on devra procéder pour placer sa largeur de carrure, et comme il est dit à la mesure de carrure, page 137, cette largeur doit pour ce genre de vêtement se rélargir de la moitié de ce que l'on a ouvert l'emmanchure par le surplus d'avancement fourni pour pardessus.

Le modèle ci-joint auquel on a rélargi l'avancement de 2 cent., prend un cent. de plus de largeur de carrure, v. M, et de ce point M, on en tirera une ligne d'équerre dans le bas, ce qui facilite pour contourner l'emmanchure et en former le simulacre aboutissant au 1/8ᵐᵉ du dessous de bras, v. J.

Le simulacre du contour d'emmanchure étant fixé, v. M, J,

On devra procéder pour fixer la largeur de petite carrure de dos jointe à l'emmanchure qui se fait selon la fantaisie, de 5 à 20 cent. de large. Le modèle ci-joint facilitant pour la rondeur d'omoplate prend 9 cent. de M à L.

Ce point L étant fixé, on aura à déterminer la largeur que l'on veut donner à la taille du dos, qui se fait selon le goût ou la mode de 5 à 35 cent de large.

Le modèle ci-joint prend 15 cent. de P à S.

La largeur de la taille du dos étant fixée, v. P, S, on devra procéder pour fixer la largeur du bas du dos, qui se fait également pour ses largeurs selon le goût ou la mode.

Le modèle ci-joint prend la même largeur de H à Y, que le bas de la taille de P à S.

Cela fait, on devra procéder pour former son côté de dos.

Pour cela, on formera un trait à la main partant de L, passant sur S, aboutissant en ligne droite à Y.

FIGURE 117.

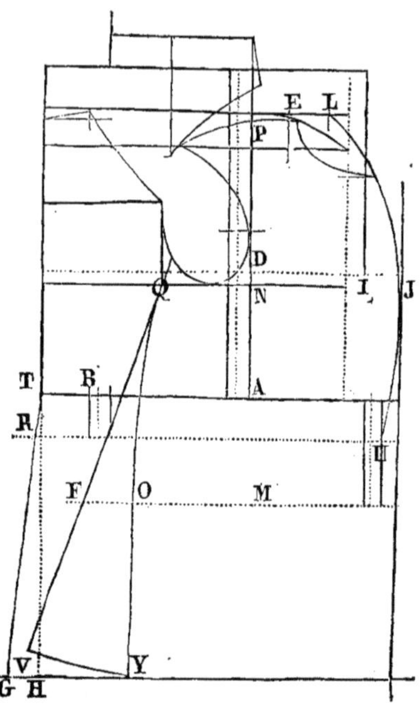

Le côté du dos étant formé, *v.* L, S, Y, fig. 116,

On devra procéder pour fournir un surplus de largeur dans le derrière du dos, ce qui se fait comme suit :

On fixera le départ de ce rajouté de 4 à 8 cent. plus bas que la taille naturelle T, et selon la grandeur des personnes.

Pour le modèle ci-joint, grandeur moyenne, le rajouté partira à 6 cent. plus bas que la taille naturelle, T, *v.* R (1).

Ce rajouté se fera pour sa largeur du bas, de 3 à 5 cent. *v.* G, selon la fantaisie ou l'ampleur que l'on veut donner dans le bas. Le modèle ci-joint prend 3 cent. de G à H.

On aura donc, pour déterminer ce rajouté, à former une raie légèrement arrondie partant de R, aboutissant à G.

Cela fait, on aura à tirer une ligne d'équerre en travers, qui prendra la distance du 1/3 de la demi-grosseur de bassin, à partir de la taille naturelle A, *v.* M (2)

Cette ligne M va nous servir à fixer la jetée des largeurs des côtés des devants, ce qui se fait comme suit :

Pour cela, on prendra la distance qu'il y a de T à B, point de cambrure, cela pour toutes les tenues.

On placera le chiffre obtenu de T à B sur O, largeur que l'on a voulu donner au dos à cette place, et où le chiffre obtenu aboutira derrière, on marquera un point, *v.* F.

Donc, que le dos se fasse large ou étroit, ce sera toujours à partir de sa largeur, *v.* O, que l'on partira pour jeter ses côtés de devants.

Cette cambrure de T à B varie sans cesse selon les tenues des personnes, elle peut donner de 3 à 14 cent. de distance eu plus. Le modèle ci-joint prend 7 cent. 1/2 de T à B.

On pourrait, lorsque la distance de T à B se rapproche trop, joindre un surplus de largeur en plus que la cambrure, cela fait bien pour envelopper le derrière, et par cela éloignerait F de O.

La jetée des côtés des devants étant fixée, *v.* F, on aura à tirer une ligne droite, qui partira de la jonction du dos et du devant fixé sur la ligne de profondeur rallongée, *v.* Q ; cette ligne passera sur F, jetée des devants et suivra la même pente jusqu'au bas.

La ligne qui détermine les côtés des devants étant fixée, *v.* Q, F,

On prendra la longueur qu'il y a au dos de Q à Y, et sans déranger la mesure fixée sur Q, on reportera la longueur que le côté du dos aura donnée sur la ligne qui fixe les côtés des devants, *v.* Q, F, et où cette longueur aboutira dans le bas sur cette ligne, on marquera un point, *v.* V, ce qui détermine la même longueur aux côtés des devants, *v.* V, que celle du dos, *v.* Y.

Cela fait, on aura à achever son haut de devant qui se fait par les mêmes procédés que ceux des corsages à manches ajustés détaillés, fig. 88.

Seulement que la reproduction du haut de dos qui détermine l'épaulette à l'encolure et à l'emmanchure se reproduira toujours à partir de la ligne d'avancement rélargi, *v.* P.

On pratiquera pareillement pour le redressage d'épaulette ; le 1/8me, *v.* E, partira également de la ligne d'avancement rélargi, *v.* P.

Il en sera de même pour les largeurs d'épaules qui se reproduiront toujours à partir de l'avancement rélargi, *v.* P, seulement qu'elles partiront comme d'habitude de la ligne de profondeur naturelle D, et non de la profondeur rallongée, *v.* N, ce qui rétrécirait les largeurs d'épaules ; elles s'emploieront ensuite par les mêmes procédés que ceux détaillés fig. 44 du corsage à manches.

Et comme on a rélargi la poitrine, *v.* I, de la valeur fournie à l'avancement, *v.* P, ce sera à partir de ce point I que l'on portera en avant le 1/8me de rajouté de poitrine, *v.* J.

Le rajouté de poitrine étant fixé, *v.* I, J,

On aura à former son devant de poitrine qui partira (comme il est détaillé fig. 56) de L ; 1/4 de la demi-grosseur du haut passera sur J ; 1/8me rajouté à la poitrine, aboutissant à U, demi-grosseur de taille rélargie.

Seulement que le 1/4 de la demi-grosseur du haut, qui fixe le départ de ce trait, *v.* L, devra se reproduire à partir de la ligne d'avancement rélargi, *v.* P, et non de l'avancement naturel.

<hr>

(1) Voir à la fig. 105 du twine, les détails du rajouté de derrière de dos.
(2) Voir à la fig. 105 du twine, les détails du 1/3 de la demi-grosseur de bassin.

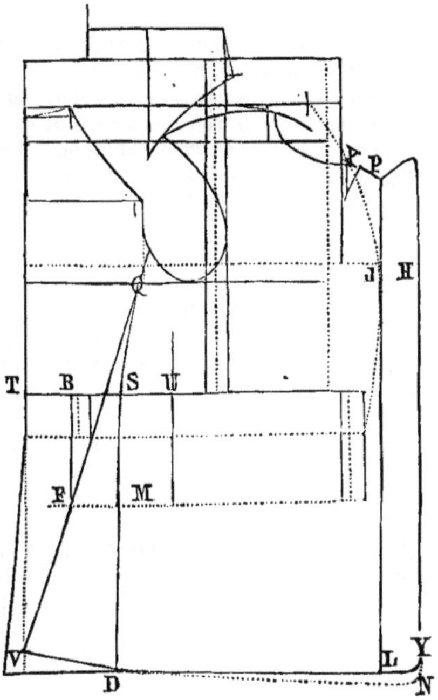

FIGURE 118.

Le trait qui détermine les devants de poitrine étant fixé, *v.* L, J, U, fig. 117,

On devra procéder pour ajouter aux devants la croisure des boutons et boutonnières, ce qui se fait comme suit :

On aura à partir du 1/8ᵐᵉ de rélargissage de poitrine, *v.* J, à tirer une ligne droite du haut en bas, *v.* P, L ; cette ligne touchera au rélargissage de poitrine J, ce qui détermine les largeurs de devant pour paletots sacs, auxquels on ne pratique pas de pinçons, comme on le fait aux twines, *v.* J, fig. 111.

Cela fait, on aura à former une seconde distance à partir de cette ligne P, L, qui formera la croisure et qui prendra, selon le goût ou la mode, de 5 à 10 cent. de large.

Donc, 5 cent. serviront pour un devant à un seul rang de boutons ou à sous-pattes.

Le modèle ci-joint étant d'une forme croisée, à deux rangs de boutons, prend 8 cent. à partir de la largeur de poitrine de J à H.

Cela fait, on devra pratiquer une pince au bas de l'encolure, *v.* X, qui se fait par les mêmes procédés que celle détaillée aux twines, fig. 111 ; on aura soin de ne pas trop l'obliquer du côté des emmanchures, cela fait croiser les devants.

Il convient, pour toutes les personnes plus ou moins fortes de poitrine, de rallonger, comme aux twines, le bas des devants, *v.* N, de 1 à 4 cent., selon que leur poitrine est forte et ronde, vu que ces tenues sont généralement droites ou renversées.

Comme il est inutile de rallonger cette partie pour une personne plate ou creuse de poitrine, le bas restera à sa longueur naturelle, *v.* Y, vu que ces tenues sont généralement voûtées.

Le modèle ci-joint, d'une grosseur de poitrine moyenne, prend 3 cent. de Y à N.

Les devants étant achevés,

On devra procéder pour donner à ce vêtement sa forme ajustée, comme il est annoncé page 137, ce qui se fait comme suit :

Il est dit, fig. 117, que pour fixer ses jetées de côtés de devant, de prendre la distance qu'il y a à la cambrure de T à B, pour la reproduire de O à F.

Il est dit aussi que, lorsque la distance de T à B se rapproche trop, d'éloigner la distance de F à O, que cela faisait bien pour le fort du derrière.

Mais comme cette manière de rélargir ou de rétrécir la distance de F à O, selon les cambrures qui varient de grandeur, conduirait à trop d'explications,

Nous avons pensé de donner une manière plus simple, qui se proportionne pour toutes les cambrures, et qui s'obtient comme suit :

Pour cela, on aura à prolonger la ligne de jetée de taille B, qui détermine la cambrure, jusqu'à la ligne de hauteur de bassin M, *v.* F ; ce sera ce point F qui guidera la jetée des côtés de devant pour toutes les tenues.

Le point F, déterminé par la ligne de cambrure B, étant fixé,

On aura, pour former son côté de devant, à tirer une ligne droite partant de la jonction du dos et du devant fixé sur la ligne de profondeur rallongée, *v.* Q ; cette ligne passera sur F, point de cambrure, et suivra la même pente jusqu'au bas.

La ligne qui détermine les côtés des devants étant fixée, *v.* Q, F,

On aura, comme à la fig. 117, à prendre la longueur qu'il y a au dos, de Q à D, pour la reporter sur la ligne Q, F, et où cette longueur aboutira, on marquera un point, *v.* V, ce qui détermine la même longueur aux côtés des devants, *v.* V, que celle du côté du dos, *v.* D.

La longueur des côtés de devant étant fixée, *v.* V,

On devra procéder pour fixer la cambrure des côtés, ce qui se fait comme suit :

Pour cela, on aura à déduire, à partir du point de jetée de taille B, la largeur que l'on a donnée au bas du dos, de T à S, *v.* U, et de ce point U, on en tirera une raie d'équerre de 8 à 10 cent. de long dans le haut et dans le bas, comme cela se pratique aux corsages à manches, fig. 35.

18

FIGURE 119.

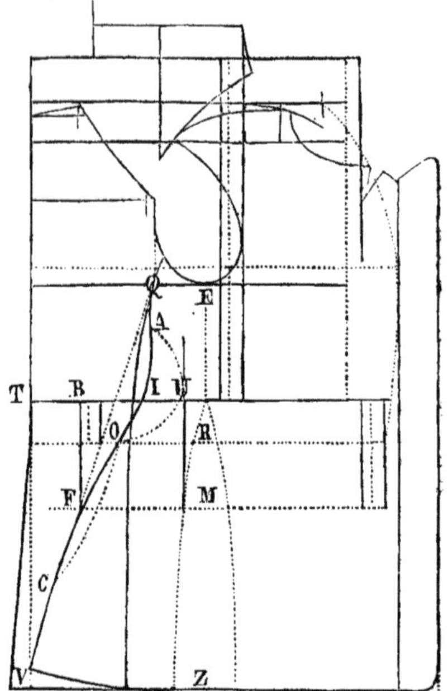

La ligne de déduction de largeur de bas de dos étant déduite de la cambrure B, v. U, fig. 118,

On devra procéder pour former un cintre au côté, afin de faire dessiner plus ou moins les formes du corps à ce vêtement, ce qui s'obtient en creusant plus ou moins les côtés.

Ce creusage peut se faire de 3 à 9 cent. à partir de la ligne de déduction de dos U, et selon la cambrure des personnes.

Ce sera toujours cette ligne U qui guidera ce creusage, afin de toujours laisser une largeur dominante de U à I, que ce genre de vêtement réclame ;

Et comme il est dit fig. 117, cette cambrure de T à B varie sans cesse ; elle peut donner de 3 à 14 cent. de distance ou plus.

Tel que :

Prenant de 10 à 14 cent. de T. à B, cela dénote des personnes très cambrées ; on devra pour ces tenues fournir de 6 à 9 cent. de distance de U à I, afin de leur masquer leur cambrure.

Comme prenant de 6 à 9 cent de T à B, ce qui dénote des cambrures moyennes, on fournira de 4 à 6 cent. de U à I.

Comme prenant de 3 à 5 cent. de T à B, cela dénote des personnes trapues, on devra, pour ces tenues, ne fournir qu'une distance de 3 à 4 cent. de U à I, afin de leur dessiner la taille.

Il convient, pour cette tenue, de tracer primitivement le dos plus étroit à la taille, en en tenant compte au devant, afin d'éviter un regonflement à la taille du dos, v. B.

Le modèle ci-joint prenant 7 cent. 1/2 de T à B, prend 4 cent. de distance de U à I.

Et pour déterminer ce creusage de côté, on procédera comme suit :

On aura à former un trait à la main partant de Q, jonction du dos et du devant, fixé sur la ligne de profondeur rallongée, on suivra ce trait en rondeur douce pour former un léger creux dans la partie de la taille, v. I, écart que l'on a voulu donner à partir de la ligne de déduction de dos U, et de ce point I, on ressortira ce trait en rondeur douce, que l'on fera suivre aux côtés des devants, sur le point de cambrure F, fixé sur la ligne de hauteur de bassin M, pour le faire aboutir en rondeur douce à la longueur et à la largeur qu'on lui a données dans le bas, v. V.

Le creux des côtés de devant étant formé, v. Q, I, F, achève le tracé du paletot sac dessinant les formes.

Vient ensuite le travail des côtés qui se fait comme suit :

On aura à tendre dans la partie du cintre pointé de A à O, afin de rendre ce cintre plutôt rond que droit, ce qui nettoie le bas des côtés.

Ce tendage reporte sur les hanches, v. R, M, et dans le bas, v. Z, l'étoffe qui convient pour les envelopper, et afin de conserver toutes les largeurs de hanches, on aura à rentrer au carreau et à refouler sur les hanches la partie arrondie de O à C pour la rendre droite, excepté que l'on ne fournisse un surplus de largeur dans le bas de F à V, qui éviterait ce rentrage.

Ensuite, on devra plier l'étoffe dans la partie de E, R, M, pour fixer à cette place toutes ces largeurs refoulées, ce qui dessinera les hanches.

Et comme il est dit aux twines, fig. 112, les tendages se feront toujours à double ; on aura soin de bien les sécher avant de les joindre au dos, qui se montrera juste dans cette partie tendue de A à O, et si les côtés se sont retirés en les montant au dos, on devra les retendre de nouveau avec le dos, afin de lisser cette partie.

Le tendage que l'on pratique dans la partie de A à O rallonge le côté des devants, v. V ; on aura à l'égaliser dans le bas avec le côté du dos, v. Y.

De fixer la jetée des devants par la cambrure, v. B, F, cela donne une largeur convenable pour les hanches et le bassin.

DU PALETOT-SAC A DEUX COUTURES.

FIGURE 120.

Le paletot-sac à 3 coutures dessinant les formes étant achevé, *v.* fig. 119,

On devra procéder pour le paletot sac, tombant droit, ne dessinant aucune forme.

Ce genre de vêtement se trace par les mêmes procédés et par les mêmes mesures que celui ci-avant détaillé, excepté le dos qui change de forme.

Mais comme étant plus large que le précédent, on lui donnera 3 cent. de plus de profondeur, *v.* V, à partir de la profondeur naturelle D, et 3 cent. de plus d'avancement, *v.* P, à partir des coutures ajoutées, *v.* I.

La reproduction du haut de dos, *v.* K, qui détermine l'épaulette à l'encolure et à l'emmanchure, se portera comme au précédent à partir de l'avancement rélargi, *v.* P, et non des coutures ajoutées, *v.* I.

Il en sera de même du $1/8^{me}$ de redressage d'épaulette, *v.* E, et du $1/4$ qui fixe le départ du rond de poitrine, *v.* L, ces points se fixeront également à partir de l'avancement rélargi, *v.* P, et non des coutures ajoutées, *v.* I.

La mesure de largeur d'épaule se reproduira également à partir de l'avancement rélargi, *v.* P, seulement que l'on partira comme d'habitude de la profondeur naturelle, *v.* D, et non de la profondeur rallongée, *v.* V, ce qui rétrécirait les largeurs d'épaules.

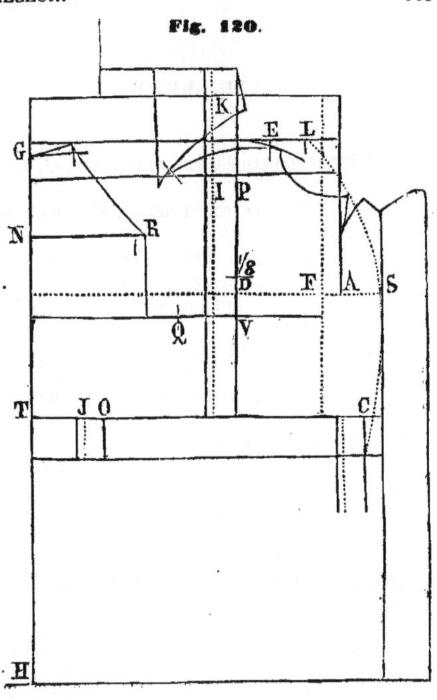

On devra également porter plus avant que les coutures ajoutées à la taille J, le surplus de largeur fourni à l'avancement de I à P, *v.* O; ce sera à partir de ce point O que l'on portera en avant la demi-grosseur de taille, *v.* C, ce qui se fait comme au modèle précédent.

Et comme d'avoir rélargi l'avancement du bras de I à P, cela a rétréci la largeur de poitrine de cette différence, on devra, comme au modèle précédent, lui fournir cette même valeur devant, *v.* A, à partir de la demi-grosseur du haut, *v.* F, afin de lui conserver toujours ses mêmes largeurs, et comme il est dit fig. 115, il est préférable de lui donner plus de largeur, attendu que le vêtement de dessous a un croisé de revers qui grossit.

Ce sera donc de ce point A que l'on partira pour porter en avant le $1/8^{me}$ de rajouté de poitrine, *v.* S. Pour le reste des devants et la croisure, ils se feront pareils au modèle précédent.

Le $1/8^{me}$ de rajouté de poitrine étant fixé de A à S,

On devra procéder pour le tracé du dos qui, pour ce modèle, se coupera plus large du bas que le précédent.

On aura pour le former à rallonger la ligne de longueur de taille naturelle, *v.* T, à la longueur que l'on veut donner au vêtement, *v.* H, et de ce point H, on en tirera une raie d'équerre en travers, ce qui fermera le carré dans le bas; on devra prolonger cette ligne derrière de 8 à 10 cent.

Cela fait, on aura à fixer la hauteur que l'on doit donner à la carrure, ce qui se fait comme au précédent.

Pour cela, on partagera la distance qu'il y a de G à la ligne de profondeur rallongée, V, *v.* N, ce qui proportionne la hauteur des côtés en rélargissant les épaulettes.

Donc, que les profondeurs se rallongent de 1 à 4 cent., *v.* V, ce sera toujours la distance qu'il y a de G à la ligne de profondeur rallongée, que l'on partagera pour fixer la hauteur de carrure, *v.* N.

Cela si on le juge convenable, car si l'on veut faire les côtés hauts, on ne partagera que de G, à la ligne de profondeur naturelle D, ce qui rétrécira les largeurs d'épaulettes.

Il est dit, fig. 116, que chaque fois que l'on rélargira l'avancement du bras de I à P, on devra rélargir la carrure de la moitié de cette différence.

Pour le modèle ci-joint, la carrure à l'emmanchure ne se rélargira que de 1 cent. *v.* R, et non de 1 cent. et demi, moitié de I à P, provenant d'un surplus de largeur que nous allons lui fournir au milieu du dos, qui facilitera pour envelopper largement les omoplates.

La largeur de carrure étant fixée, *v.* R, on aura à en tirer une ligne d'équerre dans le bas.

Cette ligne étant formée, on devra procéder pour le contour d'emmanchure.

Pour cela, on devra fixer le $1/8^{me}$ du devant de bras qui facilite le contour d'emmanchure, *v.* $1/8^{me}$, à partir de la profondeur rallongée, *v.* V, et non de la profondeur naturelle, *v.* D.

Cela est afin de ne pas couper l'emmanchure trop pleine dans cette partie.

Pour celui du dessous de bras, *v.* Q, il se placera à partir de la ligne des coutures ajoutées, *v.* I.

FIGURE 121.

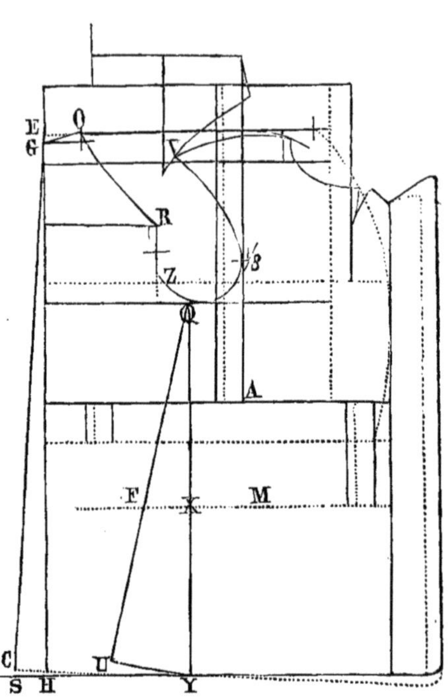

Les 1/8mes d'emmanchures étant fixés, v. Q, et un 1/8me, fig. 120,

On aura à former son contour d'emmanchure, qui s'obtient comme suit :

Pour le devant, on partira de V, largeur d'épaulette déterminée par le redressage, on passera sur le 1/8me de devant de bras, reproduit plus bas pour aboutir à Q, 1 /8me de dessous de bras.

Et pour le dos, on partira de 3 ou 4 cent. plus bas que R, afin de creuser assez dans la partie de Z, faisant aboutir ce trait à celui du devant, fixé sur Q, 1/8me de dessous de bras.

Le contour d'emmanchure étant fixé,

On procédera pour déterminer le dos sous bras, ce qui se fait comme suit :

Pour cela, on tirera une ligne d'équerre à partir de Q jusqu'au bas, v. Y, ce qui donne la même largeur dans le bas que dans le haut.

Cela fait, on devra procéder pour former son côté de devant.

Pour cela, on aura à fixer une raie en travers qui prendra la distance du 1/3, de la demi-grosseur de bassin, v. M, à partir de la ligne de taille naturelle A (1).

Cette raie, M, étant fixée, on devra procéder pour fixer son côté de devant, ce qui se fait comme suit :

On aura à partir de X, largeur de dos fixée sur la ligne de hauteur de bassin, M, à former une distance pour rélargir les devants sous bras de 5 à 10 cent. ou plus, v. F, selon la grosseur des personnes.

Tel que : Un enfant prendra de 5 à 6 cent. de X à F.

Comme un gros homme prendra de 7 à 10 cent. ou plus, selon que l'on veuille faire draper le vêtement sur les hanches.

Le modèle ci-joint, grosseur moyenne, prend 7 cent. de X à F.

La jetée des devants étant fixée, v. F, on aura à tirer une ligne droite qui partira de Q, passera sur F, jetée des devants sous bras, et suivra la même pente jusqu'au bas.

La ligne qui détermine les côtés des devants étant fixée, v. Q, F.

On prendra la longueur qu'il y a au dos, de Q à Y, pour reproduire cette même longueur sur la ligne Q, F, et où cette longueur aboutira dans le bas, on marquera un point, v. U, ce qui détermine la même longueur au côté des devants, v. U, que celle du côté de dos, v. Y.

Les devants sous bras étant fixés, v. Q, F, U,

On devra procéder pour un surplus de largeur que l'on doit ajouter au milieu du dos, ce qui fait bien dans le haut pour masquer des omoplates fortes, et dans le bas pour faciliter la marche et pour empêcher que le vêtement n'appuie sur les mollets lorsqu'on lui donne cette longueur.

Ce rajouté se fera de 3 à 8 cent. à partir de H, v. S.

Le modèle ci-joint, tombant aux jarrets, prend 5 cent. de H à S.

Comme 3 cent. conviennent lorsqu'on lui donne moins de longueur.

Et pour obtenir ce rajouté on aura à tirer une ligne droite partant du haut de dos, v. G, aboutissant au bas, v. S.

Il convient lorsque l'on rapporte de 5 à 7 cent. d'étoffe derrière, de H à S, de rehausser le haut du dos d'un demi-cent. environ, v. E, au-dessus de G, hauteur naturelle.

Cela fait, on tirera une ligne légèrement cintrée partant de O, aboutissant à E (voir la ligne pointée de O à E).

Et le surplus de hauteur, fourni au haut de dos, de G à E, devra se raccourcir dans le bas de cette valeur, v. C, afin de maintenir le dos à sa longueur naturelle.

(1) Voir à la fig. 105 du twine, les détails du 1/3 de la demi-grosseur de bassin.

DU PALETOT-SAC-PELISSE.

FIGURE 122.

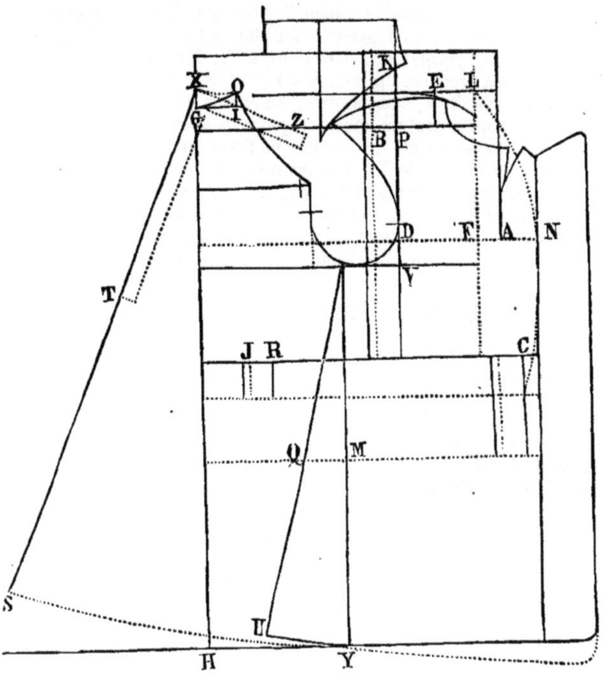

Ce genre de vêtement se fait par les mêmes procédés et les mêmes mesures que celui ci-avant détaillé.

Il n'y a de différence que dans la profondeur et dans l'avancement, qui se font si on le veut plus larges qu'au précédent.

Le modèle ci-joint prend 4 cent. de plus de profondeur de D à V, et 4 cent. de plus d'avancement de B, ligne de coutures ajoutées à P. Pour le reste, on procédera de la même manière qu'à la fig, 120.

Savoir : La reproduction du haut de dos qui détermine l'épaulette à l'encolure et à l'emmanchure, v. K, se portera toujours à partir de l'avancement rélargi, v. P.

Il en sera de même du $1/8^{me}$ de redressage d'épaulette E, et du $1/4$, qui fixe le départ du rond de poitrine, v. L. Ces points se fixeront également à partir de l'avancement rélargi, v. P.

La mesure de largeur d'épaule se reproduira également à partir de l'avancement rélargi, r. P, seulement que l'on partira comme d'habitude de la profondeur naturelle, v. D, et non de la profondeur rallongée, v. V, ce qui rétrécirait les largeurs d'épaules.

On devra également porter plus avant, v. A, que la grosseur du haut, v. F, le surplus de largeur fourni à l'avancement de B à P.

Cette valeur de B à P se reportera aussi plus avant, v. R, que les coutures ajoutées à la taille, v. J, comme ce sera toujours à partir de ce point R que l'on portera en avant la demi-grosseur de taille, v. C.

L'ensemble des devants et du dos naturel renfermé dans le carré, v. G. H, ainsi que la jetée des devants, v. Q, M, se traceront pareils au précédent.

Cette forme de vêtement ne diffère de la fig. 121 que par le dos qui se fait plus large afin qu'il drape largement derrière, ce qui lui fait prendre le nom de pelisse.

Cette longueur se fait selon le goût ou la mode et suivant la grosseur des personnes.

Tel que : pour faire tuyauter le dos largement derrière pour une demi-grosseur de 45 cent. du haut ; 35 cent. de H à S est suffisamment large, ce qui formera trois ou quatre tuyaux dans le dos.

Comme pour une personne de 55 cent. de demi-grosseur du haut, 45 cent. de H à S est une largeur suffisante pour lui former trois ou quatre tuyaux.

Comme on peut les étoffer moins pour l'économie du **drap**.

Le modèle ci-joint portant 48 cent. de demi-grosseur du haut prend 40 cent. de large de H à S, ce qui formera trois ou quatre tuyaux.

Et pour obtenir ce rajouté qui ne se fait qu'à la fin du tracé de corsage, on procédera comme suit :

Nous le répétons, le tracé du haut de dos, v. G, O, se fera comme d'habitude, et comme il est détaillé fig. 29, du corsage à manches.

Mais comme on a rélargi le dos à l'encolure de 1 cent. en plus que le $1/8^{me}$ pour ce genre de vêtement, cela obligera de rehausser de $1/2$ cent. le contour d'encolure de I à O, pour qu'il s'accorde avec le contour d'encolure de l'épaulette, v. E.

Le haut de dos à l'encolure étant formé, v. G, O,

On devra procéder pour l'ampleur que l'on veut lui donner derrière pour le faire plisser, ce qui se fait comme suit :

Pour cela on devra placer le coin d'une équerre sur la ligne du milieu de dos naturel, v. X, afin que l'une des branches de l'équerre, *v.* T, suive en ligne directe la pente de la largeur que l'on a voulu donner au bas du derrière, *v.* S, et lorsque cette branche de l'équerre sera fixée ainsi, *v.* X, T, on aura à remonter ou baisser le coin fixé sur la ligne du milieu X, pour que l'autre branche, *v.* Z, passe sur la hauteur du haut de dos naturel, *v.* I, en laissant dépasser le surplus de hauteur, *v.* O, qui forme le creux d'encolure.

Et lorsque l'équerre sera fixée ainsi, *v.* X, T et X, Z,

On aura à tirer une ligne de X à I (voir les pointés) et une autre de X à S, passant sur T.

Cette ligne X, I, étant formée, on aura à en tirer une seconde de O à X, que l'on creusera légèrement, ce qui détermine le haut du dos de ce genre de vêtement.

Donc, que le rajouté du derrière se fasse large ou étroit de S à H, on devra toujours procéder ainsi, afin que le haut de dos de X à I se trouve toujours d'équerre comme le dos primitif, *v.* G, I.

Cela fait, on aura à prendre la longueur qu'il y a au dos de G à H, pour la reporter sur la ligne X, T, à partir de X, et où cette longueur aboutira dans le bas on marquera un point, *v.* S, ce qui détermine la longueur voulue.

Et de ce point S, on en formera une raie légèrement arrondie pour la faire aboutir à Y, largeur de côté de dos sous bras, afin qu'elle s'égalise de rondeur avec le bas des cotés de devant, *v.* U.

DU TRACÉ DE MANCHE POUR LES EMMANCHURES RAGRANDIES.

FIGURE 123.

On varie souvent la forme des manches pour ce genre de vêtement, celle que nous lui joignons aujourd'hui est une manche à deux coutures, très commode pour le mouvement des bras et facile pour le travail (1).

Elle se tracera par les mêmes procédés que celle détaillée, fig. 79, 80, 81, 82, 83, 84, 85 et 86, du corsage à manches.

Seulement que pour la tracer, on abandonnera la mesure de tour de bras prise naturelle pour se servir du tour d'emmanchure rélargi par la profondeur, *v.* V, et par l'avancement, *v.* P, cela afin que la manche soit de pareille largeur que l'emmanchure.

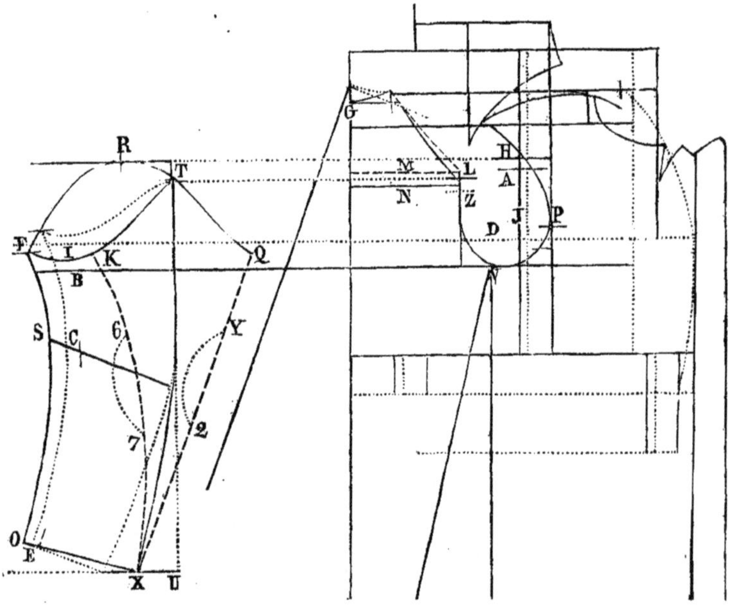

Et comme on le sait, on a partagé le montant de dos de G à la ligne de profondeur rallongée, *v.* V, ce qui a baissé la hauteur de carrure de la moitié de la différence de D à V, *v.* N, et tracer ainsi, cela occasionnerait à baisser la hauteur de talon, *v.* Z, et la hauteur de rond de manche, *v.* A, ce qu'il faut éviter.

On devra pour cela partager de nouveau le montant de dos de G à la ligne de profondeur naturelle D, afin de faire le simulacre de la hauteur de carrure naturelle, *v.* M, ce qui conservera les hauteurs de talon, *v.* L, et de hauteur de rond de manche, *v.* H, à leur hauteur naturelle.

Donc, le point de talon de manche se trouvera plus élevé, *v.* L, que celui de la carrure baissée, *v.* Z.

Ce sera donc à ce point L que l'on devra monter la couture de talon de manche, *v.* T.

Cela est afin que le point de hauteur de manche, *v.* H, soit toujours à la même hauteur que celui d'un corsage à manches ajusté.

Et pour obtenir cette hauteur pour le tracé de la manche, on prendra la distance qu'il y a à partir de la ligne

(1) Voir à la 2me classe, l'article de la manche de pelisse, à laquelle on joint dans le haut une partie de l'épaulette, qui font aboutir les coutures de manches à l'encolure.

de profondeur rallongée, *v.* V, au point de carrure naturelle, *v.* L, en lui joignant comme d'habitude et selon les grosseurs de 2 à 3 ou 4 cent. de plus de hauteur (1) pour former sa rondeur du haut, *v.* R, et de talon de manche, *v.* T.

Cette manche ne diffère de celle naturelle, *v.* I, que par plus de profondeur, *v.* B, de la différence de ce que la profondeur a été baissée de D à V.

Elle prend aussi plus de largeur, *v.* F, de la différence de ce que l'avancement a été rélargi de J à P.

Comme on le voit on a formé le simulacre de la manche naturelle (voir les pointés) afin de pouvoir se rendre compte du surplus de largeur et de profondeur que la manche large prend en plus que la naturelle.

Le haut de la manche étant achevé, on devra rélargir à la saignée du bras de C à S, en proportion de ce que l'on a rélargi le haut, *v.* F.

Et pour le bas, *v.* O, on ne rélargira que de 1 cent. en plus que la manche naturelle E, afin d'éviter que la manche s'éloigne du pouce en allongeant les bras.

Pour les largeurs que l'on doit lui donner dans le bas, elles se fourniront toujours par les côtés, *v.* X, si large que l'on veuille faire le bas des manches.

Comme on le voit par ce modèle, on fait fournir au dessus de manches par la couture de coude une partie du dessous, *v.* Q, et cette étoffe fournie au dessus de Q à X, devra s'enlever au dessous de K à X.

Et pour former ce rajouté, on devra tracer droite la ligne du dessus rélargi de Q à X, qui se reploiera de T à X, pour se joindre au dessous.

Et comme il reste encore de l'écart à la manche de X à U, de plier le dessus de manche de T à X, cela occasionnera une longueur au rajouté du dessus dans la partie de Y à 2, que l'on devra faire emboire dans la partie du coude de 6 à 7, ce qui le dessinera.

De pratiquer ainsi la manche sans faire de coutures de côté, facilite pour le montage du talon, ce qui n'aurait pas eu lieu pour cette manche si l'on eût pratiqué une couture de côté, vu que cette couture, *v.* T, se serait pour ce genre de tracé rencontrée sur l'épaulette, *v.* L, ce qui aurait été disgracieux (2).

On devra, pour la pelisse, monter le collet assez long au haut du dos à l'encolure, ce qui facilite pour répartir dans la totalité de la largeur du dos l'ampleur que l'on a fourni derrière, *v.* S, H, fig. 122 ; car de monter le collet court dans cette partie occasionnerait trop d'ampleur dans le milieu du dos, au détriment des côtés qui seraient trop lisses, ce qu'il faut éviter.

Les collets, pour ce genre de vêtement, se monteront de 1/2 cent. plus long de chaque côté que ceux des corsages à manches détaillés pages 52 et 53.

(1) Voir à la fig. 80, l'article de la hauteur de rond de manche.
(2) Voir à la 23ᵐᵉ partie, de la 2ᵐᵉ classe, de plus amples détails sur le tracé des manches.

FIN DE LA PREMIÈRE CLASSE.

TABLE DES ARTICLES DE LA PREMIÈRE CLASSE.

FIN DE LA TABLE DE LA PREMIÈRE CLASSE.

Paris. — Typ. Lacour, rue Soufflot, 18

DEUXIÈME CLASSE

PREMIÈRE PARTIE

DES MODÈLES VARIÉS DE QUELQUES PRINCIPALES STRUCTURES.

Pour cette démonstration, j'ai choisi quelques conformations variées par plus ou moins de cambrure et par plus ou moins de force de poitrine, dont le haut du corps n'est nullement contourné d'un côté ou de l'autre.

J'ai fait cela pour donner une idée exacte du plan de chacun de leurs modèles, ce que nous obtenons avec une grande facilité par ma manière de mesurer.

Et pour démontrer facilement sur chaque tenue la différence de la conformation de chacun, qui varie à l'infini, j'ai dû représenter sur six tenues le fragment d'un carré extrait d'un mécanisme dont je suis breveté, duquel j'ai tiré la justesse de mes mesurages qui sont publiés, qui rendent désormais inutile le service d'un mécanisme pareil.

Cette démonstration a été faite pour que l'on mette tous ses soins pour obtenir avec justesse la mesure de jetée de taille détaillée, page 12, qui détermine la cambrure ; vu que cette mesure guide la régularité des largeurs des bas de devants, ce que nous allons démontrer.

Les tenues que j'ai choisies sont :

Premièrement. Tenue droite, moyenne cambrure, patron n° 1.

Deuxièmement. Tenue portant le haut du corps en avant, le derrière en arrière, très forte de poitrine, mince de taille, aimant à se serrer et voulant se boutonner, patron n° 3.

Troisièmement. Tenue portant le ventre en avant, très cambrée, patron n° 4.

Quatrièmement. Tenue voûtée, creux de poitrine, moyenne cambrure, patron n° 5.

Cinquièmement. Tenue droite, gros trapu, peu de cambrure, patron n° 6.

Sixièmement. Tenue voûtée, creux de poitrine, gros ventre, très cambré, patron n° 9.

Je supprime momentanément les tenues intermédiaires, patrons n° 2, 7, 8 et 10.

Je joins :

Une tenue épaules très hautes, patron n° 11.

Et une tenue épaules très basses, patron n° 12.

J'ai joint les mesures à ces modèles, afin que l'élève puisse pratiquer les tracés pendant l'espace de temps qu'il s'apprendra à mesurer.

DE LA TENUE DROITE, MOYENNE CAMBRURE. — Patron nᵒ 1.

FIGURE 124.

Les mesures de cette tenue ont donné :

Montant du dos	21	Avancement du bras	31
Longueur de taille naturelle	44	1/2 largeur de poitrine (mesure de preuve	17
Profondeur du bras	31	Carrure	48
Id. à la hanche	54	Longueur de manche au coude	54
Id. à la taille	64	*Id.* totale manche	84
Épaule	42 1/2	1/2 grosseur de haut	48
Tour du bras	42	1/2 *Id.* de taille	40

Demi-grosseur de hanches (cette mesure a été prise à 4 cent. plus bas que la taille naturelle). Comme il est dit fig. 17, on devra prendre cette mesure à la longueur que l'on veut donner à la taille du vêtement, ayant soin de lui faire suivre la plus grande régularité de hauteur derrière hanches et devant, afin de l'obtenir avec la plus grande justesse, vu qu'elle est un guide précieux pour fixer les largeurs des bas de côté sur les hanches. 43

Demi-grosseur de bassin . . . . , . . 48

FIGURE 125.

Pour se rendre compte des cambrures plus ou moins fortes des personnes, on aura à prendre la distance qu'il y a à partir du milieu de dos, *v.* P, au point de jetée de taille, *v.* B.

Le modèle ci-joint prend 8 cent. de cambrure de P à B.

Il est dit, fig. 40, de rallonger le bas des côtés, *r.* Z, et le bas des devants, *v.* U, de pareille longueur à partir de la taille naturelle.

Cela se pratique de pareille manière pour les tailles rallongées, comme il est expliqué fig. 89.

Mais comme les poitrines fortes nous occasionnent un travail qui raccourcit plus ou moins les devants, cela nous oblige à les rallonger, comme on va le voir ci-après.

Cette personne ayant assez de poitrine et peu de grosseur de ventre, nous donne un devant rond de X à U.

Nous lui pratiquerons deux pinces à la poitrine de 1 cent. chacune, coutures comprises, cela est afin de monter le revers moins court dans cette partie, ce qui évitera les fronces aux devants pour les étoffes difficiles à rentrer au carreau. (Voir les détails, fig. 57.)

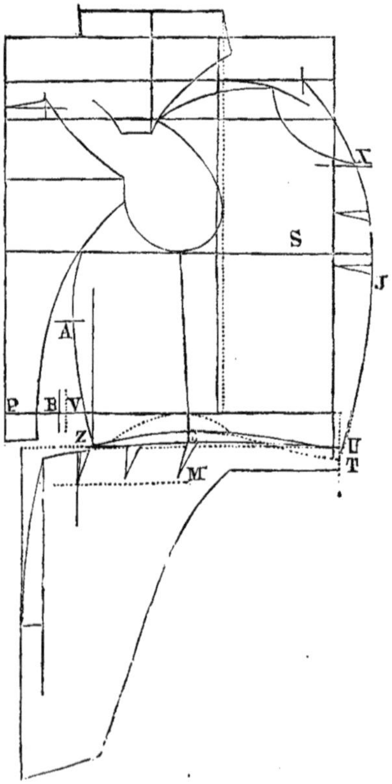

Malgré les pinces, on maintiendra le revers court de J à U d'environ un demi-cent., ce qui égalisera de droiture le bas des devants avec le haut pinçonné.

Les pinces faites à la poitrine et le serrage du devant de J à U vont donc raccourcir la longueur des devants de 2 cent. 1/2, dont 1 cent. 1/4 au haut de l'encolure, de J à X, et 1 cent. 1/4 dans le bas, de J à U.

On devra donc rendre dans le bas des devants, de U à T, la moitié de cette valeur raccourcie équivalant à 1 cent. 1/4, pour maintenir le bas du devant à sa longueur primitive, *v.* U.

Car ne rendant pas au bas des devants, *v.* T, cette longueur qui va se raccourcir par le serrage des devants, pour envelopper la rondeur de poitrine, *v.* S, cela occasionnerait d'attirer le devant de la basque de cette valeur, ce qui produirait à la faire trop lisser dans la partie du devant de la hanche, *v.* M.

C'est pour cela que, pour toutes les tenues plus ou moins fortes de poitrine, il convient de se rendre compte de combien les devants se raccourciront par le travail des pinces ou par le serrage des revers pour joindre la moitié de cette valeur raccourcie au bas des devants, *v.* T, faisant aboutir cette longueur ajoutée au bas des côtés, *v.* E.

On devra toujours pratiquer ainsi, afin de maintenir le bas des devants de pareille longueur que le bas des côtés, *v.* Z.

Pour l'encolure, il est inutile de la rehausser de la valeur qu'elle perd par le serrage des revers, sa hauteur est suffisante pour redingote ou habit civil.

Il convient de monter le dos d'environ un cent. plus long dans la partie de A à V, afin de détendre cette partie pour lisser les côtés, ce qui fait bien. Ce tendage a donc rallongé le bas des côtés de cette valeur tendue ; on aura, à cet effet, à diminuer d'une couture le bas des côtés, *v.* Z, ce qui maintiendra ses longueurs (1).

____

(1) Voir au twine, fig. 112, l'article du tendage de côté.

DE LA TENUE PORTANT LE HAUT DU CORPS EN AVANT, LE DERRIÈRE EN ARRIÈRE, TRÈS FORTE DE POITRINE, MINCE DE TAILLE, AIMANT A SE SERRER ET VOULANT SE BOUTONNER (1). — PATRON N° 3.

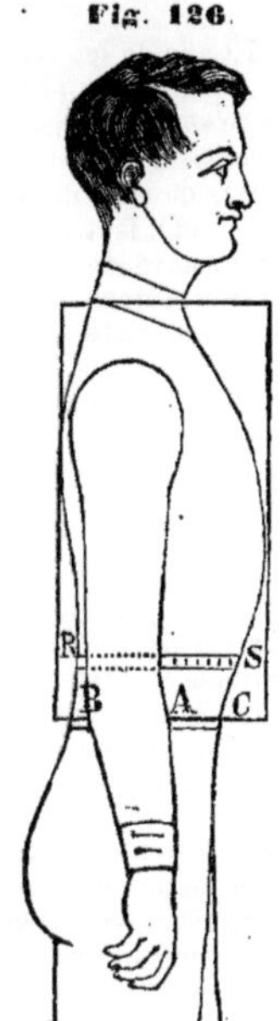

FIGURE 126.

Cette tenue a généralement peu de cambrure. — Les mesures de cette tenue ont donné :

Montant de dos.	18	Avancement du bras	27
Longueur de taille naturelle.	38	1/2 largeur de poitrine (mesure de preuve).	18 1/2
Profondeur du bras	30	Carrure.	16 1/2
Id. à la hanche	50	Longueur de manche au coude	50
Id. à la taille	59 1/2	*Id.* totale de manche	80
Epaule	39 1/2	1/2 grosseur du haut	45 1/2
Tour de bras	38	1/2 *Id.* de taille	37

Demi-grosseur de hanches (prise à 4 cent. plus bas que la taille naturelle). Je répète de mettre tous ses soins pour la prendre de niveau au-dessous de B, A, C, pour l'obtenir régulièrement 41
Demi-grosseur de bassin. 47

Outre ces mesures ci-avant indiquées, il convient, pour toutes les personnes qui aiment à se serrer pour s'amincir la taille, de prendre la mesure de grosseur du bas des côtés détaillée ci-joint. — Et, pour l'obtenir, on procédera comme suit :

On rencontre cette tenue dans le civil aimant à se boutonner et le plus souvent chez le militaire.

Cette mesure doit se prendre sur les dernières côtes, qui se trouvent plus élevées, selon la grandeur des personnes, de 4 à 6 cent. environ, v. R, S, que la taille naturelle, v B, A. C.

FIGURE 127.

La mesure de grosseur du bas des côtes étant obtenue, v. R, S, fig. 126, on l'emploiera comme suit :

Pour cela : on aura à élever une ligne au-dessus de la taille naturelle, v. M, à la même hauteur que la mesure a été prise sur le corps, soit de 4 à 6 cent., selon la grandeur des personnes.

Pour le modèle ci-joint, la mesure a été prise à 5 cent. plus haut que la taille naturelle.

Cette ligne M étant fixée, on procédera pour employer ses largeurs, ce qui se fait comme suit :

On placera le bout de la mesure sur la ligne J, coutures déduites de la jetée de taille, et où le chiffre obtenu de la mesure de grosseur de premières côtes aboutira devant sur la ligne M, on marquera un point, v. T, et de ce point T, on en tirera une ligne d'équerre dans le bas.

Ce sera donc sur cette ligne T que l'on devra faire aboutir la rondeur du bas des devants, v. L.

Cette mesure, prise plus élevée que la taille naturelle, devient plus grande, v. T, que la demi-grosseur de taille, v. C. C'est de la différence que cette mesure prend en plus large que la demi-grosseur de taille que l'on pratiquera dans le bas, un, ou à la rigueur deux pinçons, v. U, P, de tout le surplus de largeur qu'elle aura prise en plus de la demi-grosseur de taille, v. I, L.

Car pour cette tenue de vouloir abattre le devant de E à I, ligne de grosseur de taille naturelle, cela donnerait trop de rondeur au devant en détruisant la largeur que les premières côtes réclament, pour être enveloppées, ce qui produirait, étant boutonné, à faire détacher le bas des devants, v. H.

Au lieu que de pratiquer des pinçons de la différence qu'a fournie la mesure de grosseur de bas des côtes de 1 à L, cela laisse pour la diminution des côtes toute la largeur qu'elles réclament, et par cela donne au bas des devants la facilité d'appuyer en faisant éviter une pression sur les côtes, qui indisposerait lorsque l'on veut se boutonner, si l'on ne pratiquait pas ainsi.

On ne doit pas prolonger les pinces plus élevées que M, cela détruirait de cette valeur le fort du bas des pinces, v. U, P, ce qui occasionnerait de nouveau à resserrer les côtes et à faire abandonner le bas des devants, v. H, de cette valeur rétrécie.

De faire aboutir la rondeur des devants de E à L, sur la ligne de grosseur de côtes, v. T, cela redresse les devants et leur ôte de la rondeur qu'ils auraient eue si l'on avait coupé à la grosseur de taille, v. I, et par cela nous évite de pratiquer un pinçon en plus à la poitrine, v. O, provenant de ceux du bas, qui lui donne suffisamment de largeur à cette place.

Pour éviter trop de pinces au devant de poitrine, il est préférable, pour ces poitrines si rondes et si fortes, de pratiquer un pinçon à l'encoluré, v. X; on aura à cet effet à rallonger l'encolure, v. A, de la différence que le pinçon va lui faire perdre, ce qui redressera encore les devants.

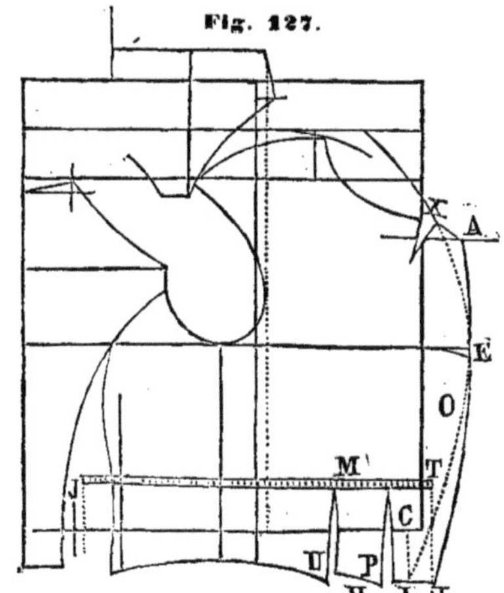

(1) Voir à la 2e classe, dans la 27e partie, l'article de la basque pour se boutonner.

FIGURE 128.

Et afin de les redresser davantage, on aura à pratiquer un seul pinçon à la poitrine, v. E, à cet effet le montage du revers ne se soutiendra pas trop dans la partie du devant, excepté que l'on ne veuille éviter cette pince, ce qui obligera de soutenir le revers de cette différence.

Ce qu'il faut surtout observer, c'est qu'autant qu'une poitrine soit ronde et forte, on ne doit jamais trop forcer les pinces, ou trop soutenir le revers, afin d'éviter de faire ouvrir l'emmanchure qui porterait trop à cette place, v. D, ce qui dénaturerait les devants, et afin d'éviter ce mauvais défaut, on aura à passer un faufil rapproché à 2 ou 3 cent. plus avant que l'emmanchure, v. K, V. Ce fil guide le montage du revers ainsi que le doublage, et tant que ce fil restera droit, on aura plus à craindre trop de serrage aux devants, mais sitôt qu'il courbera il est à présumer que les pinces auront été faites trop fortes ou que les revers auront été montés trop courts, ce qui occasionnerait trop de longueur de poitrine et par cela un ballottage aux devants de toute la différence trop resserrée, ce qu'il faut tout à fait éviter.

Donc, sitôt que l'on pratique une pince à un devant, ou que l'on doit soutenir le revers, il convient de passer un faufil ci-dessus indiqué pour se rendre compte du serrage des devants.

Il est à observer que les pinces que l'on pratique aux garnitures doivent se faire plutôt plus grandes que plus petites que celles du dessus, vu qu'elles s'effacent en partie au pressage ; on ne devra pas les obliquer trop du côté des emmanchures.

La personne renversée gagne de la poitrine et perd du dos en largeur et en hauteur ; ces tenues prennent en général plus de profondeur que d'avancement.

Comme on le voit par cette tenue, le haut du dos, v. G, n'arrive pas au 1/4 de la demi-grosseur du haut (comme il est détaillé fig. 24 et 25), ce qui baisse les côtés.

Il convient pour cette tenue de creuser légèrement le bas des côtés de J à P, le cent. de longueur de dos qu'on leur joint à cette place pour leur pratiquer un tendage les redresse.

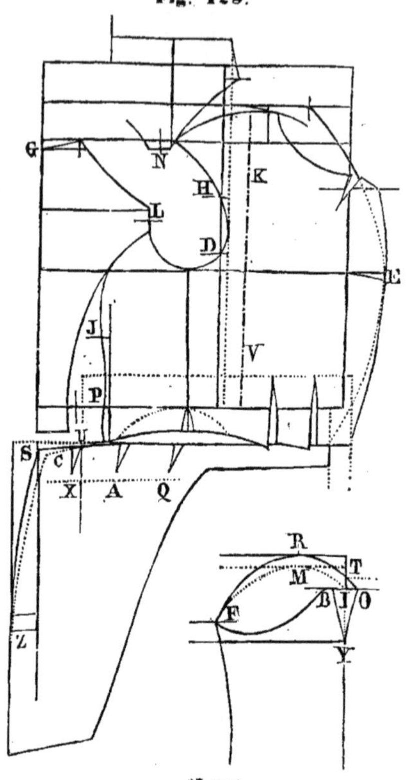

DE LA BASQUE POUR PERSONNE TRÈS FORTE DE BASSIN.

La 1/2 grosseur de taille de cette personne a donné, ...   37 cent.
La 1/2 grosseur de hanches (prise à 4 cent. plus bas que la taille naturelle) a donné .   41 cent., v. U.
Ce qui donne 4 cent. de tendage dans le bas des côtés (1).
La 1/2 grosseur de bassin a donné . . . .   47 cent. v. S.

Ce qui fait 6 cent. de plus de grosseur de bassin, v. S, que de hanches, v. U, et afin de diviser la largeur que fournit le bassin, pour la rotondité des hanches et le saillant du derrière ; on devra pour les personnes minces de taille et fortes de bassin qui ont le derrière très en arrière, ne pas tout donner leur largeur de bassin, v. S, U, en pinçons sur les hanches, v. X, A, Q, cela occasionnerait trop de largeur sur les hanches, et produirait à faire ouvrir les basques sur le derrière.

On devra pour ces tenues ne leur employer qu'une valeur de 4 cent. 1/2 ou 5 cent. au plus, coutures comprises, en pinçons sur les hanches, et le surplus de largeur de bassin qui restera, se diminuera dans le haut de la basque de C à Z. Le modèle ci-joint ayant 6 cent. de plus de bassin que de hanches, prend 4 cent. 1/2 pour les pinçons et coutures, un demi-cent. pour les réserves des coutures qui peuvent se faire trop fortes, aux pinces, et 1 cent. d'abattage derrière de S à C. Ce qui forme les 6 cent.

DE LA MANCHE POUR TENUE RENVERSÉE.

C'est pour ce genre de tenue que le haut du dessus de manche se trouve plus large que le dessous.

Et pour les tracer, on procède comme d'habitude et comme il est détaillé fig. 79, 80 et 81.

Comme on le sait, on se sert de la moitié de la grosseur de tour de bras pour fixer ses largeurs de hauts de manches de I à F, comme si c'était pour une tenue droite, qui rend le dessus et le dessous de manche de pareille largeur.

La demi-grosseur de tour de bras étant fixée de I à F, on prendra la distance qu'il y a du point de carrure du haut de dos reproduit, v. N, au point de saignée de bras, v. D.

Cette longueur de N à D se reportera à la manche de F, sur la ligne de hauteur de talon I, et où le bout de la mesure aboutira sur cette ligne, on marquera un point, v. O, ce qui déterminera pour cette tenue la largeur du haut du dessus de manche.

Et pour le dessous, on prendra la distance qu'il y a de L, point de carrure à D, point de saignée de bras, pour la reporter à la manche de F, sur la ligne de talon I, et où cette longueur aboutira sur cette ligne, on marquera un point, v. B, ce qui détermine pour cette tenue le haut du dessous de manche.

Cette manière de procéder rend les largeurs de manches proportionnées aux emmanchures.

Cela fait, on aura à donner à la manche le surplus de hauteur que ce genre de tenue réclame, ce qui n'a pas été fini fig. 100. Pour cela, on prendra la distance qu'il y a de I, talon de manche naturel, à O, rélargissage que le dessus de manche prend en plus, et cette distance de I à O va nous servir pour rehausser la manche de cette différence de M. à R.

On aura ensuite, pour former son rond de manche, à prendre la distance qu'il y a à l'épaulette de H à N, pour reporter cette distance à la manche de O à R, ce qui détermine la hauteur de manche pour cette tenue, et pour

(1) Voir à la 1re classe, fig. 89, l'article des côtés rapportés.

former son contour de dessus de manche, on partira de O, passant sur R, haut de la manche, aboutissant à F, couture de saignée. Cela fait que, lorsque le dessus, v. O, sera joint au-dessous, v. B, le talon T aura toujours la même hauteur de T à la ligne R, que le tracé primitif en avait de I à la ligne M. Ensuite on aura pour déterminer son dessus à tirer une ligne partant de O, aboutissant à Y, et pour le dessous on tirera une ligne partant de B, aboutissant également à Y.

DE LA TENUE PORTANT LE VENTRE EN AVANT, TRÈS CAMBRÉE. — Patron n° 4.

FIGURE 129.

Les mesures de cette tenue ont donné :

Montant de dos.	22	Avancement du bras	29 1/4
Longueur de taille naturelle.	46	1/2 largeur de poitrine (mesure de preuve).	15 1/2
Profondeur du bras.	31	Carrure	16 1/2
Id. à la hanche	55	Longueur de manche au coude.	51
Id. à la taille.	60	*Id.* totale de manche	83
Epaule	40 3/4	1/2 grosseur du haut.	44 1/2
Tour du bras	40 1/2	*Id.* de taille	37 1/2
1/2 grosseur de hanches (prise à 4 cent. plus bas que la taille naturelle).			41
1/2 *id.* de bassin			46

FIGURE 130.

Comme on le voit, cette tenue donne beaucoup de cambrure de P à B, ce qui porte le bas des devants en avant, v. C.

Il convient pour ce genre de tenue de ne pas creuser les côtés de dos, v. Q, ce qui occasionnerait trop de rondeur aux côtés des devants, ce qui deviendrait difficultueux pour le montage et produirait un désaccord de longueur aux côtés de dos et aux côtés des devants.

Car de couper le dos creusé, v. Q, et de reproduire la longueur du dos de Q à S, au bas des côtés, cela rendrait les côtés trop courts, v. J, et de monter ainsi le dos à sa longueur fixée, cela donnerait trop de longueur au dos dans la partie de E, de toute la différence qu'il y a de J à D.

Pour cette tenue le dos doit se couper presque droit dans le haut de l'omoplate, v. A, cela ôte de la rondeur au côté et par cela facilite pour égaliser de longueur les côtés des devants avec ceux du dos, par ce moyen les montages sont faciles.

Pour les tenues droites, renversées et cambrées, il convient aussi de donner un surplus de longueur au bas des devants, v. V, ce qui les rendra plus longs que le bas des côtés.

Ce rallongement partira de V, et aboutira au bas des côtés, v. H.

Et cette étoffe rallongée en plus, v. N, que le bas des devants primitifs, v. V, devra s'enlever de même valeur au haut du devant de la jupe ou de la basque de M. à O, pour leur conserver leur aplomb. (Voir fig. 136, pour de plus amples détails.)

On ne doit pas couper un bas de devant pointu, v. V, cela fait supposer lorsque l'on est boutonné qu'un bouton est placé plus haut que l'autre ; on doit au contraire donner du rond au bas du devant, et creuser la jupe de cette différence (voir les pointés du bas des devants et du haut de la jupe) ; par ce moyen les boutons du bas des devants se trouvent sur les coutures et se rencontrent égaux de hauteur l'un et l'autre.

On ne pratiquera pas de pinçons à la poitrine pour ce genre de tenue, le serrage des revers suffit pour rendre les devants droits.

La 1/2 grosseur de taille de cette personne a donné . . . . 37 cent. 1/2.

La 1/2 *id.* de hanches (prise à 4 cent. plus bas que la taille naturelle) a donné . . 41 cent.

Ce qui donne 3 cent. 1/2 de tendage dans le bas des côtés de U à L.

Il convient pour toutes les tenues cambrées de pratiquer le tendage du bas des côtés de 3 à 5 cent. plus avant, v. L, que la ligne des coutures ajoutées à l'avancement.

Le modèle ci-joint étant très cambré prend 5 cent. de L à la ligne des coutures ajoutées.

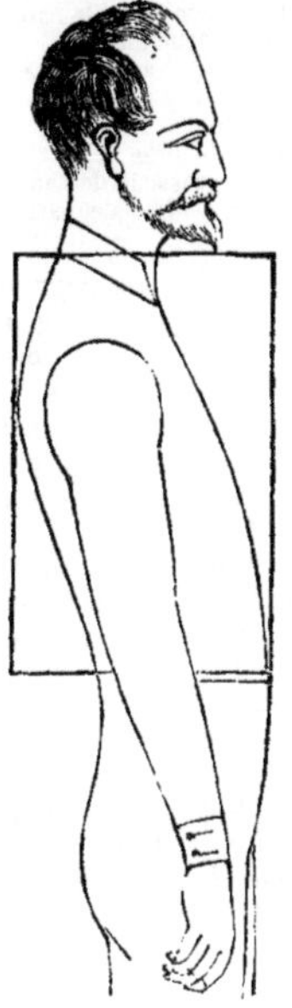

Fig. 129.

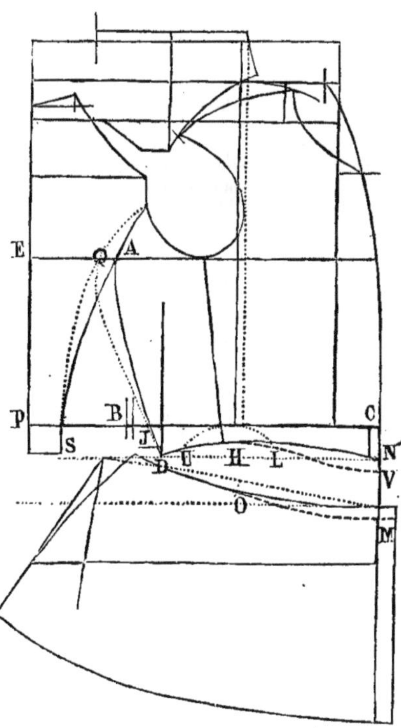

Fig. 130.

DE LA TENUE VOUTÉE, CREUX DE POITRINE, PEU DE CAMBRURE. — Patron n° 5.

FIGURE 131.

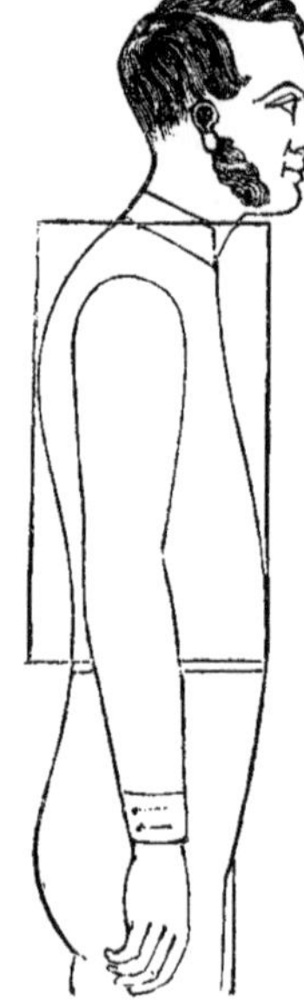

Montant de dos	24	Avancement du bras	33
Longueur de taille naturelle	48	1/2 largeur de poitrine (mesure de preuve)	44 1/2
Profondeur du bras	34	Carrure	19
Id. à la hanche	55	Longueur de manche au coude	54
Id. à la taille	65 1/2	*Id.* totale de manche	87
Epaule	44	1/2 grosseur du haut	47 1/2
Tour du bras	43 1/2	1/2 *id.* de taille	44
1/2 grosseur de hanches (prise à 4 cent. plus bas que la taille naturelle)	47		
1/2 id. de bassin	49		

FIGURE 132.

Ces tenues gagnent du dos en largeur et en hauteur et perdent de la largeur de poitrine.

Elles prennent généralement plus de largeur d'avancement que de longueur de profondeur.

Comme on le voit, la rondeur de leur dos donne beaucoup de montant, v. G, ce qui rehausse les côtés.

On ne doit pas pratiquer de pinçons à la poitrine pour cette tenue, un serrage de revers leur est suffisant, excepté que l'on ne garnisse assez la poitrine, ce qui nous obligerait de pratiquer un pinçon pour envelopper de fortes garnitures, ou de soutenir le revers de cette différence.

Mais dans le cas que l'on ne mette pas de garnitures, il conviendrait de leur donner environ un cent. de moins que le 1/8e de surplus de largeur de poitrine, v. J.

Il ne faut cependant rétrécir cette partie qu'avec réserve, vu que le corsage peut se porter sur un gilet croisé en velours ou autre étoffe forte ou même garnie, ce qui rendrait la poitrine étroite de la valeur rétrécie.

Pour cette tenue le bas des devants, v. U, restera de pareille longueur que le bas des côtés, v. Z.

On pourrait, lorsque la personne est par trop voûtée, raccourcir de peu le bas des devants, v. P, à cela on devra rendre cette même valeur raccourcie au haut de la basque, v. P, pour lui conserver son aplomb.

Comme on le voit, on a joint à ce modèle une basque d'habit à la Française, et pour lui faire paraître moins de ventre on a abattu le bas des devants de C à X, ce qui nous oblige de creuser le bas des revers de A à Q, afin de lisser la partie de O à X.

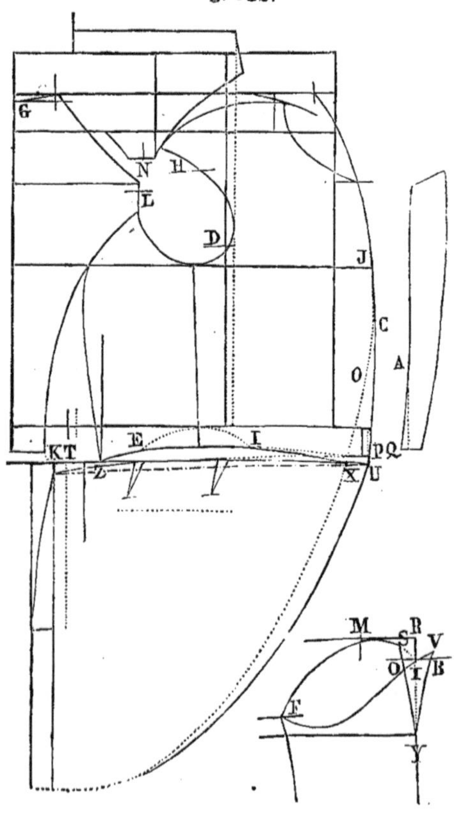

La demi-grosseur de taille de cette personne a donné . . . . . . 44 c.

La demi-grosseur de hanches (prise à 4 cent. plus bas que la taille naturelle) a donné . . . 47 c.

Ce qui fait 3 c. de tendage au bas des côtés de E à I.

La demi-grosseur de bassin a donné 49 c. ; ce qui donne 2 cent. d'écart de la grosseur de hanches à la grosseur de bassin. Ces 2 cent. se diviseront ainsi : 1 cent. pour les pinçons et 1 cent. pour les coutures.

Mais comme il convient de laisser ce genre de basques un peu flottante sur la rotondité des hanches et du derrière, nous joindrons 1 cent. 1/2 en plus de largeur au bassin, de T à K, ce qui nous permettra de ragrandir les pinces d'un demi-cent. chacune, ce qui fera 1 cent., cela laissera encore exister un demi-cent. de réserve pour prévenir à des coutures de pinces qui pourraient se faire plus fortes que celles ci-dessus indiquées.

Et ne voulant pas pratiquer de plus fortes pinces on pourrait, pour faire flotter la basque, la redresser dans le haut de Z à X, sans lui ajouter un surplus d'étoffe de T à K, mais cette manière d'opérer produit à la faire flotter devant et dans le bas, en lui occasionnant d'ouvrir derrière, ce qu'il faut éviter.

DU TRACÉ DE MANCHE POUR TENUE VOUTÉE.

C'est pour ce genre de tenue que le dessous de manche se trouve plus large que le dessus. Et pour les tracer on procède comme d'habitude, et comme il est détaillé fig. 79, 80 et 81.

Comme on le sait, on se sert de la moitié de la grosseur de tour de bras, pour fixer ses largeurs de hauts de manches de I à F, comme si c'était pour une tenue droite, qui rend le dessus et le dessous de pareille largeur.

La demi-grosseur de tour de bras étant fixée de I à F.

On prendra la distance qu'il y a du point de carrure du haut de dos reproduit, v. N, au point de saignée de bras, v. D.

Cette longueur, de N à D, se reportera à la manche de F, sur la ligne de hauteur de talon I, et où le bout de la mesure aboutira sur cette ligne on marquera un point, *v.* O, ce qui détermine pour cette tenue la largeur du haut du dessus de manche.

Et pour le dessous, on prendra la distance qu'il y a de L, point de carrure, à D, point de saignée du bras, pour la reporter à la manche de F, sur la ligne de talon I, et où cette longueur aboutira sur cette ligne, on marquera un point, *v.* B, ce qui détermine pour cette tenue le haut du dessous de manche. Cette manière de procéder rend les largeurs de manches proportionnées aux emmanchures.

Les largeurs de dessus et de dessous de manches étant fixées,

On aura, pour déterminer son haut de dessus, à tirer une ligne partant de Y, passant sur O, aboutissant au rond de manche naturel, *v.* S, ce qui rehausse le talon pour ce genre de manche.

On procédera pareillement pour le dessous, on tirera une raie partant de Y, passant sur B, largeur de dessous, pour aboutir à V, même hauteur que le dessus, *v.* S, et ce sera de ce point V que l'on partira pour former son évidage de dessous de manche.

Cela fait que, lorsque le dessous, *v.* V, sera joint au dessus, *v.* S, le talon, *v.* I, aura toujours la même hauteur de I à R, que la manche naturelle qui reste fixée à I, pour le dessus et le dessous. — On aura ensuite pour former son rond de manche à prendre la distance qu'il y a de H à N, pour reporter cette distance de S à M.

Et pour former son contour de dessus de manche, on partira de S, passant sur M, haut de la manche aboutissant à F, couture de saignée.

DE LA TENUE DROITE, GROS TRAPU, PEU DE CAMBRURE. — Patron N° 6.
FIGURE 133.

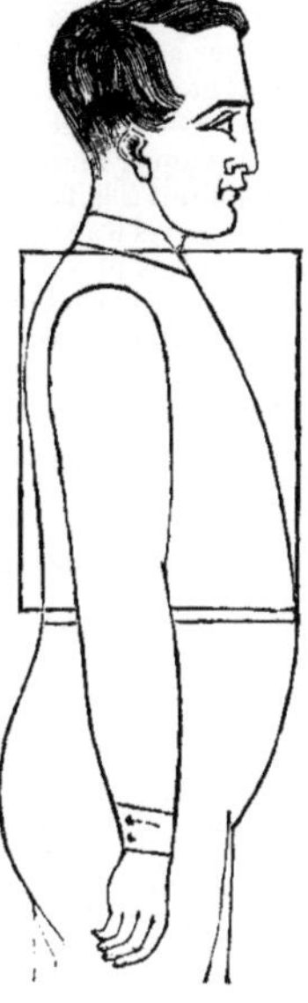

Les mesures de cette tenue ont donné :

Montant de dos	22	Avancement du bras	32
Longueur de taille naturelle	42	1/2 largeur de poitrine (mesure de preuve)	18 1/2
Profondeur du bras.	33	Carrure.	19
Id. à la hanche	53	Longueur de manche au coude	51
Id. à la taille	66	*Id.* totale de manche	84
Epaule	44 1/2	1/2 grosseur du haut	50 1/2
Tour du bras	44	1/2 *id.* de taille	47
1/2 grosseur de hanches (prise à 4 cent. plus bas que la taille naturelle).			48
1/2 *id.* de bassin.			50

FIGURE 134.

On reconnaît en traçant qu'une personne se tient droite, lorsque le haut du dos, *v.* G, ne dépasse que de 1 à 2 cent. le 1/4 de la demi-grosseur du haut détaillé fig. 24 et 25.

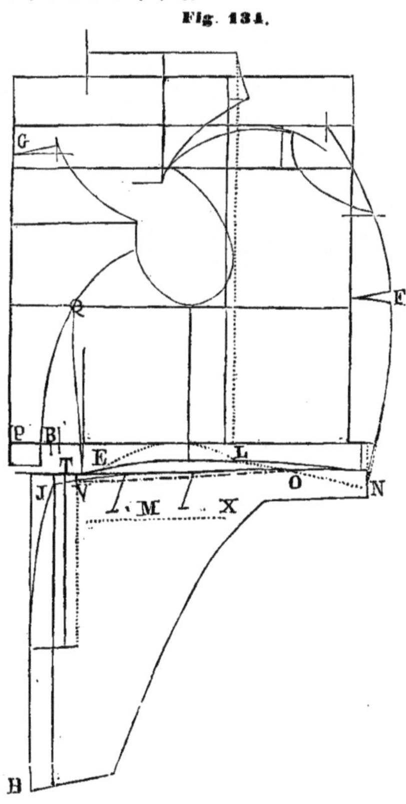

Comme on le voit, cette personne a peu de cambrure de P à B, c'est pour ce genre de tenue ayant peu de cambrure que l'on peut creuser les côtés du dos, *v.* Q, cela ne dénature nullement le haut et le bas des côtés des devants ; ils se trouveront toujours en rapport avec les côtés de dos et n'offrent aucun désagrément pour les montages.

La 1/2 grosseur de taille de cette personne a donné   47 c.

La 1/2 *id.* de hanches (prise à 4 cent. plus bas que la taille naturelle) a donné   48 c.

Ce qui donne 1 cent. de tendage de E à L.

La 1/2 grosseur de bassin a donné.   50 c.

Ce qui fait 2 cent. de plus de grosseur de bassin que de hanches.

Et comme il convient de dessiner la taille à ce genre de tenue, on aura à leur joindre 2 cent. de plus de grosseur de hanches, *v.* T, ce qui permettra de pratiquer 3 cent. de tendage au lieu d'un de E à L, ce qui amènera un surplus de largeur sur les hanches.

D'avoir emprunté dans la largeur de bassin 2 cent. pour la largeur des hanches, *v.* T, cela l'a donc rétréci de cette valeur.

On devra à cet effet lui rendre 2 cent., *v.* J, pour lui maintenir son aplomb de derrière, ce qui nous permettra de lui pratiquer un pinçon sur les hanches de 1 cent.; ou deux pinçons équivalant à un demi-cent. chacun, et le cent. qui reste en plus au bassin servira pour les coutures.

Il est inutile de laisser une réserve d'étoffe dans le haut de la basque, *v.* J, pour les coutures qui peuvent se faire plus fortes aux pinces, vu que l'on a déjà fourni un surplus de largeur aux hanches, *v.* T.

Ce surplus de largeur fourni à la basque de T à J, l'a donc rélargie de 2 cent. en plus que ses mesures prises naturelles.

On doit toujours procéder ainsi pour ce genre de tenue, car de ne leur couper les basques qu'à leurs mesures prises naturelles, cela les fait paraître trop pleins dans la partie des hanches, v. M, et voulant se boutonner, cela produirait des plis au travers de la basque à la hanche, v. M.

On pourrait se passer de rajouter 2 cent. de surplus de largeur de bassin de T à J, pour amener de l'étoffe sur les hanches, v. M ; pour cela on devrait creuser le haut de la basque d'environ 1 cent. 1/2 de O à V (voir les pointés), ce qui lui amènerait de l'étoffe aux hanches à la place de M.

De pratiquer ainsi cela occasionnerait un flottage au devant de la basque, v. X, et produirait à la faire ouvrir derrière, v. H.

Pour toutes les tenues ayant peu de cambrure on ne pratiquera pas le tendage du bas des côtés plus avant que la ligne des coutures ajoutées, v. L.

Cette tenue ayant assez de poitrine, on devra lui pratiquer un pinçon d'un cent., v. F, et soutenir le revers d'environ 3/4 de cent., ce qui nous obligera de rallonger le devant de la moitié de cette différence, v. N, soit de 3/4 de cent. pour maintenir l'aplomb des basques comme il est détaillé fig. 125.

DE LA TENUE VOUTÉE, CREUX DE POITRINE, GROS VENTRU, TRÈS CAMBRE. — PATRON N° 9.

FIGURE 135.

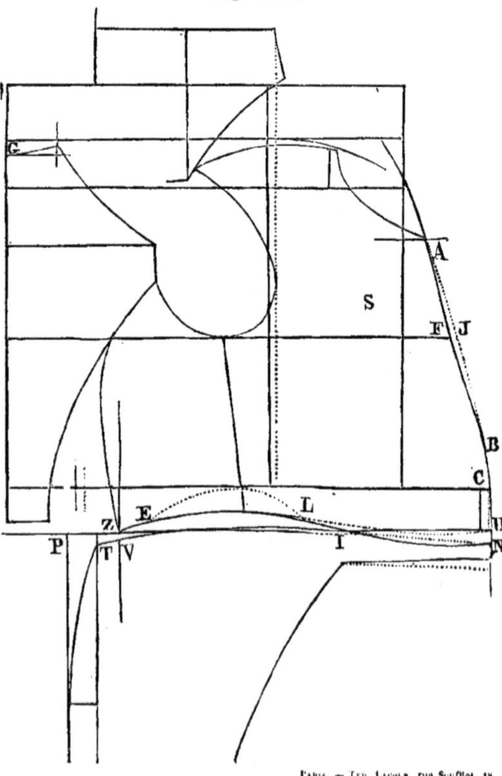

Fig. 135.

Les mesures de cette tenue ont donné :

Montant de dos	27	Avancement du bras.	38 1/2
Longueur de taille naturelle	49	1/2 largeur de poitrine (mes. de preuve)	20 1/2
Profondeur du bras.	37	Carrure.	22
Id. à la hanche.	59	Longueur de manche au coude	58
Id. à la taille	73	*Id.* totale de manche	90
Épaule.	54 1/2	1/2 grosseur du haut.	59
Tour du bras.	54 1/2	1/2 grosseur de taille	60
1/2 grosseur de hanches (prise à 4 cent. plus bas que la taille naturelle)			60
1/2 *id.* de bassin			59

FIGURE 136.

Comme on le voit, cette personne est voûtée et cambrée, ce qui lui occasionne un montant de dos assez haut, v. G, à partir du quart de la demi-grosseur du haut, détaillée fig. 24 et 25.

Cette tenue étant cambrée, cela porte le devant en avant, v. C.

Pour cette tenue, le huitième de rélargissage de poitrine, v. F, s'égalise à peu près droit avec le bas du devant, v. C. Comme il peut se rencontrer des gros ventres qui rendront plus creux le devant de poitrine, v. F, on aura, à cet effet, à rélargir le huitième, v. J. (Voir les pointés de A à B, pour l'égaliser de droiture avec le bas du devant, v. C.

Lorsque l'on procédera ainsi, il convient de garnir assez le devant de poitrine, v. S, ce qui fait bien pour ce genre de conformation ; cette garniture fera perdre en rotondité, sur la poitrine, ce surplus rélargi de F à J.

On ne pratiquera nullement de pinces pour ce genre de conformation, les devants se soutiendront par les revers rapportés, ce qui leur suffit.

Comme on le voit par ce modèle, on a rallongé la taille de 4 cent. à partir de la taille naturelle, en maintenant la même longueur au bas des côtés, v. Z, qu'au bas des devants, v. U.

Donc, que l'on rallonge ou que l'on raccourcisse les tailles, ce sera toujours la ligne Z, U, détaillée fig. 58, qui déterminera la longueur du bas des côtés, v. Z, pareille à celle du bas des devants, v. U, ce qui guide l'aplomb des basques.

Et lorsque les gros hommes se tiennent plus droits que le modèle ci-joint, il convient de leur rallonger le bas des devants, v. N, cela fait bien pour leur emboîter le ventre ; il convient aussi de leur donner de la rondeur au bas des devants, de N à 1 ; cette rondeur s'égalise de droiture en montant la basque raide dans cette partie, vu que le ventre diminue de grosseur à cette place. Et de la différence que l'on rallongera le bas du devant, v. N, en plus que le naturel, v. U, on devra baisser le haut du devant de la basque de cette valeur, v. N, 1, afin de lui maintenir son aplomb.

La demi-grosseur de taille de cette personne a donné 60 c.

La demi-grosseur de hanches (prise à 4 cent. plus bas que la taille naturelle) a donné . . . . . . 60 c.

Ce qui ne produit aucun tendage au bas des côtés de E à L.

La demi-grosseur de bassin a donné . . . . . 59 c.

Ce qui rétrécira encore cette partie ; on devra, pour leur dessiner la hanche, leur pratiquer un tendage de 3 cent. dans le bas des côtés, de E à L ; c'est donc 3 cent. que nous allons rendre, v. T, à la grosseur de hanches, v. V, ce qui rélargira de 4 cent. en plus la largeur du bassin, qui se trouvait de 4 cent. plus étroite que les grosseurs de taille et de hanches. Ce surplus de largeur fait bien sur la rotondité pour ces gros hommes.

Et, pour la jetée du derrière de la basque, on aura à ajouter à la grosseur de bassin rélargi, v. T, 4 cent. de bonification, v. P, pour mouchoir ou autre que l'on met dans les poches, comme cela est détaillé fig. 60.

Fig. 136.

DE LA TENUE ÉPAULES TRÈS-HAUTES. — Patron nº 11.

FIGURE 137.

Les mesures de cette tenue ont donné :

Montant de dos	22 3/4	Avancement du bras	31
Longueur de taille naturelle	49	1/2 largeur de poitrine (preuve)	19 1/2
Profondeur du bras	33 3/4	Carrure	18
Id. à la hanche	60	Longueur de manche au coude	54
Id. à la taille	70	*Id.* totale de manche	91
Épaule	48 1/2	1/2 grosseur du haut	50 1/2
Tour du bras	48	1/2 grosseur de taille	46
1/2 grosseur de hanches (prise à 4 cent. plus bas que la taille naturelle)			49
1/2 *id.* de bassin			52

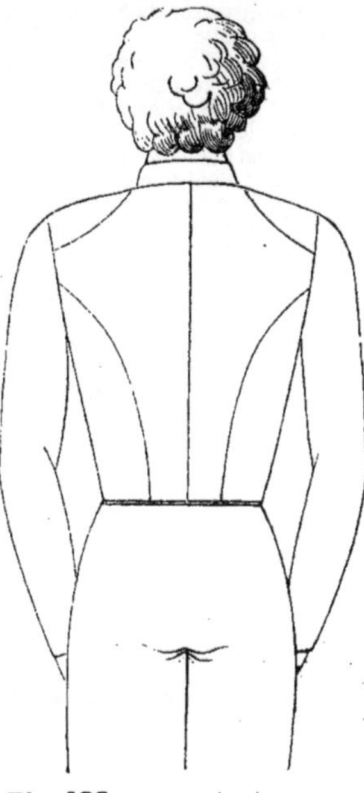

Fig. 137.

FIGURE 138.

Comme on le voit, cette personne ayant les épaules très hautes donne de la pointe d'épaulette, *v.* A. On reconnaît au tracé qu'une personne a les épaules hautes par l'éloignement que fait prendre au dos la mesure d'épaule, *v.* R, à partir de la ligne supérieure qui détermine le carré, *v.* N.

A cela la mesure est toujours le guide. Où que ce soit qu'elle fixe son point d'épaule en dedans ou en dehors du carré, on devra l'arrêter, comme il est détaillé fig. 44.

Ce que l'on aura surtout à observer, c'est d'éviter autant que possible que la garniture des devants vienne se glacer sur l'épaulette, *v.* la ligne pontillée P ; elle doit à cette ligne finir à rien ; car si l'on y conduit la garniture, cela rehausserait l'épaule de cette valeur, ce qu'il faut éviter.

Généralement les épaules hautes forment un vide au milieu de l'épaulette *v.* Y, on devra leur joindre un plastron à cette place, afin d'égaliser le creux qu'elles occasionnent.

DE LA JUPE ATTENANTE AUX DEVANTS.

Il convient de ne pas donner trop d'ampleur à ce genre de jupe, ce qui nous oblige de lui donner moins d'écart de I à U.

Tel que, un écart de 6 à 7 cent., de I à U, porte trop d'étoffe sur la hanche à la place de O. Comme de lui donner que 3 ou 4, cent. cela lisse la jupe et nous oblige de leur pratiquer une pince sur les hanches, afin de leur donner une largeur dominante à cette place, cela pour les personnes minces de taille et fortes de hanches. Et cette étoffe enlevée par la pince devra se fournir derrière à la grosseur de hanches, afin de lui maintenir ses largeurs comme cela est détaillé à la jupe lisse, fig. 140.

Le modèle ci-joint prend 5 cent. d'écart de I à U.

Cette jupe se trace par les mêmes procédés que celle détaillée fig. 74, seulement qu'au lieu de produire son écart dans le bas à partir du bas des devants, *v.* I, comme il est détaillé fig. 72, on aura à le reproduire au-dessus du bas des devants de I à U, et de ce point U, on en formera une raie d'équerre en travers, *v.* T, et une autre dans le bas de U à H.

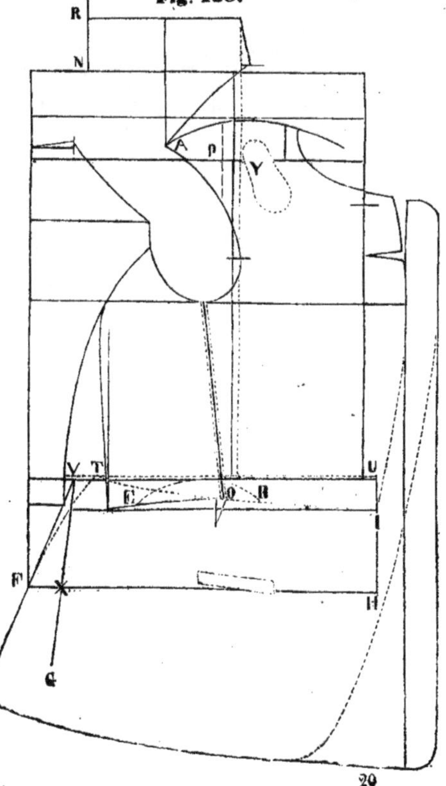

Fig. 138.

Ce sera donc du point U que l'on partira pour fixer la distance du 1/3 de la 1/2 grosseur de bassin, *v.* H, et de ce point H, on en tirera une raie d'équerre en travers que l'on nomme ligne de jetée de jupe comme il est détaillé fig. 72.

Cela fait, on aura à placer ses grosseurs de hanches de I à T et ses grosseurs de bassin de I à V, comme il est détaillé fig. 73.

Ensuite on aura, comme à la fig. 74, à placer le coin de l'équerre sur V, grosseur de bassin, faisant suivre l'une des branches sur le bas du devant I ; l'équerre étant placée ainsi, on aura à tirer une raie partant de V aboutissant à G.

Cette ligne V, G, étant fixée, on aura à reproduire son écart de I à U, sur la ligne de jetée de jupe de X à F, ce qui se fait comme il est détaillé fig. 74.

Cela fait, on tirera une ligne partant de V, grosseur de bassin passant sur F, jetée de jupe et suivant la même pente jusqu'au bas, *v.* D.

Et pour former sa rondeur de derrière, on tirera une ligne arrondie partant de T, grosseur de hanches, aboutissant à F, jetée de jupe, ce qui donne le même tracé à ce genre de jupe qu'à celle détaillée fig. 75.

On aura ensuite pour déterminer le haut de la jupe à tirer une ligne légèrement creusée à partir du bas des côtés de devants, *v.* O, aboutissant à T, grosseur de hanches, fixée sur la ligne T, U.

Et pour la rondeur du bas de la jupe elle suivra le cintre du haut de la jupe, *v.* I, O, T, comme il est détaillé fig. 77.

Comme vêtement de fantaisie on peut l'abattre plus ou moins devant, ce qui lui donne une forme arrondie.

La demi-grosseur de taille de cette personne a donné   46 cent.

La demi-grosseur de hanches prise à 4 cent. plus bas que la taille naturelle a donné   49 cent.

Ce qui donne 3 cent. de tendage de E à B.

Mais comme ce genre de vêtement ne permet pas de donner le tendage plus avant que la largeur du petit côté, v. O, à partir de E, on ne devra pas lui donner tout le tendage que la mesure de grosseur de hanches réclame ; on devra lui donner en moins la valeur du tendage que la distance de O à B peut prendre.

Le modèle étant tracé, on devra séparer les petits côtés des devants, cette séparation doit se faire rapprochée de la ligne d'avancement du bras, afin de permettre d'obtenir le plus de tendage possible dans le bas des côtés, lorsque l'on pratique ce vêtement pour des personnes minces de taille et fortes de hanches.

Pour les personnes fortes de taille il n'est pas nécessaire de les rapprocher autant, vu qu'elles réclament moins de tendage.

On devra toujours donner un surplus de longueur dans le bas des côtés pour les coutures qui vont se perdre en les montant à la jupe, comme on devra rendre aux côtés sous bras les coutures qui vont se perdre au travail (voir les pointés), ce qui rétrécirait l'avancement de cette valeur, si l'on ne pratiquait ainsi.

DE LA TENUE EPAULES TRÈS BASSES. — Patron Nº 12.

FIGURE 139.

Les mesures de cette tenue ont donné :

Montant de dos	21	Avancement du bras	29
Longueur de taille naturelle	42	1/2 largeur de poitrine (preuve)	15
Profondeur du bras	32	Carrure	17
Id. à la hanche	50	Longueur de manche au coude	49
Id. à la taille	61	Id. totale de manche	82
Epaule	42 1/2	1/2 grosseur du haut	44
Tour du bras	41	1/2 id. de taille	39 1/2
1/2 grosseur de hanches (prise à 6 cent. plus bas que la taille naturelle)			43 1/2
1/2 id. de bassin			46

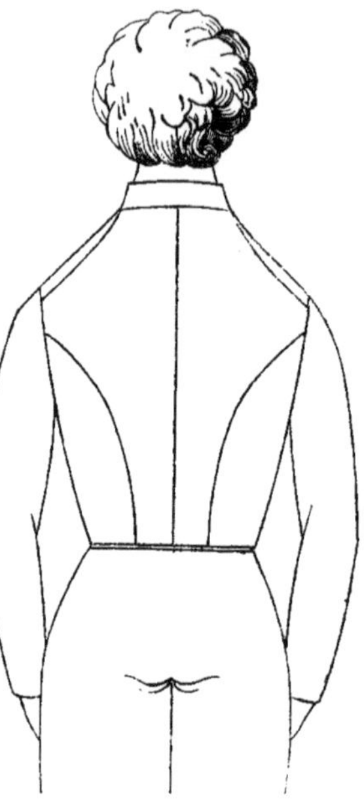

FIGURE 140.

Comme on le voit, cette personne a les épaules très basses ce qui lui ôte de la pointe d'épaulette, v. A.

On reconnaît au tracé qu'une personne a les épaules basses, lorsque la mesure d'épaule reproduit le dos près la ligne supérieure, v. N. Le modèle ci-joint ayant les épaules très basses, reproduit son dos en dedans du carré, v. R.

A cela, la mesure est toujours le guide ; où que ce soit qu'elle fixe son point d'épaule en dedans ou en dehors du carré, on devra l'arrêter, comme cela est détaillé, fig. 44.

Il convient, pour ce genre de tenue, de ouater les épaulettes à l'emmanchure, v. B, afin de leur rehausser les épaules.

Procédant ainsi, cela rétrécit la largeur d'épaule, on aura à cela à lui rendre un surplus de largeur équivalent à la ouate, ce qui donnera plus de pointe à l'épaulette, v. V, et par cela nous obligera de rélargir le dessus de manche de cette valeur, v. O.

Il convient aussi de donner plus de hauteur au rond du dessus de manche, v. M, ce qui donnera plus d'embu et par cela rehaussera les épaules. C'est à ce genre de tenue qu'il convient de ouater le haut du dessus de manche.

J'ai joint à ce devant un revers attenant et touchant au 1/8e de rajouté de poitrine, v. F, il devra se tracer droit de X à C, afin de laisser exister un vide dans le haut, v. J, et dans le bas, v. P, provenant de la rondeur de poitrine qui les occasionne.

Il est préférable pour les personnes minces de taille et fortes de poitrine de laisser le vide du bas, v. P, plus grand que celui du haut, v. J, cela est afin de faire prendre au bord du revers une direction droite de E à S, afin qu'il s'égalise de longueur avec la croisure des boutons de G à H.

On aura donc à pratiquer 2 pinces au devant, l'une dans le haut, v. T, et l'autre dans le bas, v. D, pour faire disparaître ces deux surplus de largeur laissés au haut du devant, v. J, et dans le bas, v. P, ce qui fera que la pince du bas, v. D, se fera plus grande que celle du haut, v. T.

La pince du bas, v. D, se perdra dans la piqûre du derrière des boutons, et celle du haut, v. T, se perdra dans la piqûre des revers.

On ne devra pas faire ces pinces moins grandes que les vides, v. J, P, ce qui laisserait exister de la rondeur aux devants et nous obligerait de trop serrer le passement pour le rendre droit, ce qu'il faut éviter.

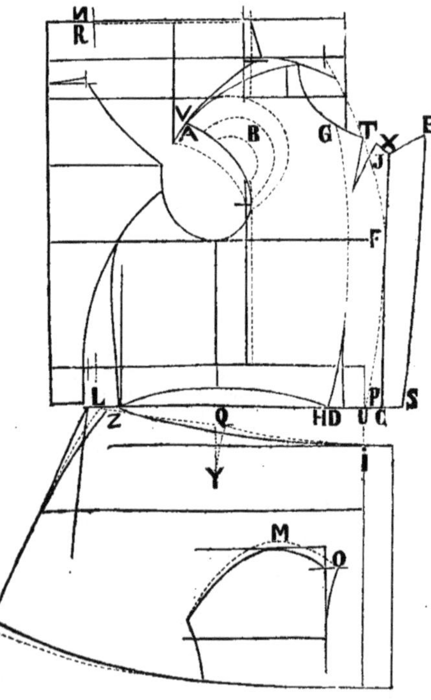

Il se rencontre des tenues voûtées, cambrées ou gros ventru qui produisent peu ou pas de vide dans le haut et dans le bas, on devra néanmoins leur pratiquer 2 faibles pinces, afin de leur donner de la poitrine, ce qui facilitera pour rendre le bord du revers droit de E à S.

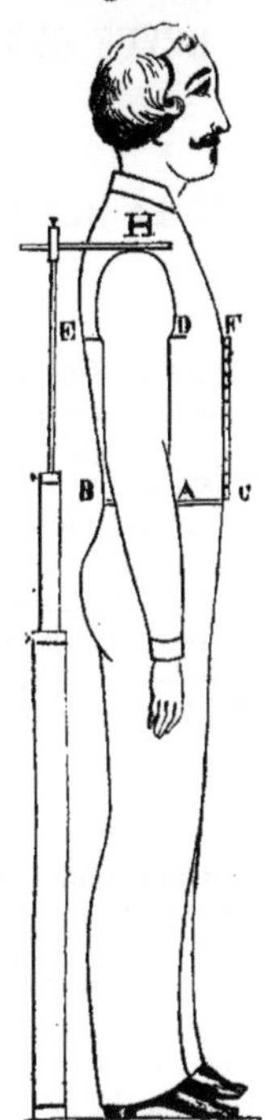

Fig. 141.

TRACÉ D'UNE JUPE LISSE.

Pour ce genre de jupe on ne devra pas lui donner plus de 4 à 6 cent. de U à I.

Le modèle ci-joint prend 5 cent. d'écart, v. I, à partir du bas du devant U, fixé sur la ligne Z, U.

Et afin de prévenir à un pantalon de grosse étoffe très ample par derrière, ce qui occasionnerait à la jupe de trop appuyer sur la hanche, v. Y, on devra lui pratiquer une pince sur la hanche d'un cent. environ, pour lui laisser un surplus de largeur à cette place, et cette différence enlevée par la pince, sur les largeurs de hanches, devra s'ajouter derrière, v. L.

Et comme la pince va faire produire un creux au haut de la jupe, on devra la rehausser dans cette partie, v. Q, de la valeur que l'on suppose que la pince va faire creuser.

Pour le reste du tracé il se fera par les mêmes procédés que ceux de la jupe moyenne ampleur détaillée à la 1re classe, page 40.

POINTS D'APPUI FAISANT SUITE AUX FIGURES 1, 2 ET 5, 6, DU MODÈLE-ECOLE, DEVANT SERVIR AU BESOIN A DES MESURES DE HAUTEUR DE POITRINE.

FIGURE 141.

Il est dit au modèle-école, fig. 1re, de prendre la distance qu'il y a de la hanche A à terre et de la reproduire derrière à la même hauteur, v. B, comme il est détaillé fig. 2.

Et lorsque l'on aura besoin de confronter d'autres mesures de devant de poitrine, on devra reproduire cette même hauteur sur le ventre, v. C.

Il est dit aussi au modèle-école, fig. 5, de prendre la distance qu'il y a de A à D, et de la reproduire derrière de B à E, pour fixer le point de montant de dos, comme il est démontré fig. 6.

Et lorsque l'on aura besoin de confronter d'autres mesures de hauteur et largeur de poitrine, on devra reproduire cette même hauteur de A à D, sur la poitrine, v. F, à partir de C, ce qui reproduit les points de profondeur D, de montant de dos E, et de milieu de poitrine F, à la même hauteur.

FIGURE 142.

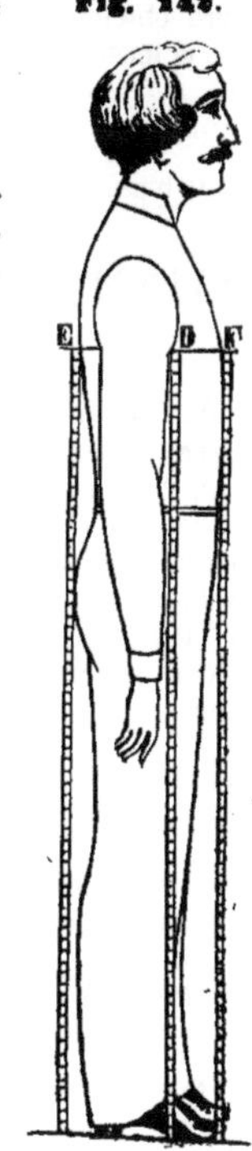

Fig. 142.

On pourrait se passer de reproduire ces courtes distances de A à D, de B à E, et de C à F, fig. 141, cela en prenant avec la mesure la hauteur totale de D, profondeur du bras à terre, pour la reproduire de même hauteur derrière, ce qui fixe le point de montant de dos, v. E, et ensuite la reporter devant pour fixer la hauteur de poitrine, v. F.

Cette manière est plus régulière pour obtenir le montant de dos juste.

Mais pour obtenir ces points avec plus de régularité, ce qui nous fait obtenir un montant de dos très juste et sans avoir besoin de se baisser, on pourrait, lorsque l'on mesure chez soi, se servir d'un outil démontré ci-joint, v. fig. 141, extrait de mon brevet que l'on nomme néomètre. Cet outil s'allonge à volonté. Par exemple :

Pour placer le point de hanche, on prend avec cet outil en le tenant le plus droit possible la hauteur qu'a donnée la hanche, v. A, pour la reproduire derrière, v. B, et devant si le cas l'exige, v. C, et l'on marque un point aux hauteurs qu'elle donne.

Ensuite, on prend la hauteur que la profondeur du bras a donnée, v. D, pour la reproduire derrière, pour fixer le point de montant de dos E, et ensuite sur la poitrine, v. F, lorsque le cas exigera de se servir de cette mesure, de cette manière on obtient la plus grande régularité de ses points d'appui, ce qu'il y a de plus précieux pour le mesurage.

On se servira également de cet outil pour se rendre compte de combien une épaule est plus haute que l'autre, afin de s'assurer s'il y a nécessité de prendre mesure à la personne des deux côtés.

Pour cela, on marquera un point à l'articulation du bras, v. H, sur les 2 épaules, ou se faire un guide. On présente ensuite le haut de l'outil sur les 2 épaules, le plus droit possible et la différence qui existe de l'une à l'autre dénote de combien une épaule est plus élevée que l'autre, ce qui nous oblige de prendre un mesurage du côté opposé, cela lorsqu'il existe un écart dépassant 3/4 de cent, car pour un demi-cent. on peut se dispenser de ce second mesurage, vu que la correction est peu visible.

REVUE GÉNÉRALE DES MESURES DE CORSAGE.

DEUXIÈME PARTIE.

DE LA MESURE DE LONGUEUR DE TAILLE NATURELLE.

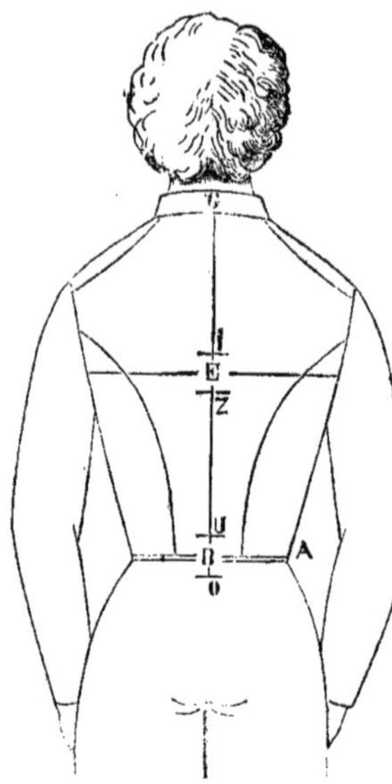

FIGURE 143.

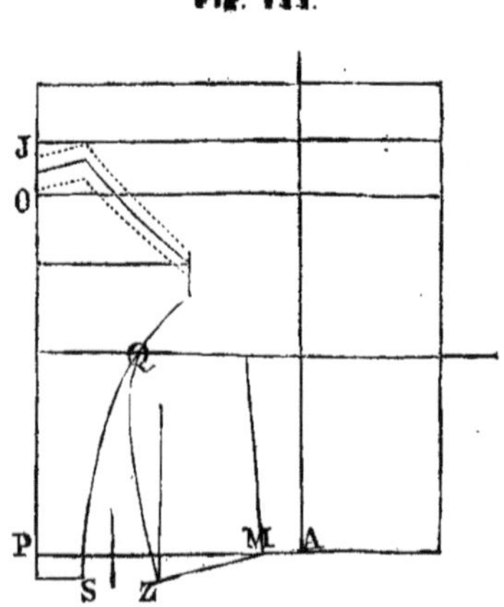

Il est dit dans la 1re classe, fig. 1re et 2e, de ne pas placer le point qui fixe la longueur de taille naturelle B plus bas, v. O, que celui de la hanche A, qui est le guide, cela donne trop de longueur de taille, v. O, et par cela occasionne un montant de dos trop long de E à Z, de toute la différence qu'il y a de B à O.

Il est dit aussi de ne pas placer le point qui fixe la longueur de taille naturelle B plus haut, v. U, que celui de la hanche A, qui est le guide, cela raccourcit la taille de toute la différence qu'il y a de U à B, point fixé par la hanche, et par cela occasionne un montant de dos trop court de 1 à E, de la différence qu'il y a de U à B.

FIGURE 144.

La mesure de longueur de taille ayant été prise plus basse, v. O, que la longueur de taille naturelle, v. B, fig. 143, cela lui occasionne un surplus de longueur de la différence de B à O, et comme l'on place au tracé cette mesure obtenue sur O sur P', même ligne que la profondeur à la hanche A, qui est toujours le guide, cela monte la mesure de cette valeur et occasionne un montant de dos trop haut, v. J.

Comme d'avoir reproduit le point de taille plus haut, v. U, que celui de la taille naturelle, v. B, fig. 143, cela a raccourci la longueur de taille de la différence qu'il y a de U à B, et comme l'on place au tracé cette mesure obtenue sur U sur P, même ligne que la profondeur à la hanche A, qui est toujours le guide, cela baisse la mesure de cette valeur et occasionne un montant de dos trop court, v. O.

On aura donc à mettre tous les soins pour placer les points d'appui A et B à la même hauteur, comme il est détaillé à la 1re classe, fig. 1re et 2e.

Cette mesure de longueur de taille prise longue ou courte donne la correction aux montants de dos (1).

DE LA LIGNE QUI SÉPARE LES PETITS COTÉS SOUS BRAS AVEC LES DEVANTS.

Cette ligne se placera de 2 à 4 cent. plus en arrière, v. M, que A, ligne d'avancement du bras, et selon la cambrure des personnes. Tel que, les tenues cambrées se rapprocheront davantage de la ligne A, que les trapus qui portent le derrière en arrière; pour ces derniers la ligne qui sépare les côtés, v. M, s'éloignera davantage de A, cela est afin de faire suivre cette ligne M, sur le plus fort des hanches de la personne, vu que c'est à cette place que doit se fournir le plus de largeur pour la force des hanches.

DE LA LONGUEUR DU BAS DES COTÉS DE DOS.

Que les tailles se fassent longues ou courtes, on prendra toujours la longueur du dos de Q à S, pour reproduire cette même longueur au bas des côtés de Q à Z, comme il est détaillé dans la 1re classe, fig. 36.

(1) Voir à la 3e partie, pages 161, 162 et 163, l'article des montants de dos trop longs ou trop courts.

TROISIÈME PARTIE.

DE LA MESURE DE MONTANT DE DOS.

DU MONTANT DE DOS TROP LONG.

FIGURE 145.

Ce défaut provient d'avoir reproduit le point de balancement de hanche A à terre plus bas, v. O, que la ligne qui détermine la longueur de taille naturelle, v. B.

Et comme l'on prend pour fixer son point de montant de dos la distance qu'il y a de D, point de profondeur du bras, à A, point de profondeur à la hanche, pour reporter cette même longueur derrière sur le point O, ce point O étant placé trop bas, occasionne de reproduire le point de montant de dos naturel E, trop bas, v. Z.

Ce qui donne un montant de dos trop long, v. E, Z, de la différence qu'il y a de B à O.

On peut également prendre un montant de dos long en plaçant le point de nuque G, trop haut, on devra mettre ses soins pour le placer tel qu'il est détaillé fig. 7.

FIGURE 146.

Ce défaut ne s'aperçoit nullement au tracé, vu que l'on reproduit en traçant la longueur de taille obtenue sur O, sur B, ligne formée par A, ce qui égalise dans son passage Z sur E, attendu que la distance de Z à O est la même que celle de D à A.

A cela il n'y a que le montant de dos, v. T, G, qui gagne de la hauteur de la différence qu'il y a de B à O, ce qui produit le montant de dos trop long de cette valeur.

On devra donc mettre toute son attention pour fixer ses points d'appui de hanche A, et de taille naturelle B, à la même hauteur, ce qui évitera tous ces défauts, et si par mégarde une irrégularité de hauteur avait lieu entre ces deux points d'appui, avec l'attention que l'on y aura prêtée, la faute sera peu sensible, elle ne s'apercevra même pas.

CE QUI PRODUIT UN MONTANT DE DOS TROP LONG.

Un montant de dos trop long, v. T, G, fait produire le haut des côtés trop hauts, v. M, de la moitié de la différence de son surplus de hauteur qu'il y a de T à G, vu que l'on a pour habitude de partager son montant de dos de T à E, pour fixer sa hauteur de carrure, v. M.

Et par cela ragrandit l'emmanchure de cette valeur de L à M, ce qui produit un crochet de cette différence à la petite carrure de dos, v. L, et trop de longueur et de largeur dans le haut du dos, v. N, de la différence qu'il y a de T à G.

POUR LA CORRECTION.

Elle devra se faire dans le haut, et non dans le bas.

Pour cela on aura à raccourcir le haut du dos de T à G, de la valeur reconnue trop longue, on abattra ensuite à la petite carrure la moitié de la différence qu'il y a de T à G, v. M, L, en maintenant toujours la même largeur au haut du dos à l'encolure, v. G, P, qu'au dos primitif, v. T, V.

Cet abattage de M à L rétrécira la petite carrure de dos, v. L, et par cela détruira le crochet occasionné par son surplus de hauteur à l'emmanchure, ce qui la ragrandissait.

FIGURE 147.

Mais dans le cas que l'on ne veuille pas rétrécir la largeur de petite carrure, v. M, on ôtera à l'épaulette de K à N cette différence, laissée au dos de P à M, et s'il reste un surplus de longueur à l'épaulette de K à N, en la montant au dos, on laissera passer ce surplus de longueur à l'emmanchure. (Voir les pointés de V à D.)

On croirait faire la correction en descendant le dos refoulé à la petite carrure et en produisant un crochet au côté, v. I, mais cela ne détruit pas en entier le surplus de hauteur, v. T, G, cette correction ne détruit que le surplus de hauteur qu'avait la petite carrure, v. M, L, ce qui nous oblige de faire passer cette longueur dans le bas ou de couper la taille.

Donc, cette correction ne détruit que le crochet qu'avait la petite carrure, v. M, L, qui n'est que la moitié de T à G, en laissant toujours exister

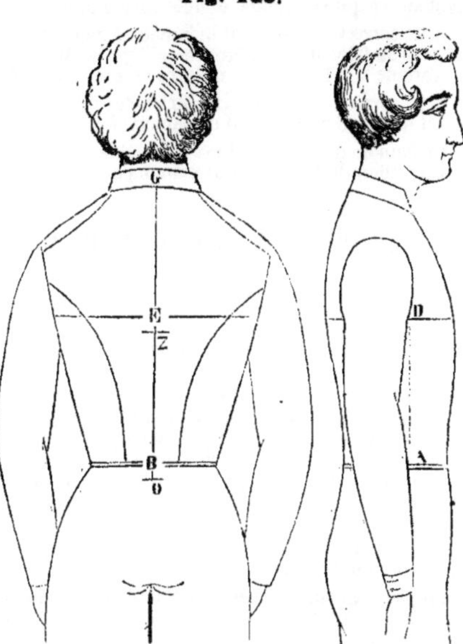

Fig. 145.

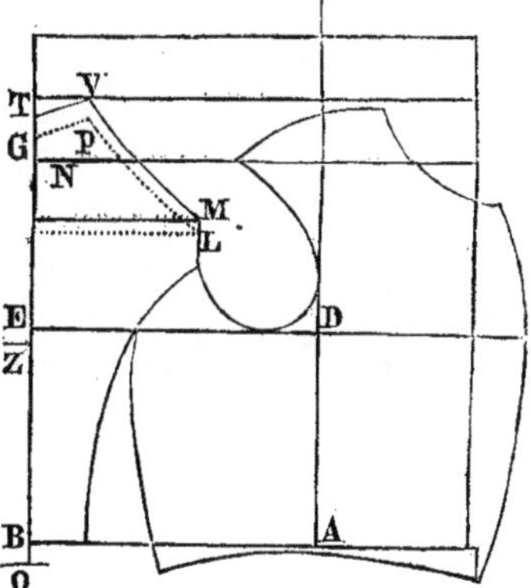

Fig. 146.

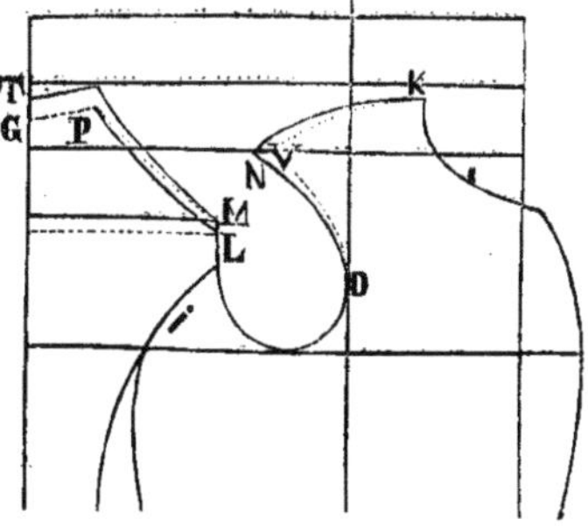

Fig. 147.

l'autre moitié dans le haut du dos, ce qui nous obligera encore de raccourcir le dos par le haut de ce qui lui reste en hauteur, ce qui occasionne double correction.

Cette correction ci-devant indiquée ne déplace pas la manche, elle ne fait que lui fournir un surplus de hauteur et de largeur au talon de la différence qu'il y a de M à L; largeur que l'on devra enlever au-dessous, si l'on rétrécit la petite carrure de M à L, et que l'on devra enlever au-dessus, si l'on fait la correction en abattant l'épaulette de K à N.

Cette correction ne change en rien l'épaulette à l'encolure, le défaut venant du montant de dos trop haut, il est tout à fait indépendant du point d'épaulette à l'encolure, v. K.

Un haut de dos trop haut est préférable au haut de dos court, le haut de dos haut laisse à la carrure de l'étoffe pour sa correction de M à L, ce qui manque au haut de dos court.

DU MONTANT DE DOS TROP COURT.

FIGURE 148.

Ce défaut provient d'avoir reproduit le point de balancement de hanche A à terre, plus haut, v. U, que la ligne qui détermine la longueur de taille naturelle, v. B.

Et comme l'on prend pour fixer son point de montant de dos la distance qu'il y a de D, point de profondeur du bras à A, point de profondeur à la hanche, pour reporter cette même longueur derrière sur le point U, ce point U étant placé trop haut occasionne de reproduire le point de montant de dos naturel E trop haut, v. I.

Ce qui donne un montant de dos trop court, v. E, I, de la différence qu'il y a de B à U.

On peut également prendre un montant de dos court, en plaçant le point de nuque G trop bas, on devra donc mettre ses soins pour le placer, comme il est détaillé fig. 7.

FIGURE 149.

Ce défaut ne s'aperçoit nullement au tracé, vu que la mesure de longueur de taille ayant été prise courte sur U, se reproduit au tracé sur B, ligne de profondeur à la hanche A, ce qui occasionne à faire descendre la mesure, qui en descendant égalise dans son passage I sur E et U sur B, attendu que la distance de I à U est la même que celle qu'il y a de D à A.

A cela il n'y a que le montant de dos, v. T, G, qui perd de la hauteur de la différence qu'il y a de U à B, ce qui produit le montant de dos trop court de cette valeur.

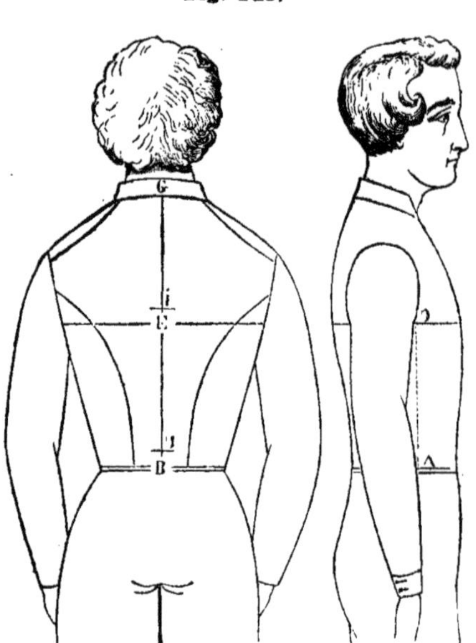

L'on devra donc mettre toute son attention pour fixer les points d'appui de hanche A, et de taille naturelle B, à la même hauteur, ce qui évitera tous ces défauts, et si par mégarde une irrégularité de hauteur avait lieu entre ces 2 points, avec l'attention que l'on y aura prêtée, la faute sera peu sensible, elle ne s'apercevra même pas.

CE QUE PRODUIT UN MONTANT DE DOS TROP COURT.

Un montant de dos trop court, v. G, O, fait produire le haut des côtés trop bas, v. L, de la moitié de la différence qu'il y a de G à T, vu que l'on a pour habitude de partager son montant de dos de G à E, pour fixer sa hauteur de carrure, v. L, et par cela rétrécit l'emmanchure de cette valeur de M à L, ce qui l'occasionne à joindre trop à cette place.

Le haut de dos court, v. G, provenant de la mesure prise trop courte, ne peut monter colleter à sa place à l'encolure, vu qu'il se trouve retenu par le dessous d'emmanchure sous bras, v. Q, qui ne peut rien lui prêter et par cela occasionne au tracé à faire ouvrir l'emmanchure de la différence qu'il l'a rétrécie de M à L.

Le haut du dos ne pouvant monter à sa place, occasionne à faire décolleter et fait produire un abattage aux devants de son manque de hauteur, en occasionnant une bouffe devant les bras en long et en large, v. D, pour être attiré par le haut du dos court.

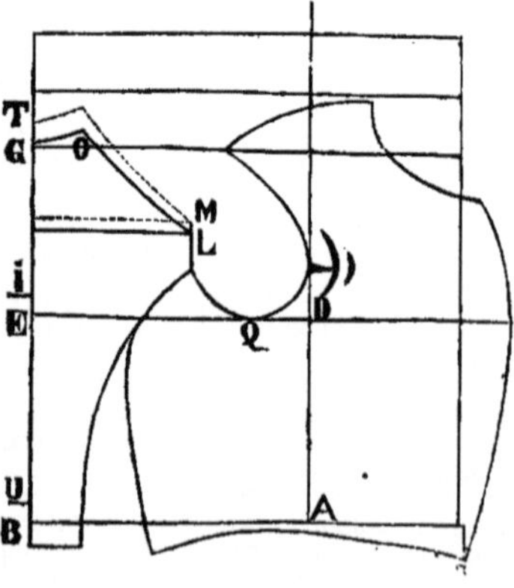

Car ne colletant pas à sa place, cela occasionne à faire gêner l'encolure en colletant plus bas, vu que cette place gagne de la grosseur et ferait supposer qu'un montage de collet long conviendrait pour sa correction, ce qui ne produirait aucun effet, le collet serait long et décolleterait de tout son surplus de longueur autour du cou, en ne pouvant rendre à l'encolure la hauteur de dos qui lui manque.

POUR LA CORRECTION.

FIGURE 150.

On devra rendre au haut de dos la hauteur qui lui manque de **T** à **G**. Pour cela, on devra recreuser l'emmanchure de cette différence, *v.* **Q**, ce qui rehausse les côtés, et raccourcir l'épaulette, *v.* **K, N**, de cette différence recreusée, *v.* **Q**.

De procéder ainsi nous obligera de partager de nouveau le montant de dos de **G** à **E**, emmanchure reproduite plus basse, ce qui baissera la hauteur de carrure, *v.* **L**, de la moitié de la différence qu'il y a de **T** à **G**, ce changement rend à la petite carrure la hauteur qui lui manquait à cette place, ce qui referme l'emmanchure.

Mais ne voulant pas rétrécir la petite carrure de **M** à **L**, ce qui rallongerait la partie de **O** à **L**, qui deviendrait trop longue pour la largeur qu'a l'épaulette de **K** à **N**, on devra laisser exister au dos cette étoffe de **O** à **M**, pour abattre de nouveau l'épaulette de cette différence de **K** à **V**.

Cette correction remet l'encolure à sa place en détruisant l'abattage qu'avaient les devants, ainsi que les bouffes qui se produisaient devant les bras, *v.* **D**, fig. 149, et enfin rend l'aplomb qui manquait au vêtement.

Cette correction conduit à beaucoup de travail et peut raccourcir de trop la taille et les devants, et produit à faire détacher la taille sur les hanches provenant du tendage du bas des côtés qui se trouve rehaussé.

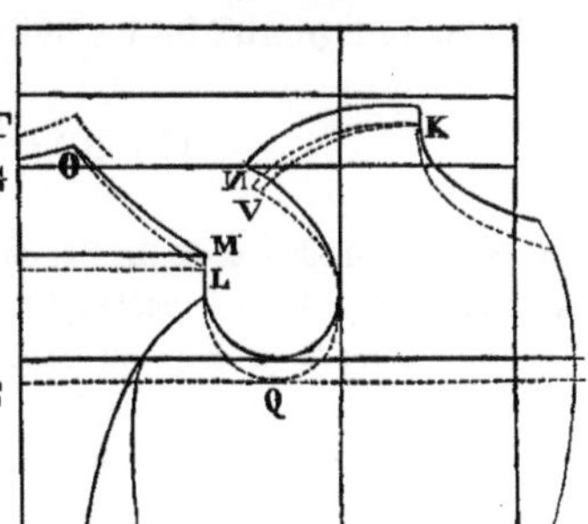

Fig. 150.

FIGURE 151.

A cet effet il vaut mieux par précaution s'habituer à laisser dans la couture du milieu de dos un surplus de largeur, *v.* **S**; ce rélargissage, *v.* **S**, nous permettra de reproduire un nouveau dos, auquel on rehaussera le haut, *v.* **U**, de la valeur qui lui manque, cela nous permettra aussi de rélargir la petite carrure, *v.* **M**, de la valeur qui manquait de largeur à l'emmanchure.

De réformer ainsi son dos dans le même occasionnera seulement à raccourcir les pans de cette valeur, *v.* **B**.

Ce surplus d'étoffe, *v.* **S**, nous obligera de faire un pli crevé à l'arrêtement du dos pour l'essayage, s'il a lieu.

Ce changement rend la manche trop étroite et pas assez haute de talon de la différence qu'il y a de **M** à **L**; on devra lui rendre sa hauteur de talon qui lui manque en baissant le dessus par la saignée, et lui rendre ses largeurs par le talon du dessous.

Un haut de dos trop haut est préférable au haut de dos court.

Le haut de dos haut laisse à la carrure de l'étoffe pour sa correction, ce qui manque au haut de dos court.

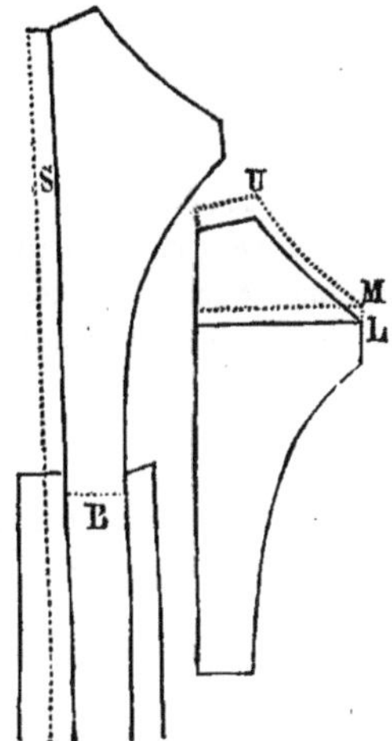

Fig. 151.

DU POINT DE MONTANT DE DOS, QUI, AU TRACÉ, SE REPRODUIT PLUS BAS QUE LA LIGNE DE PROFONDEUR.

FIGURE 152.

Il peut arriver au tracé qu'un point de montant de dos se reproduise plus bas, *v.* **Z**, que la ligne de profondeur, *v.* **E**.

Cela provient d'avoir reproduit derrière sur le point de taille naturelle, **B**, la distance de **D** à **A**, trop courte, ce qui baisse le point de montant de dos, *v.* **Z**.

A cela il n'y a que le point de montant de dos, **E**, qui se trouve déplacé, *v.* **Z**; la longueur de taille est à sa longueur convenable, *v.* **G, B**, on devra laisser exister cette irrégularité au tracé et couper sans s'y arrêter.

Comme il est dit fig. 30, ce point **Z** ne sert que pour fixer les largeurs d'épaules.

DU POINT DE MONTANT DE DOS, QUI, AU TRACÉ, SE REPRODUIT PLUS HAUT QUE LA LIGNE DE PROFONDEUR.

Il peut arriver au tracé qu'un point de montant de dos se reproduise plus haut, *v.* **I**, que la ligne de profondeur, *v.* **E**.

Cela provient d'avoir reproduit derrière sur le point de taille naturelle, **B**, la distance de **D** à **A**, trop longue, ce qui rehausse le point de montant de dos, *v.* **I**.

A cela il n'y a que le point de montant de dos, *v.* **E**, qui se trouve déplacé, *v.* **I**, la longueur de taille est à sa longueur convenable, *v.* **G, B**, on devra laisser exister cette irrégularité au tracé et couper sans s'y arrêter.

Comme il est dit fig. 30, ce point **I** ne sert que pour fixer ses largeurs d'épaules.

On devra donc mettre tous ses soins pour la pose des points d'appui, afin de les obtenir avec la plus grande régularité.

On devra, pour les marquer, se servir d'un morceau de craie taillé fin, ce qui évitera les irrégularités en prenant les mesures.

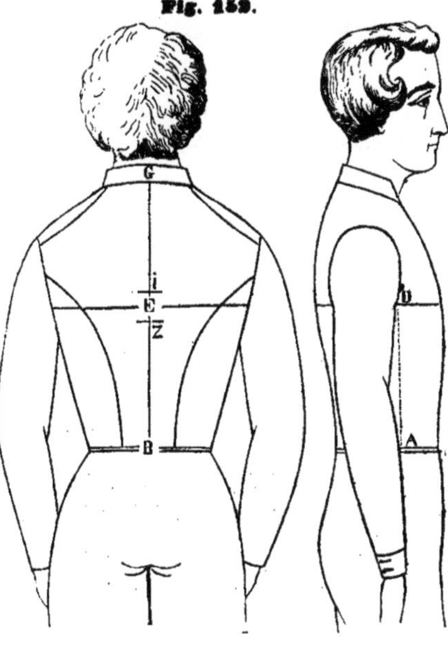

Fig. 152.

DÉTAILS DU QUART DE LA DEMI-GROSSEUR DU HAUT.

Fig. 153.

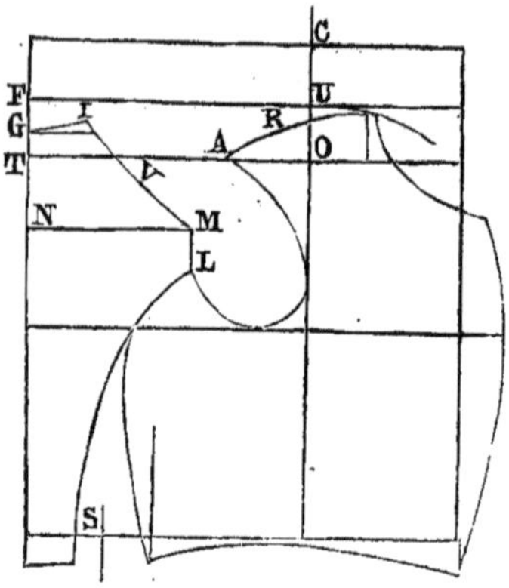

FIGURE 153.

Il est dit au modèle-école fig. 24, de former une distance dans le, haut du carré à partir de C, par le 1/4 de la 1/2 grosseur du haut *v*. O.

Ce 1/4 de la 1/2 grosseur du haut fixé par C, O, est le guide principal pour les montants de dos, et pour se rendre compte de combien une personne est plus ou moins voûtée ou renversée.

Exemple :

Lorsque le haut de dos n'arrive que jusqu'à la ligne fixée par le 1/4 de la 1/2 grosseur du haut, *v*. T, cela indique une tenue de personne très renversée, il se rencontre des tenues où T se reproduit encore plus bas que cette ligne.

Comme montant de 2 ou 3 cent, plus haut que T, *v*. G, indique la tenue de la personne droite ou à peu près.

Et lorsque la mesure arrive à 6 ou 8 cent. plus élevée que T, *v*. F, cela dénote un haut de dos voûté ou un cou long, ce qui fait que ces guides sont de grandes ressources pour couper, lorsque l'on n'a pas mesuré la personne soi-même, l'on peut par cela se rendre compte de sa tenue de haut de dos.

DÉTAILS DU HUITIÈME DE LA DEMI-GROSSEUR DU HAUT.

Il est dit également au modèle-école, fig. 25, de partager le 1/4 de C à O, *v*. U, ce qui formera deux 1/8ᵉˢ de la 1/2 grosseur du haut.

Ce 1/8ᵉ du haut, *v*. C, U, sert à fixer la largeur du haut de dos que l'on veut employer à l'encolure, *v*. G, I; cette distance est convenable pour redingote et habit civil, on peut si l'on veut lui donner plus de largeur.

Tel que : pour pardessus ou habit de fantaisie, ce qui nous obligera de baisser U, et par cela rélargira le 1/8ᵉ, comme il est détaillé aux gilets, fig. 2, et aux paletots-sacs, fig. 114.

DE LA HAUTEUR DE CARRURE.

La hauteur de carrure, *v*. N, détaillé, fig. 30, est très porportionnée pour toutes les tenues droites, voûtées ou renversées, elle ne devra pas se changer.

DE LA LARGEUR DE PETITE CARRURE.

Le 1/16ᵉ, détaillé fig. 31, *v*. M, L, est une largeur convenable pour redingote ou habit civil, on peut la rélargir pour uniforme.

Tel que : pour twines, jacquettes, pardessus-redingote et soutane, elle doit se faire plus large, cela fait bien. Comme pour paletots sacs, cette largeur varie selon la largeur que l'on donne au dos sous bras.

DES RONDEURS D'ÉPAULETTES.

Le creux de dos à l'épaulette, *v*. I, M, doit se creuser en rapport avec celui du côté, *v*. L, S, on aura donc à ne pas moins donner de rondeur à l'épaulette, *v*. R, que le dos sera creusé, *v*. V, cela ferait trop appuyer le milieu de l'épaulette à la place de R, et par cela occasionnerait un crochet à l'emmanchure, *v*. A, de la valeur de la rondeur d'épaulette qui lui manque.

PARIS. — Typ. Lahure, rue Soufflot, 45

QUATRIÈME PARTIE.

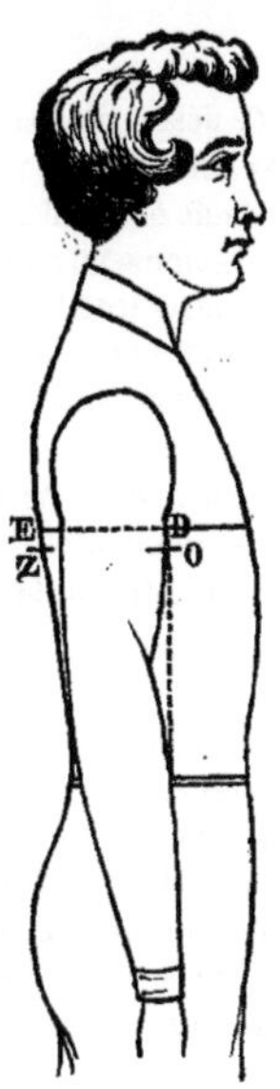

DE LA MESURE DE PROFONDEUR DU BRAS.

DE LA MESURE DE PROFONDEUR PRISE TROP LONGUE.

FIGURE 154.

Ce défaut provient d'avoir placé le point de profondeur du bras, D, trop bas, v. O, ce qui donne trop de longueur à la mesure de profondeur, et par cela fait prendre trop de largeur à la mesure d'épaule.

Et comme l'on reproduit derrière ce point, O, pour fixer son point de montant de dos, ce point, O, étant placé trop bas, occasionne de reproduire le point de montant de dos E, trop bas, v. Z, ce qui rallonge le montant de dos de la différence qu'il y a de E à Z.

FIGURE 155.

Ce défaut ne s'aperçoit au tracé que par une emmanchure qui se rencontre plus grande que la mesure de tour de bras, et comme l'on a pour habitude de partager le montant de dos de T, à la ligne de profondeur Z, pour fixer la hauteur de carrure, v. M, le montant de dos ayant été pris trop bas, v. Z, cela rallonge la distance qu'il y a de B à M, ce qui rélargit les épaulettes.

Ce point de profondeur, placé trop bas, v. O, reproduit sur la personne l'emmanchure trop basse de cette valeur, de D à O, ce qui forme un vide au-dessous du bras de la différence de D à O, ce qui, avec l'épaulette large, occasionne d'emporter le vêtement en levant les bras.

POUR LA CORRECTION

On devra remonter le corsage de la différence prise trop basse.

Pour cela, on devra raccourcir le haut du dos, v. G, U, de la distance qu'il y a de E à Z, en lui conservant dans le haut la même largeur qu'il y a de T à B.

On raccourcira également les épaulettes, de N à K, de la différence qu'il y a de D à O, qui est la même que celle de E à Z, ce qui égalisera la largeur des épaulettes de N à K, à celle du dos, de U à M.

Il convient, lorsque l'emmanchure se trouve plus large que la mesure de tour de bras, ce qui peut arriver en ne se servant pas des mesures de preuves qui indiqueraient de la rétrécir, de couper le haut des manches, v. H, à la largeur de l'emmanchure, afin de pouvoir les rétrécir si la correction a lieu.

Le modèle ci-joint ayant pris, par exemple, 2 cent. de plus de profondeur, cela a rélargi l'emmanchure de cette diffé-rence, et, comme l'on raccourcit la profondeur dans le haut de l'épaulette, de la valeur qu'elle avait été prise trop longue. cela rétrécira l'emmanchure qui se trouvait trop large, v. N, ce qui nous obligera de rétrécir la manche, qui avait été tracée à la largeur de l'emmanchure.

Ce rétrécissage se fera au-dessus et au-dessous de manche, par la couture de saignée, de P à J.

Mais comme l'emmanchure ne perd pas de largeur au talon, v. M, on devra rendre au talon du dessous de manche, v. R, la valeur dont on l'a rétréci en dedans, de H à J.

Ce raccourcissement d'épaulette, v. K, N, et de haut de dos, v. G. U, fait remonter le vêtement en détruisant le vide qu'il produisait sous bras, et par cela rétrécit la mesure d'épaule de F à N, de la différence qu'elle avait été prise trop basse, de D à O, mais ce rehaussement occasionne à rendre la taille plus courte derrière et devant, v. A, de la valeur remontée; on aura donc à rentrer au fer le tendage du bas des côtés, qui va se trouver plus élevé que V, v. C, de la valeur rehaussée, cela pour occuper de nouveau une place plus étroite, ou à resserrer l'étoffe que l'on aurait pu fournir aux petits côtés sur les hanches, s'ils ont eu lieu, v. V, ce qui laisserait trop de largeur au bas des cotés sur les hanches, si on ne les resserrait pas; ce changement nous obligera de rétrécir le haut de la basque de la va-leur resserrée au bas des côtés.

L'épaulette raccourcie, v. N, K, obligera égale-ment de raccourcir le collet de cette valeur, si l'on ne baisse pas l'encolure, v. X.

On devra donc mettre ses soins pour placer le point de profondeur D à sa hauteur naturelle, ce qui évitera tout ce grand travail, et si, par mé-garde, une irrégularité d'environ trois quarts de cent. avait lieu, cela s'apercevrait à peine.

La profondeur du bras, prise basse, est préfé-able à la profondeur prise trop haute.

Fig. 155.

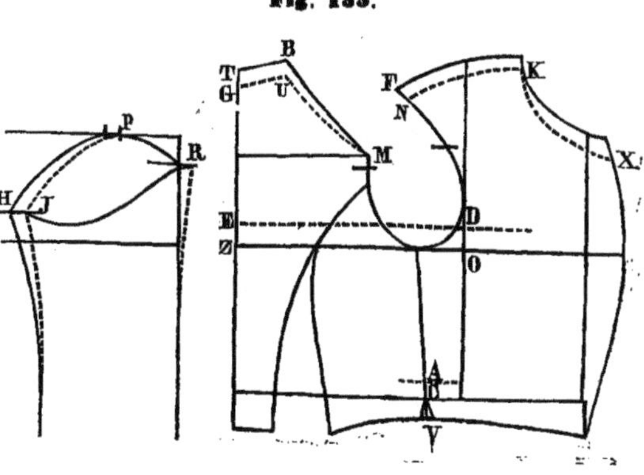

DE LA MESURE DE PROFONDEUR DU BRAS PRISE TROP HAUTE.

FIGURE 156.

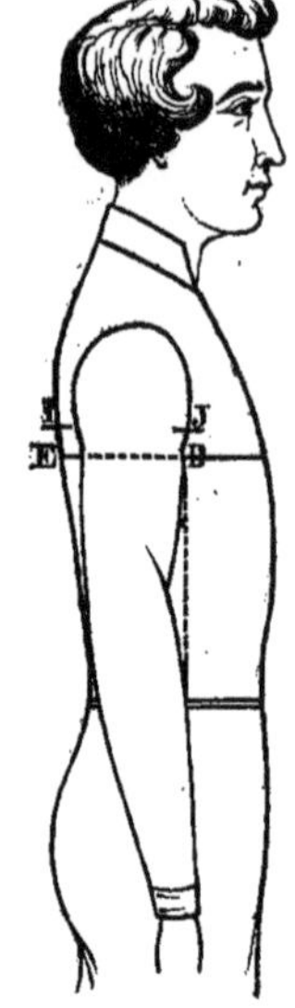

Ce défaut provient d'avoir placé le point de profondeur du bras D trop haut, v. J, ce qui occasionne de raccourcir la mesure de profondeur et par cela rétrécit la mesure de largeur d'épaule de la différence prise trop haute.

Et comme on reproduit derrière le point J, pour fixer son point de montant de dos, ce point J, étant placé trop haut, occasionne de reproduire le point de montant de dos E trop haut, v. I, ce qui produit un montant de dos trop court de la différence qu'il y a de E à I.

On devra donc mettre toute son attention avant de mesurer pour bien placer le point de profondeur du bras D, détaillé au modèle-école, fig. 4.

Pour cela on ne devra pas lever le bras de la personne trop haut pour y introduire dessous notre main droite, qui ne doit que toucher très faiblement le nerf du dessous du bras, car si l'on forçait la main sous bras, cela occasionnerait à placer ce point trop haut.

FIGURE 157.

Ce défaut ne s'aperçoit au tracé que par une emmanchure qui se rencontre plus petite que la mesure de tour de bras, et comme on a pour habitude de partager le montant de dos de G à la ligne de profondeur I, pour fixer la hauteur de carrure, v. M, le montant de dos ayant été pris trop haut, v. I, cela raccourcit la distance qu'il y a de B à M, ce qui rétrécit les épaulettes.

Ce point de profondeur placé trop haut, v. J, empêche au corsage de monter à sa place à l'encolure, ce qui lui occasionne à décolleter de toute la valeur qu'il y a de J à D, pour être retenu sous bras, v. U, de son manque de profondeur, ce qui produit à le faire trop serrer dans la partie de la petite carrure, v. M, provenant des emmanchures trop petites.

Le vêtement ne pouvant monter reproduit le bas de la taille plus basse sur les hanches de cette valeur, v. V, ce qui occasionne un surplus de largeur au-dessus des hanches, v. T, qui ferait supposer une pince à faire à cette place, faisant croire qu'il manque du tendage au bas des côtés, v. V, cela provient du bas des côtés V, qui appuient sur une partie plus basse et par cela plus forte qu'elle n'aurait dû l'être, ce qui n'aurait pas eu lieu si la profondeur eût été prise plus longue.

POUR LA CORRECTION.

On devra, à défaut d'une nouvelle mesure de profondeur, recreuser l'emmanchure, v. S, de la différence de ce que le corsage ne monte pas assez à l'encolure.

Par cela, la profondeur D, et le montant de dos E, regagnent la hauteur qui leur manquait pour colleter à leur place.

D'avoir baissé la profondeur, v. S, cela fait regagner la largeur qui manquait à l'emmanchure, et par cela rend les largeurs qui manquaient à la mesure de largeur d'épaule.

Il convient lorsque l'emmanchure se trouve plus étroite que la mesure de tour de bras, ce qui peut arriver en ne se servant pas des mesures de preuves qui indiqueraient de la rélargir, de couper le haut des manches à la mesure de tour de bras, afin qu'elles se trouvent assez larges si la correction a lieu.

Le modèle ci-joint ayant par exemple 2 cent. de moins de profondeur de J à D, a rétréci l'emmanchure de cette différence.

Et comme l'on recreuse la profondeur, v. S, de la valeur qu'elle avait été prise trop courte, cela ragrandit l'emmanchure et produit les côtés plus hauts, v. M, S, que ceux primitifs, v. M, U, ce qui nous oblige de donner plus de hauteur de talon de manche, ce qui se fait en abattant le dessus de manche par la saignée de P à A, de toute la valeur recreusée à l'emmanchure de U à S.

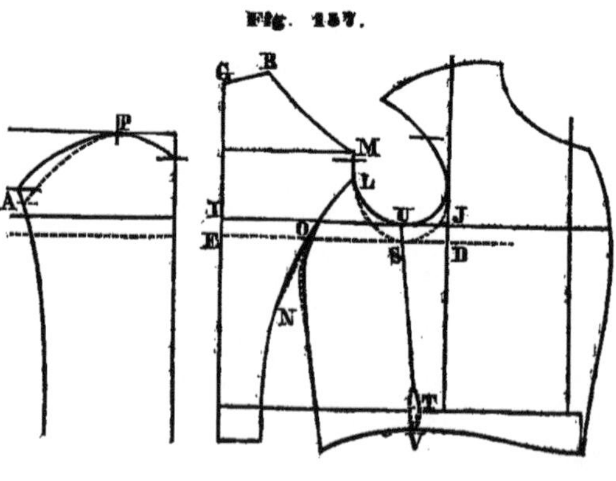

Vient ensuite le bas des devants et la taille qui avait pris trop de longueur sur les hanches, *v.* V, ce qui les occasionnait à trop serrer à cette place, provenant d'être refoulé par une profondeur courte, qui se trouvent remontés de la différence du surplus de profondeur que l'on a pratiqué de U à S, ce qui détruit les regonflements du dessus des hanches que l'on supposait trop large, *v.* T, et le serrage qu'avait le bas des côtés qui se trouvaient appuyés sur une partie plus forte, *v.* V.

Et pour avoir baissé la profondeur, *v.* S, cela a occasionné de rétrécir l'avancement, *v.* O, que l'on devra rélargir, non par un avancement plus grand, *v.* D, mais par les côtés, on devra ressortir à l'omoplate les coutures du dos et des côtés, à partir de O à N, pour regagner la largeur, *v.* O, que lui a fait perdre à la jonction du dos et du côté le recreusage d'emmanchure, *v.* S.

Et dans le cas que l'on ne veuille pas regagner par les coutures cette largeur perdue, *v.* O, cela ferait produire un crochet dans le haut des côtés, *v.* L, et par cela occasionnerait une gêne de cette valeur devant les bras, *v.* D.

Cette correction est préférable à celle d'un avancement plus large, *v.* D, vu qu'elle conserve ses largeurs et son aplomb plutôt que celle de recreuser l'avancement, *v.* D, qui dénaturerait les devants.

Il faut, pour éviter ces ennuis, bien observer la profondeur du bras de la personne avant de fixer le point d'appui, ce qui évitera cette correction, car en prêtant un peu d'attention on ne commet pas cette faute, et s'il y avait lieu à un écart il ne serait que de peu de chose, ce qui ne s'aperçoit nullement.

A cela, une profondeur est préférable plutôt longue que courte.

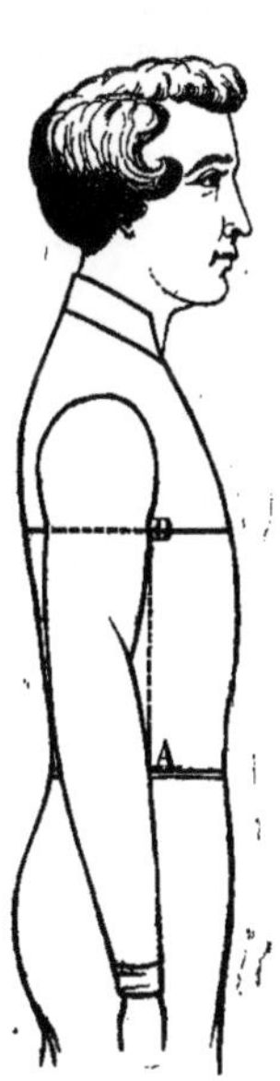

Fig. 158.

CINQUIÈME PARTIE.

DE LA MESURE DE PROFONDEUR A LA HANCHE.

FIGURE 158.

Le point d'appui de hanche A, qui est le guide des longueurs de taille naturelle, doit se placer le plus droit possible sous D, point de profondeur du bras, en droite ligne, afin de faire prendre à la mesure qui vient s'y fixer une ligne directe, et surtout s'attacher à ne pas placer ce point A de côté, ce qui ferait prendre cette mesure de profondeur à la hanche trop longue et produirait à faire baisser la taille au tracé, ce qui occasionnerait un montant de dos court de cette valeur, ainsi qu'une irrégularité au point de montant de dos.

Comme de prendre cette mesure trop courte rehausserait la taille au tracé et produirait un montant de dos trop haut de cette valeur.

 LE PROGRÈS DU TAILLEUR.

SIXIÈME PARTIE

DE LA MESURE DE PROFONDEUR A LA TAILLE

FIGURE 159.

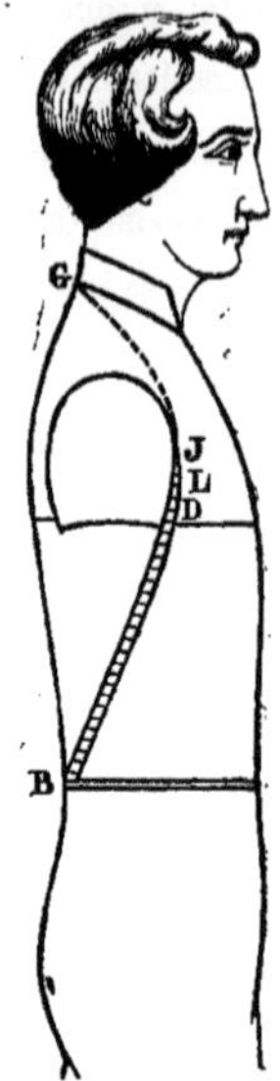

Fig. 159.

Ce n'est qu'après avoir fixé la mesure de profondeur du bras, D, que l'on reprend la mesure sous bras pour la porter à la taille, comme il est détaillé fig. 10.

On aura soin en prenant cette mesure de ne pas déplacer la mesure de profondeur du bras de son point marqué D.

Car de lâcher la mesure reproduirait la mesure de profondeur du bras plus haute que son point D, et portant ainsi la mesure derrière sur le point B, cela ferait prendre trop de longueur à la mesure de profondeur à la taille, ce qui occasionnerait à faire détacher le bas des côtés de la différence prise trop longue.

Comme de lui donner trop de tension produirait à faire baisser la mesure de profondeur du bras au-dessous de son point D, et portant ainsi la mesure derrière sur le point B, cela raccourcirait la mesure de profondeur à la taille et produirait à faire trop serrer le bas des côtés de la différence prise trop courte.

Il convient aussi de faire prendre à la mesure de profondeur à la taille une direction droite à partir de la profondeur D, pour la conduire à B, afin d'éviter de lui faire prendre un contour, ce qui ragrandirait la mesure et produirait de nouveau à faire détacher la taille.

Il faut surtout observer en portant la mesure sur le point de jetée de taille derrière B, de lui faire prendre sa direction devant le fort du bras J, car si elle s'en éloignait, v. L, cela donnerait encore trop de longueur à la mesure.

Cette mesure de profondeur à la taille peut également se prendre longue ou courte pour avoir mal placé le point de taille naturelle derrière B, comme il est détaillé figures 1, 2, et 3.

On devra donc mettre de l'attention en prenant cette mesure, afin d'éviter toutes ces irrégularités.

DE LA MESURE DE PROFONDEUR A LA TAILLE PRISE TROP LONGUE.

FIGURE 160.

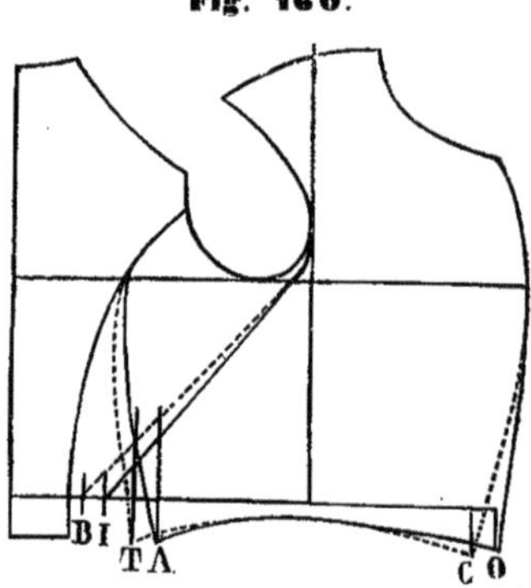

Fig. 160.

Une mesure de profondeur à la taille prise trop longue, v. B, occasionne à faire détacher la taille de son surplus de longueur, v. T, et pour être portée trop en arrière, v. T, déplace la largeur du bas des devants, v. C, qui se reproduit en arrière, mais si la mesure eût été bien prise, B se serait reproduit à I, T à A, comme C à O.

FIGURE 161.

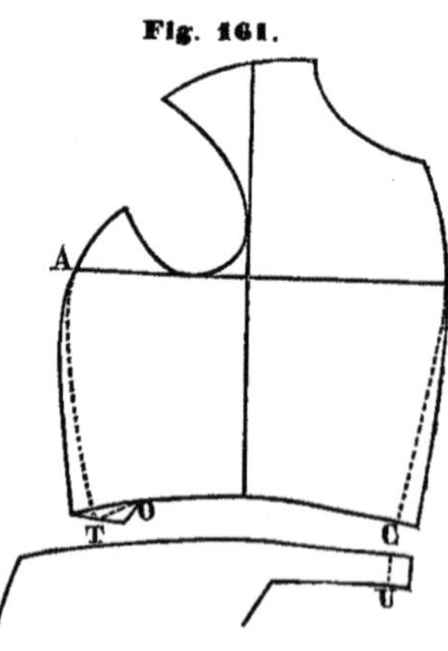

Fig. 161.

On aura à enlever aux côtés le surplus de profondeur à la taille de A à T, en lui refournissant sa même longueur dans le bas, à cela il n'y aura que le bas des devants qui se trouvera rétréci, v. C, de la valeur enlevée derrière, v. T, ce qui nous obligera de rétrécir la basque ou la jupe de cette valeur devant, v. U.

Il conviendrait de laisser au bas des côtés une réserve d'étoffe, v. O, ce qui faciliterait à rendre la même longueur au bas des côtés corrigés, v. T, que celle du côté primitif, cela pour lui maintenir son aplomb.

DE LA MESURE DE PROFONDEUR A LA TAILLE PRISE TROP COURTE.

FIGURE 162.

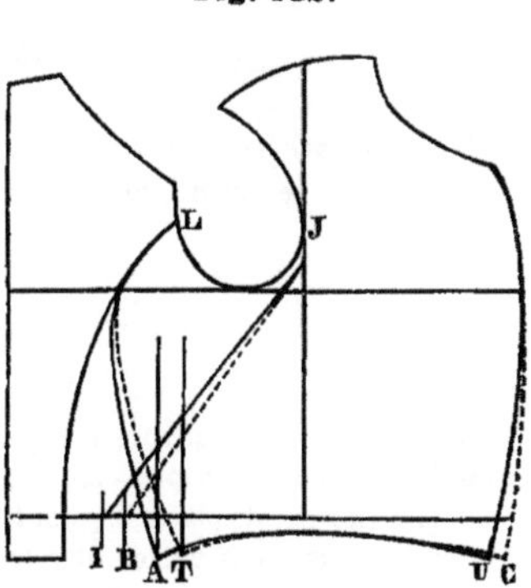

Une mesure de profondeur à la taille prise trop courte, *v.* B, occasionne trop de cambrure, *v.* T, et par cela reproduit l'étoffe devant de cette valeur, *v.* C, ce qui occasionne, le vêtement étant sur le corps, à produire un crochet dans le haut des côtés, *v.* L, de la valeur trop cambrée de A à T, cela produit aussi à faire serrer le devant des bras, *v.* J, de cette différence; ce qui n'aurait pas lieu si la mesure eût été bien prise; B se serait reproduit à I, T à A, comme C à U, et n'aurait rien occasionné dans le haut.

POUR LA CORRECTION.

FIGURE 163.

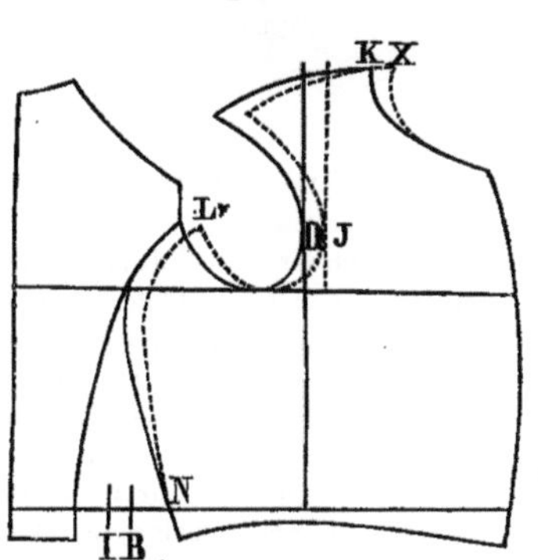

L'on aura à faire un crochet dans le haut des côtés de L à N, de la différence trop cambrée, *v.* I, B, ce qui rétrécira l'avancement D de cette valeur et obligera de recreuser l'emmanchure pour lui rendre sa largeur primitive, *v.* J, en lui conservant ses mêmes longueurs de pointe d'épaulette à l'emmanchure, *v.* les pointés.

Ce recreusage détruira le redressage de l'épaulette primitive, *v.* K, que l'on devra lui rendre en lui fournissant un surplus de redressage, *v.* X, de la valeur recreusée à l'emmanchure de D à J, ce qui évitera l'abattage du devant qui aurait lieu si l'on ne redressait pas de cette valeur, à cela il n'y aura que la poitrine qui restera étroite de la différence recreusée.

RÉSERVE D'ÉTOFFE POUR PARER A UNE MESURE DE PROFONDEUR A LA TAILLE PRISE TROP COURTE.

FIGURE 164.

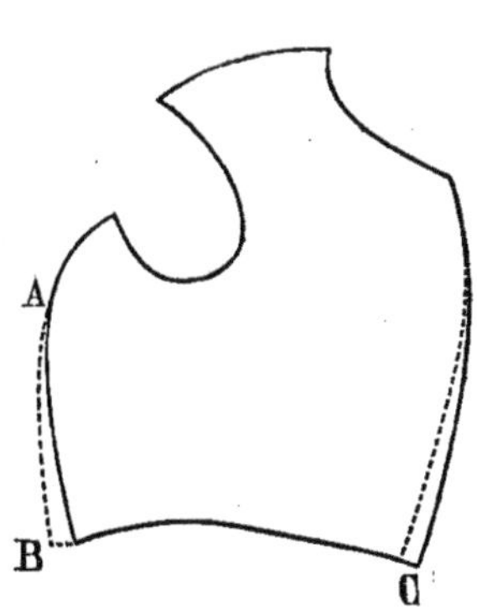

On pourrait pour se préserver d'une mesure de profondeur à la taille que l'on suppose trop serrée, laisser un surplus d'étoffe depuis l'omoplate au bas des côtés de A à B, et lorsque la taille serrerait trop, on lâcherait la valeur qui lui manque, ce qui remettrait le vêtement dans son état naturel.

Il ne resterait à cela que le bas des devants trop larges, *v.* C, de la valeur ressortie aux côtés.

A cet effet, la mesure de profondeur à la taille est préférable plutôt longue que courte.

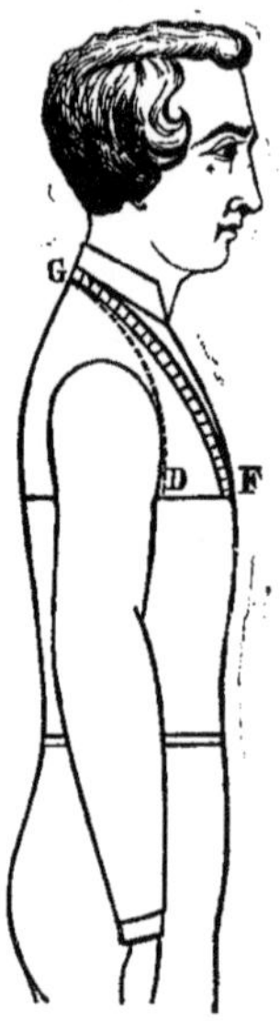

SEPTIÈME PARTIE

DE LA MESURE DE NUQUE SUR LA POITRINE.

Mesure de preuve démonstrative dont on peut se passer. C'est d'elle que l'on peut se servir pour se rendre compte des redressages généraux.

FIGURE 165.

PRISE DE LA MESURE.

Pour prendre cette mesure l'on part de G, point de nuque; on aboutit à F, sur la poitrine fixé à la même hauteur que la profondeur du bras, *v.* D.

Il faut s'assurer de placer le point F, qui fixe cette mesure bien au milieu de la poitrine à la même hauteur que D, afin d'éviter de donner trop ou pas assez de longueur à la mesure.

Cette mesure exige pour la bien prendre une grande précision, elle est un guide précieux pour la réussite des devants, mais il faut accorder avec elle les mesures qui la détruisent, c'est pour cela que jusqu'aujourd'hui il y a eu tant de difficultés pour fixer à sa véritable place le redressage des épaulettes.

FIGURE 166.

POUR LE TRACÉ.

Lorsque l'on a formé son carré, fixé son point d'avancement C, ainsi que celui de la demi-grosseur du haut, *v.* F,

On confronte la mesure de nuque sur la poitrine à partir de C, aboutissant à F, et si la mesure de nuque sur la poitrine se rencontre juste à ces 2 points, cela dénote que la mesure est bien prise, ainsi que celle d'avancement et celle de demi-grosseur du haut.

Le tracé naturel par la demi-grosseur du haut du buste, *v.* F, sans rien ajouter au devant de poitrine (soit un surplus d'étoffe que l'on pratique généralement pour bonification de largeur) devrait suffire pour envelopper la personne; mais non, le travail que les devants subissent lui rétrécit sa largeur.

On devra donc ajouter au devant un surplus de largeur de 1/8 de la demi-grosseur du haut, pour bonification d'étoffe, soit : coutures de côtés, demi-couture de dos et de poitrine, doublage et respiration, *v.* J, à partir de la demi-grosseur du haut, *v.* F.

A cela, que l'on reproduise la mesure de nuque sur la poitrine à partir de C, sur le surplus de rélargissage J, la mesure se trouvera courte, *v.* U.

FIGURE 167.

Et pour égaliser le devant à sa mesure prise de nuque sur la poitrine on devra ajouter 1/8 en avant de C (ligne d'avancement), *v.* T, même valeur que le rélargissage de poitrine, ce qui égalisera de nouveau les devants à la mesure de nuque sur la poitrine.

Ce qui fait que C, F, conserve toujours sa même longueur, il n'est à cela que porté plus en avant par la ligne formée par T, J; J fixe le surplus de largeur de poitrine, comme T détermine les redressages généraux à leur mesure prise de nuque sur la poitrine.

Et pour conserver cette même distance, *v.* T, on partira de ce point pour former une ligne d'équerre aboutissant dans le bas, *v.* O, ce qui détermine le redressage au 1/8.

Fig. 165.

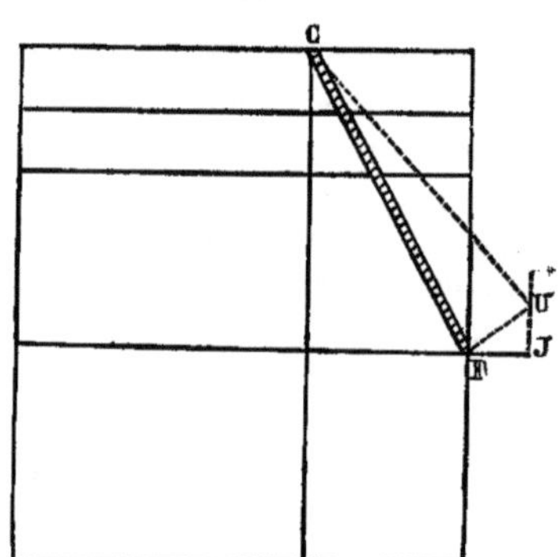

Fig. 166.

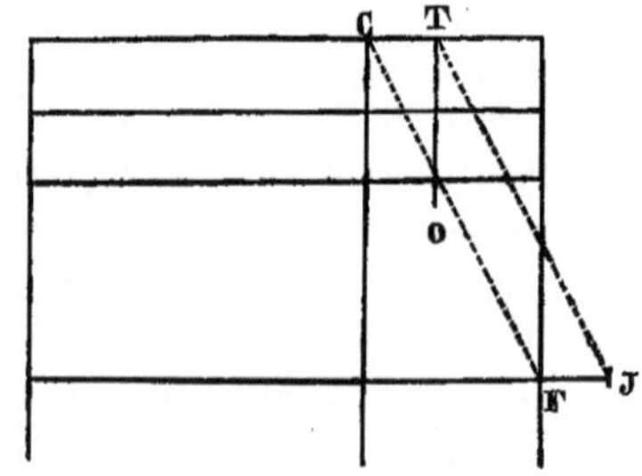

Fig. 167.

FIGURE 168.

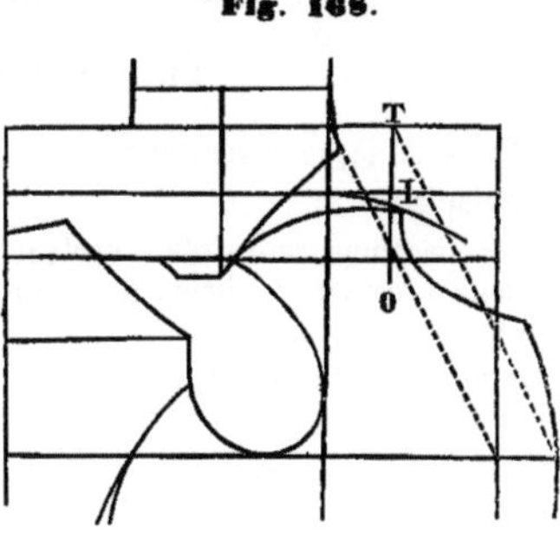

Le redressage étant obtenu par la mesure de nuque sur la poitrine, v. T, O, fig. 167, on devra procéder pour le tracé, qui se fait, comme d'habitude, en ajoutant toujours plus avant que cette ligne, T, O, v. I, pour la valeur des coutures qui vont se perdre à l'épaulette et à l'encolure par le montage du collet, et qui est d'un cent. pour le drap, cela afin de ne pas anticiper dans le huitième du redressage, ce qui occasionnerait de faire abattre les devants de cette différence si l'on ne ressortait pas, v. I, pour la valeur des coutures. (Voir les détails, fig. 54.)

DU REDRESSAGE D'ÉPAULETTE QUE PRODUIT LA MESURE D'ÉPAULE.

FIGURE 169.

Le tracé de la mesure d'épaule produit, par l'écart qu'elle donne, plus ou moins de redressage d'épaulette.

Tel que :

Lorsqu'une épaule est haute et forte, v. E, elle fixe son épaulette au huitième de redressage, ou à peu près, v. X, et quelquefois même le dépasse.

Comme une épaule moyenne, v. H, reste de 1 à 3 cent. environ plus avant, v. I, que le huitième de redressage, v. X.

Comme une épaule basse et faible, v. B, donne peu de redressage, v. P, ce qui éloigne de beaucoup son épaulette, v. P, du huitième de redressage, v. X.

Moyen qu'il devient difficultueux de redresser par la mesure d'épaule, qui varie sans cesse selon les épaules plus ou moins fortes qui redressent plus ou moins les épaulettes.

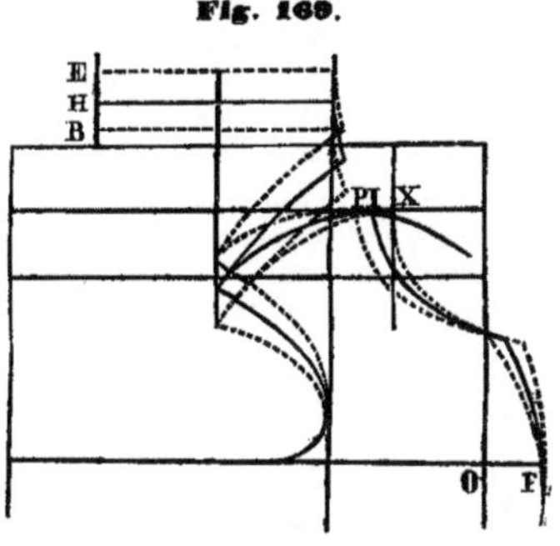

On devra à cela déterminer le redressage, soit par la mesure de nuque sur la poitrine, comme il est détaillé fig. 166, 167 et 168, ou par le huitième rajouté au devant de la ligne d'avancement, v. X, comme il est démontré au modèle-école, fig. 51, ce qui les déterminera pour toutes les grosseurs d'épaules, soit hautes et fortes, ou basses et faibles.

Donc, que les épaules soient hautes et fortes, ou basses et faibles, on maintiendra toujours son redressage à un huitième plus avant que la ligne d'avancement, v. X, même valeur que le surplus de largeur ajouté à la poitrine, de O à F, rajouté qui sert à compenser, pour les coutures, respiration et doublage.

FIGURE 170.

On ne devra jamais reproduire la mesure de nuque sur la poitrine à partir du redressage occasionné par l'épaule, v. A, excepté qu'elle ne produise son redressage au huitième, v. D, car, de la produire à partir de A, cela produirait à rendre la mesure de nuque sur la poitrine plus courte, v. B, que son huitième de rélargissage de poitrine, v. F.

DU REDRESSAGE AU HUITIÈME, COMME L'INDIQUE LE MODÈLE-ÉCOLE.

La mesure de nuque sur la poitrine est préférable, pour fixer les redressages, que celui du redressage au huitième, détaillé au modèle-école, fig. 49 et 50, attendu qu'elle sert à rendre compte de la justesse des mesures d'avancement et demi-grosseur du haut, qui peuvent la détruire.

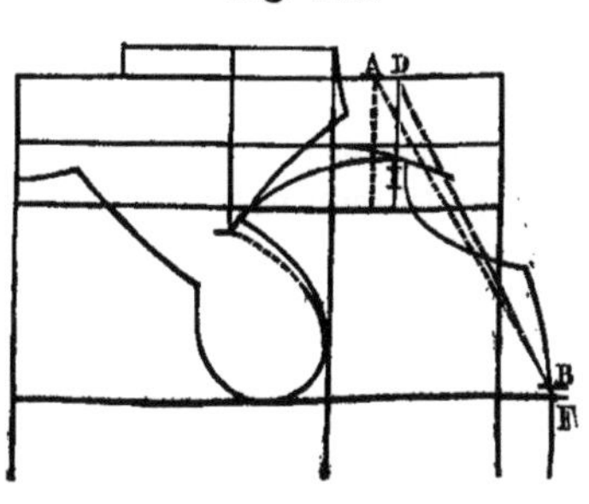

Le redressage du modèle-école par le huitième de la demi-grosseur du haut, v. I, est plus facile à opérer et prend moins de temps; le défaut de ce redressage est qu'il ne fait pas apercevoir l'inégalité des fausses mesures prises.

Tels que : les mesures d'avancements plus ou moins grandes, ainsi que celles de grosseur du haut du buste, prises trop grandes ou trop petites, ce que fait apercevoir la mesure de nuque sur la poitrine, et, ne se servant pas de cette mesure, ferait occasionner le défaut de réussite lorsque l'inégalité des mesures a lieu.

Soit : d'avancer ou de reculer les emmanchures;

De cambrer ou lâcher la taille;

De redresser ou renverser les épaulettes de la valeur de l'inégalité qu'auront prise les mesures de l'avancement, ou celle de grosseur du haut du buste.

CONFRONTATION DU REDRESSAGE DES TENUES VOUTÉES ET RENVERSÉES.

FIGURE 171.

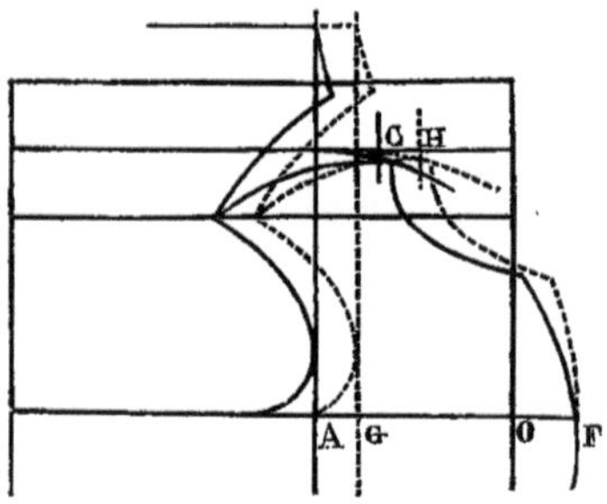

Pour cette leçon on ne traitera que le redressage.

Exemple :

Une personne renversée, portant (par exemple) 48 cent. de demi-grosseur du haut, a produit par sa tenue renversée. 28

de largeur d'avancement, v. A.

Ce qui lui laisse. 20

de demi-largeur de poitrine de A à O.

Comme :

Une personne voûtée portant (par exemple). . . 48 de demi-grosseur du haut, même grosseur que celle ci-dessus désignée, a produit par sa tenue voûtée. . 33

de largeur d'avancement, v. G.

Ce qui lui laisse. . . . . 15 cent.

de demi-largeur de poitrine de G à O.

Comme on le voit, la personne renversée a plus de largeur de poitrine de A à O, que la personne voûtée n'en a de G à O, et l'une et l'autre sont à leur largeur prise.

Donc, il ne leur faut pas plus de largeur de poitrine de O à F, pour coutures, doublage et respiration à l'une qu'à l'autre, il ne leur en faut pour cela pas moins, ils sont gros l'un comme l'autre et respirent l'un comme l'autre ; ils n'ont par leur conformation que la différence d'une poitrine plus forte l'une que l'autre provenant d'un avancement plus fort l'un que l'autre.

Ce qui ferait croire que la personne voûtée a son épaulette plus redressée, v. H, que la personne renversée, v. C, ce qui n'est pas; les deux redressages sont les mêmes fixés à 1/8ᵉ, v. C, H, à partir de leur ligne d'avancements respectifs, v. A, G; ils ne diffèrent de place que par la largeur des avancements plus ou moins forts l'un que l'autre et se trouveront par cela tous deux pareils pour habiller leur conformation, l'une voûtée, l'autre renversée.

Car rapportons l'avancement fort, v. G sur A, et l'épaulette H sur C, cela distinguera, sur le devant, la différence que l'un a de plus de poitrine que l'autre, qui sera de la même valeur qu'il y a de A à G, ce qui ferait supposer qu'une épaulette est plus renversée que l'autre.

Donc, pour toutes les conformations, les redressages se feront pareils.

DES MESURES QUI PEUVENT DÉTRUIRE LA JUSTESSE DE LA MESURE DE NUQUE SUR LA POITRINE.

1° La mesure d'avancement du bras prise trop ou pas assez large ;

2° D'avoir mal reproduit le point de hauteur de profondeur du bras sur la poitrine, soit de l'avoir placé plus haut ou plus bas qu'il ne doit l'être ;

3° La mesure de demi-grosseur du haut du buste prise trop large ou trop étroite.

Ce désaccord de mesure vient s'égaliser au tracé, comme on le verra ci-après.

Par exemple :

Un avancement pris trop étroit ferme et rétrécit l'emmanchure;

Comme un avancement pris trop large ouvre et ragrandit l'emmanchure.

Ce qui fait qu'en reproduisant la mesure de la nuque sur la poitrine, elle fait apercevoir l'inégalité de ces deux mesures :

L'une de fermer et de rétrécir l'emmanchure ;

L'autre de l'ouvrir et de la ragrandir trop.

En mettant de l'attention pour prendre ces trois mesures : celle de l'avancement, largeur de poitrine et celle de la demi-grosseur du haut du buste, l'écart de la mesure de nuque sur la poitrine, s'il avait lieu, serait peu sensible et ne nuirait nullement au vêtement.

PARIS. — Typ. LACOUR, rue Souffiot, 15

CE QUE PRODUIT UNE MESURE D'AVANCEMENT DU BRAS, PRISE TROP LARGE, A LA MESURE DE NUQUE SUR LA POITRINE.

FIGURE 172.

Une mesure d'avancement du bras prise trop large, *v.* J, ouvre et ra-grandit l'emmanchure et rend au tracé la mesure de la nuque sur la poi-trine trop longue de A à U, *v.* F (1), à cela on aura à confronter le tour du bras, qui doit se trouver trop grand et la mesure de largeur de poi-trine, qui si elle est bien prise devra se trouver trop large, *v.* D.

On aura pour les égaliser à rétrécir l'avancement, *v.* D, de la valeur qu'il a prise à la largeur de poitrine de J à D, ce qui rétrécira l'emman-chure du surplus de largeur qu'elle avait prise et la rendra à sa me-sure.

Cela fait, on devra reproduire la mesure de nuque sur la poitrine à partir de la ligne de l'avancement rétréci, *v.* G, D, ce qui l'égali-sera de longueur de G à F.

On devra à cet effet reproduire la mesure de profondeur à la taille à partir de la ligne de l'avancement plus rétréci, *v.* G, D, B, ce qui por-tera le bas des côtés plus en arrière, *v.* P.

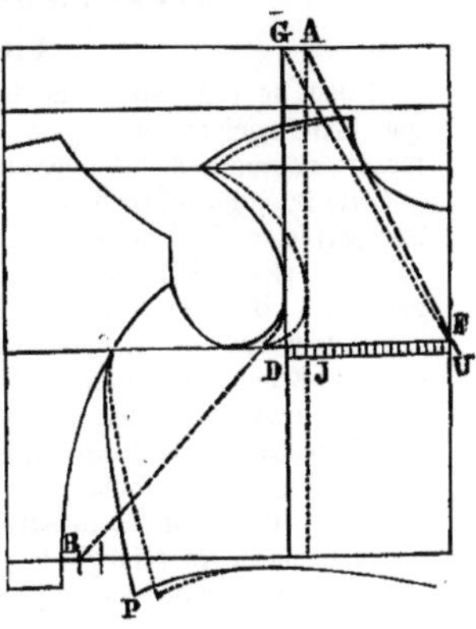

CE QUE PRODUIT UNE MESURE D'AVANCEMENT DU BRAS PRISE TROP ÉTROITE, A LA MESURE DE NUQUE SUR LA POITRINE.

FIGURE 173.

Une mesure d'avancement du bras, prise trop étroite, *v.* J, ferme et rétrécit l'emmanchure et rend au tracé la mesure de la nuque sur la poitrine trop courte de A à U, *v.* F (1); à cela on aura à confronter le tour du bras qui doit se trouver trop petit, et la mesure de largeur de poitrine, qui si elle est bien prise devra se trouver trop étroite, *v.* D.

On aura pour les égaliser à rélargir l'avancement, *v.* D, ce qui éga-lisera la mesure de largeur de poitrine de D à F, et par cela ragran-dira l'emmanchure de ce qui lui manquait et la rendra à sa mesure prise.

Cela fait, on devra reproduire la mesure de la nuque sur poitrine à partir de la ligne de l'avancement rélargi, *v.* G, D, ce qui l'égalisera de longueur de G à F.

On devra à cet effet reproduire la mesure de profondeur à la taille, *v.* B, à partir de la ligne de l'avancement plus rélargi, *v.* G, D, B, ce qui portera le bas des côtés plus avant, *v.* P.

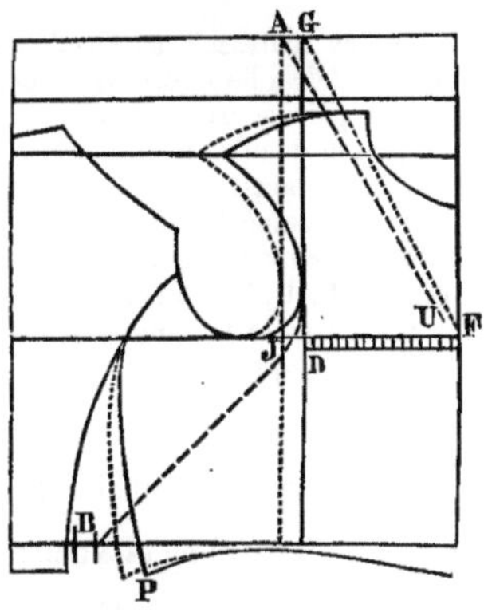

CE QUE PRODUIT UNE MESURE DE GROSSEUR DU HAUT PRISE TROP GRANDE A LA MESURE DE NUQUE SUR LA POITRINE.

FIGURE 174.

Il peut se rencontrer que la mesure d'avancement soit bien prise, que l'emmanchure soit égale à la mesure de tour de bras, et que la mesure de nuque sur la poitrine soit courte, *v.* G, U.

Cette irrégularité peut venir d'une mesure de grosseur du haut prise trop large, *v.* F; à cette occasion on pourrait s'en rapporter à la me-sure de largeur de poitrine qui, si elle est bien prise, se trouvera trop petite de D à I, et pourra venir appuyer de rétrécir les devants, soit la grosseur du haut, *v.* I, de la différence de ce que la mesure de nuque sur la poitrine sera courte de U à F.

Il faut moins s'arrêter à l'écart produit par la demi-grosseur du haut qu'à la mesure d'avancement, car les mesures de tour de bras obtenues sont le résultat qu'il faut.

Mais à défaut que la mesure de largeur de poitrine ne vienne pas corriger, on devra s'en tenir à la poitrine large, *v.* F, afin de pouvoir rétrécir s'il y a lieu.

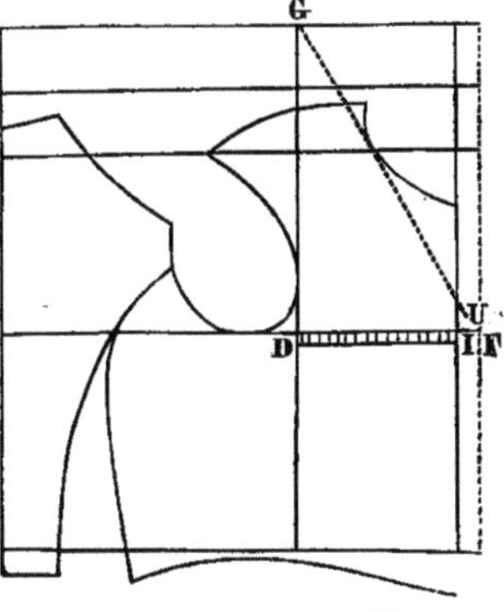

(1) La mesure de nuque sur la poitrine s'égalise mieux au tracé pour une personne voûtée ou creuse de poitrine qui donne son avancement naturel, que pour une personne renversée qui en s'effaçant peut nous occasionner parfois de prendre un avancement étroit, ce qui reproduit au tracé la mesure de la nuque sur la poitrine courte.

CE QUE PRODUIT UNE MESURE DE GROSSEUR DU HAUT PRISE TROP SERRÉE A LA MESURE DE NUQUE SUR LA POITRINE.

FIGURE 175.

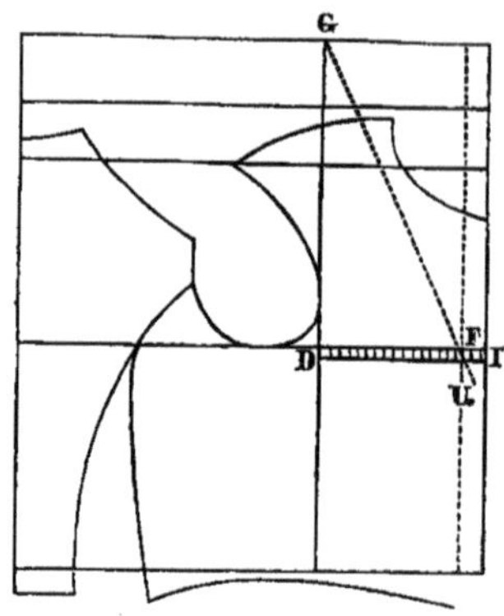

Il peut se rencontrer que la mesure d'avancement soit bien prise, que l'emmanchure soit égale à la mesure de tour de bras et que la mesure de nuque sur la poitrine soit longue, *v.* G, U.

Cette irrégularité peut venir d'une mesure de grosseur du haut prise trop serrée, *v.* F; à cette occasion on pourrait s'en rapporter à la mesure de largeur de poitrine, qui, si elle est bien prise, se trouvera trop grande, *v.* D, I, et pourra venir appuyer de rélargir les devants, soit la grosseur du haut, *v.* I, de la différence de ce que la mesure de nuque sur la poitrine sera longue de F à U.

Il faut moins s'arrêter à l'écart produit par la demi-grosseur du haut qu'à la mesure d'avancement, car les mesures de tour de bras obtenues sont le résultat qu'il faut.

Mais à défaut que la mesure de largeur de poitrine ne vienne pas corriger, on devra rélargir la poitrine, *v.* I, de la différence qu'il y a à la mesure de nuque sur la poitrine de F à U, afin de pouvoir rétrécir au besoin.

DU REDRESSAGE COMPARÉ AUX PINÇONS DE POITRINE.

FIGURE 176.

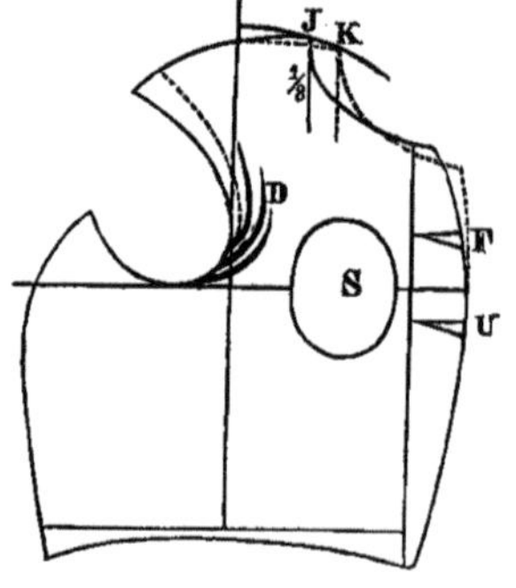

Si l'on redressait les épaulettes en plus, *v.* K, que le redressage au 1/8ᵉ J (détaillé figure 51), pensant d'éviter les pinces aux devants qu'une poitrine très forte réclame, *v.* F, U, qui peut être de 1 à 3 cent. ou plus et que l'on distingue par le plus ou moins de rondeur que prennent les devants, cela occasionnerait une bouffe d'étoffe devant les bras, *v.* D, et n'empêcherait pas pour cela les devants de ballotter sur la poitrine de la même valeur, provenant de n'avoir pas fourni par les pinçons, *v.* F, U, la rondeur que la poitrine réclame, *v.* S.

C'est pour cela qu'il convient de pratiquer des pinçons pour habit civil, plutôt que de redresser en plus que le 1/8ᵉ, ce qui est naturel.

LIGNE DROITE POUR LE DOUBLAGE.

Cette leçon a été détaillée, page 152, figure 128.

UTILITÉ DE LA MESURE DE NUQUE SUR LA POITRINE.

La mesure de nuque sur la poitrine est une mesure réelle, elle n'est pas de preuve, on ne devrait pas s'en passer, soit pour ouvrir ou fermer les emmanchures, elle est le guide réel des redressages généraux.

AVANCEMENT DU BRAS FIXÉ PAR LA MESURE DE NUQUE SUR LA POITRINE.

FIGURE 177.

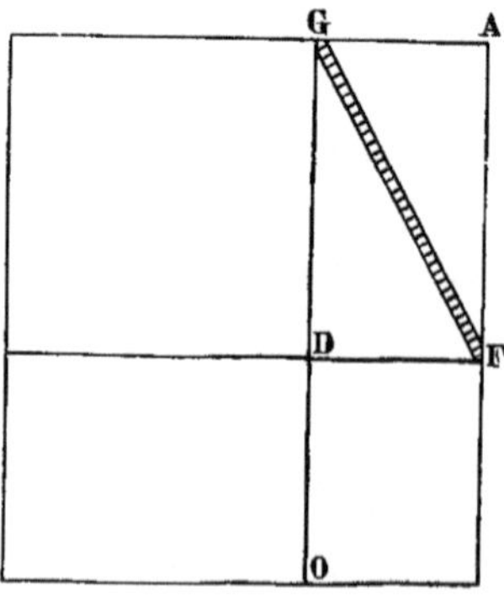

A défaut de la mesure d'avancement du bras, on pourrait se servir de la mesure de la nuque sur la poitrine pour l'obtenir.

Pour cela, on forme son équerre, *v.* A; l'équerre étant formée, on fixe la profondeur du bras devant de A à F et, de ce point F, on en tire une ligne d'équerre en travers, *v.* D.

Ensuite, on place le chiffre obtenu de la mesure de nuque sur la poitrine, sur le devant F, et où le bout de la mesure s'accorde avec la ligne supérieure, on marque un point, *v.* G, et de ce point G on en forme une raie d'équerre, *v.* G, D, O, ce qui fixe l'avancement du bras, on achève ensuite son modèle comme d'habitude.

Ce qui fait donc trois manières d'obtenir l'avancement du bras, savoir :

1° Par la mesure d'avancement du bras détaillée, figure 12;

2° Par la mesure de largeur de poitrine détaillée, figures 101 et 102;

3° Par la mesure de nuque sur la poitrine, détaillée ci-joint.

HUITIÈME PARTIE

DES COUTURES AJOUTÉES AU CORSAGE POUR LUI MAINTENIR SES LARGEURS.

DES COUTURES AJOUTÉES AUX COTÉS ET AU DOS POUR ÉTOFFES QUI S'ÉRAILLENT.

FIGURE 178.

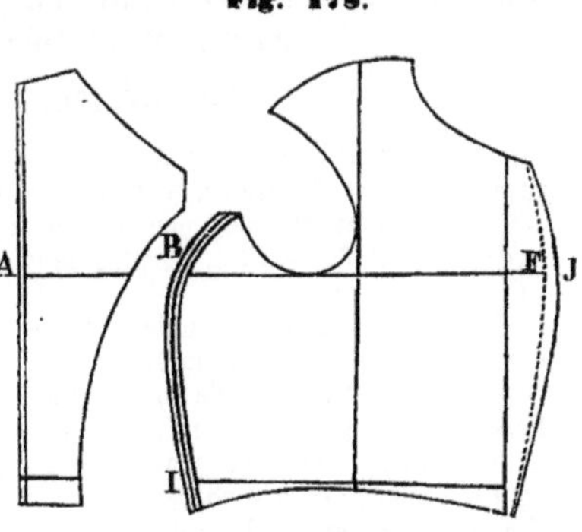

Fig. 178.

Il est dit, fig. 87, d'ajouter pour les coutures de côtés, *v.* B, I, et de dos, *v.* A, la valeur d'un cent. pour le drap et un cent. 1/2 ou plus pour étoffes qui s'éraillent.

Il est dit aussi à cette figure que l'on doit enlever au devant de poitrine, *v.* F, cette étoffe fournie pour les coutures de côtés et de dos.

On ne procédera ainsi que pour le drap.

Car pour toutes les étoffes qui s'éraillent et qui par cela réclament des coutures plus fortes, on ne devra pas enlever à la poitrine, *v.* F, le surplus d'étoffe fourni pour les coutures de côtés et de dos, ce qui rétrécirait de trop la poitrine.

On devra donc laisser exister en entier le 1/8e de surplus de largeur de poitrine au devant, *v.* J, provenant de la couture des revers qui, si elle a lieu, se fait aussi plus forte et afin de laisser exister une largeur d'étoffe dominante que ce genre d'étoffe légère réclame.

On ne procède ainsi que lorsque l'on fournit les coutures par les côtés et par le dos.

DES COUTURES AJOUTÉES A L'AVANCEMENT POUR ÉTOFFES QUI S'ERAILLENT, MANIÈRE PLUS RÉGULIÈRE.

FIGURE 179.

Il est dit, fig. 88, d'ajouter pour les coutures, plus avant que la ligne d'avancement, 1 cent. pour le drap et 1 cent. 1/2 ou plus pour étoffes qui s'éraillent.

Le modèle ci-joint étant d'étoffe très légère prendra, par exemple, deux cent. pour les coutures.

Ce sera donc ces 2 cent. qui se porteront plus avant, *v.* L, que la ligne d'avancement naturel, *v.* C, et de ce point L, on en formera une ligne d'équerre aboutissant dans le bas, *v.* U.

Cela fait, on reproduira ces 2 cent., soit la distance de C à L, plus avant, *v.* J, que B, profondeur à la taille. Ce sera toujours du point J que l'on partira pour fixer sa demi-grosseur de taille devant, *v.* P, et non du point B, ce qui rétrécirait la demi-grosseur, *v.* O.

Ces 2 cent. de surplus de largeur d'avancement se diviseront comme suit :

On devra rélargir en traçant le dos à la carrure, *v.* I, à l'épaulette, *v.* T, et aux côtés, *v.* Q, de la valeur d'un cent. qui se trouvera réduit par les larges coutures qui vont se faire aux côtés et au milieu du dos.

Cette couture fournie au dos, *v.* T, I, donne par cela plus de profondeur, qui va se trouver réduite à sa juste largeur par les coutures fortes faites aux épaulettes.

Il convient également de laisser un surplus de hauteur équivalent à un demi-cent. au haut de dos, *v.* G, T, pour les larges coutures qui vont se faire à l'encolure, il en sera de même à l'épaulette, *v.* K, à laquelle on devra fournir en plus que le 1/8e de redressage X, un cent. 1/2 au lieu d'un cent. que l'on fournit pour le drap, provenant également des coutures qui vont se faire plus larges par le montage du collet, comme il est détaillé au gilet, fig. 27.

De rélargir l'avancement de 2 cent. au lieu d'un, *v.* D, cela rétrécira donc la poitrine, ce qui nous obligera pour ces étoffes légères de la rélargir d'un cent., *v.* F ; ce sera donc à partir de F que l'on portera en avant son 1/8e de surplus de largeur de poitrine, *v.* S.

La couture faite à l'emmanchure, *v.* D, ne fait pas perdre de largeur au devant de poitrine, vu qu'elle est refournie par celle de la manche que l'on joint avec la garniture des devants.

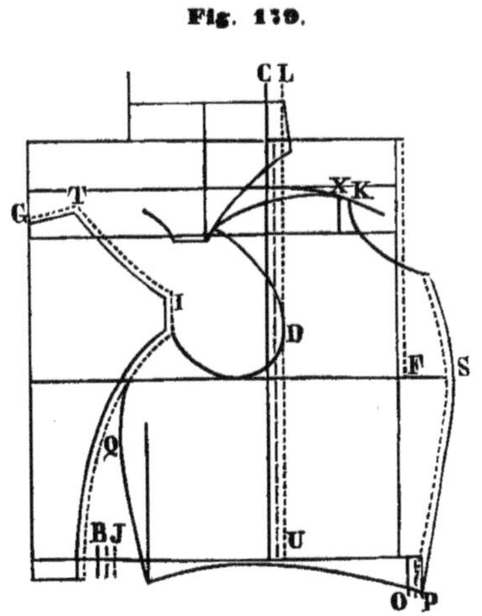

Fig. 179.

TROISIÈME MANIÈRE D'OBTENIR LES COUTURES EN LES AJOUTANT AU DOS.

FIGURE 180.

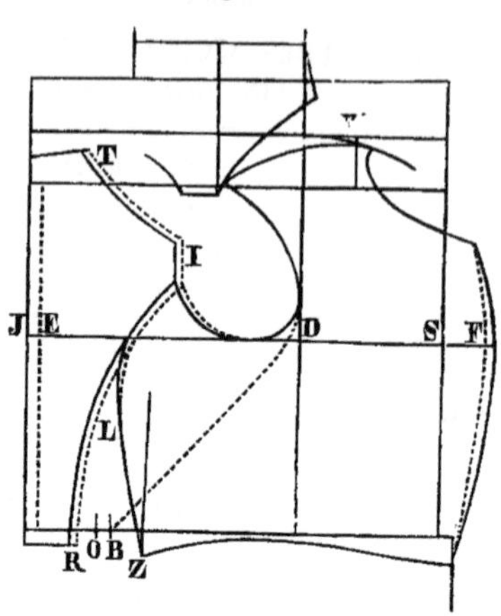

Le tracé étant formé par ses mesures de demi-grosseur du haut de E à S, et d'avancement naturel de E à D,

On ajoutera par derrière, en traçant le corsage, les coutures exigées par l'étoffe, v. J, en surplus de la mesure d'avancement, v. E.

Cela fait, on tracera le modèle comme d'habitude, le tout se trouvera rélargi et proportionné.

Comme si c'est pour étoffe qui s'éraille, on devra rélargir le dos à l'épaulette, v. T, à la carrure, v. I, et au côté, v. L, de la valeur que les larges coutures vont faire perdre au milieu du dos, ce qui refermera l'emmanchure.

La mesure de jetée à la taille se reproduira comme d'habitude à sa longueur prise, v. B; on devra à cela porter plus en arrière que B, v O, la valeur des coutures ajoutées de E à J.

Les coutures ajoutées au dos de E à J ouvrent l'écart du bas des côtés de cette valeur de R à Z, ce qui ferait serrer la taille si l'on n'ajoutait pas pour les coutures O, plus en arrière que la profondeur à la taille B.

Ce sera donc à partir de ce point O que l'on déduira la largeur du bas de dos pour fixer le bas des côtés, v. Z, qui par cela se trouvent rélargi pour les coutures qui se perdent en les faisant, ce qui rend l'avancement à sa mesure.

Par ce genre de rélargissage la demi-grosseur de taille se reproduira toujours à partir de la profondeur à la taille naturelle, v. B.

On devra, si le vêtement est en drap, rétrécir la poitrine, v. F, de la valeur que les coutures ont prise aux côtés et au dos, valeur qui équivaut à 1 cent. pour le drap.

Car pour des étoffes qui s'éraillent et qui réclament des coutures plus fortes que de 1 cent., on ne rétrécira pas la poitrine, comme il est détaillé, fig. 178.

DES COUTURES NON AJOUTÉES AU CORSAGE.

CE QUE PRODUIT AU CORSAGE DE NE PAS AVOIR FOURNI DE L'ÉTOFFE POUR LES COUTURES AUX COTÉS ET AU DOS.

FIGURE 181.

Lorsque le tracé est obtenu, que toutes les mesures qui lui conviennent s'accordent, le modèle est conforme pour habiller ; mais comme les coutures faites au dos, v. E, aux côtés, v. Q, rétréciront l'avancement, v. J, de la valeur qu'elles auront prise, cela rendra le corsage trop étroit de cette différence.

Ce rétrécissage occasionne à faire gêner les emmanchures devant les bras, ce qui oblige de les recreuser de la valeur des coutures, v. D.

Ce recreusage rend dans le haut et dans le bas des côtés les coutures qui leur manquaient derrière, v. O, Z, mais cela rétrécira la grosseur de taille devant, v. U, de la valeur des coutures prises aux côtés et au dos, ce qui n'aurait pas eu lieu si l'on eût ajouté pour les coutures, le devant se serait trouvé plus large et porté plus avant, v. C.

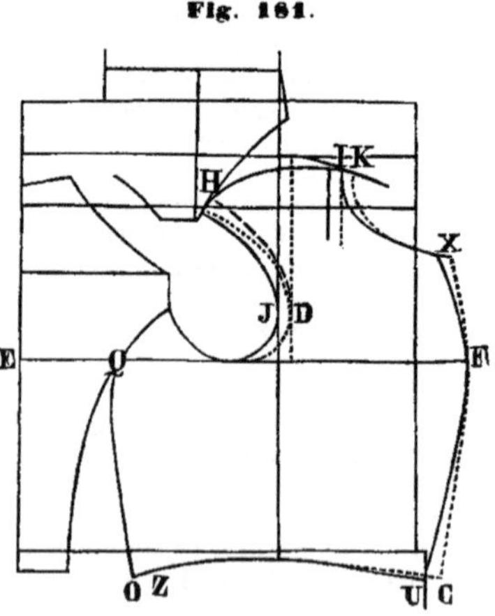

Ce recreusage d'emmanchure donne devant les bras la facilité qui lui manquait, mais il fait perdre à l'épaulette le redressage au 1/8· qui la maintenait à son aplomb, v. I.

Elle perd son aplomb de tout le recreusage fait à l'emmanchure de J à D, ce qui nous oblige de redresser les épaulettes, v. K, de la valeur recreusée de J à D, cela afin d'éviter un abattage aux devants.

Et d'avoir redressé les épaulettes, v. K, cela raccourcit l'encolure, ce qui nous oblige de la rélargir, v. X.

Ce surplus de redressage, v. K, nous obligera d'appareiller de nouveau les largeurs d'épaule et d'épaulette, v. H.

Ce recreusage d'emmanchure, v. D, ne fait pas détacher la taille, quoique la mesure de profondeur à la taille soit reproduite à partir de l'avancement naturel, v. J, la mesure de profondeur à la taille reprend le mouvement du recreusage D, et laisse dans son passage la valeur des coutures qui manquaient au bas des côtés de O à Z, soit la même distance qui manquait au bas du devant de U à C.

Quoique le rélargissage des coutures rélargisse l'emmanchure, elle se referme par les coutures faites aux côtés et une demi-couture prise au dos, de la valeur rélargie de J à D, ce qui maintient la mesure de l'avancement du bras, et la mesure de profondeur à la taille à leur état naturel.

Le recreusage d'emmanchure détruit de cette valeur la largeur de poitrine qui est rélargie par 1/8ᵉ de la demi-grosseur du haut, v. F, qui aurait été trop large de poitrine si l'on n'eût pas recreusé l'emmanchure, v. D (comme il est détaillé, fig. 166).

Il faut surtout mettre de l'attention afin de ne ragrandir les emmanchures que de ce qu'elles ont besoin, si l'on veut éviter un abandon à la taille, v. O.

On devra, pour éviter ces ennuis, joindre les coutures en traçant ; la manière détaillée, figures 88 et 179, est préférable.

NEUVIÈME PARTIE.

DES LARGEURS DE POITRINE PLUS OU MOINS FORTES ET DES PINÇONS QUE L'ON DOIT LEUR PRATIQUER.

Cet article est détaillé dans la 1ʳᵉ partie de la 2ᵐᵉ classe.

Savoir :

Pour tenue droite, page 150.

— tenue forte de poitrine, pages 151 et 152.

— tenue voûtée creuse de poitrine, page 154.

— tenue gros ventru creux de poitrine, page 156.

DIXIÈME PARTIE.

DE LA MESURE DE NUQUE SUR LE VENTRE PAR-DESSUS LA POITRINE.

FIGURE 182.

Cette mesure se prend à partir de la nuque, v. G, et aboutit sur le ventre, au point de taille naturelle, v. C, fixé à la même hauteur que A, point de hanche.

FIGURE 183.

L'on se sert de cette mesure, v. G, C, pour s'assurer si les grosseurs de taille qui partent de B à C sont prises trop ou pas assez serrées.

Et lorsque ces deux mesures se rencontrent justes, v. C, il est rare que celle de profondeur à la taille, v. B, ne le soit pas, et dans le cas que la mesure de nuque sur le ventre viendrait à avoir un écart de trop ou pas assez de longueur avec C, grosseur de taille, cela proviendrait d'un avancement pris trop large ou trop étroit.

Tel que : un avancement pris trop large reproduirait au tracé la mesure de la nuque sur le ventre trop longue ; comme un avancement, pris trop étroit, la reproduirait courte, et au besoin on devra pour les égaliser s'en rapporter à la mesure de nuque au ventre par derrière les bras, détaillée dans la 15ᵐᵉ partie.

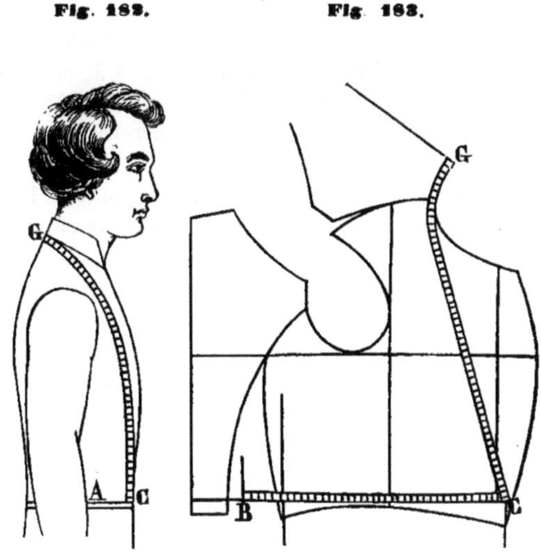

ONZIÈME PARTIE.

DE LA MESURE DE LARGEUR D'ÉPAULE (DÉTAILLÉE POUR SA PRISE, FIG. 11).

DU COTÉ DE LA PERSONNE SUR LEQUEL ON DOIT MESURER, POUR LES LARGEURS D'ÉPAULES QUI VARIENT DE HAUTEUR ET DE FORCE POUR LA MÊME PERSONNE.

Comme il est dit fig. 98, on a pour habitude de mesurer du côté droit, vu que ce côté offre plus de facilité et qu'il est à portée de notre droite.

Mais comme il se rencontre quelquefois que l'épaule de ce côté se trouve plus faible et plus haute que celle du côté gauche, et ne prenant mesure que de ce seul côté, cela offrirait des difficultés pour habiller correctement ayant obtenu des mesures moins fortes, ce qui donne un trop grand travail pour obtenir la correction, comme on le verra ci-après.

Tel que : l'épaule droite se rencontre haute et forte, ou basse et forte et haute avec égalité de grosseur à celle opposée, comme elle peut se rencontrer basse et faible ou haute et faible, et basse avec égalité de grosseur,

Ce qui nous oblige donc, pour habiller correctement ces tenues, de pratiquer deux mesurages l'un à droite et l'autre à gauche, et de couper comme les mesures le donnent, comme il est détaillé fig. 99.

Ce qu'il faut observer, c'est de toujours prendre le mesurage entier du côté de la profondeur du bras la plus basse, cela régularise le montant du dos, qui nous sert au tracé, à fixer les deux largeurs d'épaules.

MANIÈRE D'EMPLOYER LES MESURES AU TRACÉ POUR UNE PERSONNE QUI A UNE ÉPAULE PLUS HAUTE L'UNE QUE L'AUTRE, PLUS FORTE L'UNE QUE L'AUTRE, OU PLUS FAIBLE L'UNE QUE L'AUTRE.

FIGURE 184.

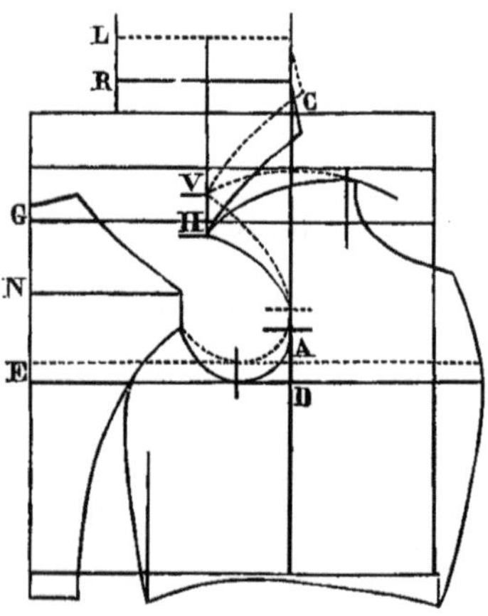

Pour le tracé, ce sera toujours par la profondeur du bras la plus basse que l'on procédera la première, v. C, D, sur laquelle on emploiera la mesure d'épaule prise de son côté, v. R.

Le modèle côté bas étant achevé, v. D, H, R, on procédera pour le côté haut.

Pour cela, on emploiera la mesure de profondeur du bras, la plus haute, qui se fixera (par exemple) de C à A, sur laquelle on emploiera également la mesure d'épaule prise de son côté, v. L, qui donne, comme on le voit, une épaulette plus haute, v. V, que la basse, v. H.

Mais, où que ce soit que les mesures d'épaules, v. L, R, se reproduisent l'une plus haute que l'autre, ou l'autre plus basse que l'autre ; soit que l'épaule haute, v. L, dépasse la basse, v. R, ce qui dénote une épaule haute et forte, ou une épaule haute avec égalité de grosseur à celle opposée ; où que l'épaule basse, v. R, dépasse la haute, v. L, ce qui dénote une épaule basse et forte, on devra toujours s'en rapporter aux mesures prises et pour cela on devra s'assurer d'un bon mesurage.

Comme on le voit, c'est le même montant de dos, v. G, E, pris du côté de la profondeur la plus basse, qui servira pour les deux côtés afin d'égaliser le corps droit.

Comme on devra toujours partager le montant de dos de G, à la ligne de profondeur la plus basse, v. E, pour fixer la hauteur de carrure, v. N, qui servira pour les deux côtés haut et bas.

Car de baisser une carrure plus que l'autre fait paraître la personne de travers.

Ce ne sont que les devants qui réclament le changement, le dos reste le même que pour une personne droite.

CE QUE PRODUIT AU VÊTEMENT UNE ÉPAULE PLUS HAUTE QUE L'AUTRE LORSQUE L'ON N'A MESURÉ QUE D'UN SEUL CÔTÉ.

FIGURES 185 ET 186.

Il est à remarquer que pour la personne de côté la hauteur des hanches varie de hauteur de l'une à l'autre, v. A, C.

Les os de la cuisse du côté bas ne se plient pas ; la hanche du côté bas, v. A, produit à se raccourcir, provenant de la charnière de la hanche qui rentre davantage du côté abattu que du côté épaule haute, ce qui lui donne plus de rondeur du côté abattu, v. M, que du côté épaule haute, v. X, ce qui occasionne à faire raccourcir la mesure de profondeur à la hanche du côté bas, v. A, de celle du côté haut, v. C.

A cela on devra, au mesurage, fixer les points de hauteur de hanches par le côté plié, v. A, ce qui égalisera au tracé le bas du côté haut de la même hauteur.

Ce n'est donc que dans le haut du corps que se produit la différence d'une épaule plus haute que l'autre, provenant de se jeter de côté.

La mesure de longueur de taille, prise de la nuque G à la taille naturelle B, reste égale pour les deux côtés, haut ou bas, pour toutes les tenues.

Les mesures étant prises du côté bas, v. K, et coupant à sa mesure prise pour servir au côté haut, v. H, rend au tracé l'emmanchure plus basse, v. O (détaillé fig. 100), et lorsque le vêtement est sur le corps, l'épaule haute emporte le côté bas, et pour avoir attiré ce dernier lui fait tirer des fronces sous bras du côté bas, v. R, de la différence de son surplus de hauteur, v. H ; cela lui occasionne aussi à trop serrer dans le haut des pans ou au bas des côtés sur les hanches, ce qui lui fait produire des plis, v. M ; l'épaule haute, v. H, emportant le vêtement, lui élève son côté, v. C, en lui amenant un surplus d'étoffe en largeur à cette place, qui ferait supposer de la resserrer, ce qui n'est pas.

Cela s'aperçoit facilement ; l'épaule qui emporte le devant et en l'attirant à elle déplace la couture du bas de milieu de dos, v. B, et par cela rend les boutons de taille plus élevés du côté haut, v. E, que du côté bas, v. S, ce que l'on distingue très bien par le bas des pans, qui se jettent derrière plus une jambe, v. I, que sur l'autre, v. P.

L'épaule haute qui emporte le côté occasionne aussi à faire tourner la couture du milieu de dos à l'encolure, v. G, provenant d'être attiré par le côté bas, qui ne lui cède rien, ce qui fait produire des plis à l'emmanchure devant le bras du côté bas, ce qui occasionne à faire trop colleter le côté haut, v. J, et à faire décolleter le côté bas, v. U, de toute la différence emportée par l'épaule haute, ce qui s'aperçoit aussi par le devant, v. U, J, fig. 186.

Cela se voit aussi facilement devant par l'encolure qui remonte un devant plus haut que l'autre, v. D, V, de toute la valeur de son épaule plus élevée, qui ferait supposer qu'un côté de collet est plus long que l'autre.

Comme d'avoir mesuré du côté haut, v. H, fig. 185, pour servir aux deux côtés haut et bas, rend au tracé l'emmanchure plus haute, v. N (détaillé fig. 100), et sur le corps l'épaule basse, v. K, attire à elle l'épaule haute aussi que la couture du haut de dos à l'encolure, v. G, ce qui fait produire un décolletage du côté haut, v. J, en occasionnant le double décolletage du côté bas, v. U, ce qui empêche le vêtement d'entrer au corps.

Et d'avoir mesuré du côté haut, pour servir aux deux côtés haut et bas, cela occasionne à faire gêner les deux emmanchures, la basse plus que la haute, ce qui fait produire des plis devant chaque bras, correspondant aux épaulettes, v. fig. 186, qui sont plus prononcés du côté bas, v. L, que du côté haut, v. Z, cela provenant de ne pas avoir assez de profondeur pour le côté bas.

La différence totale s'aperçoit encore par l'encolure devant, qui fait qu'un revers est plus haut que l'autre, v. D, V, de la différence que l'épaule barse attire la hauge.

Comme on le voit, ils ne peuvent s'accorder ni l'un ni l'autre en ne se servant que d'un mesurage pris d'un seul côté ; on devra donc, pour ces tenues, couper pour chaque côté ce qu'il réclame pour que les devants s'accordent justes sur le corps.

C'est pour cela que j'ai démontré plus avant deux tracés différents, v. figures 99 et 100, afin de prévenir ces grands défauts.

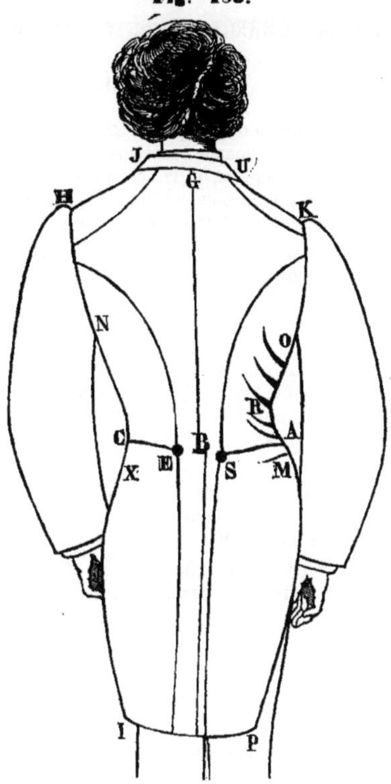

Fig. 185.

Fig. 186.

DE LA CORRECTION PROVENANT DE N'AVOIR PRIS MESURE QUE DU COTÉ ÉPAULE HAUTE.

FIGURE 187.

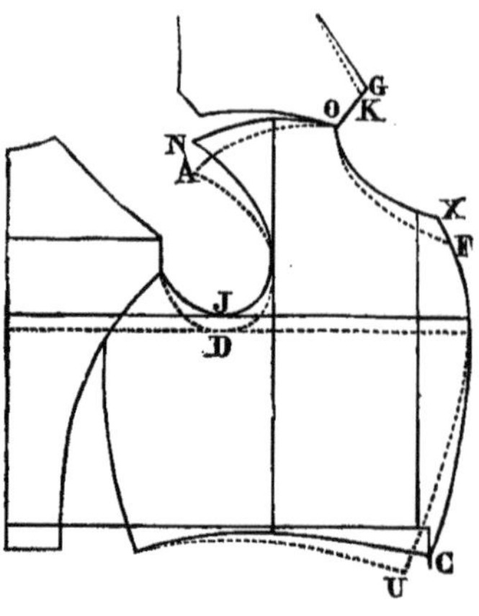

De former son tracé par la mesure prise du côté de l'épaule haute, cela donne à l'épaule basse une profondeur trop haute, v. J, et de la pointe à l'épaulette, v. N, ce qui ne lui convient nullement, vu que cela occasionne une grande gêne sous bras : gêne qui se reproduit aux deux emmanchures, provenant que le côté bas attire le côté haut.

Ce qui à l'essayage ou à la finition du vêtement lui occasionne de grandes corrections, comme il est démontré fig. 185 et 186.

POUR LA CORRECTION.

On aura à défaut d'un second mesurage à recreuser l'emmanchure du côté bas, v. D, de la valeur supposée que l'on peut reconnaître par la moitié de l'élévation que prend sur le corps un haut de revers de plus que l'autre de X à F, et v. D, V, fig. 186.

Ce creusage d'emmanchure du côté bas nous obligera d'abattre de la pointe à l'épaulette de N à A, à partir de O, de toute la valeur recreusée et quelquefois plus encore provenant d'une épaule plus forte que l'autre.

Cette correction faite donne au devant côté bas la facilité de remonter et de reprendre sa place ; ce qui reporte le côté bas qui s'abattait, v. U, sur C, comme F, sur X, et K sur G, qui était attiré par l'épaule basse.

Par ce changement les devants s'égalisent de niveau sur le corps, en effaçant les torses qui se produisaient devant chaque bas, v. L, Z, fig. 186 ; comme on le voit, le devant du côté haut, v. N, J, reste le même.

Voilà à quoi conduit de n'avoir pris mesure que d'un côté du corps, et pour deux mesures prises à l'opposé, qui sont :

Profondeur du bras. — Epaule ;

Qui ne prennent pas de temps nous auraient préservé de tous ces ennuis.

Il conviendrait également de prendre la mesure de tour de bras du côté opposé, provenant de ce qu'un côté d'épaule peut être plus faible que l'autre, ce qui produirait un crochet à une des épaulettes.

RÉSERVE D'ÉTOFFES POUR PARER A UNE CORRECTION D'ÉPAULE BASSE.

FIGURE 188.

Il convient, lorsque l'on n'a pris mesure que du côté épaule haute, de laisser à la pointe d'épaulette à l'emmanchure une réserve d'étoffe pour corriger l'épaule basse, v. A.

DU OUATAGE POUR REHAUSSER UNE ÉPAULE PLUS BASSE QUE L'AUTRE.

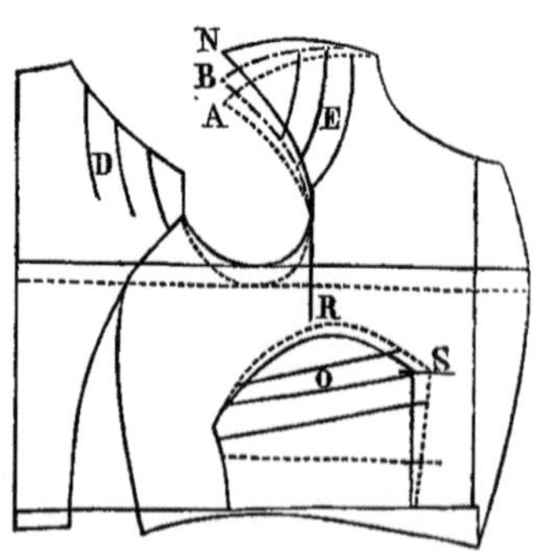

Il convient lorsqu'une personne a une de ses épaules beaucoup plus haute que l'autre, v. N, de ne pas lui abattre l'épaulette de l'épaule basse de la valeur que la mesure exige, v. A, ce qui prononcerait trop son haut de corps contourné ; on doit à cela lui laisser un surplus de hauteur d'épaulette, v. B, que l'on bonifie par de la ouate placée sur l'épaule pour la rehausser de la valeur rélargie de A à B, et la ouate placée sur l'épaule, v. E, s'accompagnera par celle du dos, v. D, formant une même hauteur à la couture d'épaulette.

L'on ouatera également le haut du dessus de manche épaule basse, v. O, pour qu'elle s'égalise à la ouate de l'épaulette et du dos, ce qui fait bien ; on peut par cela rehausser une épaule de 1 à 1 cent. 1/2.

Le ouatage de manche nous oblige de la rehausser, v. R, et de la rélargir, v. S, de la différence que l'on a fournie en plus de la pointe à l'épaulette de B à A.

DE LA CORRECTION PROVENANT DE N'AVOIR PRIS MESURE QUE DU COTÉ ÉPAULE BASSE.

FIGURE 189.

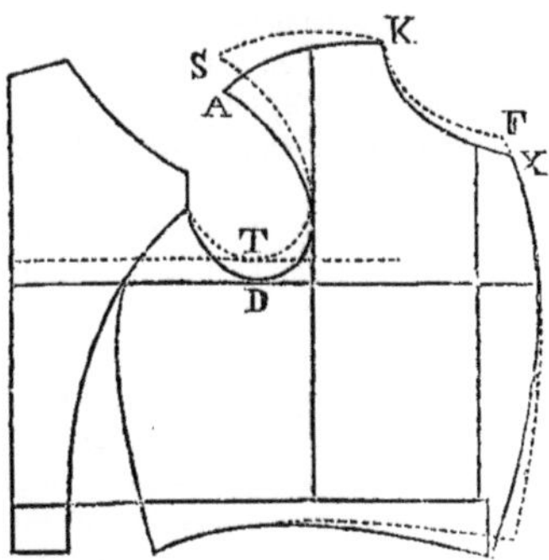

De former son tracé par la mesure prise du côté de l'épaule basse, cela donne pour l'épaule haute une épaulette et une emmanchure trop basse, v. A, D, ce qui ne lui convient nullement, vu que l'emmanchure de l'épaule haute aurait dû se fixer plus haute, v. T, ainsi que sa pointe d'épaulette, v. S.

Ce qui lui occasionne sur le corps un surplus de largeur à l'encolure du côté haut, v. K, provenant de sa pointe d'épaulette trop abattue de S à A.

Ce qui fait qu'à l'essayage ou à la finition du vêtement cela donne de grandes corrections, comme il est démontré fig. 185 et 186.

POUR LA CORRECTION.

On devra rendre à l'épaule haute les hauteurs qui manquent à sa profondeur de D à T, et à sa pointe d'é-paulette de A à S, ce qui, à défaut d'un second mesurage, se fait de la valeur supposée que l'on peut reconnaître par la moitié de l'élévation que prend sur le corps un haut de revers de plus que l'autre de F à X, et v. D, V, fig. 186, et ne pouvant lui rendre ce surplus de hauteur, v. S, par la pointe d'épaulette de l'épaule basse, v. A, on procédera comme suit :

FIGURE 190.

Pour cela, on aura à abattre le haut des épaulettes à l'encolure de C à K, faisant aboutir cet abattage de K à A, pointe d'épaulette à l'emmanchure de l'épaule basse ; cet abattage se fera de la valeur qui manque de la pointe à l'épaule haute.

Cet abattage d'épaulette, de C à K, raccourcit donc la profondeur de l'épaule basse qui était à sa mesure prise, ce qui nous oblige de recreuser l'emmanchure de cette valeur de J à D, v. V, pour lui rendre sa profondeur et de baisser les deux encolures, v. Y, de cette différence.

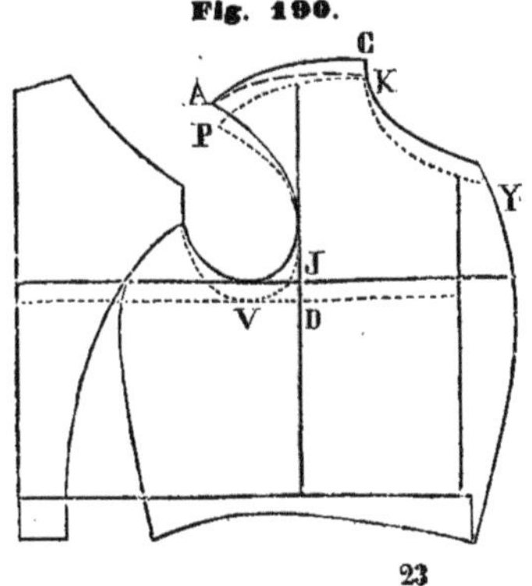

Ce recreusage, de J à D, a donc donné de la pointe aux deux épaulettes haute et basse, v. A, ce qui nous oblige d'enlever à l'é-paule basse, de A à P à partir de K, la même valeur qu'il y a de C à K ou de J à D, ce qui rendra l'épaulette de l'épaule basse, v. K, P, et la profondeur de l'épaule basse, v. V, D, à ses largeurs primitives.

Ce changement rend donc, à l'épaule haute, la pointe qui manquait à son épaulette à l'emmanchure, v. A, et par cela efface le surplus de largeur qui existait sur le corps à l'encolure de l'épaule haute, v. K.

FIGURE 191.

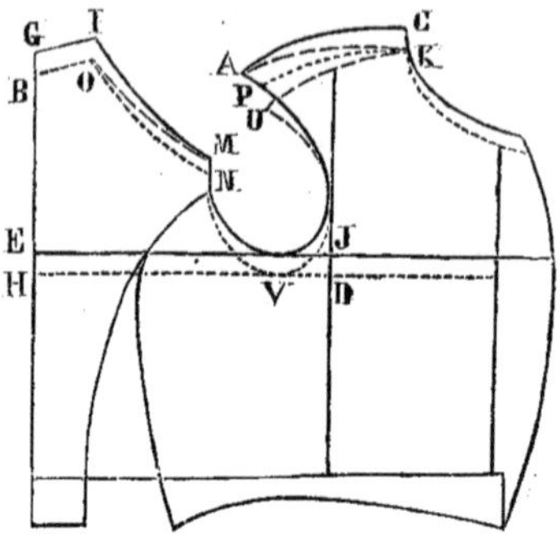

Mais d'avoir recreusé l'emmanchure de J à D, v. V, cela nous donne un surplus de hauteur de montant de dos de cette valeur, de H à E, et par cela trop de hauteur au côté de cette différence, v. M, N, ce qui nous obligera de raccourcir le haut du dos en totalité, v. B, O, N, de la valeur recreusée de J à D, en ayant soin de toujours garder la même largeur au haut de dos à l'encolure de B à O, qu'il y avait au haut de dos primitif, de G à I.

Comme on le voit, d'avoir raccourci le haut de dos, v. B, O, N, de la valeur recreusée de J à D, cela a ôté la forme de la petite carrure à l'emmanchure, de M à N.

On devra, pour lui conserver la même forme de petite carrure, n'abattre le haut du dos que de O à M, et par cela nous obligera d'abattre de nouveau les deux épaulettes, soit la haute, de K à P, et la basse, de K à U, de la différence que l'on a laissé de surplus de hauteur à la petite carrure de dos, de M à N.

Il ne convient cependant pas d'abattre les épaulettes, de K à P et de K à U, de toute la valeur laissée au dos, de M à N, provenant que l'une des épaules peut se rencontrer haute et forte, ou basse et forte, et qui par cela réclamerait pour un côté plus de pointe à l'épaulette, qui lui serait fournie par le surplus de hauteur de carrure que l'on a laissé exister au dos, de M à N.

Et comme on doit laisser la petite carrure de dos de pareille hauteur pour les deux côtés haut et bas, v. M, afin de ne pas faire paraître la personne contournée, on devra abattre l'épaulette du côté où le crochet peut se produire, de P à U, à partir de K, plutôt qu'au dos, de O à N, ce qui rendrait la personne de travers.

Comme on le voit : d'avoir recreusé l'emmanchure de J à D, v. V, pour fournir de la pointe d'épaulette à l'épaule haute, cela rehausse donc le corsage et lui raccourcit la taille de cette différence.

Et dans le cas que l'on ne veuille pas raccourcir le dos par le haut, v. B, O, N, ce qui, pour conserver la largeur de petite carrure de M à N, occasionne un double abattage aux épaulettes, de K à P, et de K à U ; on procéderait comme suit :

FIGURE 192.

Pour cela, on devra baisser les côtés, de N à O, de la valeur recreusée à l'emmanchure, de J à D ; pratiquant ainsi, cela nous obligera de baisser le dos, de N à O, ce qui le rend plus long dans le bas, de R à X, que le bas des côtés primitifs, v. Z, et par cela nous obligera de rallonger le bas des devants, v. U, C.

Ce qui ne doit pas se faire, vu que la réserve de longueur que l'on aurait pu laisser dans le bas des devants, v. U, C, aurait contrarié le travail que le bas des côtés primitifs réclamait à la place de A.

Donc, cette réserve d'étoffe, v. U, C, ne devant se laisser, nous obligera de raccourcir le dos, v. R, de la différence qu'il est devenu trop long au bas de la taille, de R à X.

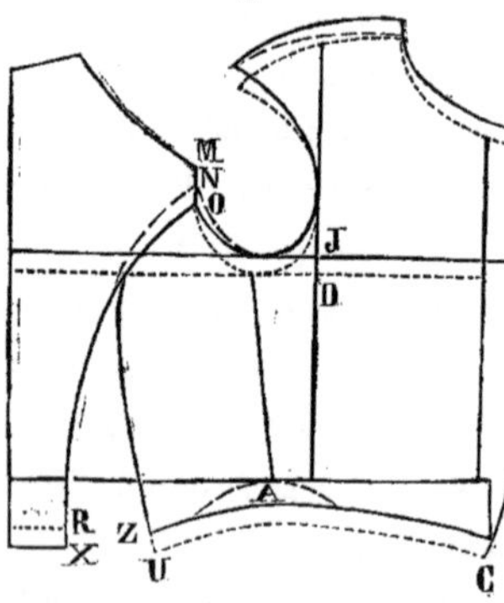

Procédant ainsi, cela ne laissera plus dans le haut de la carrure, de M à N, une réserve d'étoffe pour parer à une épaule haute et forte ou basse et forte, détaillée fig. 191, ce qui conduira de nouveau à une nouvelle correction, lorsque cette difformité a lieu.

Cette correction étant achevée, remettra le vêtement dans son état naturel et rendra les devants sur la poitrine et dans le bas, v. D, V, fig. 186, égaux de hauteur.

Voilà à quoi conduit de n'avoir pris mesure que d'un côté du corps et, pour deux mesures prises à l'opposé, qui sont :

Profondeur du bras. — Épaule.

Qui ne prennent pas de temps, nous auraient préservé de toutes ces peines et de tous ces ennuis.

Il conviendrait également de prendre la mesure de tour de bras du côté opposé, provenant de ce qu'un côté d'épaule peut être plus faible que l'autre, ce qui produirait un crochet à une des épaulettes.

AUTRE MANIÈRE DE S'ASSURER QU'UNE ÉPAULE EST PLUS HAUTE QUE L'AUTRE.

(Cet article est détaillé dans la 1re partie de la 2e classe, figures 141 et 142.)

ERRATUM. Il s'est glissé une erreur dans les chiffres des renvois du bas de la page 60. Ce n'est pas dans la 11e partie qu'ils sont détaillés, mais dans la 12e partie.

DOUZIÈME PARTIE.

DE LA MESURE D'AVANCEMENT DU BRAS (DÉTAILLÉE POUR SA PRISE, FIGURE 12).

Il convient, lorsque l'on prend cette mesure, de la monter le plus haut possible au-dessous du bras, afin de la reproduire droite de E à D, et s'assurer de fixer le pouce au devant de J, qui se trouve devant l'os de l'avant-bras.

Car de s'arrêter plus en arrière que ce point J, fait obtenir une mesure d'avancement du bras trop étroite.

Cette mesure doit se prendre plutôt large qu'étroite, cela évite le recreusage d'emmanchure.

DES MESURES D'AVANCEMENTS POUR PERSONNES RENVERSÉES ET VOUTÉES.

Les personnes qui aiment à se faire de larges poitrines en se gonflant, occasionnent souvent à faire prendre des mesures d'avancements trop étroites; on devra y prendre garde et prier les personnes qu'elles se posent naturellement ; mais si réellement la personne a beaucoup de poitrine se tenant très effacée, on devra, pour prendre la mesure, s'assurer du devant de l'os de l'avant-bras, ce qui donnera un avancement plus large et une emmanchure assez grande, et non la fixer sur le bras, ce qui donnerait un avancement trop étroit et une emmanchure trop petite.

Pour ces mêmes personnes renversées qui s'effacent à volonté, il faut convenir avec elles la largeur qu'elles préfèrent, afin de l'égaliser à leur gré.

Par exemple, donnez-leur plus de poitrine qu'il ne leur en faut, ils se gonflent pour remplir cette largeur au détriment du dos qui devient trop large, quoique juste.

Pour placer cette mesure devant l'os de l'avant-bras, il est préférable de se placer devant la personne plutôt que de côté ; car, se tenant de côté, cela peut occasionner à placer le pouce de biais, ce qui la ferait obtenir courte, vu le peu d'espace que l'on a parfois pour prendre cette mesure, et se tenant de côté, la personne aperçoit cette gêne et s'efface pour nous faciliter, ce qui nous fait obtenir la mesure courte, et, pour l'éviter, il conviendrait que la personne soit placée au large, afin que l'on puisse prendre les mesures sans qu'elle ait à se déranger.

Il en est de même pour les personnes qui aiment avoir le dos à l'aise, elles avancent le devant du bras et font prendre des mesures trop larges, ce qui est préférable. Donc c'est plutôt à la personne qui se renverse à volonté, pour se faire de la poitrine, qu'il faut s'attacher et convenir avec elle, avant de mesurer, qu'elle ne se décompose pas.

Il est plus facile d'obtenir une bonne mesure d'avancement pour une personne voûtée ou creuse de poitrine que pour une personne renversée.

DE LA MESURE D'AVANCEMENT PRISE TROP LARGE.

FIGURE 193.

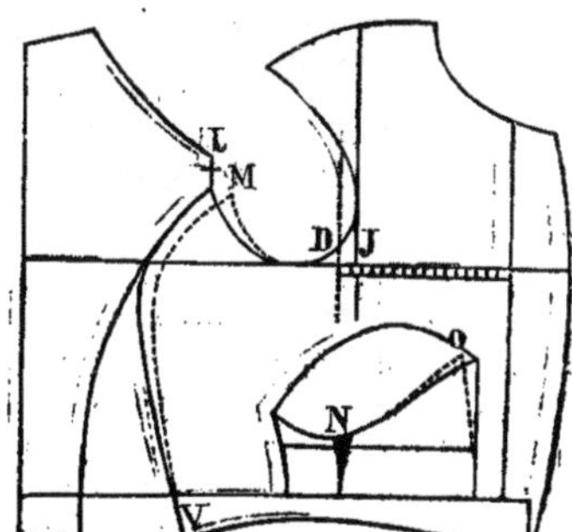

Une mesure d'avancement prise trop large, v. J, ouvre et ragrandit l'emmanchure par les côtés de toute la différence qu'elle a été prise trop large de D à J, et par cela occasionne un crochet au côté de M à V de cette valeur, ce qui rétrécit la poitrine de la différence qu'il y a de D à J.

Cette inégalité de mesure peut s'apercevoir en traçant par la mesure de largeur de poitrine (détaillée fig. 192), qui, si elle est bien prise, se trouvera trop grande de J à D, et viendra appuyer de rétrécir l'avancement v. D, ce qui rélargira la poitrine.

Cela se voit aussi par la mesure de tour de bras qui se trouvera plus petite que l'emmanchure.

Cela se voit encore par la mesure de nuque sur la poitrine, qui, si elle a été prise, se trouvera trop longue, comme il est détaillé figure 172.

POUR LA CORRECTION.

On aura à abattre au côté de M. à V la valeur prise trop large de D à J; cette correction faite rétrécira l'emmanchure du surplus de grandeur qu'elle avait prise, ce qui nous obligera de rétrécir le dessous de manche par le talon, v. O, de la valeur enlevée au côté. On pourrait, si la différence n'est pas trop grande, ne pas rétrécir le talon de manche, v. O ; pour cela, on descendrait le surplus de largeur de manche pour le fixer sous le bras, v. N ; soit par un pli ou par de l'embu, le pli se tournera du côté du dos.

Comme on le voit, pour cette correction il n'est pas nécessaire de démonter la manche en entier; elle ne se démontera que de L à J.

Cette correction faite laissera la poitrine étroite de son surplus d'avancement de D à J.

DE LA MESURE D'AVANCEMENT PRISE TROP ÉTROITE.

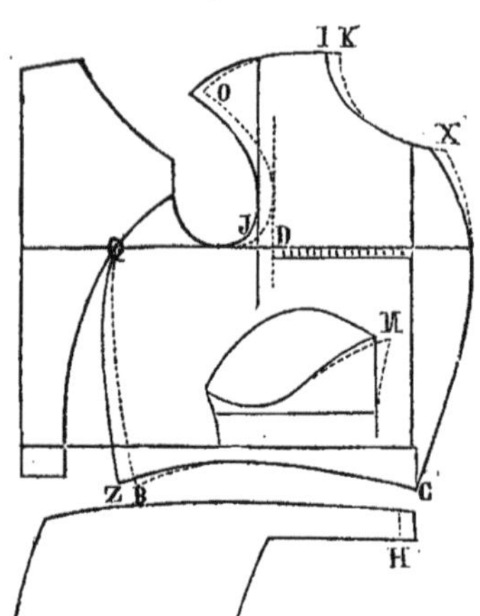

FIGURE 194.

Une mesure d'avancement prise trop étroite, v. J, ferme et rétrécit l'emmanchure par-devant, de la différence qu'elle a été prise trop étroite, de J à D, ce qui lui occasionne des plis et une gêne devant les bras, v. D, et par cela rélargit la poitrine de l'écart qu'il y a de J à D.

Cette inégalité de mesure peut s'apercevoir en traçant par la mesure de largeur de poitrine détaillée fig. 102, qui, si elle est bien prise, se trouvera trop petite, de J à D, et viendra appuyer de rélargir l'avancement, v. D, ce qui rétrécira la poitrine.

Dans ce cas, on devra reproduire la mesure de profondeur à la taille par l'avancement rélargi, v. D.

Cela se voit aussi par la mesure de tour de bras, qui se trouvera plus grande que l'emmanchure.

Cela se voit encore par la mesure de nuque sur la poitrine, qui, si elle a été prise, se trouvera trop courte, comme il est détaillé fig. 173.

Mais si l'on coupe le vêtement sans s'assurer du défaut, la correction aura lieu.

POUR LA CORRECTION.

On aura à recreuser l'emmanchure, v. D, de son manque d'avancement, de J. à D.

Ce recreusage, v. D, détruira le redressage de l'épaulette primitive, v. I, que l'on devra lui rendre en lui fournissant un surplus de redressage, v. K, de la valeur recreusée à l'emmanchure, de J à D, ce qui évitera l'abattage des devants, qui aurait lieu si l'on ne redressait pas de cette valeur.

Ce surplus de redressage, v. K, nous obligera de rélargir l'encolure, v. X, et d'appareiller de nouveau les largeurs d'épaules, v. O, cela si l'on ne veut éprouver un crochet à l'épaulette.

Ce recreusage d'emmanchure, v. D, occasionnera à faire détacher la taille au bas des côtés, v. Z, ce qui nous oblige d'enlever, de Q à B, la valeur recreusée à l'emmanchure, de J à D.

Cet abattage de côté, de Q à B, rétrécit donc la grosseur de taille devant v. C, et ne pouvant lui rendre ses largeurs, cela nous obligera de rétrécir par devant la basque ou la jupe, v. H, de la différence qu'il y a de Z à B.

D'avoir recreusé l'emmanchure de J à D, cela a donc rétréci la poitrine, qui se trouvait trop large, et a, par conséquent, ragrandi l'emmanchure qui se trouvait trop étroite, ce qui nous obligera de rélargir le dessous de manche par le talon, v. N, de la valeur rélargie à l'emmanchure, de J à D, cela si l'on n'a pas laissé à la manche, en la coupant, un surplus de largeur, ce qu'il convient de faire lorsque l'on reconnaît l'emmanchure plus petite que la mesure de tour de bras.

A cela, une mesure d'avancement prise large est préférable à une mesure serrée, cela conduit à moins de correction; l'avancement large porte les devants en avant, l'avancement étroit les retient en arrière.

DE LA MESURE D'AVANCEMENT DU BRAS POUR LES PERSONNES CONTOURNÉES QUI ONT UNE OMOPLATE PLUS FORTE D'UN COTÉ QUE DE L'AUTRE.

FIGURE 195.

Lorsqu'une personne est contournée par une omoplate plus forte que l'autre, c'est là qu'il convient de prendre deux mesures d'avancement, l'une à droite, et l'autre à gauche, pour leur couper un devant pour chacun de leur côté, comme il est détaillé fig. 103.

Par exemple : une mesure donne 46 cent. et demi grosseur du haut, de N à K, et, quoique contournée, la même demi-grosseur existe du côté faible, de E à F, comme du côté fort, de N à K, ce qui leur laisse la même largeur d'un côté comme de l'autre.

Seulement, que le corps étant contourné donnera à sa mesure d'avancement fort 30 cent. de N à J, et la demi-largeur de poitrine en prendra. . . . . 16 cent.

de J à K, ce qui fera l'entier de sa demi-grosseur du haut, soit . . . . 46 cent. pour le côté fort et poitrine faible.

Comme le côté faible prend 28 cent. d'avancement, de E à J, il gagne de la poitrine par cette décomposition, ce qui fait que la poitrine aura . : 18 cent. de J à F.

Soit . . . . . 46 cent., formant sa demi-grosseur égale à la forte.

A cela, les demi-corsages soit dos et devants du côté fort, de N à K, et du côté faible, de E à F, ont la même largeur l'un et l'autre; il n'y a que les avancements, v. N, J, et E, J, et les largeurs de poitrine, v. J, K, et J, F, qui diffèrent de grandeur pour chaque côté.

DU TRACÉ POUR UNE PERSONNE QUI A UNE OMOPLATE PLUS FORTE D'UN COTÉ QUE DE L'AUTRE.

PREMIÈRE MANIÈRE D'OBTENIR LE TRACÉ.

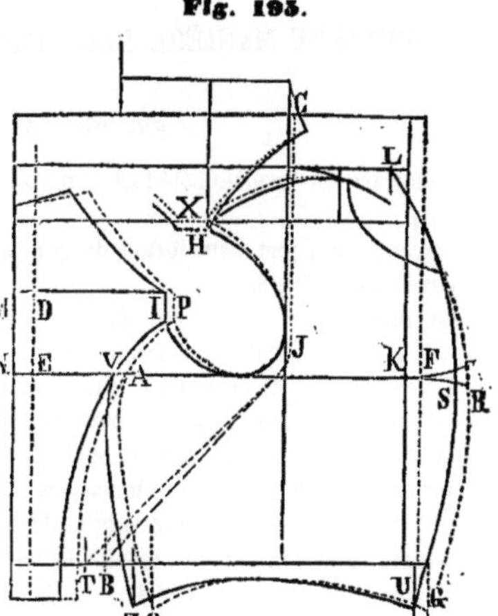

Cette manière est détaillée fig. 103.

Il est dit dans cette figure que les mesures de profondeur à la taille varient de longueur de l'une à l'autre pour les côtés forts et faibles, ce qui nous oblige de prendre deux mesures de profondeur à la taille, l'une du côté fort, l'autre du côté faible.

Donc, que l'on reproduise la profondeur à la taille du côté fort, partant de C, passant sur J, elle aboutira à T.

Comme la mesure de profondeur prise du côté faible, partant de C, passant sur J, aboutira à B.

A cela que l'on déduise les deux largeurs de bas de dos à partir de leur point de profondeur à la taille respective, le côté fort, v. T, reproduira son bas de côté à Z, comme le côté faible, v. B, reproduira le sien à O.

Il est à remarquer que cet écart de T à B varie souvent provenant des avancements plus ou moins forts; à cela, on devra s'en rapporter aux mesures prises.

Il peut se rencontrer que les avancements de N à E prennent moins d'écart que les profondeurs à la taille n'en prennent de T à B, comme il peut se rencontrer que les profondeurs à la taille de T à B peuvent prendre moins d'écart que les avancements n'en prennent de N à E; à cela les mesures sont toujours les guides.

Comme ce sera toujours les points de profondeur à la taille, v. T, B, qui fixeront les grosseurs de taille devant pour chaque côté, tel que : la mesure de demi-grosseur de taille du côté fort se reproduira à partir de son point de profondeur à la taille T, et, où la mesure aboutira sur le devant, on remarquera un point, v. U. Il en sera de même pour la grosseur de taille du côté faible qui se reproduira également à partir de son point de profondeur à la taille B, ce qui reproduira sa grosseur à G.

Comme on le voit, ces deux profondeurs à la taille varient de place, le bas des devants, v. U, G, de la même valeur qu'il y a au bas des côtés de Z à O.

On aura pour déterminer ses rondeurs de poitrine côté fort, à partir, comme d'habitude de L, quart de la demi-grosseur du haut, passant sur son huitième de surplus de largeur de poitrine, v. S aboutissant à U.

Comme pour le côté de faible qui donne une poitrine plus forte, on partira également de L quart de la demi-grosseur du haut, passant sur son huitième de surplus de largeur de poitrine, v. R, aboutissant à G.

Comme on le voit, la poitrine du côté faible, v. R, prend plus de rondeur que la poitrine du côté fort, v. S, on aura donc pour effacer cette rondeur, v. R, à lui pratiquer un pinçon sur la poitrine, et l'écart qu'il y a au devant de S à R fera que le pinçon de poitrine sera plus faible du côté de l'avancement fort que du côté de l'avancement faible, donc le pinçon sera plus long au devant de l'avancement faible, v. R, qu'au devant de l'avancement fort, v. S, et pour finir de les égaliser, on devra soutenir davantage le revers du côté poitrine forte, v. R, G, que du côté poitrine faible, v. S, U, il y aura par cela plus de rondeur et de bosse au côté poitrine forte que du côté fort poitrine faible.

DES MESURES DE CARRURES QUI VARIENT DE LARGEUR POUR LES AVANCEMENTS PLUS FORTS D'UN COTÉ QUE DE L'AUTRE.

Il est dit également, dans le quatrième renvoi de la fig. 103, que les carrures varient de largeur pour les omoplates plus fortes d'un côté que de l'autre, on aura donc, lorsque cette difformité se présentera, ce qui nous sera démontré par une mesure d'avancement qui se trouvera plus forte l'une que l'autre, soit de 2 à 4 cent. ou plus, à prendre deux mesures de largeur de carrure, l'une à droite, l'autre à gauche.

Comme on le voit par ce modèle, la mesure de largeur de carrure prise du côté fort a pris (par exemple) 20 cent. de M à I, ce sera donc à partir de ce point que l'on déterminera son côté fort, v. V, Z.

Et la mesure de carrure prise du côté faible a produit (par exemple) 18 cent. de D à P; ce sera donc de ce point P que l'on déterminera son côté faible, v. A, O, ce qui donne pour chaque côté sa largeur de carrure distincte.

On aura à cet effet à reproduire ces deux largeurs d'épaules avec chacune de leur carrure, soit la carrure large donnera son épaulette à H, comme la carrure étroite donnera la sienne à X; on ne doit pas s'en rapporter à ce modèle pour les pointes d'épaulettes à l'emmanchure, v. X, H, provenant qu'une des épaules peut être plus haute ou plus basse, plus forte ou plus faible que l'autre; à cet effet, on devra s'en rapporter aux mesures d'épaules prises de chaque côté, et pratiquer le tracé comme la mesure le donne, et comme il est détaillé dans la onzième partie, fig. 184.

DEUXIÈME MANIÈRE PLUS FACILE POUR OBTENIR LE TRACÉ DU COTÉ FAIBLE SUR LE FORT.

FIGURE 196.

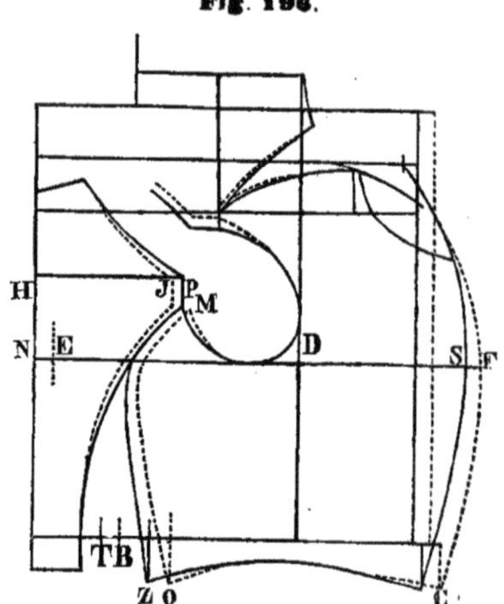

L'on trace son modèle côté fort le premier, de N à S, comme d'habitude.

L'avancement fort étant formé de N à D, on devra fixer l'avancement faible de D à E.

On trace ensuite son dos côté faible sur celui du côté fort, à partir de la ligne H, N. Le dos côté faible ayant moins de largeur de carrure, v. J, devient plus étroit, v. H, J, que celui du côté fort, v. H, P.

On procédera ensuite pour le côté du devant avancement faible, auquel on enlèvera dans le haut, v. M, la différence qu'il y a aux deux avancements de E à N, et dans le bas des côtés, de Z à O, la différence qu'il y a aux deux profondeurs à la taille de T à B.

Comme on le voit par ce modèle, le haut du côté faible de M à P est moins abattu que dans le bas de O à Z, provenant de la largeur que l'on a déjà diminuée à sa carrure de P à J, ce qui fait le même abattage dans le haut de M à J que dans le bas de O à Z.

Et cette différence enlevée au côté faible de M à J, et de Z à O, devra se refournir à sa largeur de poitrine de F à C.

Ce qui égalisera les deux côtés du corps de la même largeur.

Ces deux largeurs de carrure de J à P devront également se reproduire pour fixer les deux largeurs d'épaules, comme il est détaillé, v. H, X, figure 195.

TROISIÈME MANIÈRE D'OBTENIR LE COTÉ FAIBLE SUR LE COTÉ FORT, MAIS MOINS FACILE POUR LE TRACÉ.

FIGURE 197.

Cette manière de tracer égalise les dos et les devants l'un sur l'autre, v. E, F.

L'avancement fort étant tracé le premier, comme d'habitude, v. E, D, on procédera pour l'avancement faible.

Pour cela, on place le bout de la mesure sur E, montant de dos, et où le chiffre obtenu de l'avancement faible aboutit sur le devant, on marque un point, v. J, et de là l'on forme son second modèle avec les mesures que le côté faible a données, ce qui se fait comme d'habitude.

Comme on le voit, le côté faible reproduit son emmanchure plus en arrière, v. J, que D, avancement fort; il en est de même de l'épaule O, qui se reproduit également plus en arrière que celle du côté fort, v. P, comme son redressage d'épaulette au 1/8e, v. U, se porte également plus en arrière que celui du côté fort, v. K.

Il en est de même de l'encolure qui se reproduit plus en arrière, v. N, que X, encolure du côté fort.

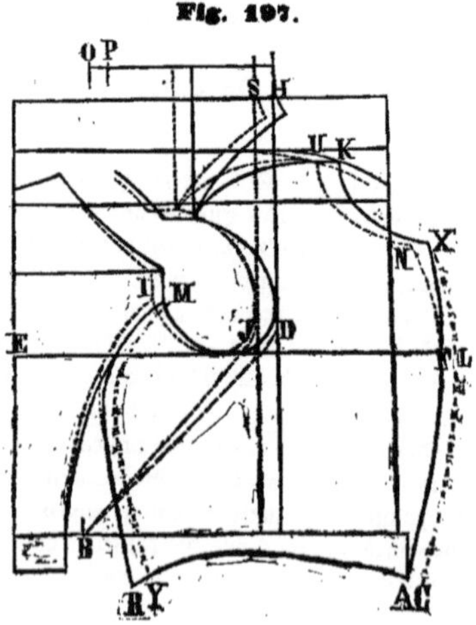

Par ce tracé, la mesure de profondeur à la taille faible, v. S, J, B, s'égalise derrière avec la forte, v. H, D, B, cela pour avoir porté son avancement faible plus en arrière, v. J, ce qui égalise de longueur derrière les deux mesures de profondeur à la taille, v. B, qui ne se seraient plus trouvées pareilles si l'on eût reproduit la ligne de l'avancement faible, v. J, sur la ligne de l'avancement fort, v. D, comme on le voit figures 195 et 196.

Les deux tracés étant formés côté fort et côté faible par leur avancement respectif; que l'on reporte l'avancement faible, v. J, sur D, avancement fort, cela conduira l'épaule O sur P, l'épaulette U sur K, l'encolure N sur X, la poitrine F sur L, comme le bas du devant A sur C, cela conduira donc I, carrure de l'avancement faible, sur M, R sur Y, ce qui rendra le modèle pareil aux figures 195 et 196.

Le tracé formé de cette manière est moins commode provenant des raies qui sont à double dans le haut de l'épaulette. Il faudrait, lorsque l'on procède ainsi, se servir de craies de deux couleurs différentes, afin de distinguer les deux tracés.

DU OUATAGE, POUR ÉGALISER UN COTÉ FAIBLE A UN COTÉ FORT.

FIGURE 198.

La différence des avancements fort et faible étant achevée pour chacun de leur côté, cela ne masquera pas la difformité de la personne pour lui avoir coupé chaque côté à ses mesures prises justes, ce à quoi on devra parer.

Par exemple, une personne a une omoplate 3 cent. plus forte d'un côté que de l'autre, *v.* J, M; on devra laisser exister au côté faible, *v.* P, et à sa carrure, *v.* J, un surplus de largeur de la moitié de la différence que le côté fort a de plus que le faible; ce surplus d'étoffe fourni au côté faible le rendra plus large de cette valeur; ce ne sera donc que pour cette différence ajoutée en surplus de largeur au côté faible, de M à P, et au dos, de J à P, que l'on devra ouater le côté du dos, *v.* A, et le côté du devant, *v.* B, afin de remplir ce vide.

Car, fournissant au côté faible toute la différence que le côté fort a de plus que lui, *v.* J, **M**, et voulant ouater pour toute cette valeur ajoutée, afin d'égaliser le côté faible au côté fort, cela produirait mal; les mouvements du côté faible feraient remuer ce rembourrage trop grossi, ce qui rendrait ce côté disgracieux; il convient à cela de laisser exister une différence de largeur d'un côté à l'autre, ce qui rendra les mouvements de la partie faible plus faciles.

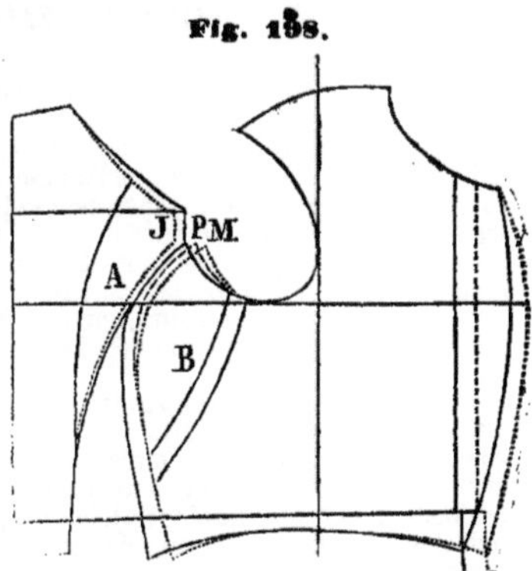

DE LA MESURE D'AVANCEMENT PRISE DU COTÉ FORT POUR SERVIR AUX DEUX COTÉS FORT ET FAIBLE; SES DÉFAUTS ET SA CORRECTION.

FIGURE 199.

Si la personne sur laquelle on prend mesure a un avancement plus fort que l'autre, *v.* J, D, et que l'on mesure du côté fort, *v.* J, sans mesurer du côté faible, *v.* D, l'avancement fort, *v.* J, donnera pour le côté faible trop de longueur à la mesure de profondeur à la taille, *v.* B, provenant d'être retenue par un avant-bras plus avant, *v.* J, qui fait prendre plus de contour à sa mesure de profondeur à la taille, de J à B, ce qui la rend plus longue que celle qui aurait été prise à l'avancement faible, *v.* D, que l'on aurait reproduite sur J, et qui aurait fixé son point de profondeur à la taille de J à T.

Cet avancement plus fort, de J à D, et cette profondeur à la taille plus longue, de B à T, occasionne au vêtement, étant sur le corps, trop de largeur au côté faible dans toute sa longueur, de M à O, ce qui produit à faire refouler ce surplus de largeur dans le haut, à sa carrure, *v.* I, de toute la valeur de son avancement plus faible, *v.* D, J, et, pour le bas, lui laisse un surplus de largeur, *v.* Z, O, de la différence de ses profondeurs à la taille plus courtes l'une que l'autre, *v.* B, T.

Cette largeur qui se refoule dans le haut, du côté de M à I, détruit de cette valeur la largeur de poitrine du côté faible, de F à S, de la différence qu'il y a de J à D, et pour le bas, le surplus de largeur qu'il y a de Z à O, lui fait manquer de largeur son devant de C à N, de la différence qu'il y a de B à T.

Cette poitrine et ce devant rétrécis au côté faible, de F à C, occasionnent un torse à son devant de la poitrine, au ventre, et voulant se boutonner, lui fait produire une gêne et un serrage de poitrine de son manque de largeur, ce qui occasionne un décollage au haut de son revers étant boutonné. Ce torse provient d'un manque de largeur au-devant du côté faible, *v.* S, N, que lui a détruit son avancement plus large de M à O.

Donc, toute cette largeur manquant au devant, de S à N, se trouve reproduite en trop de largeur derrière, que l'on doit enlever, de M à O, et, si la différence est trop grande, on ne devra pas tout ôter dans le haut du côté, *v.* M; à cela il convient de rétrécir la carrure, *v.* I, pour refournir cette même largeur au haut du côté; ne le faisant pas, cela fermerait trop et rétrécirait l'emmanchure, *v.* M.

Cette correction met le côté faible dans son état naturel derrière, au détriment de ses largeurs de devant, de F à S, et de C à N, que l'on ne peut lui refournir, ce qui laissera exister le torse et le manque de largeur aux devants du côté faible, ce qui est disgracieux et gênant en voulant se boutonner.

Et d'avoir abattu le côté faible du haut en bas, de M à O, nous obligera, pour le haut, de rétrécir son dessous de manche par le talon, de la valeur enlevée au côté, et, pour le bas, à rétrécir sa basque ou sa jupe, *v.* H, de la différence qu'il y a de Z à O, ce qui dépareillera de largeur du haut en bas les jupes ou les basques.

Voilà à quoi conduit de n'avoir pris mesure que d'un côté du corps et pour trois mesures prises à l'opposé, qui sont :

Avancement du bras, — profondeur à la taille, — et carrure, qui ne prennent pas de temps, nous aurait préservé de tous ces ennuis.

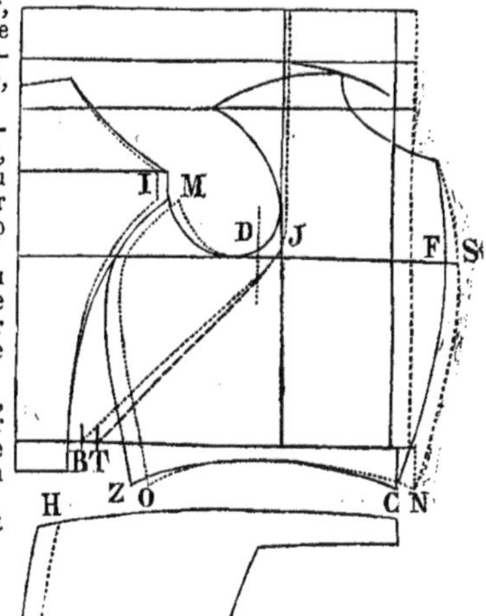

DE LA MESURE D'AVANCEMENT PRISE DU COTÉ FAIBLE POUR SERVIR AUX DEUX COTÉS FORT ET FAIBLE ; SES DÉFAUTS ET SA CORRECTION.

FIGURE 200.

Si la personne sur laquelle on prend mesure a un avancement plus faible que l'autre, *v.* J, D, et que l'on mesure du côté faible, *v.* J, sans mesurer du côté fort, *v.* D, l'avancement faible, *v.* J, ne donnera pas assez de longueur à la mesure de jetée de taille, *v.* B, pour le côté fort, *v.* D, B, provenant de passer sur un avant-bras plus en arrière, *v.* J, ce qui donne moins de contour à la mesure de jetée à la taille, *v.* J, B, et la rend plus courte que celle que l'on aurait prise à l'avancement fort, *v.* D, B ; cela occasionne aussi à rélargir la poitrine du côté fort de la différence qu'il y a de D à J.

Et sur le corps l'avancement fort, *v.* D, qui se trouve trop étroit, *v.* J, attire à lui l'avancement faible, *v.* J, de son manque de largeur, et par cela déplace la couture de milieu de dos en l'attirant à lui, ce qui occasionne à faire serrer la taille aux deux côtés de la valeur qu'il manque de profondeur à la taille du côté fort, faisant produire un torse au devant côté faible, *v.* F, C, de la différence de cet entraînement, torse qui se reproduit sur la poitrine étant boutonnée.

L'avancement fort attirant le faible occasionne une gêne et des plis devant chaque bras de la valeur de son manque d'avancement, ce qui empêche le vêtement d'entrer au corps, et, par cela, fait éloigner le collet du cou.

C'est pour ce défaut que l'on a pour habitude de forcer par devant les vêtements, afin qu'ils entrent au corps, et que, sitôt abandonnés, ils reprennent leur place.

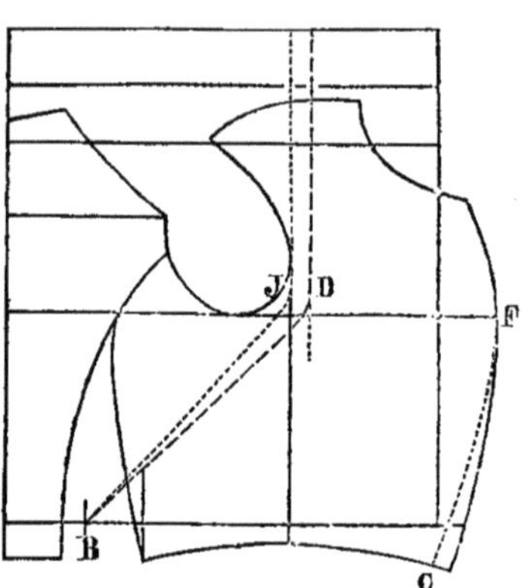

POUR LA CORRECTION.

FIGURE 201.

On devra rendre à l'avancement fort la largeur qui lui manque de J à D, et, à défaut d'un second mesurage, on devra recreuser l'emmanchure, *v.* D, de la valeur supposée, ce qui lui rétrécira la largeur de poitrine du côté fort que l'avancement faible lui avait donné de trop.

Ce recreusage d'emmanchure, *v.* D, détruira son redressage d'épaulette primitive, *v.* T, que l'on devra lui rendre en lui fournissant un surplus de redressage, *v.* K, de la valeur recreusée à l'emmanchure, de J à D, ce qui évitera l'abattage du devant, qui aurait lieu si l'on ne redressait pas son épaulette de cette valeur, et d'avoir redressé l'épaulette, *v.* K, cela raccourcit l'encolure, ce qui nous oblige de la rélargir, *v.* X.

Ce surplus de redressage, *v.* K, nous obligera d'appareiller de nouveau sa mesure de profondeur du bras et sa largeur d'épaule, *v.* H.

Comme on le voit, d'avoir ressorti l'encolure, *v.* X, cela redresse le devant de l'avancement fort qui a sa poitrine faible, ce qui lui donne moins de rond qu'à la poitrine de l'avancement faible, c'est pour cela qu'il réclame un pinçon moins fort, comme il est détaillé fig. 195.

Cette correction faite rend l'aplomb au vêtement ; la couture du milieu de dos reprend sa place, *v.* E, pour ne plus être attirée par l'avancement fort ragrandi, *v.* D ; mais d'avoir coupé la carrure pour la mesure prise du côté de l'avancement faible, *v.* J, cela a rendu la carrure trop étroite, *v.* M, pour le côté fort, *v.* L, et ne pouvant lui rendre sa largeur par sa carrure, nous oblige de lui rendre par son talon de manche.

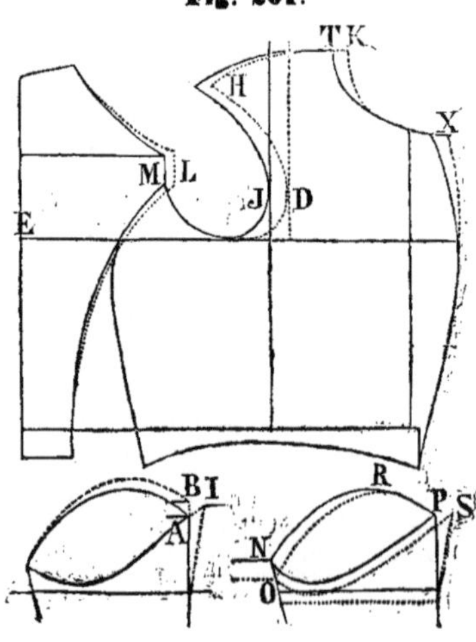

Pour cela, on devra rehausser le dessus et le dessous du talon de la manche du côté fort, de A à B, de la valeur qu'il manque à sa largeur de carrure, de M à L, qui est de la moitié de la différence qu'il y a de D à J, et pour ses largeurs on devra rélargir le dessous de manche également au talon, de B à I, de la valeur recreusée à l'emmanchure de J à D, ce que l'on nomme manche qui fournit à une carrure étroite.

Mais ne pouvant rehausser le talon, si la manche est réglée, on sera obligé de faire la correction de la manche par la saignée, en lui abattant de N à O, à partir de R, la valeur qu'il manque de largeur à la carrure côté fort, de M à L, ce qui lui rehausse son talon au préjudice de ses longueurs du bas. Cela fait, on devra ressortir le dessous, de P à S, de la valeur recreusée à l'emmanchure, de J à D.

Car ne rendant pas à la manche côté fort ses hauteurs de talon, pour suppléer à sa carrure étroite, cela occasionnerait à la manche de l'avancement fort des plis devant les bras, de la valeur que la carrure est restée étroite, ce qui contrarierait de nouveau les deux avancements et les deux devants de bras.

Voilà à quoi conduit de n'avoir pris mesure que d'un côté du corps, et pour trois mesures prises à l'opposé, qui sont :

Avancement du bras, — profondeur à la taille, — et carrure, — qui ne prennent pas de temps, nous auraient préservé de toutes ces peines et de tous ces ennuis.

RÉSERVE D'ÉTOFFE POUR PARER A UNE CORRECTION DE COTÉ FORT, LORSQUE L'ON N'A PRIS MESURE QUE DU COTÉ FAIBLE.

FIGURE 202.

Il convient en traçant lorsque l'on présume qu'un côté du corps est plus fort que l'autre, ce qui donne un avancement plus fort que l'autre et une profondeur à la taille plus longue que l'autre, de laisser une réserve d'étoffe au côté du haut en bas, v. A, B, Z.

Et lorsque l'on verrait des défauts prononcés, comme ceux détaillés ci-avant, v. fig. 199 et 200, on rélargirait le côté fort du haut en bas, v. les pointés de E à F ; du haut, v. E, pour la largeur qu'il manque à l'avancement du côté fort, et du bas, v. F, pour la longueur qu'il manque à la profondeur à la taille, du côté fort. A cet effet, on aura à donner à l'emmanchure une nouvelle forme plus ouverte, de E à N.

Comme on le voit pour ce modèle, le côté est rélargi du haut de E à I, comme du bas de F à U, et, comme il est dit fig. 195, cette distance de E à I, et de F à U, peut ne pas se rencontrer égale. Tel que : le haut de E à I peut prendre plus de distance que le bas, de F à U, comme le bas, de F à U, peut prendre plus de distance que le haut, de E à I, ce que l'on ne peut reconnaître avec justesse que par les mesures prises.

Pratiquant ainsi, cela nous obligera de rétrécir le devant, de X à C (v. les pointés) de la valeur rélargie au côté de E à I et de F à U, ne le faisant pas, cela laisserait le devant trop large ainsi que la basque ou la jupe.

FIGURE 203.

Cette réserve d'étoffe laissée au côté, v. A, B, Z, nous sert aussi à corriger un avancement pris trop étroit, qui produit à faire détacher le bas de la taille.

Pour cela, on aura à ressortir dans le haut du côté, de E à I, la valeur qu'i manque à la largeur d'avancement, ce qui détruira l'abandon qu'avait le bas du côté ; mais ce rélargissage de côté, v. E, I, rélargira le devant de cette valeur, ce qui nous obligera d'enlever à la poitrine, v. F, de X à C, la valeur ressortie au côté, de E à I.

Cette réserve d'étoffe nous sert encore à corriger une mesure de profondeur à la taille prise trop courte, qui fait produire un crochet au haut du côté, v. E ; pour cela on aura à ressortir le bas du côté, de O à V, de la valeur qu'il manque à la profondeur à la taille, ce qui détruira le crochet qui se formait dans le haut, v. E ; mais ce rélargissage de bas de côté, v. O, V, rélargira la grosseur de ceinture, ce qui nous oblige d'enlever au bas du devant, de J à U, la valeur ressortie au côté, de O à V.

FIGURE 204.

On peut également faire la correction d'un avancement trop étroit par une réserve d'étoffe laissée au petit côté rapporté sous bras, v. P, I, seulement que, pour fournir de l'étoffe au haut du côté pour un avancement pris trop étroit, on devra ressortir la réserve du petit côté sous bras, de même valeur du haut, v. A, P, que du bas, v. B, I.

Mais de ressortir cette réserve d'étoffe d'égale distance, de A à P. et de B à I, cela donnera trop de largeur dans le bas du côté, de N à T, qui n'en réclame pas, ce qui nous obligera de lui enlever ce surplus d'étoffe, de O à N, de la valeur rélargie dans le haut de son manque d'avancement, de L à M.

Pratiquant ainsi, cela maintiendra le vêtement dans son état naturel.

Il en est de même lorsqu'une taille serrera trop, ce qui occasionne un crochet dans le haut du côté ; on ressortira les petits côtés du haut en bas de même largeur de A à P et de B à I, de la valeur qu'il manque à la profondeur à la taille de T à N, ce qui détruira le crochet qui se formait au haut du côté.

Mais de ressortir cette réserve d'égale distance, de A à P, et de B à I, cela donnera trop de largeur dans le haut du côté, de L à M, qui n'en réclame pas, ce qui nous obligera de lui enlever ce surplus d'étoffe, de L à T, de la valeur rélargie dans le bas pour son manque de longueur, de profondeur à la taille ; de T à N ; pratiquant ainsi, cela maintiendra le vêtement dans son état naturel.

Car, pensant ne sortir la réserve laissée sous bras que du haut, de P à B, pour fournir à un avancement étroit, de M à L, cela occasionnerait à faire baisser le haut du côté, v. M, qui, se trouvant retenu par le haut du dos, ferait produire un torse de cette valeur au haut du côté, v. S.

Comme pensant ne sortir la réserve laissée sous bras que du bas, de A à I, pour fournir à une profondeur à la taille courte, v. T, N, cela occasionnerait à rehausser le bas du côté, v. T, qui retomberait de nouveau, ce qui ferait produire un torse dans le bas du côté, v. D.

Donc, chaque fois que l'on aura à ressortir soit pour le haut, soit pour le bas, on devra toujours ressortir l'étoffe sous bras d'égale largeur, de A à P, comme de B à I, pour ôter ensuite l'étoffe qui se trouvera en surplus dans la partie qui ne demande pas de largeur, soit dans le haut, de M à L, soit dans le bas, de T à N ; de cette manière, le vêtement n'éprouve aucun tordage dans son aplomb.

Cette correction faite nous obligera, comme à la fig. 203, de rétrécir les devants de poitrine, v. F, de la valeur fournie à l'avancement, de L à M, et pour le bas, de rétrécir la grosseur de taille devant, v. U, de la valeur ressortie à la profondeur à la taille, de N à T.

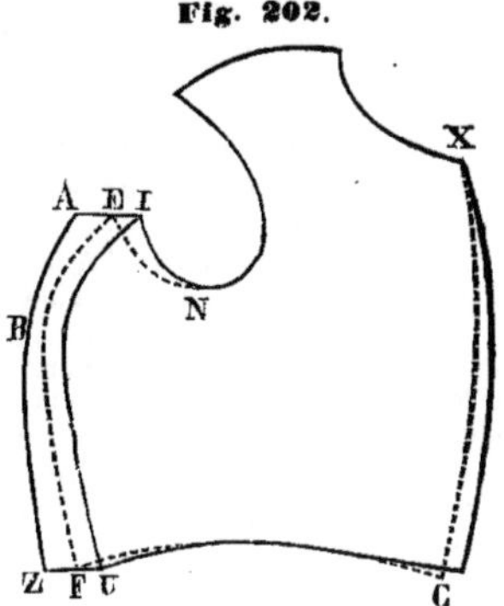

Fig. 202.

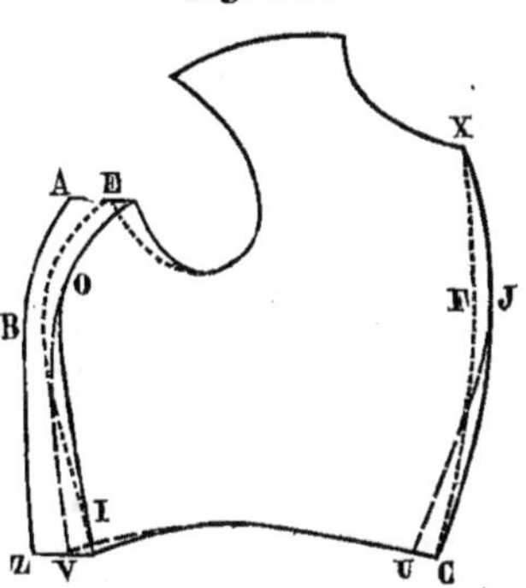

Fig. 203.

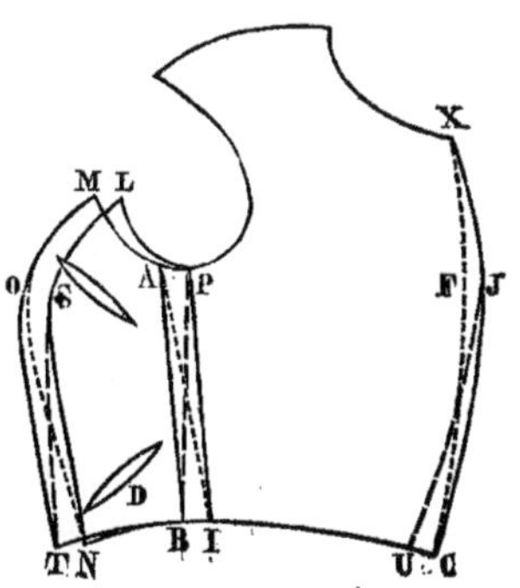

Fig. 204.

TREIZIÈME PARTIE.

DE LA MESURE D'ÉPAULE A LA HANCHE.

Mesure de confrontation.

FIGURE 205.

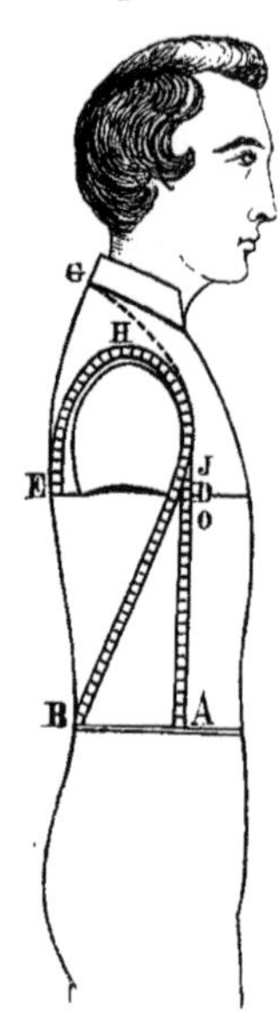

La mesure de largeur d'épaule étant obtenue, v. E, H, D, comme il est détaillé fig. 11,

On fait continuer la mesure d'épaule à la hanche au point d'appui, v. A, ce qui détermine la mesure d'épaule à la hanche.

Cette mesure sert au tracé à se rendre compte si la mesure de profondeur du bras et à la hanche de D à A, a été prise régulièrement, ou si l'on ne s'est pas trompé de numéro.

On aura soin lorsque l'on prendra cette mesure d'épaule à la hanche de ne pas lui donner plus de tension à partir de D à A, qu'en a pris la mesure de profondeur du bras à la hanche ; pour cela, on devra avant de descendre à la hanche, observer que le chiffre obtenu de la mesure d'épaule doit se rencontrer juste au point de profondeur du bras marqué D.

Car, de lui donner plus de tension, occasionnerait à reproduire le chiffre obtenu de la mesure d'épaule plus bas que D, v. O, ce qui raccourcirait la distance de D à A, et la rendrait trop courte au tracé.

Voir le passage de cette mesure au tracé dans la 14ᵐᵉ partie , fig. 206.

QUATORZIÈME PARTIE.

DE LA MESURE D'ÉPAULE A LA TAILLE.

Mesure de confrontation.

La mesure d'épaule à la hanche étant fixée de D à A, on abandonne la mesure de la main droite qui l'a fixée sur la hanche, de là on se porte derrière la personne, et on reprend de la main droite la mesure qui se trouve devant l'avant-bras pour la faire passer sous bras et la conduire derrière sur le point de taille naturelle B.

On aura également soin en prenant cette mesure de ne pas déplacer le chiffre obtenu de la mesure d'épaule de son point de profondeur du bras marqué D, et bien s'en assurer.

Car de lâcher la mesure reproduirait la mesure d'épaule plus haute que son point D, v. J, et portant ainsi la mesure derrière sur le point B, cela ferait prendre trop de longueur à la mesure d'épaule à la taille de D à B, comme de lui donner trop de tension produirait à faire baisser la mesure d'épaule au-dessous de son point D, v. O, et portant ainsi la mesure derrière sur le point B, raccourcirait la mesure d'épaule à la taille de D à B.

Il convient aussi de faire prendre à la mesure d'épaule à la taille une direction droite à partir de la profondeur D, pour la conduire à B, afin d'éviter de lui faire prendre un contour, ce qui ragrandirait la mesure.

FIGURE 206.

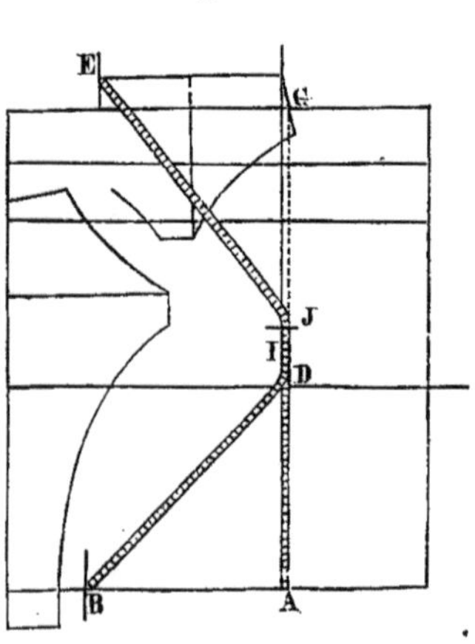

Ces mesures de confrontation étant obtenues, on s'en sert au tracé comme suit :

La profondeur du bras étant fixée de G à D, ainsi que la profondeur à la hanche de D à A, et la profondeur à la taille de D à B.

C'est là que l'on se sert de la mesure de largeur d'épaule, dont on place le chiffre obtenu sur D, on continue ensuite la mesure d'épaule à la hanche qui doit se rencontrer égale à A, on la reporte ensuite sur la profondeur à la taille B, place où elle doit se rencontrer encore égale , en ayant soin de toujours placer la mesure au-devant de la ligne d'avancement , afin que cette ligne se trouve à découvert, v. I.

On aura également à faire former le contour à la mesure qui suit à la taille, afin que le bord de la mesure opposé à I passe sur l'angle D , ce qui se fait par les mêmes procédés que ceux détaillés fig. 27, et aux gilets fig. 4.

Donc, si ces mesures se rencontrent égales, cela dénote les mesures de hanches, v. A, et de profondeur à la taille B, bien prises.

Mais dans le cas que l'on rencontrerait un trop grand écart, soit de 1 à 2 cent. ou plus, cela dénoterait les mesures mal prises, ce qui réclamerait un second mesurage.

Pour un demi-cent. il n'est pas nécessaire de reprendre mesure.

A cela on devra s'en rapporter pour la hanche A à la première mesure prise, et pour la profondeur à la taille B, partager la différence des deux.

PREUVE DU MESURAGE.

FIGURE 207.

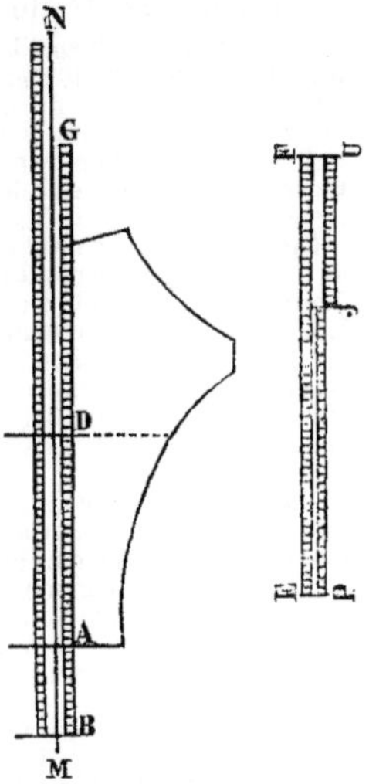

Il convient, lorsque l'on est en voyage et lorsque l'on a pris mesure à une personne, de reconnaître si les mesures ont été prises égales, ce qui prend une minute au plus pour le reconnaître et s'obtient comme suit :

Pour cela on forme une ligne, v. N, M.

Ensuite, on place sa profondeur du bras sur cette ligne, v. G, D, et l'on y marque une raie; on continue la mesure de profondeur à la hanche et l'on y marque une raie, v. A, on continue ensuite la mesure de profondeur à la taille et l'on y marque une raie, v. B.

Cela fait, on place le chiffre obtenu de la mesure de largeur d'épaule sur la ligne de profondeur du bras D, on continue la mesure d'épaule à la hanche et, si la mesure est bien prise, elle produira son point de hanche sur la ligne A, on continue ensuite la mesure d'épaule à la taille qui, si elle est bien prise, reproduira son point de taille sur la ligne B.

Et, pour s'assurer de la régularité du montant de dos, on se servira de la mesure de longueur de taille naturelle, on placera le chiffre de cette mesure sur la ligne de profondeur à la hanche A ; on fait monter la mesure qui, si elle est bien prise, doit fixer son point de montant de dos sur la ligne de profondeur D.

Et, dans le cas que l'on ait une irrégularité de plus d'un demi-cent. entre ces mesures, il convient de reconfronter ses mesures ou ses balancements pour reconnaître d'où viennent les fautes.

On profite également de cette occasion pour s'assurer si la mesure d'avancement et de largeur de poitrine s'égalisent à la mesure de demi-grosseur du haut, pour cela :

On marque sa demi-grosseur du haut, de E à F, on place ensuite sa mesure d'avancement sur la ligne E. v. P, et, où elle aboutit sur la demi-grosseur du haut, on marque un point, v. J.

Cela fait, on confronte si la mesure de demi-largeur de poitrine est en rapport avec l'avancement de U à J ; il n'y a que pour les personnes qui ont une omoplate plus forte que l'autre où ces dernières mesures se contrarient, ce que l'une prend de trop manque à l'autre, comme on le verra détaillé à la mesure de largeur de poitrine dans la 17e partie.

Et, dans le cas que l'on ait une irrégularité entre ces deux mesures de plus d'un demi-cent., il convient de les reconfronter pour s'assurer d'où viennent les fautes.

QUINZIÈME PARTIE.

DE LA MESURE DE NUQUE AU VENTRE PAR DERRIÈRE LES BRAS.

Mesure de preuve.

FIGURE 208.

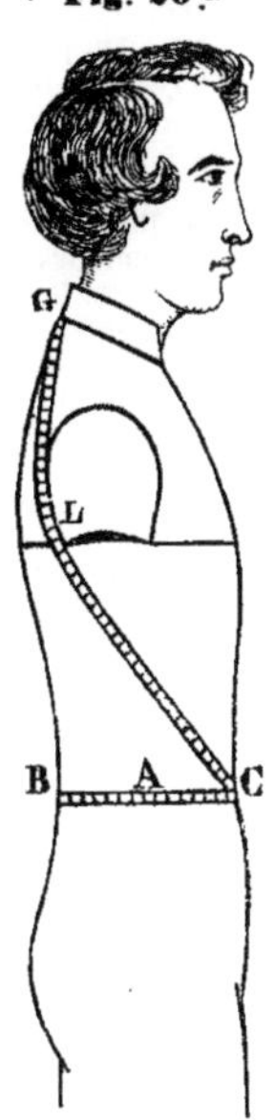

Lorsque l'on a pris le balancement de hanche A à terre, pour le reproduire derrière de terre à B, on le reproduit devant de même hauteur de terre à C, comme il est détaillé, v. B, A, C, fig. 141, et aux pantalons, fig. 18 et 19.

Ce niveau étant obtenu sur le ventre, v. C, on en marquera une raie en travers.

On procédera ensuite pour fixer le milieu du ventre, ce qui se fait comme suit :

Pour cela, on se servira de la mesure de grosseur de taille de la personne, qui ne doit pas se prendre serrée pour obtenir ce point juste.

On partagera cette mesure de grosseur de taille; on placera le chiffre obtenu de cette demi-mesure sur B, point de taille naturelle derrière, on la fera passer sur A, point de hanche, et où le bout de la mesure aboutira, sur le niveau fixé sur le ventre on marquera une raie en long, v. C, ce qui détermine le milieu.

Le milieu du ventre étant fixé, v. C, on procédera pour la prise de la mesure de nuque au ventre, qui s'obtient comme suit :

Pour cela, on place le bout de la mesure que l'on tient avec la main gauche sur G, gros os du dessous de la nuque, détaillé fig. 7, on passe ensuite sa main droite par devant et dessous le bras de la personne pour reprendre sa mesure derrière, en ayant soin de la faire passer le plus près possible de la naissance du bras, v. L, pour la faire aboutir à C, point de milieu du ventre, ce qui détermine la mesure de nuque au ventre, v. G, L, C.

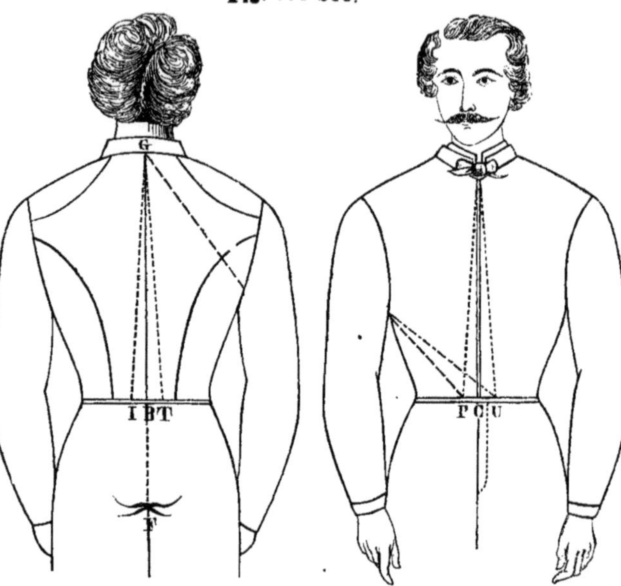

FIGURES 209 ET 210.

On devra pour obtenir la jus-tesse de cette mesure de nuque au ventre, bien s'assurer du milieu des reins et du bas de la taille, *v.* G, B, et pour l'obtenir, on procédera comme il est détaillé fig. 3.

Car de vouloir obtenir le milieu de la taille en se servant d'une mesure ayant un plomb dans le bas, et plaçant ainsi cette mesure sur G, pour la laisser tomber droite, cela produirait pour des personnes qui ont une épaule plus haute que l'autre, à faire jeter la mesure du côté plié.

Tel que : si l'épaule droite est plus haute que l'autre, cela ferait tomber le plomb du côté de l'épaule gauche, *v.* I, comme si l'épaule gauche est plus haute que la droite cela ferait tomber le plomb du côté de l'épaule droite, *v.* T.

Ce qui porterait plus en arrière, *v.* I, ou plus en avant, *v.* T, le milieu du bas de la taille qui doit rester à B.

Et comme l'on part du point de taille naturelle derrière pour fixer sa demi-grosseur de ceinture qui détermine le milieu du ventre, *v.* C, ce point étant placé trop en arrière, *v.* I, aurait reproduit le milieu de son ventre trop en avant, *v.* P. comme étant placé trop en avant, *v.* T, aurait reproduit le milieu de son ventre trop en arrière, *v.* U.

Et faisant aboutir la mesure de nuque au ventre sur P, la ferait obtenir trop courte, comme sur U, la ferait obtenir trop longue, de la différence qu'il y a de I à B, ou de B à T.

Et pour éviter ces irrégularités de mesures, *v.* I, T, l'on aura à placer la mesure sur la nuque G, et la conduire en ligne droite sur la raie du derrière, *v.* F, sa véritable place, sans s'occuper des épaules plus ou moins hautes de la personne, l'épine dorsale ne faisant que se plier, le bas des reins garde la même place que pour une personne droite.

DU TRACÉ.

FIGURE 211.

Lorsque le tracé est achevé ou à peu près, que l'on a placé sa mesure de profondeur à la taille, *v.* G, D, B, ainsi que sa demi-grosseur de taille, *v.* B, C, c'est là que l'on confronte la mesure de nuque au ventre par derrière les bras.

Pour cela, on place le bout de la mesure sur O, haut du dos, faisant passer la mesure le plus près possible de l'emmanchure pour la conduire sur le point de demi-grosseur de taille devant, *v.* C, et si le chiffre obtenu de cette mesure se rencontre égal au point de grosseur de taille C, cela dénote les mesures bien prises, tel que : montant de dos, avancement du bras, profondeur à la taille et demi-grosseur de ceinture, lorsque cette preuve se rapporte, cela est infaillible pour la réussite du vêtement.

On pourrait encore confronter à cette mesure celle de la nuque sur le ventre de G à C, détaillée, dans la dixième partie, fig. 182 et 183, qui, si elle a été bien prise, doit se rencontrer égale au point C.

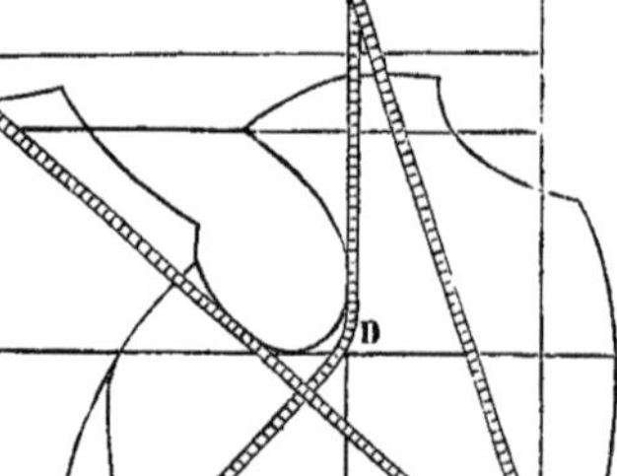

CE QUE PRODUIT LA MESURE D'AVANCEMENT DU BRAS PRISE TROP LARGE OU TROP ETROITE A LA MESURE DE NUQUE AU VENTRE.

FIGURE 212.

Une mesure d'avancement du bras prise trop large, *v.* D, reproduit derrière la mesure de profondeur à la taille trop avant, *v.* T.

Comme la mesure d'avancement du bras prise trop étroite, *v.* J, reproduit derrière la mesure de profondeur à la taille trop en arrière, *v.* I.

A cela, que l'on reproduise la mesure de demi-grosseur de taille, à partir de ses mesures de profondeur à la taille déplacées, *v.* T, I.

La mesure de profondeur à la taille portée trop en arrière, *v.* I, reproduira devant sa mesure de demi-grosseur de taille trop en arrière, *v.* P.

Comme la mesure de profondeur à la taille portée trop en avant, *v.* T, reproduira sa mesure de demi-grosseur de taille trop en avant, *v.* U.

Que l'on confronte ensuite sa mesure de nuque au ventre à partir de G, le chiffre obtenu de cette mesure aboutira devant, entre ces deux points, *v.* C, soit qu'elle sera trop longue pour l, P, et trop courte pour T, U, ce qui nous oblige de reconfronter les mesures de tour de bras et les largeurs de poitrine, afin de s'assurer des largeurs d'avancement, pour un demi-centimètre d'écart de P à C, ou de U à C, il est inutile de reconfronter, la mesure est obtenue,

CE QUE PRODUIT UNE MESURE DE GROSSEUR DE CEINTURE, PRISE TROP ETROITE A LA MESURE DE NUQUE AU VENTRE.

FIGURE 213.

De trop serrer la mesure de demi-grosseur de ceinture, *v.* B, U, rend au tracé la mesure de la nuque au ventre longue, *v.* C, quoique étant à sa mesure.

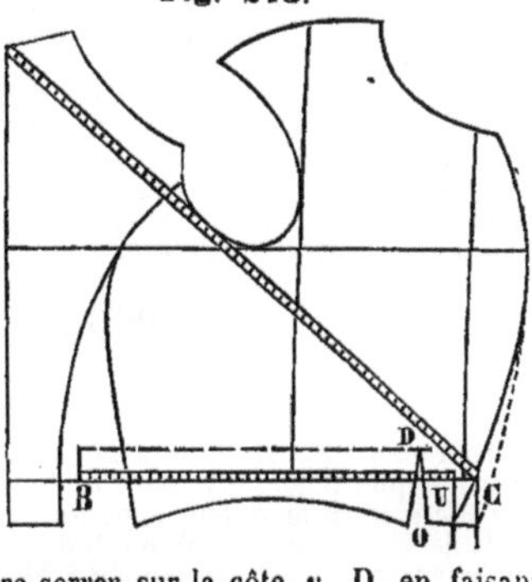

Fig. 213.

Cette irrégularité de mesure se rencontre pour les personnes qui aiment à se serrer la taille, principalement pour les dames.

Par exemple : Une personne porte 38 cent. de demi-grosseur de taille, prise naturelle, et, comme elle supporte à se serrer, elle la réduit à 33 ou 34 cent. de demi-grosseur.

La mesure de nuque au ventre, passant sur des côtes, ne varie pas dans sa longueur comme le fait la grosseur de ceinture qui passe sur des chairs molles qui se resserrent à volonté, ce qui rend souvent cette mesure courte pour s'être serrée, *v.* U, et par cela la rend inégale avec la mesure de nuque au ventre que l'on suppose trop longue, *v.* C.

On devra, pour cette différence de U à C, s'en rapporter, pour fixer les largeurs du devant, à la mesure de nuque au ventre, *v.* C, et pratiquer un ou, au besoin, deux pinçons dans le bas des devants, *v.* O, de la valeur de U à C ; on ne devra pas faire monter les pin-çons plus haut que la première côte, *v.* D, ce qui occasionnerait à faire serrer sur la côte, *v.* D, en faisant abandonner le bas, *v.* O.

Et, pour s'assurer de la justesse de la mesure de nuque au ventre, on pourrait prendre la mesure de gros-seur des premières côtes sans la serrer, détaillée fig. 126 et 127, qui viendrait s'égaliser devant, à la mesure de nuque au ventre, *v.* C, et par cela prouverait que la mesure de grosseur de taille a été prise trop serrée, *v.* U.

CE QUE PRODUIT UNE MESURE DE GROSSEUR DE CEINTURE, PRISE TROP LARGE, A LA MESURE DE NUQUE AU VENTRE.

FIGURE 214.

Une mesure de grosseur de ceinture, prise trop large, rend au tracé la mesure de nuque au ventre courte, quoique étant à sa mesure.

Cette irrégularité de mesures se rencontre pour les personnes qui n'aiment pas à se serrer la taille ; la me-sure de grosseur de ceinture se ragrandit provenant que souvent la personne est trop vêtue dans cette partie, soit par un caleçon, un pantalon, un dos de gilet.

Tous ces vêtements étant trop larges se refoulent derrière, et cet amas d'étoffe fait prendre trop de largeur à la demi-grosseur de ceinture, ce qui, au tracé, fait paraître la mesure de nuque au ventre courte, quoique à sa me-sure, vu qu'elle a passé sur un dos de gilet lisse et ne rencontre sur son passage aucune grosseur pour la grandir.

A cela, on devra couper à la mesure de grosseur de ceinture, *v.* B, C, ce qui rallongera la mesure de nuque au ventre, *v.* U, et, si l'on ne veut s'en rapporter qu'à la mesure de nuque au ventre, cela occasionnera à couper trop étroit.

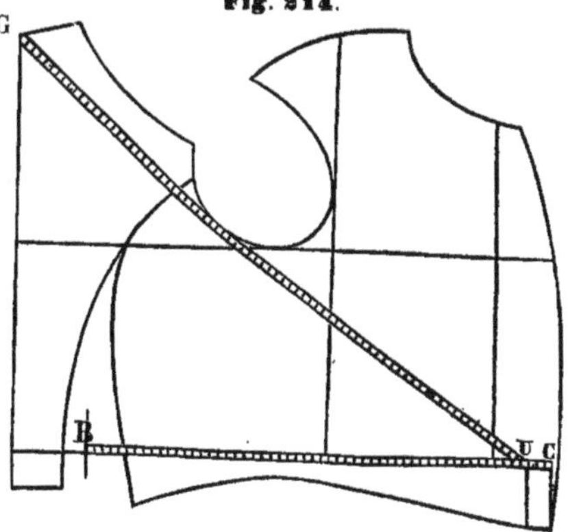

Fig. 214.

Donc, pour éviter ce surplus de largeur, on observera les vêtements à la ceinture avant de mesurer, et, voyant la per-sonne trop habillée, cela nous obligerait de serrer la mesure de ceinture, ce qui égaliserait avec elle la mesure de nuque au ventre, car, si les personnes étaient légèrement vêtues sans être serrées, les mesures se rencontreraient justes pour les grosses comme pour les minces.

Les saisons dépendent beaucoup pour la justesse de la mesure de nuque au ventre, car, de prendre cette mesure au printemps, quand il fait froid et que l'on est grossement vêtu à la taille, et livrer le vêtement quand il fait chaud, étant moins vêtu, c'est là que l'on aperçoit la grande jus-tesse de cette mesure par le trop de largeur du vêtement.

Comme, prendre mesure du vêtement en automne, quand il fait chaud et le porter quand il fait froid, les personnes sont plus grossement habillées à la ceinture, ce qui rend par cela le vêtement étroit. Ce qui devrait nous obliger de convenir avec la personne que tel vêtement ajusté ne devra se porter qu'avec tel autre.

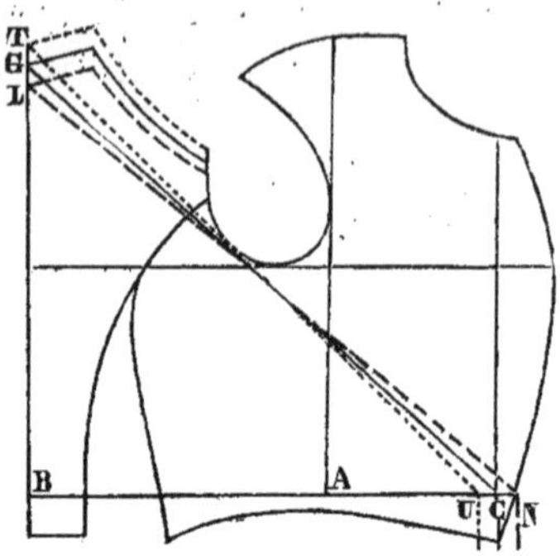

CE QUE PRODUISENT UN MONTANT DE DOS TROP LONG ET UN MONTANT DE DOS TROP COURT A LA MESURE DE NUQUE AU VENTRE.

FIGURE 215.

Un montant de dos pris trop long ou trop court, peut aussi occasionner un écart à la mesure de nuque au ventre.

Un montant de dos trop long, *v*. T, fait paraître cette mesure courte sur le ventre, *v*. U, comme un montant de dos court, *v*. L, la fait paraître longue, *v*. N.

On doit, comme il est dit bien des fois, mettre son attention pour placer le point d'appui de taille naturelle derrière, *v*. B, à la même hauteur que celui de la hanche, *v*. A, ce qui évitera les irrégularités pour les montants de dos trop hauts ou trop bas, comme il est détaillé pour les points d'appuis, figures 1re et 2e, et par cela égalisera la mesure de nuque au ventre à la demi-grosseur de ceinture, *v*. C.

Fig. 215.

SEIZIÈME PARTIE.
DE LA MESURE DE HAUTEUR DE PETITS COTÉS.

Mesure de preuve.

FIGURE 216.

Pour prendre cette mesure on placera le bout du centimètre au niveau de l'index de la main gauche, *v*. O, et la distance que prendra la mesure de l'index au majeur se passera entre ces deux doigts afin de tenir la mesure.

Cette mesure ainsi tenue, on passera par derrière le saillant de notre main gauche le plus droit possible sous le bras de la personne, *v*. O, on devra afin de faciliter d'introduire la main lever légèrement le bras de la personne en le tenant de notre main droite par le poignet, et sitôt que l'on touchera faiblement le nerf du dessous de bras de la personne, cela indiquera de ne plus monter ni baisser la main.

La main gauche étant placée ainsi on conduira avec la main droite et en ligne droite, le centimètre au point marqué A, et le chiffre obtenu à ce point A, déterminera la hauteur des petits côtés.

Cette mesure mérite pour la bien prendre une grande précision, elle nous sert au tracé à nous rendre compte d'une mesure de profondeur du bras prise trop haute ou trop basse, ce qui s'aperçoit par une mesure de tour de bras qui se rencontre plus grande ou plus petite que l'emmanchure; cela, lorsqu'on a reconnu son avancement du bras et qu'il s'égalise à sa mesure de largeur de poitrine. Donc cette mesure est la preuve de la mesure de profondeur du bras, comme la largeur de poitrine est la preuve de la mesure d'avancement.

POUR LE TRACÉ.

FIGURE 217.

Lorsque la mesure d'avancement du bras s'égalise à la mesure de largeur de poitrine et que l'emmanchure se trouve plus large ou plus étroite que la mesure de tour de bras, c'est là qu'il convient de se servir de la mesure de hauteur de petit côté pour s'assurer de sa profondeur du bras, ce qui se fait comme suit:

On placera le chiffre obtenu de la mesure de hauteur du petit côté sur X, ligne formée par A, on fera monter la mesure, et si le bout de la mesure aboutit sur O, ligne de profondeur D, cela indiquera que la mesure de profondeur est bien prise et que la mesure de tour du bras a été prise trop large ou trop étroite.

Comme si l'emmanchure se trouve plus grande que la mesure de tour de bras, la mesure de hauteur de petit côté devra, si elle est bien prise, dépasser la ligne de profondeur du bras D, *v*. M, ce qui indiquera de rehausser la profondeur et refermera l'emmanchure.

Comme si l'emmanchure se trouve plus petite que la mesure de tour de bras, la mesure de hauteur de petit côté devra, si elle est bien prise, s'arrêter au-dessous de la ligne de profondeur D, *v*. N, ce qui indiquera de baisser la profondeur, et ragrandira l'emmanchure.

Et dans le cas que l'on rehausse ou que l'on baisse ses profondeurs, *v*. M, N, on devra égaliser les manches à leurs emmanchures qui se tracent par les mêmes procédés que celles détaillées fig. 79.

Il est à observer que ce changement de profondeur haute ou basse ne change en rien les mesures de largeurs d'épaules obtenues, elles resteront pour le tracé toujours fixées telles qu'elles l'auront été par les premières mesures de profondeur prises.

Ce qui fera que lorsque l'on baissera une profondeur, *v*. N, la mesure d'épaule partira toujours de D, première profondeur prise. Comme lorsque l'on rehaussera une profondeur, *v*. M, la mesure d'épaule partira toujours de D, première profondeur prise.

De cette manière, la mesure d'épaule se trouve rallongée ou raccourcie sans la déranger de la place où elle a été obtenue au mesurage.

Fig. 216.   Fig. 217.

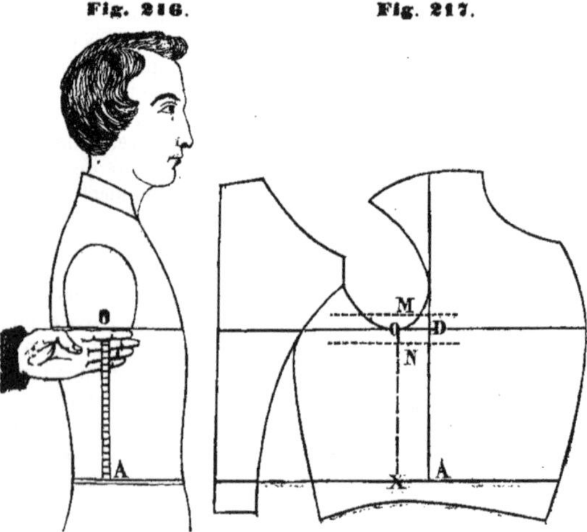

DIX-SEPTIÈME PARTIE.

DE LA MESURE DE LARGEUR DE POITRINE.

Mesure de preuve.

Cette mesure est détaillée dans la première classe, fig. 101 et 102.

On aura soin, lorsque l'on sera pour prendre cette mesure, de ne pas en avertir la personne, vu qu'elles ont l'habitude de se gonfler lorsqu'elles le savent, ce qui la fait obtenir trop large.

On aura également soin, en prenant cette mesure, de bien s'assurer des os des avant-bras, et non la fixer sur les bras, ce qui la fait obtenir trop large.

DE LA MESURE DE LARGEUR DE POITRINE, POUR LES PERSONNES QUI ONT UN AVANCE-MENT DU BRAS PLUS FORT QUE L'AUTRE.

Les personnes qui ont un avancement du bras plus fort que l'autre ont, comme il est détaillé fig. 195, un côté de poitrine plus faible que l'autre.

Soit : que le côté de l'avancement fort a sa poitrine plus faible que celui de l'avancement faible qui a sa poitrine plus forte.

Et, comme l'on prend la mesure de largeur de poitrine en entier et partageant cette mesure pour le tracé, cela donnera trop de largeur de poitrine pour le côté de l'avancement fort et pas assez pour le côté de l'avancement faible.

Exemple : Une mesure de demi-grosseur du haut a pris   48 cent.

La mesure de largeur de poitrine a pris. . . . .   36 cent.

Et, comme l'on partage cette mesure, cela nous donne 18 centimètres de demi-largeur de poitrine pour chaque côté.

La mesure d'avancement, prise du côté fort, a donné   32 cent.

Que l'on lui joigne sa demi-largeur de poitrine de. .   18 cent.

Cela donnera. . . . .   50 cent. de demi-grosseur du haut qui devient, par conséquent, de 2 cent. plus large que sa demi-grosseur du haut prise.

Comme la mesure d'avancement, prise du côté faible, a donné   28 cent.

Que l'on lui joigne sa demi-largeur de poitrine de.   . . .   18 cent.

Cela donnera. . . . .   46 cent. de demi grosseur du haut, qui devient, par conséquent, de 2 cent. plus étroite que sa demi-grosseur du haut prise.

Donc, pour égaliser les deux demi-grosseurs du haut à 48 cent., mesure prise, on devra joindre à la poitrine forte, côté faible, les 2 cent. que la poitrine faible, côté fort, avait en plus.

Pratiquant ainsi, cela rendra les largeurs qui manquaient à l'avancement faible, poitrine forte, et ôtera à l'avancement fort, poitrine faible, le surplus de largeur qu'il avait de trop, cela pour avoir donné la même largeur de poitrine au côté fort qu'au côté faible, ce qui ne convient pas.

A cet effet, lorsque l'on laissera la poitrine faible aussi large que la poitrine forte, on devra garnir le côté faible en plus de toute la valeur de son surplus de largeur, afin d'égaliser la poitrine faible à la forte.

L'on ne doit procéder ainsi que pour uniformes ou corsages qui doivent se boutonner haut, lesquels doivent se plastronner.

DIX-HUITIÈME PARTIE.

DE LA MESURE D'ÉPAULE SUR LA POITRINE.

Mesure de preuve dont on peut se passer.

FIGURE 218.

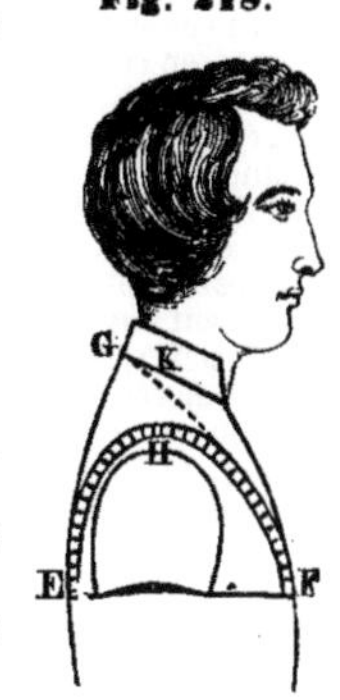

Fig. 218.

Cette mesure part de E, point de montant de dos, passe sur l'épaule en ligne droite, v. H, et vient aboutir à F, sur la poitrine.

On devra observer à quelle distance cette mesure passe près du cou, v. H, K, afin de reproduire au tracé la distance qu'il y a de K à H.

Cette mesure est la preuve de celle de la nuque sur la poitrine, v. G, F ; elle indique si cette dernière est à sa place.

DIX-NEUVIÈME PARTIE.

DE LA MESURE DE LARGEUR DE CARRURE (DÉTAILLÉE POUR SA PRISE, FIG. 7 ET 14).

La mesure de largeur de carrure se prendra à bras abattu, comme il est détaillé fig. 7 et 14, pour ne pas s'exposer de la prendre trop large, ce qui aurait lieu si l'on faisait former l'équerre au bras pour ses longueurs de manches, le bras attirerait l'étoffe sur laquelle le point de carrure serait marqué, ce qui grandirait la mesure et occasionnerait au tracé à fermer et rétrécir l'emmanchure de la valeur que la carrure aurait été prise trop large, et par cela produirait un refoulement qui ferait supposer trop de largeur aux côtés et à l'épaulette, qui réellement n'est qu'une carrure trop large.

DE LA MESURE DE LARGEUR DE CARRURE PRISE NATURELLE.

La carrure, prise à sa largeur naturelle, n'offre au tracé aucune difficulté pour sa hauteur de talon de manche, qui se trouve en rapport de hauteur avec sa largeur de carrure ; il n'en est pas de même de celles prises plus larges ou plus étroites que le naturel.

La carrure prise plus large que le naturel ferme l'emmanchure et rélargit l'épaulette, et donne trop de longueur et de hauteur au talon de manche de son surplus de largeur (1).

Comme la carrure prise plus étroite que le naturel ouvre l'emmanchure au talon de manche, ainsi qu'à l'épaulette, et par cela oblige de lui rendre du talon et de la hauteur de rond de manche de ce que la carrure et les épaulettes sont devenues plus étroites (2).

Car si bien qu'un corsage soit réussi, si la manche n'est pas conforme à son emmanchure, elle dérange le corsage ; à cela la manche se guidera toujours pour son tracé selon l'emmanchure formée naturelle (comme il est détaillé fig. 79 et sa suite).

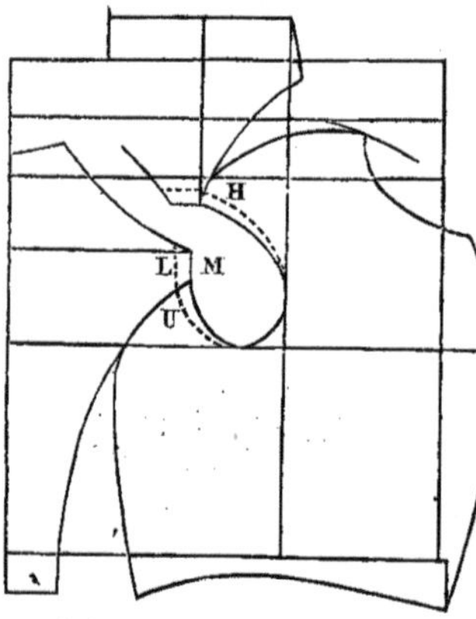

DE LA MESURE DE CARRURE PRISE TROP LARGE.

FIGURE 219.

La carrure prise plus large que le naturel rétrécit et ferme l'emmanchure par la carrure, v. M, et par cela occasionne à faire refouler le dos, le côté et l'épaulette dans cette partie de tout son surplus de largeur, v. M, ce qui fait supposer des crochets aux côtés, v. U, et à l'épaulette, v. H, ce qui n'est réellement qu'une carrure trop large.

Et comme l'on a donné la même hauteur de talon de manche pour la carrure trop large, v. M, que si l'on eût coupé à sa largeur naturelle plus étroite, v. L ; ce talon de manche étant trop haut pour la carrure large, v. M, se refoule aussi avec les côtés, le dos et l'épaulette, ce qui produit sur la personne, dans cette partie, un refoulement désagréable.

Cela peut s'apercevoir en traçant par la mesure de tour de bras, qui, si elle est bien prise, se trouvera plus grande que l'emmanchure et viendra appuyer de rétrécir la carrure, si l'on est sûr que l'avancement du bras et la profondeur sont à leur mesure.

POUR LA CORRECTION.

L'on rétrécira la carrure, v. L, le côté, v. U, et l'épaulette, v. H, de son surplus de largeur, cela donnera à la petite carrure de dos, v. L, plus de largeur qu'à celle primitive, v. M ; à cela le talon et le haut de manche restera pareil pour sa hauteur, seulement que l'on aura à fournir plus de largeur à la manche, provenant d'avoir ragrandi l'emmanchure par les côtés, de L à U, et par l'épaulette, v. H. L'on ne devra faire supporter aucun crochet, ni au côté, ni à l'épaulette, ce qui détruirait les largeurs des mesures prises d'avancement et d'épaules.

Cette correction est préférable à celle d'abattre du talon et du haut de manche, ce qui se fait lorsque l'on veut laisser exister la carrure large (1).

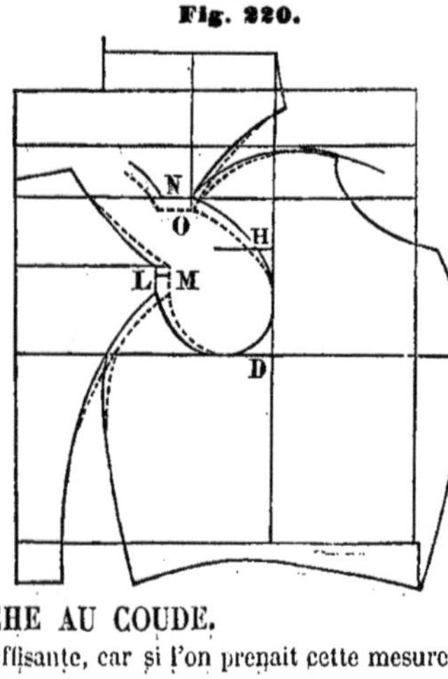

DE LA MESURE DE CARRURE PRISE TROP ÉTROITE.

FIGURE 220.

La carrure prise plus étroite que le naturel, v. L, ragrandit et ouvre l'emmanchure par la carrure de toute la différence prise plus étroite, de L à M, aussi qu'à l'épaulette, de O à N, et comme l'on a donné la même hauteur de talon de manche pour la carrure étroite, v. L, que si on l'eût coupé à sa largeur naturelle plus large, v. M, ce talon de manche devient trop court pour la carrure étroite de la différence qu'il y a de L à M ou de O à N, et fait occasionner, lorsque le vêtement est sur le corps, une gêne, à partir du coude à l'épaule, de toute la différence de son manque de largeur de carrure, de L à M, ou de son manque de hauteur de talon de manche, ce qui ferait, par des mouvements forts, déchirer la petite carrure au talon de manche, v. L, et occasionnerait à faire brider les manches devant l'avant-bras.

Cela peut s'apercevoir en traçant par la mesure de tour de bras, qui, si elle est bien prise, se trouvera plus petite que l'emmanchure et viendra appuyer de rélargir la carrure si l'on est sûr que l'avancement du bras et la profondeur sont à leur mesure.

La correction d'une carrure trop étroite ne peut se faire qu'en fournissant de la hauteur de talon de manche, ce qui la rélargit (2).

DE LA MESURE DE LONGUEUR DE MANCHE AU COUDE.

L'on fait former l'équerre au bras pour obtenir une longueur de manche suffisante, car si l'on prenait cette mesure à bras tendu ou peu courbé, cela produirait la manche courte.

(1) Voir à la 23e partie, l'article de la manche pour carrure large.
(2) Voir à la 23e partie, l'article de la manche qui fournit à la carrure étroite.

VINGTIÈME PARTIE.

DE LA MESURE DE TOUR DE BRAS (DÉTAILLÉE POUR SA PRISE, FIG. 13).

On devra, en prenant cette mesure, remonter la manche de la chemise, afin qu'elle ne retienne pas la mesure sous bras, ce qui lui ferait prendre trop de largeur ; la manche de la chemise (ou d'un gilet) pouvant se rencontrer courte et étant retenue au poignet, empêcherait la mesure de gagner le dessous du bras.

Il en serait de même si le refoulement d'un gilet sous bras retenait la mesure plus basse, cela ragrandirait encore la mesure.

On devra pour éviter ces irrégularités s'assurer du dessous de bras, ce qui se fait en passant les deux index sous la mesure pour obtenir cette place.

Et pour déterminer ses largeurs, on passera sur le point de carrure, v. M, fig. 13, et celui d'articulation du bras, v. H, sans trop serrer ni lâcher la mesure.

Cette mesure obtenue sert pour fixer les largeurs de haut de manche, comme elle sert à reconnaître les largeurs d'emmanchures.

Lorsque cette mesure se rencontrera plus large que l'emmanchure, on devra supposer trop de largeur de carrure ou manquant de largeur d'avancement ou de longueur de profondeur.

Comme lorsqu'elle se rencontrera plus petite que l'emmanchure, on devra supposer une carrure trop étroite ou un avancement trop large, ou une profondeur trop longue.

Comme cela est détaillé pour l'avancement, fig. 193 et 194 ; pour la profondeur, fig. 155 et 157 ; et pour la carrure, fig. 219 et 220.

DE LA MESURE DE TOUR DE BRAS COMPARÉE A LA MESURE D'ÉPAULE.

Il est à remarquer que la mesure d'épaule se rencontre souvent égale à la mesure de tour de bras, c'est à quoi il faut bien se fixer ; néanmoins elle varie de largeur pour des personnes maladives ou contournées, ainsi que pour des personnes pleines de santé agissant beaucoup.

Pour les personnes contournées ou maladives, l'épaule se rencontre parfois plus grande que la mesure de tour de bras.

Comme elle se rencontre parfois plus petite que le tour du bras, pour les personnes pleines de santé qui agissent beaucoup ; ce qui fait que l'on ne pourra pas se servir de la mesure d'épaule pour le tour de bras, comme de la mesure de tour de bras pour la mesure d'épaule.

Donc, lorsque l'on se servira d'une de ces mesures pour l'autre, il conviendrait de laisser dans ces parties un empart pour corriger à l'essayage ou à la finition.

VINGT ET UNIÈME PARTIE.

DE LA MESURE DE LARGEUR D'ÉPAULETTE (DONT ON PEUT SE PASSER).

FIGURES 221 ET 222.

Pour prendre cette mesure, on prendra la distance qu'il y a de J, creux d'encolure, à H, articulation du bras.

Cette mesure doit se reproduire au tracé de J à H, en lui laissant ses coutures à l'encolure, v. O, et à l'emmanchure, afin de lui maintenir ses largeurs.

Fig. 221.   **Fig. 222.**

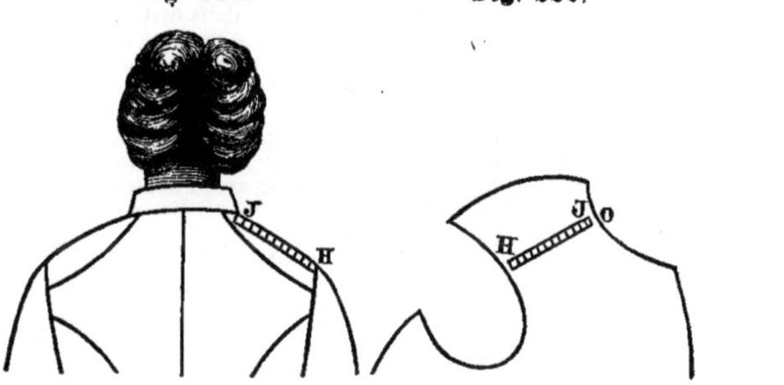

VINGT-DEUXIÈME PARTIE.

DE LA MESURE DE HAUTEUR D'EPAULETTE (DONT ON PEUT SE PASSER EN SUIVANT LES DÉTAILS DE LA MANCHE DÉTAILLÉE FIG. 79 ET SA SUITE).

FIGURES 223 ET 224.

Lorsque l'on veut se rendre compte des hauteurs de manches, v. C, H, cela s'obtient par le mesurage.

Pour cela, on tiendra le bout de la mesure entre l'index et le majeur de la main gauche ; tenant ainsi cette mesure, on place la main à plat sur l'épaule de la personne, faisant aboutir la mesure qui tombe sur D, point de profondeur du bras, et le chiffre obtenu à ce point D détermine la mesure de hauteur de haut de manche.

Mais comme les doigts fixés à plat sur l'épaulette tiennent la mesure, on déduira du chiffre de hauteur obtenu la différence qu'elle a dépassée entre les doigts, ce qui peut être d'un cent. ou plus, vu que ce n'est qu'à partir du dessous de la main que compte cette mesure.

La véritable hauteur du haut de manche est un guide précieux pour le haut du corsage : il est préférable de l'obtenir plutôt haut que bas.

La manche manquant de hauteur déplace le haut du corsage et lui occasionne de décolleter en attirant à elle l'épaulette.

Comme de lui donner par trop de hauteur pour une manche ajustée, cela lui rétrécit ses largeurs au tracé de O à U.

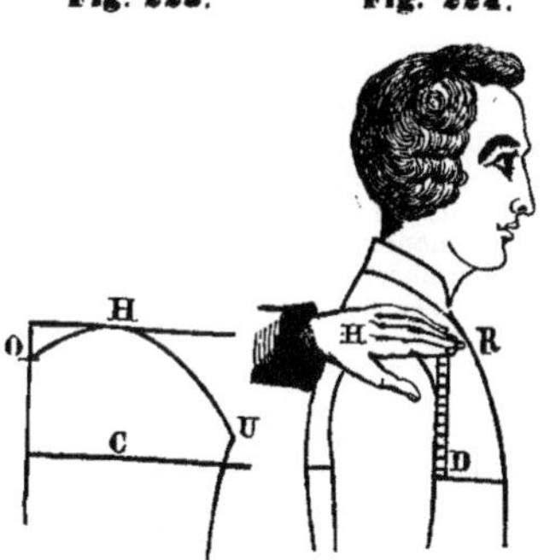

Fig. 223.   **Fig. 224.**

VINGT-TROISIÈME PARTIE.

DE LA MANCHE.

PRISE ET NAISSANCE DE LA MANCHE DANS L'EMMANCHURE.

FIGURE 225.

Comme on le voit, cette manche est prise dans son emmanchure, savoir :

La hauteur de manche se rapporte à sa hauteur d'épaulette, v. H; son point de couture de talon se rapporte au point que l'on a voulu lui fixer à la hauteur de petite carrure, v. M; il en est de même pour la couture de saignée, v. U, qui se rapporte également au point que l'on a voulu fixer à l'emmanchure, v. A.

Le tracé de cette manche se fait comme d'habitude ; on fixe ses largeurs de manche de M à U, on forme son abattage de dessus de manche de H à U, et de talon de H à M; la couture de coude, v. O, suit d'équerre la petite carrure, v. M.

Pour l'évidage du dessous de manche, il n'est pas convenable de descendre jusqu'à la ligne de profondeur D; comme la manche s'ouvre sur le corps, cela lui donnerait trop d'ouverture, v. D; l'évidage se fera à un cent. plus élevé que la raie de profondeur, v. D, comme il est détaillé fig. 83.

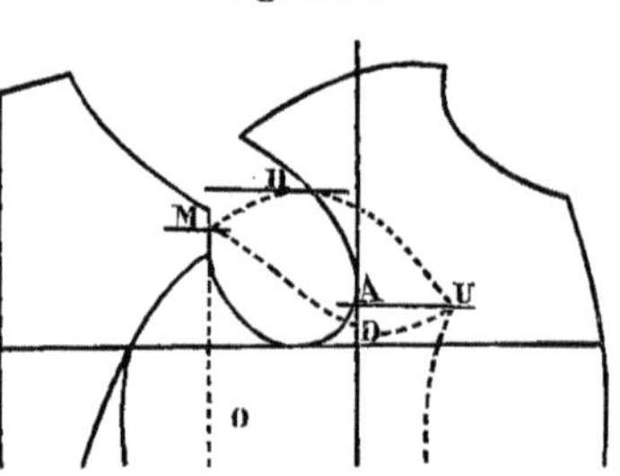

Fig. 225.

DE LA RONDEUR DE TALON DE MANCHE ET DE L'ABATTAGE QUI LUI CONVIENT A LA SAIGNÉE POUR ADOUCIR SON ÉVIDAGE.

FIGURE 226.

Il est dit, fig. 80, que pour les abattages de talon de manche de O à L, on devra les faire de 2, 3 ou 4 cent., selon la grosseur des personnes; tel que : 2 cent. servira pour les enfants, 3 cent. pour les personnes moyennes, et 4 cent. pour plus gros.

Cet abattage de 2, 3 ou 4 cent. est convenable pour donner au talon de manche une rondeur douce dans cette partie, v. L, afin qu'il s'accorde avec les tours d'emmanchures; car de ne donner (par exemple) que 2 cent. d'abattage, v. M, pour une personne qui en réclame 3, cela formerait une fausse rondeur pour l'évidage. v. M, qui ne serait plus en rapport avec son tour d'emmanchure.

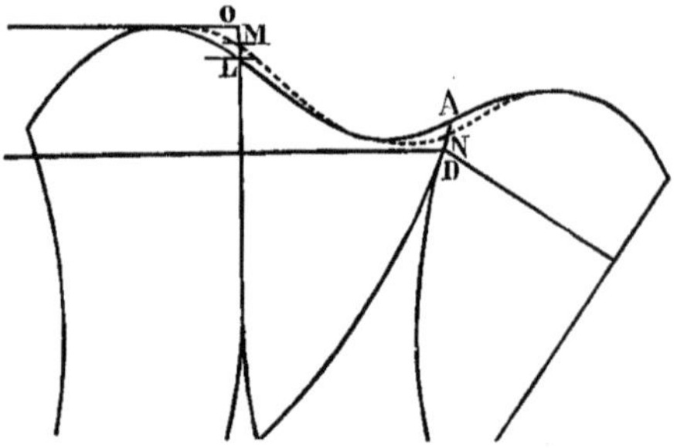

Comme pour donner une pente douce au creusage de manche à la couture de la saignée, on a pour une grosseur moyenne élevé son point à 3 cent. plus haut, v. A, que D, ligne de profondeur; car si l'on n'élevait pour cette grosseur moyenne le point de la couture de saignée qu'à 1 ou 2 cent., cela ferait produire un angle disgracieux dans cette partie, v. N, et par cela détruirait le moelleux que réclame la manche à cette place, ce qui lui occasionnerait un désaccord avec son emmanchure, ce que l'on évite en élevant ce point A, selon les grosseurs des personnes, afin de donner au-dessus et au-dessous une pente douce pour l'évidage.

La distance de 2 à 3 ou 4 cent., selon les grosseurs, n'est qu'un guide pour faciliter un rond et un creux adouci pour les évidages de talon ou de saignée.

Fig. 226.

DU TRACÉ DE MANCHE POUR TENUE DROITE.

FIGURE 227.

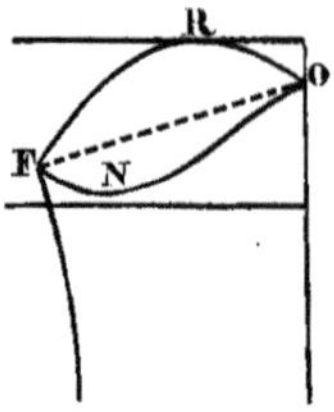

Cette manche est détaillée fig. 79 et sa suite. Comme il est dit page 44, la tenue droite donne généralement le dessus et le dessous de manche égaux de largeur de O à F.

Le haut étant terminé pour manche naturelle, v. R, laisse par son rond de manche une largeur suffisante pour l'embu qu'on leur pratique sur l'épaule, comme le creusage sous bras, v. N, lui laisse aussi un surplus de largeur; ce surplus d'étoffe que prendra le dessous de la manche s'emploiera sous le bras par un pli ou de l'embu.

Fig. 227.

DU TRACÉ DE MANCHE POUR TENUE RENVERSÉE.

FIGURE 228.

Cette manche est détaillée fig. 128.

Comme on le voit à cette figure, le dessus de manche, v. O, est plus large que le dessous, v. B.

Donc, si l'on coupait pour cette tenue renversée une manche de tenue droite égale de largeur de dessus et de dessous de H à F, il n'y aurait plus assez de largeur pour le dessus de la manche et il y en aurait trop pour le dessous.

Et montant cette manche ainsi coupée pour tenue renversée, cela nous obligerait d'emprunter au talon du dessous, v. A, et de remonter la saignée de F à J, afin de rendre au dessus les largeurs qui lui manquent de I à O.

Car de rendre toutes les largeurs qu'il manque au dessus par la couture de talon, v. A, sans reporter la couture de saignée F sur J, cela détruirait l'aplomb de la manche en la portant en arrière.

Mais d'avoir remonté ces deux coutures de A à H, et de F à J, pour rendre les largeurs qui manquaient au dessus de manche de I à O, cela nous obligera de recreuser le dessous de manche, v. N, pour lui rendre ses hauteurs de dessous que l'on vient de détruire en remontant les deux coutures; ce recreusage rendra au dessus la hauteur qui lui man-

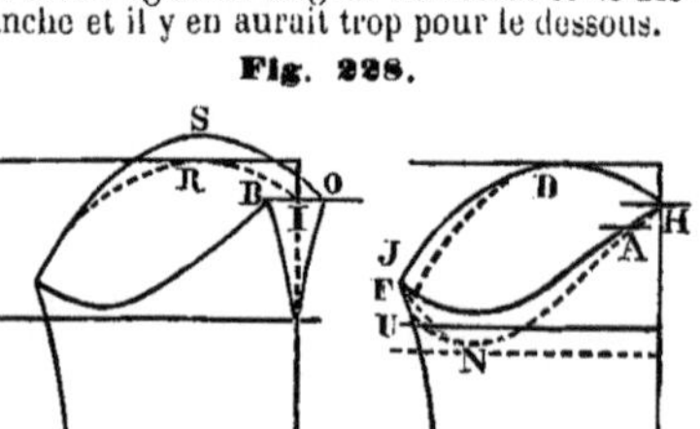

Fig. 228.

quait primitivement de R à S, il n'y aura de disgracieux à la manche que les deux coutures de talon et de saignée remontées plus hautes que leur place, ce que l'on évite en pratiquant les manches selon leur emmanchure, comme il est détaillé page 44 et fig. 128.

Et dans le cas que l'on ne veuille pas remonter la couture de saignée on aura à abattre le dessus de D à U, de la différence baissée de H à A ; ce dernier moyen rétrécit le haut de la manche.

DE LA MANCHE POUR TENUE VOUTÉE.

FIGURE 229.

Cette manche est détaillée fig. 132.

Il peut se rencontrer pour des tenues très voûtées épaules très basses, que le point de talon de manche, v. L, se rencontre au niveau de la hauteur d'épaulette naturelle, v. H, ce qui ne donne par conséquent pas de rondeur au talon du dessus de manche, v. R.

Mais dans le cas que l'on veuille lui en donner de R à O, on devra baisser le point de talon sur la petite carrure de dos à 2 ou 3 cent. plus bas que L, v. N, ce qui permettra de donner du rond au talon du dessus de manche en le rélargissant de R à O, et par cela nous obligera de diminuer de hauteur et de largeur le talon du dessous de manche de S à O, de la valeur rélargie au-dessus de R à O.

Il n'y aura à cet effet que la couture de talon de manche, v. O, fixée plus basse que L, v. N.

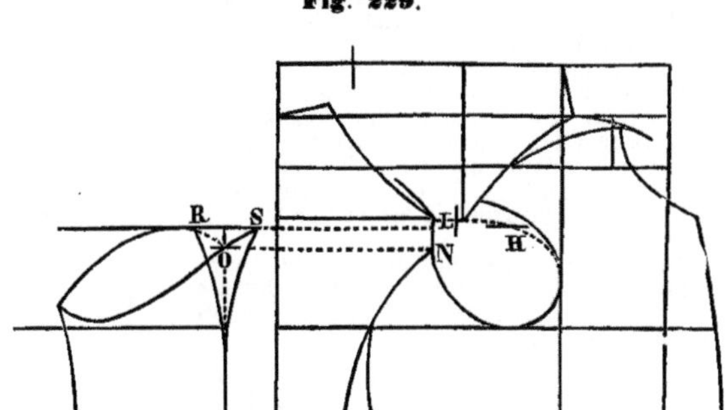

DE LA MANCHE POUR CARRURE LARGE.

FIGURE 230.

Une carrure plus large que sa largeur naturelle, v. L, O, ferme l'emmanchure et produit à faire refouler autour de la carrure tout le surplus de largeur qu'il y a de X à L, ou de N à O.

Les carrures coupées plus larges que le naturel ne conviennent que pour l'uniforme ou corsages qui se portent toujours boutonnés et pour lesquels on rembourre parfois d'une manière hors nature, provenant de cette carrure si large ; mais pour habit de ville qui se boutonne à volonté, cette carrure large ne leur convient nullement; on devra leur pratiquer des carrures naturelles comme il est détaillé fig. 14.

Donc, lorsque l'on pratiquera des carrures larges on formera son modèle avec les mesures prises naturelles. v. X, N, pour leur ajouter ensuite le surplus de largeur que l'on veut donner à la carrure, v. L, O.

La carrure se trouvant plus large, a par cela rétréci l'emmanchure de son surplus de largeur de carrure, v. L, O, et a aussi rélargi l'épaulette de H à J.

La carrure étant rélargie en plus que le naturel, on devra procéder pour la manche qui s'obtient comme suit:

Pour cela, on tracera la manche par ses mesures de carrure prises naturelles, v. E, F, U, ce qui se fait comme il est détaillé fig. 79 et sa suite.

La manche naturelle étant formée, on aura à baisser le talon de E à D, de la valeur rélargie à la carrure de X à L, ou de N à O ; et pour le haut de la manche, on aura à baisser le rond du haut de manche de F à R, de la valeur rélargie à l'épaulette de H à J.

Cela fait, on aura à régulariser les largeurs du haut de manche à leur nouvelle emmanchure, ce qui se fait comme suit :

Pour cela, on aura pour le dessus à prendre la distance qu'il y a de O à A, pour la reproduire à la manche de U, sur la ligne de talon abattu D, et à quelle place que ce soit que le chiffre obtenu de O à A aboutisse sur cette ligne D, on devra le fixer, v. I. Cette mesure s'est fixée à I, comme elle aurait pu se fixer plus avant ou plus en arrière, où que ce soit qu'elle aboutisse, c'est sa place, la mesure étant toujours le guide.

Le dessus de manche étant fixé, v. I, on en formera une raie aboutissant à G, ligne de profondeur.

On procédera ensuite pour le dessous ; pour cela on prendra la distance qu'il y a de L à A, pour la reproduire à la manche de U, sur la ligne de talon abattu D, et à quelle place que ce soit que le chiffre obtenu de L à A aboutisse sur cette ligne D, on devra le fixer, v. T; cette mesure s'est fixée à T, comme elle aurait pu se fixer plus avant ou plus en arrière, où que ce soit qu'elle aboutisse, c'est sa place, la mesure étant toujours le guide.

Le dessous de manche étant fixé, v. T, on en formera une raie aboutissant à G, ligne de profondeur.

Comme on le voit par ce modèle, l'abattage du dessus partant de I, aboutit à G, ligne de profondeur.

Mais si l'on voulait faire descendre cet abattage plus bas que G, on devrait faire descendre le surplus de largeur fourni au-dessous de T à G, de la même valeur.

DE LA MANCHE QUI FOURNIT A UNE CARRURE ÉTROITE.

FIGURE 231.

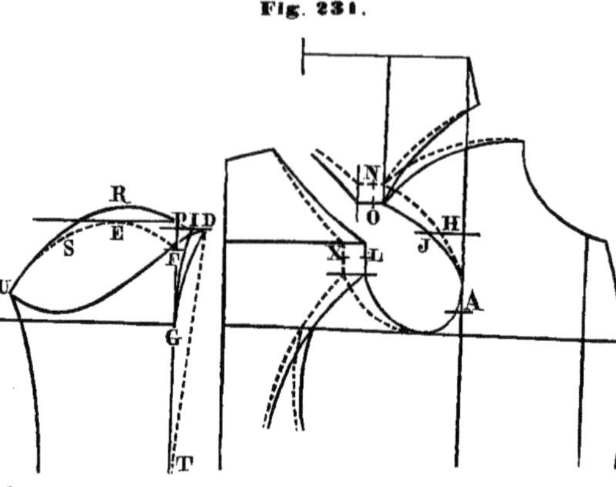

Pour s'assurer de combien une carrure est étroite, on doit reprendre les mesures naturelles, comme l'indique la figure 14. Ensuite on confronte cette mesure reprise pour se rendre compte de son manque de largeur.

Une carrure étroite, *v.* X, ouvre l'emmanchure et produit à raccourcir le talon de manche de toute la différence de ce qui lui manque de largeur de carrure de X à L, ce qui raccourcit la manche par le coude de cette valeur, en occasionnant au devant de la manche, *v.* S, un amas d'étoffe de la valeur de son manque de hauteur de talon de manche.

La carrure étant plus étroite que le naturel, *v.* X, a par cela rélargi l'emmanchure de la distance qu'il y a de L à X, et de O à N, et a aussi rétréci l'épaulette de J à H.

Ce sera donc cette étoffe qui manque à la carrure de L à X, et de O à N, que l'on devra rendre au talon de manche, ce qui se fait comme suit :

Pour cela, on tracera la manche par ses mesures de carrures prises naturelles, ce qui se fait comme il est détaillé fig. 79 et sa suite.

La manche naturelle étant formée, *v.* F, E, U, on aura à rehausser le talon de F à P, de la valeur que la carrure est rétrécie de X à L, et pour le haut de la manche, on aura à rehausser le rond du haut de manche de E à R, de la valeur que l'épaulette est rétrécie de J à H.

Cela fait, on aura à régulariser les largeurs de haut de manche à leur nouvelle emmanchure, ce qui se fait comme suit :

Pour cela, on aura pour le dessus à prendre la distance qu'il y a de N à A pour la reproduire à la manche de U, sur la ligne de talon rehaussé P, et à quelle place que ce soit que le chiffre obtenu de N à A aboutisse sur cette ligne P, on devra le fixer, *v.* I.

Cette mesure s'est fixée à I comme elle aurait pu se fixer plus avant ou plus en arrière, où que ce soit qu'elle aboutisse, c'est sa place, la mesure étant toujours le guide.

Le dessus de manche étant fixé, *v.* I, on en formera une raie légèrement cintrée aboutissant à G, ligne de profondeur. On procédera ensuite pour le dessous.

Pour cela, on prendra la distance qu'il y a de X à A, pour la reproduire à la manche de U, à la ligne de talon rehaussé P, et à quelle place que ce soit que le chiffre obtenu de X à A aboutisse sur cette ligne P, on devra le fixer, *v.* D.

Cette mesure s'est fixée à D, comme elle aurait pu se fixer plus avant ou plus en arrière, où que ce soit qu'elle aboutisse, c'est sa place, la mesure étant toujours le guide.

Le dessous de manche étant fixé, *v.* D, on en formera une raie légèrement cintrée aboutissant à G, ligne de profondeur.

La manche ne se rélargit que jusqu'à G, ligne de profondeur, car si l'on rélargissait soit de D, ou soit de I, jusqu'au coude, *v.* T, la manche serait plus large que celle primitive et ferait produire un amas d'étoffe formant corde du talon au coude qui serait désagréable à la vue et demanderait à être creusée, *v.* G.

DE LA MANCHE POUR COTÉ REHAUSSÉ.

FIGURE 232.

Lorsqu'une personne a les épaules très basses et que l'on veut les lui faire paraître plus hautes par le talon de manche, on devra, lorsque l'on aura partagé son dos de G à E, *v.* N, ce qui se fait comme d'habitude, pour fixer sa hauteur de carrure naturelle, rehausser de 1 ou de 2 cent. la ligne de carrure, *v.* S, au-dessus de celle naturelle, *v.* N, ce qui rehaussera les côtés, *v.* C.

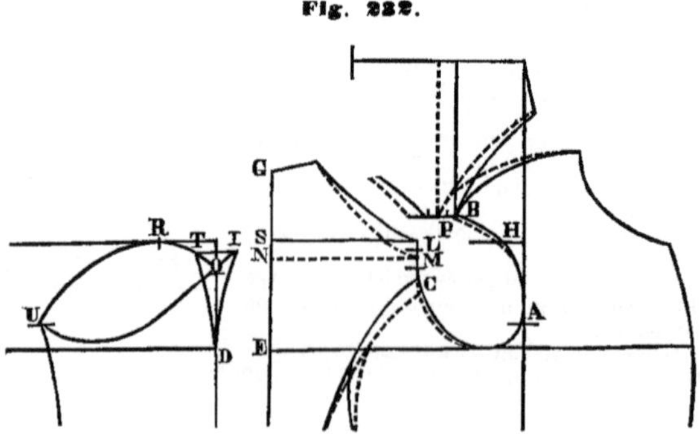

Cela fait, on formera son tracé de corsage comme d'habitude, seulement que les côtés étant rehaussés, *v.* C, cela ôtera au tracé de la pointe à l'épaulette, *v.* B, ce qui lui maintient ses largeurs de tour de bras.

A cet effet on devra faire supporter à la manche son changement comme suit :

Pour cela, on tracera la manche par ses hauteurs de carrure naturelle, *v.* M, et sa hauteur de rond de manche naturel, *v.* H, sans s'occuper du côté rehaussé, *v.* L.

La manche naturelle étant formée, *v.* O, R, U, on aura à rehausser le talon du dessous de manche de O à I, de la valeur rehaussée à la carrure de M à L.

Cela fait, on aura à régulariser les largeurs de haut de manche à leur nouvelle emmanchure, ce qui se fait comme d'habitude.

Pour cela, on aura pour le dessus à prendre

la distance qu'il y a de P, point de carrure rehaussé à A, point de saignée pour la reproduire à la manche de U, sur la ligne de talon rehaussé, v. I, et à quelle place que ce soit que le chiffre obtenu de P à A aboutisse sur cette ligne I, on devra le fixer, v. T, ce qui rehausse le talon du dessus.

Cette mesure s'est fixée à T, comme elle aurait pu se fixer plus avant ou plus en arrière, où que ce soit qu'elle aboutisse, c'est sa place, la mesure étant toujours le guide.

Le dessus de manche étant fixé, v. T, on en formera une raie aboutissant à D, ligne de profondeur, ce qui rétrécit le dessus de la valeur rehaussée au côté de L à M.

On procédera ensuite pour le dessous:

Pour cela, on prendra la distance qu'il y a de L à A, pour la reproduire à la manche de U, sur la ligne de talon rehaussé I, et à quelle place que ce soit que le chiffre obtenu de L à A aboutisse sur cette ligne I, on devra la fixer, v. I.

Cette mesure s'est fixée à I, comme elle aurait pu se fixer plus avant ou plus en arrière, où que ce soit qu'elle aboutisse, c'est sa place, la mesure étant toujours le guide.

Le dessous de manche étant fixé, v. I, on en formera une raie aboutissant à D, ligne de profondeur, ce qui le rélargit de O à I, de la valeur rétrécie au-dessus de O à T.

Ce changement ne déplace nullement la manche, car de joindre le talon du dessous de manche I à T, laisse toujours exister l'abattage du talon naturel O à la même hauteur que le point de carrure naturelle M.

DE LA MANCHE POUR COTÉ BAISSE.

FIGURE 233.

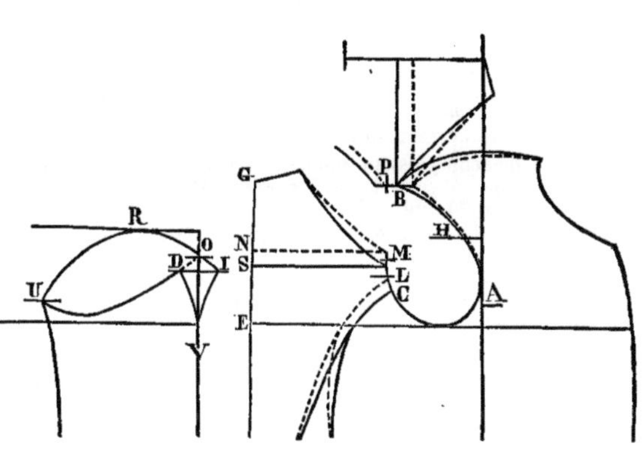

Lorsqu'une personne a les épaules très hautes, et que l'on veut les lui faire paraître plus basses par le talon de manche, on devra, lorsque l'on aura partagé son dos de G à E, v. N, ce qui se fait comme d'habitude pour fixer sa hauteur de carrure naturelle, baisser de 1 ou de 2 cent. la ligne de carrure, v. S, au-dessous de celle naturelle, v. N, ce qui baissera les côtés, v. C.

Cela fait, on formera son tracé de corsage comme d'habitude, seulement, que les côtés étant baissés, v. C, cela donnera au tracé plus de pointe à l'épaulette, v. B., ce qui lui maintient ses largeurs de tour de bras.

A cet effet, on devra faire supporter à la manche son changement comme suit :

Pour cela, on tracera la manche par ses hauteurs de carrure naturelle, v. M, et sa hauteur de rond de manche naturel, v. H, sans s'occuper du côté baissé.

La manche naturelle étant formée, v, O, R, U, on aura à baisser le talon du dessus de manche de O à I, de la valeur baissée à la carrure de M. à L.

Cela fait, on aura à régulariser les largeurs de haut de manche à leur nouvelle emmanchure, ce qui se fait comme suit :

Pour cela, on aura pour le dessus à prendre la distance qu'il y a de P, point de carrure baissée à A, point de saignée, pour la reproduire à la manche de U, sur la ligne de talon baissé I, et à quelle place que ce soit que le chiffre obtenu de P à A aboutisse sur cette ligne I, on devra le fixer, v. I.

Cette mesure s'est fixée à I, comme elle aurait pu se fixer plus avant ou plus en arrière, où que ce soit qu'elle aboutisse, c'est sa place, la mesure étant toujours le guide.

Le dessus de manche étant fixé, v. I, on en formera une raie aboutissant à V, ligne de profondeur.

Ce qui rélargit le dessus de O à I de la valeur baissée au côté de M. à L.

On procédera ensuite pour le dessous.

Pour cela, on prendra la distance qu'il y a de L à A, pour la reproduire à la manche de U, sur la ligne de talon baissé I, et à quelle place que ce soit que le chiffre obtenu de L à A aboutisse sur cette ligne I, on devra le fixer, v. D.

Cette mesure s'est fixée à D, comme elle aurait pu se fixer plus avant ou plus en arrière, où que ce soit qu'elle aboutisse, c'est sa place, la mesure étant toujours le guide.

Le dessous de manche étant fixé, v. D, on en formera une raie aboutissant à V, ligne de profondeur.

Ce qui baisse le dessous D, en rapport avec le dessus I, en le rétrécissant de D à O, de la valeur fournie au-dessus de O à I.

Ce changement ne déplace nullement la manche, car de joindre le talon du dessus de manche I à D, laisse toujours exister l'abattage du talon naturel O à la même hauteur que le point de carrure naturelle M.

DU TRACÉ DE MANCHE POUR ÉPAULE PLUS HAUTE D'UN COTÉ QUE DE L'AUTRE POUR LA MÊME PERSONNE.

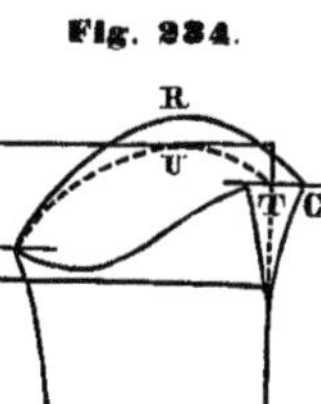

FIGURE 234.

Ce tracé de manche est détaillé dans la première classe fig. 100.

Seulement, que l'on devra pour la manche de l'épaule haute rehausser le haut du rond de manche de U à R de la valeur que le talon du dessus ressort de T à C, comme cela est détaillé à la tenue renversée dans la première partie de la deuxième classe, fig. 128.

DE L'ÉCART ET DE LA LARGEUR DES BAS DE MANCHES.

FIGURES 235 ET 236.

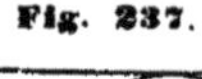

Comme il est dit dans le tracé de la manche, fig. 84, on emploiera le 1/4 de la 1/2 grosseur du haut de F à P, pour former l'écart du bas de la manche.

Il est dit aussi, fig. 85, que cette même distance sera employée pour la largeur du bas de manche de P à A, en lui joignant en plus pour ses coutures.

Ces guides ne sont que des proportions qui abrégent et ne se rencontrent plus en rapport à partir de 48 cent. de demi-grosseur.

Tel que : pour des grosseurs plus fortes, cela fait prendre trop de courbe au bas de la manche, v. B, et trop de cambrure au poignet, v. E, ce qui fait produire la ligne qui fixe la saignée trop haute, v. C, en occasionnant dans cette partie trop de creusage à la couture de saignée, vu que l'on représente sur cette ligne Y, C, ses largeurs de coude en leur joignant en plus pour les coutures.

Ce surplus d'écart, v. B, produirait à faire raccourcir la manche qui s'éloignerait du pouce en allongeant les bras, ce qu'il faut éviter ; à cela on devra, à partir de 48 cent. de demi-grosseur du haut, fixer l'écart comme suit :

48 cent. de demi-grosseur donnent 12 cent. d'écart de T à B ; cela suffira pour 50 cent. de demi-grosseur, 13 pour 60 cent. et 14 au plus pour 70 cent.

Il ne conviendrait cependant pas de ne pas employer tout l'écart que réclame un bas de manche, ne lui en ayant pas assez donné, v. V, et procéder ensuite pour ses largeurs de bas de manches D, à partir de V, cela redresserait la manche et occasionnerait à gêner aux épaules en pliant les bras ; la gêne s'aperçoit davantage pour une manche serrée que pour celle large ; cela produirait aussi à faire former des plis au travers à la saignée du bras, v. O, I, de tout son manque d'écart de V à P.

DE LA MESURE DE GROSSEUR DU BRAS AU COUDE.

Cette mesure est détaillée pour sa prise dans la première classe, fig. 18, et pour son tracé, fig. 85.

DE LA MESURE DE GROSSEUR DE POIGNET, POUR MANCHE AJUSTÉE DANS LE BAS.

FIGURE 237.

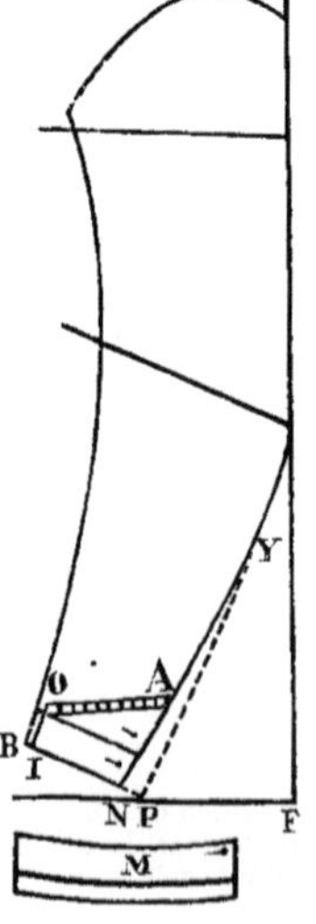

Pour prendre cette mesure, on fera fermer la main à la personne pour lui prendre ensuite la grosseur du poignet sur la partie la plus forte.

On prend la mesure de grosseur de poignet lorsque l'on veut faire des manches ajustées dans le bas ; ce genre de manches se portent généralement courtes ; mais dans le cas qu'on les veuille longues, cela nous obligera de leur joindre des parements, lesquels seront évasés dans le haut, v. M, pour faciliter leur écoulement sur la main.

A cela, la mesure de grosseur de poignet sert de guide pour l'ouverture du bas de la manche, afin d'obtenir dans une largeur étroite un passage convenable pour le poignet.

Cette mesure étant obtenue, on l'emploie comme suit :

Pour cela, on tracera premièrement la manche naturelle par son écart de F à P.

L'on fixera ensuite sa jetée de manche comme d'habitude de P à I, en lui joignant en plus pour ses coutures, v. B.

Cela fait, on procédera pour sa grosseur de poignet, qui s'emploie comme suit :

Exemple : La grosseur de poignet a donné 26 cent., on devra employer la moitié de cette grosseur à partir de 3 ou 4 cent. environ, v. O, au-dessus de I, longueur déterminée, et où le chiffre obtenu de cette demi-grosseur aboutira sur le côté en lui joignant en plus pour ses coutures, on fixera un point : v. A, ce sera donc ce point A qui déterminera la hauteur de l'ouverture de la manche.

La largeur du côté de la manche étant fixée, v. A, on aura à abattre de Y à N, passant sur A, le surplus de largeur que la manche naturelle avait prise, v. P, ce qui laissera exister un moelleux d'étoffe, v. Y, pour le fort du bras.

Comme on le voit, cette manche étroite est plus courbée de la différence qu'on l'a rétrécie de côté de N à P, ce qui lui donne plus d'écart, ce qui convient pour ce genre de manches ajustées, cela lui donne plus de facilité pour le mouvement des bras.

C'est à ce genre de manches qu'on leur pratique de deux à trois boutonnières ou plus, selon la fantaisie.

DE LA MANCHE SANS COUTURE AU TALON POUR TENUE DROITE ET VOUTÉE (1).

FIGURE 238.

On croirait qu'en fournissant de l'étoffe au côté du dessus de manche, v. A, pour l'ôter au-dessous, v. O, ce qui évite la couture du talon, v. O, que l'on pourrait, par ce moyen, tourner le haut du talon de manche pour toutes les tenues, ce qui n'est pas.

Cela ne se rencontre bien que pour la tenue droite, qui prend autant de largeur de dessus que de dessous de O à F, comme il est détaillé fig. 227, ce qui fera que, portant A sur D, cela ploiera la manche à O, qui se trouvera conforme de largeur et de hauteur avec le point de couture de talon de manche, que l'on a fixé à la petite carrure de dos.

Cette manière de procéder peut également se faire pour tenue voûtée qui donne le dessous plus large que le dessus, v. I, comme il est détaillé fig. 132 et 229; ce point I se trouvera encore conforme avec le point que l'on a fixé à la petite carrure de dos.

On reportera pour cette tenue voûtée, comme pour celle droite, A, sur D, afin de toujours fixer son pli sur la ligne O, déterminé par la demi-largeur de tour de bras, et non sur I, ce qui rétrécirait la manche, cela afin de toujours laisser exister la manche plate de O à F, points déterminés par ses demi-largeurs de tour de bras, sans s'occuper du dessus fixé à I, qui se rétrécit plus ou moins selon les tenues voûtées, car ce que le dessus perd le dessous le gagne.

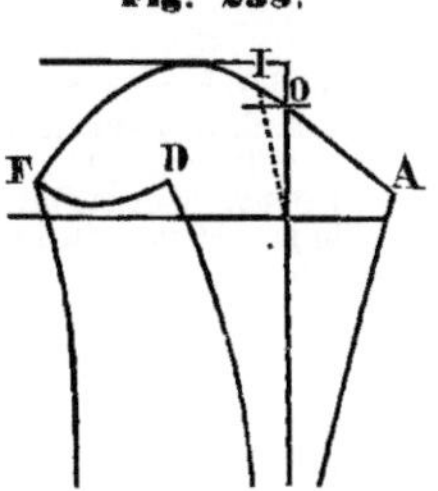

DE LA MANCHE SANS COUTURE AU TALON POUR TENUE RENVERSÉE.

FIGURE 239.

Cette manche, coupée pour une tenue droite sans couture au talon, v. O, détaillée ci-dessus, ne peut servir pour une manche tenue renversée qui, comme il est dit fig. 128 et 228, prend plus de largeur de dessus, v. J, que de dessous.

Car de fixer les largeurs de dessus de manche pour tenue renversée de F à J, et fixant ce point J sur le rond de l'abattage de manche naturel O, cela détruirait ses hauteurs de talon de manche, v. J, qui aurait dû rester à la même hauteur que O, v. T, coupant ainsi cela occasionnerait, le vêtement étant sur le corps, un amas d'étoffe à la manche au devant du bras.

A cet effet, on devra, pour tenue renversée, rehausser le talon, v. T, et la hauteur de rond de manche, v. S, de la valeur baissée de O à J.

Mais si la manche était coupée sur l'abattage R, O, J, on ne pourrait pas rehausser v. T, S; à cela on devra rendre les hauteurs de talon, ce qui se fera en baissant la saignée de F à U, à partir de R, de la valeur baissée de O à J, et d'avoir baissé la saignée de F à U, cela nous obligera de recreuser l'évidage de la manche de cette valeur, v. M, pour lui maintenir ses hauteurs.

Le pliage de la manche se pratiquera toujours au point de la ligne de talon naturel O, déterminé par ses demi-largeurs de tour de bras, afin de rendre la manche toujours plate de F à O, ou de U à O, sans s'occuper du dessus T, qui se rélargit plus ou moins, selon les tenues renversées, car ce que le dessus gagne le dessous le perd.

DE LA MANCHE LARGE DANS LE BAS.

Lorsque l'on veut faire une manche large dans le bas pour un vêtement porté seul, on ne devra la rélargir que du côté de la couture du coude, v. X.

Mais pour vêtement porté comme par-dessus, on pourra la rélargir en dedans de I à H, de la différence que peut emporter le vêtement de dessous, ce qui équivaut à 1 cent. non compris les coutures ajoutées.

Mais si larges que l'on porte les manches, on ne devra jamais leur faire perdre leur écart de P à I.

Car de lui donner plus d'étoffe en dedans à la place de H; cela occasionnerait trop de courbe au bas de la manche, ce qui produirait à faire lever la couture de saignée, le bras étant tendu.

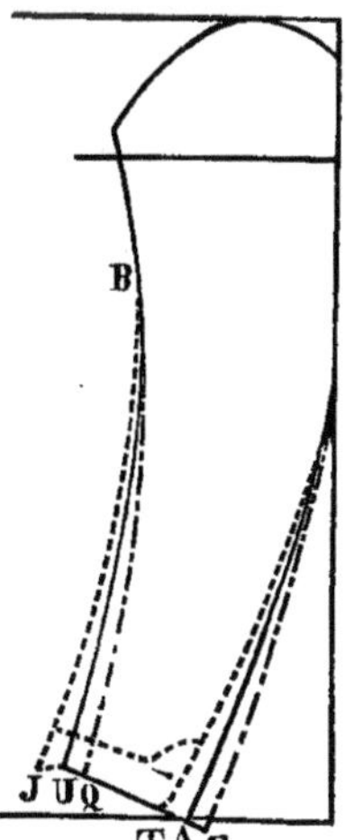

DE LA MANCHE QUI PRODUIT SA COUTURE DE SAIGNÉE DANS LE BAS AU DEDANS DU POUCE.

FIGURE 240.

Pour cela, on trace premièrement la manche naturelle comme d'habitude de A à U; on ajoute ensuite, dans le bas du dessus de manche, la valeur de 1 à 3 cent. de U à J, à partir de B, de la différence que l'on veut faire tourner la couture de saignée au dedans de la main, et cette étoffe ajoutée, au-dessus de J à U à partir de B, devra s'enlever au-dessous de U à Q à partir de B, et, pour conserver au-dessus les mêmes largeurs qu'au dessous, on enlèvera, à partir du coude, la même valeur au côté du dessus de A à T, qu'on lui a fournie au dedans de U à J; on rendra ensuite au dessous de A à C la même valeur qu'on lui a enlevée en dedans de U à Q.

Et pour le pliage du dedans de la manche, il se fera sur la ligne U, et celui du côté sur la ligne A.

De procéder ainsi, cela rend le bas des manches très gracieux.

(1) Voir les détails du tracé de cette manche, fig. 123.

DE LA MANCHE CARRÉE A UNE SEULE COUTURE SOUS BRAS.

FIGURE 241.

On devra, pour tracer cette manche, former sa manche naturelle, v. A, B, C, D. La manche naturelle étant formée par son écart, v. C, et sa jetée, v. D, ainsi que ses largeurs du haut, v. A, B, comme elles sont détaillées fig. 79 et sa suite,

On procédera pour lui donner une forme carrée à une seule couture sous bras. .

Pour cela, on reploiera soit l'étoffe, soit le papier, par le côté en ligne droite de B à U ; cette étoffe ou ce papier étant replié sur la ligne B, U, on la fixe sous bras à la place où l'on veut que la couture se rencontre.

On a fixé la couture de O à M, comme on aurait pu la fixer plus avant ou plus en arrière, ou plus en biais, cela se fait à volonté.

Le côté étant replié, on devra procéder pour le dedans, qui se reploiera également en ligne droite de A à D, pour venir rejoindre le côté plié, v. O, M; il convient de leur laisser en plus pour les coutures.

Le côté étant plié sur la ligne B, U, cela reportera E sur O, et G sur M.

Comme le dedans étant plié sur la ligne A, D, cela reportera H sur O, et J sur M.

La manche étant tracée, on devra déterminer la longueur du bas, ce qui se fait comme suit :

Cette manche étant droite à la couture de saignée, de A à D, cela raccourcit le dedans de la manche, ce qui nous obligera de rallonger le bas de la saignée de 1 cent. 1/2 environ au-dessous de D, v. N; cela pour ne pas avoir donné à la manche carrée le creux de la couture de saignée qu'a la manche naturelle, v. F, ce qui lui maintient ses longueurs.

Cela fait, on aura à tirer une ligne droite de N à U pour fixer ses longueurs de bas de manche, et non de D à U, ce qui raccourcirait trop le pli de saignée.

On aura ensuite à égaliser le bas du dessous replié, à celui du dessus, de N à U.

DE LA MANCHE CAMBRÉE A LA COUTURE DE SAIGNÉE, A UNE SEULE COUTURE SOUS BRAS.

FIGURE 242.

On devra, pour tracer cette manche, former sa manche naturelle, v. A, B, C, D.

La manche naturelle étant formée par son écart, v. D, et sa jetée, v. C, ainsi que ses largeurs du haut, v. A, B, comme il est détaillé fig. 79 et sa suite, on procédera comme suit :

Comme on le voit, on a fixé la largeur du bas de C à D, comme on aurait pu la fixer plus large de côté, v. D, ce qui l'aurait moins cambrée.

La largeur du bas étant fixée, on aura à marquer sur la manche la place où l'on veut fixer la couture du dessous de bras, v. E, F, H ; cette couture se trouve placée au milieu du dessous de manche, comme on aurait pu la fixer plus de côté ou plus en dedans, ou plus en biais, ce qui se fait à volonté.

La place de la couture étant fixée, on aura, pour former la manche cambrée à une seule couture sous bras, à prendre la distance qu'il y a de E à B; pour reproduire cette valeur de côté de B à I. et pour le coude, on prendra la distance qu'il y a de F à S; pour la reproduire de S à G, et pour le bas, on prendra la distance de H à D; pour la reproduire de D à K, on aura ensuite à former une raie arrondie partant de I, passant sur G, aboutissant à K.

Et pour le dessous, on prendra la distance qu'il y a de E à A pour la reproduire de A à L, ; pour la saignée, on prendra la distance qu'il y a de F à N pour la reproduire de N à M, et pour le bas, on prendra la distance qu'il y a de H à C pour la reproduire de C à O.

On aura ensuite à tirer une ligne creusée, partant de L, passant sur M, aboutissant à O.

On creuse ainsi la manche, v. L, M, O, c'est afin d'éviter un amas d'étoffe, v. J, qui se forme aux manches qui ne sont pas assez creusées à la saignée, ou aux manches auxquelles on n'a pas donné l'écart de D à C, que réclame une cambrure de manche, comme il est détaillé fig. 235 et 236.

La manche, traitée de cette manière, réclame un travail au carreau pour lui faire prendre sa forme.

On aura donc, pour le dedans, à tendre le creux de la saignée L, M, O, afin de le rendre plus rond que la ligne qui fixe la couture sous bras, v. E, F, H, ce qui fera qu'en pliant la couture A, N, C, cela l'accordera avec le creux que la couture réclame sous bras, v. E, F, H ; on donne au tendage plus de rond qu'il n'y a de creux, v. M, afin de le rendre en embu sous bras, pour que le tendage ne se retire pas.

Et pour le côté, on aura à rentrer au fer ou à pinçonner la ligne I, G, K, afin qu'elle prenne autant de creux qu'il y a de rond à la ligne E, F, H.

On devra, pour s'assurer des tendages de dedans et des rentrages de côté, passer des faux fils à la forme que l'on a donnée au tracé de la manche naturelle, v. A, B, C, D, afin de s'assurer si les tendages et les rentrages ont été trop ou pas assez forcés, ce qui dénaturerait l'aplomb de la manche.

La manche étant pliée, on appareillera le dessous O, K, au dessus C, D.

De pratiquer ainsi cette manche, cela nous obligera, comme aux fig. 238 et 239, de s'assurer de ses tours d'emmanchure pour fixer le talon B à la place où il doit être monté à la petite carrure de dos.

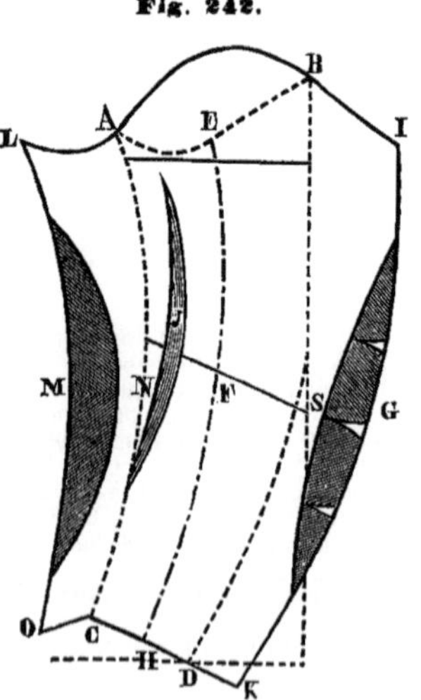

DE LA MANCHE A PAIN DE SUCRE

Fig. 243.

FIGURE 243.

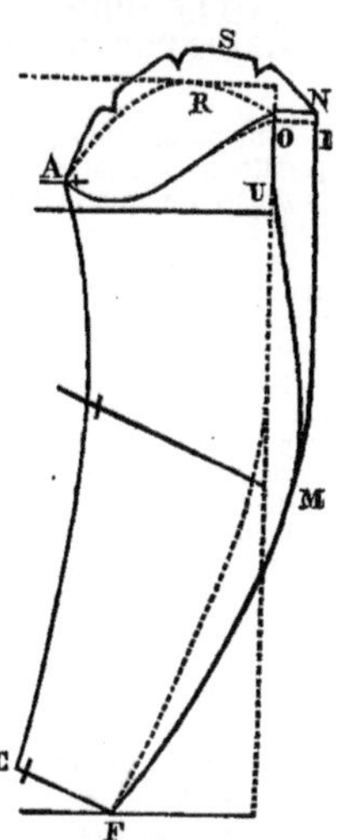

On devra pour tracer cette manche former sa manche naturelle, *v.* A, O, et C, F, comme elle est détaillée fig. 79 et sa suite, et selon son emmanchure.

La manche naturelle étant formée, on procédera pour fournir à la manche le surplus de largeur que l'on veut donner au-dessus, cela se fait à volonté.

Exemple : pour manche très large on ajoutera au côté du dessus de la manche 3 cent· ou plus de largeur de O à I, en continuant cette largeur jusqu'au coude, *v.* M, et ensuite jusqu'au bas, *v.* F.

Comme on le voit, on a donné à cette manche une forme pain de sucre dans le bas, comme on aurait pu la faire plus large ou plus étroite, cela se fait à volonté, la mode en est le guide.

Le côté de la manche étant rélargi de O à I, on aura à rehausser le rond du dessus de manche de S à R, de la valeur ressortie de O à I, cela afin de lui donner de la bouffe.

Comme on le voit, d'avoir rélargi la manche par le côté de O à I, cela nous oblige de reporter le point du rond de manche rehaussé plus de côté que celui naturel R, *v.* S, afin de maintenir ces hauteurs de manches à leur place.

Ce rehaussement de manche de R à S nous oblige de donner un surplus de hauteur d'environ un demi-cent. au talon de I à N, provenant que pour cette manche l'embu du dessus part du point de carrure, ce qui fait bien.

D'avoir rélargi et rehaussé la manche, cela donnerait trop d'embu pour le montage de la manche de A à N, ce qui nous oblige, selon les largeurs que l'on donne parfois, de pratiquer de 2 à 3 pinçons pour enlever une partie de l'embu que l'on ne peut faire disparaître au carreau.

Les pinçons devront se faire courts et arrondis afin de maintenir la bouffe haute.

Le dessus étant terminé, on devra procéder pour le dessous, qui se coupera naturel en ligne droite jusqu'à 8 ou 10 cent. plus bas que O, *v.* U, et à partir de ce point U, on continuera cette ligne en pente douce jusqu'au coude, *v.* M, pour lui faire gagner la largeur du dessus.

Car de vouloir couper le dessous droit de O à M, cela ferait produire un creux au talon de manche, *v.* N, qui est disgracieux au montage.

C'est pour cela que l'on doit toujours lui conserver le haut de son talon de manche naturel de O à U.

VINGT-QUATRIÈME PARTIE.

DE LA MESURE DE GROSSEUR DU HAUT (DÉTAILLÉE POUR SA PRISE, FIG. 16).

Voir les détails de cette mesure dans la 7ᵐᵉ partie, fig. 166.

DE LA MESURE DE GROSSEUR DU HAUT PRISE TROP GRANDE.

Voir dans la 7ᵐᵉ partie, fig. 174, ce que produit une mesure de demi-grosseur du haut prise trop grande.

DE LA MESURE DE GROSSEUR DU HAUT PRISE TROP SERRÉE.

Voir dans la 7ᵐᵉ partie, fig. 175, ce que produit une mesure de demi-grosseur du haut prise trop serrée.

DE LA MESURE DE GROSSEUR DU HAUT, COMPARÉE A LA MESURE DE GROSSEUR DE BASSIN.

La grosseur du haut s'égalise souvent à celle de grosseur de bassin, on ne devra pas s'y arrêter, elle varie chez grand nombre de personnes en plus ou moins de grandeur, l'on ne se sert de l'une pour l'autre lorsque par mégarde on a oublié de prendre l'une d'elles, mais cela peut conduire à de grandes fautes.

VINGT-CINQUIÈME PARTIE.

DE LA MESURE DE GROSSEUR DE BAS DES COTÉS.

Cette mesure est détaillée dans la 1ʳᵉ partie, fig. 126 et 127.

VINGT-SIXIÈME PARTIE.

DE LA MESURE DE GROSSEUR DE TAILLE (DÉTAILLÉE POUR SA PRISE, FIG. 16).

Il convient en prenant cette mesure de passer les 2 index sur la mesure, pour assurer sa place au creux des hanches.

DE LA MESURE DE GROSSEUR DE TAILLE PRISE TROP SERRÉE.

Voir les détails d'une mesure de grosseur de taille prise trop serrée, dans la 15ᵐᵉ partie, fig. 213.

DE LA MESURE DE GROSSEUR DE TAILLE PRISE TROP LARGE.

Voir les détails d'une mesure de grosseur de taille prise trop large, dans la 15ᵐᵉ partie, fig. 214.

CE QUE PRODUIT UNE MESURE DE GROSSEUR DE TAILLE PRISE TROP SERRÉE A LA MESURE DE GROSSEUR DE HANCHES.

FIGURE 244.

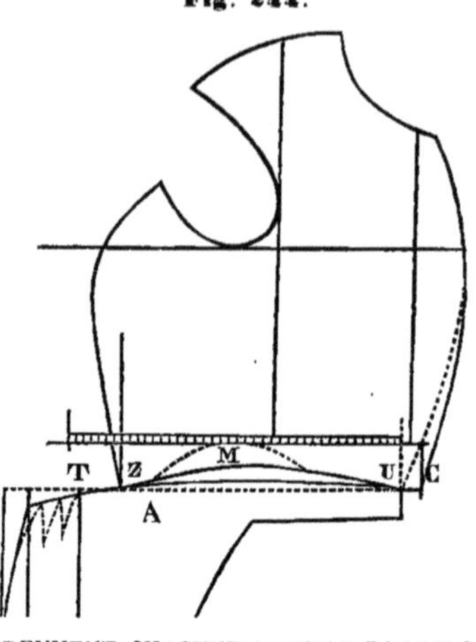

Cette mesure lorsqu'elle est prise trop serrée, v. U, produit à faire paraître trop de largeur à la mesure de grosseur de hanches, v. T, de la différence que la mesure de grosseur de taille a été trop serrée de U à C.

La grosseur de taille passe en partie sur des chairs molles, au lieu que la grosseur de hanches passe en partie sur des os, ce qui fait que la grosseur de taille s'amincit et que celle des hanches reste à sa largeur réelle.

Et de monter la basque à sa grosseur de hanches, qui a ses largeurs naturelles de T à U, à la grosseur de taille rétrécie de Z à U, cela donne trop de tendage au bas des côtés, v. M, ce qui occasionne trop de largeur sur les hanches, v. A, de la valeur du surplus de tendage, au détriment des largeurs des bas de devants qui restent étroits de U à C.

On devra à cela prier la personne que l'on doit habiller de se desserrer si elle l'est trop, afin de prendre cette mesure naturellement pour qu'elle s'accorde avec la grosseur de hanches, et ensuite on pourra au tracé rétrécir le bas des devants de U à C, par une ou à la rigueur deux pinces, pour qu'il soit en rapport avec la fantaisie de la personne qui aime à se serrer, comme il est détaillé fig. 126 et 127.

DE LA GROSSEUR DE TAILLE QUI DÉNOTE LES GROSSEURS PLUS OU MOINS FORTES DES PERSONNES ; ET DE L'ÉCART QU'ELLES PRENNENT CHACUNE DANS LE BAS DE LA LIGNE FORMÉE PAR LA DEMI-GROSSEUR DU HAUT.

Cet article se trouve détaillé par les dispositions des tenues plus ou moins fortes ou serrées ou plus ou moins cambrées détaillées pages 150, 151, 153, 154, 155 et 156.

VINGT-SEPTIÈME PARTIE.

DE LA MESURE DE GROSSEUR DE HANCHES.

FIGURE 245.

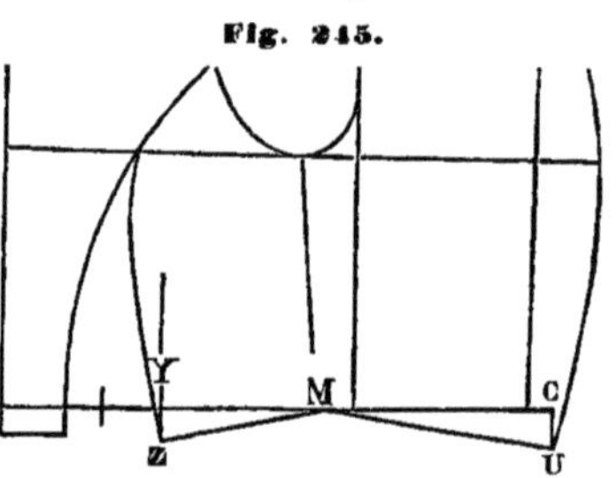

Comme il est dit fig. 89, la mesure de grosseur de hanches doit se prendre à la hauteur que l'on veut fixer la longueur de taille du vêtement, plutôt un demi-centimètre plus basse que plus haute, soit pour taille courte comme pour taille longue.

Cela est afin de laisser exister un surplus de largeur à la basque provenant du creux des bas de côtés, v. Z, M, U, qui donnent plus de longueur que la ligne directe de taille naturelle, v. Y, C.

Comme il est dit fig. 89, il est préférable que la mesure de grosseur de hanches s'obtienne plutôt large qu'étroite.

DE LA MESURE DE GROSSEUR DE HANCHES PRISE TROP ETROITE.

FIGURE 246.

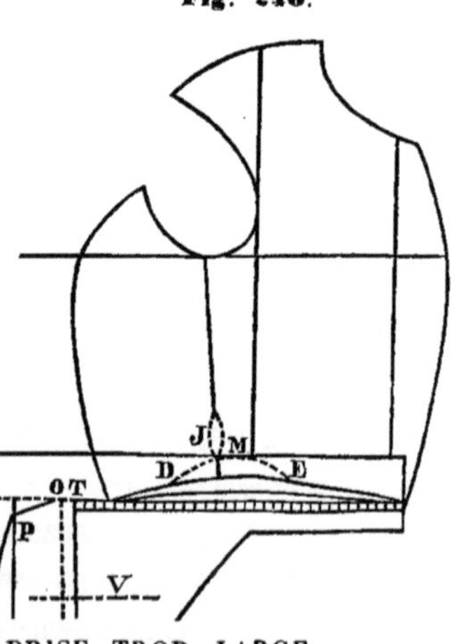

Cette mesure peut se rencontrer étroite provenant de l'avoir prise plus haute que la longueur de taille que l'on veut donner au vêtement.

Cette mesure prise trop haute devient donc plus étroite que si elle eût été prise à la hauteur exigée par la longueur de taille, ce qui ôte du tendage au bas des côtés de D à E en leur occasionnant à serrer trop sur les hanches de la différence prise plus étroite, cela produit aussi à faire desserrer le creux de la hanche à la taille naturelle, v. M, ainsi que le bassin, v. V.

Comme il est dit fig. 89, on devra toujours prendre cette mesure à un demi-cent. plus bas que la longueur de taille, qu'elle se fasse longue ou courte, ce qui produira à cette mesure un surplus de largeur qui lui convient pour tendre le bas des côtés de D à E, afin de les rendre à leur grosseur de hanches, ce qui évitera le refoulement d'étoffe au saillant de la hanche, v. M, qui ferait supposer qu'une pince conviendrait dans cette partie, v. J, ce qui n'est occasionné que pour ne pas avoir développé les bas de la taille de D à E à leur largeur de hanches.

POUR LA CORRECTION.

On aura à emprunter dans la partie du bassin, v. O, la largeur qu'il manque à la grosseur de hanches de T à O, ce qui obligera de pratiquer plus de tendage dans le bas des côtés de D à E, de la valeur rélargie de T à O.

Cette correction faite égalisera le bas des côtés à la taille naturelle qui se trouvaient trop larges, v. J, et effacera le surplus de largeur qu'avait le bassin, v. V.

DE LA MESURE DE GROSSEUR DE HANCHES PRISE TROP LARGE.

Cette mesure obtenue trop large provient de l'avoir prise au-dessous du point indiqué qui est à un demi-cent. plus bas que la longueur de taille que l'on veut donner au vêtement, ce qui grandit la mesure de grosseur de hanches, et nous oblige à donner un plus fort tendage au bas des côtés à la hanche de D à E, de la valeur prise plus large, et par cela occasionne un surplus de largeur dans cette partie de D à E. Cette mesure prise trop large ne nuit pas pour le creux des hanches, v. M, ni pour le bassin, v. V, cela n'occasionne nul dérangement à ces deux places, v. J, V, la hanche large ne produit qu'un surplus de largeur dans la partie de D à E, au détriment des largeurs de pinçons qui deviennent plus étroits de la valeur tendue en plus.

Il est donc préférable d'obtenir cette mesure plutôt large que juste.

POUR LA CORRECTION.

On aura s'il existe trop de largeur à resserrer le tendage du surplus de largeur qu'il a pris de D à E, ce qui nous obligera de ragrandir les pinçons des basques s'ils ont eu lieu de cette valeur resserrée à la hanche, afin de ne pas détruire les largeurs de bassin, ce qui aurait lieu, si l'on abattait le derrière de la basque, v. P, de la valeur resserrée à la hanche.

DE LA MESURE DE GROSSEUR DE BASSIN (DÉTAILLÉE POUR SA PRISE FIG. 17).

DE LA MESURE DE GROSSEUR DE BASSIN PRISE TROP LARGE.

FIGURE 247.

La mesure de grosseur de bassin prise trop large, v. V, donne trop de distance de V, demi-grosseur de bassin, à I, demi-grosseur de hanches, ce qui donne les pinçons plus forts, v. I, J, P, de la différence prise trop large, ce qui occasionne trop d'étoffe de cette valeur au bas des hanches, v. M.

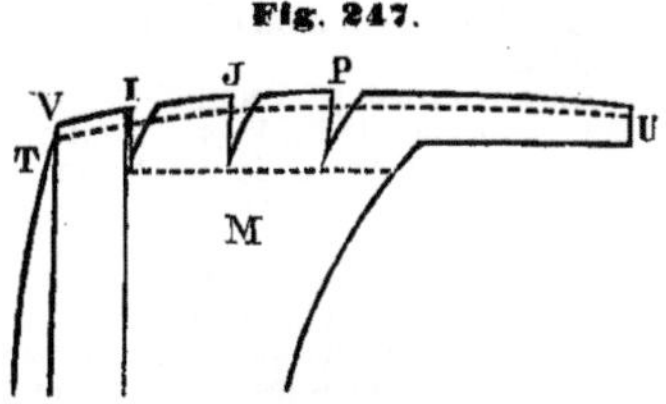

POUR LA CORRECTION.

On aura à raccourcir le haut de la basque, v. les pointés de T à U, ce qui rétrécira les pinçons du surplus de largeur qu'ils avaient pris.

DE LA MESURE DE GROSSEUR DE BASSIN PRISE TROP ÉTROITE.

FIGURE 248.

La mesure de grosseur de bassin prise trop étroite, v. V, ôte de la distance de V, demi-grosseur de bassin, à I, demi-grosseur de hanches, ce qui occasionne de faire les pinçons plus étroits, v. T, J, P, de la différence prise trop étroite.

Ces pinçons étant trop étroits produisent à faire serrer la basque sur la rotondité, v. M, et occasionnent à faire desserrer la hanche et la taille et à ouvrir sur le fort du derrière, v. F, de la différence trop étroite.

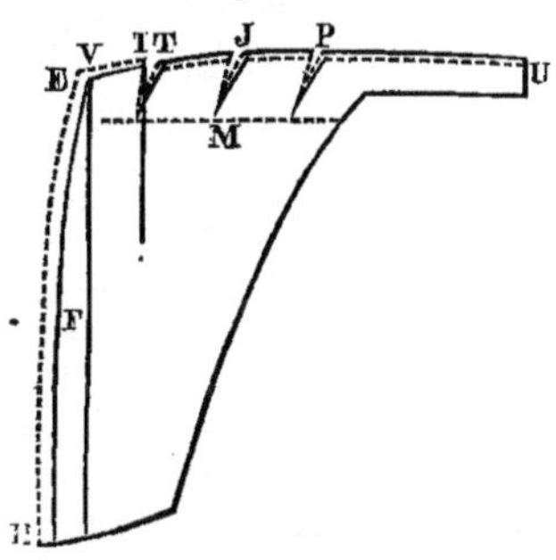

POUR LA CORRECTION.

On aura à rendre au derrière la valeur qui manque au bassin, voir la ligne pointée de E à H, ce qui nous obligera de forcer les pinçons, voir les pointés, de la valeur ajoutée au derrière de E à V.

Mais d'avoir rélargi le derrière de la basque, cela lui donnerait plus d'abattage à la place de E, ce qui la ferait croiser, on devra si l'on ne veut pas abattre le haut de la basque de V à U, pour la maintenir d'aplomb, mettre une fausse couture dans l'angle du derrière à la place de V.

RÉSUMÉ DES GROSSEURS DE HANCHES ET DE BASSIN.

FIGURE 249.

L'on doit s'assurer pour prendre ces mesures, afin de fournir aux hanches et au bassin une largeur dominante dans ces parties, v. T, V, car si les basques ou les jupes serrent au bassin, v. V, cela produit à faire détacher la hanche et la taille, v. T, M.

Comme si la hanche seule sert trop, v. T, cela fait détacher la taille, v. M, et le bassin, v. V.

Il faut autant que possible donner du large à la hanche, v. T, et au bassin, v. V, ces largeurs dominantes obtenues laisseront à la taille naturelle, v. M, la liberté qu'il lui faut pour busquer ou serrer dans le creux formé par les hanches ; car l'on corrige souvent le bas des corsages à la hanche, soit de pincer les côtés, v. J, ou de tâtonner le haut du corsage allant bien et tout cela provenant d'avoir obtenu des grosseurs de hanches et de bassin trop étroites.

La hanche et le bassin doivent toujours dominer de largeur, cela déforme moins les pans les poches étant garnies. Il ne convient pourtant pas de prendre ces mesures trop larges, ce qui peut provenir de mesurer sur un pantalon de grosses étoffes ayant beaucoup de largeur derrière, ce qui donnerait trop de largeur à la hanche et au bassin pour être porté sur un pantalon ajusté derrière et d'une étoffe plus mince.

DE LA BASQUE.

FIGURE 250.

DE LA RONDEUR DE HAUT DE BASQUE.

Il est dit, fig. 61, que le haut du rond de basque, *v.* O, prend un écart de 2 cent. à 2 cent. et demi avec le bas des côtés, *v.* M.

Cet écart de 2 cent. à 2 cent. et demi convient pour toutes les tailles plus ou moins rallongées, pour grosses comme pour minces personnes.

De lui donner moins d'écart de O à M, cela donnerait trop de rond à la basque à la place de O, et lui occasionnerait à refouler sur les hanches, *v.* N, de la différence trop haute; comme de lui donner plus d'écart que 2 cent. et demi de O à M, cela creuserait le haut de la basque à la place de O, et la ferait flotter derrière, *v.* H, et devant, *v.* D.

DE L'ABATTAGE DU DERRIÈRE DE LA BASQUE.

Il est dit, fig. 61, que l'on doit faire prendre un abattage au derrière de la basque de un cent. à un cent. et demi, *v.* V, au-dessous de P, fixé sur la ligne Z, U.

Cet abattage convient pour toutes les grosseurs.

On fait cet abattage de P à V, provenant que l'on pratique dans le bas des côtés, dans la distance de Q à Y, un tendage d'un cent. environ afin de nettoyer cette partie, ce qui fait bien. Ce tendage pratiqué de Q à Y baisse donc le côté d'un cent. qui compense pour un cent. l'abattage du derrière de la basque de P à V, auquel il reste encore un demi-cent. d'abattage qui lui laisse l'inclination de croiser et qui se trouve détruit par la tension produite par un mouchoir ou autre que l'on peut mettre dans les poches, ce qui rend les basques droites sur le corps.

Le tendage de Q à Y devra toujours se faire plus fort que la valeur que l'on veut lui donner, afin de rendre ce surplus de tendage en embu dans la partie tendue pour qu'elle ne se retire plus.

Mais dans le cas que l'on veuille donner plus de tendage au côté dans la partie de Q à Y, ce qui ne se fait que pour des personnes très fortes de hanches, on devra fournir au bas des côtés, *v.* Z, un cent. de plus d'étoffe, *v.* I, et le tendage forcé de Q à Y reportera I un cent. environ plus avant et plus bas que Z, ce qui fournira dans la partie de M un cent. de largeur, qui détruira de cette valeur le tendage que l'on doit pratiquer à cette place, car de tendre forcément de Q à Y, sans fournir un surplus d'étoffe de Z à I, cela occasionnerait à faire serrer la taille.

Mais d'avoir pratiqué plus de tendage de Q à Y, cela nous obligera de baisser le derrière de la basque au-dessous de V, du surplus de tendage que l'on a voulu donner au côté pour maintenir la basque d'aplomb, ne le faisant pas, cela lui occasionnerait à ouvrir derrière; ou si l'on ne veut pas baisser le derrière de la basque, on aura à raccourcir le bas des côtés à la place de Z, de la différence du surplus de tendage pratiqué dans la partie de Q à Y.

Comme de ne pas vouloir de tendage dans le bas des côtés de Q à Y, cela nous obligera de donner moins d'abattage à la basque de P à V, ce qui ne convient nullement, cela ôte toute la grâce d'un bas de côté.

DU TRACÉ DE BASQUE POUR TAILLE DEMI-LONGUE.

Cette basque est détaillée fig. 89.

DU TRACÉ DE BASQUE POUR TAILLE TRÈS LONGUE.

FIGURE 251.

Plus on rallonge une taille, plus les grosseurs de hanches grossissent et par cela réduisent de largeur et de longueur les pinçons; ils se trouvent longs et larges dans le haut pour longueur de taille naturelle, *v.* fig. 68, comme ils se raccourcissent et rétrécissent lorsque l'on rallonge les tailles, *v.* J, N, X.

La taille de ce modèle étant rallongée de 6 cent., *v.* R, la mesure de grosseur de hanches a par cela pris plus de largeur, *v.* T, on devra rendre au bas des côtés toute cette largeur. Savoir :

  La grosseur de hanche a donné par exemple **42 cent.**
  Et la grosseur de taille a donné — — **36 cent.**

L'on aura à rendre au bas des côtés la largeur de 6 cent. qui lui manque pour sa grosseur de hanches de D à E, cela par tous les moyens.

De pratiquer un tendage de tout ce que la hanche réclame fatiguerait trop l'étoffe dans cette partie, *v.* D, E, à cela on devra leur pratiquer des petits côtés, *v.* M, ces petits côtés fourniront à la hanche à partir de M, 2 cent. et plus d'étoffe, *v.* O; ce rajouté des petits côtés devra se faire arrondi, *v.* U, S.

On aura aussi à ajouter un cent. dans le bas des côtés, à partir de la taille naturelle de Z à I, qui se trouvera refoulé sur les hanches, par un surplus de tendage dans la partie de Q à Y, comme il est détaillé fig. 250.

Ce qui réduira le bas des côtés à 3 cent. de tendage, qui s'emploieront toujours de D à E.

Le fort de la hanche, *v.* O, étant fourni de 2 cent. et plus, aura moins de tendage que les autres parties de **D à U**, et de S à E, ce qui fera que le derrière de D à U prenant plus de distance, prendra plus de tendage que le devant

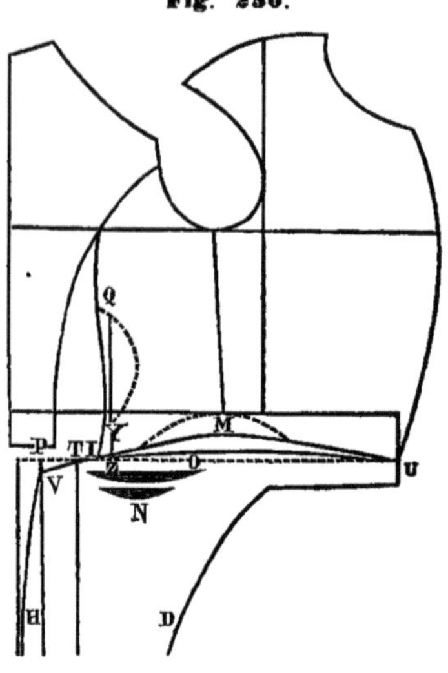

Fig. 250.

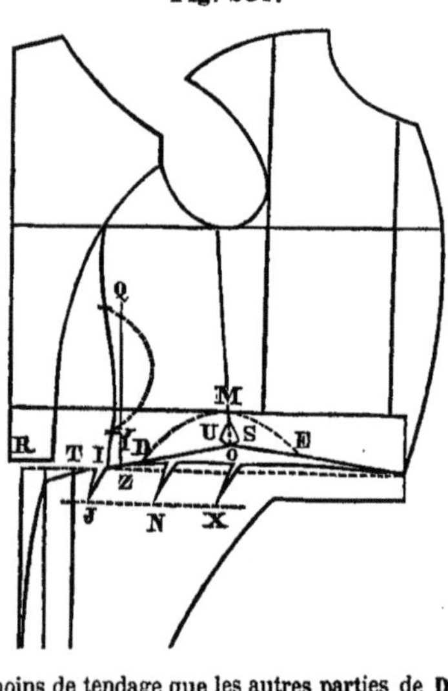

Fig. 251.

de S à E. Ce travail fini rendra au bas des petits côtés la largeur que réclamait la hanche pour occuper cette place.

Comme il est dit plus avant, on devra toujours donner un surplus de tendage, afin de le remettre en embu dans la partie tendue, pour qu'elle ne se retire pas.

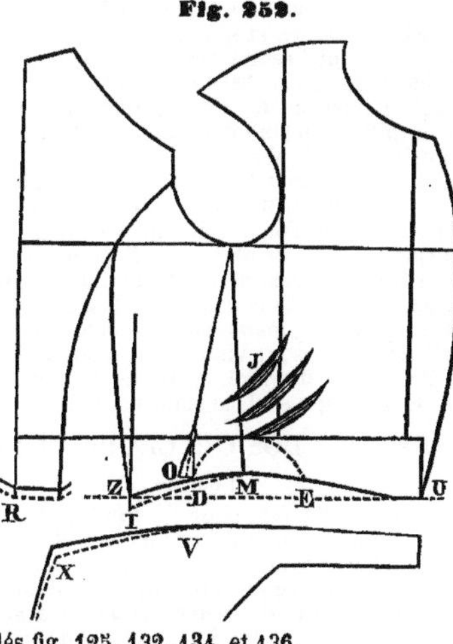

FIGURE 252.

DES PETITS COTÉS RAPPROCHÉS DU DERRIÈRE.

De pratiquer les petits côtés en arrière, v. O, cela facilite pour nettoyer cette place, mais cela nous oblige de pratiquer un tendage de D à E, pour rendre au fort de la hanche les largeurs qu'elle réclame, que ne peut lui fournir le petit côté placé plus en arrière, vu que l'on ne peut lui fournir que peu de largeur dans la partie de O à D.

Car ne pratiquant pas de tendage dans la partie de D à E, cela ferait occasionner un amas d'étoffe à la taille naturelle, v. J.

Ce côté placé plus en arrière ne convient nullement, vu que le dessous du bras détaillé plus avant est sa véritable place, v. M, pour occuper le fort de la hanche.

DU RALLONGEMENT DE TAILLE DERRIÈRE.

Si l'on veut faire baisser une taille derrière en plus que la ligne Z, U, pour taille courte comme pour taille longue, voir la ligne pointée de M à I.

On aura à baisser le derrière de la basque de V à X, de la valeur baissée au côté de M à I, et au dos, v. R, afin de lui maintenir son aplomb.

Pour les surplus de rallongements de bas de devants, ils sont détaillés fig. 125, 132, 134, et 136.

DE LA BASQUE POUR GROSSEUR DE TAILLE FORTE.

Cette tenue est déjà détaillée fig. 135 et 136.

FIGURE 253.

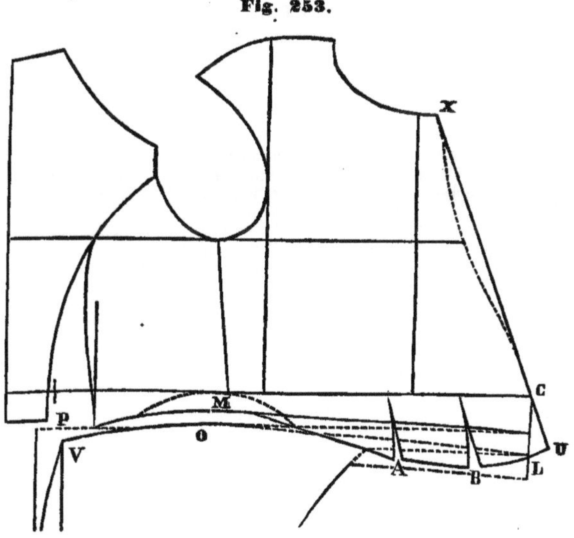

Comme il est dit dans la cambrure du bas des côtés, les personnes fortes de taille prendront le même écart de M à O, soit de 2 cent. à 2 c. et demi, que les personnes minces de taille.

Comme elles ont aussi le même abattage derrière d'un cent. et demi de P à V, que les tailles minces et fortes de hanches.

Comme on le voit par cette fig., O, fort de la hanche, se rencontre en face de M, bas des côtés provenant que cette tenue a peu de grosseur de hanches.

Ce qui n'existe pas pour les personnes minces de taille et fortes de hanches, qui font éloigner O, rond de la hanche, de M, bas des côtés, comme il est détaillé fig. 61.

DES PINÇONS DE BAS DE DEVANTS, POUR GROSSES PERSONNES.

On doit pour fixer le devant pour des grosseurs de taille très fortes qui aiment à ce que leur devant descende bas sur le ventre tirer une ligne droite de X à C, demi-grosseur de ceinture, et la prolonger, v. U, et toute la différence que cette ligne dépasse la grosseur de ventre C, de L à U, devra s'employer par une ou à la rigueur 2 pinces, v. A, B, cela fait bien pour emboîter leur ventre, principalement pour des revers attenant; il n'y a de cette manière aucun serrage à leur pratiquer aux revers devant de X à U.

DE LA BASQUE POUR TENUE DROITE, VOUTÉE OU RENVERSÉE.

Cette basque est détaillée pour les tenues droites, cambrées ou renversées dans la 1ʳᵉ partie, fig. 130.

Pour la tenue voûtée, fig. 132, et pour la tenue gros ventru, fig. 136.

DE LA BASQUE POUR HABIT QUI DOIT SE PORTER TOUJOURS BOUTONNÉ.

FIGURE 254.

Ce genre de basque se trace par les mêmes procédés que celle détaillée fig. 58 et sa suite.

Seulement, que ce genre demandant plus de jeu, on aura pour lui en donner à abattre environ 2 cent. de V à J, en plus que celle naturelle, et pour lui donner la même pente que celle primitive, on commencera sa rondeur à partir de M, voir la ligne pointée de M à J.

Et dans le cas que l'on ne veuille pas abattre derrière de V à J, à partir de M, on aura à élever le cran devant de U à N, de la valeur que l'on aurait baissé de V à J, faisant aboutir ce surplus de hauteur partant de N en pente douce jusqu'à O. Pratiquant ainsi, cela nous obligera de rehausser le dessous du cran de U à B, de la valeur rehaussée de U à N.

Ce qui produit le même effet que d'abattre le derrière.

Cette basque lorsque l'habit sera déboutonné aura l'inclination de croiser derrière, v. H, et donnera du jeu dans la partie de B, ce qui s'efface étant boutonné.

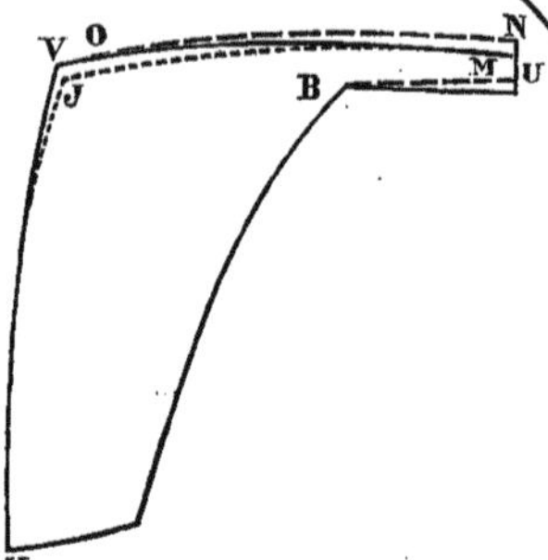

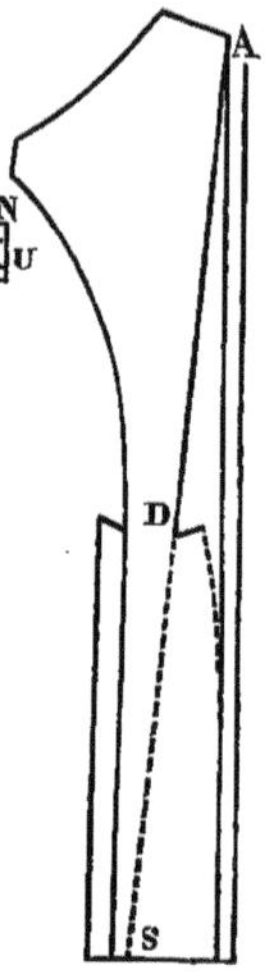

DES PANS DE DOS QUI CROISENT DANS LE BAS.

FIGURE 255.

Il est dit, fig. 70, que pour obtenir le pan d'un dos, que l'on doit faire prendre un écart de un cent. et demi dans le haut du dos, à partir de la ligne qui fixe le repli, v. O, et 3 cent. dans le bas, v. B, ce qui lui donne son aplomb.

Il n'en serait pas de même, si l'on plaçait son dos près la ligne du repli, v. A, et qu'on lui donne le même écart dans le bas, v. D, cela donnerait trop de biais au pan de dos, v. S, et occasionnerait à les faire croiser derrière au préjudice des plis des basques qui se trouvent attirés, ce qui produit mauvais effet.

VINGT-HUITIÈME PARTIE.

DE LA JUPE.

DE LA MESURE DE HAUTEUR ET DE ROND DE HANCHES.

FIGURE 256.

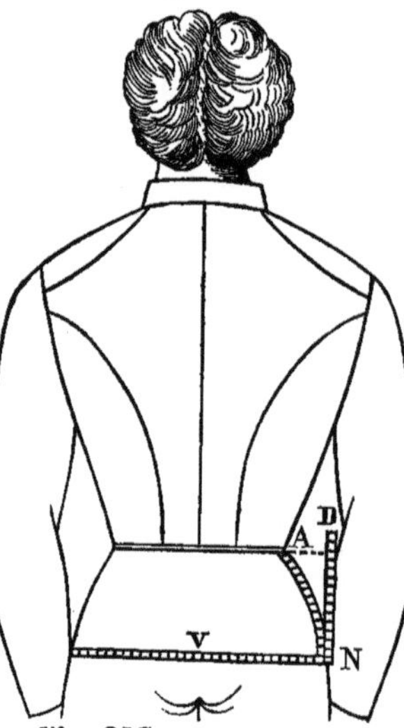

Il est dit, fig. 78, que les personnes minces de taille et fortes de hanches demandent un surplus de longueur dans toute la dimension du côté des jupes à la hanche, cela se fait par degré selon la force des hanches.

A cet effet il conviendrait de prendre la mesure de hauteur et rond de hanches pour obtenir ce surplus de longueur avec justesse.

Et pour obtenir cette mesure on procédera comme suit :

Lorsque l'on prendra la mesure de grosseur de bassin, v. V, on placera un point à cette même hauteur en face le saillant de la hanche, v. N.

Ce point N étant placé, on prendra la distance qu'il y a de A, creux des hanches, au point N, en faisant prendre à la mesure le contour prononcé des hanches, et tenant ainsi la mesure sur N, on redresse la mesure et tout le surplus qui dépasse le point A, v. D, indique le surplus de longueur que l'on doit donner au haut ou au bas des jupes pour les hanches.

Ce surplus de longueur de hanches varie selon les grosseurs de taille et de hanches. Tel que la personne égale de grosseur de taille et de hanches, n'aimant pas à se serrer, ne produit aucun surplus de longueur de hanches de D à A.

Mais aimant à se serrer, elle produira un surplus de longueur.

Il n'en est pas de même pour la personne mince de taille et forte de hanches, il se rencontre de ces tenues exceptionnelles aimant à se serrer fortement la taille qui prennent jusqu'à 3 cent, et plus de hauteur de D à A.

Cette mesure étant obtenue, on l'emploiera au tracé comme suit :

FIGURE 257.

Lorsque l'on coupera des jupes de moyenne ou grande ampleur, soit de 8 à 14 cent. d'écart de U à I, ce surplus de hauteur de rond de hanches s'ajoutera dans le bas, v. O, cela après avoir tracé la jupe naturelle, v. M, qui se fait par les mêmes procédés que celle détaillée fig. 71 et sa suite.

Car si l'on n'ajoutait pas dans le bas de la jupe, de M à O, toute la différence qu'a prise la mesure de hauteur et de rond de hanche de D à A, fig. 256, cela occasionnerait, le vêtement étant boutonné, à rendre les jupes courtes sur les hanches de la différence qu'il y a de M à O.

On ne procède pas de même pour la jupe lisse, comme on le verra détaillé fig. 258.

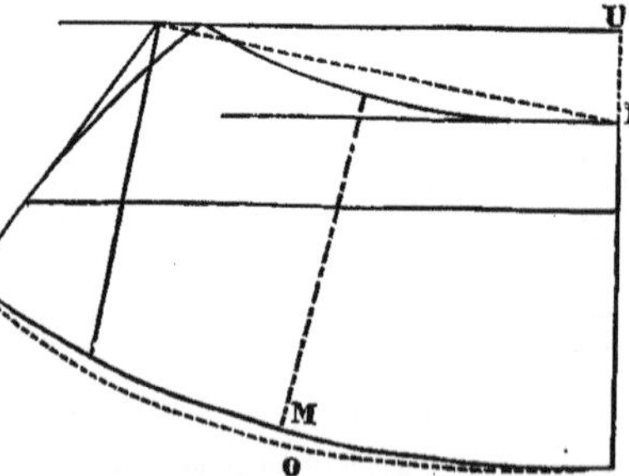

DU TRACÉ DE JUPE LISSE.

FIGURE 258.

Comme il est dit page 159, aux détails de cette jupe, l'écart du devant de U à I prend de 4 à 6 cent. Le modèle ci-joint a 6 cent. de U à I.

Pour le tracé il se fait comme d'habitude et comme il est détaillé fig. 71 et sa suite.

La jupe étant tracée par son cintre, v. T, M, I, on aura pour les personnes minces de taille et fortes de hanches, à leur pratiquer un ou à la rigueur deux pinçons dans le haut de la jupe, v. J, N.

Mais ces pinçons donneraient trop de creux au haut de la jupe naturelle, v. M, ce qui nous oblige de rehausser le cintre de M à O, de 1 à 2 cent., afin de le rendre droit de T à I. Ce qui fera que les pinçons étant faits, rendront à la jupe son cintre primitif, v. M, et même plus ce qui convient.

Mais d'avoir pratiqué des pinces, cela a rétréci les largeurs de grosseur de hanches de T à I, que l'on devra lui rendre de la même valeur derrière, v. Z, en maintenant toujours le point de grosseur de hanches Z, sur la ligne Z, U. Ce point Z se prolongera par une ligne arrondie jusqu'au-dessous de F.

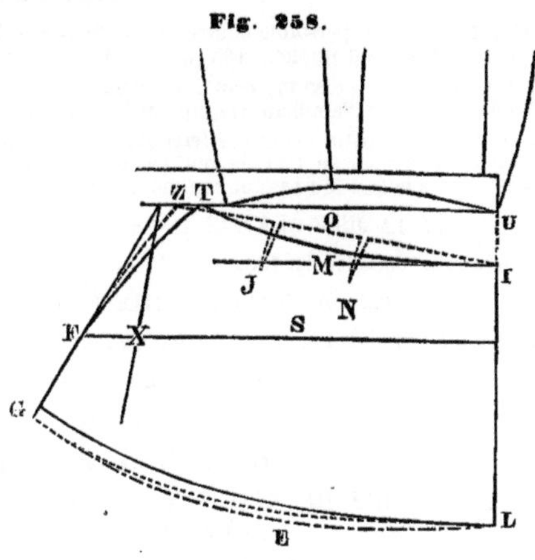

D'avoir rélargi les grosseurs de hanches de T à Z, cela redresse la ligne arrondie de Z à F, et par cela lui détruit les longueurs de bas de jupe derrière que l'on doit lui rendre, v. G.

D'avoir tracé sa ligne droite, v. T, O, I, cela a donc donné un surplus de hauteur aux hanches qui peut ne pas se rencontrer suffisant pour la différence qu'exige parfois la mesure de hauteur de rond de hanches, à cela on aura à ajouter dans le bas, v. E, à partir de G, aboutissant à L, le surplus de hauteur qu'il manque.

On pratique des pinçons sur les hanches, c'est afin d'emprunter un surplus d'étoffes à l'écart du derrière de la jupe dans la distance de X à F, pour qu'il se reporte sur les hanches; ne pratiquant pas ainsi, cela laisserait trop d'étoffe au derrière de la jupe, v. F, au détriment des hanches qui seraient trop lisses dans la partie de S.

Pour les personnes fortes de grosseur de taille, il n'est pas nécessaire de pratiquer de pinces au haut des jupes; le cintre du haut de jupe, v. T, M, I, se redresse au travail, et par cela reporte assez de largeur sur les hanches à la place de S.

Par la disposition de nos tracés, les jupes lisses ont toujours une largeur assez dominante pour les empêcher, le vêtement étant boutonné, d'ouvrir derrière ou devant, vu qu'elles ont toujours l'écart de X à F en plus que les grosseurs de bassin.

DE LA JUPE GRANDE AMPLEUR.

FIGURE 259.

Le tracé de cette jupe se fait pareil à celle moyenne ampleur détaillée fig. 71 et sa suite, pour grosse comme pour mince personne.

On devra, pour les jupes grande ampleur, abandonner l'écart de 8 cent. de U à P que l'on a pratiqué aux jupes précédentes pour en fournir un plus grand, v. I. Ce changement se fera selon le goût ou la mode qui réclame des jupes plus amples.

Exemple : Le modèle ci-joint a pris un écart de 14 cent. de U à I, comme on aurait pu lui donner plus grand ou plus petit.

A cela, que les écarts se fassent grands ou petits, ce sera toujours à partir de I que l'on reproduira les demi-grosseurs de hanches, v. T, et de bassin, v. V, qui aboutissent toujours sur la ligne formée par Z, U.

L'écart du haut de jupe de U à I ayant pris plus de distance, cela occasionnera plus de cintre dans le haut de la jupe, v. M, que celui de la jupe moyenne ampleur, v. fig. 77, et ayant pris plus de cintre, v. M, donnera par cela plus de rond dans le bas de la jupe, v. N.

C'est toujours l'écart du haut de jupe de U à I qui guide l'ampleur des jupes derrière; et, comme il est dit, ce même écart se reproduira toujours sur la ligne de jetée de jupe, v. H, à partir de X, demi-grosseur de bassin, et où il aboutira derrière, on marquera un point, v. F, ce qui guidera l'ampleur de la jupe.

Comme on le voit, le cintre du haut de jupe part de T, demi-grosseur de hanches fixé sur la ligne Z, U, on ne doit pas le faire partir depuis la ligne de bassin de V à I, v. O, cela abattrait trop le derrière de la jupe et par cela la ferait croiser derrière de la valeur baissée de T à O, au détriment du devant.

Il est dit, fig. 72, que l'on se servira du tiers de la demi-grosseur de bassin de U à H, pour former sa ligne de jetée de jupe. Cette distance de 1/3 peut varier selon la grandeur ou la grosseur des personnes.

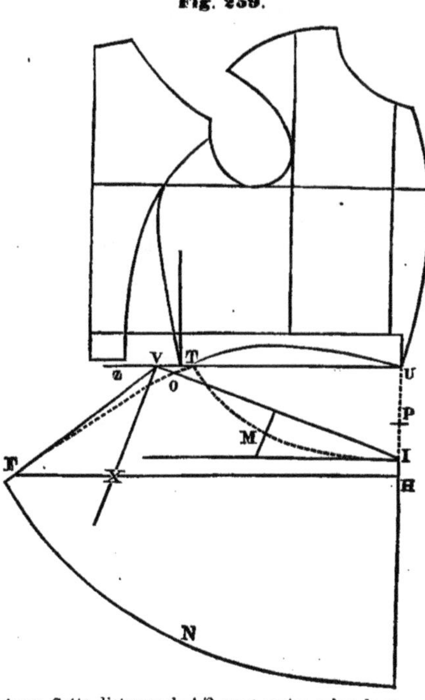

Tel que : pour une personne courte et très grosse, cela donnerait trop de distance de U à H et occasionnerait de ne pas donner assez d'ampleur à la jupe de X à F, pour avoir trop baissé ce point H.

Comme pour une personne grande et maigre, cela ne donnera pas assez de distance de U à H, et par cela occasionnerait à donner trop d'ampleur à la jupe de X à F, pour avoir rehaussé ce point H.   **Fig. 260**.

Il conviendrait, pour éviter ces irrégularités, de faire la part d'une personne plus ou moins grande si l'on ne veut pas prendre une mesure de hauteur de la hanche en face le fort du bassin, comme il est détaillé au twine, fig. 105.

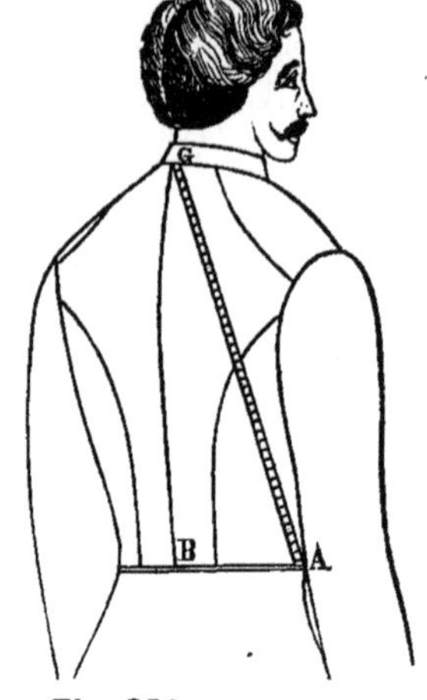

DE LA JUPE ABATTUE DANS LE HAUT DU DEVANT.

Cette jupe est détaillée fig. 130.

DES JUPES DE TUNIQUE PETITE ET GRANDE AMPLEUR.

Ces jupes seront détaillées dans l'article de l'uniforme.

DE LA JUPE DE COCHER.

Cette jupe sera détaillée dans l'article des livrées.

VINGT-NEUVIÈME PARTIE.

DE LA MESURE DE NUQUE A LA HANCHE PAR DERRIÈRE LES BRAS.

Preuve du montant de dos.

FIGURE 260.

Pour s'assurer au tracé si un montant de dos est trop ou pas assez long, on pourrait prendre la mesure de nuque à la hanche par derrière les bras, qui s'obtient comme suit :

Pour cela on aura à partir du point de taille naturelle B, à former une distance sur la hanche, v. A, à la même auteur que B.

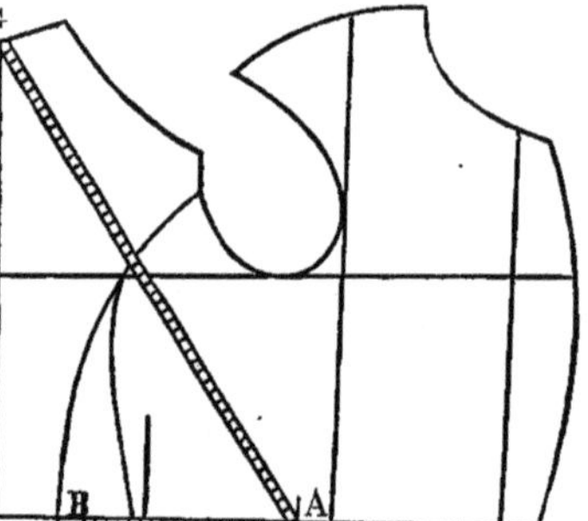

Fig. 261.

Ce point A étant fixé, on prendra la distance qu'il y a de A à B, que l'on inscrira pour la reproduire au tracé ; on procédera ensuite pour la prise de la mesure de nuque à la hanche, qui s'obtient comme suit :

Cette mesure partira de G, point de nuque et aboutira à A, point fixé sur la hanche, ce qui la détermine.

On ne peut se servir de ce mesurage que pour une personne égale de hauteur d'épaule et de force d'omoplate, car une personne plus haute d'épaule d'un côté que de l'autre rendrait la mesure inégale de longueur avec le montant de dos.

Comme une omoplate plus forte l'une que l'autre rendrait aussi la mesure inégale de longueur avec le montant de dos.

Cette mesure n'étant donc pas régulière on devra l'abandonner.

Cette mesure étant obtenue, on l'emploie comme suit :

FIGURE 261.

On reproduit la distance que B à A, fig. 260, a donnée, à partir du point de jetée de taille, v. B, et où cette largeur aboutit on marque un point, v. A.

On confronte ensuite la mesure obtenue de G à A, c'est là que l'on reconnaît si le haut de dos est trop ou pas assez haut.

Fig. 262.

TRENTIÈME PARTIE

DE LA MESURE DE PROFONDEUR PRISE DE LA NUQUE PASSANT PAR DEVANT ET SOUS BRAS, REJOIGNANT LA NUQUE PAR DERRIÈRE, v. G.

Pour preuve du montant de dos.

FIGURE 262.

Cette mesure est imparfaite pour preuve du montant de dos, le long trajet que fait la mesure la rend inégale, soit pour l'avoir trop ou pas assez serrée.

Cette mesure parcourant un long trajet rencontre des chairs molles qui fléchissent selon la tension que l'on donne à la mesure, ce qui peut rendre la mesure trop ou pas assez longue et n'ayant aucun appui on devra l'abandonner.

Il en est de même :

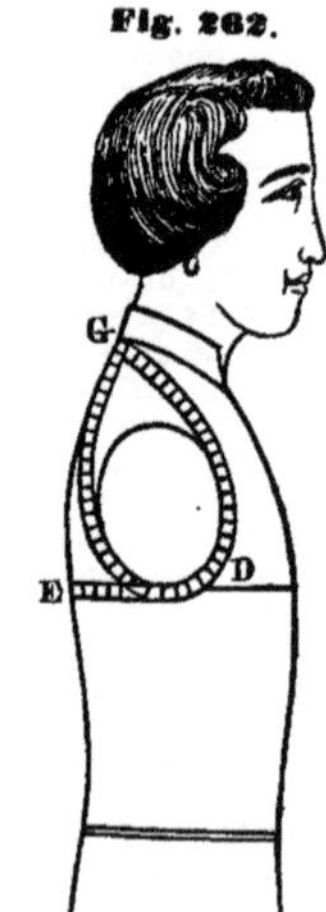

DE LA MESURE DE PROFONDEUR ET CELLE DE L'AVANCEMENT PRISE DE LA NUQUE, v. G, PASSANT DEVANT LES BRAS, v. D, ET ABOUTISSANT AU MILIEU DU DOS, v. E.

Cette mesure fait aussi un grand trajet, passe en partie sur des chairs molles, ce qui empêche de l'obtenir avec justesse et n'ayant aussi aucun appui on devra l'abandonner.

PARIS. — Typ. Vᵉ LACOUR, rue Souftlot, 15.

DEUXIÈME CLASSE DU GILET.
PREMIÈRE PARTIE.
DES PINÇONS DE GILET POUR PERSONNES FORTES DE POITRINE AIMANT A SE SERRER FORTEMENT LA TAILLE.

FIGURE 58.

Le tracé pour ce genre de conformation se fait comme d'habitude et comme il est indiqué page 62 et sa suite, excepté que l'on doit opérer un changement dans le bas des devants, comme l'on verra ci-après, provenant que leur poitrine, *v.* F, dépasse fortement leur ventre, *v.* C.

Les mesures de cette personne ont donné :

Montant de dos.	20 1/2	Avancement du bras.		29
Longueur de taille naturelle.	42	Demi-grosseur du haut.		50
Profondeur du bras.	32 1/2	Id.	de taille.	39
Id. à la hanche.	54	Id.	de hanches, prise à 5 cent.	
Id. à la taille.	62 1/2	plus bas que la taille naturelle.		44
Epaule.	42 1/2			

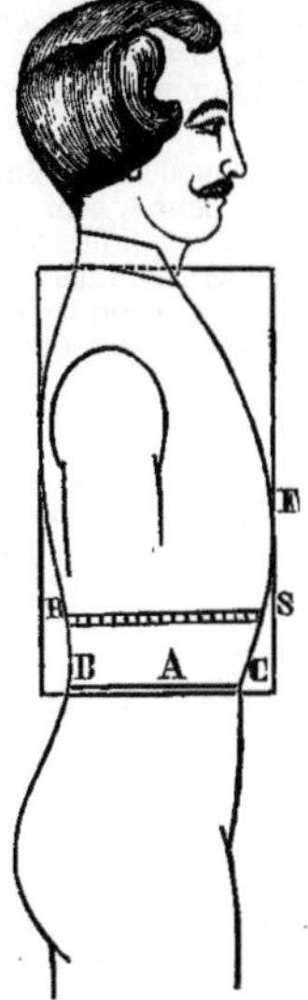

Fig. 58.

Outre ces mesures ci-avant indiquées, il convient, pour toutes les personnes qui aiment à se serrer pour s'amincir la taille, de prendre la mesure de grosseur de premières côtes détaillée ci-joint, et, pour l'obtenir, on procédera comme suit :

DE LA MESURE DE GROSSEUR DE PREMIÈRES CÔTES.

Cette mesure doit se prendre en ligne droite derrière, et devant, sur les dernières côtes, qui se trouvent plus élevées, selon la grandeur des personnes, de 4 à 6 cent. environ, *v.* R, S, que la taille naturelle, *v.* B, A, C, pour les gilets dont on se serre parfois fortement la taille par les bouts de boucle ; ce qui n'a pas lieu pour les corsages à manches ; cette mesure de premières côtes devra se prendre plus haute environ d'un cent. que pour ces dernières détaillées page 151, afin d'obtenir la mesure plus large.

FIGURE 59.

Les poitrines très fortes, *v.* S, produisent aux devants de s'éloigner du corps sur la poitrine, *v.* F, et dans le bas, *v.* H, pour être repoussés par une force et une rondeur qu'il y a à la place de S, ce qui fait occasionner un flottage à ces deux places, *v.* F, H, ainsi qu'à l'emmanchure, *v.* U.

C'est afin de détruire ce flottage des devants, que l'on se sert de la mesure de grosseur de premières côtes.

La mesure de grosseur de premières côtes étant obtenue, *v.* R, S, fig. 58, on aura, pour l'employer, à prolonger d'équerre, dans le haut, la ligne de profondeur à la taille B, *v.* A ; cette ligne B étant prolongée, on élèvera, au-dessus de la taille naturelle B, C, une ligne, *v.* M, à la même hauteur que la mesure de premières côtes a été prise sur le corps, soit de 4 à 6 cent., selon la grandeur des personnes.

Pour le modèle ci-joint, la mesure a été prise à 6 cent. plus haut que la taille naturelle, *v.* M.

La mesure de demi-grosseur de côtes a donné, par exemple. . . . . 44 cent.

La mesure de demi-grosseur de taille détaillée ci-dessus, qui a été prise à la largeur que la personne veut être serrée, a donné. 39

Ce qui donne. . . . . 5 cent.

de plus de grosseur de côtes que de grosseur de taille, et, pour employer la demi-grosseur de côtes on procédera comme suit :

On placera le bout de la mesure sur la ligne B, A, *v.* N, même hauteur que la ligne M, et où le chiffre obtenu de la mesure de grosseur de premières côtes, soit 44 cent., aboutira devant sur la ligne M, on marquera un point, *v.* T, et, de ce point T, on en tirera une ligne d'équerre dans le bas, sur laquelle on fixera la longueur que l'on veut donner au gilet, *v.* R ; ce sera donc de ce point R que l'on fermera le bas du gilet par une ligne qui partira de ce point et qui aboutira à la longueur que l'on a donnée au bas des hanches, *v.* O.

Cette ligne R, O, étant fixée, on devra en former une seconde plus élevée, *v.* V, P, qui suivra la pente du bas des devants ou à peu près.

Cette ligne partira à 1 cent. environ plus bas, *v.* V, que la raie qui fixe la longueur de taille naturelle, et aboutira sur la ligne T, R, de 4 à 7 cent., selon la grandeur des personnes, plus bas que la ligne C, *v.* P,

Le modèle ci-joint, grandeur moyenne, a pris 6 cent. de la ligne C à P.

Ce sera donc sur cette ligne T, R, que l'on devra faire aboutir la rondeur du bas des devants partant de F, en lui faisant prendre un abattage dans le bas d'environ 1 cent., *v.* J, à partir de P.

Comme on le voit, cette mesure de premières côtes se présente plus avant, *v.* T, que la demi-grosseur de taille, *v.* C ; c'est de la différence que cette mesure prend en plus large que la demi-grosseur de taille que l'on pratiquera dans le bas un ou à la rigueur deux pinçons de tout le surplus de largeur qu'elle aura prise en plus que la demi-grosseur de taille de T à C.

Car pour cette tenue de vouloir abattre le devant de F à H, ligne de grosseur de taille naturelle, comme on le pratique pour les personnes qui ne se serrent pas la taille, *v.* fig. 33, page 76, cela donnerait trop de rondeur au devant en détruisant la largeur que les premières côtes réclament pour être enveloppées, ce qui produirait, étant boutonné, à faire remonter les devants, *v.* T, et remontant plus haut que sa place, le gilet rencontre des grosseurs plus fortes, ce qui empêche de boutonner le bouton du bas et souvent les deux.

Au lieu que de pratiquer des pinçons de la différence qu'a fournie la mesure de grosseur de bas des côtes de C à T, même distance de H à J, cela laisse pour la dimension des côtes toute la largeur qu'elles

Fig. 59.

réclament, et par cela donne au bas des devants la facilité d'appuyer en faisant éviter une pression sur les côtes qui indisposerait lorsqu'on veut se boutonner, si l'on ne pratiquait pas ainsi.

La distance des pinçons étant déterminée de I à R, soit de H à J, on devra procéder pour les former, ce qui se fait comme suit :

FIGURE 60.

Le modèle ci-joint a pris 5 cent. de distance de C à T; on devra donc pour 5 cent. pratiquer 2 pinçons prenant chacun 1 cent. et demi, ce qui fera 3 cent., et 1 cent. de coutures par chaque pinçon; cela fera les 5 cent. qu'a pris la grosseur de côtes, v. T, en plus que la grosseur de taille, v. C.

Car de ne produire qu'une pince pour 5 cent., cela amènerait trop d'étoffe à une seule place, ce qui produirait mal.

Cette seule pince occasionnerait une bosse au-dessus des côtes qui serait disgracieuse, tout en n'enveloppant pas en entier la rondeur de poitrine, v. S.

Comme prenant moins de distance de C à T, on ne pratiquera qu'une pince, en faisant toujours la part des coutures.

Ne pratiquant qu'une pince, on aura soin de la faire rencontrer au milieu de la poitrine, v. M.

Ces pinçons, partant de la ligne M, prendront un peu de rondeur jusqu'à la ligne V, P, et à partir de cette ligne ils se continueront droits jusqu'au bas, v. U, A. On ne devra pas prolonger les pinces plus élevées que la ligne M, ce qui occasionnerait de nouveau à resserrer les côtes et à faire abandonner le bas des devants, v. A, U, de la valeur rétrécie, ce ne sera que les coutures des pinces qui commenceront plus élevées.

Il convient, pour les personnes fortes de poitrine, afin de détruire le flottage qui reste à l'emmanchure, comme il est détaillé fig. 59, de pratiquer le pinçon à l'emmanchure, v. O, plus grand que pour celle moyenne grosseur de poitrine détaillée fig. 39, page 80. Ce pinçon d'emmanchure pour cette tenue se fera de 2 cent. environ coutures comprises; il est cependant préférable de laisser exister une largeur dans cette partie, v. O, que de trop forcer le pinçon qui occasionnerait d'attirer à lui l'épaulette, soit de la renverser; à cela un léger ouatage lui conviendrait à la place de N.

On devrait, pour des poitrines hautes et rondes, pour gilet boutonnant haut, pratiquer un pinçon d'un cent. et demi coutures comprises, à l'encolure, v. L, et cette étoffe enlevée par le pinçon devra se refournir devant, v. E, ce qui redresse les devants, et par cela maintient les largeurs d'encolure.

Excepté que l'on ne force les pinces A, U, et qu'on les fasse monter plus haut que M, v. R; à cet effet, on devra ressortir le devant de B à G de toute la valeur resserrée en plus au bas des pinces A, U; pratiquant de cette manière, cela supprime le pinçon à l'encolure, v. L.

On supposerait qu'un redressage en plus, v. X, conviendrait pour redresser le devant, v. E, afin d'amener de l'étoffe sur la poitrine, v. S, ce qui n'est pas; ce surplus de redressage X occasionnerait un amas d'étoffe devant les bras, v. O, sans donner aucune rondeur à la poitrine, v. S, comme il est détaillé dans la septième partie du corsage à manches, fig. 176.

DE LA MESURE DE GROSSEUR DE HANCHES POUR GILET.

Pour les grosseurs de hanches, elles se pratiqueront, pour cette tenue, comme pour celles détaillées fig. 38, page 79.

Exemple : La demi-grosseur de hanches de cette personne, prise à 5 cent. plus bas que la taille naturelle, a donné.　.　.　44 c.
La demi-grosseur de taille a donné.　.　.　.　.　.　.　39

Ce qui fait donc　.　.　.　.　.　5 c.

que la demi-grosseur de hanches a pris en plus que la demi-grosseur de taille que l'on devra rendre au bas du gilet par de l'étoffe que l'on nomme soufflet. Donc, pour 5 cent. on pratiquera un soufflet de 2 cent. et demi au dos, v. D, et un soufflet de 1 cent. et demi environ au bas des devants, v. H, et le reste se mettra en largeur au bas de la couture du dos de J à Z, ou au bas des côtés des devants.

DES PINÇONS DE GILET POUR PERSONNES DE GROSSEUR MOYENNE QUI AIMENT ÊTRE LARGEMENT ENVELOPPÉES SUR LA POITRINE, ET QUI N'AIMENT PAS A SE SERRER LA TAILLE.

FIGURE 61.

Les mesures de cette personne ont donné :

Montant de dos.	23	1/2 grosseur du haut.		51
Longueur de taille natur.	46 1/2	1/2 — de taille.		46
Profondeur du bras.	31 1/2	1/2 — de hanches		
— à la hanche.	55	prise à 5 cent. plus bas		
— à la taille.	65 1/2	que la taille naturelle.		50
Épaule.	44	Longueur du bas de gilet.		68
Avancement du bras.	32			

Le bas de dos de ce modèle prend 3 cent. de plus de largeur de R à S que la moitié de la demi-grosseur de taille, ce qui se fait comme il est détaillé fig. 45, page 84.

On devra, pour les personnes qui aiment être largement enveloppées sur la poitrine sans se serrer la taille, leur pratiquer un pinçon au bas des devants de M à I, et cette étoffe enlevée dans le bas du pinçon, v. I, devra se refournir devant de F à

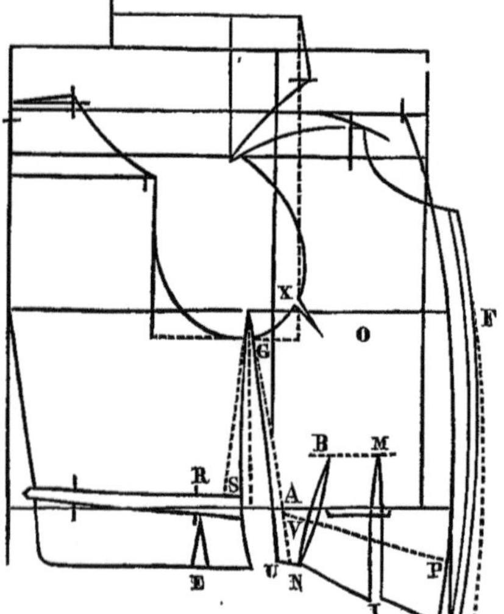

D, en faisant prendre à cet ajouté dans le bas la même forme qu'a le devant primitif, v. H. Et afin de maintenir les largeurs sur le fort de la poitrine O, on leur pratiquera une légère pince d'environ 1 cent., coutures comprises, à l'emmanchure, v. X.

DU PINÇON DE BAS DE GILET QUI SUPPLÉE A UN SOUFFLET.

On pratique parfois des pinces de B à N, afin d'éviter un soufflet au bas du gilet, v. N; mais cela a l'inconvénient de fournir de la poitrine dans cette partie, v. B, s'il n'en faut pas, et ce pinçon, étant trop forcé, peut attirer le devant, ce qui le rétrécirait sur le ventre à la place de P.

Cette pince se pratiquera oblique, partant à 2 cent. environ de distance du bas du côté primitif, v. N, cette pince prendra à la hauteur de la ligne V, P, le plus de largeur, se continuant en pointe à 5 ou 6 cent. au-dessus de la ligne de profondeur à la hanche A, v. B.

Cette pince se fera de 1 à 2 cent., coutures comprises : 2 cent. serviront pour des poitrines et des hanches fortes, comme 1 cent. pour des poitrines moins larges et des hanches peu fortes.

On pratique parfois ce pinçon en biais de B à N, pour éviter celui de poitrine de M à I. Ce dernier est préférable.

La pince faite, v. B, N, produit au bas des devants le soufflet que la largeur de hanches réclame, mais elle rétrécit la largeur des devants; on devra à cela rendre au côté, du haut en bas, toute l'étoffe que la pince lui fait perdre à partir de G à U, ce qui fera que le rajouté sera moins large dans le haut, v. G, que dans le bas, v. U.

Le soufflet du bas du devant, v. N, étant fourni par la pince, on aura à rendre au dos, v. E, le surplus de largeur que la grosseur de hanches réclame en plus que la grosseur de taille pour occuper cette place.

DEUXIÈME PARTIE.

DU GILET POUR PERSONNE TRÈS FORTE DE VENTRE.

FIGURE 62.

Les mesures de cette personne ont donné :

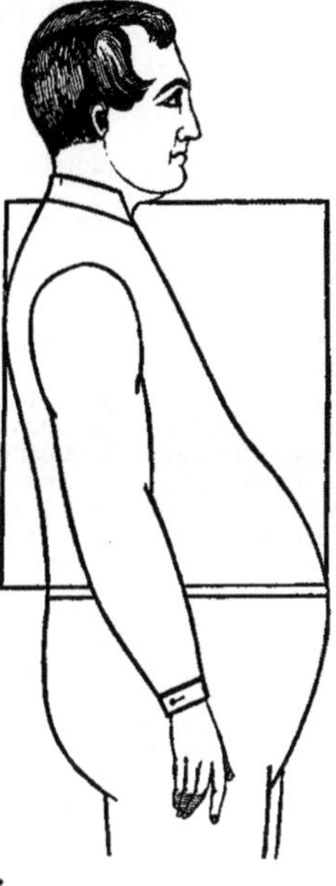

Montant de dos.	27	Avancement du bras.	38 1/2
Longueur de taille naturelle.	48	Demi-grosseur du haut.	60
Profondeur du bras.	37	Id. de taille.	63
Id. à la hanche.	58	Id. de hanches, prise	
Id. à la taille.	75	à 5 cent. plus bas que la taille	
Épaule.	53	naturelle.	65

FIGURE 63.

Le bas de dos de cette tenue de R à D ne prendra que la moitié de la demi-grosseur de ceinture, même largeur que le bas des devants de E à C, comme il est détaillé fig. 45, page 84.

Le tracé se fait toujours le même, comme celui du modèle école; les mesures seules lui donnent sa forme.

Excepté que ces tenues ayant un gros ventre, v. C, cela leur produit au tracé du gilet la poitrine creuse, v. F, et confectionnant ainsi le gilet, cela dessinerait trop les formes.

On devra, pour éviter ce creux, tirer une ligne droite à partir de X, largeur d'encolure déterminée à la mesure prise, ou à partir du quart de la demi-grosseur du haut, v. L. Cette ligne passera sur C, grosseur de taille, et se prolongera à 15 ou 18 cent. plus bas que C, v. U.

Cette ligne droite de X à U étant formée, on aura à abattre le bas du devant de gilet de I à N d'environ 1 cent. pour lui faire prendre la forme du ventre.

Comme on le voit, il reste encore une distance de T à N, en plus que la grosseur de ceinture C, que l'on devra faire disparaître par une ou, à la rigueur, deux pinces au bas du ventre, v. A, B, ou par un serrage de N à A.

Les pinces sont préférables, cela lisse mieux le bas: elles ne devront pas se monter trop haut, ce qui resserrerait la grosseur de taille C.

Comme on le voit, d'avoir tiré une ligne droite de X à U, cela fait former un vide à la poitrine de F à J, ce qui oblige, pour détruire cette largeur, de ouater la poitrine de gilet à la place de O; cela fait bien pour le creux de poitrine, car, ne le ouatant pas, cela laisserait exister un surplus de largeur au devant de F à J.

Il convient, pour ces gros hommes, de faire les gilets longs, afin qu'ils enveloppent bien leur ventre.

On ne pratique pas de soufflets au bas des devants, à la place de H, pour ce genre de tenue, excepté qu'ils aient de très fortes hanches, ce qui nous obligerait d'en pratiquer.

Mais il convient toujours d'en pratiquer un sur le dos, v. P, de 2 cent. au moins, pour prévenir à un serrage de boucle qui fait ressortir la hanche.

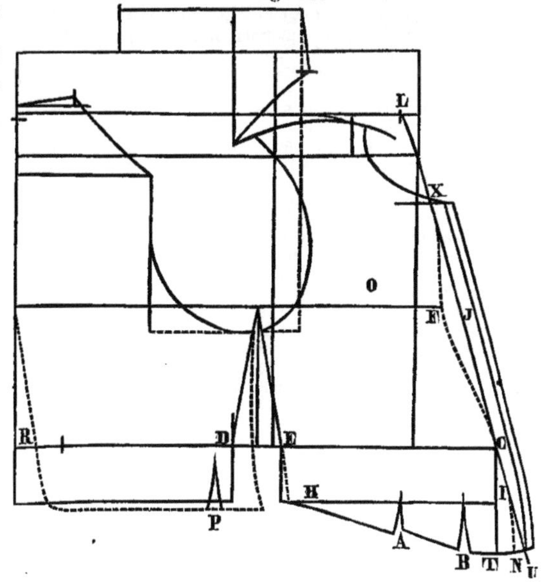

DES PERSONNES FORTES DE VENTRE QUI AIMENT A SE SERRER.

Il se rencontre des personnes fortes de ventre et qui aiment beaucoup à se serrer; on devra, à cela, leur prendre deux mesures de grosseur de taille, l'une serrée comme ils l'aiment parfois, et l'autre desserrée; ce sera de la mesure desserrée que l'on se servira pour fixer les grosseurs de taille devant C, et tout le surplus de largeur que la grosseur desserrée donne en plus que la grosseur serrée devra s'ôter par une ou, à la rigueur, deux pinces au bas des devants, ou par un serrage de N à A, cela si l'on ne veut pas lui laisser exister un surplus de largeur à cette place.

Car de couper le devant C à la mesure de grosseur de ceinture serrée, cela produirait à faire remonter le gilet devant, comme il est détaillé fig. 43, page 82.

Fig. 64.

TROISIÈME PARTIE.

DU GILET POUR PERSONNES CREUSES DE POITRINE ET QUI AIMENT A EN AVOIR, ET DU OUATAGE QUE L'ON DOIT LEUR PRATIQUER AUX DEVANTS.

FIGURE 64.

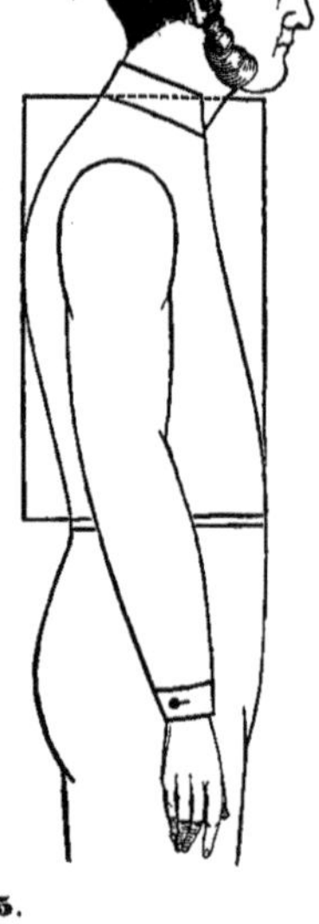

Les mesures de cette personne ont donné :

Montant de dos.	23	Avancement du bras.	33
Longueur de taille naturelle.	44 1/2	Demi-grosseur du haut.	49
Profondeur du bras.	30	Id. de taille.	43 1/2
Id. à la hanche.	51 1/2	Id. de hanches, prise à 5c.	
Id. à la taille.	62 1/2	plus bas que la taille naturelle.	43 1/2
Épaule.	44		

FIGURE 65.

Le bas de dos de cette tenue de B à I prend 3 cent. de plus de largeur que le bas des devants de E à C, comme il est détaillé fig. 45, page 84.

Le tracé se fait, comme d'habitude, par les mesures prises, ce qui, pour ces tenues, reproduit au tracé les devants sans rondeur, v. F, faisant qu'ils n'ont nullement besoin de pinçons; mais désirant avoir de la poitrine, cela nous met dans l'obligation de leur ouater ou garnir les devants du gilet, ce qui va nous conduire à rélargir la poitrine, v. J, de toute la valeur que la ouate va lui faire perdre de largeur.

La garniture, selon sa force, nous obligera de leur pratiquer un pinçon à l'emmanchure d'un cent., coutures comprises, v. O, et aussi de soutenir le bord des devants, de A à D, afin de former le lit du plus ou moins de ouate que l'on doit leur introduire;

Car ne rélargissant pas les devants, v. J, cela occasionnerait à rétrécir la poitrine de toute la différence que la ouate prend aux largeurs.

On devra pour cette tenue, comme pour celle ordinaire détaillée fig. 38, page 79, confronter les mesures de grosseur de hanches, afin de pratiquer des soufflets au bas des devants, si la mesure l'exige.

Le bas du dos réclame toujours le sien, v. P.

QUATRIÈME PARTIE.

DE L'ABATTAGE DU DOS DE GILET.

FIGURE 66.

Fig. 65.

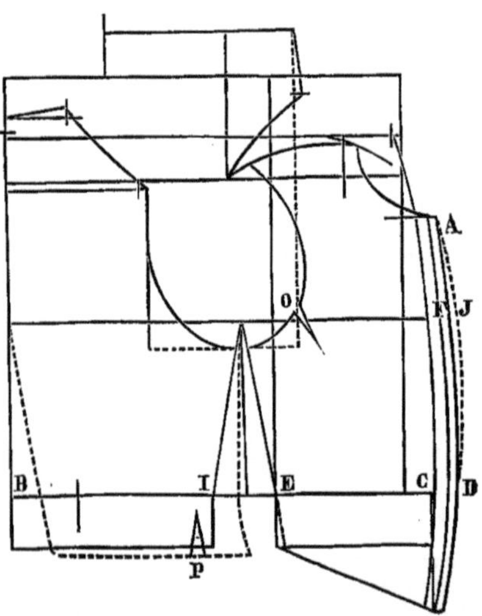

Le bas du dos étant tracé naturel à ses mesures prises, v. R, T, devrait suffire pour le faire confectionner; il n'en est pas ainsi.

Les omoplates fortes, v. O, font porter en arrière du gilet une largeur, v. R, B, au préjudice de ses grosseurs de bas de devants.

Ce qui ferait que, coupant le dos à R, T, cela ferait produire un amas d'étoffe sous bras, v. U, qui se grandirait encore par le serrage de la boucle, cela ferait aussi produire des plis en travers au bas des devants, v. N, J, pour serrer trop une partie devenue trop étroite, provenant de l'étoffe ramenée derrière par des omoplates fortes, v. R, B.

C'est afin d'éviter ces défauts que l'on doit faire produire un changement dans le bas du derrière de dos, soit de lui former une cambrure derrière de E à B de 2 à 3 cent.; selon la force des omoplates, on partira pour enlever cette étoffe toujours de E, montant de dos, afin de ne pas trop le rétrécir dans le haut, ce qui détruirait la largeur qui doit exister dans cette partie.

Cette cambrure enlevée derrière de E à B devra se reproduire de cette même valeur sous bras de Q à A.

La cambrure que l'on pratique dans le bas du dos de E à B produit fort bien dans le haut; cette cambrure amène dans le haut, v. O, de l'étoffe pour envelopper des omoplates fortes, ce qui détruirait l'aplomb des gilets si le dos restait droit derrière de E à R.

Donc, plus les omoplates seront fortes et plus on devra cambrer le derrière de dos.

Comme la personne très-plate de dos exige moins d'abattage, mais craignant une omoplate plus forte que l'autre, on devra lui pratiquer une cambrure de 2 à 3 cent.

Et comme cette étoffe enlevée derrière de E à B est reproduite sous bras de même valeur de Q à A, cela occasionne au gilet à serrer la taille derrière, v. B, et fait produire un flottage à la place de A, flottage qui se trouve détruit par le serrage de la boucle qui le reporte derrière, et par cela détache le bas du dos qui se trouvait trop serré primitivement à la place de B.

De procéder ainsi, cela n'attire que très peu le bas du devant C, et ne dérange nullement le haut du dessous de

bras, *v.* U; cela fait aussi éviter les plis prononcés au bas des devants,
v. N, J, cela pour avoir divisé à leur place, *v.* A, les largeurs que les
grosseurs de taille réclament pour se serrer.

C'est pour cela qu'il convient toujours de pratiquer ainsi les dos de
gilet.

Car on ne pratique pas aux gilets la cambrure à partir de l'omoplate de O à D, comme on le fait aux habits et redingotes; pour ces derniers, le cintre de dos à l'omoplate prend plus ou moins de rondeur,
ce qui les enveloppe, rondeur qui ne se produit pas aux gilets, pour
qui l'on forme la cambrure sous bras, *v.* A.

Le dos de gilet se trouve plat sur les omoplates, ce qui ferait qué,
ne leur donnant pas une cambrure au derrière de dos de E à B, pour
reproduire une largeur qu'il leur faut dans la partie de O, cela occasionnerait à faire décolleter, quoique ayant ajouté un surplus de
hauteur au haut de dos de Y à G (comme il est détaillé au modèle-
école du gilet, fig. 5, p. 63).

Cela produirait aussi un flottage à l'emmanchure, *v.* X, ce qui nous
obligerait de pratiquer une pince, *v.* X.

Et c'est afin d'éviter ces défauts que l'on pratique des cambrures au
derrière de dos E à B.

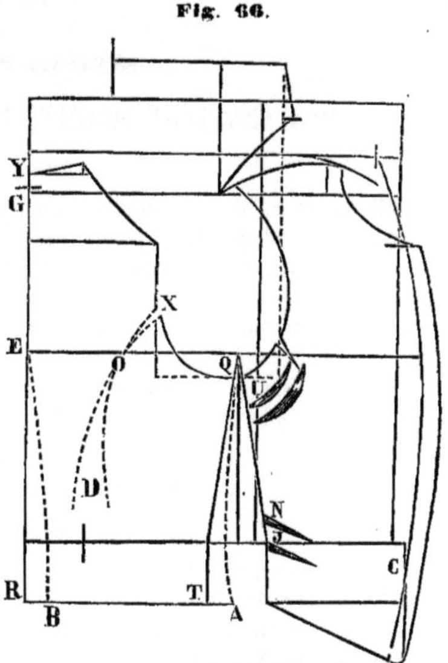

<h2 style="text-align:center">CINQUIÈME PARTIE.</h2>

DES HAUTEURS ET DES LARGEURS DE CARRURES POUR GROSSES PERSONNES, PRINCIPALEMENT LORSQU'ELLES ONT LES ÉPAULES HAUTES.

FIGURE 67.

J'ai dû, pour faciliter le tracé de haut de dos, ainsi que la largenr de carrure, employer un système proportionnel.
Tel que :

La hauteur de haut de dos de G à N prend le 1/6 de la demi-grosseur du haut, comme il est détaillé au modèle-école
du gilet, fig. 7, p. 64.

Comme la carrure de N à M prend le 1/3 de la demi-grosseur du haut (voir au modèle-école, fig. 8, p. 64).

Ces proportions se rencontrent assez en rapport pour des grosseurs moyennes; il n'en est pas de même pour les gros
hommes, ainsi que pour les épaules très hautes, pour qui le 1/3 rélargi de trop la carrure de N à M, et le 1/6 donne
trop de longueur de hauteur de carrure de G à N, ce qui fait que lorsqu'on forme l'épaulette, 'cela lui donne trop de
largeur, *v.* L, et produit à faire remonter le gilet en levant les bras, ce qui lui fait occasionner un pli, *v.* H.

On devra donc, pour des personnes très grosses et celles qui ont les épaules hautes, procéder comme suit :

Exemple : Une personne portant 63 cent. de demi-grosseur du haut, son 1/3 donne proportionnellement 21 cent.
de large de N à M, et son 1/6, pour sa hauteur de car-
rure, donne 10 cent. et demi de G à N, ce qui rélargit
trop les épaulettes de gilet, *v.* L.

On devra donc leur donner de 1 à 2 cent. en moins
de largeur de carrure, *v.* J, et diminuer la hauteur de
carrure de N à O de la moitié de cette largeur rétrécie
de J à M, ce qui rétrécira l'épaulette, *v.* V, et par cela
évitera de remonter le gilet en levant les bras, ainsi que
le pli qui se formait à l'épaulette, *v.* H.

On procédera de même pour les grosseurs moyennes
épaules très hautes.

Et lorsqu'on procédera ainsi, on ne devra pas
craindre de dépasser la ligne de redressage C pour le
creusage d'emmanchure, *v.* D; cela ne dérange nullement l'aplomb du gilet, et évite le pinçon, *v.* H., que
l'on pratique parfois lorsqu'on fait des épaulettes
larges, afin de donner sur le bras de l'étoffe pour le
lever.

Excepté ce léger changement désigné ci-dessus, le
tracé de ces tenues épaules hautes se fait comme d'habitude.

Comme il se rencontre parfois des personnes très
minces du haut et épaules très basses, qui pourraient
réclamer des épaulettes plus larges que le 1/6 de G à N,
à cela on aura à baisser ce point N, ce qui leur rélargira l'épaulette; leur largeur de carrure restera la même
fixée au 1/3.

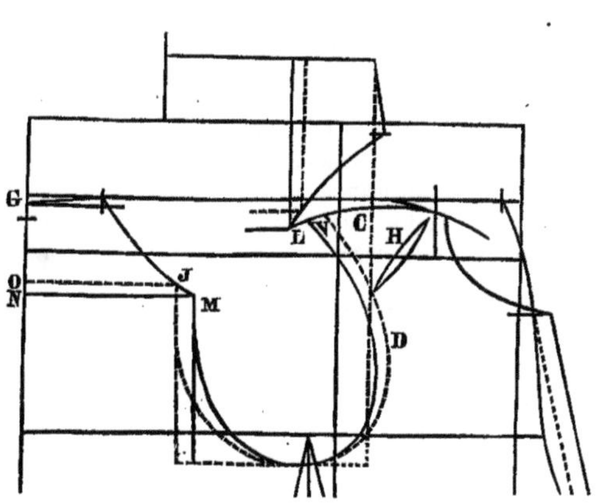

Fig. 68.

SIXIÈME PARTIE

DE L'ABATTAGE DU GILET DANS LE BAS DU DEVANT.

FIGURE 68.

Il est dit fig. 33, p. 76, qu'on doit faire prendre un abattage d'un cent. environ au bas de gilet, v. U, à partir d'un 1/16 au moins plus bas que la grosseur de taille C, v. H.

Il convient pour faire cet abattage de partir de 5 à 7 cent. au moins plus bas que C, v. J, selon la grandeur des personnes.

Cela laisse exister un surplus de largeur sur le ventre qui convient, de crainte d'avoir pris une mesure de grosseur de taille trop serrée.

Ce cent. d'abattage, v. U, convient pour une longueur moyenne,

Ce qui fera que plus on allongera un gilet, plus cet abattage se forcera, v. O.

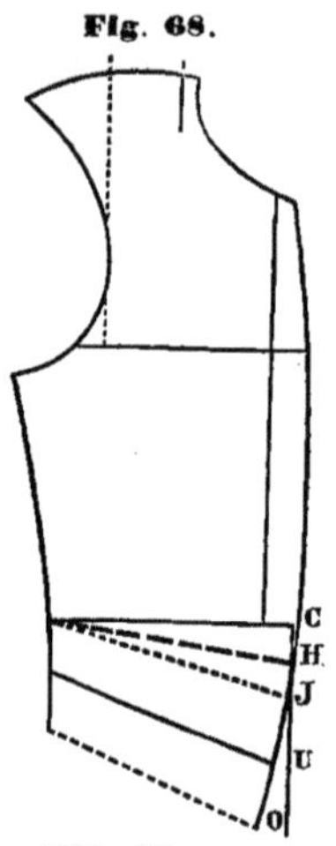

DU GILET A CHÂLE CROISÉ.

FIGURE 69.

On devra pour ce genre de gilet, lorsqu'on aura formé la ligne qui détermine le devant de poitrine, v. F, C, H, ce qui se fait comme il est détaillé fig. 33, p. 76, ajouter un surplus de largeur au devant de J à U d'environ 1 cent. à 1 cent. et demi, ce qui n'a pas été détaillé fig. 55, p. 89.

Ce surplus de largeur, v. J, U, convient aux gilets croisés pour envelopper la croisure du dessous qui prend de l'épaisseur, ce qui rétrécirait les devants de cette valeur, si l'on ne pratiquait pas ainsi.

Ce surplus de largeur étant fixé, v. J, U, on procédera pour la croisure que doivent prendre les devants de gilets croisés, ce qui se fait à volonté.

Pour cela on aura à ajouter aux devants de A à B la croisure que l'on veut lui donner.

Le modèle ci-joint prend autant de largeur du haut de J à A que du bas de U à B.

Ce sera donc la ligne pointée de J à U qui fixera le milieu de la croisure.

Ce qui détermine le gilet à châle croisé, détaillé fig. 55, p. 89.

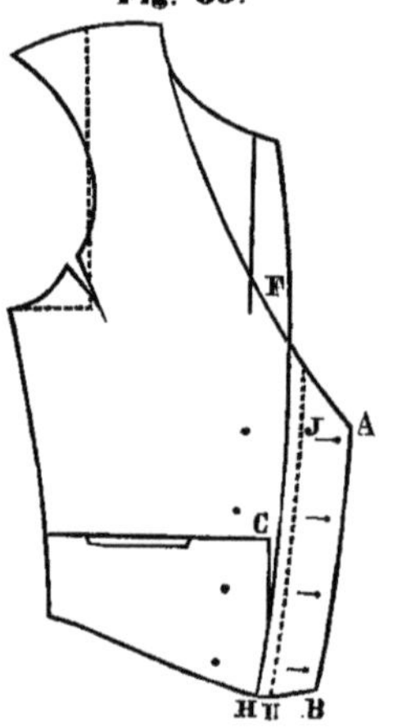

Fig. 69.

DU CHALE DE GILET A CASSURE RENTRÉE POUR POITRINE FORTE.

FIGURE 70.

On aura pour le tracé de ce châle à tirer une ligne droite qui formera le pied, voir la ligne pointée de A à B, et on donnera ensuite la forme et la largeur que l'on veut donner au tombant, v. C. D.

Cette ligne droite étant fixée, v. A, B, nous obligera de tendre au carreau le pied de collet de E à O, de 1 à 3 cent., et selon la force des poitrines, afin de rendre cette partie plus ronde que le creux d'encolure a à cette place, v. N.

De pratiquer ainsi un tendage au pied de châle du gilet de E à O convient pour toutes les personnes fortes de poitrine qui aiment que leur poitrine soit prononcée.

Comme on le voit au châle replié, ce tendage de E à O ôte à la cassure, v. M, environ 2 cent de longueur en lui faisant produire un cintre à cette place.

De cette manière, les châles n'ont jamais trop de cassure.

On devra pour obtenir ces tendages couper les châles en biais à la doublure et à la garniture.

Pratiquant les châles de cette manière, on ne devra pas resserrer autant l'encolure devant à la place de N.

Donc, une poitrine très forte prendra de 2 à 3 cent. de tendage de E à O.

Comme une poitrine moyenne en prendra de 1 cent. et demi à 2 cent.

Et la personne creuse de poitrine prendra environ 1 cent.

Excepté qu'on ne ouate les poitrines, ce qui rendrait de la cassure aux châles, et par cela nous obligerait de donner un surplus de tendage à chacune de ces tenues pour former le lit de la ouate.

Il est à remarquer que les gilets à châles droits réclament moins de tendage que les gilets à châle croisés.

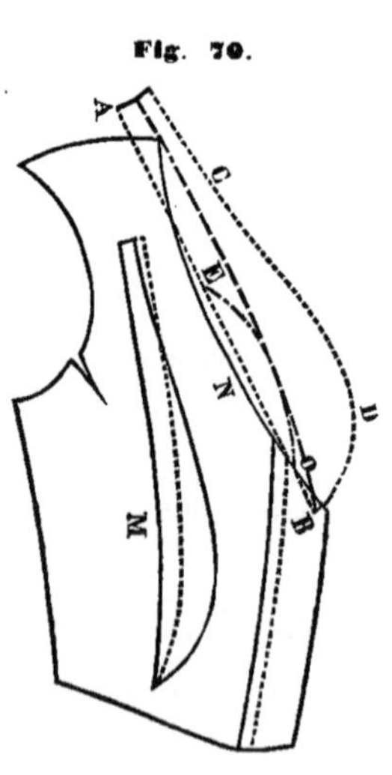

Fig. 70.

DEUXIÈME CLASSE DU PANTALON.
PREMIÈRE PARTIE.

DES MODÈLES VARIÉS DE QUELQUES PRINCIPALES TENUES DE JAMBES.

Comme il est indiqué page 90, je viens détailler la conformation des jambes plus ou moins arquées ou plus ou moins cagneuses.

Je répète que l'on ne met jamais trop de soins pour se rendre compte de leur conformation, afin d'obtenir ces mesures avec justesse. On devra, comme il est détaillé page 93, lorsque la mesure est prise, faire rapprocher légèrement les jambes des personnes, et sitôt que l'une des parties intérieures se touchent sans aucune pression, c'est la pose qu'il convient de garder pour se rendre compte de leur conformation, soit qu'elles se touchent de cuisses, de genoux, de mollets ou de talons.

Il convient, lorsqu'une personne a un pantalon large au dedans des cuisses, d'épingler le côté, afin de rendre le dedans lisse, ce qui facilite pour reconnaître la disposition des jambes.

Le pantalon détaillé depuis la page 121 jusqu'à la page 129, étant conforme au n° 1 dans tous ses détails, nous continuerons par le n° 2 qui, comme on le voit, a les jambes droites du haut en bas, soit qu'elles touchent des cuisses, des genoux, des mollets et des talons.

DU PANTALON JAMBES DROITES, N° 2.
FIGURE 74.

Les mesures de cette tenue ont donné :

Longueur au jarret.	55	Demi-gross. de ceinture desserrée.	40
Id. totale du côté.	104	*Id.* serrée.	37 1/2
Id. d'entre-jambes.	80 1/2	Demi-grosseur de hanches, prise à	
Renversement des hanches.	80	6 c. plus bas que la taille naturelle.	45 1/2
Guide des largeurs des hanches, prises à 6 c. plus bas que la taille		Demi-grosseur de bassin.	47
		Id. de genoux.	37
naturelle.	75	*Id.* de mollet.	37
Demi-grosseur de cuisse.	30 1/2	Hauteur de hausse.	62

FIGURE 75.

Le tracé de ce pantalon se pratiquera par les mêmes procédés que celui n° 1, détaillé page 121 et sa suite, excepté que cette tenue ayant les jambes droites, ce qui lui donne une disposition cagneuse, on devra lui fournir au dedans du genou la valeur de 3/4 de cent. environ, *v*. I, en plus que la moitié de sa demi-largeur de genoux, *v*. R, cela pour parer à un torse qui se produirait au haut de la cuisse, *v*. B, si l'on ne pratiquait pas ainsi.

En outre de ces 3/4 de cent., *v*. I, on lui joindra également un demi-cent. pour ses coutures, *v*. T, ce qui équivaudra à rélargir, pour cette tenue, le dedans du genou d'un cent. et 1/4 double en plus, *v*. T, que ses demi-largeurs de genoux, *v*. R.

Cette ligne de grosseur de genoux, *v*. R, doit toujours rester à découvert, afin que le modèle puisse rendre compte de la largeur qu'on lui a fournie, en plus de R à T. Le surplus de largeur de genoux étant fixé, *v*. T,

On devra procéder pour les largeurs du bas ; ce qui se fait comme suit :

J'ai donné au bas de ce pantalon la forme découverte sur le coude-pied, ce qui se fait à volonté.

Pour cela on élèvera, pour fixer le devant, une ligne de 1, de 2 ou de 3 cent., *v*. K, au-dessus de la longueur totale, *v*. M, selon que l'on aime que le pantalon découvre le pied : cela est indépendant des longueurs de derrière, qui doivent toujours rester fixées à leur longueur prise, *v*. M.

Le modèle ci-joint est raccourci du devant de 2 cent., *v*. K.

Le bas de ce pantalon, qui doit avoir 44 cent. de largeur fini, aura donc 22 cent. pour le dedans de la jambe, et, afin de lui maintenir ses largeurs, on lui joindra en plus 1 cent. pour ses coutures, cela fera donc 23 cent. que l'on partagera, ce qui fera 11 cent. et demi que l'on placera à partir de la ligne d'aplomb O, *v*. M, que l'on fera aboutir à P, ce qui détermine les largeurs de bas de devant et de bas de derrière sur le même point, *v*. P, comme il est détaillé fig. 59, page 121.

Et pour l'abattage du devant, *v*. U, pour le tendage que l'on doit lui pratiquer à cette place, il se fera comme il est détaillé fig. 61. La largeur du bas de pantalon en dedans étant fixée,

On aura, pour déterminer le haut du dedans du devant, à tirer une ligne droite de S à T, ajouté de coutures et rélargissage de genoux, et, pour le bas, on en tirera une seconde de T à P, ajouté de coutures.

Ces lignes étant formées droites, on devra les adoucir par des lignes creusées de S à T et de T à P, comme il est détaillé fig. 61, page 122. Le modèle ci-joint ne doit pas trop se creuser dans le haut de la cuisse à la place de A, vu que la cuisse de cette tenue est pleine.

Le dedans du devant étant achevé, on procédera pour le dedans du derrière.

Comme pantalon demi-collant qui doit supporter un travail au carreau dans la partie de A, on devra, à partir du cent. de coutures ajouté à la fourche du derrière, *v*. N (1), former une ligne cintrée qui, partant de N, se cintrera d'environ 3/4 de cent. dans la partie de A, en anticipant légèrement dans le devant, continuant jusqu'à T, et, à partir de T, cette ligne ressortira en rondeur douce afin de rendre en rondeur au mollet, *v*. H, la valeur que l'on a creusé le devant, *v*. L, afin de ne rien lui ôter à cette place, vu que les mollets se touchent pour cette tenue ; cette ligne aboutira, selon la grandeur des personnes, de 12 à 16 cent. plus élevé, *v*. V, que la longueur totale, *v*. P, pour de là finir en cintre doux jusqu'à P.

Donc, pour cette tenue la largeur du mollet en dedans prendra la même largeur que le genou avec son rajouté et ses coutures comprises T. Pour toutes les tenues de jambes quelconques, l'étoffe qui les recouvre doit toujours dominer de largeur afin d'éviter des torses.

(1) On ajoute 1 cent. à la fourche, vu que l'on n'a rien ajouté au devant pour ses coutures. Il n'en est pas de même pour les genoux, place où le devant et le derrière sont l'un sur l'autre, et donnant à cette place un demi-cent. double, cela équivaut à un cent. simple, même valeur que celle ajoutée à la fourche.

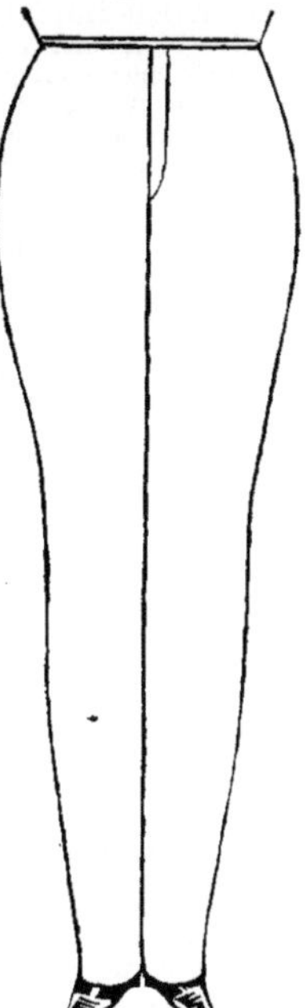

Fig. 74.

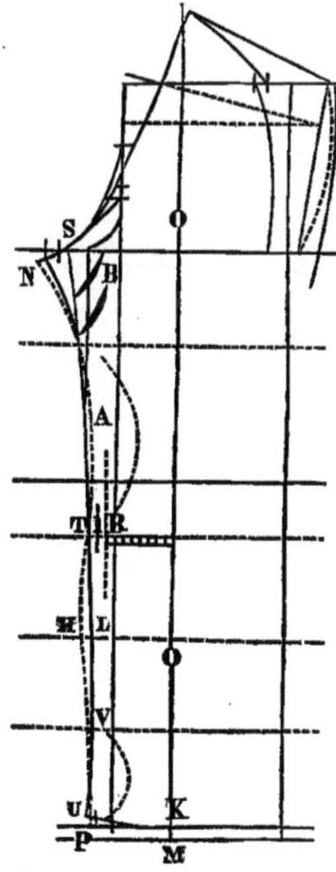

Fig. 75.

FIGURE 76.

On a creusé le dedans de la cuisse, *v.* A; cela a donc rétréci les largeurs de cuisse à cette place, *v.* A; mais comme l'on pratiquera un tendage dans cette partie de C à T, l'étoffe enlevée lui sera rendue par ce tendage, qui emprunte de l'étoffe au derrière du jarret, *v.* O, ce qui lisse cette partie, *v.* O, qui se trouve généralement trop large, provenant de la force du derrière du mollet qui retient une largeur à cette place; ce tendage dessine donc la forme du jarret, *v.* O, en laissant les largeurs à la place du mollet, *v.* Q.

Le dedans du pantalon étant achevé, on devra procéder pour ses largeurs de bas de côté, auquel on donnera également 22 cent. et 1 c. pour les coutures, comme cela a été pratiqué pour le dedans de M. à P., fig. 75.

Pour la largeur que l'on doit pratiquer au bas du devant de K à Y, cela se fait à volonté, la mode en est le guide. Ce point Y étant fixé, on aura à tirer une ligne droite de D à Y, qui ébauche le côté du devant.

Cette ligne étant formée, on aura à ajouter la valeur de 1 cent. environ, *v.* J, pour lui faire prendre son cintre, comme celui du dedans U, pour le tendage que l'on doit pratiquer dans cette partie.

Donc, plus on rélargira le devant de K à J, plus le derrière se rétrécira de M à G, comme plus on rétrécira le devant de K à J, plus le derrière se rélargira de M à G, afin de toujours donner au côté les mêmes largeurs que l'on a données au dedans de M. à P.

Les côtés des devants étant fixés de D à J, on devra procéder pour les côtés de derrière.

Comme on le sait, ce modèle prend une forme demi-collante; on aura donc, pour lui donner ses largeurs de côté, à procéder comme suit :

Exemple : La grosseur de genoux a donné 37 c. ; la moitié donne donc   18 c. 1/2
On lui joindra pour ses coutures. . . . .   1 c.
Et comme forme demi-collante, on lui joindra un surplus de largeur de   4 c.

Cela fait donc. . . . .   23 c. 1/2

Mais comme pour cette tenue jambes droites soit légèrement cagneuses, l'on a fourni 3/4 de cent. double en dedans de la jambe de R à I, soit 3/4 de cent. pour le devant et 3/4 de cent. pour le derrière, ce qui fait un cent. et demi en totalité, on devra donc ôter au côté cette largeur fournie au-dedans, si l'on ne veut pas avoir le pantalon trop large; soustrayons 1 cent. et demi donné en plus en dedans de R à I, de 23 cent. et demi, il restera 22 cent., qui se diviseront de côté comme suit :

Le devant, à partir de la ligne d'aplomb O à F, a pris 10 cent. ; il restera donc 12 cent. pour le derrière, qui se placeront également de la ligne O à X.

Les largeurs de genoux étant fixées *v.* F, X, on devra procéder pour les largeurs de mollets, qui, prenant la même largeur que le genou, soit 22 cent., se diviseront comme suit :

Le devant, à partir de la ligne d'aplomb O à Z, a pris 9 cent., il restera donc 13 cent. pour le derrière, qui se placeront également de la ligne d'aplomb O à V, ce qui fixe les largeurs du côté de derrière.

On aura, pour les déterminer, à former une ligne partant de N, renversement de hanches, coutures comprises, passant sur H, largeur de cuisse déterminée, comme il est détaillé fig. 55, page 118, pour arriver en rondeur et cintre doux de 2 à 3 cent. environ plus élevé, *v.* E que X, largeur de genoux, pour faciliter le tendage que l'on doit pratiquer à cette place, et de ce point E on ressortira en rondeur douce, passant sur X pour arriver à V, grosseur de mollet, place où le derrière doit être le plus large, on suivra ensuite en rondeur douce jusqu'à B, hauteur fixée pour le tendage du bas, et de ce point B on aboutira en léger cintre jusqu'à la largeur du bas de derrière déterminée, *v.* G, ce qui achève le côté du derrière.

Les côtés de derrière étant déterminés, *v.* N, H, E, X, V, B, G, on procédera pour la forme du bas.

Ce pantalon prenant dans le bas une forme découverte sur le coude-pied, on a dû raccourcir le bas du devant de 2 cent. de M à K.

On devra, pour former le bas du derrière, tirer une ligne partant pour le côté de 1 cent. plus bas que le devant raccourci J, *v.* G, afin de laisser toujours exister un surplus de longueur au derrière pour le tendage qui va s'opérer dans le bas des côtés de devant, *v.* Y; on suivra cette ligne en rondeur douce jusqu'à M, longueur déterminée, pour de là la faire remonter en rondeur douce jusqu'à 1 cent. plus bas que U, longueur du dedans du devant, afin de toujours laisser exister un surplus de longueur au derrière pour le tendage qui va s'opérer dans le bas du dedans du devant.

Comme on le voit, le dedans U est plus élevé que le côté G; cela provient de ce que le coude-pied est plus élevé en dedans que de côté, comme il est détaillé fig. 55, p. 118.

FIGURE 77.

D'avoir tiré la ligne qui détermine le côté du devant droite de D à Y, fig. 76, pour tenue de jambes droites soit légèrement cagneuses, cela donne trop de creux au côté du derrière dans la partie de A à U, *v.* I, et trop de rondeur au mollet.

On devra, pour adoucir ce creux et cette rondeur de mollet, cintrer la ligne qui détermine le côté du devant, *v.* N, de D à la ligne M, hauteur de tendage.

Le modèle ci-joint, jambes droites soit légèrement cagneuses, prend 1 cent. de cintre aux genoux, *v.* N.

Et cette valeur enlevée au devant, *v.* N, devra s'ajouter au côté du derrière, *v.* E, de J à la ligne de hauteur de tendage M, ce qui adoucira le creux et la rondeur de mollet, qui étaient trop prononcés, *v.* I.

De procéder ainsi, cela laisse exister les largeurs que l'on a voulu lui donner.

Il ne restera donc qu'un surplus de largeur de 4 cent. dans la totalité du genou et du mollet, comme pantalon demi-collant.

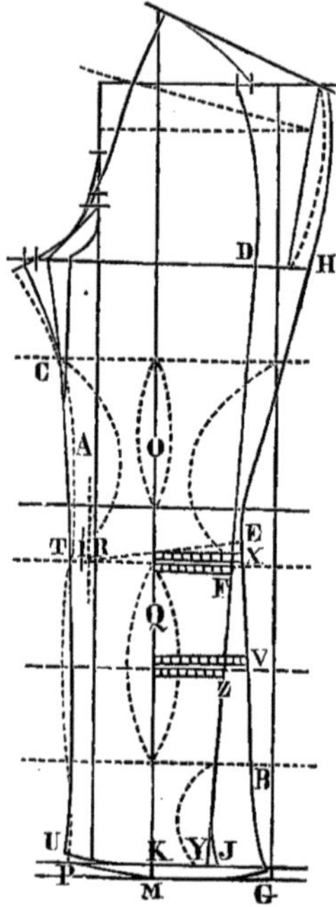

Fig. 76.

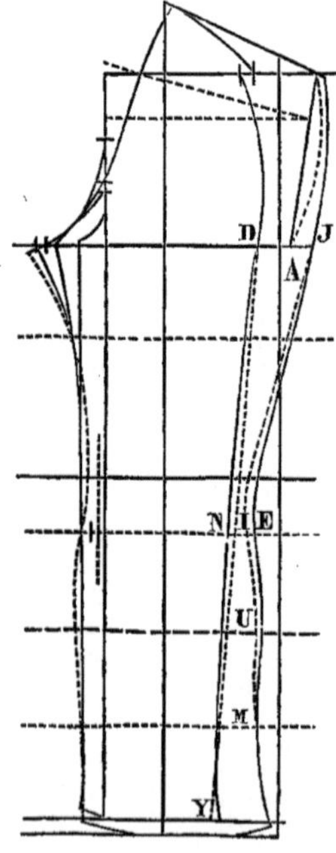

Fig. 77.

La fig. n° 3, jambes droites arquée de cuisses et la fig. n°4, cuisses droites arquée de jambes désignées page 91, étant renfermées dans la fig. n°5, plus exagérée en tenue, nous procéderons pour la démonstration de cette dernière, représentée ci-joint, ce qui se fait comme suit :

DE LA TENUE N° 5, AYANT LES GENOUX TRÈS-FORTS, PRODUISANT A FAIRE ARQUER LES CUISSES ET LES JAMBES.

FIGURE 78.

Comme on le voit à cette tenue les genoux, v. A, et les talons, v. B, se touchent légèrement, ce qui dénote les jambes droites quoique courbées aux cuisses et aux mollets.

Donc, lorsque l'on rencontrera des tenues de ce genre il faut bien observer le rapprochement des genoux, afin qu'ils ne se touchent pas trop, ce qui produirait moins d'écart aux cuisses, v. I, et aux jambes v. J, et par cela nous donnerait une autre conformation pour le tracé que celui que nous allons démontrer.

La tenue que nous démontrons ci-joint a réellement les genoux et les talons qui se touchent légèrement, elle n'a que les cuisses, v. I, et les jambes arquées v. J, de 2 doigts environ équivalant à 3 cent.

Les mesures de cette personne ont donné :

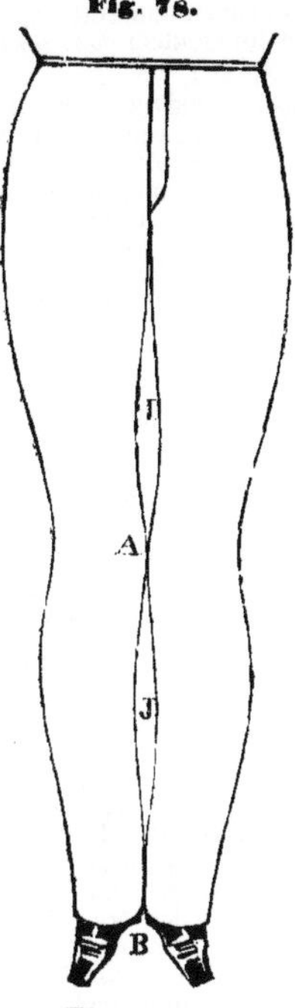

Longueur de la hanche au jarret. .	56		fourche.	47
Id. totale de côté. . . .	105		Grosseur de genou.	34
Id. d'entre-jambes. . . .	83		*Id.* de mollet.	34
Hauteur de hausses. . . . : .	59 1/2		Demi-grosseur de ceinture, prise serrée..	36
Renversement de hanches. . . .	77			
Guide des largeurs de hanches, prise à 6 cent. plus bas que la taille naturelle..	70		Demi-grosseur de ceinture, prise desserrée.	39
Demi-grosseur de cuisse. . . .	29		Demi-grosseur de hanches, prise à 6 cent. plus bas que la taille naturelle..	42
Grosseur du milieu de la cuisse, prise à 15 cent. plus bas que la			Demi-grosseur de bassin. . . .	44 1/2

FIGURE 79.

Le tracé du haut pour ce genre de conformation se fait toujours pareil par les mesures prises comme celui détaillé p. 107 et sa suite. Le tracé du haut étant achevé, on procédera pour le tracé des jambes, ce qui se fait comme suit :

Lorsque l'on aura employé la demi-grosseur de genou à partir de la ligne d'aplomb O à R, comme il est détaillé fig. 59, p. 121, on joindra en plus de largeur en dedans du genou la valeur de la moitié de l'arquage que l'on a obtenu dans la partie la plus arquée, soit aux cuisses, v. I, ou aux jambes, v. J, fig. 78. Le modèle ci-joint étant arqué de 3 cent. à ces deux places, on aura à ajouter aux genoux en dedans, de R à I, 1 cent. et demi double, soit 1 cent. et demi pour le devant et 1 cent. et demi pour le derrière, ce qui fait la totalité des 3 cent. d'arquage, cela pour parer aux genoux forts, v. A, fig. 78, qui produisent une grosse rotondité à cette place.

Et malgré ce surplus de rélargissage de R à I, on lui joindra en plus, pour ses coutures de I à T, en faisant toujours la part d'une étoffe qui s'éraille, qui prendra plus de largeur pour ses coutures que celles qui ne s'éraillent pas. Le modèle ci-joint étant pour une étoffe qui ne s'éraille pas, prendra 1 cent. de coutures, soit un demi-cent. double de I à T.

La largeur de genou étant déterminée avec son ajouté de coutures, v. T, on procédera, pour fixer la largeur du bas, v. P, toujours à partir de la ligne d'aplomb O, ce qui se fait comme d'habitude et comme il est détaillé fig. 59.

Le modèle ci-joint prenant, par exemple, 44 cent. de largeur du bas fini, la moitié donne donc 22 cent. On lui ajoutera 1 cent. pour ses coutures, ce qui fera 23 cent. que l'on partagera, c'est le chiffre obtenu de cette moitié, soit 11 cent. et demi, que l'on placera de la ligne d'aplomb O à P, ce qui détermine les largeurs de bas de devant et de bas de derrière sur le même point, v. P.

La largeur du bas étant fixée, v. P, on devra déterminer le dedans des devants par des lignes droites, l'une partant de S, aboutissant à T, l'autre partant de T, aboutissant à P, comme on le pratique pour la jambe faiblement arquée détaillée fig. 60.

Ces lignes droites étant formées, on aura à adoucir par un léger cintre la ligne du devant côté fort de S à T. Le dedans du devant côté fort étant achevé, v. S, on devra procéder pour former le devant côté faible, v. X, qui se fait comme il est détaillé fig. 45, p. 111, sans creuser la cuisse, v. E. Les dedans des devants étant achevés, on procédera pour les dedans de derrière, et pour les déterminer on aura à tirer une ligne droite partant de N, coutures ajoutées à la fourche, aboutissant à T. Cette tenue étant arquée de cuisse, on a dû lui prendre la mesure de grosseur du milieu de la cuisse à la place la plus arquée, comme il est détaillé fig. 25 et 64.

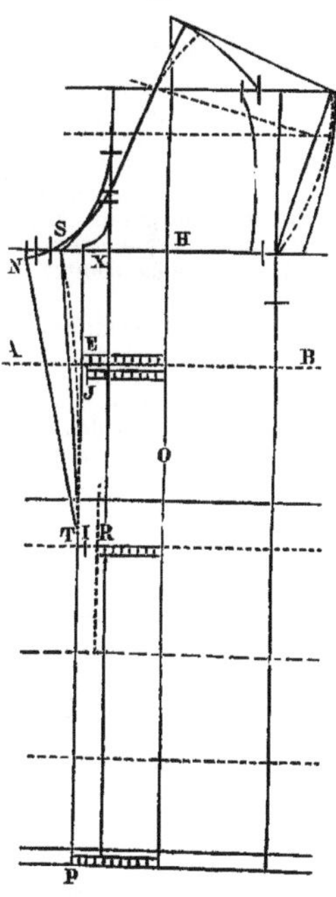

Cette mesure étant obtenue, on l'emploiera au tracé comme suit :

DE LA MESURE DE GROSSEUR DU MILIEU DE LA CUISSE POUR PERSONNE ARQUÉE A CETTE PLACE.

Comme il est dit fig. 25, p. 97, on devra remarquer en prenant cette mesure quelle distance elle prend à partir de la fourche ou à partir de la hanche.

Pour le modèle ci-joint elle a été prise à 15 cent. plus bas que la fourche.]

On devra pour l'employer au tracé tirer une ligne d'équerre en travers, v. A,B, qui se placera en ligne directe au-dessous de la ligne de hauteur d'entre-jambes, v. H, à la même distance qu'elle a été prise sur le corps à partir de la fourche.

Cette ligne A, B étant fixée, on aura à reproduire sur cette ligne la mesure de grosseur du milieu de la cuisse, ce

qui se fait comme suit : cette mesure a donné 47 cent., la moitié donne donc . . . . 23 c. 1/2
On lui ajoutera pour ses coutures . . . . 1 c.
Ce qui fait. . . . . 24 c. 1/2

Mais comme cette personne est arquée de 3 cent., soit 1 cent. et demi double de chaque côté, ce qui fait 3 cent. en totalité, v. I, fig. 78, qui doivent se reproduire de côté, soustrayons 3 cent. de 24 cent. et demi, cela donne 21 cent. et demi pour le dedans de la cuisse qui s'emploieront comme suit :

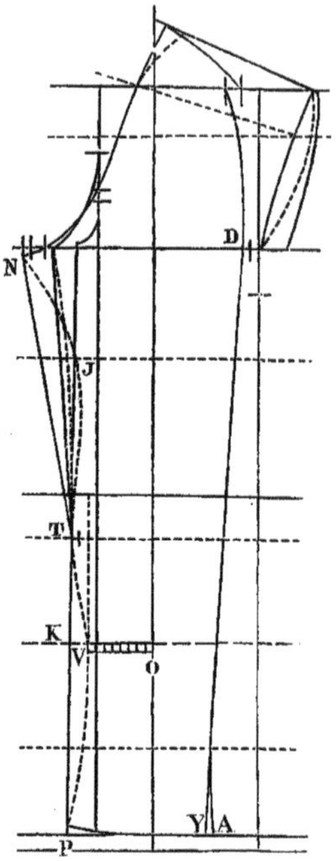

On prendra la distance qu'il y a au devant côté faible de E, à la ligne d'aplomb O, cette largeur ayant donné 11 cent., il restera 10 cent. et demi pour le derrière qui s'emploieront également de la ligne d'aplomb O à J, ce qui détermine pour cette tenue la largeur du derrière à cette place.

Comme on le voit pour cette tenue, la grosseur de la cuisse a fixé son derrière à J, comme elle aurait pu le fixer plus avant ou plus en arrière selon l'arquage ou la cagne des personnes, où que ce soit que la mesure aboutisse, c'est sa place, la mesure étant toujours le guide.

FIGURE 80.

La grosseur de cuisse étant fixée, on devra procéder pour la mesure de grosseur de mollet qui s'emploie comme suit : cette mesure a donné 34 cent., la moitié donne donc. . . . . 17 c.
On lui ajoutera pour ses coutures. . . . . 1 c.
Ce qui fait. . . . . 18 c.

Mais comme cette personne est arquée de 3 cent., soit 1 cent. et demi double de chaque côté, ce qui fait 3 cent. en totalité, v: J, fig. 78, qui doivent se reproduire de côté, soustrayons 3 cent. de 18, cela donne 15 cent., et comme pour ce modèle le devant et le derrière doivent se trouver l'un sur l'autre au dedans du mollet, on aura à partager ces 15 cent., ce qui donne 7 cent. et demi qui s'emploieront comme suit :

On aura pour cela à fixer la hauteur de l'arquage du mollet par une ligne d'équerre en travers, v. K, ce qui se fait comme il est détaillé fig. 63.

Ce sera sur cette ligne que l'on emploiera ces grosseurs de mollet.

Pour cela on placera le chiffre 7 cent. et demi, à partir de la ligne d'aplomb O, et où le bout de la mesure aboutira en dedans, on marquera un point, v. V, ce qui détermine le derrière et le devant sur le même point, v. V.

Les largeurs d'entre-jambes étant fixées, on aura à déterminer le bas du dedans de son devant par une ligne qui, partant de T en rondeur douce, se creusera jusqu'à V, largeur de mollet, pour de là suivre en pente douce jusqu'au bas, v. P.

Et pour la forme du bas, il se pratiquera comme il est détaillé plus avant, v. fig. 75.

Le dedans du devant étant achevé, on devra procéder pour déterminer le dedans du derrière.

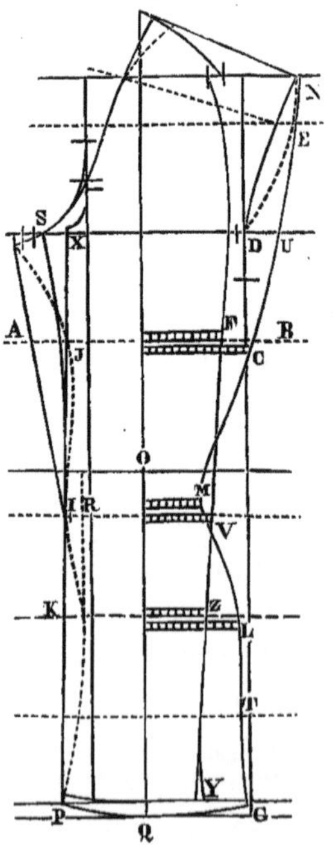

Pour cela, on formera une ligne partant de N, coutures ajoutées à la fourche, suivant en creux jusqu'à J, grosseur de cuisse déterminée, pour de là suivre en cintre et rondeur doux pour aboutir à T, coutures ajoutées aux genoux, place depuis laquelle le derrière se perd dans le devant, v. T, V, P.

Le dedans des jambes étant fixé, on devra procéder, pour former le côté du devant, ce qui se fait comme d'habitude; pour cela on aura à tirer une ligne droite de D, largeur de devant déterminée à Y, et à fournir en plus pour la cambrure du bas, v. A, ce qui se fait comme il est détaillé fig. 42, 43 et 44.

FIGURE 81.

Les côtés de devant étant achevés, on devra procéder pour les côtés de derrière.

Pour cela, on aura à reproduire au côté de D à U, la distance enlevée au côté faible de S à X, en joignant à cette place pour ses coutures.

La grosseur du haut de la cuisse étant fixée, v. U, on devra procéder pour employer de côté la mesure de grosseur du milieu de la cuisse, ce qui se fait comme suit : comme on le sait, cette mesure a donné 47 cent. de grosseur, la moitié donne donc. . . . . 23 c. 1/2
On lui joindra pour ses coutures. 1 c.
Et en plus l'arquage de. . . . 3 c.   que l'on a déduit, en dedans, v. J.
Ce qui fait pour le côté. . . 27 c. 1/2, qui s'emploieront comme suit :

Pour cela, on prendra la largeur que le devant a donnée de la ligne d'aplomb O à F, on reportera cette distance obtenue de O à F, sur la ligne d'aplomb O, et où le chiffre obtenu de demi-grosseur de cuisse, arquage et coutures comprises, aboutira sur le côté et sur la ligne A,B, on marquera un point, v. C, ce qui détermine la largeur du côté de cuisse du derrière.

Comme on le voit par cette tenue, ce point C s'est reproduit à cette place, ce qui donne du rond au côté, comme moins arqué en aurait donné moins, à cela l'arquage des personnes est le guide de ce point C.

Le côté de la cuisse étant déterminé, v. C, on procédera pour le côté du genou, ce qui se fait comme suit et comme il est détaillé fig. 76, savoir :

La grosseur de genou de cette personne a donné 34 cent. La moitié donne donc. . . . . 17 c.
On lui ajoutera pour ses coutures. . . . . 1 c.
Et comme forme demi-collante et genoux en dedans, on lui ajoutera un surplus de largeur de 3 à 4 cent. ou plus afin de masquer le creux du jarret, le modèle ci-joint prend. . . . . 3 c.
Ce qui fait. 21 c.

Mais comme l'on a ajouté un cent. et demi double à l'entre-jambes de R à F, pour genoux en dedans, soit 1 cent.

et demi pour le devant et un cent. et demi pour le derrière, ce qui fait 3 cent., soustrayons 3 cent. de 21 cent., il restera 18 cent. pour le côté du genou. Le devant de la ligne d'aplomb O à V a pris 10 cent., il restera donc 8 cent. pour le derrière, qui se placeront également de la ligne d'aplomb O à M. Les largeurs de genou pour le côté étant fixées, on devra procéder pour les largeurs de mollet, ce qui se fait comme suit, savoir :

La grosseur de mollet de cette personne a donné 34 cent., partageant cette mesure cela donne . . . . . . 17 c.
On lui ajoutera pour ses coutures. . . . . 1 c.
Vient ensuite l'arquage des jambes de la personne, v. K, qui prend 1 cent. et demi double, ce qui fait. . . . . 3 c.
Que l'on doit ajouter au côté. Ce qui fait donc . . . . 21 c.

Pour le côté du mollet qui s'emploieront comme suit :

Le devant de la ligne d'aplomb O à Z a pris 9 cent., il restera donc 12 cent. pour le derrière, qui se placeront également de la ligne d'aplomb O à L, ce qui détermine le côté du mollet. On pourrait comme forme demi-collante et craignant les mollets portés plus de côté, fournir un surplus de largeur dans cette partie, v. L, de 1 à 2 cent. au plus ; mais l'arquage étant bien obtenu, il est inutile de rien ajouter, cela donnerait trop de rondeur au mollet.

Le côté du genou, pour lequel on a ajouté de 3 à 4 cent. de surplus de largeur, se trouvera donc plus large de côté que le mollet, ce qui convient pour masquer le creux de la partie cagneuse. La largeur du mollet étant fixée, on aura à déterminer les largeurs du bas de derrière, ce qui se fait comme suit : comme on le sait, on a donné 44 cent. de largeur dans le bas de ce pantalon, la moitié donne donc 22 cent., on lui ajoutera 1 cent. pour ses coutures, ce qui fera 23 cent., même largeur que l'on a donnée en dedans de la ligne d'aplomb O à P.

Le devant de la ligne d'aplomb O à Y a pris 8 cent., il restera donc 15 cent. pour le derrière, qui se placeront également depuis la ligne d'aplomb O, v. Q à G, ce qui détermine en largeur le bas du côté du derrière.

Les largeurs du bas de derrière étant fixées, on devra le déterminer par une ligne partant de N, renversement de hanches et coutures comprises, passant sur E, rélargissage du guide des hanches suivant sur U, grosseur de cuisse passant sur C, grosseur du milieu de la cuisse, et partant de ce point C, on fera prendre à la ligne un léger cintre pour aboutir en pente douce jusqu'à M, grosseur de genou, de ce point M, on fera ressortir cette ligne en rondeur douce jusqu'à L, largeur du mollet, place où le derrière doit être le plus fort, et de ce point L on suivra en rondeur douce presqu'en ligne droite jusqu'à la ligne de hauteur de tendage T, pour de là faire former un léger cintre pour la cambrure du bas et aboutir à G, largeur de bas de derrière déterminé. Ce qui achève la forme du côté de derrière. Cela fait, on devra fermer le bas de son derrière selon la forme que l'on veut lui donner, ce qui se fait comme il est détaillé fig. 75 et 76.

FIGURE 82.

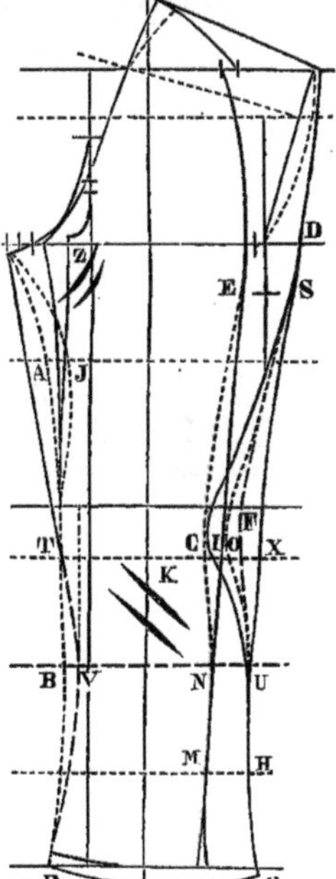

De creuser ainsi les cuisses et les jambes de toute la différence de leur arquage, v. J, V, cela rendrait les cuisses et les jambes trop naturelles et désagréables à la vue.

On devra, pour parer à ces difformités, laisser pour le dedans des cuisses un surplus de largeur des 3/4 de l'arquage, v. A, ou plus si l'on juge que le pantalon dessinera encore trop les formes, cet ajouté de largeur convient pour pantalon demi-collant, vu que l'on n'a pas fourni de surplus de largeur au côté. On pratiquera de pareille manière pour les jambes, on leur refournira en dedans, au derrière et au devant les 3/4 de l'arquage, v. B, ou plus si l'on juge que le pantalon dessinera encore trop les formes, vu que l'on n'a rien ajouté au côté du mollet.

D'avoir ajouté un surplus de largeur dans les parties A, B, cela occasionnera un surplus de largeur et un flottage d'étoffe à ces deux places, et pour l'éviter il convient de pratiquer des coussins dans ces deux vides tenant sur le derrière et sur le devant, de A à J pour les cuisses et de B à V pour les jambes, ce qui fait bien ; ces coussins amplifieront les vides des cuisses et des jambes, et les égaliseront de droiture avec le genou. Ces coussins devront se recouvrir d'une étoffe souple et légère. Les difformités des dedans de cuisses et de jambes étant masquées, on devra procéder pour celles des côtés de genou.

Comme on le voit, le derrière pour cette tenue se trouve creusé, v. I, quoique lui ayant ajouté 3 cent. de surplus de largeur à cette place, provenant de la force du dedans des genoux, v. T, qui lui a emprunté 3 cent., ce qui occasionne de la rondeur au mollet, v. U.

De pratiquer ainsi la couture de côté avec cette rondeur de mollet, cela nous obligerait de resserrer le mollet de I à H, pour rendre la rondeur du mollet droite pour la monter au devant de I à M, afin de ne pas contrarier l'assemblage du devant et du derrière, et pratiquant ainsi un serrage de I à H, pour égaliser droit la rondeur du mollet à la droiture du devant de I à M, ce travail rendrait la partie du mollet de I à H plus courte que celle du devant de I à M, et montant ainsi, occasionnerait d'attirer de côté le dedans du derrière P, en reproduisant trop d'étoffe au bas du côté, v. G, de toute la différence resserrée en plus de I à H, ce qui occasionnerait un torse au bas du devant, v. P, ce que l'on verra défini fig. 92.

Et afin d'éviter ces torses au dedans, on procédera comme suit :

On aura à creuser le côté du devant de 1 à 2 cent. dans la partie du genou de I à C, ce rétrécissage partira de E, suivant en cintre doux jusqu'à C, et de ce point C, on suivra en rondeur douce jusqu'à N, fort du mollet ; et cette étoffe enlevée au côté du devant de I à C devra s'ajouter au côté du derrière de I à O, ce rélargissage partira toujours en face du devant E, v. S, et passant sur O, il aboutira sur le fort du mollet U, en face le devant N.

De pratiquer ainsi, cela adoucit le creux du jarret au derrière et la rondeur du mollet, et par cela, facilite l'assemblage du pantalon pour les deux points, v. M, H, qui doivent toujours rester en face, comme il est détaillé fig. 72, afin de ne pas attirer le bas du dedans P.

Mais dans le cas que l'on trouve encore trop de creux au côté du mollet, v. O, on pourrait joindre un surplus de largeur au côté en plus que O, v. F ; ce surplus de largeur occasionnera un flottage comme pantalon demi-collant, à cet effet on devrait, comme au dedans des jambes, lui pratiquer un coussin pour combler le flottage du surplus d'étoffe que l'on a ajouté dans la partie de O à F.

Ce qui achève le tracé du pantalon demi-collant pour ce genre de tenue et dans le cas que l'on veuille faire un pantalon large, on aura à ajouter au côté du derrière de F à X, un surplus de largeur qui, partant de D, aboutira à H, hauteur de tendage, ce qui rendra le pantalon droit.

De pratiquer des pantalons larges pour ce genre de tenue, v. X, cela est plus facile, à cet effet, on devra toujours, que le pantalon se fasse large ou étroit, prendre la conformation des jambes ; car, pour ce genre de tenue, de couper un pantalon large de côté sans se rendre compte de la force du dedans de genou, v. T, cela amènerait de l'étoffe dans la partie de la fourche, v. Z, et un flottage dans le bas, v. P, provenant de ce que la force du genou attirerait le pantalon large et le ferait flotter à ces deux places.

Comme ne se rendant pas compte du dehors du mollet, v. U, quoiqu'ayant coupé assez large à T, le pantalon n'étant pas assez large sur le mollet U, occasionnerait des torses dans la partie de K, ce qui produirait un déplacement au dedans P et au côté, v. G.

Comme on le sait, cette tenue prend le nº 5 ; on devra, lorsque l'on rencontrera le nº 3, désigné page 91, jambes droites arqué de cuisse, prendre la mesure de grosseur du milieu de la cuisse et procéder pour fournir l'arquage de côté, comme il est détaillé fig. 81.

Ce nº 3 ayant l'arquage de jambes moins fort que celui nº 5, il aura donc son mollet moins porté de côté.

Comme la fig. nº 4, qui est moins arquée de cuisse, sera moins portée de côté dans cette partie que les nºs 3 et 5 ; mais ses jambes étant arquées, comme à la fig. 5, il aura, par conséquent, ses mollets portés plus de côté que ceux de la fig. 3, ils seront pareils à la fig. 5.

Le nº 6, qui a une jambe droite et l'autre arquée de cuisse et de jambe, se tracera pour sa jambe droite, comme à la fig. 2, et pour sa jambe arquée de cuisse et de jambe, comme à la fig. 5.

La fig. nº 7, ayant les deux cuisses et une jambe droites, et une jambe arquée, se tracera donc pour les deux cuisses et la jambe droite, comme la fig. nº 2, et pour la jambe arquée, comme l'une des jambes de la fig. nº 5.

Pour le nº 8, dont les genoux et les mollets se touchent ayant une cuisse arquée, on tracera le pantalon par les mêmes procédés que la fig. nº 2, et pour la cuisse arquée, elle se tracera par les mêmes procédés que l'une des cuisses de la fig. 5.

Pour le nº 9, qui a une cuisse droite et une jambe arquée, et une cuisse arquée et une jambe droite, le tracé se fera pour la cuisse et la jambe droites comme à la fig. nº 2, et pour sa cuisse et sa jambe arquées, comme à la fig. nº 5, et voulant le couper droit en dedans, cela nous obligera de pratiquer des coussins à sa cuisse et à sa jambe arquées pour remplir les vides qu'on leur a laissés. Il convient de pratiquer de même pour tous les vides des figures ci-avant désignées afin de masquer la difformité des jambes.

DE LA TENUE Nº 10, PAGE 92, DÉTAILLÉE CI-JOINT, AYANT LES GENOUX TRÈS-FORTS, *v.* A, LES MOLLETS QUI SE TOUCHENT EN DEDANS, *v.* D, CE QUI OCCA-SIONNE A FAIRE ARQUER DE CUISSES, *v.* I, ET A FAIRE ÉLOIGNER LES TALONS L'UN DE L'AUTRE, *v.* B.

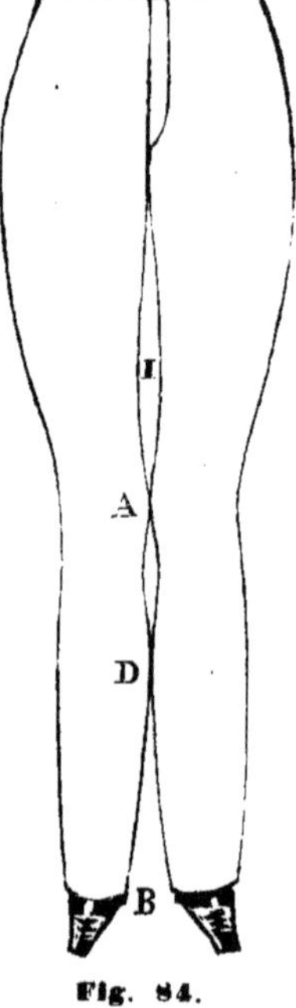

FIGURE 83.

Pour ce genre de tenue, si l'on reconnaît plus d'écart dans l'écartement du bas des talons, *v.* B, que dans celui du milieu des cuisses, *v.* I, ce sera de l'écartement des talons, *v.* B, que l'on se servira pour donner le surplus de largeur aux genoux.

Les mesures de cette personne ont donné :

Longueur de la hanche au jarret.	57	5 cent. plus bas que la fourche.	51	
Id. totale de côté.	108 1/2	Grosseur de genou.	39	
Id. d'entre-jambes.	86	*Id.* de mollet.	39	
Hauteur de bausses.	63	Demi-grosseur de ceinture, prise serrée.	38	
Renversement de hanches.	81	*Id.* *Id.* desserrée.	40	
Guide des largeurs de hanches, prises à		*Id.* hanches, prise à 6 c.		
6 c. plus bas que la taille naturelle.	76	plus bas que la taille naturelle.	46	1/2
Demi-grosseur de cuisse.	32	Demi-grosseur de bassin.	49	
Grosseur du milieu de la cuisse, prise à				

FIGURE 84.

Le tracé du haut se fait par les mêmes procédés que celui détaillé page 107 et sa suite. Le tracé du haut étant achevé, on procédera pour le tracé des jambes, ce qui se fait comme suit : Lorsque l'on aura employé la demi-grosseur de genou, à partir de la ligne d'aplomb O à R, comme il est détaillé fig. 59, page 121, on joindra en plus de largeur aux genoux la valeur de ce que les talons s'éloignent, ce qui se fait comme suit : Les talons de cette tenue s'éloignant de trois doigts, ce qui peut équivaloir à 6 cent., ce qui donne 3 cent. double de chaque côté, soit 6 cent.; ce sera donc de 3 cent. que l'on rélargira le genou en dedans de R à I, ce qui fera 3 cent. pour le devant et 3 cent. pour le derrière, ce qui équi-vaudra à 6 cent. Et malgré ce surplus de rélargissage de R à I, on lui joindra en plus pour ses coutures un demi-cent. double de I à T, soit un demi-cent. pour le devant et un demi-cent. pour le derrière, ce qui fait 1 cent., les étoffes qui s'éraillent prendront plus de largeur pour leurs coutures. La largeur de genou étant déterminée avec son ajouté de coutures, *v.* T, on procédera pour fixer la largeur du bas, *v.* P, toujours à partir de la ligne d'aplomb O, ce qui se fait comme d'habitude et comme il est détaillé fig. 79. Le modèle ci-joint prenant par exemple 46 cent. de largeur de bas fini, la moitié donne donc 23 cent.; on lui ajoutera pour ses coutures 1 cent., ce qui fera 24 cent. que l'on partagera; c'est le chiffre obtenu de cette moitié, soit 12 cent., que l'on placera de la ligne d'aplomb O à P, ce qui détermine les largeurs de bas de devant et de bas de derrière sur le même point, *v.* P. La largeur du bas étant fixée, *v.* P, on devra déterminer le dedans des devants par des lignes droites, l'une partant de S aboutissant à T, l'autre partant de T aboutissant à P, comme on le pratique pour la jambe faiblement arquée, détaillée fig. 60. Ces lignes droites étant formées, on aura à les adoucir par des lignes légèrement cintrées, pour le haut de la cuisse de S à T, et pour la jambe de T à P, comme il est détaillé fig. 61, page 122. On cintre le bas des devants de pantalon, *v.* F, c'est afin de lui faire former un creux qui facilite pour le tendage que l'on doit leur pratiquer dans le bas. Le haut du dedans du devant côté fort étant achevé, *v.* S, on devra procéder pour le devant côté faible, *v.* X, qui se fait comme il est détaillé fig. 45, page 111, sans creuser la cuisse, *v.* E. Les dedans des devants étant achevés, on procédera pour le dedans du derrière et pour le déterminer on aura à tirer une ligne droite partant de N, coutures ajoutées à la fourche aboutissant à T. Cette tenue étant arquée de cuisse, on a dû lui prendre la mesure de grosseur du milieu de la cuisse, à la place la plus arquée, comme il est détaillé fig. 25 et 64. Cette mesure étant obtenue, on l'emploiera au tracé comme suit :

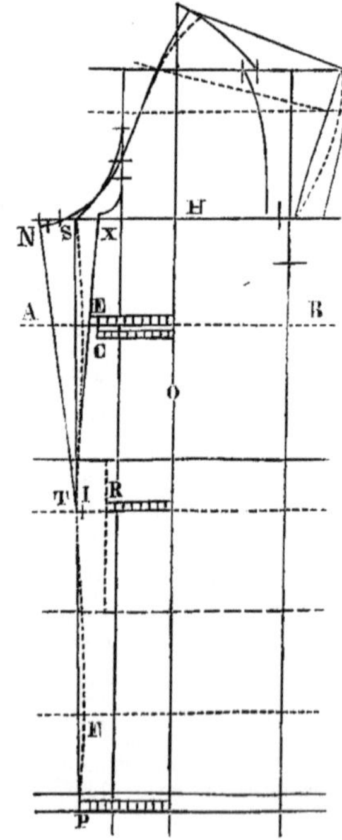

DE LA MESURE DE GROSSEUR DU MILIEU DE LA CUISSE POUR PERSONNE ARQUÉE A CETTE PLACE.

Comme il est dit fig. 25, page 97, on devra remarquer, en prenant cette mesure, quelle dis-tance elle prend à partir de la fourche ou à partir de la hanche. Pour le modèle ci-joint, elle a été prise à 15 cent. plus bas que la fourche; on devra, pour l'employer au tracé, tirer une ligne d'équerre en travers, *v.* A, qui se placera en ligne directe au-dessous de la ligne de hauteur d'entre-jambes, *v.* H, à la même distance qu'elle a été prise sur le corps, à partir de la fourche. Cette ligne A, B étant fixée, on aura à reproduire sur cette ligne la mesure de gros-seur du milieu de la cuisse, ce qui se fait comme suit :

Cette mesure a donné 51 cent., la moitié donne donc. . . . . 25 c. 1/2
On lui ajoutera pour ses coutures. . . . . 1 c.
                           Ce qui fait. . . . 26 c. 1/2

Mais comme cette personne est arquée de 3 cent., soit 1 1/2 double de chaque côté, ce qui fait 3 cent. en totalité, qui doivent se reproduire de côté, soustrayons 3 cent. de 26 cent. 1/2, il restera 23 cent. 1/2 pour le dedans de la cuisse, qui s'emploieront comme suit : On prendra la distance qu'il y a au devant côté faible de E, à la ligne d'aplomb O, cette lar-geur ayant donné 12 cent. 1/2, il restera 11 cent. pour le derrière, qui s'emploieront égale-ment de la ligne d'aplomb O à C, ce qui détermine pour cette tenue la demi-grosseur du mi-lieu de la cuisse.

FIGURE 85.

La grosseur du dedans de la cuisse étant déterminée, on procédera pour la gros-seur de mollet. Comme on le voit à la fig. 83, les mollets se touchent, *v.* D, on devra donc fournir au dedans du mollet les mêmes largeurs qu'au genou, savoir :

La grosseur du mollet a donné 39 cent., la moitié donne donc.   19 cent. 1/2
On lui ajoutera pour ses coutures. . . . . :   1 cent.
Et en plus l'écartement des talons qui a donné. . . . . .   6 cent.
comme au genou.   Ce qui fait. . .   26 cent. 1/2
pour le dedans du mollet, qui s'emploieront comme suit :

Le devant de la ligne d'aplomb O à B a pris 12 cent., il restera donc 14 cent. 1/2 pour le derrière que l'on placera également de la ligne d'aplomb O à V, ce qui détermine les largeurs de mollet en dedans. On devra pour fixer les largeurs, déterminer la hauteur du fort du mollet par une ligne d'équerre en travers, v. K.

Les largeurs du dedans étant fixées, on procédera pour déterminer le dedans du derrière par une ligne partant de N, coutures ajoutées à la fourche, se creusant jusqu'à C, grosseur de cuisse pour de là suivre en cintre et rondeur doux jusqu'à T, coutures ajoutées aux genoux, suivant en rondeur douce jusqu'à V, grosseur de mollet pour aboutir en rondeur douce jusqu'à F, ligne de hauteur de tendage et de ce point on fera finir cette ligne en cintre doux jusqu'à P, pour s'accorder avec la rondeur qu'aura prise le bas du devant lorsqu'il sera tendu. Le dedans des jambes étant fixé, on devra procéder pour former le côté du devant, ce qui se fait comme d'habitude. Pour cela on aura à tirer une ligne droite de D, largeur du devant déterminé à Y et à fournir en plus pour la cambrure du bas, v. A, ce qui se fait comme il est détaillé fig. 60 et 61.

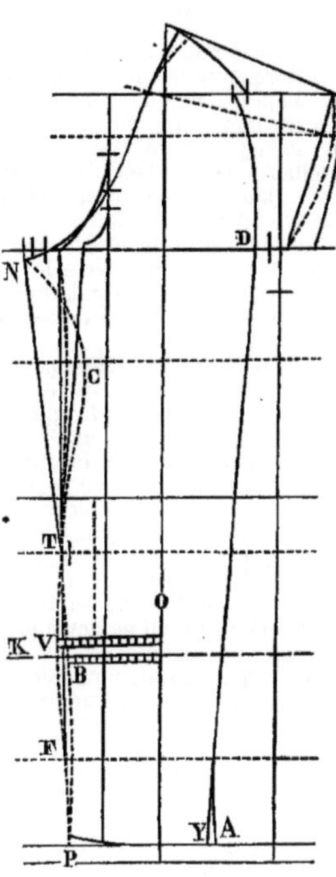

FIGURE 86.

Les côtés de devant étant achevés, on devra procéder pour les côtés de derrière.

Pour cela, on aura à reproduire au côté de D à U la distance enlevée au devant côté faible de S à X, pour lui conserver ses largeurs, en joignant à cette place pour ses coutures. La grosseur du haut de la cuisse étant fixée, v. U, on devra procéder pour employer de côté la mesure de grosseur du milieu de la cuisse, ce qui se fait comme suit : et comme il est détaillé fig. 81.

Comme on le sait, cette mesure a donné 51 cent. de grosseur.
La moitié donne donc. . . . . 25 cent. 1/2
On lui joindra pour ses coutures.. 1 cent.
Et en plus l'arquage de. . . . . 3 cent.   déduit en dedans, v. C.

Ce qui fait pour le côté. ·. . 29 cent. 1/2 qui s'emploieront comme suit :
Pour cela, on prendra la largeur que le devant a donnée de la ligne d'aplomb O à F, on reportera cette distance obtenue sur la ligne d'aplomb O, et où le chiffre obtenu de la demi-grosseur du milieu de la cuisse, arquage et coutures comprises, aboutira sur le côté et sur la ligne A, B, on marquera un point, v. H, ce qui détermine le côté de cuisse du derrière.

Le côté de la cuisse étant déterminé, v. H, on procédera pour le côté du genou, ce qui se fait comme suit, et comme il est détaillé fig. 81, savoir :

La grosseur de genou de cette personne a donné 39 cent. La moitié donne donc. . . . . 19 c. 1/2
On lui ajoutera pour ses coutures. . . . . 1 c.
Et comme forme demi-collante et genoux en dedans, on lui ajoutera un surplus de largeur de 3 à 5 cent., afin de masquer le creux du jarret, le modèle ci-joint prend. . . . . 4 c.
Ce qui fait. . . . 24 c. 1/2

Mais comme l'on a ajouté 3 cent. doubles à l'entre-jambes de R à I, pour genoux fortement cagneux, soit 3 cent. pour le devant et 3 cent. pour le derrière, ce qui fait 6 cent., soustrayons 6 cent. de 24 cent. et demi, il restera 18 cent. et demi, pour le côté du genou. Le devant de la ligne d'aplomb O à M a pris 10 cent., il restera donc 8 cent. et demi pour le derrière, qui se placeront également de la ligne d'aplomb O à J. Les largeurs de genou pour le côté étant fixées, on devra procéder pour les largeurs de mollet, ce qui se fait comme il suit, savoir :

La grosseur de mollet de cette personne a donné 39 cent., même largeur que le genou. La moitié donne donc. . . . . 19 c. 1/2
On lui ajoutera pour ses coutures. . . . . 1 c.
Et comme forme demi-collante, on lui ajoute un surplus de largeur de 3 à 5 cent., comme cela a été pratiqué aux genoux, vu que les mollets sont portés en dedans, le modèle ci-joint prend. . . . . . . 4 c.
Ce qui fait. . . . 24 c. 1/2

Mais comme l'on a ajouté 3 cent. doubles à l'entre-jambes pour le mollet en dedans, v. V, ce qui fait 6 cent., soustrayons 6 cent. de 24 cent. et demi, il restera 18 cent. et demi, pour le côté du mollet.

Le devant de la ligne d'aplomb O à Z a pris 9 cent., il restera donc 9 cent. et demi, pour le derrière, qui se placeront également de la ligne d'aplomb O à L, ce qui détermine le côté du mollet.

La largeur du mollet étant fixée, on aura à déterminer les largeurs du bas de derrière de côté, v. G, qui prendra avec son devant Y la même largeur que celle que l'on a donnée au dedans de la ligne d'aplomb O à P, comme il est détaillé fig. 76.

Les largeurs de côtés de derrière étant fixées, on devra procéder pour le déterminer par une ligne partant de N, renversement de hanches et coutures comprises, passant sur E, rélargissage du guide des hanches, suivant sur U, grosseur de cuisse, passant sur H, grosseur du milieu de la cuisse, et partant de ce point H, on fera prendre à cette ligne un léger cintre pour aboutir en pente douce jusqu'à J, grosseur de genou, de ce point J, on fera ressortir cette ligne en rondeur douce jusqu'à L, fort du mollet, et de ce point L on suivra en rondeur douce jusqu'à la ligne de hauteur de tendage T, pour de là faire former un léger cintre pour la cambrure du bas, pour aboutir à G, largeur de bas de derrière déterminé, ce qui

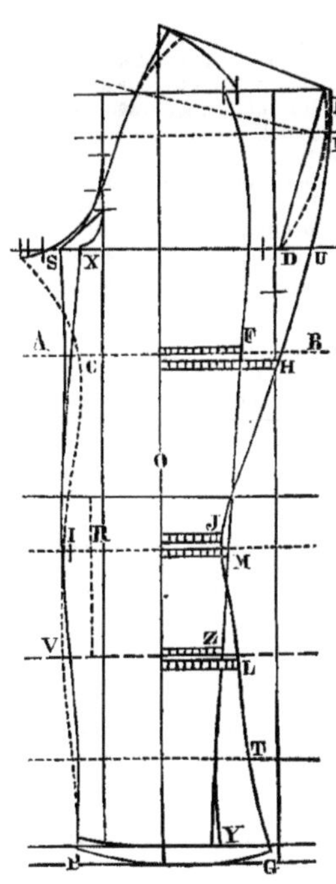

achève la forme du côté de derrière. Cela fait, on devra fermer le bas de son derrière selon la forme que l'on veut lui donner, ce qui se fait comme il est détaillé fig. 75 et 76.

FIGURE 87.

Mais de creuser ainsi le dedans de la cuisse de toute la différence de son arquage, v. C, cela rendrait la cuisse trop naturelle et désagréable à la vue et le derrière. v. N, C, T, plus long que le devant de S à T.

On devra pour parer à cette difformité laisser pour le dedans de la cuisse un surplus de largeur des 3/4 de l'arquage ou plus de C à A, ce qui lui donne sa forme demi-collante, vu que l'on n'a rien ajouté de côté.

D'avoir ajouté un surplus d'étoffe dans la partie de C à A, cela occasionne un surplus de largeur et un flottage d'étoffe à cette place, et pour l'éviter, il convient de pratiquer un coussin dans ce vide tenant sur le derrière et sur le devant, ce qui fait bien. Ce coussin amplifiera le vide des cuisses, et par cela les égalisera de droiture avec le genou en égalisant de longueur le derrière et le devant.

La difformité du dedans des cuisses étant masquée, on devra procéder pour celle des côtés de genou.

Comme on le voit, le derrière pour cette tenue se trouve creusé, v. J, provenant de la force de sa cagne qui fait produire un creux au côté du jarret.

Ce creux J donne plus de longueur aux côtés du derrière de H à L, qu'en prend le devant de H à L, et coupant ainsi, cela contrarierait l'assemblage des deux.

On devra, pour éviter cet inconvénient, creuser le devant, v. la ligne pointée. D, Y, M, de la valeur que l'on jugera convenable, soit de 1 ou de 2 cent. au jarret de Y à J, et cette valeur enlevée au devant de Y à J s'ajoutera au derrière de J à B, v. la ligne pointée U, B, E, ce qui adoucit le creux du derrière de J à B, en égalisant à peu près de longueur le devant et le derrière.

Comme on le sait, on a ajouté 4 cent. de surplus de largeur au côté du genou et du mollet, comme forme demi-collante, mais dans le cas que cette tenue veuille un pantalon collant, on ne devra pas lui donner moins d'étoffe de côté pour masquer sa cagne.

Mais ce surplus de largeur occasionnera un flottage au jarret, à cet effet, on devrait comme au dedans des cuisses lui pratiquer un coussin pour combler le flottage du surplus d'étoffe que l'on a ajouté, ce qui lissera cette partie.

De pratiquer les pantalons larges pour ce genre de tenue, v. U, X, E, cela est plus facile; à cet effet, on devra toujours, que le pantalon se fasse large ou étroit, prendre la conformation des jambes.

Car pour ce genre de tenue de couper un pantalon large de côté sans rendre au dedans des jambes, v. T, V, la largeur qu'elles réclament pour leur cagne, amènerait de l'étoffe dans la partie de la fourche, v. F, et un flottage dans le bas, v. P, ce qui occasionnerait aussi à faire casser le côté, v. O, provenant de ce que la force des genoux et des mollets attirerait en dedans le pantalon large de la valeur qui lui manque.

Comme on le sait, cette tenue prend le n° 10, on devra lorsque l'on rencontrera la tenue n° 11, ayant les cuisses et les genoux pleins, ce qui occasionne aux talons de s'éloigner l'un de l'autre, prendre la distance qu'il y a d'un talon à l'autre, pour la reproduire en plus de largeur au dedans du genou de R à I.

Pour la fig. 12, qui, comme on le voit, a une jambe droite et l'autre cagneuse, ce qui lui fait arquer une cuisse et éloigner un talon de l'autre, elle se coupera pour la jambe droite comme à la fig. n° 2, et pour sa jambe cagneuse comme à la fig. n° 10.

Car de couper la jambe droite pour la cagneuse, cela occasionnerait des torses à la jambe cagneuse, il en serait de même de couper la jambe cagneuse pour la jambe droite, cela occasionnerait des torses à la jambe droite.

DE LA TENUE TRÈS-ARQUÉE DES DEUX JAMBES QUI FAIT REPRODUIRE LES CUISSES, LES GENOUX ET LES MOLLETS EN DEHORS, DÉSIGNÉE FIG. 13, P. 92.

FIGURE 88.

Comme on le voit, cette personne étant arquée du haut en bas, on prendra l'arquage de la cuisse, v. I, à la hauteur que l'on doit prendre la mesure de grosseur du milieu de la cuisse pour la reproduire de même hauteur au tracé.

Pour cette tenue l'arquage de la cuisse, v. I, nous a donné un doigt et demi, ce qui peut équivaloir à 3 cent.

Les genoux, v. A, ont donné 3 doigts d'arquage ce qui équivaut à 6 cent.

Comme les mollets à la hauteur que l'on doit prendre la mesure de grosseur de mollet, v. J, ont donné 4 doigt et demi d'arquage, ce qui peut équivaloir à 3 cent.

A cet effet, on doit toujours mesurer ses doigts pour reproduire au tracé l'écartement qu'ils ont pris.

Les mesures de cette personne ont donné :

Longueur de la hanche au jarret..	58		fourche.	54
Id. totale de côté..	110		Grosseur de genou.	42
Id. d'entre-jambes.	85 1/2		*Id.* de mollet.	42
Hauteur de hausses.	69		Demi-grosseur de ceinture, prise serrée..	39
Renversement de hanches.	84 1/2		Demi-grosseur de ceinture, prise desserrée..	42
Guide des largeurs de hanches, à 6 cent. plus bas que la taille naturelle..	79 1/2		Demi-grosseur de hanches, prise à 6 cent. plus bas que la taille naturelle..	47
Demi-grosseur de cuisse.	33		Demi-grosseur de bassin.	54
Grosseur du milieu de la cuisse, prise à 15 cent. plus bas que la				

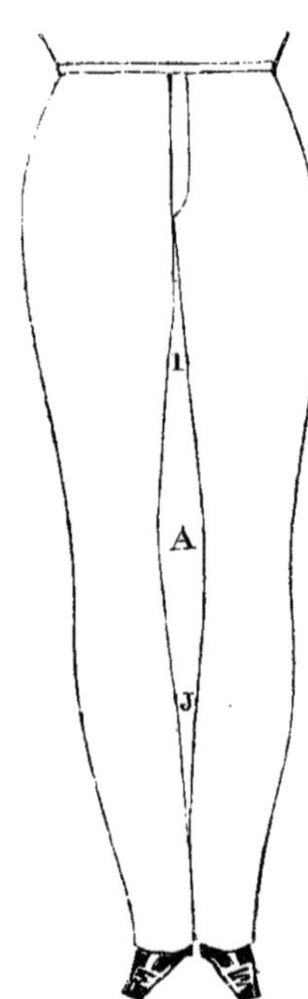

FIGURE 89.

Le tracé du haut se fait comme d'habitude.

L'ensemble du tracé étant achevé, on procédera pour le tracé des jambes, ce qui se fait comme suit.

Lorsque l'on aura employé la demi-grosseur de genou à partir de la ligne d'aplomb O à R, comme il est détaillé fig. 59, page 121, on joindra en plus de largeur aux genoux la valeur d'un demi-cent. double pour ses coutures, v. T.

Mais comme cette tenue est arquée aux genoux de 6 cent., on aura à déduire à partir des coutures ajoutées de T à I, 3 cent. doubles, soit 3 cent. pour le devant et 3 cent. pour le derrière qui se trouvent l'un sur l'autre à cette place, ce qui fait 6 cent., valeur de son demi-arquage.

La largeur de genou étant déterminée, v. I, on procédera pour fixer la largeur du bas, v. P, toujours à partir de la ligne d'aplomb O, ce qui se fait comme d'habitude.

La largeur du bas étant fixée, v. P, on devra déterminer le dedans des devants par des lignes droites, l'une partant de S, aboutissant à I, déduction de l'arquage, l'autre partant de I, aboutissant à P, comme on le pratique pour la jambe faiblement arquée détaillée fig. 60, page 121.

Ces lignes droites étant formées, on aura à les adoucir par des lignes légèrement cintrées.

Pour le haut de la cuisse de S à I, et pour la jambe de I à P, comme il est détaillé fig. 61, page 122, on cintre le dedans du devant de pantalon, v. F, c'est afin de faciliter le tendage que l'on doit leur pratiquer dans le bas.

Le dedans du devant côté fort étant achevé, v. S, on devra procéder pour former le devant côté faible, v. X, qui se fait comme il est détaillé fig. 45, sans le creuser à la place de E.

Le dedans des devants étant achevé, on procédera pour le dedans du derrière et pour le déterminer, on aura à tirer une ligne droite partant de N, coutures comprises à la fourche, aboutissant à I.

Cette tenue étant arquée de cuisse, on devra lui employer les mesures de grosseur de milieu de la cuisse, ce qui se fait comme suit :

La mesure ci-jointe ayant été prise à 15 cent. plus bas que la fourche, ce sera à cette hauteur que l'on devra la reproduire.

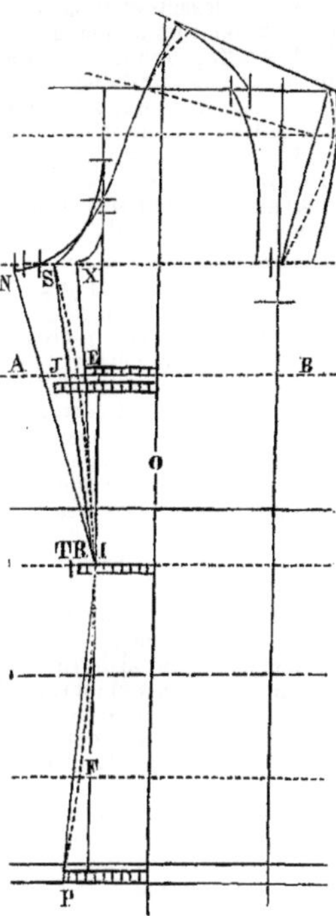

Cette mesure a donné 54 cent. La moitié donne donc.	27 c.
On lui ajoutera pour ses coutures.	1 c.
Ce qui fait.	28 c.

Mais comme cette personne est arquée de 3 cent. à cette place, soit 1 cent. et demi double de chaque côté, ce qui fait 3 cent. en totalité, qui doivent se reproduire de côté, soustrayons 3 cent. de 28 cent., il restera 25 cent. pour le dedans de la cuisse, qui s'emploieront comme suit :

On prendra la distance qu'il y a au devant côté faible de E, à la ligne d'aplomb O, cette largeur ayant donné 10 cent. et demi, il restera 14 cent. et demi, pour le derrière, qui s'emploieront également de la ligne d'aplomb O à J, ce qui détermine pour cette tenue la demi-grosseur du milieu de la cuisse.

Ce point J s'est fixé à cette place, comme il aurait pu se placer plus avant ou plus en arrière ; où que se soit qu'il aboutisse, c'est sa place, la mesure étant toujours le guide.

Il peut se rencontrer que cette mesure de grosseur du milieu de la cuisse donne de la rondeur dans la partie de J, on ne devra pas s'en occuper, la mesure en est le guide. A cet effet, on pourrait adoucir la rondeur que prendrait le derrière, soit le diminuer pour le rendre au devant, afin de les égaliser de droiture.

FIGURE 90.

La grosseur du dedans de la cuisse étant déterminée, on procédera pour les grosseurs de mollet.

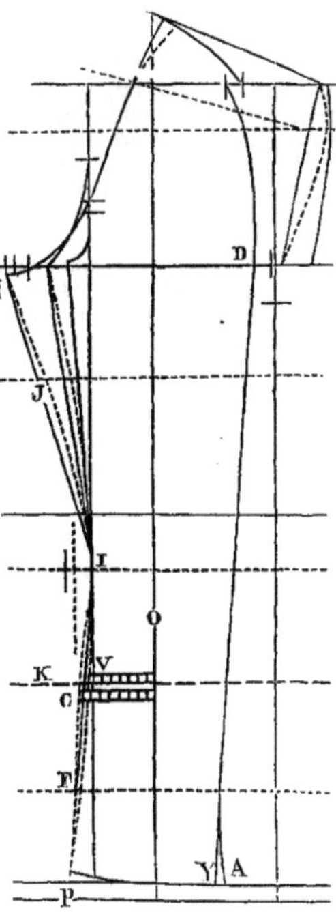

Cette mesure a donné 42 cent. La moitié donne donc.	21 c.
On lui ajoutera pour ses coutures.	1 c.
Ce qui fait.	22 c.

Mais comme cette personne est arquée de 3 cent. au mollet, soit 1 cent. et demi double de chaque côté, ce qui fait 3 cent. en totalité, soustrayons pour l'arquage 3 cent. de 22 cent., il restera 19 cent. pour le dedans du mollet, qui s'emploieront comme suit :

Le devant de la ligne d'aplomb O à V a pris 9 cent., il restera donc 10 cent. pour le derrière que l'on placera également de la ligne d'aplomb O à C.

Ce qui détermine les largeurs du mollet en dedans.

Les largeurs de dedans étant fixées, on procédera pour déterminer le dedans du derrière par une ligne partant de N, coutures ajoutées à la fourche, passant sur J, grosseur de cuisse déterminée, suivant sur I, grosseur de genou arquage déduit, et de ce point I, on fera ressortir la ligne en rondeur douce pour aboutir à C, fort du mollet, et de là on suivra sa rondeur de mollet en rondeur douce jusqu'à F, hauteur de tendage et de ce point F, on fera finir cette ligne en cintre doux jusqu'à P, pour s'accorder avec la rondeur qu'aura prise le bas du devant lorsqu'il sera tendu.

Le dedans des jambes étant fixé, on devra procéder pour former le côté du devant, ce qui se fait comme d'habitude.

Pour cela, on aura à tirer une ligne droite de D, largeur de devant déterminée à Y, et à fournir en plus pour la cambrure du bas. v. A, ce qui se fait comme il est détaillé fig. 42, 43 et 44.

FIGURE 91.

Le côté des devants étant achevé, on devra procéder pour les côtés de derrière.

Pour cela on aura à reproduire au côté de D à U la distance enlevée au côté faible de S à X, pour lui conserver ses largeurs en joignant à cette place pour ses coutures. La grosseur du haut de la cuisse étant fixée, v. U, on devra procéder pour employer de côté la mesure de grosseur du milieu de la cuisse ce qui se fait comme suit, et comme il est détaillé fig. 81. Comme on le sait, cette mesure a donné 54 cent. de grosseur :

La moitié donne donc. . . . . . . 27 c.
On lui ajoutera pour ses coutures. . . 1 c.
Et en plus l'arquage de. . . . . . 3 c. déduit en dedans, v. J.

Ce qui fait pour le côté. . . . . 31 c. qui s'emploieront comme suit :

Pour cela, on prendra la largeur que le devant a donnée de la ligne d'aplomb O à F, on reportera cette distance obtenue de O à F sur la ligne d'aplomb O, et où le chiffre obtenu de la demi-grosseur de cuisse aboutira sur le côté, on marquera un point, v. H, ce qui détermine le côté de la cuisse du derrière.

Le côté de la cuisse étant déterminé, v. H, on procédera pour le côté du genou, ce qui se fait comme suit, savoir :

La grosseur de genou de cette personne a donné 42 cent. La moitié donne donc. . . . . 21 c.
On lui ajoutera pour ses coutures. . . . . 1 c.
Vient ensuite l'arquage des jambes de la personne qui prend 3 cent. doubles. Ce qui fait. . . . . 6 c.
Que l'on a déduit en dedans, v. I, et que l'on doit reproduire de côté.
Ce qui fait. 28 c.
Qui s'emploieront comme suit :

Le devant de la ligne d'aplomb O à M a pris 12 cent. et demi, il restera donc 15 cent. et demi pour le derrière, qui se placeront également de la ligne d'aplomb O à Q. On pourrait comme forme demi-collante et craignant les genoux portés plus de côté fournir un surplus de largeur dans cette partie, v. Q, de 1 à 2 c. au plus. Mais l'arquage étant bien obtenu, il est inutile de rien ajouter, cela donnerait trop de largeur à cette place. Les largeurs de genou pour le côté étant fixées, on devra procéder pour les largeurs de mollet. Ce qui se fait comme suit, savoir :

La grosseur de mollet de cette personne a donné 42 cent, même largeur que le genou. La moitié donne donc. . . . . 21 c.
On lui ajoutera pour ses coutures. . . . . 1 c.
Vient ensuite l'arquage des jambes de la personne, v. C, qui prend
un cent. et demi double, ce qui fait. . . . . 3 c. que l'on
doit ajouter en totalité au côté, ce qui fait donc. . . . . . . 25 c. pour le
côté du mollet, qui s'emploieront comme suit :

Le devant de la ligne O à Z a pris 9 cent., il restera donc 16 cent. pour le derrière qui se placeront également de la ligne d'aplomb O à L, ce qui détermine le côté du mollet. On pourrait comme forme demi-collante et craignant les mollets portés plus de côté, fournir un surplus de largeur dans cette partie, v. L, de 1 à 2 cent. au plus, mais l'arquage étant bien obtenu, il est inutile de rien ajouter, cela donnerait trop de largeur à cette place. La largeur du mollet étant fixée, on aura à déterminer les largeurs du bas de derrière de côté, v. G, qui prendra avec son devant Y la même largeur que celle que l'on a donnée au dedans à partir de la ligne d'aplomb O à P, comme il est détaillé fig. 76.

Les largeurs de côté de derrière étant fixées, on devra procéder pour le déterminer par une ligne partant de N, renversement de hanches et coutures comprises, passant sur E, rélargissage du guide des hanches, suivant sur U, grosseur de cuisse, passant sur H, grosseur du milieu de la cuisse, et partant de ce point H, on fera prendre à la ligne un léger cintre pour aboutir en rondeur douce jusqu'à Q, grosseur de genou, de ce point Q, on fera ressortir cette ligne en rondeur douce jusqu'à L, fort du mollet, et de ce point L, on suivra en rondeur douce jusqu'à la ligne de hauteur de tendage T, pour de là faire former un léger cintre pour la cambrure du bas, pour aboutir à G, largeur de bas de derrière déterminé.

Ce qui achève la forme du côté du derrière. Cela fait, on devra fermer le bas de son derrière selon la forme que l'on veut lui donner, ce qui se fait comme il est détaillé fig. 75 et 76.

FIGURE 92.

Mais de creuser ainsi le genou, v. I, de la valeur de son arquage, cela lui rend les jambes naturelles et produirait le pantalon trop collant. Comme on le sait, on ajoute au côté pour pantalon demi-collant pour jambes faiblement arquées, v. fig. 55, pour jambes droites, v. fig. 76, et pour jambes cagneuses, v. fig. 81 et 86, de 3 à 5 cent. de surplus de largeur de côté, ce qui ne se fait pas pour la jambe très-arquée pour laquelle on ne donne pas de surplus de largeur de côté pour forme demi-collante. On devra, à cet effet, rendre au dedans du genou de I à R, aux devants et aux derrières les 4 cent. qui lui manquent pour forme demi-collante, ou plus, si l'on juge que la personne sera encore trop arquée. Le modèle ci-joint prenant 4 cent. de surplus de largeur pour forme demi-collante, prendra donc 2 cent. pour le devant et 2 cent. pour le derrière de I à R, vu que pour ce modèle le devant et le derrière sont de même largeur à cette place. Ce surplus de largeur ajouté en dedans partira pour le derrière de N, passera sur R, suivra sur C, passera sur F et aboutira à P. Et pour le devant côté fort, ce surplus de largeur partira de S, passera sur R, et aboutira en léger cintre jusqu'à P. On fera produire le même mouvement dans le haut du devant côté faible pour le faire aboutir au-dessus de R. Et par ce trajet cela comblera le vide de l'arquage de cuisses et de jambes, v. C, qui sont moins forts que celui du genou.

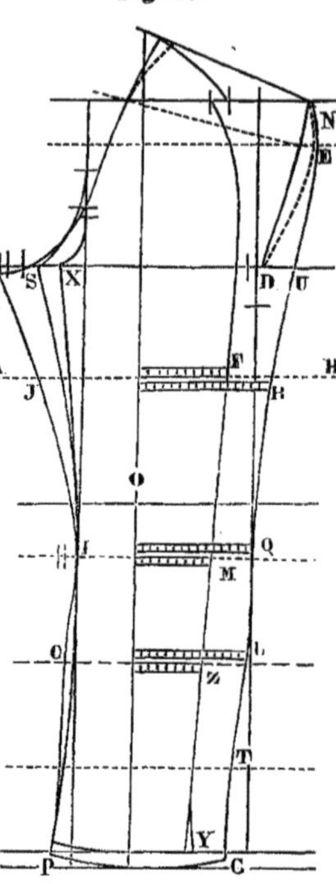

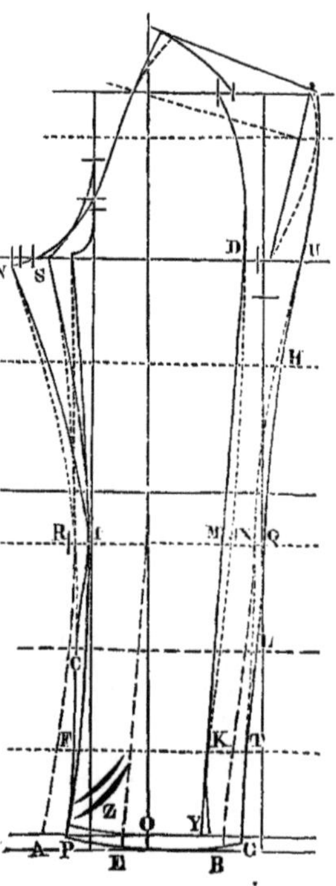

Comme on le voit pour une personne très-arquée, on ajoute tout le surplus de largeur pour forme demi-collante en dedans du genou de I à R, comme pour une personne moins arquée, soit (par exemple) de 3 cent. aux genoux ; on aura si l'on ajoute 4 cent. de surplus de largeur comme forme demi-collante, à fournir au dedans du genou la valeur de son arquage et le reste s'ajoutera de côté. Il en sera de même pour une personne arquée de 2 cent., on joindra en dedans la valeur de son arquage et le reste des largeurs s'ajoutera de côté.

D'avoir fourni un surplus de largeur en dedans de I à R, comme forme demi-collante, cela masquera l'arquage de la personne.

Comme on le voit, ce n'est que dans les parties vides et creusées des conformations que l'on fournit de l'étoffe, cela afin de les masquer et de les égaliser de droiture avec les parties saillantes.

Comme si l'on veut faire un pantalon très-large l'on ne devra plus fournir de largeur en dedans, ce sera tout de côté qu'elle devra se reproduire.

L'arquage étant masqué au dedans des cuisses, on devra procéder pour adoucir la forme du côté du derrière.

Comme on le voit, d'avoir coupé le devant droit de D à Y, cela donnerait le derrière trop plein de côté de H à T, on devra pour l'adoucir ajouter un surplus de largeur en rondeur au devant de D à K, de 1 à 2 cent. dans la partie du genou de M à J, et cette étoffe ajoutée au devant de M à J devra s'enlever au côté du derrière de la même valeur de X à Q, à partir de U à T, ce qui adoucira le côté du derrière en lui donnant une forme plus cintrée pour faciliter le tendage.

Comme on le voit pour les tenues arquées, l'arquage du dedans se porte de côté, v. H, Q, L, car de leur donner de côté moins de largeur que leur arquage réclame, cela ferait appuyer le pantalon sur le côté du mollet, v. Q, L, et appuyant trop à ces places, cela occasionnerait d'attirer le bas du dedans P, en produisant des torses au bas du devant Z, cela pour ne pas avoir porté les largeurs que les genoux et les mollets en dehors réclament.

Et pour corriger ces torses du devant, v. Z, cela nous obligerait de fournir un surplus d'étoffe au dedans du derrière de P à A, à partir de R, ce qui repousserait le bas des devants attirés et nous obligerait de l'ôter de côté de G à B, à partir du dessous de X, pour lui maintenir ses largeurs ; ce changement reproduirait donc la ligne d'aplomb O, plus en dedans, v. E, ce qui lui déplace son aplomb et rend le pantalon moins naturel au pliage au fer.

Pratiquant ainsi cela ne fait que rendre du mollet qui manquait à la place de L.

Donc, le pantalon coupé naturel avec ses largeurs portées de côté, v. Q, L, est préférable pour le pliage au fer du pantalon, vu qu'il laisse toujours exister de droiture la ligne d'aplomb O, qui est le guide du pliage.

Cette ligne d'aplomb O est invariable, elle doit toujours rester droite, car si elle se trouve attirée de côté par un surplus de serrage de X à T, que de R à F, cela occasionnerait un nouveau torse dans la partie de Z, en attirant de nouveau le bas du dedans P, ce qui occasionne à faire tourner la couture de côté B, et la reporte plus avant sur le coude-pied.

C'est pour cela que l'on doit toujours maintenir sa ligne d'aplomb O droite, ce qui évite les torses.

Comme on le voit, cette tenue prend le n° 13, page 92. On devra lorsque l'on rencontrera la fig. 14, qui a les 2 jambes arquées et un genou fort à l'une des jambes, procéder pour la jambe arquée, comme à l'une des jambes de la fig. 13, et pour le genou fort comme à l'une des jambes de la fig. 5. Donc, pour masquer l'arquage de la jambe arquée, on fournira un surplus d'étoffe en dedans et pour la jambe cagneuse, on fournira un surplus d'étoffe au côté du jarret, ce qui égalisera les 2 largeurs et la droiture des jambes.

Comme lorsque l'on rencontrera la fig. 15, qui a une jambe arquée et l'autre droite, on procédera pour la jambe arquée comme à la fig. 13, et pour sa jambe droite comme à la fig. 2, et afin de masquer l'arquage de la jambe droite, on devra lui fournir de côté la même valeur ajoutée en dedans à la jambe arquée.

Vient ensuite la fig. 16, qui a une jambe arquée et une jambe cagneuse, on procédera pour la jambe arquée comme à l'une des jambes de la fig. 13, et pour la cagneuse, comme à l'une des jambes de la fig. 5, en se rendant compte du plus ou moins de cagne et pour égaliser les largeurs et rendre les jambes droites, on procédera comme aux précédentes.

DE LA MESURE DE GROSSEUR DU MILIEU DE LA CUISSE POUR LES CUISSES QUI SE TOUCHENT EN DEDANS.

FIGURE 93.

Les mesures de cette personne ont donné :		
Longueur de la hanche au jarret.		59
Id. totale de côté.		110
Id d'entre-jambes.		85 1/2
Hauteur de hausses.		74 1/2
Renversement de hanches.		97
Guide des largeurs de hanches, prises à 6 cent. plus bas que la taille naturelle.		90
Demi-grosseur de cuisse.		35
Grosseur du milieu de la cuisse prise à 12 cent. plus bas que la fourche.		57
Grosseur de genou.		39
Id. mollet.		39
Demi-grosseur de ceinture prise serrée		49 1/2
Id. Id. Id. Id. Id. desserrée		52 1/2
Id. Id. Id. hanches, prise à 6 cent. plus bas que la taille naturelle.		56
Demi-grosseur de bassin.		53

Le modèle ci-joint représente des jambes droites.

Le tracé de cette tenue se fait pour le haut et pour le dedans du genou par les mêmes procédés que la fig. n° 2.

Cette personne ayant le haut des cuisses pleines, ce qui les rend pour le tracé d'égale largeur en dedans comme de côté, on procédera pour employer la mesure de grosseur du milieu de la cuisse, ce qui se fait comme suit :

Cette mesure prise à 12 cent. plus bas que la fourche a donné 57 cent.

La moitié donne donc. . . . . 28 cent. 1/2.

On lui ajoutera pour ses coutures. 1 cent.

___

Ce qui fait. . . 29 cent. 1/2, pour le dedans, qui s'emploieront comme suit :

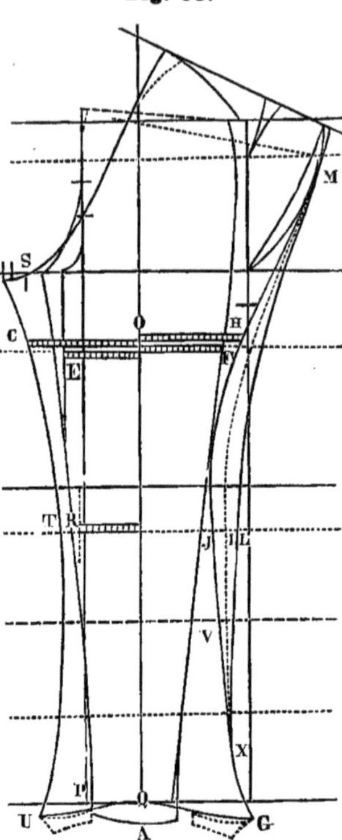

Fig. 93.

Le devant côté faible de la ligne d'aplomb O à E a pris 12 cent., il restera donc 17 cent. 1/2 pour le derrière, qui se placeront également de la ligne d'aplomb O à C, ce qui fixe l'entre-jambes du derrière ; on procédera ensuite pour le côté.

Comme on le sait cette mesure a donné 57 cent.

La moitié donne donc. . . . . . 28 cent. 1/2.

On lui ajoutera pour ses coutures. . 1 cent.

—————

Ce qui fait. . . . . 29 cent. 1/2 pour le côté, qui s'emploieront comme suit :

Le devant de la ligne d'aplomb O à F a pris 14 cent., il restera donc 15 cent. et demi pour le derrière, qui s'emploieront également de la ligne d'aplomb O à H, ce qui détermine le côté du derrière à ses mesures prises justes.

Comme on le voit, cette personne étant pleine au-dedans des cuisses, occasionne à faire creuser le côté du derrière, v. H, ce qui donne le simulacre d'un pantalon collant à cette place en faisant suivre la ligne sur J, V, grosseur de genou et de mollet, coutures comprises.

On aura donc à lui ajouter comme forme demi-collante un surplus de largeur de 3 à 5 cent. au genou de J à I, ce surplus de largeur partira de M, rélargissage du guide des hanches, suivra en pente douce jusqu'à I, surplus de largeur de genou, pour aboutir dans le bas, v. X (voir la ligne pointée), et si l'on veut le pantalon plus large, on fournira un surplus de largeur de côté de I à L, qui, partant de M, passera sur L, et aboutira à X.

Comme il est dit fig. 51, on ne doit pas pour les personnes fortes de ventre n'aimant pas à se serrer fournir trop de surplus de largeur au guide des hanches, v. M, cela reporte de la largeur sur le devant O, ce qui fait mal, à cela 1 ou 2 cent. au plus suffisent.

DU PANTALON QUI COUVRE FORTEMENT LE PIED.

Pour ce genre de pantalon, on coupe les devants étroits dans le bas, ce rétrécissage partant du haut pour le devant, v. S, R, P, nous obligera de rendre au derrière les largeurs détruites par le rétrécissage des devants pour lui maintenir ses largeurs, ce qui éloignera les derrières des devants au genou v. T, et dans le bas, v. U.

Comme on le voit, pour avancer sur le pied on fait descendre le dedans du derrière, v. U, de 1 à 2 cent. plus bas que la ligne qui fixe les longueurs, v. Q, et le côté du derrière, v. G, de 2 à 3 cent., afin que le côté, v. G, soit toujours de 1 cent. plus bas que le dedans U.

Et pour le bas des devants ils se rallongeront proportionnément au derrière en leur donnant une forme arrondie sur le coude-pied, v. A.

Pour ce genre de pantalon avançant fortement sur le pied les sous-pieds se font plus longs et se placent de la même manière que ceux de la fig. 58.

DEUXIÈME PARTIE.

DES COUTURES D'ENTRE-JAMBES ET DE COTÉ QUI RENTRENT SUR LE PIED PLUS DU COTÉ FAIBLE QUE DU COTÉ FORT.

FIGURE 94.

Ce déplacement est quelquefois occasionné pour avoir trop creusé la fourche du côté faible ou l'avoir tenue trop courte de I à J, ce qui nous obligerait pour corriger d'abattre le devant côté faible de R à P, pour le rendre au côté de D à G.

Mais cette correction ne pouvant se faire le pantalon étant coupé, on aura pour corriger à abattre le devant côté faible qui rentre de R à P, pour le rendre au derrière de C à F.

Et pour le côté fort où la couture de côté se trouve plus de côté, on abattra le devant de D à Y, pour le rendre au derrière de V à H, ce qui égalise la droiture des coutures.

Il convient lorsque les personnes veulent leur pantalon très-dépouillé dans la partie de la fourche de pratiquer de petits écarts aux devants et cette étoffe enlevée aux devants se rend au derrière.

L'écart de 6 cent. du côté fort de E à J, et de 3 cent. pour le côté faible de E à I, sont de bonnes largeurs pour hommes faits.

Et pour faciliter de lisser le bas de la fourche on peut, pour les personnes ayant peu de ventre, joindre un surplus de largeur en rondeur au devant côté faible de A à U.

Ce qui ne doit pas se faire pour les gros ventres, vu que cela sécherait trop le bas, v. U, et ne masquerait pas assez leur ventre.

Coupant ainsi, on devra creuser le sous-pont dans la partie arrondie, v. O, pour éviter un refoulement d'étoffe dans la partie de B.

La boutonnière du devant de ceinture se fera toujours à partir du devant naturel, v. T, et non sur A, ce qui ferait produire un pli dans la partie de U, étant serré de ceinture.

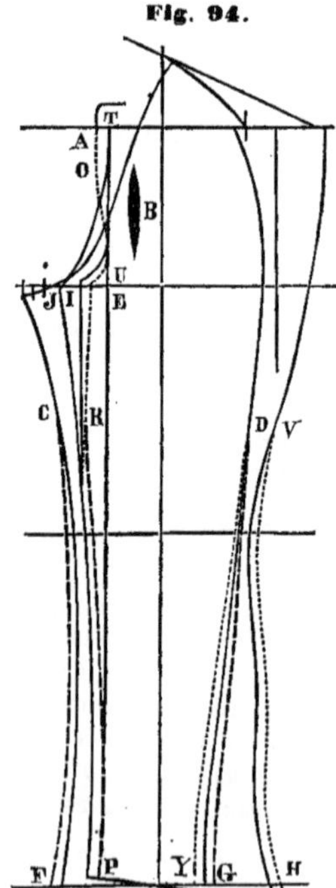

Fig. 94.

TROISIÈME PARTIE.

DE LA MESURE DE HAUTEUR DES HAUSSES.

FIGURE 95.

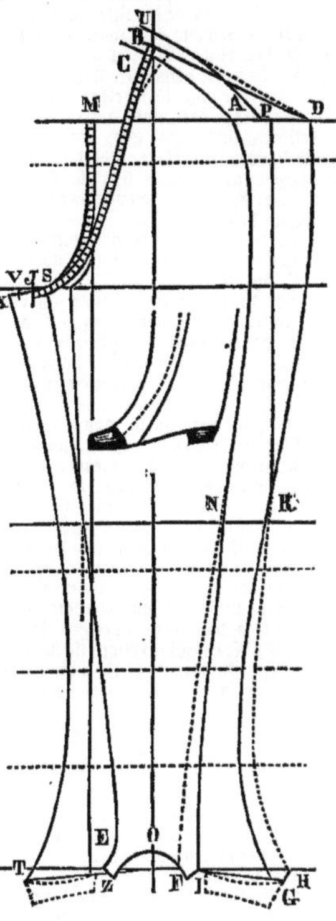

Cette mesure est détaillée pour sa prise, fig. 23 et 24,

On aura pour l'employer à procéder comme suit :

Ce n'est que lorsque l'on a entièrement achevé son tracé du haut qu'on l'emploie; comme on le voit fig. 46, on se sert de la moitié de la demi-grosseur de ceinture prise desserrée pour former l'arc P, U, qui détermine au hasard les hauteurs de hausses.

Mais croyant avoir pris la mesure de grosseur de ceinture desserrée sans s'apercevoir que la personne était fortement serrée et se servant de cette mesure serrée pour former l'arc, cela aurait reproduit l'arc plus avant et moins haut, v. A, C, et pour éviter ces irrégularités on doit se servir de la mesure de hauteur de hausses que l'on emploie comme suit :

Pour cela on prendra la longueur que l'on a donnée au-devant côté fort de J, point de l'écart en faisant suivre à la mesure le contour de la fourche côté fort pour aboutir à M, on reportera ensuite le chiffre obtenu de la distance de J à M, de nouveau sur J, point de l'écart, en faisant suivre à la mesure le contour du tracé du derrière, et où elle aboutit dans le haut, on marque un point, v. B, ce qui détermine la véritable hauteur de hausse.

Et dans le cas que l'on veuille confronter cette mesure par l'écart donné au devant, v. S, et par celui donné au derrière, v. V, on aura soin de ne pas compter les coutures ajoutées à la fourche du derrière, v. X, ce qui détruirait de la hauteur à la hausse de la valeur de V à X.

Comme on le voit, ce point B s'est fixé à cette hauteur, comme il aurait pu se fixer plus haut ou plus bas, selon la grosseur des ventres ou des derrières qui le font varier de place, à cela où que ce soit qu'il aboutisse, c'est sa place, la mesure étant toujours le guide, comme on le verra défini fig. 97.

Ce point B étant fixé, on aura à régulariser sa hauteur de hausse par une ligne partant de D, point de renversement de hanches, aboutissant à B.

DU PANTALON ÉCHANCRÉ SUR LE COUDE-PIED.

Pour ce genre de pantalon le devant se coupe généralement très-étroit dans le bas, quoique pouvant le varier de largeur à volonté.

Mais l'étoffe enlevée au devant doit toujours se rendre au derrière afin de maintenir les largeurs de chaque côté.

Pour le modèle ci-joint le bas du devant prend 12 cent. de largeur de Z à I.

La largeur totale du bas est de 50 cent. coutures comprises, qui se partageront pour le devant et le derrière toujours à partir de la ligne d'aplomb O.

Comme on le voit, on creuse le dedans du devant, v. E, cela est afin de donner du jeu pour le coude-pied.

On baisse le dedans du derrière, v. T, de 1 à 2 cent. plus bas que la ligne de longueur totale et pour le côté de 2 à 3 cent, v. G., afin que le côté ait toujours 1 cent. plus bas que le dedans T.

On baisse ainsi le derrière, cela est afin de donner un surplus de longueur dans le coude-pied O, ce qui facilite pour s'asseoir.

On a pour habitude de régulariser l'échancrure du coude-pied, v. O, avec la chaussure de la personne, ce qui ne peut se faire juste en coupant, dans la crainte de trop ou pas assez creuser le coude-pied.

On varie la forme du dedans ou du côté de ce pantalon à volonté ; pour le modèle ci-joint on a rétréci le devant de côté, voir la ligne pointée de N à F, et cette étoffe enlevée au devant a été rendue au derrière de G à H à partir de R.

Tel que le devant coupé à F aboutit à H, comme coupé à I aboutit à G.

Un léger tendage convient dans le bas du devant pour faciliter à couler sur le pied.

On abat les coins dans le bas des devants, v. Z, I, c'est afin de leur faire suivre le derrière bordant la semelle de la chaussure, comme on le voit défini au petit modèle.

Les sous-pieds se font pour ce pantalon légèrement plus larges que la semelle et doivent suivre l'échancrure du coude-pied pour leur longueur, ils se creusent pour leur montage plus en dedans que de côté.

DU PANTALON DE GROS HOMME.

ET EMPLOI DES MESURES DE HAUTEUR DE HAUSSES DÉTAILLÉES FIG. 95.

FIGURES 96 ET 97.

Les mesures de cette personne ont donné :

Longueur de la hanche au jarret.	57	Demi-grosseur de cuisse.	39
Id. totale de côté.	113	Grosseur de genou.	44
Id. d'entre-jambes.	82	Id. mollet.	44
Hauteur de hausses.	91	Demi-grosseur de ceinture.	64
Renversement de hanches.	112	Id. Id. Id. hanches prise à 6 cent. plus bas que la taille naturelle.	65
Guide des largeurs de hanches, prise à 6 cent. plus bas que la taille naturelle.	101	Demi-grosseur de bassin.	61

Fig. 96.   **Fig. 97.**

Comme on le voit, de prendre mesure de hauteur de hausse à une personne forte de ventre qui n'aime pas à se serrer la taille, et employant ainsi la mesure de hauteur de hausse pour le devant à partir de l'écart de J à M, et pour le derrière de J à B, comme il est démontré fig. 95, cela donne trop de hauteur pour le derrière, vu que généralement ces grosses personnes ont moins de derrière proportionnément à leur gros ventre.

Cette hausse trop élevée derrière, v. B, fig. 97, leur occasionne un amas d'étoffe dans le bas du derrière, v. N, de tout le surplus que le devant M réclame de hauteur, v. G.

Par exemple, la mesure de hauteur de hausse d'un gros homme étant obtenue donne 91 cent. de B à C, fig. 96.

Et afin de se rendre compte de combien le ventre prend de hauteur lorsque l'on mesurera pour des gros ventres, on placera un point à la hauteur de grosseur du haut de la cuisse, v. H, en face la hanche, on en placera également un au milieu du bas du ventre même niveau, v. U.

Cela fait, on prendra la longueur qu'il y a du point d'appui de hanche A, au point de cuisse, v. H, en faisant suivre à la mesure le contour de la hanche, on prendra ensuite la distance qu'il y a du point d'appui sur le ventre C, au point fixé au bas du ventre, v. U, en suivant la rondeur du ventre, et la différence que la rondeur de ventre de C à U prend en plus que la longueur de A à H, s'élèvera en hauteur sur le ventre de M à G, fig. 97, et cette hauteur fournie sur le ventre de M à G se diminuera à la hausse du derrière de cette différence de B à X, ce qui nivellera de hauteur le derrière, v. X, et le devant, v. G, a ses mesures prises justes, en laissant l'aplomb au haut du pantalon.

On rencontre cependant des gros hommes qui aiment que leur pantalon ne monte pas trop haut sur le ventre, on aura donc à abattre au-dessous de G ce que l'on juge convenable. Cet abattage de devant se fera à partir du point de hanche P, sans rendre cette hauteur abattue au derrière, v. X, ce qui lui donnerait trop de hausse.

Tel que pour une personne qui n'aime pas à porter de bretelles, il convient toujours de baisser le devant de 1 ou de 2 cent. ou plus plus bas que G, toujours à partir de P, afin d'éviter des amas d'étoffe qui se refoulent sur le ventre étant assis.

On ne prend jamais assez de soins pour calculer ses hauteurs de hausses, c'est d'elles que naît l'aplomb du haut des pantalons afin d'éviter des torses à la fourche derrière ou devant ou de la gêne.

Par exemple, pour une personne aimant à ce que son pantalon monte plus haut que sa taille naturelle derrière, on pourrait lui ajouter un surplus de hauteur en plus que X, v. B, à cette occasion on aura soin de rélargir le haut du derrière de B à V, afin qu'il puisse monter facilement, provenant que plus on monte au-dessus de la taille plus on grossit.

Car l'ouverture de la ceinture du pantalon n'étant pas assez large, v. B, pour monter plus haut que la taille naturelle, cela ferait retomber le derrière, et la personne s'apercevant que le pantalon retombe derrière et qu'il ne touche pas à la fourche, resserrerait les bretelles pensant le faire toucher, ce qui monterait le devant au-dessus de sa hauteur naturelle, en occasionnant des plis au derrière et en amenant des largeurs du derrière retombé au devant de la fourche, v. I, cela provenant que l'aplomb du pantalon se trouve détruit par l'inégalité des hauteurs de derrière ; ce qui indique qu'il y avait trop de hauteur au derrière et qu'il n'avait pas assez de largeur pour prendre son écoulement pour monter plus haut.

Cet inconvénient n'arrive pas en rehaussant le devant en plus que ses mesures, pour une personne forte de ventre, vu que le ventre perd de la grosseur en montant, ce qui lui donne son écoulement, ce qui n'arrive pas pour le dos qui gagne de la grosseur.

QUATRIÈME PARTIE.

DE LA MESURE DE GUIDE DES LARGEURS DE HANCHES.

Cette mesure détaillée fig. 23, 24 et 49, est un guide réel pour redresser ou renverser un haut de pantalon.

Cette mesure ne varie pas dans sa prise, vu qu'elle passe en grande partie sur des os, et qu'elle s'y fixe, ce qui lui donne sa régularité; elle doit se prendre de 5 à 7 cent. plus bas que la taille naturelle, selon la grandeur des personnes, comme il est détaillé fig. 23 et 24.

C'est cette mesure qui nous fait connaître au tracé de combien une personne était plus serrée de taille que sa grosseur naturelle. Exemple :

La mesure de guide des largeurs de hanches a fixé ses largeurs de côté de derrière à T, et celle de renversement de hanches à D; ces mesures étant fixées, on emploie sa mesure de grosseur de hanches de L à F et de T à E, comme il est détaillé fig. 50.

Et ensuite, on emploie celle de grosseur de taille de G à P, et de D point de renversement de hanches, et où elle aboutit derrière on la fixe soit à S, soit à B.

La grosseur de taille de cette personne étant serrée a fixé son point à S, ce qui nous oblige de partir de S, passant sur la grosseur de hanches E, pour suivre son contour de derrière, ce qui donne du rond de S à E, vu que la grosseur de ceinture a été prise serrée, ou que la personne était serrée.

Mais si l'on eût pris la mesure de cette personne sans être serrée de taille, elle aurait reproduit sa grosseur à B, ce qui eût égalisé de droiture B, grosseur de taille, avec E, grosseur de hanches.

Donc chaque fois que l'on ne prendra qu'une mesure de grosseur de taille qui occasionnera du rond avec la grosseur de hanches de S à E, on devra toujours redresser son derrière, v. B, de droiture avec E, qui est le guide réel des grosseurs de hanches afin de lui maintenir ses largeurs, v. E, ce qui nous obligera de pratiquer une pince, v. R, de la différence qu'il y a de S à B.

Cette pince faite maintient les grosseurs de ceintures prises serrées tout en maintenant la droiture du renversement de pantalon B à sa place, car de pratiquer une pince, v. R, lorsque l'on a fixé son derrière par la mesure de grosseur de ceinture serrée de S à E, cela rendrait les mesures de grosseur de ceinture trop étroites et par cela renverserait trop le pantalon, ce qui ne doit pas être, tout en laissant trop de rondeur qui ne pourrait exister dans la partie de S à E.

DE LA FOURCHE DE PANTALON POUR GROS HOMME.

FIGURE 98.

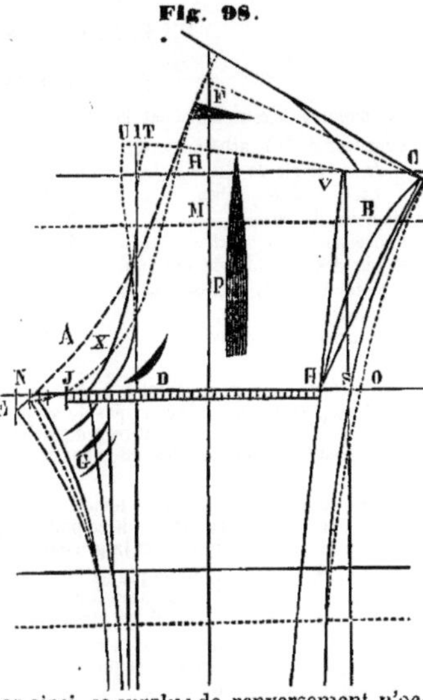

Il ne convient pas pour les personnes fortes de ventre de rapporter de l'étoffe devant de I à U, cela dessine trop le bas du ventre et cette largeur ajoutée de I à U, ne pouvant s'enlever à la hanche, *v.* V, sans occasionner des torses à la fourche, étant serré de taille, *v.* D, cela laissera donc un surplus de largeur au pantalon, ce qui ne convient pas.

Il faut au contraire abattre environ 1 cent. ou plus de I à T, cet abattage amène de l'étoffe au bas du ventre et par cela masque la rotondité, ce qui est préférable, ne voulant pas abattre de I à T, on aura à moins creuser les deux fourches des devants, *v.* X, ce qui rétrécira l'écart J ; on devra, à cet effet, donner un peu plus de pointe à la fourche du derrière, *v.* N, pour compenser ce que la fourche des devants vient de perdre par le surplus de droiture qu'on leur a donné, *v.* X.

Il convient aussi pour tous les gros hommes âgés de fournir un surplus de largeur au derrière de X à A, ce qui raccourcit la fourche du derrière et par cela nous oblige de lui rendre ses longueurs, ce qui se fait en ajoutant un surplus de pointe, *v.* E, comme il est détaillé fig. 71.

De procéder ainsi laisse de la largeur au derrière du pantalon, ce qui leur convient pour s'asseoir et se baisser.

DU PANTALON QUI LÈVE SUR LE PIED ÉTANT ASSIS.

Comme il est détaillé fig. 23 et 24, on devra mettre tous ses soins pour prendre la mesure de renversement des hanches, *v.* C, elle est le guide réel de l'écart de la hanche à la fourche.

On croirait qu'en donnant un surplus de renversement de hanches en plus que la mesure obtenue que cela donnerait de l'aisance au derrière et empêcherait le pantalon de lever sur le coude-pied étant assis; il n'en est pas ainsi, ce surplus de renversement n'occasionne qu'à faire retomber le derrière du pantalon à l'entre-jambes dans la partie de G.

Et afin d'empêcher que cette étoffe ne retombe dans la partie de G, cela exigerait de maintenir le haut très-serré dans la partie des hanches; à cet effet, on pourrait se passer de donner un surplus de largeur au guide des hanches, *v.* B, et malgré cela on devrait encore resserrer le haut du derrière à la place de H, ce qui retiendrait dans le haut ce surplus de renversement et cette étoffe restant dans le haut du derrière forme soufflet, *v.* F, ce qui facilite pour s'asseoir et se baisser et par cela évite de trop relever sur le coude-pied.

Mais comme il ne convient pas de couper un pantalon étroit dans le haut pour une personne qui ne veut pas être serrée, il est préférable de lui donner des largeurs au derrière, *v.* A, et de la pointe, *v.* E, comme il est détaillé ci-dessus.

On ne doit pas ou peu pratiquer de cambrure dans un bas de pantalon dont la personne exige qu'il ne lève pas sur le coude-pied étant assis, il convient même de leur joindre un surplus de longueur.

Une étoffe raide aigrit toujours ce mouvement, ce n'est que lorsque le pantalon a été porté quelquefois qu'il prête au corps. On n'éprouve pas cet inconvénient dans les étoffes très-élastiques.

DE LA GROSSEUR DE CUISSE POUR PERSONNE FORTE DU VENTRE.

Comme il est détaillé fig. 29, pour les personnes fortes de ventre et principalement pour celles âgées ou maladives, les grosseurs de cuisses sont généralement petites proportionnellement à leur ventre, ce qui éloigne la mesure de grosseur de cuisse de J à H, de la ligne formée par la moitié de la demi-grosseur de bassin, *v.* S, et par cela produit au-devant et au derrière une forme creusée dans cette partie; on ne devra pas s'y arrêter, la mesure de grosseur de cuisse bien obtenue est le guide de ce point H.

A cet effet on pourra, si l'on veut le pantalon large, ajouter au côté un surplus de largeur de S à O.

Comme il est dit fig. 51, on ne doit pas pour un gros homme n'aimant pas à se serrer fournir trop de surplus de largeur au guide des hanches, *v.* B, ce qui occasionnerait avec le surplus de largeur ajouté au côté de S à O à fournir trop de largeur sur le ventre dans la direction de P.

On met parfois une traverse de percaline au haut du devant, *v.* M, pour maintenir les gros ventres, on aura soin de ne pas la mettre tirante, cela empêche l'écoulement du devant et par cela occasionne encore un surplus de largeur au devant, *v.* P.

CINQUIÈME PARTIE.

DE LA FOURCHE PÓUR LES PERSONNES QUI PORTENT DES SUPPORTS OU QUI ONT LES PARTIES FORTES.

FIGURE 99.

Pour cette difformité, on devra laisser plus de largeur de fourche au devant côté fort.

Comme on le voit par ce modèle, on fournit un surplus de pointe soit de largeur au côté fort, *v.* I, selon le besoin, en redressant la fourche, *v.* V, de celle primitive, ce qui rend la même longueur à la dernière de U à I, qu'à la première.

Par ce redressage de fourche cela porte un surplus d'étoffe dans la partie de J, ce qui convient. Le côté faible et le derrière restent les mêmes, vu qu'ils n'éprouvent aucun changement provenant de ce que l'on a redressé la fourche du côté fort, ce qui la maintient de même longueur.

SIXIÈME PARTIE.

CE QUE PRODUIT DE NE PAS AJOUTER DE COUTURE A LA FOURCHE DU DERRIÈRE.

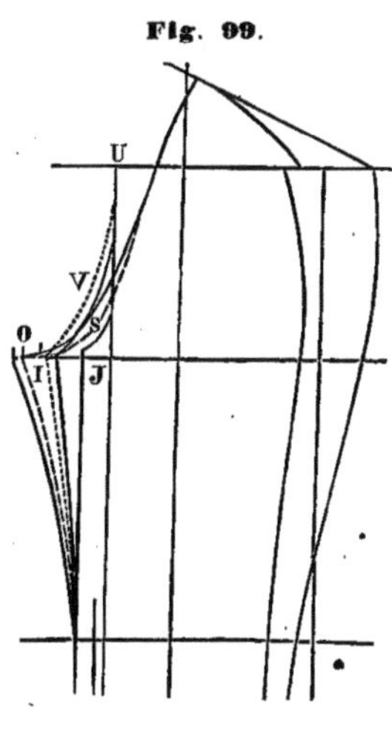

De ne pas ajouter de couture à la fourche du derrière, *v.* O, cela rétrécit l'écart, ce qui nous oblige de le recreuser, *v.* S, et par cela lisse trop le bas du derrière, à cela la couture est préférable.

DU PANTALON A LA HUSSARDE.

FIGURE 100.

Les mesures de cette tenue ont donné :

Longueur de la hanche au jarret.	57	Grosseur de genou.	38
Id. totale de côté. . . .	110	*Id.* de mollet.	38
Id. d'entre-jambes. . . .	87 1/2	Demi-grosseur de ceinture prise	
Hauteur de hausses.	63	serrée.	39
Renversement de hanches. . . .	80	*Id. Id. Id.* desserrée. .	43
Guide des largeurs de hanches,		*Id. Id. Id.* hanches,	
prises à 6 cent. plus bas que la		prise à 6 cent. plus bas que la	
taille naturelle.	76	taille naturelle.	47
Demi-grosseur de cuisse. . . .	32 1/2	Demi-grosseur de bassin. . . .	49

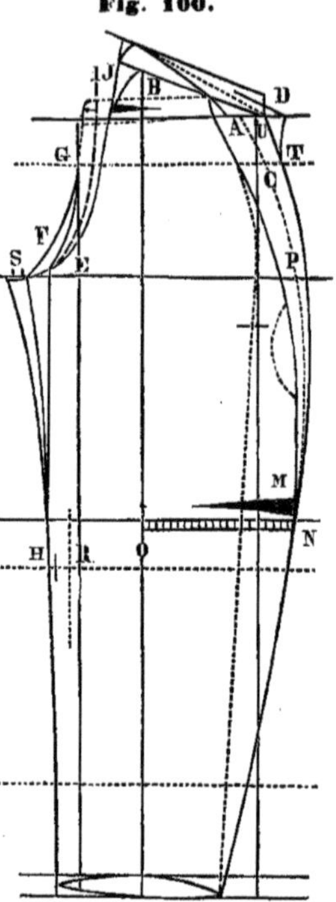

Le tracé du haut de ce pantalon se fait par les mêmes procédés que ceux détaillés plus avant. Excepté que l'on n'ajoutera pas de surplus de largeur à la mesure de guide des largeurs de hanches, *v.* T, cela donnerait trop d'étoffe à cette place, ce qui ne convient pas pour ce genre de pantalon qui doit être lisse dans cette partie, et cela afin de maintenir les largeurs sur les côtés.

Comme on le voit, pour cette tenue, la mesure de renversement de hanches a fixé son point de derrière à D, et partant de ce point D, pour fixer sa grosseur de ceinture serrée, cela a fixé le haut du derrière à B, et la grosseur desserrée à J.

Mais comme l'on ne pratique pas de pince au derrière de ce genre de pantalon pour le maintenir lisse ou plat derrière, on aura à abattre au côté de D à U, à partir de T, toute la différence qu'il y a de B à J, ce qui le redresse.

Mais de vouloir le redresser plus que les mesures le donne en abattant au côté, *v.* la ligne pointée A, C, P, pensant le rendre plus lisse derrière de J à I, pour lui maintenir ses largeurs. Voir les pointés de I à E.

Ce surplus de largeur, ajouté derrière de I à E, redressera donc le pantalon, mais le pantalon étant sur le corps reprend sa place et reconduira I sur J, A sur U, comme C sur T, et par ce déplacement lui occasionne un entraînement dans le côté, ce qui le fait casser sur le côté, *v.* M, de la valeur redressée en plus que les mesures naturelles.

Pour ce genre de pantalon il ne convient pas de couper la fourche des devants trop étroite de E à S, cet écart plus grand facilite à donner plus d'étoffe à la fourche des devants, *v.* F, fourche qui doit partir de plus haut, *v.* G, que pour les pantalons de ville.

De couper la fourche plus pleine dans la partie de F occasionne un surplus d'étoffe dans la partie du devant de la fourche, *v.* E, ce qui forme soufflet et facilite pour enjamber et pour l'écartement que l'on prend à cheval.

Mais d'avoir coupé la fourche plus pleine devant de G à S, cela a rétréci l'écart, ce qui nous oblige de creuser le derrière, *v.* E, en plus que les pantalons ordinaires pour lui rendre son écart détruit au devant, ce qui lisse le derrière.

Le pantalon se fait généralement de 2 cent. plus long que les mesures obtenues.

Les bas se font à pain de sucre avec les largeurs limitées et s'échancrent légèrement sur le coude-pied. Le modèle ci-joint a 48 c. de largeur de bas fini, coutures comprises, les largeurs du bas sont égales en dedans comme de côté le devant est aussi large que le derrière; on peut selon la fantaisie le changer de forme.

Pour les largeurs que l'on met sur les côtés en plus que les demi-largeurs de genou, cela se fait à volonté.

Le modèle ci-joint prend 24 cent. de plus de largeur de côté que la demi-grosseur de genou de O à N.

Pour les largeurs de dedans elles se pratiqueront d'après les différentes conformations de jambes, comme il est détaillé dans la première partie de la deuxième classe.

Car de couper un pantalon arqué en dedans pour une personne cagneuse occasionnerait encore à le faire casser de côté, *v.* M, et par cela déplace l'aplomb du pantalon.

Le modèle ci-joint est pour jambes droites et comme pantalon large on lui a ajouté 2 cent. doubles coutures comprises de R à H.

Ce qu'il faut surtout observer pour les grosseurs de hanches et de taille pour gros comme pour mince, c'est de les couper juste à la mesure qu'ils aiment à être serrés afin que le haut du derrière de pantalon ait plutôt l'inclination de baisser et en baissant cela forme le soufflet dans le haut de la hausse au-dessous de B, ce qui facilite pour s'asseoir, se baisser et pour le mouvement de va et vient que l'on éprouve étant à cheval.

A cet effet on ne pratiquera pas ou peu d'ouverture à la ceinture derrière afin de le maintenir étroit.

Comme on le voit pour ce pantalon les ceintures sont attenantes.

DES GROSSEURS DE CEINTURES PLUS LARGES QUE LE NATUREL, POUR PANTALON A LA HUSSARDE.

De couper des grosseurs de ceintures trop larges, ou de faire l'ouverture du derrière des ceintures trop longues pour les personnes qui portent des bretelles, ils se trouvent généralement gênés pour s'asseoir, vu qu'ils montent le pantalon derrière qui prête à la bretelle et par cela détruisent le soufflet qui aurait été occasionné au-dessous de B, par une taille serrée ne portant pas de bretelles, ce qui facilite pour se baisser.

A cet effet, il n'y a que les personnes qui aiment à être soutenues à la taille ne portant pas de bretelles qui éprouvent moins de gêne pour s'asseoir.

DU PANTALON A PLIS.

FIGURE 101.

Le tracé de ce pantalon se fait comme d'habitude, excepté que pour les plis que l'on pratique aux devants qu'ils se fassent grands ou petits, on fournit les largeurs au côté du devant de A à B.

On aura soin de ne pas donner plus de hauteur de Y à B qu'il n'y en a de Y à A, ce qui donne au haut du devant une forme arrondie, *v.* A, B, on abat également le devant d'un cent. de U à N, cela peut maintenir la raideur du pli afin qu'il ne casse pas. Le derrière de ce pantalon reste le même que pour un pantalon ordinaire.

DU PANTALON A BAS.
FIGURE 102.

Le pantalon à bas se trace par les mêmes procédés que le pantalon à plis, excepté que l'on fait la fourche du devant plus pleine de R à S, v. D.

On fournit également un surplus de pointe au derrière, v. A, pour ce que la fourche du devant redressé a fait perdre d'écart.

Le derrière de ce pantalon se fait aussi large de côté que le devant, v. X, soit qu'ils se trouvent l'un sur l'autre à cette place, et cette ampleur se divise sur le devant et sur le derrière par la coulisse que l'on pratique à la taille.

La demi-largeur du bas, de F à P, est prise au-dessus des chevilles du bas de la jambe. Le modèle ci-joint prend 16 cent., coutures comprises.

L'ouverture pour introduire l'avant-pied de O à N se fait de 12 à 14 cent. selon la fantaisie.

Le modèle ci-joint prend 14 cent. que l'avant-pied doit avoir de I à U, nous ne donnons pas les coutures à l'avant-pied de I à U, vu qu'elles seront fournies par le tendage que l'on pratique dans la partie de B, B, ce qui le rendra droit de I à U, en faisant former le creux au coude-pied, v. M, et lui fera prendre la forme creusée sur le coude-pied, v. H. La mesure de grosseur de coude-pied doit se rencontrer dans l'avant-pied de U à U, et dans la semelle de E à E.

La mesure de grosseur du bas du pied, prise sur l'orteil, doit se rencontrer dans la distance de C à C et de V à V. La longueur de la semelle de J à G doit avoir la longueur du pied.

La moitié de la largeur du bas, de F à P, et la longueur de l'avant-pied, de U à L, passant sur C, doit être de la même longueur que celle de la semelle de J, passant sur E et sur V, aboutissant à G. On aura soin, pour la semelle et l'avant-pied, d'ajouter pour les coutures. Comme on le voit, le côté de la semelle, v. T, est plus plein d'un cent. que le dedans qui est plus creusé, v. Z, ce qui convient.

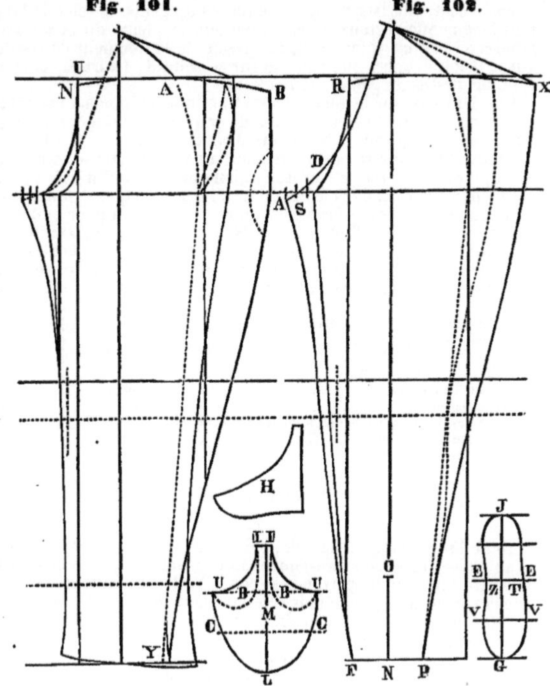

DU PANTALON COLLANT DE BAL.
FIGURE 103.

Le tracé de ce pantalon se fait comme d'habitude et comme collant, on aura pour les cuisses et les jambes à lui donner pas ou peu de surplus de largeur en plus de ses coutures.

Ce genre de pantalon ne fait bien que pour les jambes bien faites, soit qu'elles ne soient ni trop arquées ni trop cagneuses, vu que ces dernières nous obligeraient de leur fournir des surplus de largeur aux parties vides pour les ouater afin de les égaliser, ce qui grossit les cuisses ou les jambes, ce qui n'a pas lieu pour la jambe bien faite, à laquelle on peut couper égal aux mesures justes en dehors et en dedans des jambes.

Le modèle ci-joint est conforme à la fig. n° 1, désignée page 91.

Ce pantalon s'arrête, pour sa longueur, au-dessus des chevilles des pieds, il prend, pour sa largeur du bas, la grosseur que prend le bas de la jambe au-dessus de la cheville, afin qu'il soit juste à cette place.

On pratique au bas une ouverture, v. A, afin de donner assez de largeur pour le passage du talon et du coude-pied, on pratiquera à cette ouverture 3 boutonnières rapprochées. On doit pratiquer des tendages aux jarrets de ce pantalon de F à G, comme de I à K, et, comme on le sait, le surplus de longueur que donne le tendage s'emploie et se rentre au fer dans la partie du mollet de G à H, comme de K à L, comme il est détaillé fig. 71.

CE QUE PRODUIT DE DONNER UN SURPLUS DE LONGUEUR AU MOLLET.

On croirait que pour donner plus de moelleux au mollet pour une personne qui a peu de mollet, de donner plus de tendage au jarret de F à G, et de I à K, produisant ainsi, cela donnerait trop de longueur au mollet, ce qui l'occasionnerait à retomber de chaque côté, v. B, C, et par cela produit au pantalon de ville trop de longueur sur le talon de la valeur trop tendue, ce qui n'a plus lieu pour les gros mollets qui réclament plus de longueur au mollet et par cela plus de tendage.

Ce genre de pantalon collant ne doit se faire qu'avec des étoffes souples et faciles à tendre. Le haut de ce genre de pantalon se fait généralement à petits ponts.

DE LA CULOTTE.

La culotte se trace, pour le haut, par les mêmes procédés que le pantalon dont elle a les mêmes mesures. Seulement, que lorsqu'on aura pris la mesure de longueur de la hanche au jarret, de E à J, comme cela se pratique pour le pantalon ordinaire, v. fig. 20, on continuera sa mesure plus basse à l'os formant un nœud qui se trouve

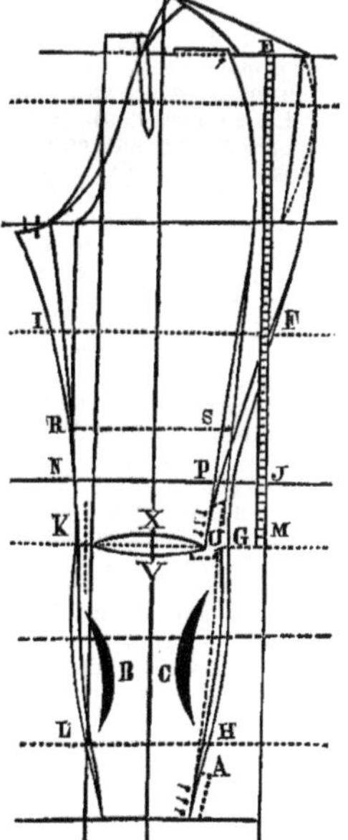

à 6 ou 8 cent. plus bas, v. M, que le milieu du genou et selon la longueur des jambes des personnes. On tient la culotte plus longue que le creux du jarret, vu que le pliage du genou réclame de la longueur. Pour la longueur de l'entre-jambes on fixe un point, v. K, au niveau de la longueur de l'os du jarret obtenu de côté, v. M, et l'on prend la longueur d'entre-jambes que l'on fixe sur ce point K. Le bas de la culotte réclame 3 mesures de grosseur, l'une de 5 à 7 cent. au-dessus du genou, de R à S.

Une deuxième sur le genou de N à P, et une troisième au jarret de K à U; ces mesures doivent se prendre sur le bas.

Les mesures de grosseurs du bas de cette culotte ont donné 36 cent. et demi au-dessus du genou de R à S, 35 cent. de grosseur du genou de N à P, et 33 cent. au jarret de K à U.

Comme la culotte se porte serrée au jarret et qu'elle se serre encore par une jarretière, ce qui peut la rélargir dans le bas, il est préférable d'ôter les largeurs de côté plutôt qu'au dedans, cela ne détériore pas la fourche.

On donne du rond dans le bas du devant en plus que sa longueur d'environ 1 cent. et demi, v. V, cette rondeur soutenue par la jarretière se rend droite, ce qui fait bien pour emboîter le genou.

Comme l'on cintre d'un cent. le bas du derrière, v. X, pour éviter des plis qui se produiraient à cette place si l'on ne le faisait pas. La jarretière se monte égale au bas du derrière à cette place, v. X.

On pratique dans le bas des côtés trois boutonnières à l'ouverture afin de faciliter l'entrée du mollet au jarret.

Le haut de la culotte se fait toujours à petits ponts.

Les mesures du pantalon collant ont donné :

Longueur de la hanche au jarret.	55
Id. totale de côté.	107 1/2
Id. d'entre-jambes.	86 1/2
Hauteur de hausses.	60
Renversement de hanches.	73
Guide des largeurs de hanches, prises à 6 cent. plus bas que la taille naturelle.	63
Demi-grosseur de cuisse.	30

Grosseur du milieu de la cuisse, prise à 14 cent. plus bas que la fourche.	46
Grosseur de genou.	36
Id. Id. mollet.	36
Demi-grosseur de ceinture prise serrée.	33
Id. Id. Id. Id. Id. desserrée	36
Id. Id. Id. hanches prise à 6 cent. plus bas que la taille naturelle.	40
Demi-grosseur de bassin.	45

DE LA CULOTTE DE LIVRÉE.

FIGURE 104.

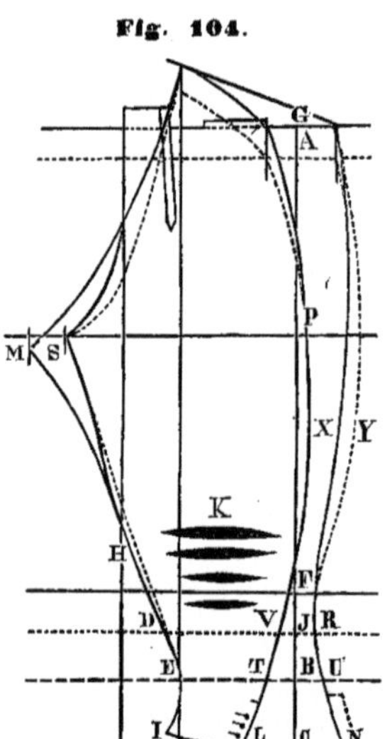

Toute l'importance de la culotte de livrée est d'être fortement serrée au genou et au jarret, longue d'entre-jambes afin de pouvoir grandement écarter les jambes sans être tiré de nulle part, elle se coupe large à la fourche, elle se fait plus haute que la hanche afin qu'elle puisse retomber; elles se font toujours à petits ponts.

Cette culotte doit se couper droite de côté au bord de l'étoffe, afin de donner du biais au-dedans des cuisses.

On devra, pour la culotte, prendre trois mesures de longueur, l'une de la hanche, v. A, au genou, v. F, comme pour les pantalons on suivra pour la deuxième jusqu'au jarret, v. J, qui se trouve plus bas que le genou de 5 à 6 cent., et la troisième se suivra jusqu'à la naissance du mollet, v. B, qui se prend également de 5 à 6 cent. plus basse que le jarret.

Les mesures de longueur de côté étant obtenues, on procédera pour la mesure d'entre-jambes. On aura, pour prendre cette mesure à fixer en dedans un point, v. E, au même niveau que celui du côté, v. B.

On prendra ensuite sa longueur d'entre-jambes jusqu'à ce point E.

On devra, en outre, prendre pour la culotte trois mesures de grosseur du bas.

L'une de grosseur de genou, le modèle ci-joint a donné 34 cent.; une deuxième de grosseur de jarret, le modèle ci-joint a donné 32 cent.; une troisième de grosseur de naissance du mollet, le modèle ci-joint a donné 34 cent.

Les mesures étant obtenues, on procédera pour le tracé, ce qui se fait comme suit :

La longueur au genou étant fixée de A à F, celle du jarret de A à J, et celle de naissance du mollet de A à B, on emploiera la mesure de longueur d'entre-jambes sur la ligne du côté de B à P, ce qui détermine sa hauteur et le montant.

Le tracé du haut se fait comme d'habitude, excepté que l'on n'ôte rien à la fourche du devant pour le côté faible. On leur donne de 2 à 3 cent. de plus de pointe au derrière de la fourche de S à M, partant du haut afin que le derrière soit très-large.

On les coupe généralement de 2 à 3 cent. plus hautes de hanches, v. G, que la mesure prise à la taille naturelle, v. A.

Ce sera toujours sur cette ligne A que devront se reproduire les mesures de renversement de hanches et non sur la ligne G, rehaussement du montant, car le faisant ainsi, cela redresserait trop la culotte.

On procédera de pareille manière pour les pantalons, lorsque l'on voudra les faire monter plus haut que la hanche.

Le tracé du haut étant achevé, on procédera pour le tracé du bas, qui se fait comme suit :

On aura à ajouter dans le bas, en plus que les longueurs obtenues, v. B, un surplus de longueur de 6 à 7 cent., v. C.

Cette longueur en plus de B à C est pour remonter la culotte C à la naissance du mollet B, afin qu'elle produise des plis de cette longueur le long des cuisses au-dessus du genou, v. K; c'est ainsi qu'est le bon goût et la haute étiquette de la culotte de livrée. Toutes ces longueurs et ces largeurs conviennent, vu que l'on n'emploie pour ces personnes que de grosses étoffes ou d'autres n'ayant aucune élasticité, tel que panne ou gros drap croisé, etc. Le surplus de longueur étant fourni de B à C, on procédera pour employer les grosseurs du bas, ce qui se fait comme suit :

Comme on le sait, la culotte étant rallongée en plus que ses longueurs de B à C, afin de la remonter, cela nous obligera pour le tracé de baisser les mesures de grosseurs.

Tel que, la moitié de la mesure de grosseur de genou s'emploiera sur la ligne de hauteur de jarret de J, ligne du côté à D, la moitié de la mesure de grosseur de jarret s'emploiera sur la ligne de hauteur de naissance du mollet de B, ligne du côté à E. Et la moitié de la mesure de grosseur de naissance du mollet s'emploiera sur la ligne de surplus de longueur de C, ligne du côté à I.

Ces largeurs de bas étant fixées, on aura à déterminer l'entre-jambes du devant, ce qui se fait par une ligne droite qui, partant de S, écart de la fourche, aboutira à D, grosseur du dedans du genou, et de ce point D, on creusera le bas par une ligne partant de D, passant sur E, aboutissant à I, ce qui détermine le bas du dedans du devant et du derrière.

Cette ligne droite de S à D doit s'arrondir dans le bas de la cuisse dans la partie de H.

On abat le bas du côté du devant selon la fantaisie de la maison, pour que l'ouverture vienne plus ou moins sur le genou.

Le modèle ci-joint boutonnant très-rapproché du genou, prend 11 cent. de largeur de bas de devant de L à I, et toute cette largeur enlevée au devant de L à C, s'ajoutera au derrière de C à N, afin de lui maintenir ses largeurs.

On procédera de pareille manière pour le jarret, ce que l'on enlève au devant de T à B, s'ajoutera au derrière de B à U.

Il en sera de même pour le genou, ce que l'on enlève au devant de J à V s'ajoutera au derrière de J à R.

Comme on le voit, le bas du dedans se trouve rehaussé, v. I, de la ligne C qui fixe les longueurs, c'est afin que lorsque le derrière est joint au devant, que le bas, v. I, se trouve arrondi.

On pratique une ouverture dans le bas de cette culotte, afin de faciliter le passage du mollet; on mettra à cette ouverture 3 boutonnières rapprochées.

On lui joint une jarretière; pour les grandes livrées les jarretières ont des boucles, et pour petites livrées les jarretières n'ont pas de boucles; elles se remplacent par une boutonnière de plus qui se fait sur la jarretière.

La jarretière se fixant sur la naissance du mollet doit se monter juste dans le bas du devant, et non serrée.

On met généralement pour les cochers plus de rondeur au côté des devants et des derrières, v. X, Y, que pour les laquais.

DE LA GUÊTRE DE CHASSE.

FIGURE 105.

On prendra pour cette guêtre 3 mesures de hauteur, savoir :

Hauteur de jarret de B à A; hauteur du fort du mollet de C à A; hauteur au-dessus de la cheville de D à A.

On prendra en outre 4 mesures de grosseur, savoir :

Mesure de grosseur de jarret de E à F à la hauteur prise.

Mesure de grosseur de fort du mollet de C à H.

Mesure de grosseur au-dessus de la cheville de G à I.

Mesure de grosseur de coude-pied prise sur le bas de G à O.

Pour le tracé, on tire une raie droite de B à A, sur laquelle se fixent les longueurs C, D; on emploie ensuite sur la ligne de hauteur de mollet les grosseurs qu'a données le mollet de C à H, et de ce point H, on en forme une ligne d'équerre de E à K. Cette ligne E K étant fixée, on placera la grosseur de jarret de E à F.

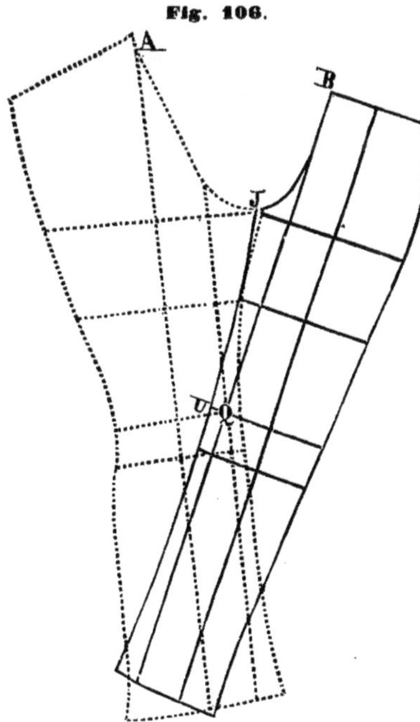

Il en sera de même pour la mesure de grosseur du dessus de la cheville que l'on placera de G à I, et de ce point I, on en formera une ligne d'équerre aboutissant dans le bas, v. O, et de ce point O, on emploiera sa demi-grosseur de coude-pied prise sur le bas qui doit aboutir à G.

On ressortira ensuite le talon à partir de O à J, de la valeur que l'on juge que le talon de la chaussure prendra de l'épaisseur. On aura ensuite à déterminer la longueur de l'avancement que l'on veut donner à la guêtre de J à N, et de cette ligne N, on élèvera une distance de 3 à 4 cent., v. M, ce qui fixe le bout de l'avant-pied.

Ce point M étant fixé, on déterminera le dessus de la guêtre par une ligne cintrée partant de G, aboutissant à M, et pour le bas en dedans, on le déterminera par une ligne arrondie partant de M, aboutissant à L.

Il convient pour le côté du pied de lui donner un surplus de rondeur de L à K, à partir de M.

DE LA GUÊTRE DE LIVRÉE.

Elle se trace par les mêmes procédés que la guêtre précédente, excepté que l'on masque le creux de la cheville derrière par une ligne arrondie partant de P, aboutissant à Q, ce qui lui donne des largeurs à cette place.

Pour l'ouverture du côté, elle se varie à volonté, pour cela elle suit le mouvement des boutons de la culotte; tel que de vouloir porter les boutons de la culotte plus avant sur le genou, le côté des boutons de la guêtre devra par cela se porter plus avant dans le haut de S à R, afin de suivre les boutons de la culotte.

De placer ainsi les boutons de la guêtre en face de ceux de la culotte, cela est très-essentiel pour maintenir la droiture de la guêtre, car si les boutons de la guêtre sont plus en arrière que ceux de la culotte, ou plus avant, comme l'on fixe la guêtre avec un lacet sur l'un des boutons de la culotte, cela occasionne, pour qu'ils suivent le mouvement de ceux de la culotte, à faire tordre la guêtre soit d'un côté ou de l'autre.

Comme si selon la fantaisie on veut que la culotte se boutonne de côté, le haut de la guêtre rapprochera pour sa forme celle de chasse. Ce genre de guêtre doit s'abattre au derrière du jarret de un cent. et demi environ de Y à Z. Comme on le voit, il y a un angle de T à U, c'est afin de joindre dans cette partie le côté de l'avant-pied ci-joint, soit que V se joindra à T, comme X à U.

DE L'ÉCART DU HAUT DE PANTALON.

FIGURE 106.

Il convient lorsque l'on a coupé un pantalon de reconnaître le creux de la fourche; pour cela on fait une hoche sur son modèle, à la jonction de la ligne qui fixe le devant de la fourche avec celle du jarret, v. Q.

Cela fait, on trace le simulacre du devant, v. B, J, U, et l'on place la hoche du derrière Q sur celle du devant Q, en faisant croiser les coutures ajoutées à la fourche du derrière à la place de J; c'est là que l'on accorde le contour de la fourche du derrière avec celle du devant.

Reproduisant ainsi l'un sur l'autre ces 2 points Q, cela fait quelquefois rencontrer égale la moitié de la mesure de renversement de A à B, comme cela donne parfois la demi-grosseur de ceinture de A à B, mais ces reproductions variant sans cesse, on ne devra pas s'y arrêter, vu que la mesure de renversement de hanches bien prise fixe cet écart aux largeurs qu'il doit avoir.

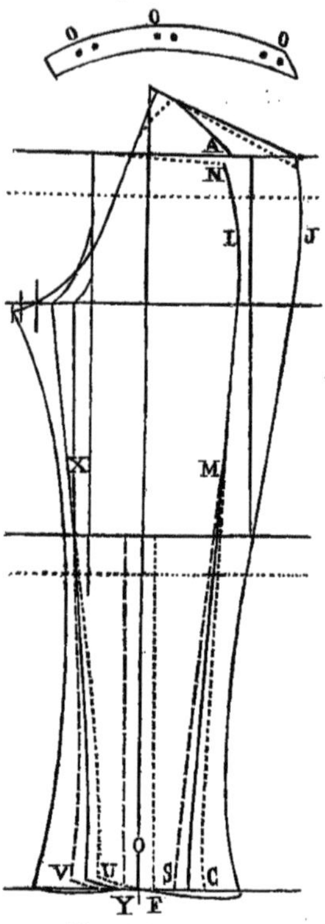

DE LA TENUE ARQUÉE DE JAMBES.

On doit toujours observer la chaussure de la personne arquée, car les talons usés de côté la font paraître plus arquée.

DU PANTALON POUR UNE PERSONNE QUI A UNE ÉPAULE PLUS HAUTE QUE L'AUTRE.

FIGURE 107.

On doit s'assurer de cela pour couper un pantalon, si l'on ne veut éprouver une jambe plus longue que l'autre.

C'est ordinairement du côté où l'épaule est la plus haute que la jambe du pantalon se trouve plus longue que l'autre, provenant que la hanche est moins forte que celle du côté abattu.

On devra, si l'on a pris mesure de pantalon du côté de l'épaule basse, qui est généralement la droite, abattre le côté opposé de la différence que l'on juge que la hanche est la plus forte de A à N.

Ou, pour s'assurer de la différence, on prendra deux mesures totales de côté de pantalon, en faisant suivre à la mesure le contour des deux hanches; c'est là où l'on trouvera la différence de A à N.

DES BOUTONS DE BRETELLES POUR UNE PERSONNE QUI A UNE ÉPAULE PLUS HAUTE QUE L'AUTRE.

On peut, pour des personnes qui ont une épaule plus basse que l'autre, ce qui occasionne à laisser tomber la bretelle du côté abattu, porter les boutons de bretelles de la ceinture, *v.* O, O, O, de devant plus avant, et de derrière plus en arrière que ceux de l'épaule haute.

DE LA RONDEUR QUE DOIVENT PRENDRE LES HAUTS DE COTÉ DE PANTALON A LA HANCHE.

Il convient de donner, au haut des côtés sur les hanches, autant de rond au derrière, *v.* J, qu'au-devant, *v.* I, c'est-à-dire que, si l'on a donné primitivement en traçant trop de rond aux devants, *v.* I, et pas assez au derrière, *v.* J, on devra abattre aux devants le surplus de rondeur pour l'ajouter au derrière, afin de les accorder tous deux de même rondeur; de cette manière, cela égalise les deux hauteurs de devant et de derrière, ce qui convient.

DU PANTALON POUR PIEDS TRÈS-FERMÉS.

FIGURE 108.

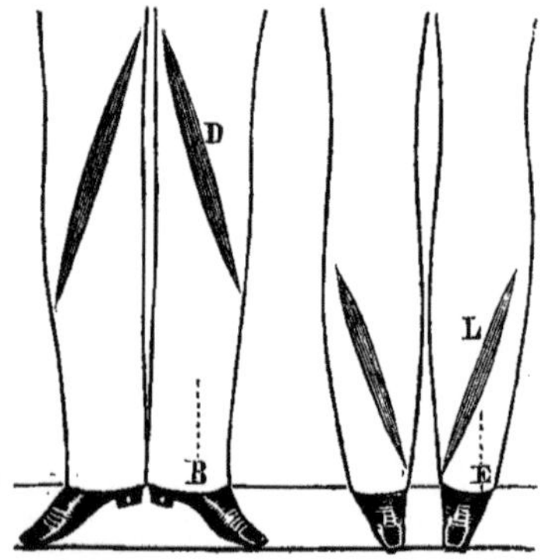

Tous les tracés de pantalons ci-avant détaillés sont pour des jambes dont les pieds sont dans l'attitude naturelle, soit un peu ouverts, comme ils sont désignés pages 91 et 92.

Mais, devant confectionner un pantalon pour des pieds très-fermés, sans prendre garde à cette tenue, cela occasionnera à faire rester la cassure du milieu du devant sur le côté du pied, *v.* E, ce qui fait produire un torse au devant, *v.* L.

La cassure du devant n'arrivant pas sur le coude-pied, déplace également le milieu du derrière, qui se porte plus en dedans, et, par cela, ne se trouve plus en rapport avec le milieu du talon.

On devra, lorsque l'on aura à couper un pantalon pour des pieds très-fermés, fournir un surplus de largeur au-dedans des devants, de X à V, fig. 107, de 1 à 2 centimètres dans le bas, et cette étoffe, ajoutée de X à V, s'abattra au côté du devant de M à S, ce qui occasionnera de reproduire, de cette valeur, la cassure du devant plus en dedans, *v.* Y, que le pantalon ordinaire, qui prend sa cassure à la ligne d'aplomb O.

Le derrière n'éprouvera aucun changement; il restera pareil aux précédents.

DU PANTALON POUR PIEDS TRÈS-OUVERTS.

Devant confectionner un pantalon pour des pieds très-ouverts, sans prendre garde à cette tenue, cela occasionnera à faire tourner la cassure du milieu du devant plus avant sur le coude-pied, *v.* B, ce qui fait produire un torse au devant, *v.* D. La cassure du devant, se portant plus avant, déplace également le milieu du derrière, qui se porte plus de côté, et par cela ne se trouve plus en rapport avec le milieu du talon.

On devra, lorsque l'on aura à couper un pantalon pour des pieds très-ouverts, fournir un surplus de largeur au côté des devants, de M à C, fig. 107, de 1 à 2 centimètres dans le bas; et cette étoffe, ajoutée de M à C, s'abattra au dedans du devant de X à U, ce qui occasionnera de reproduire de cette valeur la cassure du devant plus de côté, *v.* F, que le pantalon ordinaire, qui prend sa cassure à la ligne d'aplomb O.

Le derrière n'éprouvera aucun changement ; il restera pareil aux précédents.

SEPTIÈME PARTIE.

DES PANTALONS POUR PERSONNES PLUS OU MOINS ARQUÉES OU PLUS OU MOINS CAGNEUSES.

Ces articles ont été détaillés dans la première partie du pantalon, page 219 et sa suite.

SUITE DE LA DEUXIÈME CLASSE DES CORSAGES A MANCHES.

DU TWINE POUR GROS HOMME.

FIGURE 263.

Les mesures de cette tenue ont donné :

Montant de dos.		27
Longueur de taille naturelle.		48
Profondeur du bras		38
Id. à la hanche		59
Id. à la taille.		72
Epaule		54 3/4
Tour du bras		48
Avancement du bras.		35
Demi-largeur de poitrine.		20
Carrure		21
Longueur de manche au coude.		58
Id. totale de manche.		95
Demi-grosseur du haut du buste.		55
Id. Id. de taille.		57
Id. Id. Id. hanches, prise à 7 cent. plus bas que la taille naturelle.		58
Demi-grosseur de bassin.		54 1/2

Le twine pour gros hommes se trace par les mêmes procédés que celui détaillé page 130, et sa suite.

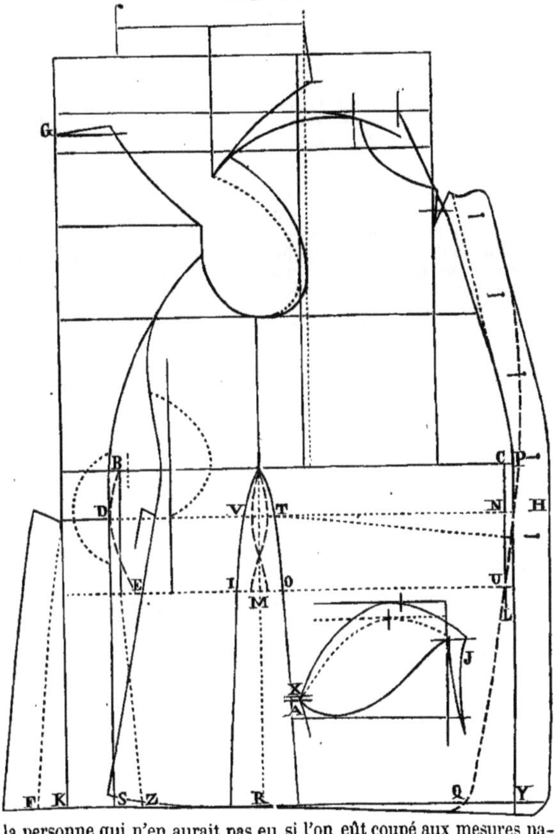

Excepté que pour ces tenues les mesures de grosseur de taille, de hanches et de bassin diffèrent de peu de grosseurs les unes des autres, c'est généralement la grosseur de hanches qui se rencontre plus large que celle de taille et de bassin, comme celle de bassin se rencontre souvent plus étroite que celle de taille.

On devra donc, pour toutes les personnes de ce genre de tenue, faire supporter un changement aux largeurs de hanches afin de leur dessiner la taille.

Exemple : La mesure de profondeur à la taille a fixé son point de cambrure à B ; comme on le sait, c'est à partir de ce point B que l'on fixe la grosseur de taille naturelle devant, v. C, et dè ce point C, on en tire une ligne d'équerre dans le bas, v. L.

C'est donc toujours à partir de cette ligne, C, L, que l'on part pour porter en arrière ses grosseurs de hanches et de bassin, comme il est détaillé fig. 106, page 132.

Comme on le voit, la grosseur de hanches partant de N a reproduit son point à D, comme elle aurait pu le reproduire plus avant ou plus en arrière.

Comme la grosseur de bassin partant de U a reproduit son point à E, comme elle aurait pu le reproduire plus avant ou plus en arrière, ce qui donne une forme différente, v. B, D, E, à celle détaillée fig. 106.

De pratiquer ce vêtement par les mesures de grosseurs obtenues, cela ne leur dessinerait nullement la taille, ce à quoi l'on doit parer.

On aura donc, pour toutes les personnes de cette conformation, à joindre un surplus de largeur sur les hanches et sur le bassin.

Le modèle ci-joint prenant 1 cent. de plus de grosseur de hanches, v. D, que de grosseur de taille, v. la ligne B, et cette distance ne suffisant pas pour dessiner une taille, on aura à lui joindre sur les hanches de V à T, de 3 à 4 cent. en plus. Le modèle ci-joint prend 3 c. en plus, ce qui fera 4 cent. de largeur de hanches de V à T.

Et pour le bassin qui a perdu de grosseur, v. E, on devra lui ajouter 6 c. ou plus de I à O.

Procédant ainsi, cela fera dessiner une taille à la personne qui n'en aurait pas eu si l'on eût coupé aux mesures naturelles ; à cet effet cela laisse exister dans le bas du vêtement un surplus de largeur à la place de R, ce qui fait bien.

On ne doit pas séparer les petits côtés des devants dans toute leur longueur, ils doivent toujours rester attenant de M à R, comme il est détaillé fig. 112.

Comme on le voit, la grosseur de taille a fixé son devant de B à C, et comme on le sait, on joint en plus devant pour les coutures, v. P, et de ce point P, on en tire une ligne d'équerre dans le bas, v. Y, ce qui fixe l'aplomb du bas des pans. Cette ligne droite de P à Y se fait ainsi pour toutes les tenues, sans s'occuper du plus ou moins de grosseur de ventre des personnes qui donnent plus ou moins de rondeur à la place de H.

Comme il est dit, fig. 104, 112 et 113, ce genre de vêtement peut se changer de forme à volonté.

Le modèle ci-joint à un cran derrière, ce qui lui fait prendre la forme d'une redingote.

Comme si l'on veut une autre forme, tel que de ne pas mettre de couture au milieu du dos, on aura à tenir le dos droit au bord du pli de drap de G à K, et le surplus de croisure ajouté pour forme de redingote, de K à F, s'ajoutera aux côtés de S à Z, partant de D, et pour reporter cette étoffe derrière à la place de K à F, on devra pratiquer un tendage au dos dans la partie de D.

Pour l'ouverture du dos, elle se pratiquera soit sur les côtés des plis, ou derrière par une sous-patte ou autre.

Comme pour les devants, on peut leur faire prendre une forme plus ou moins abattue, v. Q, cela se fait selon la fantaisie. Il convient pour les manches bouffantes détaillées, fig. 243, de creuser légèrement le haut du dessus à la place de J, cela fait bien pour la rondeur de manche à la carrure.

On peut, pour les manches qui ont beaucoup d'embu, baisser la saignée d'environ un demi-cent. , v. A, en plus que la hauteur déterminée, v. X. Cette hauteur se trouve attirée par l'embu de la manche, ce qui la maintient à sa place.

DE LA REDINGOTE DE COCHER.

FIGURE 264.

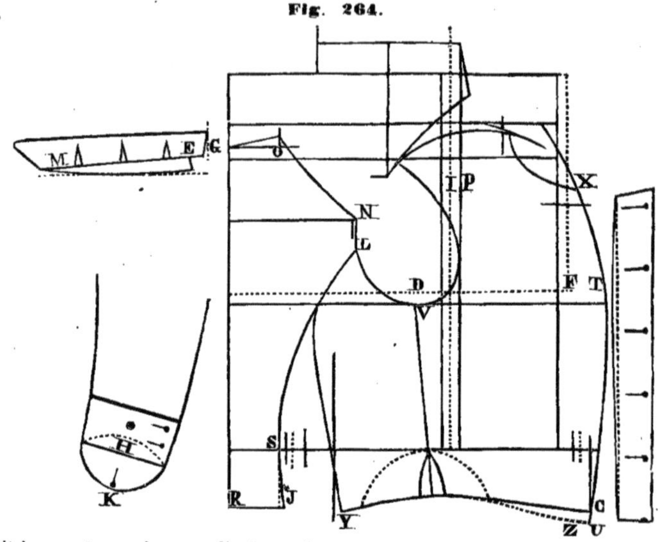

Le tracé du haut de ce vêtement se fait comme d'habitude, excepté que le haut du dos à l'encolure, v. O, la petite carrure du dos de N à L, et le bas du dos, v. S, se font plus larges que pour les vêtements ordinaires, les tailles se font aussi très-longues, v. R.

On cintre le bas du dos de S à J pour le diminuer au bas du côté de la même valeur, v. Y, cela fait bien.

Ce vêtement, ne se portant que sur des gilets à manches de laine et doublées, exige plus de largeur d'avancement, v. P, et plus de longueur de profondeur, v. V.

Le modèle ci-joint prend un cent. et demi de plus d'avancement à partir des coutures ajoutées de I à P, et un cent. et demi de plus de profondeur de D à V, ce qui lui donne la largeur que réclame un pardessus; et pour obtenir ce tracé, on procédera comme il est détaillé fig. 115.

Ce vêtement ne se portant que sur un gilet et étant toujours boutonné, exige moins de largeur de poitrine que les pardessus ordinaires qui se portent sur habits ou redingotes: à cet effet, on aura à ajouter aux devants de 1 à 2 cent. en moins que le 1/8 de surplus de poitrine de F à T.

Cet abattage de 1 à 2 cent. donnera moins de rondeur à la poitrine, v. T; ce vêtement ne se portant pas serré sur le ventre, on ne devra pas serrer la grosseur de taille en la prenant, ce qui adoucira encore la rondeur du devant, v. C, ce qui convient, vu que l'on ne pratique pas de pinces à la poitrine, et par cela facilitera en tenant le revers raide dans la partie de T, à rendre la couture droite sur la poitrine.

Ce vêtement se portant toujours boutonné exige l'encolure, v. X, plus élevée de 1 à 2 cent. que l'habit civil.

Les revers se font à peu près carrés dans le haut; ils se font aussi larges du haut que du bas; on leur pratique six boutonnières, elles se font toutes en dehors, vu que l'on ne pique pas de revers.

Les garnitures que l'on met à ce vêtement doivent être fortes.

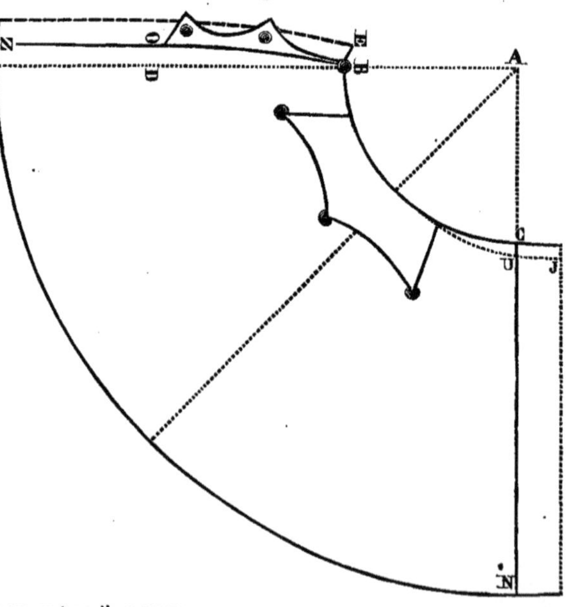

Le collet doit prendre la forme d'une collerette, et pour faciliter ce mouvement, on coupera la cassure du dessous de M à E; comme on le voit, le tombant se trouve plus long, v. G , que le pied, v. E; ce surplus de longueur de E à G doit disparaître par trois pinces faites au tombant de collet, et afin que la cassure ne se tende pas, on devra lui mettre un liseré de soierie de M à E.

Comme on le voit, on a donné de la pointe au bout de collet, c'est afin qu'il accompagne le revers qui se trouve à peu près carré; les collets se font bas, afin de laisser le haut de la cravate à découvert.

On fera prendre la forme au dessus de collet par un travail au carreau.

Pour la manche de cocher, il convient de leur laisser un surplus de longueur dans le bas du dessus de H à K, afin de couvrir la main lorsqu'il pleut; on joindra à cet effet une boutonnière et un bouton pour relever ce surplus de longueur à volonté; on creuse légèrement le dessous à la place de H.

Les manches se coupent carrées pour les laquais.

On ne met pas de parements pour ce genre de manche; on en formera le simulacre par une piqûre.

DE LA JUPE DE COCHER.

FIGURE 265.

Les jupes se coupent très-longues, le bas de la jupe doit aboutir sur le coude-pied ; l'ampleur qu'on leur donne est celle de la tunique, c'est afin qu'étant assis on puisse envelopper largement les genoux.

Les jupes doivent se couper à drap ouvert, afin d'éviter les chanteaux qui ne conviennent nullement pour grandes maisons. Pour le tracé, on aura à former un angle formant l'équerre, v. A.

Cet angle étant formé, on se servira de la mesure de demi-grosseur de hanches qui, comme il est détaillé fig. 17, devra se prendre à la hauteur que l'on veut faire la taille du vêtement.

Ensuite on se servira des 5/8mes de la demi-grosseur de hanches, largeur de bas de dos déduite, pour former le haut de la jupe ; pour cela, on place le chiffre obtenu des 5/8mes sur le point A, le faisant aboutir à B, et tenant la mesure sur le point A, on fait pivoter la mesure de B jusqu'à C, ce qui formera le cintre B, C, qui se trouvera égal à la demi-grosseur de hanches, largeur de bas de dos déduite.

Le cintre étant formé, on aura à fixer la longueur que l'on doit donner à la jupe de B à Z, et tenant la mesure sur A, on fait pivoter la mesure de ce point Z à N, ce qui détermine sa rondeur.

Et dans le cas que l'on veuille rallonger le bas des devants de C à U, fig. 264, en plus que leur longueur déterminée, v. C, on devra toujours les arrondir dans la partie de Z, afin que les boutons des devants se trouvent de niveau les uns avec les autres.

On aura à cet effet à abattre au haut de la jupe, v. J, U, le surplus de longueur ajouté au devant de C à U, fig. 264, afin de maintenir l'aplomb de la jupe.

Pour ce genre de jupes il convient de leur donner un surplus de rondeur au derrière, soit de 2 à 3 cent. de D à O, ce qui se fait par une ligne arrondie partant de B, suivant sur O, se continuant droite jusqu'au bas, v. Z.

On a pour habitude de joindre à la jupe sur les hanches une patte, cette patte se fait selon la fantaisie.

Pour le modèle ci-joint, la patte est creusée pour y placer 3 boutons aux angles qui recouvrent les boutons à moitié.

On joint également une autre patte pour l'ouverture de la poche, elles se font échancrées, comme on le voit ci-joint.

La jupe étant achevée, on aura à lui joindre pour le pli du derrière de B à E, et pour la croisure des revers de U à J.

DE L'HABIT PETITE LIVRÉE.

FIGURE 266.

Le tracé de ce vêtement se fait comme d'habitude.

Excepté qu'on leur donne moins de largeur de poitrine de 1 à 2 cent. de F à J.

Cette largeur enlevée à la poitrine convient, afin que l'habit étant déboutonné laisse apercevoir la chemise et le gilet.

On a pour habitude de leur pratiquer de fortes garnitures à la poitrine.

Pour ce vêtement les tailles se font très-longues, v. R, et les pans courts, v. M, on joint dans le bas du derrière de la basque un surplus de jetée de M à U, afin que les pans aient l'inclination de se porter en arrière, cela fait bien.

On met généralement des pattes sur les basques formant tour de poches, on les creusera peu.

Les revers se font carrés larges du haut, v. N, comme du bas, v. D, on leur pratique 6 boutonnières.

Les collets se font bas de pied, afin de laisser le haut de la cravate à découvert de 1 à 2 cent.

DE L'HABIT POUR GARÇON DE MAGASIN.

Cet habit ne diffère du précédent que par un abattage que l'on pratique au bas du devant, v. C.

La basque suit la rondeur du devant, v. I, ce qui lui fait prendre la forme d'un habit à la française, comme il est détaillé fig. 132 ; les basques se font longues.

On pratique des faux plis à la basque, leur faisant former la pointe au milieu, v. A, sur laquelle on place un bouton ; on en place également un sur le faux pli dans le bas.

On joint aussi une patte à 3 pointes dans le haut de la basque sur les hanches, comme elles sont pratiquées à l'habit grande livrée, fig. 267.

Cet habit se fait à deux rangs de boutons.

DE L'HABIT POUR GARÇON DE RECETTE.

Pour les garçons de recette les habits se font droits et arrondis devant à un seul rang de boutons, qui ne doivent pas se boutonner ; la basque suit la rondeur des devants, on leur joint un collet debout, qui suit la rondeur des devants au haut de l'encolure.

Les poches se font sur les côtés et sont recouvertes par une patte.

On doit leur pratiquer une poche de portefeuille très-large et très-profonde.

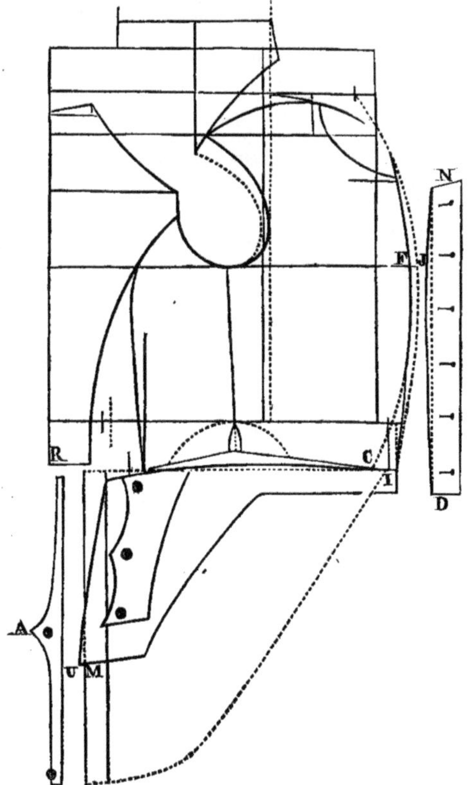

Fig. 266.

DE L'HABIT GRANDE LIVRÉE.

FIGURE 267.

Le tracé de ce vêtement se fait comme d'habitude.

Excepté que le dos se fait plus large du haut à l'encolure d'un cent., *v.* B, comme ceux des gilets.

La petite carrure se fait aussi plus large de N à L, elle peut prendre de 4 à 6 cent. selon les grosseurs ; le bas de la taille de R à S se fait de 2 à 3 cent. plus large que le huitième de la demi-grosseur du haut.

Le cran de dos se fait large afin de pouvoir pratiquer des galons, passementerie ou point de ganse.

On leur pratique des tailles longues, *v.* R, S.

Pour le devant, il prend la forme d'un habit de cour ou d'habit à la française.

Excepté que devant être agrafé sur la poitrine, on le coupera droit de X à V, ainsi qu'à la poitrine de V à C.

L'ouverture, *v.* V, se fait basse, cela est afin d'apercevoir tout à fait le linge.

Le bord du gilet doit dépasser le bord de l'habit d'un demi-cent. jusqu'au haut du devant de collet de T à V.

Pour le bas des gilets, ils se font longs et ils s'abattent sur le ventre, soit en carré, soit en rond, on leur pratique de larges pattes, ils se tracent dans le genre de la fig. 57, excepté que l'on ne les coupe pas à la hanche, on laisse exister une ouverture au bas des côtés de dos.

Comme on le voit, le devant, *v.* V, dépasse le surplus de largeur de poitrine P, de 1 à 2 cent. de P à V, cela est une précaution afin de pouvoir régler le devant de l'habit avec le devant du gilet, soit plus haut, plus bas, plus large ou plus étroit.

Pour le bas des devants, il convient de les tenir plus longs que le rallongement de taille U, *v.* C, de 2 à 3 cent. à partir de la hanche E.

A cet effet on abattra la basque de C à E, de ce que l'on a baissé le devant, pour lui maintenir son aplomb.

On ne fournit pas à cette basque de surplus de hauteur de C à U, comme il est détaillé fig. 125 et 254, provenant que ce vêtement ne se boutonne pas dans le bas.

Les pans se font longs plus bas que le jarret, ils se font carrés dans le bas, on leur donne de 4 à 5 cent. de boni-

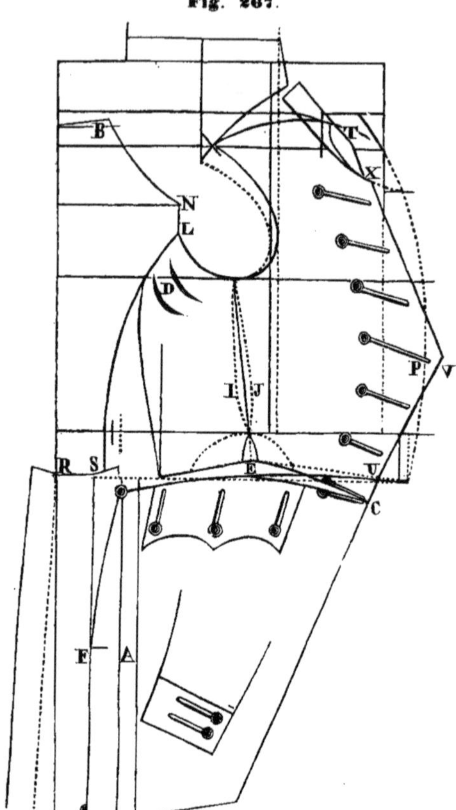

fication de largeur en plus que le bassin de A à F, ce qui rendra les basques plus drapées. (Voir les détails de ce surplus de largeur fig. 60.)

On pratique des pattes larges à ce genre d'habit, cela est afin qu'au besoin l'on puisse y placer de larges galons, des brandebourgs ou points de ganse pareils à ceux des devants, ces pattes se font de différentes formes, elles se font selon la fantaisie de la maison.

Les manches se font de 3 à 4 cent. plus larges dans le bas que le quart de la demi-grosseur du haut, on leur pratique des parements hauts, cela afin d'y pouvoir placer au besoin de larges galons ou des brandebourgs, ou points de ganse pareils à ceux des devants.

C'est toujours la garniture des devants qui détermine celle des pattes, des manches et du dos.

DES PETITS CÔTÉS CREUSÉS SOUS BRAS.

Comme il est dit, on pratique des tailles longues à ce genre de vêtement, afin qu'il soit riche et largement étoffé, ce qui fait grossir la mesure de grosseur de hanches, et par cela nous oblige de rapporter des petits côtés sous bras, pour fournir aux hanches, *v.* E, les largeurs que la mesure a données ; ces petits côtés se pratiqueront toujours pareils à ceux détaillés fig. 89 et 251.

Car pensant creuser les petits côtés sous bras de I à J, pour donner de la largeur aux hanches, cela serait grande faute, de J à I.

Ce creusage rétrécirait les largeurs du bas des côtes et déplacerait le haut des côtés, *v.* L, en le faisant baisser et le dos attirant les côtés pour les remettre à leur place occasionne un amas d'étoffe formant des plis, *v.* D.

Ce qui ne peut plus se corriger qu'en changeant les petits côtés, pour leur rendre toute la valeur d'étoffe creusée sous bras de J à I.

DE LA PELISSE DITE LORD RAGLAN.

FIGURE 268.

Ce vêtement se trace par les mêmes mesures, par les mêmes procédés et prend les mêmes surplus d'avancement et de profondeur que la pelisse détaillée fig. 122.

Excepté que lorsque le tracé de la pelisse est achevé, on abat la pointe d'épaulette de A à B, et la pointe de la carrure de C à D, ce qui lui donne sa forme.

De procéder ainsi est la vraie manière d'obtenir les largeurs d'épaules de ce vêtement, ce qui en est toute l'importance, car ne se rendant pas compte des largeurs d'épaules, cela occasionne sans cesse de la gêne ou trop de largeur, ce qui ne peut nous arriver en nous servant de nos mesures d'épaules.

Pour le tracé de la manche il s'obtient comme suit:

Pour cela, on aura à tirer une ligne en long, v. E, Z.

Cette ligne étant formée, on se servira de la profondeur

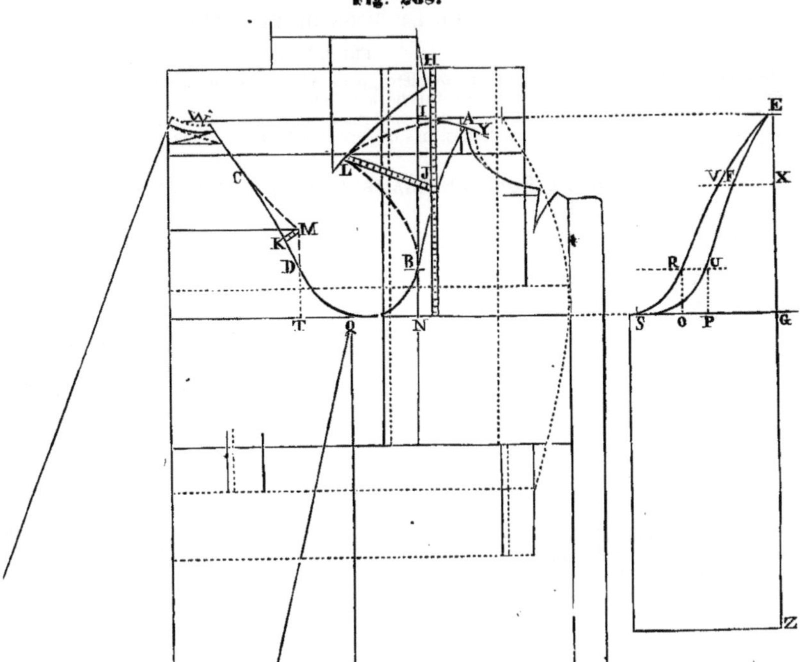

Fig. 268.

qu'il y a de I à N, largeur de haut de dos à l'encolure déduite, et cette distance de I à N s'emploiera à la manche de E à G, et de ces points E, G, on en tirera des lignes d'équerre en travers, ce qui fixe la hauteur et la profondeur de la manche.

Cela fait, on se servira de la mesure de grosseur de tour de bras (et non du tour d'emmanchure) que l'on partagera, et cette moitié obtenue se placera sur la ligne de profondeur de manche de G à S, en joignant à cette place pour ses coutures; de ce point S, coutures ajoutées, on en tirera une ligne d'équerre aboutissant dans le bas, ce qui détermine les largeurs de manches.

Cela fait, on prendra la distance qu'il y a au devant de Q, à l'avancement rélargi, v. N, que l'on reportera à la manche de S, coutures déduites à P, et de ce point P, on en tirera une ligne d'équerre dans le haut, v. U.

On prendra ensuite la distance qu'il y a au dos de Q à T, que l'on portera à la manche de S, coutures déduites à O, et de ce point O, on en tirera une ligne d'équerre dans le haut, v. R.

Cela fait, on prendra encore la distance qu'il y a au devant de N, à la hauteur que l'on a fixé l'abattage d'épaulette, v. B, que l'on portera à la manche de P à U, et de ce point U, on en formera une ligne d'équerre en travers qui formera deux angles, v. U, R, celui de U détermine l'évidage du devant de la manche, et celui de R détermine l'évidage du derrière de la manche.

On aura ensuite à partager la profondeur totale au devant de H à N, et l'on marquera un point à la moitié, v. J.

Et cette hauteur de N à J se reproduira à la manche de G à X, de ce point X on en formera une raie d'équerre en travers.

On prendra ensuite la distance qu'il y a à l'épaulette de J à L, que l'on partagera, et la moitié obtenue se placera à la manche de X à F; ce point F fixera la largeur du devant de la manche:

Ce point F étant fixé, on prendra la distance abattue au dos de M à K, que l'on fournira à la manche de F à V, ce sera ce point V qui déterminera le talon de la manche.

Cela fait, on laissera exister deux coutures dans le haut de la manche, v. E, qui vont se perdre par le montage du haut de la manche à l'encolure.

Les largeurs et les longueurs étant déterminées, on procédera pour donner la forme à la manche, ce qui se fait pour le devant par une ligne partant de E, passant sur F, suivant sur U, se creusant fortement pour aboutir à S, largeur déterminée, et pour le derrière par une ligne arrondie partant également de E, passant sur V, suivant en cintre doux jusqu'à R, pour de là creuser en cintre doux pour aboutir à S, ce qui la détermine.

Pour la longueur que doit avoir la manche de E à Z, elle se déterminera par la mesure prise sur la personne depuis le creux du cou, largeur de haut de dos à l'encolure déduite, passant sur l'épaule, aboutissant sur la main à la longueur que l'on veut lui donner.

La manche étant achevée, on devra égaliser les longueurs de A à Q, comme de W à Q, pour fixer la couture de manche sous bras, v. S.

Il convient pour toutes les personnes qui aiment que ce genre de vêtement *colle* haut, d'ajouter un surplus de hauteur au montant du dos, v. W, ce qui nous obligera de rehausser l'épaulette de la même valeur de A à Y.

DE LA ROBE DE CHAMBRE.

FIGURE 269.

Ce genre de vêtement se fait de plusieurs manières, pour la forme des devants et de la taille : on en fait à châle, à revers croisés, coupées à la taille du dos jusqu'à la hanche, à cet effet on fourni de la largeur aux pans de dos de B à A, pour la mettre en embu au bas de la taille de B à N; pratiquant ainsi, cela nous oblige de couper à drap ouvert, ce qui occasionne une couture dans le milieu du dos, en supprimant celle sous bras; la couture de taille se recouvre avec une cordelière.

DE LA ROBE DE CHAMBRE, DITE ÉMILE DE GIRARDIN.

Le modèle ci-joint prend la forme d'un paletot-sac.

Pour le tracé il se fait pareil au paletot-sac détaillé fig. 120 et 121, excepté qu'on lui donnera moins de surplus d'avancement et de surplus de profondeur.

Le modèle ci-joint prend 2 cent. de I à P, et 2 cent. de surplus de profondeur de D à V.

Comme on le sait, ce surplus fourni à l'avancement de I à P devra s'ajouter devant de F à T.

Le modèle ci-joint n'allant sur aucun autre et colletant juste à l'encolure, on ne lui joindra qu'un seizième de surplus de largeur de poitrine de T à J, ou plus, si on le juge convenable, et de ce seizième, v. J, on en tirera une raie d'équerre aboutissant dans le bas, v. H.

On aura en outre à joindre un surplus de largeur au bas du devant pour faire croiser la robe de chambre dans le bas, cela est afin de recouvrir facilement les genoux étant assis, ce surplus de largeur se fera de 25 à 30 cent. de H. à M.

Et pour déterminer le devant on tirera une ligne qui, partant de U, encolure déterminée, aboutira dans le bas, v. M.

On joindra ensuite pour la croisure qui suivra jusqu'au bas, la valeur de 2, 3 ou 4 cent. à volonté de U à E.

Le modèle ci-joint n'ayant qu'une boutonnière ou une agrafe dans le haut à la place de E, prend 3 cent. de largeur de croisure de U à E.

On peut pour maintenir la croisure du bas, v. M, redresser l'épaulette d'un cent. et demi en plus, v. L, que les redressages ordinaires, v. Y, ce qui amène des largeurs à l'emmanchure, v. P.

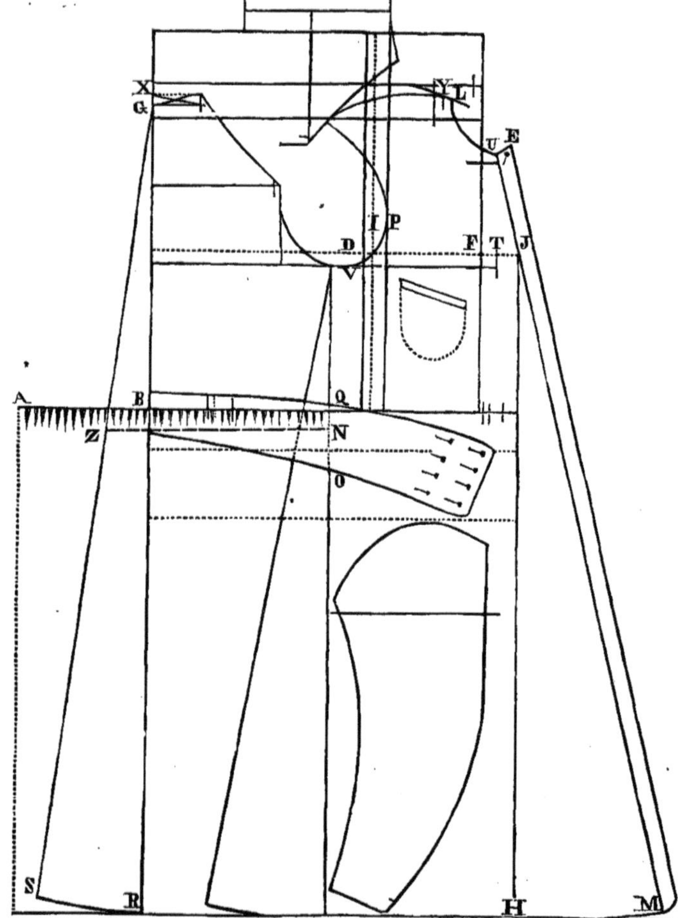

Et pour le dos afin de donner à la personne de l'aisance pour s'asseoir on fournira un surplus de largeur de 20 à 30 cent. de R à S, selon la fantaisie ; à cet effet on devra rehausser le haut du dos de G à X, par les mêmes procédés que ceux détaillés (voir l'équerre), fig. 122.

On a joint à ce modèle une ceinture large pour maintenir le bas du ventre, cette ceinture se fait cintrée dans le bas, v. O, et arrondie dans le haut, v. Q, afin de lui donner une largeur dominante sur les côtes, on lui pratique un rang de boutonnières d'un côté et deux rangs de boutons de l'autre afin de pouvoir serrer et desserrer à volonté, ou, si on le préfère, on pratiquera à la ceinture deux rangs de boutonnières d'un côté et un rang de l'autre ; à cet effet on devra se servir de boutons doubles. On fixe la ceinture sur le dos et sur les hanches par des arrêtements.

Ce genre de vêtement doit se faire très-long, appuyant sur le pied.

L'encolure se fait de 2 à 3 cent. plus haute que les vêtements ordinaires, on lui joindra un collet debout.

Les manches se feront courtes à forme pain de sucre dans le bas, afin que la manche ne traîne pas en écrivant.

DE L'HABIT D'UNIFORME.

FIGURE 270.

Ce genre de vêtement réclame les mêmes mesures que les corsages à manches, excepté qu'on lui joint deux mesures en plus qui sont :

La grosseur d'encolure passant sur G, X, K ;

La hauteur du devant naturel prise de X, creux du cou, aboutissant à C, point d'appui.

On peut encore prendre la mesure à partir de la jonction de l'avancement sur le point de profondeur D, aboutissant au creux du cou, v. X.

Pour prendre cette dernière, on devra bien s'assurer où aboutit la mesure d'avancement du bras sur le point de profondeur D ; à cet effet, on devra tirer une raie droite de J à D, car, dans le cas d'une irrégularité, il vaudrait mieux s'en passer.

Cette mesure, bien obtenue, s'accorde dans le haut, v. X, avec celle de hauteur du devant de C à X.

FIGURE 271.

Ce vêtement se trace pour le haut par les mêmes procédés que l'habit civil, excepté qu'étant toujours boutonné, on devra tenir la carrure de 1 à 1 cent. et demi plus large, de N à M, que pour habit civil, ce qui rélargira les épaulettes ; et, pour les tenir encore plus larges, on peut ajouter à la petite carrure de dos un surplus de largeur, de L à Q.

A cet effet, on diminuera le haut du talon de manche du surplus de largeur ajouté à la carrure, ce qui se fait comme il est détaillé fig. 230.

Les petites carrures d'uniforme doivent se faire plus larges que pour habit civil, de M à Q : cela fait bien.

Le haut du dos à l'encolure, v. O, se fera également de 1 cent. plus large que pour habit civil.

Le bas du dos se coupe étroit ; on lui donne de 2 à 3 cent. de largeur : on devra s'en rapporter à l'ordonnance.

Voulant se passer de la hauteur d'encolure, de C à X, détaillée fig. 270, on devra partager la profondeur de A à F, v. X, ce qui la rehausse en plus que celle des habits civils, et la rend de bonne hauteur pour le creux du cou ; ce sera sur cette ligne X que l'on réglera sa mesure de tour d'encolure.

Ce vêtement, se garnissant fortement de poitrine, exige plus de 1/8e de rélargissage, de F à J, que l'habit civil ; on aura à cet effet à lui ajouter 1 cent. en plus à partir de J, ce qui donnera plus de rondeur aux devants, et par cela occasionnera dans cette partie un serrage plus fort, pour former le lit de la garniture.

Les redressages se font les mêmes que pour habits civils ; mais, donnant un surplus de largeur à la poitrine, on peut redresser l'épaulette de 1 demi-cent. en plus, que l'on devra faire ressortir au devant de l'encolure, ce qui redressera la rondeur des devants ; comme, mettant peu de garniture, on n'aura rien à leur fournir en plus à la poitrine que l'habit civil, v. J, à cet effet le redressage restera le même que celui de l'habit civil.

On doit, pour les personnes minces de taille et fortes de poitrine, afin d'éviter un serrage trop fort à la poitrine, v. J, pratiquer une pince dans le bas des devants, v. H, ce qui fait bien pour reproduire la poitrine à sa place, v. S, en laissant des largeurs aux premières côtes, comme il est détaillé fig. 126 et 127 ; et cette valeur enlevée par la pince devra se refournir devant, de Y à E, ce qui redressera les devants, et par cela occasionnera un serrage moins fort à la place de J ; mais, si fort que l'on serre les devants, on devra toujours s'en rapporter à la ligne de doublage, v. W, afin de ne pas ouvrir l'emmanchure, comme il est détaillé fig. 128.

Il convient pour les personnes qui ont le cou très-long, et, afin de conserver la hauteur du collet à l'ordonnance, de rehausser le haut du dos au-dessus de G, v. V, de la valeur que l'on supposera que le collet ne montera pas assez haut, et cette valeur, rehaussée de G à V, devra s'ajouter en plus à l'épaulette, de 1 à K, afin qu'elle suive le mouvement du haut de dos rehaussé. De pratiquer ainsi, cela ne redresse pas l'épaulette ; cela ne fait que fournir du pied de collet.

On ne devra pas pratiquer ainsi pour les cous très-courts ou les épaules très-hautes, qui réclament des collets très-bas.

Ce mouvement doit se faire à l'inverse, soit que l'on baissera le haut du dos en plus que G, longueur naturelle, et que l'on abattra l'épaulette dans la partie de I, ce qui laissera la hauteur de collet à l'ordonnance.

Les devants étant achevés, on devra fournir 1 cent. pour la croisure des boutons et des boutonnières du haut en bas ; cette croisure servira pour le cran de l'encolure du côté des boutonnières.

On doit joindre à la croisure du côté des boutons un revers rapporté, v. B : cela fait mieux pour soutenir le devant, afin de le rendre droit et pareil à celui des boutonnières, que de laisser la croisure attenante au devant.

On devra garnir ce revers assez fort, v. B, afin qu'il compense le côté des boutonnières qui est peu garni ; on devrait même donner à ce revers quelques piqûres pour le rendre plus ferme. Pour les longueurs de taille, elles se feront toujours selon les tenues des personnes.

Tel que, pour une personne ayant les hanches très-basses, on devra peu lui allonger la taille ; comme une personne ayant les hanches très-hautes exigera plus de rallongement de taille, pour la lui faire paraître plus longue.

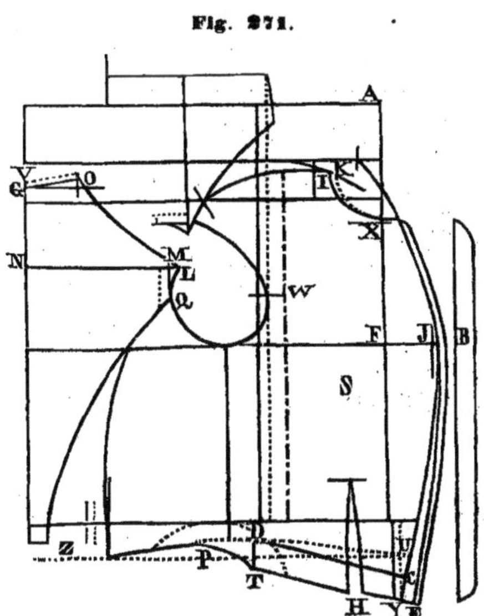

Fig. 270.

Fig. 271.

Il convient pour poitrines fortes de rallonger les bas des devants, v. C, de un cent. à un cent. et demi en plus que le bas des devants naturels U, fixés sur la ligne Z, U, comme il est détaillé fig. 125 et 130.

On joindra en outre au bas du devant, de C à Y, la valeur que réclame le cran de basque de l'habit civil, que l'on ne laisse pas attenant à la basque d'uniforme.

Le cran de basque ajouté au bas du devant rallonge la hanche de D à T, on aura pour déterminer le bas des côtés à partir en creux de T, largeur de cran déterminé pour rejoindre le bas des côtés sur le fort des hanches, v. P.

DE LA BASQUE D'UNIFORME.

FIGURE 272.

La basque se trace pour le haut par les mêmes procédés que celle de l'habit civil, à partir de la ligne Z, U, détaillée fig. 58 et 59.

On se servira également des grosseurs de hanches et de bassin qui s'emploieront comme d'habitude.

Vient ensuite le surplus de largeur de 2 à 3 cent. que l'on fournit au derrière de l'habit civil en plus que le bassin, pour mouchoir ou autre que l'on peut mettre dans les poches, comme il est détaillé fig. 60.

L'uniforme prendra également de 2 à 3 cent.

Le modèle ci-joint prend 3 cent. qui se diviseront comme suit :

Un cent. se joindra au derrière de la basque de A à F, ce qui donnera à la basque moins de rondeur de N à F, que celle de l'habit civil.

Un 2ᵉ cent. se joindra au pan du dos tenant à la basque de R à J, et un 3ᵉ cent. se joindra au derrière du pan de dos, à partir de la ligne du cran de I à H, ce qui formera les 3 cent. que l'on a dû donner en surplus de largeur pour mouchoir ou autre que l'on peut mettre dans les poches.

Le haut des basques, v. T, prend moins de largeur que l'habit civil, on devra s'en rapporter à l'ordonnance et pour diviser ses largeurs on procédera comme suit :

La demi-grosseur de taille de ce modèle a donné par exemple . . . . 38 cent.

La demi-grosseur de hanches prise à 3 cent. plus bas que la taille naturelle a donné par exemple . . . . 42 cent.

Ce qui fait donc 4 cent. que la grosseur de hanches prend en plus que la grosseur de taille et que l'on devra rendre au bas des devants par un tendage de D à E.

C'est toujours le fort de la hanche T qui prendra le plus de tendage, afin de donner de l'écoulement au devant pour bien dépouiller le dessus des hanches, v. B, ce tendage fait rendra le bas des côtés droits ou à peu près de D à T.

Comme on le sait, la demi-grosseur de hanches a donné par exemple . . . . 42 cent.

La demi-grosseur de bassin a donné par exemple . . . . 47 cent.

Ce qui fait 5 cent. de plus de bassin que de hanches que l'on divisera comme suit :

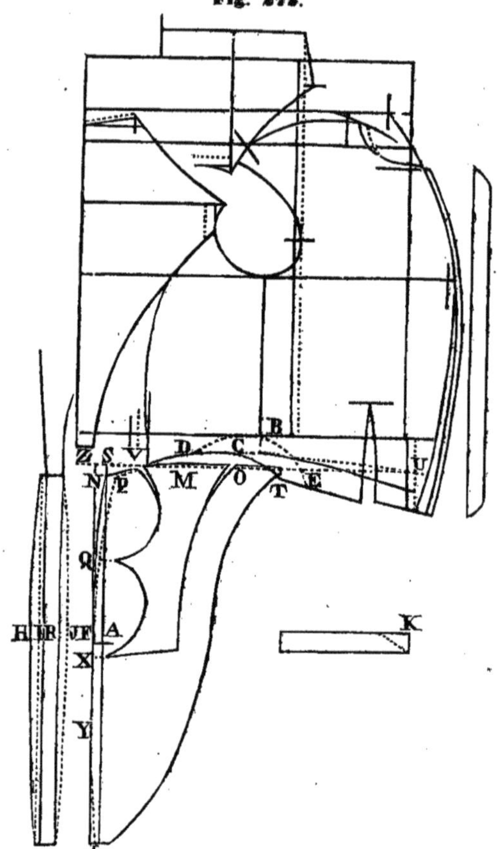

Comme on le sait, si c'était pour habit civil on diviserait ces 5 cent. par 3 pinçons de 1 cent. chacun, 1 cent. et demi pour les coutures de pinçons et un demi-cent. de réserve. Mais comme le haut de la basque d'uniforme vient moins avant, v. T, que celle de l'habit civil, on lui supprimera un pinçon que le devant de T à E a pris de tendage, ce qui réduira la grosseur de bassin à 4 cent., et pour faire disparaître ces 4 cent. on procédera comme suit :

On devra pour les personnes fortes de bassin abattre le derrière de la basque d'environ un cent. de N à P, ce qui lui donnera plus de rondeur de P à F, comme il est détaillé fig. 128.

Les personnes de grosseur moyenne n'ont pas besoin de cet abattage.

Ce cent. abattu au derrière de la basque de N à P réduit les largeurs de bassin à 3 cent., qui se diviseront comme suit : soit que l'on pratiquera 2 pinces aux angles des tours de poches, v. O, V, celle de l'angle V prendra un demi-cent., et celle de l'angle O prendra un cent., ce qui fera un cent. et demi; il restera encore un cent. et demi qui se détruira par un demi-cent. de coutures faites aux pinces, et un cent. de réserve que l'on mettra en embu dans la partie de M. pour le faire rentrer au fer, si l'on ne veut forcer la pince O de cette valeur. Mais dans le cas que l'on ne veuille pas mettre de pinces pour des bassins très-forts, ce qui n'est pas prudent, on devra rentrer au fer le haut de la basque dans la partie de V, M, O, de toute la valeur que le bassin, v. S, prend en plus que les grosseurs de hanches, v. V.

De pratiquer ainsi, cela amène toujours de l'embu au haut des basques, à cet effet les pinçons sont préférables.

Comme on le voit, le haut de la basque anticipe dans le devant au-dessus de T, soit qu'il reste fixé sur la ligne Z, U, cela est afin de donner du jeu au-devant des hanches à la place de T, comme cela se pratique pour l'habit qui se porte toujours boutonné, détaillé fig. 254. L'écart du bas des côtés, v. C, avec le haut de la basque, v. O, prendra toujours de 2 cent. à 2 cent. et demi comme pour l'habit civil.

Comme on le voit, il y a un petit cran au-devant de la basque au-dessus de T, cela se perd en montant la couture.

On passepoile les tours de poches en coutures ou en surjets, pratiquant des coutures, cela nous oblige de les suivre jusqu'au pli, v. Q, X, ce qui occasionne à porter les basques en arrière, et par cela nous oblige d'abattre la basque de Y à L, de la valeur que l'on suppose que les coutures l'attireront, ce qui n'a pas lieu en posant les passepoils en surjet.

Les tours de poches doivent prendre pour leur hauteur la moitié de la longueur de la basque, mais, comme cela varie, on devra s'en rapporter à l'ordonnance.

Les collets se coupent droits de pied, ils ne doivent pas se monter raide.

De couper l'encolure trop basse devant, cela fait décolleter le haut du devant de collet joignant sous le menton à la place de K.

DE LA TUNIQUE.

FIGURE 273.

Le corsage se coupe pareil à celui de l'habit d'uniforme, excepté que le bas du devant, v. T, ne fournit pas de cran de basque.

Comme on le voit, on a fourni au bas du devant, en plus que la ligne Z, U, un cent. ou plus de surplus de longueur de U à C, qui va se perdre par le serrage des devants qui reporteront C sur U.

On a fourni, en outre, de C à N un surplus de longueur de 1 à 2 cent., ce qui fait bien pour le devant d'uniforme, cela pour personne se tenant droite, comme il est détaillé fig. 125.

Ce surplus de longueur ajouté au bas du devant de C à N devra s'abattre au haut du devant de la jupe.

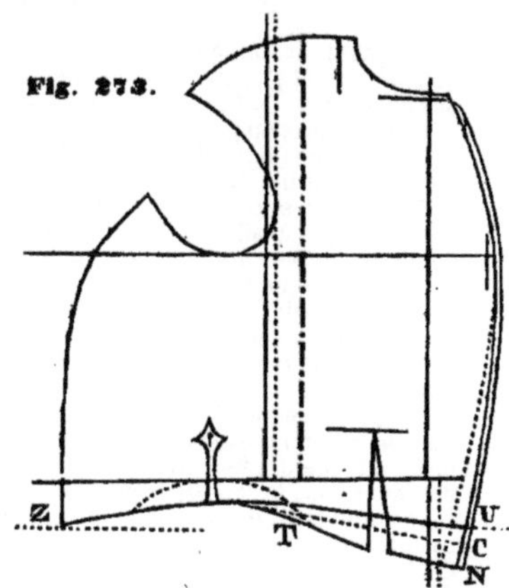

DE LA JUPE DE TUNIQUE.

FIGURE 274.

La jupe de tunique se trace par les mêmes procédés que celle de cocher.

Pour cela, on formera un angle, v. O; cet angle étant formé, on se servira, si l'on fait une taille naturelle, des 5/8es de la mesure de demi-grosseur de taille, largeur de bas de dos déduite.

Comme si l'on fait la taille plus longue, on se servira des 5/8es de la mesure de demi-grosseur obtenue sur la hanche, largeur de bas de dos déduite.

A cela, on place les 5/8 de O à B et de O à A, on place ensuite une partie de la mesure sur O, la faisant pivoter de B, ce qui déterminera M et aboutira à A.

Ce cintre étant formé, on aura à fixer la longueur que l'on doit donner à la jupe de B à G, pour de nouveau faire pivoter la mesure qui, se tenant sur O, partira de G, déterminera U, pour aboutir à T, ce qui fixera le bas de la jupe d'égale longueur derrière, hanches et devant, v. G, U, T.

Et pour les personnes minces de taille et fortes de hanches qui réclament plus de longueur de hanches que les personnes fortes de ventre, il convient d'employer pour les jupes de tunique la mesure de hauteur et rond de hanches détaillée fig. 256 et 257, qui donnera à la hanche les hauteurs qui lui conviennent, ne se servant pas de cette mesure, on ne peut les rallonger qu'idéalement de U à X. On se servira donc de la différence qu'a prise la mesure de rondeur de hanches, ce qui se fait comme suit :

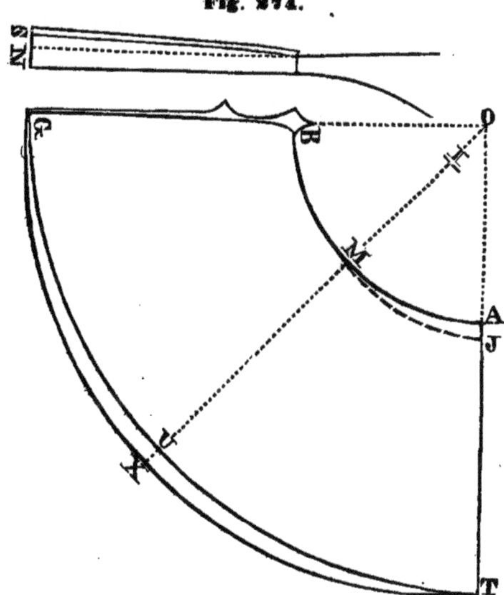

On aura pour cela à partager le cintre du bas de G à T, v. U, et de ce point U on tirera une ligne droite aboutissant à l'angle O.

On aura ensuite à ajouter au-dessous de U la différence obtenue par la mesure de hauteur et rond de hanches, v. X. Ce point X étant placé, on aura, pour former le cintre, à descendre au-dessous de O, v. I, trois fois la différence ajoutée au bas de la jupe de U à X, et de ce point I on partira pour former son cintre qui, partant de G, passera sur le rallongement, v. X, et aboutira à T.

Ce qui détermine la jupe.

La jupe étant achevée, on aura, pour lui maintenir son aplomb, à lui abattre devant de A à J le surplus de longueur ajouté au bas des devants de C à N, fig. 273.

Comme les bas de taille de dos se font étroits, les pans de dos de tunique seront étroits dans le haut; il convient, pour le bas, de leur donner un surplus de jetée derrière de N à S, ce qui élargira le bas, afin que les pans n'aient pas l'inclination d'ouvrir.

DE LA JUPE DE TUNIQUE, GRANDE AMPLEUR.

FIGURE 275.

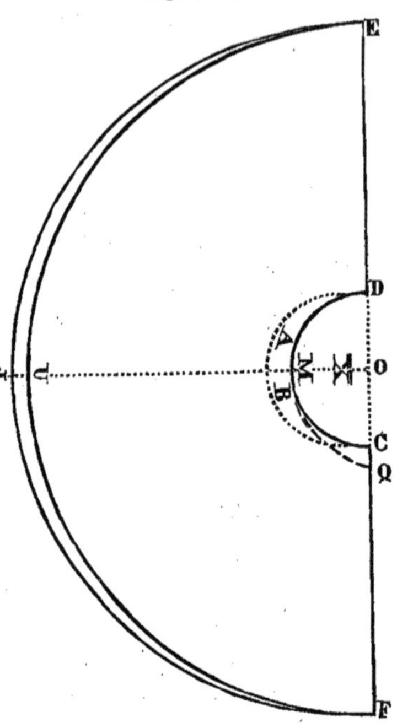

Les jupes de tunique se font plus ou moins amples, et, lorsqu'elles se font pleines, soit rotonnes, on devra tendre dans la partie des hanches, v. A, B, pour qu'elle ne plisse pas sous le ceinturon.

Pour le tracé, on procédera comme suit :

On tirera une ligne droite, v. E, F, que l'on partage, v. O, et de ce point O on en tire une ligne d'équerre, v. U.

Cela fait, on se servira du quart de la demi-grosseur de taille, si l'on fait la tunique à taille naturelle, ou du quart de la demi-grosseur obtenue sur les hanches, cela, si l'on fait les tailles plus longues.

On place le quart sur O, et où il aboutit devant on marque un point, v. C; on procède de même pour le derrière; on place son quart sur O, et où il aboutit derrière on marque un point, v. D; et pour former le cintre on tient la mesure sur O, partant de D, déterminant M, aboutissant à C.

Le quart rend le cintre plus étroit que la demi-grosseur de taille ou que la demi-grosseur de hanches, largeur de bas de dos déduite; mais cette mesure se trouve compensée par le tendage que l'on doit pratiquer dans le haut de la jupe, dans la partie de A, B.

Le cintre étant formé, on aura à déterminer ses longueurs, v. E, F; ensuite on formera son cintre du bas, et, pour former le cintre, on tient la mesure sur O, et, partant de E, on déterminera U, pour aboutir à F.

On aura ensuite à fournir au-dessous de U, v. J, la valeur que réclame la mesure de hauteur et rond de hanches; ce point J étant placé, on aura, pour former le cintre, à descendre au-dessous de O, v. X, la valeur ajoutée de U à J, et de ce point X on partira pour former son cintre, qui, partant de E, passera sur J, pour aboutir à F, ce qui détermine la jupe grande ampleur.

On devra, comme à la jupe précédente, si l'on rallonge le bas des devants de la tunique de C à N, fig. 273, abattre de cette valeur le devant de la jupe, de C à Q.

DE LA SOUTANE.

FIGURE 276.

Pour ce genre de vêtement, on doit prendre la mesure de tour d'encolure pour la reproduire au tracé.

La soutane se trace pour le haut par les mêmes procédés que les corsages à manches détaillés fig. 19 et sa suite.

Excepté qu'il convient pour ce genre de vêtement de faire le haut du dos de 1 cent. plus large que le 8e, v. O, comme cela se fait au gilet.

La petite carrure de dos se fait aussi plus large, v. N, que pour habit civil; il en est de même du bas du dos à la taille, qui se fait également plus large; le modèle ci-joint prend 11 cent., de R à U.

Les longueurs de la taille se font naturelles à la hanche à ce genre de vêtement; celle de ce modèle est rallongée de 1 cent. et demi au bas de la taille, v. R.

On devra, pour poitrine de moyenne force, redresser l'épaulette, v. I, de 1 cent. en plus que pour habit civil, et pour poitrine forte, de 1 cent. et demi, attendu que l'on ne pratique pas de pinces ni trop de serrage aux devants pour ce genre de vêtement.

Ce vêtement ne se garnissant pas sur la poitrine et ne supportant pas ou peu de travail au devant, on ne lui ajoutera que 1/16 de la demi-grosseur du haut pour surplus de largeur de poitrine, de F à A, non compris la croisure des boutons et boutonnières, de A à J.

Ce vêtement devant colleter haut, on aura, pour fixer la hauteur d'encolure, à partager la profondeur, de B à F, v. X, et de ce point X on en tirera une ligne d'équerre en travers, sur laquelle se fixera la hauteur d'encolure, v. P.

Et, pour déterminer sa largeur, on se servira de la mesure du tour d'encolure; et, où elle aboutira sur la ligne X on marquera un point, v. P, en lui joignant en plus pour la croisure des boutons et des boutonnières, v. Y.

Le collet se coupe droit (voir b), et, pour lui donner une forme arrondie dans le pied, on abattra légèrement le haut du derrière (voir a), et, pour le devant du collet, il suivra le mouvement du haut des devants.

Comme on le voit, on coupe les collets étroits pour ce genre de vêtement; on devra, pour les personnes qui ont le cou long, fournir un surplus de hauteur au haut de dos, v. Z, qui se rendra de pareille valeur à l'encolure, de I à D, comme cela se pratique à l'uniforme, v. fig. 271.

Et, comme l'on pratique peu de tendage à l'encolure pour le montage du collet, on pourrait joindre à l'épaulette à l'encolure la valeur de 1 demi-cent. au plus pour les coutures, de I à E.

Les jupes de la soutane se pratiquent de plusieurs sortes de manières, soit que l'on en fait coupées dans toute la largeur de la taille; on en fait aussi dont la jupe est attenante dans toute la largeur de la taille : cette manière se trouvera détaillée à la redingote sans petits côtés, ni coutures à la hanche dessinant les formes, fig. 288.

Le modèle ci-joint a sa jupe attenant au devant avec les petits côtés rapportés, cette dernière manière est préférable; elle se tracera par les mêmes procédés que celle détaillée fig. 138.

Excepté qu'on laissera exister au derrière de la jupe toute la largeur du bassin, v. V, largeur de bas de dos déduite, elle se coupera droite, de V au bas, v. K, et le surplus de largeur qu'il y a de V à T, largeur de hanches, s'emploiera pour le pli que l'on pratique dans cette partie.

Comme si l'écart de V à T n'est pas assez fort, on devra ajouter un surplus de largeur pour le pli à partir de V.

Pour les gros ventres dont la mesure de grosseur de hanches est généralement plus forte que celle de bassin, on devra se servir de la mesure la plus forte pour jeter son derrière de jupe, v. V, soit de la hanche, soit du bassin, et ajouter en plus que V, pour la largeur que prendra le pli.

On laissera également le cran du dos, de 8 à 9 cent. de large environ de R à S, afin de donner de la largeur au derrière par le pli crevé que l'on pratique dans cette partie.

Pour ce vêtement, on ne doit pas prendre la grosseur de taille serrée pour les personnes minces de taille, cela donnerait des rondeurs aux devants, v. A, qui ne pourrait disparaître, vu que l'on ne pratique pas de pinces aux devants, il convient à cela de porter la taille plus large devant, v. C, ce qui, avec un peu de serrage à la poitrine dans la partie de A, pour les personnes qui ont la poitrine forte, redressera les devants.

Ce vêtement étant fermé jusqu'au bas, on devra pour faciliter la marche aux personnes minces de taille leur ajouter dans le bas un surplus de largeur de 8 à 9 cent. de H, fixé sur la ligne de demi-grosseur du haut F à Q.

Comme pour les gros ventres dont la grosseur de taille, v. G, dépassera la ligne de demi-grosseur du haut, v. F, de 8 à 9 cent., n'auront pas besoin de surplus de jetée dans le bas, v. L, ils se couperont droits de G à L, sans s'occuper de la rondeur que peuvent prendre les devants sur le ventre, v. G.

Comme pour le ventre dépassant de 10 à 12 cent. la ligne de demi-grosseur du haut, F, on coupera également droit de G à L, ce qui leur donnera un surplus de largeur dans le bas pour la marche. Et, par exemple, si le ventre, v. G, ne dépasse que de 4 cent. de la ligne de grosseur du haut, v. F; tel que pour gros trapu on devra ajouter dans le bas un surplus de jetée de 4 à 5 cent. afin de former les 8 ou 9 cent. exigés pour la marche; ce qui fait qu'une personne forte de ventre n'a pas plus d'étoffe dans le bas pour la marche que la personne mince.

Le bas des devants de la personne mince de taille étant déterminés, v. Q, on devra procéder pour fournir la croisure des boutons et boutonnières qui, partant du haut, v. Y, passera sur J, et aboutira à L, on procédera de même pour la personne forte de ventre.

La croisure des boutonnières prendra de 2 à 3 cent. de largeur et celle des boutons doit se faire de un cent. plus large afin de ne pas apercevoir le linge par l'ouverture des boutonnières étant boutonné.

Les soutanes se font rondes et à queue.

Les pratiquant à queue, la queue de M à W prendra la même longueur que la jupe de V à K.

Et pour l'ampleur que l'on devra leur donner dans le bas, elle doit se faire de la grandeur de la personne, afin que la personne tenant le bas du devant élevé à sa hauteur n'attire pas le bas du derrière.

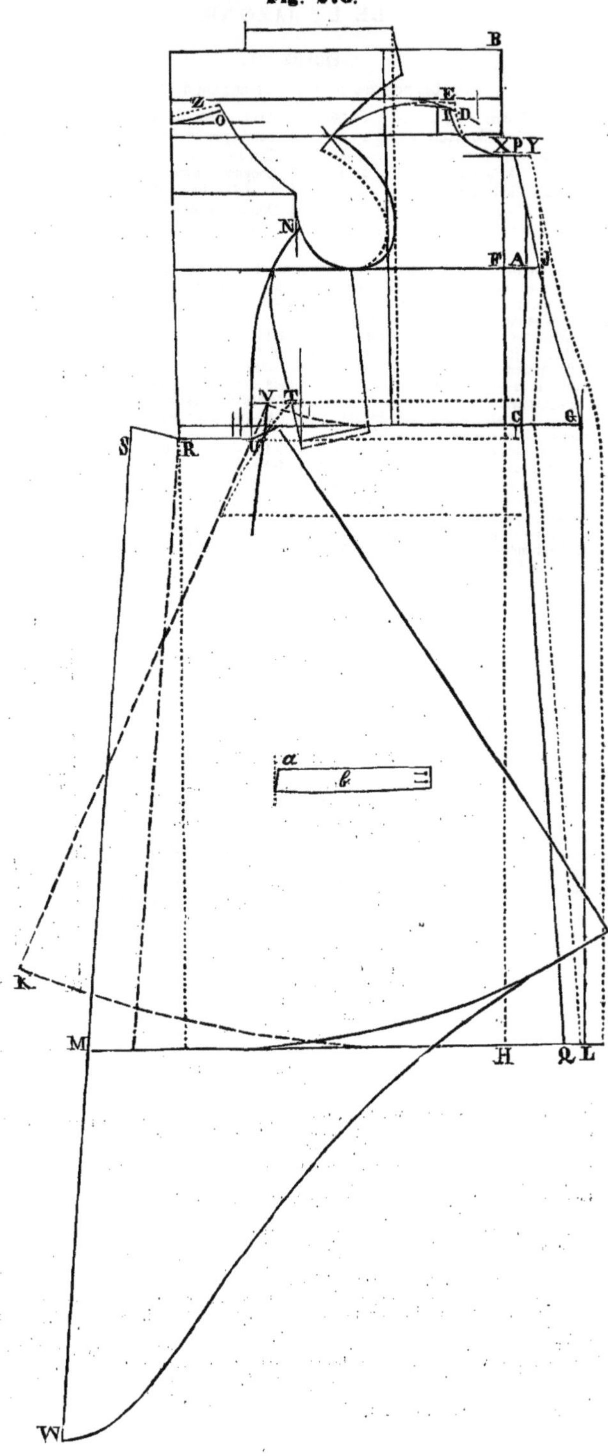

Fig. 276.

DE L'AMAZONE.

FIGURE 277.

Les mesures de cette personne ont donné :

Montant de dos.	20	Avancement du bras.	25 1/2
Longueur de taille naturelle.	38	Demi-largeur de poitrine.	18 1/2
Profondeur du bras.	30	Carrure.	16
Id. à la hanche	48	Longueur de manche au coude.	49
Id. à la taille	56	*Id.* totale de manche.	76
Épaule.	40	Demi-grosseur du haut.	44
Tour de bras.	36	*Id. Id.* de taille.	29

Comme on le voit, les mesures de l'amazone sont les mêmes que celles des corsages à manches, détaillées au modèle école de la fig. 1 à la fig. 18, excepté que se faisant à taille naturelle, on ne prendra pas les mesures de grosseurs de hanches et de bassin détaillées fig. 17.

La grosseur du haut se prendra sur le plus fort de la poitrine.

On leur joint en outre quatre mesures qui sont :

Premièrement. La mesure de grosseur des premières côtes prise de 6 à 8 cent. plus haut que la taille naturelle, *v*. R, S ; le modèle ci-joint a donné 35 cent.

Deuxièmement. Une mesure de grosseur de taille baissant devant depuis la hanche *v*. A, E, et aboutissant à la longueur que l'on veut fixer le bas des devants, *v*. N ; le modèle ci-joint a donné 34 cent.

Troisièmement. Une mesure de hauteur de fort de poitrine partant de la nuque, *v*. G, aboutissant à la hauteur que la personne désire la fixer, *v*. X, c'est cette mesure qui déterminera la hauteur des pinces ; le modèle ci-joint a donné 32 cent.

Quatrièmement. La mesure de grosseur de tour d'encolure ; le modèle ci-joint a donné 34 centimètres.

Il convient pour prendre les mesures à une dame, de le faire sur un gilet de percale, car les dames étant décolletées à la nuque, cela offre des difficultés pour marquer le point de nuque G.

FIGURE 278.

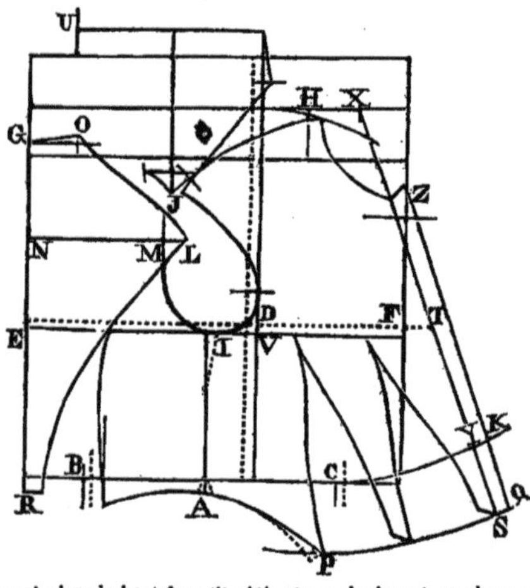

Le tracé se fait par les mêmes procédés que ceux des corsages à manches, détaillés au modèle école de la fig. 49 à la fig. 57, en lui joignant la fig. 88 pour ses coutures.

Excepté que le bas de la taille de dos se fait étroit et selon la grosseur de taille de la personne, car pour une grosse taille de faire le bas de la taille étroit, cela ferait paraître la personne plus grosse ; le bas de la taille se rallongera de 1 à 1 cent. et 1/2, *v*. R, A, cela est prudent.

La carrure se fait pour sa largeur à la mesure prise naturelle, *v*. N, M, seulement que pour rélargir les épaulettes, on lui donne un surplus de largeur de M à L, ce sera donc sur ce point L que l'on fera aboutir l'épaulette de dos partant de O.

Comme lorsque les personnes exigent des épaulettes très-larges, ce qui ne doit pas se faire pour une amazone, on devra baisser d'un cent. ou plus la profondeur du bras de D à V, pour partager ensuite le montant de dos de G à la ligne de profondeur baissée, *v*. E, ce qui fixe la hauteur de carrure plus basse, *v*. N, L ; hauteur que l'on peut baisser ou monter à volonté.

De procéder ainsi, cela donne plus de longueur de G à N, et par cela plus de largeur à l'épaulette de O à L.

D'avoir baissé la profondeur de D à V, cela ragrandit l'emmanchure et par cela ne fatigue nullement le dessous des bras, on ne doit procéder ainsi que pour les étoffes qui n'ont aucune élasticité, telles que soie ou autre, et pour faciliter davantage l'aisance du dessous de bras et de la hanche, *v*. A, on séparera les petits côtés des devants pour fournir dans le haut du petit côté, et non du devant, une largeur d'étoffe formant soufflet *v*. I, comme dans le bas on fournira également un surplus de largeur au bas du côté de la hanche, *v*. A.

Pour le drap, il est inutile d'ajouter ces surplus de largeur, *v*. I, A, vu qu'il a de l'élasticité, à cet effet on ne devra pas lui rapporter des petits côtés sous bras.

Comme ne voulant pas des épaulettes trop larges, il est inutile de donner des surplus de profondeur de D à V.

Comme on le sait, si l'on baisse la profondeur de D à V, ce sera toujours de la profondeur naturelle D que la mesure d'épaule devra partir pour aboutir à U, et non de V, ce qui raccourcirait les largeurs d'épaules.

Les épaulettes se faisant plus larges et par cela descendant sur les bras qui perdent de grosseur devront s'abattre dans la partie de J, cela après avoir reconfronté ses largeurs d'épaules, comme il est détaillé fig. 94.

Comme on le voit, la grosseur de taille partant de B aboutit à C, et pour maintenir cette hauteur C, on aura à former un arc qui s'obtient comme suit :

Pour cela, on placera une partie de la mesure sur la ligne du huitième de redressage d'épaulette, *v*. H, la faisant aboutir sur C, grosseur de taille, et de ce point C, on la fait pivoter jusque devant, *v*. K, cet arc C, K, détermine la véritable hauteur du devant naturel.

Mais devant prolonger les devants plus bas selon la fantaisie, on aura à marquer un point au-dessous de la taille naturelle C, à la longueur déterminée, *v*. P, et de ce point P on en formera un deuxième arc aboutissant sur le devant, *v*. Q, toujours à partir de H.

Ces arcs étant formés, on aura pour déterminer les largeurs de devant à ajouter un seizième de la demi-grosseur du haut de surplus de largeur de F à T ; cela fait, on aura à tirer une ligne droite qui, partant de X, quart de la demi-grosseur du haut, passera sur T, rélargissage de poitrine et aboutira dans le bas, *v*. S, ce qui détermine les devants.

De procéder ainsi, cela détermine avec assez de justesse le tour d'encolure, *v*. Z, à cet effet, on devra confronter la mesure de tour d'encolure. Il convient de joindre en plus au devant une croisure, *v*. T, pour les replis ou pour les boutonnières si l'on en pratique.

Voulant faire colleter le devant plus haut que Z, on devra procéder comme il est détaillé à la hauteur d'encolure de l'uniforme, fig. 271, comme voulant faire colleter plus haut que la nuque, *v*. G, on procédera également comme il est détaillé au haut du dos, et à l'encolure de l'uniforme, *v*. fig. 271.

Comme on le voit, d'avoir tiré la ligne droite, v. X, T, S, cela rélargit la grosseur de taille, v. C.

Ce sera de toute la différence qu'il y a de C à Y que l'on doit pratiquer les pinçons de poitrine.

Car plus une personne est mince de taille et forte de poitrine, plus elle donne d'écart de C à Y, et par cela donne les pinçons plus forts, ce qui nous oblige de pratiquer deux pinces pour diviser les largeurs.

Comme plus une personne est forte de taille, moins elle donne de distance de C à Y, et par cela donne les pinçons moins forts, à cet effet on pourrait ne pratiquer qu'une seule pince.

FIGURE 279.

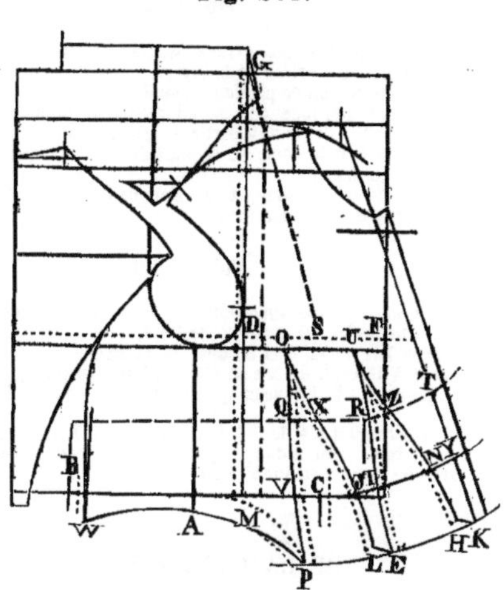

La largeur que l'on doit détruire en pinçons étant déterminée, v. C, Y, fig. 278, on procédera comme suit :

Par exemple, le modèle ci-joint a donné 16 cent. d'écart de C. à Y, ce qui nous oblige de pratiquer 2 pinçons qui prendront chacun 8 cent. de distance, l'un de V à J, et l'autre de I à N.

Et pour les déterminer on procédera comme suit :

On aura à partager la distance de D à F, v. S. On présentera ensuite la mesure de hauteur sur la poitrine qui, partant de la nuque G, aboutit plus haut ou plus bas que la ligne de profondeur du bras, le modèle ci-joint aboutit à la hauteur de profondeur, v. S.

C'est à partir de ce point S que l'on dispose la distance que l'on veut donner dans le haut des pinces, soit, par exemple, de 3 ou 4 cent. plus en arrière que S, v. O, et 3 ou 4 cent. plus en avant que S, v. U.

Les pinçons prendront, pour le bas, le même écart de P à L, qu'il y a de V à J, et pour le deuxième de E à H, le même écart qu'il y a de I à N.

Comme on le voit, le bas du pinçon du devant, v. H, se rapproche du bord du pli, v. K, d'environ 1 ou 2 cent., cela se fait à volonté.

Il en est de même pour la séparation des 2 pinces, v. L, E, à laquelle on laisse 2 cent. environ d'écart pour réserve de serrer ou de desserrer à volonté.

Les pinçons étant déterminés pour leur largeur, on devra représenter au bas des devants la mesure de grosseur de taille naturelle descendant à la longueur du bas du devant, v. N, fig. 277, ce qui se fait comme suit :

On placera le bout de la mesure sur la ligne de jetée de taille B, on passera au-dessus de A, et on aboutira au-dessus de P, de là on continuera sa mesure de L à E, et ensuite de H à K, ce qui détermine le passage de cette mesure et la différence qu'il y aura en moins que la mesure obtenue nous obligera de pratiquer un tendage dans la distance de A à P, v. M, ce qui développera les hanches et rendra les largeurs qui manquaient à cette mesure. Comme on le voit, c'est la longueur que l'on a donnée au bas des côtés de V à P, qui détermine les longueurs de devant, soit que P détermine L, comme E détermine H.

Comme on le voit, pour former les pinçons on part de O, en rondeur douce, passant sur Q, pour de là les creuser légèrement pour aboutir à V, suivant ensuite jusqu'à P.

On pratiquera de même pour le côté opposé, on partira de O, passant sur X, suivant sur J, aboutissant à L.

Il en sera de même pour le pinçon du devant qui, partant de U, passera sur R, suivra sur I, et aboutira à E.

Comme pour le côté opposé on partira également de U, on passera sur Z, suivra sur N, pour aboutir à H.

Et dans le cas que la mesure de grosseur de premières côtes, détaillée, v. R, S, fig. 277, aurait été prise, on l'emploiera à sa hauteur obtenue, toujours à partir de la ligne de jetée de taille B, la faisant aboutir devant, et où elle se fixera, on marquera un point, v. R, comme il est détaillé fig. 127. C'est cette mesure qui fixera le creux des pinçons à cette place.

Ce qui se pratiquera comme à la grosseur de taille.

Tel que, ce sera de la différence qu'il y a de R à T que l'on doit fixer la largeur des pinçons.

Par exemple, le modèle ci-joint a donné 7 cent. de R à T.

Chaque pinçon prendra donc 3 cent. et demi de Q à X, et de R à Z; on ne devra pas couper cette place trop étroite, afin d'éviter de serrer ou de fatiguer les côtes, étant trop étroit à cette place, cela fait lâcher le bas, ce qui empêche d'amincir la taille.

Les pinces étant fixées à leur mesure, on laissera au dedans des pinces une valeur d'étoffe pour les coutures et même plus par précaution ; on aura soin en faisant les pinçons de ne pas détériorer l'emmanchure, à cet effet il convient, comme à l'uniforme, de marquer une ligne pour le doublage, v. D, qui doit toujours se maintenir droite.

La carrure et les épaulettes de ce vêtement se faisant larges, on devra s'en rapporter pour la manche à celle détaillée pour épaulette large à la fig. 230, et pour le côté baissé à la fig. 233.

DE LA JUPE D'AMAZONE.

FIGURE 280.

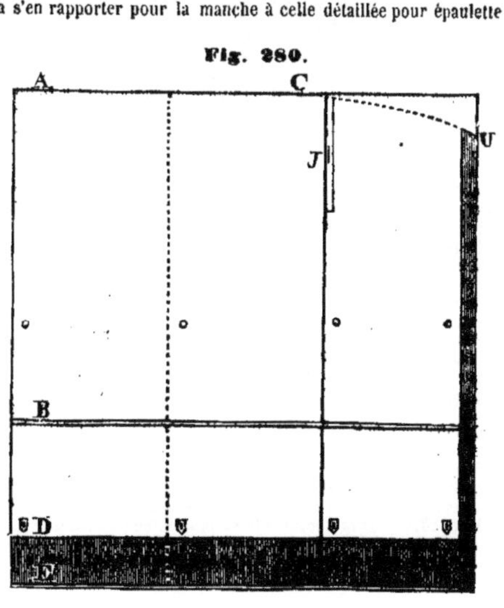

Les jupes d'amazones se coupent carrées, elles sont préférables à celles à queues, on prend leur longueur de la hanche A jusqu'à terre, v. B, et pour les couper on joint en plus de B à D, le tiers de la longueur de la jupe, ou plus si on le juge convenable.

Tel que si la personne doit monter un cheval haut, on donnera davantage de longueur.

Il est prudent de laisser au bas, v. E, un large repli de 10 cent. environ.

On emploie généralement 3 lés de drap pour leur ampleur, on pratique des pattes à boutonnières dans le bas et des boutons dans le haut, cela est afin de raccourcir le surplus de longueur qu'on lui a donné pour faciliter la marche n'étant pas à cheval.

Pour le montage de la jupe on devra diviser ses demi-largeurs, afin de donner 15 cent. de plus sur les hanches que sur le devant et 15 cent. en plus sur le derrière que sur les hanches, et en outre on conserve une distance de 20 cent., afin de la mettre en plis crevés sur le derrière.

Il convient d'abattre le devant de la jupe de C à U, afin qu'il ne grossisse pas le devant de la taille, cela fait bien, vu que les devants descendent bas.

On devra si l'on fait la taille derrière, *v.* R, fig. 278, plus longue que la taille naturelle, abattre le derrière de la jupe au-dessous de A, de la valeur rallongée en plus, cela afin de maintenir l'aplomb de la jupe.

L'ouverture de la jupe se pratique sur les côtés au demi-lé, *v.* J.

DE LA BASQUE D'AMAZONE.

Fig. 281.　　　**Fig. 282.**

FIGURE 281.

On pratique parfois des petites basques afin de recouvrir l'amas d'étoffe amoncelée au derrière de la jupe.

Ces basques se font de plusieurs manières.

Soit que l'on pratique comme au modèle ci-joint des petites basques d'habit auxquelles on joint, à partir de leur aplomb, un surplus de largeur qui, partant à rien du haut, se rélargit dans le bas, pour former 2 ou 3 tuyaux pour garniture.

Les crans de cette basque, *v.* A, s'arrêtent soit à A, fig. 279, soit à P, elle ne devra pas se monter raide.

FIGURE 282.

Cette basque fait très-bien, elle se coupe d'un seul morceau.

L'ouverture qu'on lui pratique de I à J, doit être tendue pour lui introduire la largeur du bas de dos, la longueur qu'on leur donne doit être de 14 à 15 cent. de A à B, elle doit être aussi longue de J à C, et de I à E, que de A à B. Elle se coupe cintrée dans la partie de X pour former basque.

L'ouverture qu'il y a de O à I comme de O à J, se joint au bas des côtés des devants soit à A, fig. 279, soit à P, elle ne devra pas se monter raide surtout dans la partie de A, P, cette basque étant ouverte de O à A, forme 3 ou 4 tuyaux, qui vont et viennent étant à cheval, elles doivent se doubler en soie.

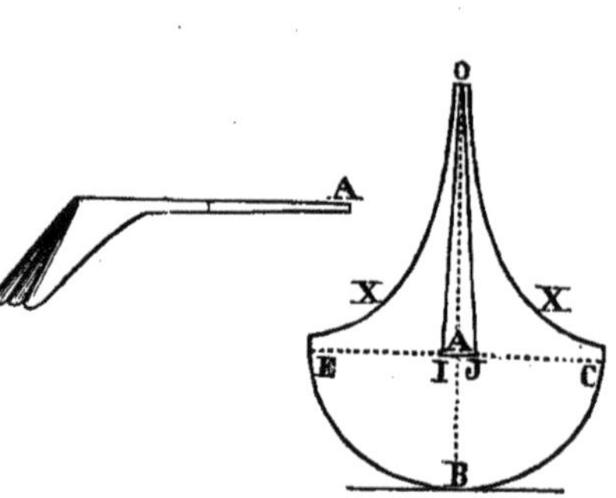

DE LA BASQUINE.

Fig. 283.

FIGURE 283.

Pour la tracer on aura à tirer une ligne en long, *v.* F, L, que l'on partagera, *v.* A, et de ce point A on en formera une ligne d'équerre en travers aboutissant à M.

On se servira ensuite du 1/4 de la demi-grosseur de ceinture.

On placera le chiffre obtenu de ce 1/4 de A à B et de A à C.

On placera ensuite le 1/3 de la demi-grosseur de ceinture de A à D.

Cela fait, on devra pour former le cintre B, D, C, placer le 1/4 de la demi-grosseur de ceinture de D à O. On placera ensuite une partie de la mesure que l'on tiendra sur O, et on fera pivoter la mesure qui, partant de B, passera sur D et aboutira à C, ce qui détermine le cintre qui se trouve de pareille grandeur que la demi-grosseur de taille y compris la largeur de bas de dos, vu que cette basquine se coud tout autour du corsage dos compris.

Cela fait, on fixera la longueur que l'on veut donner à la basquine derrière de B à F, et devant de C à L.

On placera ensuite la mesure sur O, et tenant la mesure sur ce point on la fera aboutir à F, et de ce point F on fera pivoter la mesure qui, partant de F, déterminera G et aboutira à L, on devra en formant ce cintre faire pivoter la mesure plus en arrière que F, *v.* I; ce qui détermine la rondeur naturelle du bas.

Et comme cette basquine exige de l'ampleur derrière, afin qu'elle produise des tuyaux sur le gros de la jupe, on aura pour lui en donner à rapporter au derrière un surplus de largeur de 15 à 20 cent. de F à I, ou plus si on le juge convenable.

Cette basquine prend 35 cent. de longueur de B à I, si on la fait plus courte elle prendra moins d'ampleur de F à I.

On aura ensuite à tirer une ligne droite qui, partant de B, aboutira à I, ce qui détermine le derrière.

Pour le devant, il se fait, soit fermé, soit ouvert; si on le veut fermé il restera fixé sur la ligne L, et si on le veut ouvert, on aura à abattre, de L à K, la valeur que l'on désire.

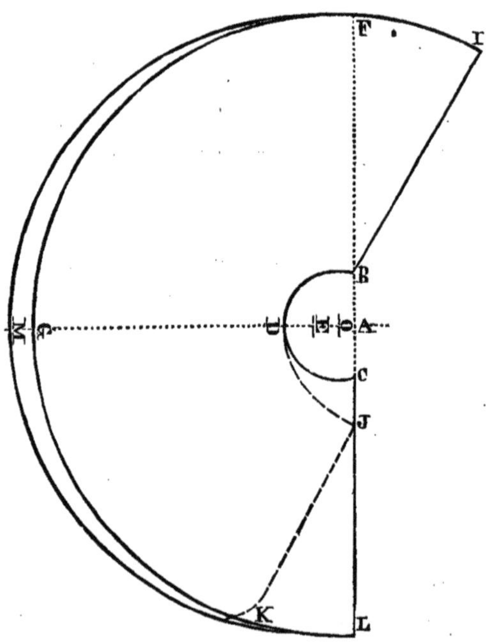

Comme on le sait, on a rallongé les devants de corsage de l'amazone de Y à K, fig. 279. Ce qui nous obligera d'abattre au-devant de la basquine de C à J, à partir de D, la valeur rallongée au bas du devant pour la maintenir d'aplomb.

Cet abattage de C à J, à partir de D, ragrandira le cintre de la basquine, ce qui convient, vu que le rallongement des devants prend plus de largeur que la grosseur de la taille, comme on le voit par la mesure de grosseur de taille descendant au bas du devant, *v.* N, détaillée fig. 277.

Comme on le sait, cette basquine est coupée à la rondeur naturelle sur les hanches, *v.* G, on devra, comme aux jupes de tunique, s'assurer de la mesure de hauteur et rond de hanches, détaillée fig. 256, afin de fournir au bas des hanches le surplus de longueur qu'elles réclament, si l'on ne veut éprouver une jupe plus courte sur les hanches que derrière et devant.

A cet effet on aura à fournir le surplus obtenu de hauteur et rond de hanches de G à M, cette distance ajoutée de G à M se baissera de O à E, ce sera de ce point E que l'on partira pour former la rondeur du bas qui, partant de F, déterminera M, et aboutira à K ou à L; ce qui détermine la basquine.

DE LA BASQUINE LONGUE.

FIGURE 284.

Les mesures de cette personne ont donné :

Montant de dos.	21
Longueur de taille naturelle.	41
Profondeur du bras.	30
Id. à la hanche.	50
Id. à la taille.	59 1/2
Hauteur du fort de poitrine.	32 1/2
Épaule.	41
Tour de bras.	38

Avancement du bras.	30
Demi-largeur de poitrine.	17 1/2
Carrure.	17 1/2
Longueur de manche au coude.	50
Id. totale de manche.	79
Demi-grosseur du haut.	47 1/2
Id. des premières côtes prise à 7 cent. plus haut que la taille naturelle.	38
Demi-grosseur de taille.	34
Grosseur de tour d'encolure.	35

Comme on le voit, ce vêtement réclame les mêmes mesures que l'amazone.

Excepté qu'on lui supprime la mesure de rallongement des bas de devants de A à N et de E à N, fig. 277.

On prendra en plus pour ce vêtement la mesure de grosseur de hanches à 7 ou 8 cent. plus bas que la taille naturelle, v. V, T, fig. 277, afin de donner à la hanche les largeurs que les jupons réclament.

Le modèle ci-joint a donné 63 cent. de demi-grosseur.

Le haut du tracé se fait par les mêmes procédés que ceux des corsages à manches, excepté que le bas du dos se fait plus étroit, v. S, comme à l'amazone.

Il convient pour ce vêtement de baisser la profondeur de un c., ou plus, plus bas que D, v. V, afin de donner de l'aisance à l'emmanchure, provenant des épaulettes larges qu'on lui pratique qui la rétrécissent.

On partagera ensuite le dos de G à la ligne de profondeur baissée, v. E, pour fixer la hauteur de carrure, v. N, ce qui rélargira les épaulettes.

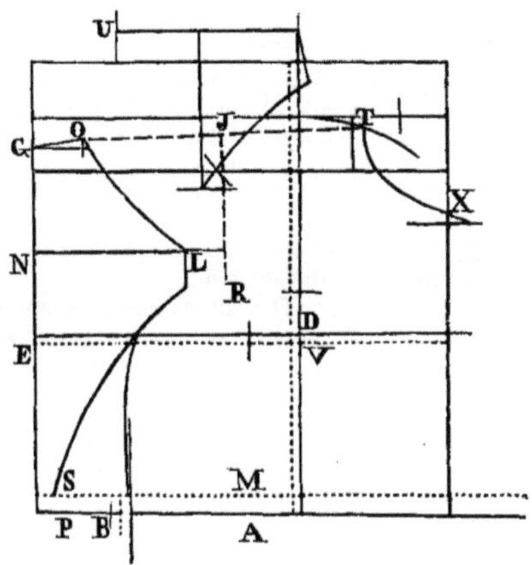

Comme si ce vêtement doit être porté sur un autre corsage, on devra suivre les détails du pardessus détaillé fig. 115, pour rélargir l'avancement et la profondeur de ce que l'on suppose que le vêtement de dessous prend de largeur.

Comme on le sait, pour tous les corsages on a pour habitude de rallonger la taille au tracé à partir de la taille naturelle, v. A.

On fera le contraire pour ce vêtement, on la rehaussera de 2 cent. plus haut que la taille naturelle de A à M. Ce qui convient pour la basquine qui doit aller sur des jupes plus ou moins fortes à la hanche qui occasionnent à rehausser la taille de la personne.

Pratiquant ainsi, on devra toujours reproduire la longueur de taille sur la ligne de profondeur à la hanche A, v. P, et non sur celle raccourcie M, v. S, partant de ce point S, pour fixer la longueur de taille, cela donnerait trop de hauteur au montant de dos, v. G.

Il en sera de même pour la ligne de profondeur à la taille, qui se fixera toujours sur la ligne de profondeur à la hanche A, v. B, et non sur la ligne M, qui la reporterait trop en arrière et par cela détruirait les largeurs de devant.

On pratiquera de même pour les largeurs d'épaules, v. U, qui partiront toujours de D, profondeur du bras naturelle et non de V, ce qui rétrécirait les largeurs d'épaules de la différence qu'il y a de D à V.

Les dispositions du corsage étant achevées par le tracé du dos avec sa carrure naturelle de N à L, par ses largeurs d'épaules, v. U, par le 1/8me de redressage et ses coutures ajoutées, v. T, et par la hauteur d'encolure, v. X.

On procédera comme suit :

Ce genre de vêtement pouvant supporter des épaulettes très-larges qui prêtent au haut de la manche exige par cela le haut de la carrure plus large; et pour l'obtenir on procédera comme suit :

Pour cela, on aura à tirer une ligne droite. v. les pointés de O à T, cette ligne étant formée; on partagera la distance qu'il y a de O a T, v. J, et de ce point J, on en formera une raie d'équerre dans le bas de J à R, prenant pour l'équerre la ligne pointée O, T.

C'est cette ligne J, R, qui déterminera la jonction du dos et de l'épaulette.

On pratiquera ainsi pour toutes les tenues qui peuvent faire changer de forme la ligne O, T, mais qui régulariseront toujours la largeur de carrure avec la pointe d'épaulette, comme on le verra ci-après.

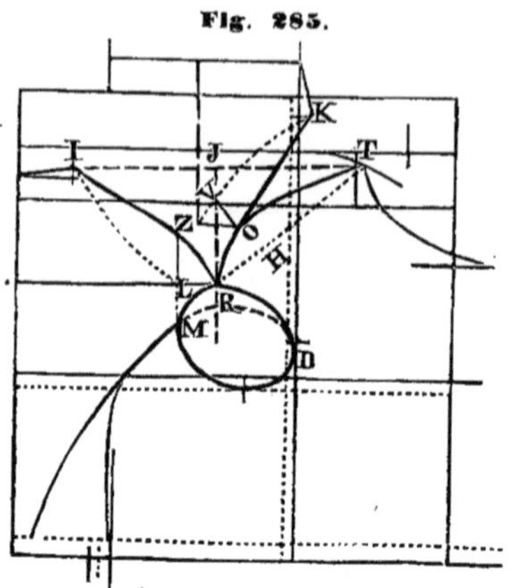

FIGURE 285.

La ligne J, R, étant déterminée, *v.* fig. 284,

On aura à former la petite carrure de dos, ce qui se fait par une ligne cintrée, qui, partant de R, se creusera dans la partie de L, pour aboutir à M, haut du côté.

Cela fait, on devra, pour former son épaulette, tirer une ligne droite de T à R, voir les pointés.

Cette ligne étant formée, on partagera la distance qu'il y a au haut de dos reproduit, de V, passage de la mesure d'épaule (détaillée fig. 49) à H, fixé sur la ligne T, R, et à la moitié obtenue on marquera un point, *v.* O.

C'est ce point O qui déterminera la hauteur d'épaulette aux largeurs d'épaules et pour la déterminer, on formera une ligne qui, partant de T, passera sur O, pour de là s'arrondir jusqu'à R, ligne de hauteur de carrure L.

Comme on le voit, ce modèle ayant les épaules hautes, cela donne du rond à l'épaulette à la place de O; tel qu'une personne ayant les épaules basses en donnera moins.

L'épaulette étant fixée, on déterminera le haut de dos reproduit par une ligne partant de K, aboutissant à O.

Cela fait, on prendra la distance qu'il y a au haut de dos reproduit de Z à O, pour donner cette même hauteur au haut de carrure de dos naturel de L à Z.

Et pour déterminer l'épaulette de dos et la carrure, on formera une ligne qui, partant de I, passera sur Z, et aboutira en rondeur jusqu'à R, pointe d'épaulette, ce qui donnera le même rond à la place de Z, que l'épaulette en a à la place de O.

Et dans le cas que l'on trouve les épaulettes encore trop étroites au-dessus de R, on aurait à les baisser à partir de D, passant sous R, aboutissant à M.

De cette manière, on rélargit les épaulettes autant qu'on le désire.

Il conviendrait, à cet effet, lorsque les personnes ont le haut du bras faible, de ouater les distances qu'il y a de O à R, comme de Z à R, cela bonifierait cette partie et ferait bien.

Mais si bas que les épaulettes descendent sur le bras, *v.* R, on ne devra pas rélargir le bas de la carrure naturelle, *v.* M, cela ferait refouler le dos tout en ne donnant pas assez de largeur à l'emmanchure ; il en est de même pour le devant du bras, *v.* D, l'épaulette, partant du dessus ou du dessous de R, ne doit pas descendre plus bas que le huitième, *v.* D, vu que cela rétrécirait l'emmanchure et occasionnerait de la gêne et des plis au devant du bras D, pour être refoulé par le bras.

Ce qui n'a pas lieu par ce genre de tracé, auquel il n'existe aucun refoulement devant les bras, *v.* D, ni à la carrure, *v.* M.

FIGURE 286.

Le haut du corsage étant achevé, on devra procéder pour les hanches, ce qui se fait comme suit :

Comme on le sait, la grosseur de taille partant de B a fixé son point à C, et, de ce point C, on en formera une ligne d'équerre dans le bas, *v.* L, comme cela se fait aux twines d'hommes détaillées fig. 105.

On aura ensuite à former une ligne en travers de N à D, à la hauteur que la mesure de grosseur de hanches a été prise, sur laquelle se fixeront les largeurs de hanches qui s'emploient comme à la twine détaillée fig. 106.

Savoir : On place le chiffre obtenu de la demi-grosseur de hanches sur N, on fait aboutir le bout de la mesure derrière, et où il arrive sur la ligne N, on marque un point, *v.* D.

Ce point D s'est fixé à cette place comme il aurait pu se fixer plus avant ou plus en arrière, où que ce soit qu'il aboutisse, c'est sa place, la mesure étant toujours le guide.

La mesure de demi-grosseur de hanches étant fixée, on aura à prendre la distance qu'il y a de D à la ligne de profondeur, à la taille B, *v.* P, pour la diviser sur les hanches; ce qui se fait comme suit :

Le modèle ci-joint a pris, par exemple, 30 cent. de D à la ligne P, ces 30 cent. se diviseront par 3, ce qui fera 10 cent., soit le tiers; on placera le chiffre obtenu de ce tiers sur la ligne qui sépare les côtés des devants, *v.* M, soit un tiers de M à I et le deuxième tiers de M à J; on peut, si l'on désire plus de largeur, fournir 1 ou 2 cent. de plus que le tiers, à partir de I et de J.

Ce qui fait donc deux tiers fournis sur les hanches.

Cette ligne M, qui sépare les petits côtés des devants, se pratique comme pour les twines détaillées fig. 108.

Il restera donc un tiers qui se partagera : on en placera une moitié pour le derrière du petit côté de J, ligne de déduction de bas de dos à T, et l'autre moitié se placera pour le dos de A, largeur de bas de dos, à P.

Cela fait, on déterminera la forme que doivent prendre, sur les hanches et sur le bassin, les devants, les côtés et le dos, ce qui se fait comme suit :

Pour le devant, on aura à former une ligne qui, partant en léger creux de X, ligne de taille rehaussée, suivra en rondeur douce jusqu'à J, pour de là s'élargir jusqu'au bas, *v.* V, en suivant toujours la même pente que celle qui s'est arrêtée à J.

On procédera ensuite pour le petit côté sous bras, ce qui se fait également par une ligne qui, partant en léger creux de X, taille rehaussée, suivra en rondeur douce jusqu'à I, pour de là s'élargir jusqu'au bas, *v.* O, en suivant toujours la même pente que celle qui s'est arrêtée à I.

On procédera de même pour les côtés derrière par une ligne qui, partant en léger creux de Y, s'arrondira légèrement jusqu'à T, pour de là s'élargir jusqu'au bas, v. Q, en suivant la même pente que celle qui s'est arrêtée à T.

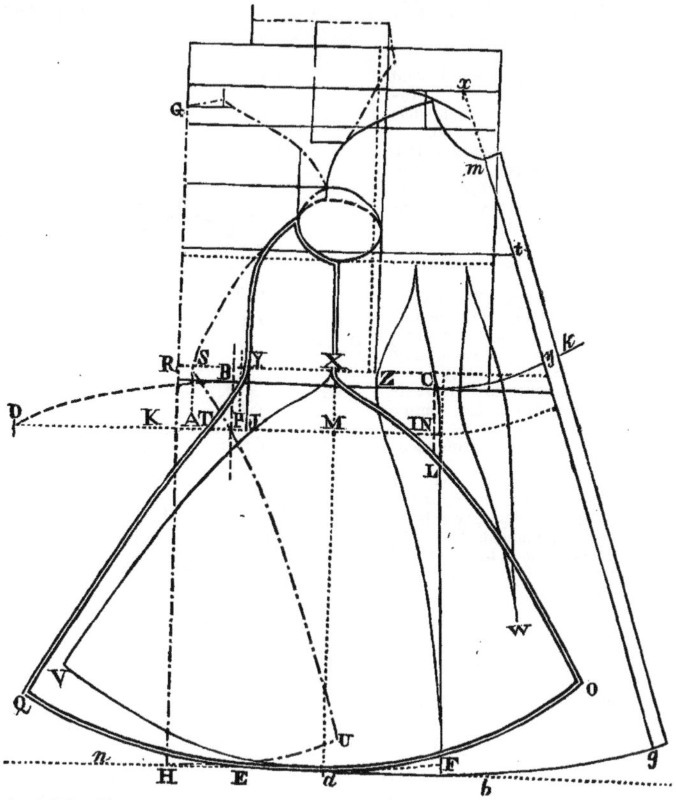

On procédera ensuite pour le dos qui se fait aussi par une ligne qui, partant de S en léger creux, se suivra en rondeur douce jusqu'à P, pour de là s'élargir jusqu'au bas, v. U, en suivant la même pente que celle qui s'est arrêtée à P.

Les largeurs et contours de hanches étant déterminés, on procédera pour régulariser les rondeurs du bas de la basquine, ce qui se fait comme suit :

Pour le devant sous bras, on prendra la hauteur qu'il y a en ligne droite de X à *d*, et tenant la mesure sur X, on portera le chiffre obtenu de X à *d*, sur la ligne V, ce qui détermine la longueur du côté du devant; on reportera la distance de X à *d* sur la ligne O, ce qui détermine la longueur du bas de petit côté sous bras, et de ces points V et O, on partira pour former des lignes en rondeur douce qui aboutiront à *d*.

On procédera ensuite pour fixer la rondeur du bas du petit côté derrière.

Pour cela, on prendra en ligne droite la distance qu'il y a de Y à E, et cette longueur obtenue de Y à E se reportera de Y à Q, on formera ensuite une raie arrondie qui, partant de E, aboutira à Q, ce qui détermine la longueur du bas du petit côté derrière.

Fig. 266.

On procédera de même pour fixer la rondeur du bas de dos. On prendra en ligne droite la longueur qu'il y a de R à H, cette longueur obtenue se reportera de S à la ligne U, et de ce point U, on partira pour former une raie arrondie aboutissant à H, ce qui détermine la longueur et rondeur du bas de dos.

Comme on le voit, on n'a pas donné de largeur au derrière du dos à partir de H.

La raie du derrière de dos se trouve droite de G à H, c'est afin de ne pas y mettre de coutures.

A cet effet, on devra faire supporter un tendage au bas du dos dans la partie de S, pour rejeter en arrière, v. R, K, *n*, les largeurs fournies au dedans du dos de P à U.

Mais dans le cas que l'on veuille supporter une couture au milieu du dos, on aura à ajouter au derrière de dos, à partir de R, v. K, *n*, la moitié de la valeur fournie au dos de A à P, que l'on déduira dans cette partie, ce qui évitera le tendage que l'on aurait été obligé de faire à la taille de dos dans la partie de S, si l'on eût voulu un dos sans coutures. Il convient aussi, comme à la twine d'homme, de pratiquer un tendage au côté dans la partie de Y, cela fait bien pour rejeter des largeurs sur lés hanches dans la distance de J à M.

Il convient aussi de casser au fer le creux X, soit de rendre la couture droite à cette place, cela divise encore les largeurs de hanches en les rejetant devant et de côté, ce qui convient.

Pour les étoffes qui ne peuvent pas supporter de tendage, telles que soie ou autre, on devrait couper les parties qui doivent être tendues en biais pour faciliter le tendage.

Le devant de poitrine partant de *x*, passant sur le 1/16 de surplus de largeur de poitrine *t*, suivant sur *y*, se pratiquera comme à l'amazone, seulement que l'on aura à prolonger cette ligne jusqu'au bas, voir *g*, ce qui lui laisse des largeurs. On aura pour la basquine, comme pour l'amazone, à lui ajouter devant pour la croisure ou le repli, voir *k*.

Et pour régulariser la longueur du bas du devant *g*, on prendra la hauteur qu'il y a de *m* à *b* pour la reporter de *m* à *g*, et de ce point *g* on en formera une ligne arrondie aboutissant à *b*.

Les pinçons pour ce genre de vêtement se font par les mêmes procédés que ceux de l'amazone, ils prendront toujours pour leur largeur la distance qu'il y a de C à la ligne *y* fixée sur l'arc C, *k*, excepté qu'ils sont portés plus en arrière dans le bas des devants; celui près du dessous de bras se coupe plus creusé près de la ligne d'avancement, v. Z, que devant, v. C, cela est afin de le tendre dans la partie de Z, pour dégager le dessus des hanches et pour éviter un pli qui se formerait de Z à X.

Le tendage rallongera donc cette partie, ce qui nous oblige de couper le pinçon jusqu'au bas, afin d'enlever dans le bas, v. F, la valeur qu'il se rallongera par le creux et le tendage qu'il prend dans la partie de Z.

Et pour le pinçon du devant, on doit le prolonger, v. W, afin qu'il ne produise pas de bosse; ce pinçon se creuse d'un côté comme de l'autre pour qu'il ait les mêmes longueurs. On devra, comme à l'amazone, laisser exister en dedans des pinçons pour les coutures, et même davantage, par précaution, afin de pouvoir serrer ou desserrer.

DE LA MANCHE DE DAME.

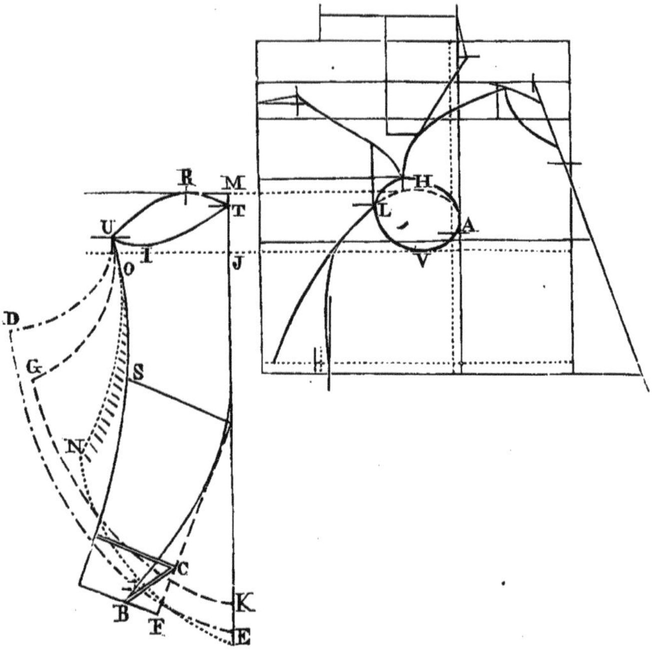

FIGURE 287.

Les manches de dame se tracent pour le haut par les mêmes procédés que ceux détaillés au modèle école de la fig. 79 à la fig. 86.

Excepté que les épaulettes étant plus larges, v. H, cela ferme l'emmanchure de H à V, ligne de profondeur baissée et par cela donnera moins de hauteur au haut de manche de J à M.

Pour la tracer on procède comme suit :

On aura pour cela à fixer à l'emmanchure la hauteur du talon de manche; pour le modèle ci-joint, cette hauteur est fixée sur la petite carrure près du petit côté, v. L.

On placera ensuite le point de saignée, v. A, qui se fait comme d'habitude, de 2 à 3 cent. plus élevé que la ligne de profondeur baissée V.

On prendra ensuite la hauteur qu'il y a à l'emmanchure de H à V, profondeur baissée, pour la reproduire à la manche de J à M, ce qui détermine sa hauteur.

On procédera de même pour fixer la hauteur de talon de manche, pour cela on prendra la hauteur qu'il y a de L à la ligne de profondeur baissée V, que l'on reportera à la manche de J à T.

Fig. 287.

On prendra ensuite la distance qu'il y a de L à H, pour la reproduire de T à R, ce qui fixe la hauteur de rond de manche, v. R. Et pour fixer ses largeurs de haut de manches, on abandonnera la mesure de tour de bras naturelle, pour se servir du tour d'emmanchure rétréci par l'épaulette large, cela si l'on n'a pas pris la mesure de grosseur du haut du bras à la hauteur que l'on veut fixer la largeur d'épaulette.

On aura pour cela à placer le point U à la même hauteur que le point de saignée A. On présentera ensuite ses demi-largeurs de manches de T à la ligne U, ce qui détermine les demi-largeurs de manches. Cela fait, on aura pour former son haut de manche à former une raie arrondie qui, partant de T, passera sur R, et aboutira à U.

Et pour le dessous, il se déterminera par une ligne qui, partant en rondeur douce de T, suivra en creux jusqu'à I, élevé d'un cent. au-dessus de la ligne de profondeur pour aboutir à U, ce qui détermine le haut de manche.

Les bas de manches de dames se varient à l'infini.

Pour amazones elles se portent généralement ajustées, on leur pratique une ou deux boutonnières dans le bas, v. B.

On leur pratique parfois des parements à l'écuyère, v. C, B. On leur pratique aussi des parements ronds, ce qui oblige de laisser les manches plus larges dans le bas, v. F. Et pour les basquines on donne aux manches des formes plus larges et très-étoffées. Tel que la manche, v. D, prend beaucoup d'ouverture dans le bas de D à E. D'autres prennent moins d'ouverture, telle que la manche de G à K. D'autres enfin se coupent avec moins d'ouverture de N à E, cette dernière reste parfois ouverte de O à N; cette ouverture se garnit de passementerie. Et d'autres formes qui se font selon le goût des personnes.

DE LA REDINGOTE SANS PETITS COTÉS, JUPES ATTENANTES EN ENTIER AU CORSAGE, DESSINANT LES FORMES.

FIGURE 288.

Pour ce genre de vêtement, on aura à former le plan d'une twine comme il est détaillé de la fig. 104 à la fig. 110, excepté que l'on ne formera pas de croisure au cran du dos de G à H, détaillé fig. 105, le dos se continuera droit de R à H.

Le plan de la twine étant formé par ses hauteurs de hanches de C à N, de bassin de C à U, comme il est détaillé fig. 106, ainsi que par son côté derrière, v. Q, O, V, T, on procédera comme suit :

Ce genre de vêtement peut se varier de forme à volonté, il fait très-bien avec deux coutures aux côtés seulement.

A cet effet, on devra rapporter un surplus de largeur au dedans du dos de P à Y, partant de 4 à 5 cent. plus bas que la taille naturelle B, v. S, pratiquant ainsi, cela nous obligera de faire un léger tendage d'environ un cent. au dos dans la partie de X, ce qui reportera derrière, de H à G, les largeurs fournies au dedans du dos de P à Y.

On pratique généralement une ouverture dans le bas de ce genre de vêtement, v. G, pour faciliter à s'asseoir, cette ouverture se fait par une sous-patte à la hauteur que l'on désire.

La largeur du bas de dos de R à S peut s'élargir à volonté, une largeur du 1/4 de la demi-grosseur du haut fait bien pour cette forme sans couture au dos, cela si on veut le faire pour pardessus, cela rétrécit les côtés, v. V, I, et facilite pour rejeter de l'étoffe sur les hanches, ce que l'on obtient par un travail au carreau comme on le verra ci-après.

Comme on le sait, on emploie pour les twines en largeur sur les hanches de F à I, le surplus de largeur que la grosseur de hanches, v. D, a donné en plus que la grosseur de taille, voir la ligne de jetée de taille B.

Il en est de même pour le bassin, on emploie sur la ligne U, de K à L, les largeurs que la grosseur de bassin, v. E, a données en plus que la grosseur de taille, voir la ligne de jetée de taille B. Pour la redingote sans petits côtés, jupes attenantes en entier au corsage dessinant les formes, l'application des longueurs de taille naturelle, v. C, de hanches, v. N, et de bassin, v. U, se fait d'une manière différente. Il en est de même des grosseurs de taille, de hanches et de bassin, qui subissent un changement pour leur placement, comme on le voit ci-après.

FIGURE 289.

Le simulacre de la longueur de taille naturelle, *v.* A, de la
hauteur des grosseurs de hanches, *v.* N, de la hauteur de bassin, *v.* U, étant formé, comme il est détaillé fig. 288; on procédera comme suit :

On aura à rehausser la ligne de grosseur de taille naturelle
de 5 à 7 cent., selon la grandeur des personnes, *v.* H, au-dessus de la longueur de taille naturelle primitive, *v.* A.

Ce sera cette ligne H qui déterminera la ligne de grosseur
de taille naturelle.

Comme ce sera sur la ligne A que l'on déterminera les
grosseurs de hanches, qui se trouvaient primitivement sur
la ligne N.

Et pour fixer la hauteur du bassin, on aura comme d'habitude à fixer le 1/3 de la demi-grosseur de bassin de H, ligne
de longueur de taille naturelle rehaussée à M, au lieu de A
à U, ligne primitive.

Cela fait, on prendra la distance que la grosseur de hanche
a donnée en plus que la grosseur de taille de D, à la ligne B,
et cette distance au lieu de se reproduire sur les hanches de
F à I, se reproduira sur la ligne A, de O simulacre du côté de
twine à J.

Il en sera de même pour le bassin; on prendra la distance
que la grosseur de bassin a donnée en plus que la grosseur de
taille de E, à la ligne B, et cette distance, au lieu de se reproduire sur les hanches de K à L, se reproduira sur la ligne de
bassin rehaussée M de T, simulacre du côté de twine à V, ce
qui détermine à l'opposé de la twine les largeurs de hanches
et de bassin de ce genre de vêtement.

Cela fait, on aura pour déterminer le côté à former une
ligne qui, partant en léger creux de X, ligne de taille naturelle rehaussée, se suivra jusqu'à J, passera sur V, et se continuera en ligne droite jusqu'au bas, *v.* Z.

Les largeurs de hanches et de bassin étant fournies sur le
derrière des côtés, *v.* J, V, on devra, pour reporter ces largeurs
sur les hanches, pratiquer un tendage de 4 à 5 cent. dans la
partie de C à J, afin que la partie de X vienne plutôt ronde
que droite. Procédant ainsi, cela fait retomber sur les hanches l'étoffe fournie derrière de O à J, en rendant aux hanches ses largeurs, *v.* F, I, ainsi que celles du bassin, *v.* K, L.

Et pour faciliter à faire mieux retomber le côté sur
les hanches, on peut élever d'un cent. la pointe du côté
v. G, en plus que celle primitive, *v.* Y, pratiquant ainsi,
cela nous oblige de pratiquer un crochet d'un demi-
cent. aux côtés dans la partie de G à Y, crochet qui
sera rendu par un léger tendage dans la partie de W,
ce qui rendra le haut du côté à sa hauteur et ses largeurs primitives, *v.* Y.

Le tendage du côté étant obtenu de C à J, on devra
refouler et fixer la valeur tendue dans la partie de F à
I et de K à L, pour former la rotondité des hanches.

Les tendages se feront toujours à double, ils devront
toujours se faire plus forts que la valeur exigée, afin
de remettre un peu d'embu pour qu'ils ne se retirent
pas. Ce tendage obtenu rallonge les côtés, on devra prévenir ce rallongement en coupant, afin de rehausser le
cran du pli dans la partie de B, de la valeur que l'on va
tendre. Et pour déterminer la longueur des pans du
devant on prendra la distance qu'il y a au dos de D à
Q, pour la reproduire du haut du cran du devant B à Z,
et de ce point Z, on en formera une raie légèrement
arrondie aboutissant à S.

Il convient pour faire ce genre de vêtement de se servir d'étoffes élastiques, ce qui facilite le tendage.

Comme on le voit, on a donné la forme d'une redingote derrière à ce genre de vêtement, il se fait pour
porter seul, comme pour pardessus, on peut selon la
fantaisie ou la mode le varier à volonté comme il est
détaillé fig. 288.

Ce n'est que ce genre de tracé, *v.* C, J, et de tendage,
v. X, P, qu'il convient de faire aux soutanes détaillées
fig. 276, si l'on veut les pans attenants en entier au corsage

Et lorsque l'on aura une personne forte de ventre qui
ne produise généralement pas de surplus de grosseur
de hanches et de bassin, on se rappellera de la twine de
gros homme, détaillée fig. 263, pour leur fournir derrière
et non sur les hanches le surplus de largeur qu'il convient de leur donner.

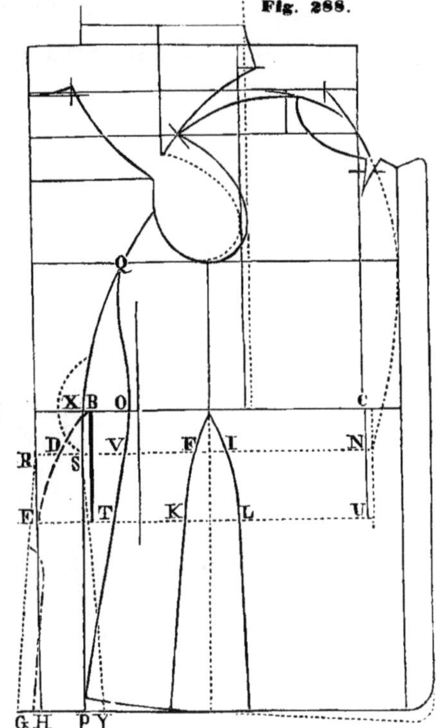

Fig. 288.

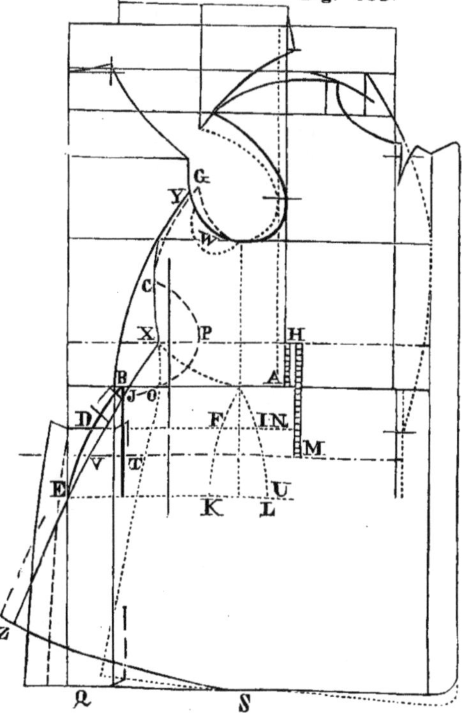

Fig. 289.

DU PARDESSUS DE DAME, DITE POMPADOUR.

Fig. 290.

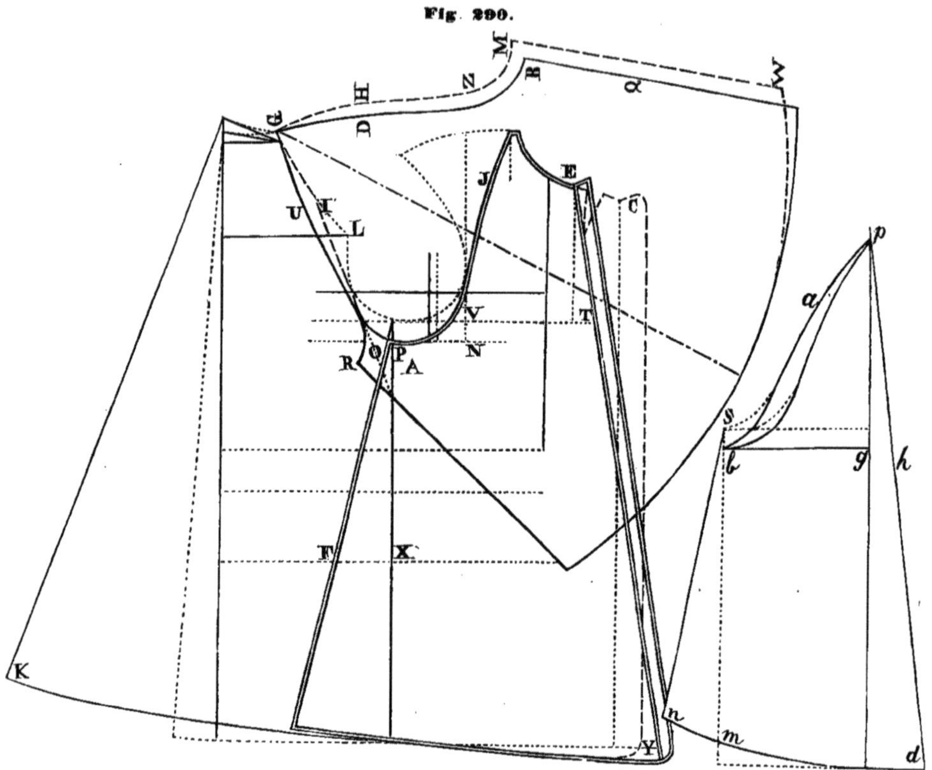

Ce genre de vêtement s'est beaucoup porté de 1847 à 1850, à cette époque on adaptait les manches aux devants, v. J, on reproduisait l'emmanchure plus basse que V, v. N, et le faisant ainsi cela ne permettait pas de faire les manches de plus de 20 cent. de long de M à Q, et quoique courte, cela occasionnait une pièce au-dessus de la manche à cette place, v. Q, ainsi qu'au devant, v. A.

Depuis 1850, on a joint les manches attenantes au dos, v. U, I, ce qui nous a permis de les faire plus longues et plus larges en lui ajoutant des sous-quarts à la place de O.

Et enfin, on a fini par séparer la manche du dos, pour les couper avec plus de principes, comme on le voit détaillé fig. 260, ce qui nous permet de les reproduire attenantes au dos avec plus de régularité.

Pour le tracé de ce vêtement il se fait comme suit :

On trace un paletot-sac selon les mesures de la personne, comme il est détaillé fig. 120 et 121, excepté que l'on donne 3 ou 4 cent. de plus de surplus de profondeur que pour les hommes de V à N.

On donne également plus de largeur sur les hanches de F à X, pour prévenir aux forts jupons que les dames portent. C'est-à-dire que donnant de 7 à 10 cent. pour les hommes de F à X, on donnera de 12 à 15 cent. ou plus pour les dames, cela selon la force des jupons.

Comme si on le veut ample derrière formant la pelisse, v. K, ce qui convient pour les dames qui ont de forts jupons, on joindra au tracé du paletot-sac le dos de la pelisse avec plus ou moins d'ampleur, v. K, comme il est détaillé, v. S, fig. 122.

Le paletot-sac ou la pelisse étant tracés, on lui fera prendre la forme de la pelisse détaillée fig. 268, en abattant l'épaulette du devant, v. J, et une partie de la carrure du dos, v. L.

Pour les devants, ils se font à forme croisée ou à forme droite, v. C, E.

Pour déterminer la forme droite pour les dames, on aura à former une ligne droite, qui, partant de E, largeur d'encolure déterminée, passera sur le 1/16me de rélargissage de poitrine, v. T, et suivra la même pente jusqu'au bas, v. Y.

Cela fait, on procédera pour la manche qui se tracera pareille à celle de la pelisse détaillée fig. 268.

Excepté, qu'ayant donné plus de surplus de profondeur au corsage de V à N, cela nous obligera de baisser la manche de cette valeur de S à i.

Et comme les dames portent souvent les manches bouffantes, ou très-larges, on devra donner à cette manche un surplus de largeur, ce qui se fera comme suit : La manche étant tracée, voir p, g, on aura à laisser un surplus de largeur de 2 à 3 cent. de g à h, ce surplus de largeur partira du haut, voir p, passera sur h et suivra la même pente jusqu'au bas, voir d.

On peut, selon la fantaisie, rélargir le dedans de la manche de m à n, partant du haut, voir b. Pratiquant ainsi, on lui fera produire un abattage en dedans de 5 à 6 cent. partant de n, aboutissant à d. La manche étant tracée on l'ouvrira.

On séparera ensuite le dos des devants et l'on présentera le côté de la manche a au dos, v. U; mais le dos, v. I, et la manche, voir a, ayant du rond pour former l'épaule, cela nous oblige d'anticiper la manche dans le dos, v. U; comme on le voit, la manche anticipe également dans le dos au-dessous du bras, v. R, ce qui nous oblige de lui pratiquer un sous-quart de R à P, mais ne voulant pas le faire en entier soit à la manche, soit au dos, ce qui donnerait la pièce trop grande, on la partagera de R à P, v. O, ce qui fera que la manche prendra la moitié de O à R, et le dos l'autre moitié de O à P.

Mais d'avoir anticipé le derrière de la manche dans le dos, v. U, cela a rétréci les largeurs d'épaules que l'on avait données à la manche, v. a, ce qui nous obligera de rendre au-devant de la manche de D à H la même valeur anticipée dans le dos de I à U.

Ce surplus de largeur de D à H partira de G, passera sur H, et suivra la même largeur jusqu'au bas, *v.* Z, de là il s'élèvera au-dessus de la manche primitive B, *v.* M, de la valeur rélargie de D à H: ce qui nous oblige de la porter plus avant, *v.* M, pour lui maintenir ses largeurs et ses longueurs primitives, *v.* B, et la valeur rehaussée de B à M devra s'enlever dans le bas, *v.* W.

De porter la manche plus avant et plus haute devant, *v.* M, reportera M sur B, et par cela H sur D, ce qui rendra à la manche ses largeurs d'épaules perdues par l'anticipation de la manche sur le dos de U à I.

Ce qui détermine le Pompadour manche attenante au dos.

Comme on le voit par les pointés de l'emmanchure de ce modèle, on en peut faire un paletot-sac.

A cet effet, on peut varier de place la couture d'épaulette en la portant plus avant sur l'épaule, ce qui se fait en abattant une partie de l'épaulette du devant pour la joindre au dos. Pratiquant ainsi, on devra tenir les épaulettes plus larges que celles des paletots d'hommes.

DU MANDARIN.

Fig. 291.

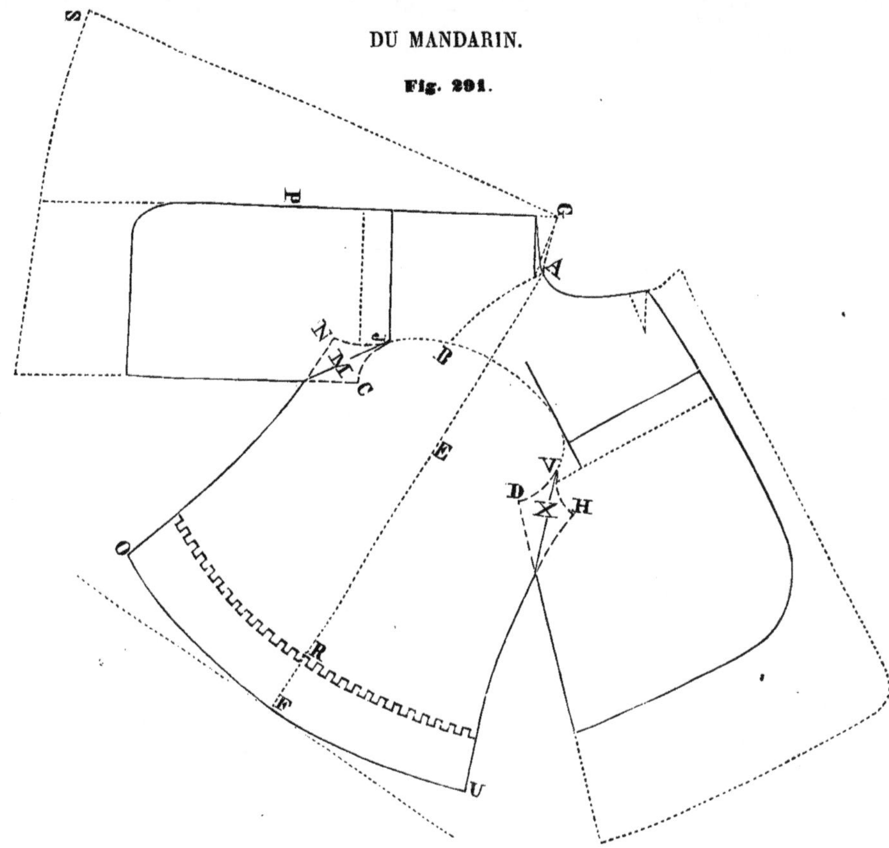

Pour former ce vêtement, on trace le paletot-sac ou la pelisse avec les mesures de la personne, comme il est détaillé fig. 120, 121 ou 122.

On prendra également la mesure de longueur de manche, du creux du cou A, passant sur l'épaule, aboutissant sur la main à la longueur que l'on désire, *v.* F.

Le paletot étant tracé, on sépare le dos des devants pour les joindre à l'épaulette, *v.* A, B, ce qui détermine le haut de manche.

Cela fait, on aura pour tracer la manche à partager la distance qu'il y a de C à D, *v.* E, et de ce point E, on en tirera une ligne qui partant du haut de l'encolure, *v.* A, aboutira au bas, *v.* F.

On aura ensuite à former le dessous de la manche en créant deux sous-quarts, l'un partant de V, aboutissant à H, l'autre partant de J, aboutissant à N, on aura soin de régulariser ces sous-quarts, afin que le creux de la manche de V à H soit aussi bas et aussi creux que celui de l'emmanchure de V à D, il en sera de même pour le côté du dos, *v.* C.

Et afin de ne pas mettre les sous-quarts trop larges sur la manche, *v.* D, C, on partagera la distance de D à H, *v.* X, comme de N à C, *v.* M, ce qui fera que le devant et le dos prendront chacun la moitié des sous-quarts de la manche.

Et pour le montage, le dos C se joindra au devant D, comme la manche N se joindra à la manche H.

Les sous-quarts étant joints au dessous de manches, on devra procéder pour le bas de la manche, qui se fait selon la largeur que l'on désire; le modèle ci-joint prend 32 cent. de demi-largeur de F à U, comme de F à O, et pour former la couture de dessous de bras, on aura à la cintrer de H à U, comme de N à O, cela fait bien.

Comme on le voit par la ligne qui fixe les longueurs, *v.* F, on fait produire un abattage de 6 à 8 cent. au-dessous de manche, *v.* O, U, cela se fait selon la fantaisie.

On coupe généralement les mandarins au demi-lé de drap sans couture derrière, *v.* P, ce qui les rend courts, et oblige de rallonger le bas de la manche qui n'a pas ses longueurs dans la demi-largeur de drap.

La couture de rallongement, *v.* R, se recouvre par un galon ou de la broderie.

Pratiquant ainsi, il n'y a que deux coutures qui se trouvent sous le bras.

Mais voulant le faire pour pardessus long et à pelisse, *v.* les pointés G, S, on le coupera à drap ouvert, ce qui occasionnera une couture au milieu du dos et en plus les deux du dessous de bras.

DU CABAN.

FIGURE 292.

Pour former le caban, on tracera le paletot-sac avec les mesures de la personne, comme il est détaillé fig. 120 et 121. Le paletot-sac étant tracé,

On peut rélargir le haut du dos de O à I, de 1 à 2 cent. selon que l'on veut que la couture vienne sur l'épaule et cette étoffe ajoutée en largeur au haut du dos de O à I s'enlèvera en totalité à l'épaulette de H à J.

Comme on le voit, on rehausse et rélargit la carrure de T à L, cela est afin de donner un surplus de hauteur et de largeur pour pouvoir mettre ce vêtement avec des épaulettes.

Le dos doit se couper presque droit, soit légèrement cintré de L à B, il en est de même du devant qui se coupera également légèrement cintré de C à V, ce qui masque le contour d'emmanchure, v. P.

On pratique des sous-quarts aux cabans, au dos, v. E, et aux devants, v. G, ces sous-quarts peuvent prendre de 10 à 12 cent. de largeur de B à E, et de V à G, selon les grosseurs, le bout des sous-quarts s'élève de 3 à 4 cent. plus haut, v. E, G, que la ligne de profondeur D.

Les sous-quarts étant fixés, on partagera la distance qu'il y a à la jetée de devant de A à F, v. X, fixé sur la ligne de profondeur à la hanche A.

Une moitié obtenue de cette distance se laissera au devant de A à X, et l'autre moitié de X à F, se fournira au dos à la même hauteur de Y à Z, pour lui conserver ses largeurs de pa-

Fig. 292.

letot-sac. Il en sera de même sur la ligne de hauteur de bassin, v. M, on partagera la distance qu'il y a à la jetée de devant de M à R, v. U; on laissera au devant la moitié obtenue de M à U, et l'autre moitié de R à U se fournira au dos à la même hauteur de K à S.

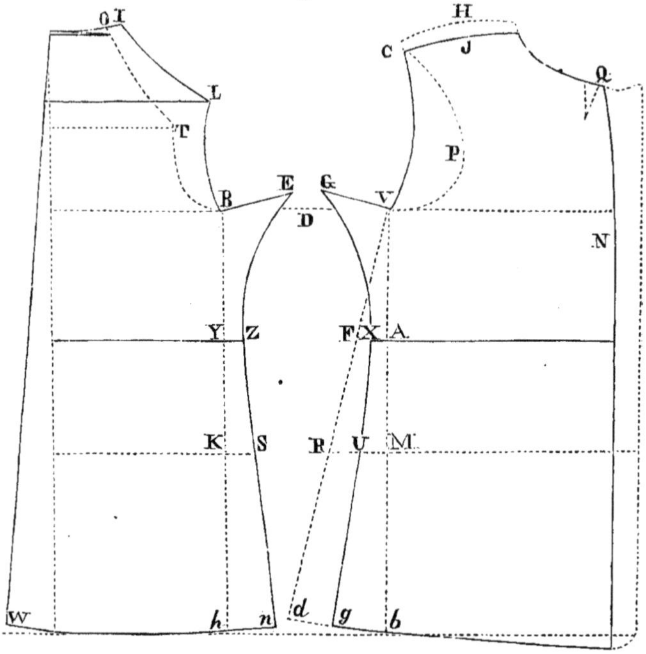

On procédera de même pour le bas, on partagera la distance qu'il y a de b à d, voir g.

On laissera au devant la moitié obtenue de b à g et l'autre moitié de g à d se placera au dos de h à n.

Cela fait, on formera une ligne qui, partant de G, se creusera jusqu'à X, suivra sur U, et aboutira en rondeur douce jusqu'à g. On procédera de même pour le dos par une ligne qui, partant de E, se creusera jusqu'à Z, suivra sur S et aboutira à n, ce qui détermine les sous-quarts.

Le dos du caban se coupe comme celui du paletot-sac, on lui ajoute derrière un surplus d'ampleur de 8 à 10 cent., v. W, afin qu'il ne serre pas sur les mollets.

Les devants de ce genre de vêtement se coupent droits sans croisure, v. N, ils s'adoucissent en légère rondeur dans le haut, v. Q, si l'on ne pratique pas de pinces.

Fig. 293.

DE LA MANCHE DE CABAN.

FIGURE 293.

Pour tracer la manche du caban, on fera le simulacre d'une manche de pardessus, v. les pointés, cela fait, on fixera la largeur du bas de N à O, le modèle ci-joint prend 22 cent. de demi-largeur et de ce point O, on en tirera une ligne d'équerre aboutissant dans le haut, v. H, ce qui rend la manche aussi large dans le haut que dans le bas de N à O.

Cette ligne O, H abat la pointe du haut de la couture de saignée, v. U, qui se trouvera compensée par les sous-quarts du dessous de bras, v. G. V et E, B, fig. 292.

Et pour former le haut, on tirera une raie légèrement arrondie qui, partant de F, aboutira à H.

Comme on le voit, on n'abat pas le talon de manche, v. F, cela est afin de lui laisser de la hauteur pour fournir à la carrure rehaussée de T à L, fig. 292.

DU CAPUCHON.

Pour le capuchon, on aura à former un carré, v. A, B, C, D, qui prendra de 2 à 4 cent. environ de plus de hauteur de A à C que la largeur de A à B.

Le modèle ci-joint prend 43 cent. de hauteur de A à C, et 39 cent. de largeur de A à B.

On élèvera ensuite une distance de 7 à 8 cent. de B à E.

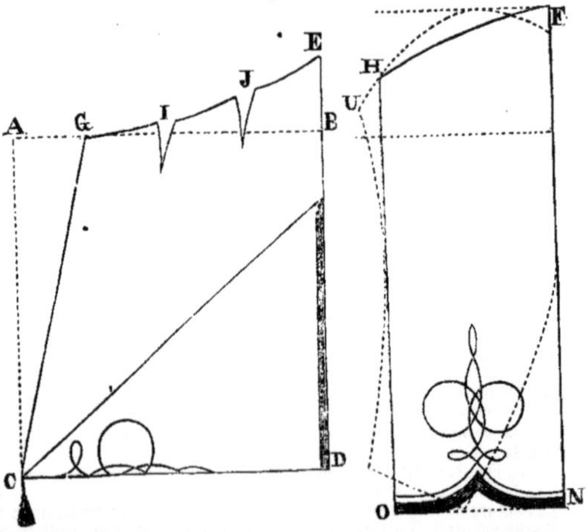

Cela fait, on placera sa largeur d'encolure de E, sur la ligne A, v. G, en lui joignant en plus une valeur de 2 à 3 cent. qui se détruiront par une ou 2 pinces, v. I, J, que l'on pratique à l'encolure du capuchon.

Ou si l'on ne veut pas pratiquer de pinçons, on fera disparaître ce surplus de largeur par de l'embu.

On aura pour déterminer l'encolure à former une ligne cintrée qui, partant de E, aboutira à G.

De ce point G, on tirera une ligne droite aboutissant à C, ce sera ce coin C qui formera la pointe du capuchon.

DU MESURAGE DE MANTEAU

POUR MANTEAU ROND, MANTEAU 3/4, DIT CRISPIN, MANTEAU LISSE, DIT TALMA OU BURNOUS, ROTONNE ET DEMI-ROTONNE.

Fig. 294.

Les manteaux réclament 9 mesures, excepté le manteau rond pour lequel il n'en faut que 5.

Les 9 mesures du manteau sont :

Premièrement. La mesure de longueur que l'on veut leur donner ; cette mesure se prendra de G à A, plus long ou plus court, selon la fantaisie.

Deuxièmement. La mesure de grosseur de tour de cou.

Troisièmement. La mesure de grosseur du haut du buste, prise par-dessus les bras, passant autour des épaules, le plus droit possible pour le derrière de C à H, et, pour le devant, de D à J (1). On devra, lorsque cette mesure sera fixée sur la personne, déterminer son passage par des raies en travers ; une à la distance qu'elle a passé sur le dos, ce qui fixe le montant, v. E. Une deuxième raie se placera à la distance qu'elle a passé les bras, v. J.

Et une troisième raie se marquera à la distance qu'elle a passé devant, v. F.

Et, pour faciliter à reproduire au tracé la grosseur du haut du buste, prise par-dessus les bras, on devra prendre 3 mesures, qui sont :

Premièrement. La longueur qu'a prise le montant de dos de la nuque G à E (1).

Deuxièmement. La longueur qu'a prise l'épaule de K à H, ce qui détermine une largeur d'épaulette (1).

Troisièmement. La longueur qu'a prise le devant, du creux du cou X au point F (1).

Le manteau exige encore la courbure et la force des épaules de la personne, ce qui s'obtient par 3 mesures.

Pour obtenir la courbure, on prendra la hauteur qu'il y a derrière de G, point de nuque, la faisant aboutir à terre, v. B, le plus droit possible. Il ne faut pas que les jupes fassent prendre de contour à la mesure, ce qui la rallongerait.

On prendra ensuite la hauteur qu'il y a au-devant de X, creux du cou, la faisant aboutir à terre, v. N, toujours le plus droit possible, et la différence qu'il y a entre ces deux longueurs détermine la courbure de la personne.

On procédera ensuite pour la force des épaules, ce qui s'obtient par une mesure qui, partant de 5 à 8 cent. de G, v. K, selon la grosseur des personnes, passera sur les épaules, v. H, la faisant aboutir à terre, v. M, le plus droit possible.

Ces trois mesures obtenues déterminent le surplus de longueur que les épaules exigent en plus que le derrière, et le surplus de longueur que le derrière exige en plus que le devant.

Ces longueurs, prises jusqu'à terre, feraient supposer que l'on pourrait s'arrêter à la longueur que l'on a fixé le derrière du manteau, v. A, mais de pratiquer ainsi, cela serait plus long et plus incommode pour reproduire la longueur A, devant et de côté. On devra, pour les manteaux comme pour les corsages à manches, faire la part d'une épaule plus haute ou plus forte que l'autre, afin que les côtés se rencontrent de niveau dans le bas ; ce que l'on obtient en prenant la mesure de longueur de force d'épaules des deux côtés.

(1) On supprimera cette mesure pour le manteau rond.

DU MANTEAU ROND.

FIGURE 295.

Les mesures de cette personne ont donné :

Longueur du manteau. . . . .   120 cent.
Grosseur de tour de cou sur une cravate. . .   42
Longueur de courbure de la personne derrière.   146
Longueur de courbure de la personne devant. .   140

Comme on le voit, cette personne a. . . .   6 cent.
de plus de courbure derrière que devant.

Longueur de la force des épaules.   152

Comme on le voit, cette personne a 6 cent. de
plus de longueur sur les épaules que derrière.

Ces mesures étant déterminées, on procédera pour le tracé,
ce qui se fait comme suit :

On aura à tirer une ligne en long, v. A, B, que l'on partagera, v. O, et de ce point O on en tirera une ligne d'équerre
en travers, v. I.

Cette ligne étant formée, on se servira du 1/6ᵐᵉ de la grosseur de tour de cou que l'on placera de O à D, de O à E, et
de O à I.

On aura ensuite à former son contour d'encolure, pour cela
on placera une partie de la mesure sur O, que l'on fera aboutir à D, et partant de ce point D, on fera pivoter la mesure
qui passera sur I, pour aboutir à E.

Le 1/6ᵐᵉ de tour de cou donne un surplus de largeur au
tour d'encolure, cela convient pour homme, vu qu'il doit être
porté sur un autre vêtement.

Le tour d'encolure étant formé, on aura à fixer la longueur
que l'on a voulu donner au derrière du manteau que l'on
placera de D à A.

Cela fait, on aura à fournir sur les épaules la longueur du
derrière de manteau, en lui ajoutant le surplus de longueur
qu'a pris l'épaule.

Exemple : La longueur que l'on veut fixer le derrière du
manteau de D à A a donné. . . . .   120 cent.
Le surplus de force d'épaule a donné. . . .   6

Ce qui fera. . . . . .   126 cent.
que l'on placera sur les épaules de F à C.

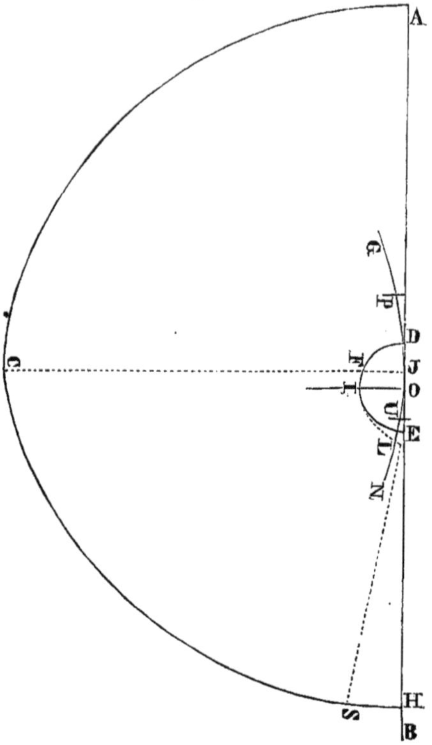

La distance de D à F est celle que l'on a obtenue en mesurant du point de nuque G à K, fig. 294.

La longueur d'épaule étant fixée, v. C,

On procédera pour la longueur du devant.

Pour cela, on aura à donner au devant la longueur du derrière du manteau, en lui diminuant la courbure qu'a prise
le derrière en plus que le devant.

Exemple : La longueur que l'on a voulu fixer le derrière du manteau a donné. . . . .   120 cent.
La courbure du devant a pris en moins que le derrière.   6

Ce qui fera. . . . .   114 cent.
que l'on placera au-devant de E à H, ce qui détermine les longueurs.

Et, pour former le cintre du bas, on procédera comme suit :

On aura, à partir de C, à former un arc qui, partant de J, déterminera G et N.

Cela fait, on placera le chiffre de la distance obtenue de C à J, sur le derrière, v. A, et où le bout de la mesure aboutira sur l'arc N, on marquera un point, v. U.

Ce même chiffre de distance obtenue de C à J se reportera au bas du devant sur H, et où le bout de la mesure aboutira sur l'arc G, on marquera un point, v. P.

Ce sera à partir de ce point U que l'on déterminera le cintre du derrière qui, partant de A, aboutira à C.

Comme ce sera du point P que l'on déterminera le cintre du devant qui, partant de H, aboutira et rejoindra le
côté, v. C. Ce qui détermine la rondeur du manteau. Le manteau rond donne des largeurs devant, v. H, ce qui facilite
à le jeter sur les épaules. On peut, si l'on veut moins d'ampleur, baisser de 1 à 2 cent. le devant de l'encolure, v. L,
en lui maintenant ses largeurs d'encolure. A cet effet, on peut abattre le devant de H à S de 8 à 12 cent. Pratiquant
ainsi, cela le fait toujours paraître plein et rond. Ce manteau doit se couper à poil derrière.

DU MANTEAU 3/4, DIT CRISPIN.

FIGURE 296.

Les mesures de cette personne ont donné :

Longueur du manteau. . . . .   85 cent.
Demi-grosseur du haut du buste, prise par-dessus les bras. .   54
Montant de dos.   11
Largeur d'épaulette.   16
Hauteur d'encolure devant.   6
Grosseur de tour de cou.   44
Longueur de courbure de la personne derrière.   142
Longueur de courbure de la personne devant.   137

Comme on le voit, cette personne a. . . . .   5 cent. de plus de courbure derrière que devant.

Longueur pour la force des épaules, prise à 7 cent. de distance du point de nuque de G à K, fig. 294... 148.

Comme on le voit, cette personne a 6 cent. de plus de longueur sur les épaules que de derrière.

On devra pour tracer le crispin tirer une ligne en long, v. A, C, on en formera ensuite une en travers, v. B.

Cela fait, on procédera pour former le tour d'encolure.

Pour cela, on prendra les 3/16mes de la grosseur de tour de cou, pas moins, que l'on placera de B à D, de B à E et de B à F; et pour former le contour, on tiendra une partie de la mesure sur B, qui, partant de D, passera sur E, et aboutira à F.

Pour déterminer le crispin, on partagera la distance qu'il y a de E à F, v. J, et de ce point J on en tirera une ligne qui, partant de B, aboutira dans le bas, v. R.

Cet abattage fait au devant, v. J, doit rendre l'encolure à ses mesures prises.

On procédera ensuite pour fixer les longueurs du manteau derrière de D à A.

Et pour fixer celles d'épaule, on devra former un axe, v. O, qui s'obtient comme suit :

Pour cela, on placera une partie de la mesure sur D, et à une longueur quelconque, on formera un arc, v. N, on conservera la distance de D à N, que l'on reportera sur J, et de ce point J on formera l'arc K, et la jonction de ces 2 arcs forme l'axe O; ce point O étant fixé, on aura à tirer une ligne droite qui, partant de H, distance où la mesure de longueur d'épaule a été prise à partir de la nuque de G à K, fig. 294, passera sur l'axe O, et aboutira dans le bas, v. G, ce qui partage le manteau; cela fait, on aura à fixer sur cette ligne, v. H, O, la longueur du derrière de manteau, en lui ajoutant le surplus de longueur qu'a pris l'épaule.

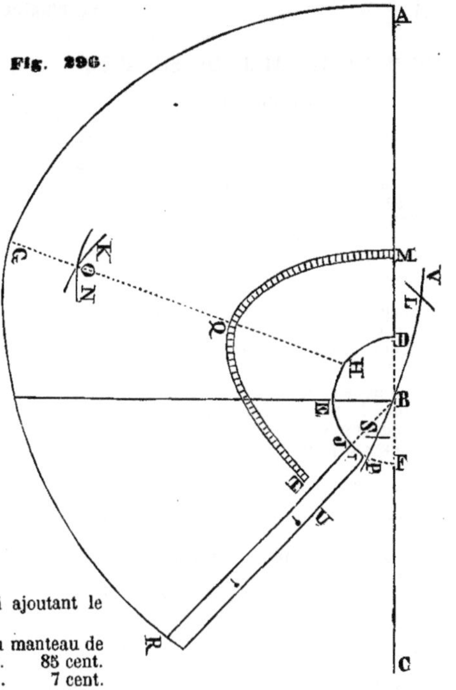

Exemple : la longueur que l'on veut fixer le derrière du manteau de D à A a donné. . . . . 85 cent.

Le surplus de force d'épaule a donné. . . . . 7 cent.

Ce qui fera. . . . . 92 cent. que l'on placera sur les épaules de H à G.

La longueur d'épaules étant fixée, v. G, on procédera pour la longueur du devant.

Pour cela, on aura à donner au devant la longueur qu'a prise le derrière de D à A, en lui diminuant la courbure qu'a prise le derrière en plus que le devant.

Exemple: la longueur que l'on a voulu fixer le derrière du manteau a donné. . . . . 85 cent.

La longueur du devant a pris en moins que le derrière. . . . . 5 cent.

Ce qui fera . . 80 cent.

que l'on placera au devant de J à R, ce qui détermine les longueurs.

Et pour former le cintre du bas on procédera comme suit:

On aura, à partir de G, à former un arc qui, partant de B, déterminera V et P.

Cela fait, on portera le chiffre obtenu de la distance de G à B sur le derrière, v. A, et où le bout de la mesure aboutira sur l'arc P, on marquera un point, v. S.

Ce même chiffre de la distance obtenue de G à B se reportera au-devant sur R, et où le bout de la mesure aboutira sur l'arc V, on marquera un point, v. L.

Ce sera du point S que l'on déterminera le cintre du derrière qui, partant de A, aboutira à G, comme ce sera du point L que l'on déterminera le cintre du devant qui, partant de R, aboutira et rejoindra le côté, v. G.

Ce qui détermine la rondeur du manteau.

Le manteau étant terminé pour ses longueurs et ses rondeurs, on devra s'assurer de sa grosseur du haut du buste prise par-dessus les bras détaillée pour sa prise fig. 294, afin que le manteau, quoique lisse, ait toujours de 2 à 4 cent. de plus de largeur que la mesure obtenue.

Et pour employer cette mesure on procédera comme suit :

On aura à placer la mesure de montant de dos obtenue, de D à M, on placera ensuite la mesure de largeur d'épaulette de H à Q, et la mesure de hauteur d'encolure devant se placera de J à T.

Et de ces points M, Q, T, on en formera un cintre, ce sera sur ce cintre, v. M, Q, T, que l'on confrontera sa mesure de grosseur du haut du buste prise par-dessus les bras.

Comme on le voit, on a fourni une croisure au-devant du manteau de T à U, cela se fait selon la fantaisie.

Ce vêtement fait très-bien pour hommes, on lui joindra un collet attenant, ou si on veut ne le mettre que par les gros froids, on lui joindra un petit collet debout très-étroit, il se coupera droit de pied, on le garnit de boutonnières qui se boutonnent sous le collet du vêtement sur lequel il doit se porter, à cet effet on devra tenir l'encolure pareille de longueur à celle du vêtement.

Ou pour supprimer les boutons et boutonnières du dessous du collet, on pourrait adapter à un des côtés et au bord de l'encolure une patte qui se boutonnerait sur un ou 2 boutons placés du côté opposé ou enfin par des agrafes ou autres.

Ce genre de manteau ne se faisant pas très-long, on peut, si on veut éviter une couture derrière, plier le drap en travers et dans le cas que l'on pratique une couture, le poil descendra derrière.

DU MANTEAU TALMA OU BURNOUS.

FIGURE 297.

Les mesures de cette personne ont donné :

Longueur du manteau. 112
Demi-grosseur du haut du buste prise
   par-dessus les bras. 51
Montant de dos. 10
Largeur d'épaulette 15
Hauteur d'encolure devant. . . . 6
Grosseur d'encolure prise sans cra-
   vate. 34
Longueur de courbure de la personne
   derrière 137
Longueur de courbure de la personne
   devant 133

Comme on le voit cette personne a 4
cent. de plus de courbure derrière
que devant. . . . .
Longueur pour la force des épaules
   prise à 7 cent. de distance du point
   de nuque de G à K, fig. 294 . . . 144

Comme on le voit, cette personne a 7 cent. de plus de longueur sur les épaules que de derrière.

On devra pour tracer le talma former une équerre, *v.* A, G, R.

L'équerre étant formée, on se servira de la moitié de la grosseur de tour d'encolure que l'on placera de A à B, et de A à C.

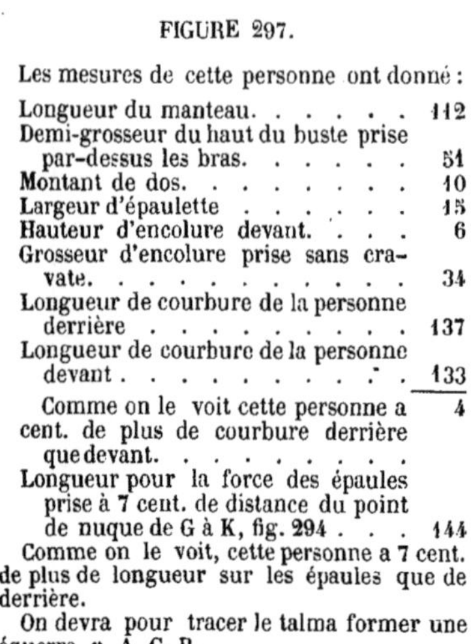

On devra ensuite former le cintre d'encolure, ce qui se fait en plaçant une partie de la mesure sur A, la faisant aboutir à B, pour de là la faire pivoter de B, ce qui déterminera X, en aboutissant à C.

Cela fait, on partagera la distance qu'il y a de B à C, *v.* X, et de ce point X on en formera une ligne qui, partant de A, aboutira dans le bas, *v.* N.

Ensuite, on aura à fixer ses longueurs de derrière de B à G ; cette même longueur se placera devant de C à R ; et la différence que la courbure du devant de la personne a prise en moins que la courbure de derrière devra s'abattre au devant de C à D.

Ce point D étant fixé, on procédera pour donner les largeurs au haut de dos à l'encolure.

Le modèle ci-joint prend 7 cent. de B à I.

Cette largeur étant fixée, on aura à élever le dos de 1 cent. au-dessus de I, *v.* E, et pour former le contour d'encolure on devra former une ligne cintrée qui, partant de B, aboutira à E.

Le haut du dos étant fixé, on devra se servir de la mesure de largeur d'épaulette détaillée fig. 294, que l'on placera de E à H.

Et pour déterminer l'épaulette du dos, on aura à former une raie légèrement arrondie qui, partant de E, aboutira à H.

Le dos étant déterminé, on aura à former son devant.

Pour cela, on prendra la distance qu'il y a de B à E, que l'on portera sur D, et où le chiffre obtenu de la mesure de grosseur de tour d'encolure aboutira sur le cercle C, on marquera un point, *v.* J, ce qui détermine la pointe d'épaulette du devant à l'encolure et l'ouverture plus ou moins grande des pinçons pour chaque tenue.

La pointe d'épaulette étant fixée, *v.* J, on prendra la distance qu'il y a au dos de H à E, que l'on reportera à l'épaulette du devant de H à J. et de ce point J on aura à former une raie légèrement arrondie aboutissant à H.

On donnera à cette ligne de J à H le même rond qu'a pris le dos de E à H.

Il convient de laisser au dedans des pinces pour des coutures et par précaution une réserve d'étoffe, *v.* les pointés.

Et pour fixer le devant de l'encolure, on aura à former une ligne cintrée qui, partant de J, aboutira à D, ce qui la étermine.

Le haut étant achevé on procédera pour la mesure de longueur d'épaule.

Pour cela, on prendra la longueur que l'on a donnée au derrière de manteau de B à G, en lui ajoutant en plus le surplus de longueur qu'a pris l'épaule.

Exemple : La longueur que l'on veut fixer, le derrière du manteau de B à G a donné. . . . . 112 cent.
Le surplus d'épaule a donné. . , ... , 7 cent.

Ce qui fera. . . . 119 cent. que l'on emploiera comme suit :

Le bout de la mesure se placera sur E, suivra le contour du dos jusqu'à H, et où la mesure aboutira dans le bas on marquera un point, *v.* N.

Et pour former le contour du bas, on aura à partir de N, à former un arc qui, partant de A, déterminera S et P.

Cet arc étant formé, on portera le chiffre de la distance obtenue de N à A sur le derrière, *v.* G, et où le bout de la mesure aboutira sur l'arc P, on marquera un point, *v.* V.

Ce chiffre de la distance obtenue de N à A se portera ensuite au devant sur R, et où le bout de la mesure aboutira sur l'arc S, on marquera un point, *v.* O.

Ce sera à partir du point V que l'on déterminera le cintre du derrière qui, partant de G, aboutira à N.

Comme ce sera du point O que l'on déterminera le cintre du devant, qui, partant de R, aboutira à N.

Ce qui déterminera la rondeur du talma.

Le talma ou burnous étant achevé, on aura à confronter la mesure de grosseur du haut du buste prise par-dessus les bras.

Pour cela, on aura à placer la mesure de montant de dos de B à M ; la mesure de largeur d'épaulette de E à H, et la hauteur d'encolure de D à U.

Cela fait on confrontera la mesure de grosseur du haut du buste prise par-dessus les bras, qui, partant de M, passera sur H, pour aboutir à U.

Il convient que ce manteau ait de 2 à 3 centim. de plus que la mesure obtenue pour lui laisser un peu d'aisance à cette place.

Pour ce manteau, on pliera le drap en travers, afin d'éviter une couture derrière.

DE LA PÉLERINE POUR TALMA OU BURNOUS.

FIGURE 298.

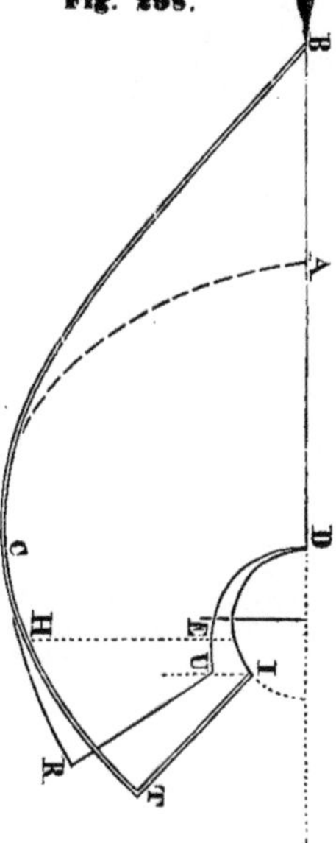

Ce genre de garnitures se varie de plusieurs manières.

On joint à ces vêtements, soit un capuchon, auquel on donne la forme que l'on désire en prenant pour copie le capuchon du caban détaillé fig. 293.

Le modèle ci-joint est une pélerine qui fait bien, on la varie de forme à volonté, soit qu'on en fait des rondes derrière, v. A, ou finissant en pointe, v. B.

Pour les largeurs qu'on leur donne sur l'épaule, v. C, cela se fait selon la fantaisie.

Le modèle ci-joint finissant très en pointe derrière, v. B, est préféré, on lui joint 2 pélerines d'égales largeurs l'une et l'autre, voir la ligne doublée, on place au bas de celle du dessous un gland pour la maintenir d'aplomb et celle du dessus sert dans les temps pluvieux à couvrir le chapeau, pour cet effet cette pélerine est préférable au capuchon.

Pour le tracé de l'encolure il se fera par les mêmes procédés que celui du crispin détaillé fig. 296.

Excepté que, ne voulant pas lui donner trop de jeu sur l'épaule à la place de C, on devra abattre l'encolure de I à U à partir de D, et le devant de T à R, en maintenant toujours la même longueur de U à R qu'il y a de I à T.

Le derrière de ces pélerines ne doit pas avoir de coutures de D à B, le poil descend derrière.

Mais dans le cas que l'étoffe ne permette pas de lui donner les longueurs fournies sur les devants, v. R, on joindra, dans la partie de E à H, des pièces à poil, rentrées ou en reprises.

DES ROTONNES DE CARRICK.

FIGURE 299.

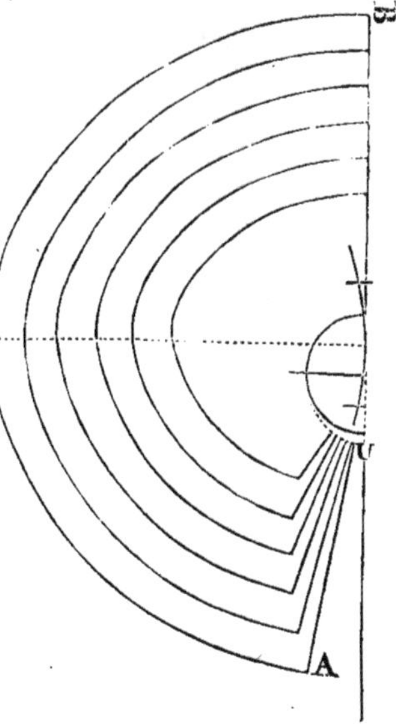

Ce pardessus prend les mêmes mesures et le même tracé que le manteau rond détaillé fig. 295.

On abat l'encolure, v. U, et le bas du devant, v. A, cela est afin qu'il n'y ait pas trop d'étoffe devant.

Comme on le sait, ce genre de vêtement tuyaute tout autour des épaules, il se varie de coupe à volonté.

On abat selon le goût les rotonnes devant en forme carrée ou arrondie, quelquefois on fait aboutir toutes les rotonnes au bord du devant, v. U, A.

Cela se fait selon le goût.

Les rotonnes se font parfois pour porter tout à fait fixées sur un pardessus paletot-sac, ce qui permet de faire les rotonnes aussi longues qu'on le désire, pratiquant ainsi, les rotonnes se fixent au montage du collet du pardessus.

Elles se font aussi pour porter sur la redingote de cocher, v. fig. 264.

A cet effet, cela ne permet pas de faire la rotonne plus longue, v. B, que la taille du pardessus, afin de laisser la moitié des boutons de la taille à découvert.

Pour les porter sur la redingote de cocher, v. fig. 264, on pratiquera dans le haut de l'encolure des rotonnes un petit collet de bout droit de pied, sur lequel on fait des boutonnières qui se boutonnent aux boutons placés sous le collet de la redingote, afin de pouvoir mettre les rotonnes à volonté.

Comme pour été on fait les redingotes de cocher, v. fig. 264, droites devant à un seul rang de boutons, même forme derrière.

Il convient pour les temps pluvieux de leur pratiquer une seule rotonne ou deux à la rigueur qui se fixeront à l'encolure à volonté, pour leur longueur, elles ne doivent pas dépasser les coudes.

Pratiquant cinq ou six rotonnes au carrick, on peut en joindre deux ou trois fausses par économie.

Les rotonnes doivent se couper à poil derrière.

DE LA PELISSE A DEMI-ROTONNE.

FIGURE 300.

Pour former ce vêtement on trace le paletot-sac ou la pelisse détaillés fig. 120, 121, ou 122 et selon les mesures obtenues.

La pelisse, *v.* Y, convient pour ce genre de vêtement afin que le derrière tuyaute pour accompagner la demi-rotonne du devant formant la manche.

Le paletot-sac ou la pelisse étant tracés, le dos de ce genre de vêtement passant sur les épaules, nous oblige d'arrondir le dos de O, passant sur J, aboutissant à R, ce qui comble le creux du dos, *v.* S, en le rélargissant.

On peut si l'on veut que le dos vienne plus avant, sur les épaules, rélargir le dos de ce que l'on désire, *v.* T, ce qui nous obligera d'abattre l'épaulette de P à A, à partir de H, de la valeur rélargie au dos de J à T.

Comme on le voit, on fait descendre le dessous de l'emmanchure plus bas, *v.* R, que le surplus de profondeur que l'on a donné à la pelisse, *v.* V, c'est afin que l'entrée du bras dans l'emmanchure soit facile.

On ne creuse l'emmanchure du devant jusqu'à R que pour les pelisses sans manches de dessous, mais dans le cas que l'on veuille une manche, cela nous obligera de fournir un

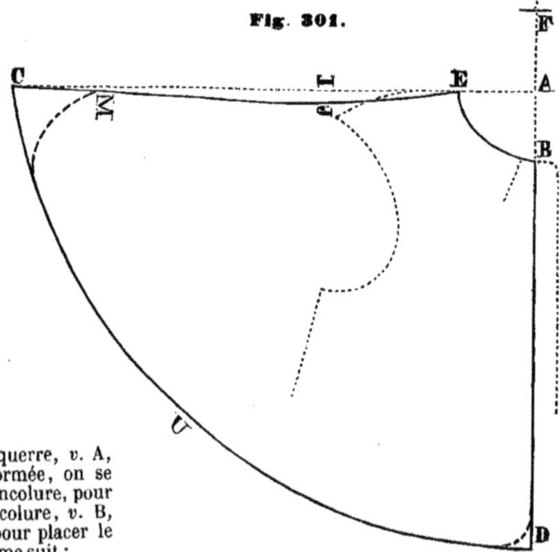

double dos plus court, *v.* M, N, qui restera pareil dans le haut à celui du paletot-sac ordinaire, *v.* G, O, U, J, S, V.

A cet effet, l'épaulette, *v.* H, P, et l'emmanchure du devant, *v.* P, E, V, resteront pareilles à celles du paletot-sac.

Pratiquant cette pelisse sans manches, *v.* R, on ne craint pas de bouffes devant les bras, *v.* E, à cela on peut, pour supprimer le pinçon du devant, *v.* B, ou le rétrécir, redresser l'épaulette de un à deux cent. en plus, *v.* L, que celle du paletot-sac ordinaire, *v.* H. Redressant l'épaulette, *v.* L, cela nous obligera de fournir un surplus de longueur au bas du devant, provenant que le redressage remonte le bas.

Les collets se monteront toujours longs dans la partie de l'encolure détaillée, fig. 96.

Comme si on lui pose des manches, elles se traceront toujours par les mêmes principes que celles détaillées, fig. 123.

DE LA DEMI-ROTONNE.

FIGURE 301.

La demi-rotonne exige trois mesures, savoir :

Premièrement. Une mesure de longueur prise sur l'épaule depuis le creux du cou, largeur de haut de dos déduite jusqu'à la longueur que l'on veut la fixer.

Le modèle ci-joint qui a été pris sur la main a donné. 84

Deuxièmement. On continuera cette mesure jusqu'à terre, le plus droit possible pour reconnaître la force des épaules.

Le modèle ci-joint a donné. 152

Troisièmement. Une mesure de longueur de courbure de la personne devant, partant du creux du cou, la faisant aboutir à terre le plus droit possible.

Le modèle ci-joint a donné. 140

Comme on le voit, cette personne a. . . 12

cent. de plus de longueur sur les épaules que de devant. Les mesures étant déterminées, on procédera pour le tracé qui se fait comme suit :

Pour cela, on tirera deux lignes formant l'équerre, *v.* A, une de A à C, et l'autre de A à D. L'équerre étant formée, on se servira du devant de paletot pour former le tour d'encolure, pour cela on devra, si l'on pratique un pinçon à l'encolure, *v.* B, fig. 300, fermer ce pinçon avec épingle ou autre, pour placer le devant à la demi-rotonne; ce devant se placera comme suit :

On fixera le cran du revers du haut jusqu'au bas sur la ligne A, D, *v.* B, en faisant toucher le coin de l'épaulette à l'encolure à la raie supérieure, *v.* E, et l'on tracera l'encolure pareille à celle du devant de E à B, pinçon rejoint.

Comme s'il n'y a pas eu de pinçon à l'encolure, l'épaulette se tracera pareille à celle du devant redressé de L à F, fig. 300. L'encolure étant formée, on aura à fixer de E à C la mesure de longueur de la rotonne obtenue sur la main. Cela fait, on procédera pour la longueur du devant. Pour cela, on devra lui donner la longueur prise sur les épaules aboutissant sur la main, en lui diminuant le surplus de longueur qu'a pris la force de l'épaule en plus que le devant :

Exemple : la longueur d'épaule aboutissant sur la main a donné   84 cent.
La courbure du devant a pris en moins que la mesure de force d'épaule <u>12 cent.</u>

Ce qui fera. . . <u>72 cent.</u> que l'on placera au devant de B à D.

Les longueurs étant fixées, on aura à former le cintre du bas qui s'obtient comme suit :

Pour cela, on aura à prolonger la ligne du devant plus haute que A, v. F.

On prendra ensuite la distance qu'il y a de C à A, que l'on placera sur D, et où cette longueur aboutira dans le haut sur cette ligne, on marquera un point, v. F, ce sera de ce point F que l'on partira pour former le cintre du bas, qui, partant de C, déterminera U et aboutira à D.

Cela fait, on aura à creuser le côté de la rotonne dans la partie de l'épaule de 2 à 3 cent. de I à J, ce qui se fait par une ligne creusée qui, partant de E, passera sur J et aboutira à C.

Ce sera cette ligne creusée, v. E, J, C, qui se montera au dos de la fig. 300, à partir de O, passant sur T, V, R, aboutissant à D.

Le derrière des demi-rotonnes se fait selon la fantaisie ; on en fait qui se cousent jusqu'au bas, v. C, d'autres arrondies dans le bas, v. M, ces dernières ne se coudront que jusqu'à M.

Le bas des devants des demi-rotonnes se fait également selon la fantaisie. On en fait qui se boutonnent du haut en bas. Pratiquant ainsi, on leur joindra devant en plus que B, D, une croisure de boutons et de boutonnières.

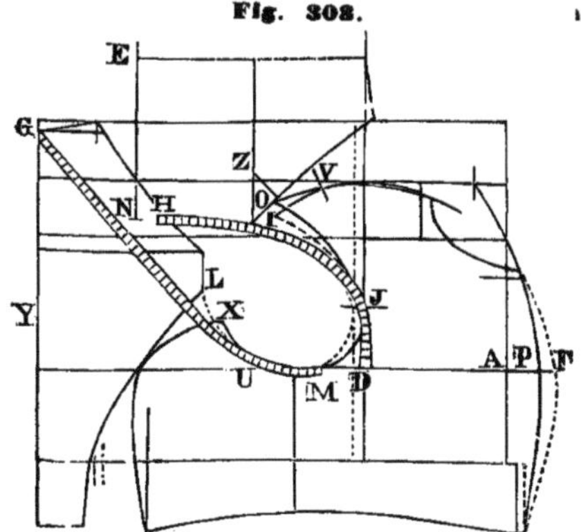

DE LA TENUE FORTE ET RONDE DE DOS.

FIGURE 302.

On devra pour ce genre de tenue qui varie à l'infini partager le milieu du dos, comme il est détaillé fig. 3.

On procédera ensuite pour le mesurage qui s'obtient comme d'habitude.

On devra en outre, pour ce genre de tenue, leur prendre deux mesures en plus, savoir :

Une mesure d'avancement partant de la nuque, passant derrière à la naissance du bras, v. J, aboutissant devant le bras, v. D.

Pour obtenir cette mesure, on introduira la mesure sous le bras, faisant aboutir le bout que l'on tient de la main gauche au point de nuque G, ayant soin de la faire passer sur la largeur que l'on a donnée à la carrure du dos, v. J. Et de la main droite, on porte la mesure devant le bras, v. D, place à laquelle on fait éprouver à la mesure le même mouvement que celle de l'avancement du bras de E à D, comme il est détaillé fig. 12.

Deuxièmement. Une seconde mesure d'épaule qui s'obtient comme suit :

Lorsque l'on a fixé le montant du dos, v. E, on prolongera de même niveau cette ligne jusqu'à la naissance du bras, v. N.

On notera la distance qu'il y a de E à N, pour la reproduire au tracé.

Ce sera à partir de ce point N que l'on prendra la deuxième mesure d'épaule qui, partant de N, passera sur la largeur de carrure, v. J, suivra sur le point d'épaulette, v. H, pour aboutir sur le point de profondeur du bras, v. D, ce qui la détermine.

Il ne convient pas pour ce genre de tenue de couper les carrures larges, il faut au contraire les couper plus étroites que le naturel.

A cet effet, on devra rendre au talon de la manche toute la valeur rétrécie à la carrure naturelle, comme il est détaillé fig. 231.

Pratiquant ainsi la manche, elle anticipe dans le dos et leur fait paraître moins de rondeur de dos.

DU TRACÉ.

FIGURE 303.

Le tracé se fait pareil et par les mêmes procédés que celui de la tenue droite détaillée fig. 19 et sa suite.

Excepté que le haut du corps se reproduisant par derrière, cela rétrécit la poitrine, à cette occasion on devra ne pas leur fournir au devant le huitième de surplus de rélargissage de poitrine de A à F, comme il est détaillé fig. 55, on leur donnera de 1 à 2 cent. en moins de F à P.

Comme si pour ces tenues une poitrine se reproduisait plus forte devant, il conviendrait de moins rétrécir le huitième F.

Pour ces tenues, le tracé étant achevé, donne le tour d'emmanchure plus grand que la mesure de tour de bras, c'est à cet effet que l'on aura à confronter les deux mesures que l'on a prises en plus, afin de rendre le tour d'emmanchure à ses mesures obtenues. Pour la mesure d'avancement partant de la nuque G, fig. 302, passant sur la carrure J, et aboutissant devant le bras D, elle se placera au tracé comme suit :

Ce sera à partir de G qu'on la reproduira, lui faisant suivre le contour de l'emmanchure, v. U, pour la faire aboutir sur la ligne de profondeur D, et où elle aboutira on marquera un point, v. M.

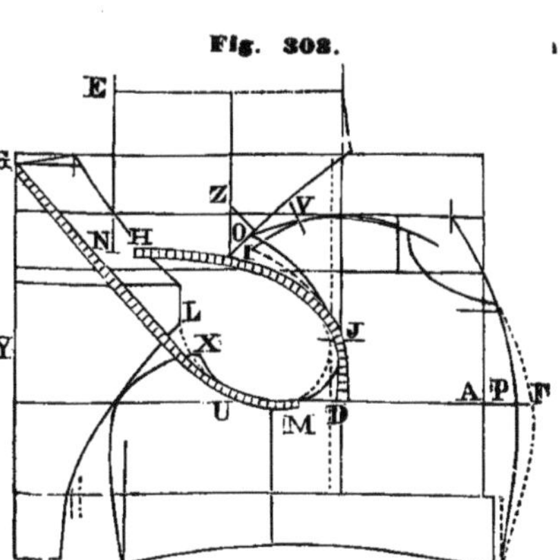

Et l'écart qui se rencontre de M à D, ligne d'avancement naturel, devra se diminuer au côté de L à X, ce qui égalisera cette mesure à l'avancement D, en donnant au côté, *v.* L, X, la rondeur qu'exige cette tenue, et par cela efface le crochet qu'il y aurait eu, si l'on n'eût pas pratiqué ainsi. Le côté étant déterminé, *v.* X, il peut parfois exister encore un surplus de largeur à l'emmanchure ; à cet effet on devra confronter la deuxième mesure d'épaule. Cette mesure ayant été prise par exemple à 17 cent. de distance du point de montant de dos de E à N, on devra, pour la reproduire au tracé, marquer cette distance de même niveau de E à N.

Et pour placer la deuxième mesure d'épaule, on partira de D, point de profondeur, retenant la mesure au huitième de la demi-grosseur du haut, *v.* J, pour aboutir à N.

Et cette mesure n'arrivant pas derrière, *v.* H, au point fixé, *v.* N, cela nous indiquerait d'abattre la pointe d'épaulette de O à I, à partir du passage de la première mesure d'épaule, *v.* V (1), de la différence que l'emmanchure est restée trop grande.

Comme on le voit, on ne donne pas de rondeur au milieu du dos, *v.* Y, il se coupe droit.

Car de vouloir leur donner de la rondeur de dos, cela sécherait la rondeur que les omoplates réclament de L à X, ce que la rondeur que l'on aurait donnée au milieu du dos ne peut leur rendre, attendu qu'elle resterait fixée au milieu du dos au détriment des rondeurs d'omoplates de L à X.

Et dans le cas que l'on veuille égaliser quelques parties faibles, on aura à laisser un surplus de largeur aux mesures que l'on bonifie par de la ouate.

DU PANTALON POUR JAMBES ET BASSIN CONTOURNÉS.

FIGURE 109.

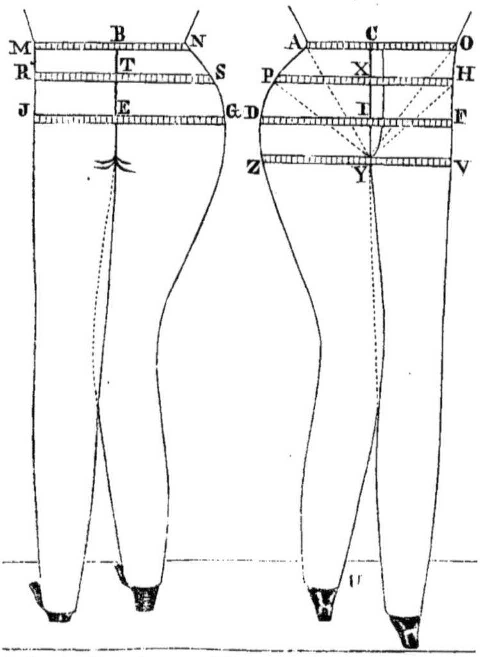

On doit pour ces tenues leur partager la fourche par la mesure de hauteur de hausse détaillée au pantalon, *v.* B, E, fig. 23 et C, fig. 24, et faire ce partage le plus droit possible en face la nuque et le creux du devant du cou, et où cette mesure passera on marquera des raies en long pour déterminer son passage.

On procédera ensuite pour les mesures de longueurs qui se prendront des 2 côtés au même niveau de A à O.

Pour les longueurs du côté hanches fortes, on aura soin de ne pas lui faire prendre le contour des hanches comme il est détaillé fig. 20; ce qui rallongerait la mesure.

On procédera ensuite pour les mesures de renversement de hanches.

On en prendra une de Y à A et l'autre de Y à O.

Ainsi que pour les guides des largeurs de hanches, l'une se prendra de Y à P, et l'autre de Y à H.

On procédera pareillement pour les grosseurs de cuisses; l'une se prendra de Y à Z, et l'autre de Y à V, en faisant la part du surplus d'étoffe qu'exige le côté fort.

Et pour les mesures de grosseur, elles se prendront par moitié à partir des raies en long fixées par la mesure de hauteur de hausse, soit pour le derrière à partir de la ligne B, E, et pour le devant à partir de la ligne C, Y.

Tel que la mesure de grosseur de ceinture se prendra par moitié de corps.

L'une des moitiés se prendra de C à A pour le devant, se continuant de N à B pour le derrière.

Et la moitié du côté opposé se prendra de C à O pour le devant, se continuant de M à B pour le derrière.

Il en sera de même pour la mesure de grosseur de hanches; l'une de ses moitiés se prendra de X à P pour le devant, se continuant de S à T pour le derrière.

Et pour le côté opposé elle se prendra de X à H pour le devant se continuant de R à T pour le derrière.

On procédera pareillement pour la mesure de grosseur de bassin, l'une de ses moitiés se prendra de I à D pour le devant et se continuera de G à E pour le derrière.

Et pour le côté opposé elle se prendra de I à F pour le devant, et se continuera de J à E pour le derrière.

Comme on le voit, il n'y a que la mesure de hauteur de hausse, *v.* C et B, qui reste pareille de hauteur pour un côté comme de l'autre, ce qui permet de faire un montage régulier.

Pour le torse de la jambe on prendra l'écart de la jambe tournée, *v.* U, pour lui faire supporter son changement, comme il est détaillé page 226.

---

(1) Comme on le voit ce point, V se reproduit plus avant que l'emmanchure naturelle, *v.* Z, provenant du redressage d'épaulette.

FIN DE LA DEUXIÈME CLASSE.

TABLE DES ARTICLES DE LA DEUXIÈME CLASSE.

FIN DE LA TABLE DES ARTICLES DE LA DEUXIÈME CLASSE.

Imprimé par Charles Noblet, rue Soufflot, 18.